[제 2 판]

# 변호사가 풀어주는
# 공정거래법 I
## (하도급편)

민주사회를 위한 변호사 모임
**민생경제위원회** 편

진 원 사

# 제2판 머리말

2014. 1.『변호사가 풀어주는 공정거래법 Ⅰ』초판이 발행된 이래 4년여가 흘렀다. 그동안 이른바 '남양유업사태'로 대표되는 시장의 공정한 거래 요구 혹은 경제민주화 요구는 다양한 모습으로 제도화 되었다. 대표적으로 대규모유통업에서의 공정한 거래질서를 확립 등을 목적으로 하는 "대규모유통업에서의 거래 공정화에 관한 법률" 제정을 들 수 있다.

그 밖에도 우리사회에는 많은 일이 있었는데 그 중 현직 대통령이 중대한 헌법위반을 이유로 헌법재판소에서 탄핵되고, 범죄혐의로 구속되는 초유의 일은 누구도 생각하지 못한 일이다. 대통령이 개입한 정부의 국정농단에 대해 국민들이 엄중히 그 책임을 물었고 결국 최고권력은 국민 앞에 무릎을 꿇었다. 이 과정에서 국민들이 피 흘리는 일 없이 질서정연하게 행동하였고, 헌법이 정한 절차에 따라 평화적으로 새 정부가 들어서면서 온 세계에 우리나라의 성숙한 민주주의를 보여주었다.

이러한 시대흐름에 발맞추기 위해 민변 민생경제위원회에서는『변호사가 풀어주는 공정거래법 Ⅰ』개정판을 내기 위해 고심하였고, 2017. 2.경 개정팀을 발족하여 매월 2회 스터디(발제 및 토론)를 진행하며 구판 내용을 학습하고 최신 개정정보 등을 섭렵하였다. 그 후 발제를 맡은 변호사가 해당부분 원고를 작성하여 취합하였고 다른 변호사들이 교차 검수하는 과정을 거쳐 약 10개월 간의 작업 끝에 개정판을 내 놓을 수 있게 되었다.

개정내용으로는, 초판에 실렸던 법령과 판례를 최신의 것으로 추가·수정하였고, 국회의원실 등을 통해 입수한 최신자료와 그 동안 출간된 다른 교재의 내용을 반영하기 위해 노력하였으며, 최근 국회에서 논의되는 하도급법 개정안이나 쟁점사안에 대해서도 간략하게 소개하였다. 초판과 같이 소수를 위한 수험서가 아닌 다수의 일반인을 위한 해설서로 만들기 위해 조문 순서에 따라 설명하는 편제를 유지했다.

끝으로 초판에 이어 개정판을 내는데도 수고해 주신 강신하 변호사 등 민생경제위원회 변호사들에게 감사의 말을 전하며, 초판에 이어 개정판의 출판도 흔쾌히 허락해 주신 진원사 양진수 사장님, 꼼꼼하게 교정하고 편집을 맡아 주신 진원사의 류재현 부장님께도 감사드린다.

아무쪼록 본 교재가 국민들의 높은 기대를 안고 출범한 새 정부에서 갑을간의 공정한 거래질서를 확립하고 경제민주화를 앞당기는 데 일조하기를 희망한다.

2017. 12.

민주사회를 위한 변호사 모임

민생경제위원회 위원장 **백 주 선**

# 머 리 말

갑을 관계가 사회의 화두가 되고 있다. 민주사회를 위한 변호사 모임 민생경제위원회는 1999년 우리사회의 대기업과 중소기업간 부당한 거래관행을 해소하고 건전한 경쟁 질서를 확립하기 위한 노력의 일환으로 공정거래법 분야 중 하도급 거래를 시작으로 관련 법률을 해설하는 책자를 발간하기로 기획하고 거의 5년에 걸친 노력 끝에 결실을 보게 되었다.

을을 위한 우리사회의 관심은 잠시뿐이다. 한국 사회를 살리는 길은 수출밖에 없다며 대기업이 살아야 경제가 살아난다는 주장에 힘이 실리고 있다. 그러나 삼성이 세계 1위 기업이 되어도 순이익이 10조가 되어도 그 혜택을 누리는 자는 대한민국의 1%에 속하는 대기업뿐이다. 계열사 이외의 하도급 업체에 대해서는 거의 혜택이 돌아가지 않는다. 오히려 마진율의 감소로 인하여 대기업과 중소기업간 경제력 차이만 늘어갈 뿐이다. 우리나라 일자리의 90%를 차지하는 중소기업이 살아나야 일자리도 늘어나고 소비가 살아나 한국 경제가 회복될 것이다.

그 동안 이 책의 발간을 기획하고 공정거래 분야의 공부모임을 인도하며 저자로도 직접 참여한 김남근, 이헌욱 전 민생경제위원회 위원장님, 글을 쓰기 위해 바쁜 업무 틈틈이 모여 법조문을 하나씩 살펴보며 공부모임을 진행하면서 원고를 작성해 나간 김성진, 백종석, 서상범, 김대규, 김준기, 서선영, 조수진, 박정만, 이소아, 김종보 변호사님, 군에 입대하기 전 황금같이 소중한 시간을 사용하여 원고를 일일이 살펴보며 부족한 부분을 지적하며 수정 등에 힘을 보태 준 사법연수원 제42기 김기호, 박준철님과 편집에 힘써준 민주사회를 위한 변호사 모임의 민보현, 안성규 인턴께도 감사를 드린다.

이 책을 통해 조금이나마 꺼져가는 경제민주화의 불씨가 다시 살아나기를 기대해 본다. 지금도 불공정한 거래 관행으로 힘들어 하는 중소기업에 한 가닥 희망의 불씨가 되었으면 한다.

마지막으로 흔쾌히 출판을 허락해 준 진원사 양진수 사장님, 꼼꼼히 교정과 편집을 해준 진원사의 전희성님께 진심으로 감사를 드린다.

2014. 1.

민주사회를 위한 변호사 모임
민생경제위원회 위원장 **강 신 하**

# 목 차

## 제 1 편 공정거래법 개관

# 제 1 편

# 공정거래법 개관

Chapter 01

# 공정거래법의 이해

## 제 1 절 공정거래법의 목적

독점규제 및 공정거래에 관한 법률(이하 '공정거래법'이라고 한다) 제1조는 공정거래법의 목적에 대해 "사업자의 시장지배적 지위의 남용과 과도한 경제력 집중을 방지하고, 부당한 공동행위 및 불공정거래행위를 규제하여 공정하고 자유로운 경쟁을 촉진함으로써 창의적인 기업활동을 조장하고 소비자를 보호함과 아울러 국민경제의 균형 있는 발전을 도모함을 목적으로 한다." 라고 기술하고 있다.

따라서 공정거래법의 궁극적인 목적은 창의적인 기업활동 조장, 소비자 보호, 국민경제의 균형 있는 발전이라고 할 것이고, 직접적인 목적은 공정하고 자유로운 경쟁을 촉진하는 것이다. 공정거래법에서 들고 있는 3가지 궁극적 목적은 폭넓은 개념으로 선언적·이념적 의미를 갖고 있을 뿐이어서 구체적인 법집행에 있어서 특정행위의 위법여부를 판단하는 기준으로 사용할 수는 없다. 다만 법집행상 의미 있는 법 개념의 실체를 가진 규정은 '공정하고 자유로운 경쟁의 촉진'이라고 하는 공정거래법의 직접적인 목적규정이라고 할 것이다.[1)]

이와 관련하여 사업자의 구체적인 행위가 공정거래법상 개별 금지규정에 위반한 경우에도 공정거래법의 목적규정에 비추어 부당성을 부인할 수 있는지 여부에 대해 대법원은 "사업자단체에 의한 가격결정행위가 일정한 거래분야의 경쟁이 감소하여 사업자단체의 의사에 따라 어느 정도 자유로이 가격의 결정

1) 이호영, 『독점규제법』, 홍문사, 2006, 2면.

에 영향을 미치거나 미칠 우려가 있는 상태를 초래하는 행위, 즉 공정거래법 제26조 제1항 제1호, 제19조 제1항 제1호의 '사업자단체의 가격을 결정·유지 또는 변경하는 행위에 의하여 일정한 거래분야의 경쟁을 실질적으로 제한하는 행위'(이하 '가격제한행위'라고 한다)에 해당하더라도, 이로 인하여 경쟁이 제한되는 정도에 비하여 같은 법 제19조 제2항 각 호에 정해진 목적 등에 이바지하는 효과가 상당히 커서 소비자를 보호함과 아울러 국민경제의 균형 있는 발전을 도모한다는 법의 궁극적인 목적에 실질적으로 반하지 아니하는 예외적인 경우에 해당한다면, 부당한 가격제한행위라고 할 수 없다."[2] 라고 판시하여 공정거래법 개별 조항에 위반하더라도 공정거래법의 궁극적인 목적에 반하지 않는다면 부당성을 부인할 수 있다고 하였다.

독과점을 규제하는 방식으로 미국은 독점화 및 독점화 기도를 금지하고 있으나 EU는 시장지배적 지위남용 등 독과점의 폐해를 방지하고 있다. 우리나라는 EU의 방식을 따르고 있다. 우리나라가 독과점의 폐해만을 금지하는 이유로 첫째, 독과점은 규모의 경제와 기술혁신을 촉진하는 장점이 있는 한편 독과점 기업은 계속적으로 초과이윤을 향유함으로써 경쟁의 압력을 받지 않아 기술혁신을 게을리 할 우려가 있고, 소수 기업에게 경제력이 과도하게 집중하게 되면 경쟁력이 저하되고 분배상 형평을 깨뜨릴 우려가 있는 등 독과점이 국민경제에 미치는 영향이 다양하다는 점을 들 수 있다. 둘째, 정부가 1960년부터 고도성장정책을 추구하는 과정에서 소수의 재벌을 집중적으로 지원하는 불균형 성장정책을 추구함으로써 1980년 공정거래법을 도입할 당시 주요 산업분야의 독과점화가 상당히 진행되어 있었기 때문에 독과점을 원천적으로 금지할 경우 국민경제가 마비될 우려가 있어 불가피하게 독과점의 폐해만을 금지하는 태도를 취했다는 점을 들 수 있다.[3]

2) 대법원 2005. 9. 9. 선고 2003두11841 판결.

3) 권오승 외 8인, 『독점규제법(제4판)』, 법문사, 2015, 권오승 집필부분, 6-7면.

# 제 2 절 공정거래법의 연혁

1963년 정부가 설탕, 밀가루, 시멘트 등 세 품목의 최고가격을 설정한 고시의 규제가 풀리면서 이들 품목의 가격이 폭등했다. 당시 이들 제품을 독점적으로 수입하던 재벌이 이들 생필품의 부족현상을 악용하여 매점매석을 하는 바람에 설탕 값은 5배, 밀가루 및 시멘트 값은 2-3배 뛰었다(이른바 '삼분사건'). 이에 따라 독과점의 폐해를 제재할 필요성이 대두되었고 서울대학교 한국경제연구소에서 독과점 규제에 관한 법안을 마련하여 1964년 공정거래법 초안을 작성하여 국회에 제출하였으나, 시기상조론, 경제우선주의에 밀려 통과되지 못하다가 1970년 초 오일쇼크로 인해 물가가 폭등하자 드디어 1975년 물가안정 및 공정거래에 관한 법률이 제정되었다. 이어서 1980. 12. 31. 국회가 공정거래법을 최초로 제정하였고 이듬해인 1981. 4. 1.부터 시행되였다.

그 이후 공정거래법은 1986년 재벌에 의한 과도한 경제력집중을 억제하는 규정 신설, 1990년 집행기관을 공정거래위원회로 개정, 2002년 상호출자제한, 출자총액제한 및 채무보증제한 대상 기업집단에 관한 규정 개정, 2013년 감사원장 등의 고발요청권 및 특수관계인에 대한 부당이익제공금지 등 신설, 2014년 신규순환출자 금지규정을 신설하였다.

그러나 불공정행위로 인해 피해를 입은 소비자나 중소기업 등이 공정거래위원회에 신고를 해도 조사인력 등의 부족을 이유로 한 조사기간의 장기화로 인한 피해구제의 지연, 공정거래위원회의 전속고발권으로 인한 형사처벌의 무력화, 과징금의 재량 감액으로 인한 실질적인 규제의 약화 등의 문제점이 지적되고 있으며, 조사의 내실화, 신속한 피해구제를 위해 공정거래위원회 권한을 지방정부 등으로 위임할 필요성이 논의되고 있다.

# 제 3 절 공정거래법의 기본개념

## Ⅰ. 사 업 자

공정거래법 제2조 제1호는 사업자를 "제조업, 서비스업 기타 사업을 행하는 자"로 규정하고 있을 뿐 사업의 개념이나 범위에 대해서는 규정하고 있지 않다. 일반적으로 사업이란 다른 사람에게 일정한 경제적 이익을 제공하고 그에 상응하는 반대급부를 계속적·반복적으로 얻는 것을 말한다. 공정거래법상 사업의 개념은 경쟁법적 규율이 필요한 개념으로 넓게 이해해야 할 것이므로 영리를 목적으로 할 필요는 없으나 자선 또는 기부행위 같이 행위의 성질상 반대급부를 받지 않는 행위는 포함되지 않는다고 할 것이다.[4]

국가나 지방자치단체는 원칙적으로 사업자가 아니다. 그러나 국가나 지방자치단체가 사경제주체로서 타인과 거래행위를 하는 경우는 그 범위 내에서 사업자가 될 수 있다.[5]

## Ⅱ. 경쟁 및 경쟁제한

공정거래법상 경쟁이란 현실적으로 시장경제가 완전하게 제 기능을 다하는 완전경쟁은 불가능하므로 시장원리가 제대로 작동하지 않는 상황에서 시장의 자유로운 경제활동을 위하여 소극적으로 경쟁을 제한하는 현상을 찾아내어 이를 배제함으로써 경쟁의 발전 잠재력을 유지하는 과정에서 보호되어야 할 질서원리라 할 것이다.[6]

경쟁제한은 가격, 공급량, 거래조건, 시장진입 등과 같은 시장요소와 관련하여 다양한 모습으로 나타나며, 경쟁제한의 효과가 미치는 시장의 단계를 기준으로 동일한 시장에서 활동하는 사업자들 간의 경쟁을 의미하는 수평적 경쟁

4) 권오승 외 7인, 앞의 책, 황태희 집필부분, 22면.
5) 대법원 1990. 11. 23. 선고 90다카3659 판결.
6) 권오승 외 7인, 앞의 책, 황태희 집필부분, 30면.

제한과, 공급 또는 수요관계에 의하여 서로 연결되어 있는 시장에 관련되는 수직적 경쟁제한으로 나눌 수 있다.

## Ⅲ. 관련시장

공정거래법 제2조 제8호는 관련시장을 '일정한 거래분야'라고 하며, '일정한 거래분야라 함은 거래의 객체별, 단계별 또는 지역별로 경쟁관계에 있거나 경쟁관계가 성립될 수 있는 분야를 말한다.' 라고 규정하고 있다. 기업결합심사기준에 의하면, 관련시장을 획정하기 위해서는 우선 상품이나 용역 등 거래대상의 차원에서 관련시장을 획정하고(상품시장), 나아가 거래지역의 차원에서 관련시장을 획정하여야 한다.

먼저 상품시장(거래대상)이란, '거래되는 특정 상품의 가격이 상당기간 어느 정도 의미 있는 수준으로 인상될 경우 동 상품의 구매자 상당수가 이에 대응하여 구매를 전환할 수 있는 상품의 집합'을 말하고, 특정 상품이 동일한 거래분야에 속하는지 여부는 ① 상품의 기능 및 효용의 유사성, ② 상품의 가격의 유사성, ③ 구매자들의 대체가능성에 대한 인식 및 그와 관련한 구매행태, ④ 판매자들의 대체가능성에 대한 인식 및 그와 관련한 경영의사결정 행태, ⑤ 통계법 제17조(통계자료의 분류) 제1항의 규정에 의하여 통계청장이 고시하는 한국표준산업분류, ⑥ 거래단계(제조, 도매, 소매 등), ⑦ 거래상대방 등을 고려하여 판단한다.[7]

다음으로 지역시장(거래지역)이란, '다른 모든 지역에서의 당해 상품의 가격은 일정하나 특정지역에서만 상당기간 어느 정도 의미 있는 가격인상이 이루어질 경우 당해 지역의 구매자 상당수가 이에 대응하여 구매를 전환할 수 있는 지역 전체'를 말하고, 특정지역이 동일한 거래분야에 속하는지 여부는 ① 상품의 특성(상품의 부패성, 변질성, 파손성 등) 및 판매자의 사업능력(생산능력, 판매망의 범위 등), ② 구매자의 구매지역 전환가능성에 대한 인식 및 그와 관련한 구매자들의

---

7) 「기업결합심사기준」(공정거래위원회 고시 제2015-3호, 2015. 6. 30. 개정) V. 1.

구매지역 전환행태, ③ 판매자의 구매지역 전환가능성에 대한 인식 및 그와 관련한 경영의사결정 행태, ④ 시간적, 경제적, 법제적 측면에서의 구매지역 전환의 용이성 등을 고려하여 판단한다.[8)]

## 제 4 절 공정거래법의 적용범위

### Ⅰ. 원 칙

공정거래법은 모든 사업자 및 사업자단체에 적용된다. 그러나 자유롭고 공정한 경쟁만이 국가가 추구하는 유일의 목적이라고 할 수 없으므로 이와 상충하는 국가목적을 추구하는 경우에는 특정 사업자의 행위 내지 특정한 영역에 속하는 행위에 대해 공정거래법의 적용을 배제하고 있다.[9)]

공정거래법 제2조의2는 "이 법은 국외에서 이루어진 행위라도 국내시장에 영향을 미치는 경우에는 적용한다."라고 규정하여 국외에서 이루어진 행위라도 국내시장에 영향을 미치는 경우에는 공정거래법이 적용된다.

### Ⅱ. 적용제외

#### 1. 의 의

공정거래법의 적용제외는 일정한 행위에 대해 공정거래법 규정 자체의 적용이 배제되는 일반적 적용제외와 공정거래법 규정 중 특정규정만의 적용이 배제되는 개별적 적용제외 두 가지로 나눌 수 있다.[10)]

---

8) 기업결합심사기준 V. 2.
9) 이호영, 앞의 책, 22면.
10) 강명수, 『공정거래법』, 도서출판 온누리, 2012, 21면.

## 2. 일반적 적용제외

### (1) 법령에 따른 정당한 행위

공정거래법 제58조는 "이 법의 규정은 사업자 또는 사업자단체가 다른 법률 또는 그 법률에 의한 명령에 따라 행하는 정당한 행위에 대해서는 이를 적용하지 아니한다." 라고 규정하여 법령에 따라 경쟁을 제한해야 할 합리적인 이유가 있는 정당한 행위는 공정거래법의 적용을 제외하고 있다.[11] 대법원도 "'법률 또는 그 법률에 의한 명령에 따라 행하는 정당한 행위'란 당해 사업의 특수성으로 경쟁제한이 합리적이라고 인정되는 사업 또는 인가제 등에 의하여 사업자의 독점적 지위가 보장되는 반면 공공성의 관점에서 고도의 공정규제가 필요한 사업 등에 있어서 자유경쟁의 예외를 구체적으로 인정하고 있는 법률 또는 그 법률에 의한 명령의 범위 내에서 행하는 필요·최소한의 행위를 말한다."[12] 라고 판시하고 있다.

### (2) 무체재산권의 행사행위

공정거래법 제59조는 '이 법의 규정은 저작권법, 특허법, 실용신안법, 디자인보호법, 또는 상표법에 의한 권리의 정당한 행사라고 인정되는 행위에 대해서는 적용하지 아니한다.' 라고 규정하여 지적재산권법에 의한 정당한 권리의 행사에 해당하는 경우에는 공정거래법 적용이 배제된다.

그러나 지식재산권의 부당한 행사에 대한 심사지침에 의하면, 외형상 지식재산권의 정당한 행사로 보이더라도 그 실질이 지식재산 제도의 취지를 벗어나 제도의 본질적 목적에 반하는 경우에는 정당한 지식재산권의 행사로 볼 수 없어 이 법 적용 대상이 될 수 있다. 아울러 지식재산권의 행사가 정당한 것인지 여부는 특허법 등 관련 법령의 목적과 취지, 당해 지식재산권의 내용, 당해 행위가 관련 시장의 경쟁에 미치는 영향 등 제반 사정을 종합적으로 고려하여 판단 한다.[13]

---

11) 강명수, 앞의 책, 22면.
12) 대법원 2006. 11. 23. 선고 2004두8323 판결.

### (3) 일정한 조합의 행위

공정거래법 제60조는 ① 소규모의 사업자 또는 소비자의 상호부조를 목적으로 할 것, ② 임의로 설립되고, 조합원이 임의로 가입 또는 탈퇴할 수 있을 것, ③ 각 조합원이 평등한 의결권을 가질 것, ④ 조합원에 대하여 이익배분을 행하는 경우에는 그 한도가 정관에 정하여져 있을 것 등의 요건을 갖추어 설립된 조합(조합의 연합회를 포함한다)의 행위에 대해서는 이를 적용하지 아니한다.

## 3. 개별적 적용제외

### (1) 공동행위 인가

부당한 공동행위는 금지되지만 공정거래법 제19조 제2항은 부당한 공동행위가 ① 산업합리화, ② 연구·기술개발, ③ 불황의 극복, ④ 산업구조의 조정, ⑤ 거래조건의 합리화, ⑥ 중소기업의 경쟁력향상 등의 목적을 위하여 행하여지는 경우로서 대통령령이 정하는 요건에 해당하고 공정거래위원회의 인가를 받은 경우에는 이를 적용하지 아니한다. 라고 규정하고 예외적으로 공동행위를 허용하고 있다.

그러나 공정거래위원회가 공동행위를 인가한 것은 2010. 2. 1.부터 2년 동안 레미콘 품질향상 등을 이유로 레미콘 업계가 인가신청한 원재료 공동구매, 영업의 공동수행, 공동의 품질관리 및 연구개발 중 공동 품질관리 및 연구개발을 허용한 것이 거의 유일하다.[14] 그 이전에 허용한 7건도 6건은 1980년 공정거래법 제정당시 공동행위의 등록을 허용하던 제도[15]하에서 허용된 것이고, 나머

---

13) 「지식재산권의 부당한 행사에 대한 심사지침」(2016. 3. 23. 공정거래위원회 예규 제243호) II. 2.

14) 고건호, 『입문자를 위한 공정거래법 해설과 판례』, 일진사, 2013, 267면.

15) 공정거래법 제11조 (공동행위의 등록) 어떠한 방법으로도 다른 사업자와 공동으로 다음 각호의 1에 해당하는 행위(이하 "공동행위"라 한다)를 하고자 할 때에는 대통령령이 정하는 바에 의하여 그 공동행위의 내용을 경제기획원에 등록하여야 하며, 등록하지 아니하고는 이를 행할 수 없다. 등록한 사항을 변경하고자 할 때에도 또한 같다(공정거래법

지 1건은 1988. 9. 7. 밸브제조 사업자간 기존에 허용되던 공동행위의 일부를 축소하여 재인가 한 것이다. 대기업과 중소기업의 갑을관계를 고려할 때에 중소기업의 협상력 강화를 통한 공정한 거래를 달성하기 위해서는 이 제도를 적극 활용할 필요가 있다고 할 것이다.

### (2) 가맹사업거래의 공정화에 관한 법률

가맹사업거래의 공정화에 관한 법률 제14조의2 제1항은 공정거래법상 공동행위 예외규정으로서 가맹점사업자는 권익보호 및 경제적 지위 향상을 도모하기 위하여 단체(이하 "가맹점사업자단체"라 한다)를 구성할 수 있고, 특정 가맹본부와 가맹계약을 체결·유지하고 있는 가맹점사업자(복수의 영업표지를 보유한 가맹본부와 계약 중인 가맹점사업자의 경우에는 동일한 영업표지를 사용하는 가맹점사업자로 한정한다)로만 구성된 가맹점사업자단체는 그 가맹본부에 대하여 가맹계약의 변경 등 거래조건(이하 이 조에서 "거래조건"이라 한다)에 대한 협의를 요청할 수 있다. 라고 규정하고 있다. 이는 갑의 지위에 있는 가맹본부에 의한 가맹점주의 각종 불공정행위를 규제하기 위한 규정이다.

### (3) 하도급거래 공정화에 관한 법률

하도급거래 공정화에 관한 법률 제16조의2 제2항은 「중소기업협동조합법」 제3조 제1항 제1호 또는 제2호에 따른 중소기업협동조합(이하 "조합"이라 한다)은 원재료 가격의 급격한 변동으로 조합원인 수급사업자의 하도급대금의 조정이 불가피한 사유가 발생한 경우에는 해당 수급사업자의 신청을 받아 대통령령으로 정하는 원사업자와 하도급대금의 조정을 위한 협의(다만, 원사업자와 수급사업자가 같은 조합의 조합원인 경우에는 그러하지 아니하다)를 할 수 있도록 규정하여 원자재 가액의 급등에 따른 하청업체의 불이익을 시정하도록 가격 조정에 한해 수급사업자들의 공동행위를 예외적으로 허용하고 있다. 그러나 조정을 위한 협의에 그치고 있어 그 실효성은 별로 없다. 하청업체의 심각한 피해를 구제할 수 있는 실효성 있는 입법적 개선이 필요하다.

---

제정 1980.12.31 법률 제3320호).

# 제 5 절 공정거래법의 주요내용

## Ⅰ. 의 의

공정거래법은 특정한 시장구조 형성 자체를 금지하여 사업자간의 경쟁여건을 조성하는 시장구조 개선을 위한 규제규정과 특정한 시장구조 형성 자체는 금지하지 않고 구체적인 거래행위의 불공정성이 확인되는 경우 그러한 거래행위를 금지하는 거래형태 개선을 위한 규제규정으로 나눌 수 있다.[16)]

## Ⅱ. 시장구조개선을 위한 규정

시장구조개선을 위한 규제규정으로는 경제력 집중의 억제, 경쟁제한적 기업결합제한이 여기에 해당한다.

### 1. 기업결합제한

기업결합이란 둘 이상의 독립된 기업들이 인적·물적 결합을 통해 단일한 관리체 하에서 기업 활동을 영위하도록 조직하는 기업의 행위를 말한다.[17)] 이러한 기업결합은 기업의 내부적 성장이 아닌 결합을 통한 인위적 확장을 꾀하는 것이므로 시장을 집중시키거나 봉쇄하는 방식을 통해 경쟁을 제한하는 결과를 초래할 수 있기 때문에 기업결합을 제한하는 것이다.[18)]

이에 따라 공정거래법 제7조 제1항은 누구든지 직접 또는 특수관계인을 통하여 ① 다른 회사의 주식의 취득 또는 소유, ② 임원 또는 종업원(계속하여 회사의 업무에 종사하는 자로서 임원외의 자를 말한다. 이하 같다)에 의한 다른 회사의 임원지위의 겸임, ③ 다른 회사와의 합병, ④ 다른 회사의 영업의 전부 또는 주요부분의 양수·임차 또는 경영의 수임이나 다른 회사의 영업용고정자산의 전부 또

16) 강명수, 앞의 책, 183면.
17) 권오승, 『경제법(제8판)』, 법문사, 2010, 165면.
18) 권오승 외 7인, 앞의 책, 75면.

는 주요부분의 양수, ⑤ 새로운 회사설립에의 참여(다만, 특수관계인(대통령령이 정하는 자를 제외한다)외의 자는 참여하지 아니하는 경우나 「상법」 제530조의2(회사의 분할·분할합병)제1항의 규정에 의하여 분할에 의한 회사설립에 참여하는 경우는 제외) 등의 행위(기업결합)로서 일정한 거래분야에서 경쟁을 실질적으로 제한하는 기업결합을 금하고 있다. 다만, 대규모 회사 이외의 자가 임원겸임을 하는 경우는 허용하고 있다.

## 2. 경제력 집중의 억제

자본주의사회에서 경제력집중은 불가피한 현상이나 소수의 경제주체에게 경제력이 집중하는 것은 경제적 민주주의의 근간을 침해할 수 있고, 개별시장에서의 경쟁에 부정적인 영향을 초래하며, 대규모기업집단[19]의 운영과정에서 개인에게 의사결정이 집중되어 기업운영의 경직성이나 자원배분의 비효율성을 낳을 가능성이 있다.[20] 특히 우리나라의 경제력집중의 문제점은 대규모 기업집단의 형성 과정, 복잡한 순환출자구조, 총수 일가에 권한 집중 및 소유지배구조의 왜곡 및 정경유착의 심화 등을 들 수 있다.[21]

공정거래법은 이러한 대규모 기업집단[22]의 경제력집중을 규제하기 위해, 대규모기업집단의 형성을 사전에 통제하기 위한 지주회사 규제제도와 이미 존재하는 대규모기업집단의 확대나 내부적 지배구조의 개선을 목적으로 하는 사후

19) 대규모기업집단에 해당하기 위해서는 자산총액이 5조원 이상이어야 하며 상호출자제한 기업집단과 동일한 의미로 사용된다(법 제14조 제1항, 시행령 제21조 제1항). 신현윤, 『경제법(제3판)』, 법문사, 2010, 203면; 강명수, 앞의 책, 111면.

20) 권오승 외 7인 공저, 앞의 책, 홍명수 집필부분, 124면.

21) 고건호, 앞의 책, 2013, 119면.

22) 기업집단이란 동일인이 대통령령이 정하는 기준에 의해 사실상 그 사업내용을 지배하는 회사의 집단으로 ① 동일인이 회사인 경우 그 동일인과 그 동일인이 지배하는 하나 이상의 회사의 집단, ② 동일인이 회사가 아닌 경우 그 동일인이 지배하는 2 이사의 회사의 집단을 말한다(법 시행령 제2조 제2호). 동일인이 사실상 사업내용을 지배하는 회사의 기준은 동일인 내지 동일인관련자가 당해 회사 발생 주식총수의 100분의 30 이상을 소유하는 경우(법 시행령 제3조 제1호), 동일인이 당해 회사의 경영에 대해 지배적인 영향력을 행사하고 있다고 인정되는 회사(법 시행령 제3조 제2호)를 말한다.

적 규제로 나눌 수 있다.[23)]

사전적 규제제도로는 지주회사의 재무건전성 확보 및 경제력집중의 수단으로 활용될 것을 제한하기 위해 지주회사의 설립이나 지주회사의 부채비율제한, 자회사 주식소유비율제한, 비계열 국내회사의 주식보유제한 등 일정한 행위를 제한하는 규정을 두고 있다(법 제8조, 8조의2).

사후적 규제제도로는 상호출자제한 기업집단에 속하는 회사의 자기주식 취득 또는 소유하고 있는 계열회사의 주식 취득 또는 소유를 제한하는 상호출자제한(법 제9조), 대규모기업집단에 속한 계열회사간 신규순환출자 금지규제(법 제9조의2), 대규모기업집단 계열회사간 채무보증에 대한 규제(법 제10조의2), 상호출자제한 기업집단에 속하는 회사로서 금융업 또는 보험업을 영위하는 회사가 취득 또는 소유하고 있는 국내계열회사주식에 대한 의결권 행사제한(법 제11조), 상호출자제한 기업집단에 속하는 회사가 특수관계인을 상대방으로 하거나 특수관계인을 위하여 대규모내부거래를 하는 경우 사전에 이사회 의결을 거치고 거래의 주요내용을 공시할 것을 내용으로 하는 이사회 의결 및 공시제도(법 제11조의2) 등을 두고 있다.

## Ⅲ. 거래형태의 개선을 위한 규정

### 1. 시장지배적 사업자의 지위남용 규제

공정거래법 제3조의2는 '시장지배적 사업자는 ① 상품의 가격이나 용역의 대가(이하 "가격"이라 한다)를 부당하게 결정·유지 또는 변경하는 행위, ② 상품의 판매 또는 용역의 제공을 부당하게 조절하는 행위, ③ 다른 사업자의 사업활동을 부당하게 방해하는 행위, ④ 새로운 경쟁사업자의 참가를 부당하게 방해하는 행위, ⑤ 부당하게 경쟁사업자를 배제하기 위하여 거래하거나 소비자의 이익을 현저히 저해할 우려가 있는 행위 등을 하여서는 아니된다.'라고 규정하여 시장지배적 사업자의 지위남용을 금지하고 있다. 시장지배적 사업자

23) 권오승 외 7인 공저, 앞의 책, 홍명수 집필부분, 127면.

의 지위남용행위에는 거래상대방에게 유효한 경쟁 상태에서는 상정할 수 없는 불이익을 가하는 착취행위와 다른 사업자의 사업활동을 방해하거나 현실적·잠재적 경쟁사업자를 시장에서 봉쇄 내지 배제하는 방해행위로 나눌 수 있다.[24)]

여기서 말하는 시장지배적 사업자란 일정한 거래분야의 공급자나 수요자로서 단독으로 또는 다른 사업자와 함께 상품이나 용역의 가격·수량·품질 기타의 거래조건을 결정·유지 또는 변경할 수 있는 시장지위를 가진 사업자를 말한다. 시장지배적 사업자를 판단함에 있어서는 시장점유율, 진입장벽의 존재 및 정도, 경쟁사업자의 상대적 규모 등을 종합적으로 고려한다(법 제2조 제7호).

또한 공정거래법 제4조는 시장지배력이 입증을 용이하도록 하기 위해 일정한 거래분야에서 시장점유율이 ① 1 사업자의 시장점유율이 100분의 50 이상 내지 ② 3 이하의 사업자의 시장점유율의 합계가 100분의 75 이상(다만, 이 경우에 시장점유율이 100분의 10 미만인 자를 제외)에 해당하는 사업자(일정한 거래분야에서 연간 매출액 또는 구매액이 40억 원 미만인 사업자는 제외한다)는 시장지배적 사업자로 추정하는 규정을 두고 있다.

## 2. 부당한 공동행위 규제

공정거래법 제19조 제1항은 '사업자는 계약·협정·결의 기타 어떠한 방법으로도 다른 사업자와 공동으로 부당하게 경쟁을 제한하는 ① 가격을 결정·유지 또는 변경하는 행위(제1호), ② 상품 또는 용역의 거래조건이나, 그 대금 또는 대가의 지급조건을 정하는 행위(제2호), ③ 상품의 생산·출고·수송 또는 거래의 제한이나 용역의 거래를 제한하는 행위(제3호), ④ 거래지역 또는 거래상대방을 제한하는 행위(제4호), ⑤ 생산 또는 용역의 거래를 위한 설비의 신설 또는 증설이나 장비의 도입을 방해하거나 제한하는 행위(제5호), ⑥ 영업의 주요부문을 공동으로 수행·관리하거나 수행·관리하기 위한 회사 등을 설립하는 행위(제6호), ⑦ 입찰 또는 경매에 있어 낙찰자, 경락자(競落者), 투찰(投札)가격, 낙찰가격 또는 경락가격, 그 밖에 대통령령으로 정하는 사항을 결정하는 행위, ⑧

24) 권오승 외 7인 공저, 앞의 책, 42면.

다른 사업자(그 행위를 한 사업자를 포함한다)의 사업활동 또는 사업내용을 방해하거나 제한함으로써 일정한 거래분야에서 경쟁을 실질적으로 제한하는 행위를 할 것을 합의(이하 "부당한 공동행위"라 한다)하거나 다른 사업자로 하여금 이를 행하도록 하여서는 아니된다.'라고 하여 부당한 공동행위를 금지하고 있다.

이러한 부당한 공동행위를 금지하는 것은 사업자가 다른 사업자와 공동으로 가격 등을 결정·유지·변경하는 경우 공동행위를 통해 독점적 초과이윤을 추구함에 따라 자원배분의 비효율성을 초래하고 소비자에게 돌아가야 할 경쟁이익을 박탈하여 소비자에게 피해를 유발하기 때문이다.[25]

공정거래위원회는 유통과정에서 거래단계를 달리하는 사업자간의 수직적 가격합의문제는 재판매가격유지행위로, 수직적 비가격제한문제는 구속조건부거래행위로 불공정행위에서 규율하고 있다.

그러나 공정거래법은 이에 대한 예외로서 1987년 제19조 제2항에 부당한 공동행위가 산업합리화, 연구·기술개발, 불황의 극복, 산업구조의 조정, 거래조건의 합리화, 중소기업의 경쟁력향상, 등의 목적을 위하여 행하여지는 경우로서 대통령령이 정하는 요건에 해당하고 공정거래위원회의 인가를 받은 경우에는 공동행위를 허용하는 규정을 신설하였으나 현실적으로 이를 인가한 사례는 발견되지 않는다. 한국 사회의 대기업과 중소기업간 구조적인 갑을관계를 해소하고, 중소기업을 보호·육성하기 위해서는 이 규정을 적극 활용할 필요가 있다고 할 것이다.

행정지도에 따른 공동행위가 부당한 공동행위인가에 대해 공정거래위원회의 「행정지도가 개입된 부당한 공동행위에 대한 심사지침」에 따르면, 행정지도가 부당한 공동행위의 원인이 되었다고 하더라도 그 부당한 공동행위는 원칙적으로 위법하지만 그 부당한 공동행위가 공정거래법 제58조(법령에 따른 정당한 행위)의 요건을 충족하는 경우는 공정거래법 적용이 제외된다.[26] 대법원도

---

25) 고건호, 앞의 책, 198면.

26) 「행정지도가 개입된 부당한 공동행위에 대한 심사지침」(공정거래위원회예규 145, 2012. 8. 21, 일부개정) I. 2.

사업자들이 공동으로 가격을 결정하거나 변경하는 행위는 그 범위 내에서 가격경쟁을 감소시킴으로써 그들의 의사에 따라 어느 정도 자유로이 가격 결정에 영향을 미치거나 미칠 우려가 있는 상태를 초래하게 되므로 원칙적으로 부당하고, 다만 그 공동행위가 법령에 근거한 정부기관의 행정지도에 따라 적합하게 이루어진 경우라든지 또는 경제 전반의 효율성 증대로 인하여 친경쟁적 효과가 매우 큰 경우와 같이 특별한 사정이 있는 경우에는 부당하다고 할 수 없다고 판시하고 있다.[27]

## 3. 불공정거래행위 규제

공정거래법 제23조 제1항은 공정한 거래를 저해할 우려가 있는 행위를 하거나 계열회사 또는 다른 사업자로 하여금 이를 행하도록 하는 것을 불공정거래행위로 금지하고 있다. 불공정거래행위에는 ① 부당하게 거래를 거절하거나 거래의 상대방을 차별하여 취급하는 행위(제1호), ② 부당하게 경쟁자를 배제하는 행위(제2호), ③ 부당하게 경쟁자의 고객을 자기와 거래하도록 유인하거나 강제하는 행위(제3호), ④ 자기의 거래상의 지위를 부당하게 이용하여 상대방과 거래하는 행위(제4호), ⑤ 거래의 상대방의 사업 활동을 부당하게 구속하는 조건으로 거래하거나 다른 사업자의 사업 활동을 방해하는 행위(제5호), ⑥ 기타 공정한 거래를 저해할 우려가 있는 행위(제8호) 등이 있다.

공정거래위원회는 불공정행위를 예방하기 위하여 필요한 경우 사업자가 준수하여야 할 지침을 제정·고시할 수 있다(법 제23조 제4항). 불공정거래행위의 유형 또는 기준은 대통령령으로 정한다(법 제23조 제3항). 불공정거래행위는 경쟁수단이나 방법이 불공정한 경우는 물론 거래의 내용이나 조건이 부당한 경우나 거래를 위한 교섭, 정보제공에 있어서 상대방의 합리적인 선택을 방해하는 행위까지 포함하는 개념이다.[28]

---

27) 대법원 2009. 7. 9. 선고 2007두26117 판결.

28) 고건호, 앞의 책, 323면.

## 4. 부당한 지원행위 규제

우리나라는 재벌에 의한 경제력 집중이 사회적으로 문제가 되고 있다. 대규모 기업집단의 유리한 조건의 계열회사에 대한 지원은 개별시장에서의 불공정 문제뿐만 아니라 경제력 집중의 문제를 야기하기 때문에 규제를 가하는 것이다.[29]

공정거래법 제23조 제1항 제7호는 부당하게 특수관계인 또는 다른 회사에 대하여 가지급금·대여금·인력·부동산·유가증권·상품·용역·무체재산권 등을 제공하거나 상당히 유리한 조건으로 거래하는 행위나 다른 사업자와 직접 상품·용역을 거래하면 상당히 유리함에도 불구하고 거래상 실질적인 역할이 없는 특수관계인이나 다른 회사를 매개로 거래하는 행위를 통하여 특수관계인 또는 다른 회사를 지원하는 행위를 불공정거래행위의 하나로 금지하고 있다.

또한 공정거래법 제23조의2는 대규모기업집단에 속하는 회사는 특수관계인(동일인 및 그 친족에 한정한다)이나 특수관계인이 대통령령으로 정하는 비율 이상의 주식을 보유한 계열회사와 ① 정상적인 거래에서 적용되거나 적용될 것으로 판단되는 조건보다 상당히 유리한 조건으로 거래하는 행위, ② 회사가 직접 또는 자신이 지배하고 있는 회사를 통하여 수행할 경우 회사에 상당한 이익이 될 사업기회를 제공하는 행위, ③ 특수관계인과 현금, 그 밖의 금융상품을 상당히 유리한 조건으로 거래하는 행위, ④ 사업능력, 재무상태, 신용도, 기술력, 품질, 가격 또는 거래조건 등에 대한 합리적인 고려나 다른 사업자와의 비교 없이 상당한 규모로 거래하는 행위 등을 통하여 특수관계인에게 부당한 이익을 귀속시키는 행위를 금지하고, 이러한 거래 또는 사업기회 제공의 상대방은 위에서 규정한 행위의 어느 하나에 해당할 우려가 있음에도 불구하고 해당 거래를 하거나 사업기회를 제공받는 행위를 금하고 있다. 특수관계인은 누구에게든지 이러한 행위를 하도록 지시하거나 해당 행위에 관여를 금하고 있다.

---

29) 권오승 외 7인 공저, 앞의 책, 홍명수 집필부분, 275면.

## 5. 재판매가격유지행위 규제

공정거래법 제2조 제6호는 '"재판매가격유지행위"라 함은 사업자가 상품 또는 용역을 거래함에 있어서 거래상대방인 사업자 또는 그 다음 거래단계별 사업자에 대하여 거래가격을 정하여 그 가격대로 판매 또는 제공할 것을 강제하거나 이를 위하여 규약 기타 구속조건을 붙여 거래하는 행위를 말한다.' 라고 규정하고 있다. 재판매가격유지행위는 가격유지를 강제하거나 기타 구속조건을 붙여 거래하는 것을 의미하므로 권장가격, 희망가격을 제시하는 것은 여기에 포함되지 않는다.[30)]

## 6. 사업자단체 규제

공정거래법 제26조 제1항은 '사업자단체는 ① 제19조(부당한 공동행위의 금지) 제1항 각호의 행위에 의하여 부당하게 경쟁을 제한하는 행위, ② 일정한 거래분야에 있어서 현재 또는 장래의 사업자수를 제한하는 행위, ③ 구성사업자(사업자단체의 구성원인 사업자를 말한다. 이하 같다)의 사업내용 또는 활동을 부당하게 제한하는 행위, ④ 사업자에게 제23조(불공정거래행위의 금지) 제1항 각호의 1의 규정에 의한 불공정거래행위 또는 제29조(재판매가격유지행위의 제한)의 규정에 의한 재판매가격유지행위를 하게 하거나 이를 방조하는 행위를 하여서는 아니 된다.'라고 규정하여, 사업자단체에 의한 부당한 공동행위 내지 불공정행위를 규제하고 있다.

사업자단체란 그 형태 여하를 불문하고 2 이상의 사업자가 공동의 이익을 증진할 목적으로 조직한 결합체 또는 그 연합체를 말한다(법 제2조 제4호). 사업자단체가 공동의 이익 증진 외에 공익과 같은 목적을 함께 추구하는 경우에도 사업자단체에 해당한다.[31)]

---

30) 대법원 2001. 12. 24. 선고 99두11141 판결.
31) 대법원 2003. 2. 20. 선고 2001두5347 판결.

Chapter 02

# 공정거래위원회의 지위, 조직, 조사절차

## 제1절 공정거래위원회의 지위

### Ⅰ. 공정거래위원회의 연혁

공정거래위원회는 1981. 4. 3. 성립당시 경제기획원 소속으로 결정 및 처분권한은 경제기획원 장관에게 있었고, 경제기획원 소속의 심의·의결기관이었으나 1990년 공정거래법 개정으로 공정거래위원회의 독립성과 전문성을 제고하기 위해 비록 경제기획원 장관 소속으로 되어 있었으나 심의·의결뿐만 아니라 독자적인 처분과 법집행을 하게 되었다.

공정거래위원회는 1994년 공정거래법 개정으로 비로소 경제기획원 장관 소속에서 벗어나 국무총리 소속의 독립적인 중앙행정기관으로 되었다. 이후 2008년부터 재정경제부로부터 소비자 정책도 이관 받게 되어 경쟁정책 및 소비자정책을 총괄하게 되었다.

### Ⅱ. 공정거래위원회의 지위

공정거래위원회는 행정기관으로서 행정권 이외에 법원과 유사하게 당사자간의 분쟁에 개입하여 사법절차와 비슷한 절차를 거쳐 결정을 하고, 법위반행위에 대해 시정조치나 과징금을 부과하는 준사법기관이라고 할 수 있다.[32) ]공정거래위원회는 경제전반에 걸쳐 아래와 같은 기능을 담당하고 있다.

---

32) 권오승외 7인, 앞의 책, 316면.

| 기 능 | 정책분야 | 주요 내용 | 관련 법률 |
|---|---|---|---|
| 경쟁 촉진 | 경쟁정책 | - 시장지배적지위 남용<br>- 담합<br>- 경쟁제한적 M&A 등 시정 | 공정거래법 |
| 부당한 경제력집중 방지 | 대기업 집단정책 | - 대기업집단 소유구조 개선<br>- 부당 내부거래·사익편취 등 시정 | 공정거래법 |
| 대·중소기업간 공정거래질서 확립 | 기업거래 정책 | 대기업의 거래상 지위 남용으로부터 중소기업 보호 | - 공정거래법 (불공정거래행위)<br>- 하도급거래 공정화에 관한 법률<br>- 대규모유통업거래 공정화에 관한 법률<br>- 대리점거래 공정화에 관한 법률<br>- 가맹사업거래 공정화에 관한 법률 |
| 소비자 권익증진 | 소비자정책 | 소비자 역량강화 및 소비자피해 예방·구제 | - 소비자기본법<br>- 표시·광고의 공정화에 관한 법률<br>- 약관규제에 관한 법률<br>- 할부거래법<br>- 방문판매법<br>- 전자상거래법<br>- 제조물책임법<br>- 소비자생활협동조합법 |

# 제 2 절 공정거래위원회의 조직

## Ⅰ. 공정거래위원회의 구성

공정거래위원회는 합의제 행정기관으로 위원회와 이를 보좌하는 사무처가 있다. 공정거래위원회 위원 9명은 대통령이 임명한다. 위원 중 5명은 상임위원이고 4명은 비상임위원이다. 위원장과 부위원장은 국무총리제청으로 대통령이 임명하고, 기타 위원은 위원장의 제청으로 대통령이 임명한다.

공정거래위원회는 사건을 심의하는 회의로 전원회의와 소회의가 있다. 전원회의는 위원장이 주재하며 재적위원 과반수의 찬성으로 의결한다. 이에 대해 소회의는 상임위원이 주재하며 구성위원 전원 출석과 출석위원 전원의 찬성으로 의결한다(법 제37조의3 제1항). 공정거래법 제47조는 공정거래위원회 사무를 처리하기 위해 위원회에 사무처를 두도록 하고 있으며 5개의 지방사무소를 두고 있다.

## Ⅱ. 공정거래위원회의 소관법률

공정거래위원회의 소관법률 및 해당법률을 담당하는 내부기관은 아래 표와 같다.

<table>
<tr><th colspan="3">법률명</th><th colspan="2">담당</th></tr>
<tr><td rowspan="17">공정거래법</td><td colspan="2"></td><td>경쟁정책국</td><td>경쟁정책과</td></tr>
<tr><td colspan="2">시장지배적 지위남용</td><td>시장감시국</td><td>시장감시총괄과</td></tr>
<tr><td colspan="2">기업결합</td><td>시장구조개선정책관</td><td>기업결합과</td></tr>
<tr><td colspan="2">대규모내부거래</td><td>시장감시국</td><td>시장감시총괄과</td></tr>
<tr><td colspan="2">비상장회사등 공시의무</td><td rowspan="3">경쟁정책국</td><td rowspan="3">기업집단과</td></tr>
<tr><td colspan="2">상호출자제한기업집단 회사의 공시의무</td></tr>
<tr><td colspan="2">지주회사 관련</td></tr>
<tr><td colspan="2">부당공동행위</td><td>카르텔조사국</td><td>카르텔총괄과</td></tr>
<tr><td rowspan="7">불공정거래행위</td><td>경품류제공 등</td><td>기업정책국</td><td>유통거래과</td></tr>
<tr><td>국제계약 관련</td><td rowspan="4">시장감시국</td><td rowspan="4">시장감시총괄과</td></tr>
<tr><td>대규모기업집단 관련</td></tr>
<tr><td>병행수입 관련</td></tr>
<tr><td>부당한 지원행위</td></tr>
<tr><td>대규모소매업 관련</td><td>기업정책국</td><td>유통거래과</td></tr>
<tr><td>신문업 관련</td><td>시장감시국</td><td>서비스업감시과</td></tr>
<tr><td colspan="2">재판매가격유지행위가 허용되는 저작물의 범위</td><td rowspan="2">시장감시국</td><td rowspan="2">서비스업감시과</td></tr>
<tr><td colspan="2">특수형태근로종사자 관련</td></tr>
</table>

| 법률 | 담당 국 | 담당 과 |
|---|---|---|
| 재판매가격유지행위 | 시장감시국 | 시장감시총괄과 |
| 지식재산권의 부당한 심사 관련 | | |
| 하도급거래공정화에 관한 법률 | 기업거래정책국 | 기업거래정책과 등 |
| 가맹사업거래의 공정화에 관한 법률 | | 가맹거래과 |
| 대규모유통업법거래의 공정화에 관한 법률 | | 유통거래과 |
| 소비자기본법 | 소비자정책국 | 소비자정책과 등 |
| 표시·광고의 공정화에 관한 법률 | | 소비자안전정보과 |
| 약관규제에 관한 법률 | | 약관심사과 |
| 할부거래법 | | 할부거래과 |
| 방문판매법 | | 특수거래과 |
| 전자상거래법 | | 전자거래과 |
| 소비자생활협동조합법 | | 소비자정책과 |
| 제조물책임법 | | 소비자안전정보과 |
| 대리점거래의 공정화에 관한 법률 | 시장감시국 | 시장감시총괄과 |

## Ⅲ. 한국공정거래조정원

한국공정거래조정원은 2007. 12. 3. 공정거래법 제48조의2 규정의 신설에 따라 불공정거래행위로 인한 중소기업의 피해를 당사자 간의 자율적인 조정을 통해서 신속하게 해결하고 급격하게 변화하는 경제환경에 대응하며 새로이 발생하는 산업분야 및 거래행태에 대한 조사연구를 통해 법집행의 효율성을 지원하고 경쟁문화 확산을 위해 교육기능을 수행할 기구의 필요성이 제기됨에 따라 설치되었다.

한국공정거래조정원이 담당하고 있는 업무는 ① 공정거래분쟁, 가맹사업거래분쟁, 하도급분쟁, 대규유통업거래분쟁, 대리점거래분쟁 등의 조정업무, ② 새로운 시장 등 주요산업에 대한 경쟁 이슈의 조사·분석, 개별사건에 대한 경제 분석 지원 등의 업무, ③ 가맹본부가 가맹사업법 제6조의2 제1항에 따라 가맹희망자에게 제공할 정보공개서[33]의 등록업무 등이 있다. 2010년부터는 공정

33) 정보공개서란 가맹본부의 일반 현황, 가맹본부의 가맹사업 현황(가맹점사업자의 매출에

거래위원회로부터 CP[34] 등급평가 업무 등을 이관 받아 수행하고 있다. CP 등급업무는 CP운영사업자를 대상으로 일정한 기준에 따라 평가하여 등급을 부여함으로써 우수한 운영사업자에게 차별적 인센티브 제공을 통해 충실한 CP 운영을 유도하기 위한 것이다.

## 제 3 절 사건처리절차

> 하도급법 제22조(위반행위의 신고 등) ① 누구든지 이 법에 위반되는 사실이 있다고 인정할 때에는 그 사실을 공정거래위원회에 신고할 수 있다. 이 경우 공정거래위원회는 대통령령으로 정하는 바에 따라 신고자가 동의한 경우에는 원사업자에게 신고가 접수된 사실을 통지하여야 한다. <개정 2016.3.29>
> ② 공정거래위원회는 제1항 전단에 따른 신고가 있거나 이 법에 위반되는 사실이 있다고 인정할 때에는 필요한 조사를 할 수 있다. <개정 2016.3.29>
> ③ 제1항 후단에 따라 공정거래위원회가 원사업자에게 통지한 때에는 「민법」 제174조에 따른 최고(최고)가 있은 것으로 본다. 다만, 신고된 사실이 이 법의 적용대상이 아니거나 제23조제1항 본문에 따른 조사대상 거래의 제한 기한을 경과하여 공정거래위원회가 심의절차를 진행하지 아니하기로 한 경우, 신고된 사실에 대하여 공정거래위원회가 무혐의로 조치한 경우 또는 신고인이 신고를 취하한 경우에는 그러하지 아니하다. <개정 2016.3.29>
> ④ 공정거래위원회는 다음 각 호의 구분에 따른 기간이 경과한 경우에는 이 법 위반행위에 대하여 제25조제1항에 따른 시정조치를 명하거나 제25조의3에 따른 과징금을 부과하지 아니한다. 다만, 법원의 판결에 따라 시정조치 또는 과징금 부과처분이 취소된 경우로서 그 판결이유에 따라 새로운 처분을 하는 경우에는 그러하지 아니하다. <신설 2015.7.24, 2016.3.29>
> 1. 공정거래위원회가 이 법 위반행위에 대하여 제1항 전단에 따른 신고를 받

---

관한 사항을 포함한다), 가맹본부와 그 임원의 법위반 사실, 가맹점사업자의 부담, 영업활동에 관한 조건과 제한, 가맹사업의 영업 개시에 관한 상세한 절차와 소요기간, 가맹본부의 경영 및 영업활동 등에 대한 지원과 교육·훈련에 대한 설명 등을 수록한 문서를 말한다.

34) 공정거래 자율준수 프로그램(Compliance Program)이란 기업들이 공정거래 관련법규를 준수하기 위해서 자체적으로 제정·운영하는 교육, 감독 등의 내부 준법시스템을 의미한다.

고 제2항에 따라 조사를 개시한 경우 : 신고일부터 3년
2. 제1호 외의 경우로서 공정거래위원회가 이 법 위반행위에 대하여 제2항에 따라 조사를 개시한 경우 : 조사개시일부터 3년

⑤ 공정거래위원회는 제4조, 제8조제1항, 제10조, 제11조제1항·제2항 또는 제12조의3제3항을 위반한 행위를 신고하거나 제보하고 그 위반행위를 입증할 수 있는 증거자료를 제출한 자에게 예산의 범위에서 포상금을 지급할 수 있다. <신설 2015.7.24>

⑥ 제5항에 따른 포상금 지급대상자의 범위 및 포상금 지급의 기준·절차 등에 필요한 사항은 대통령령으로 정한다. <신설 2015.7.24>

⑦ 공정거래위원회는 제5항에 따라 포상금을 지급한 후 다음 각 호의 어느 하나에 해당하는 사실이 발견된 경우에는 해당 포상금을 지급받은 자에게 반환할 금액을 통지하여야 하고, 해당 포상금을 지급받은 자는 그 통지를 받은 날부터 30일 이내에 이를 납부하여야 한다. <신설 2015.7.24>

1. 위법 또는 부당한 방법의 증거수집, 거짓신고, 거짓진술, 증거위조 등 부정한 방법으로 포상금을 지급받은 경우
2. 동일한 원인으로 다른 법령에 따라 포상금 등을 지급받은 경우
3. 그 밖에 착오 등의 사유로 포상금이 잘못 지급된 경우

⑧ 공정거래위원회는 제7항에 따라 포상금을 반환하여야 할 자가 납부 기한까지 그 금액을 납부하지 아니한 때에는 국세 체납처분의 예에 따라 징수할 수 있다. <신설 2015.7.24>

[전문개정 2009.4.1]

**하도급법 제22조의2(하도급거래 서면실태조사)** ① 공정거래위원회는 공정한 하도급거래질서 확립을 위하여 하도급거래에 관한 서면실태조사를 실시하여 그 조사결과를 공표하여야 한다. <개정 2011.3.29>

② 공정거래위원회는 제1항에 따른 서면실태조사를 실시하려는 경우에는 조사대상자의 범위, 조사기간, 조사내용, 조사방법 및 조사절차, 조사결과 공표범위 등에 관한 계획을 수립하여야 하고, 조사대상자에게 하도급거래 실태 등 조사에 필요한 자료의 제출을 요구할 수 있다. <개정 2011.3.29>

③ 공정거래위원회는 제2항에 따라 자료의 제출을 요구하는 경우에는 조사대상자에게 자료의 범위와 내용, 요구사유, 제출기한 등을 명시하여 서면으로 통지하여야 한다.

[본조신설 2010.1.25]

**하도급법 제23조(조사대상 거래의 제한)** ① 제22조제2항에 따라 공정거래위원회의 조사개시 대상이 되는 하도급거래(제13조제11항이 적용되는 거래를 포함

한다. 이하 이 조에서 같다)는 그 거래가 끝난 날부터 3년이 지나지 아니한 것으로 한정한다. 다만, 거래가 끝난 날부터 3년 이내에 신고되거나 제24조의4제1항제1호 또는 제2호의 분쟁당사자에 의하여 분쟁조정이 요청된 하도급거래의 경우에는 거래가 끝난 날부터 3년이 지난 경우에도 조사를 개시할 수 있다. <개정 2010.1.25, 2015.7.24>

② 제1항에서 "거래가 끝난 날"이란 제조위탁·수리위탁 및 용역위탁 중 지식·정보성과물의 작성위탁의 경우에는 수급사업자가 원사업자에게 위탁받은 목적물을 납품 또는 인도한 날을, 용역위탁 중 역무의 공급위탁의 경우에는 원사업자가 수급사업자에게 위탁한 역무공급을 완료한 날을 말하며, 건설위탁의 경우에는 원사업자가 수급사업자에게 건설위탁한 공사가 완공된 날을 말한다. 다만, 하도급계약이 중도에 해지되거나 하도급거래가 중지된 경우에는 해지 또는 중지된 날을 말한다. <신설 2010.1.25>

[전문개정 2009.4.1]

**하도급법 제27조(「독점규제 및 공정거래에 관한 법률」의 준용)** ① 이 법에 따른 공정거래위원회의 심의·의결에 관하여는 「독점규제 및 공정거래에 관한 법률」 제42조, 제43조, 제43조의2, 제44조, 제45조 및 제52조를 준용하고, 이 법에 따른 공정거래위원회의 처분에 대한 이의신청, 소송의 제기 및 불복의 소송의 전속관할에 관하여는 같은 법 제53조, 제53조의2, 제53조의3, 제54조, 제55조 및 제55조의2를 준용한다.

② 이 법을 시행하기 위하여 필요한 공정거래위원회의 조사, 의견청취 등에 관하여는 「독점규제 및 공정거래에 관한 법률」 제50조, 제50조의2 및 제53조의3을 준용한다. <개정 2016.3.29>

③ 다음 각 호의 자에 대하여는 「독점규제 및 공정거래에 관한 법률」 제62조를 준용한다.

1. 이 법에 따른 직무에 종사하거나 종사하였던 공정거래위원회의 위원 또는 공무원
2. 협의회에서 하도급거래에 관한 분쟁의 조정 업무를 담당하거나 담당하였던 사람

**공정거래법 제42조(회의의사 및 의결정족수)** ① 전원회의의 의사는 위원장이 주재하며 재적위원 과반수의 찬성으로 의결한다. <개정 1999.2.5>

② 소회의의 의사는 상임위원이 주재하며 구성위원 전원의 출석과 출석위원 전원의 찬성으로 의결한다.

[전문개정 1996.12.30]

**공정거래법 제43조(심리·의결의 공개 및 합의의 비공개)** ① 공정거래위원회의

심리와 의결은 공개한다. 다만, 사업자 또는 사업자단체의 사업상의 비밀을 보호할 필요가 있다고 인정할 때에는 그러하지 아니하다.
② 공정거래위원회의 심리는 구술심리를 원칙으로 하되, 필요한 경우 서면심리로 할 수 있다. <신설 2007.8.3>
③ 공정거래위원회의 사건에 관한 의결의 합의는 공개하지 아니한다. <개정 2007.8.3>
[전문개정 1999.2.5]

**공정거래법 제43조의2(심판정의 질서유지)** 전원회의 및 소회의의 의장은 심판정에 출석하는 당사자·이해관계인·참고인 및 참관인등에 대하여 심판정의 질서유지를 위하여 필요한 조치를 명할 수 있다.
[본조신설 1996.12.30]

**공정거래법 제44조(위원의 제척·기피·회피)** ① 위원은 다음 각호의 1에 해당하는 사건에 대한 심의·의결에서 제척된다. <개정 2004.12.31>
1. 자기나 배우자 또는 배우자이었던 자가 당사자이거나 공동권리자 또는 공동의무자인 사건
2. 자기가 당사자와 친족관계에 있거나 자기 또는 자기가 속한 법인이 당사자의 법률·경영등에 대한 자문·고문등으로 있는 사건
3. 자기 또는 자기가 속한 법인이 증언이나 감정을 한 사건
4. 자기 또는 자기가 속한 법인이 당사자의 대리인으로서 관여하거나 관여하였던 사건
5. 자기 또는 자기가 속한 법인이 사건의 대상이 된 처분 또는 부작위에 관여한 사건
6. 자기가 공정거래위원회 소속공무원으로서 당해 사건의 조사 또는 심사를 행한 사건

② 당사자는 위원에게 심의·의결의 공정을 기대하기 어려운 사정이 있는 경우에는 기피신청을 할 수 있다. 위원장은 이 기피신청에 대하여 위원회의 의결을 거치지 아니하고 결정한다.
③ 위원 본인이 제1항 각호의 1의 사유 또는 제2항의 사유에 해당하는 경우에는 스스로 그 사건의 심의·의결을 회피할 수 있다.
[전문개정 1996.12.30]

**공정거래법 제45조(의결서 작성 및 경정)** ① 공정거래위원회가 이 법 위반 여부에 관한 사항을 심의·의결하는 경우 의결 내용 및 그 이유를 명시한 의결서로 하여야 하고, 의결에 참여한 위원이 그 의결서에 서명·날인하여야 한다. <개정 1999.2.5, 2017.4.18>

> ② 공정거래위원회는 의결서 등에 오기(오기), 계산착오, 그 밖에 이와 유사한 오류가 있는 것이 명백한 때에는 신청에 의하거나 직권으로 경정(경정)할 수 있다. <신설 2007.8.3>
>
> 공정거래법 제46조(법 위반행위의 판단시점) 공정거래위원회가 이 법에 위반되는 사항에 대하여 의결하는 경우에는 그 사항에 관한 심리를 종결하는 날까지 발생한 사실을 기초로 판단한다.
> [본조신설 2012.3.21]

## Ⅰ. 의 의

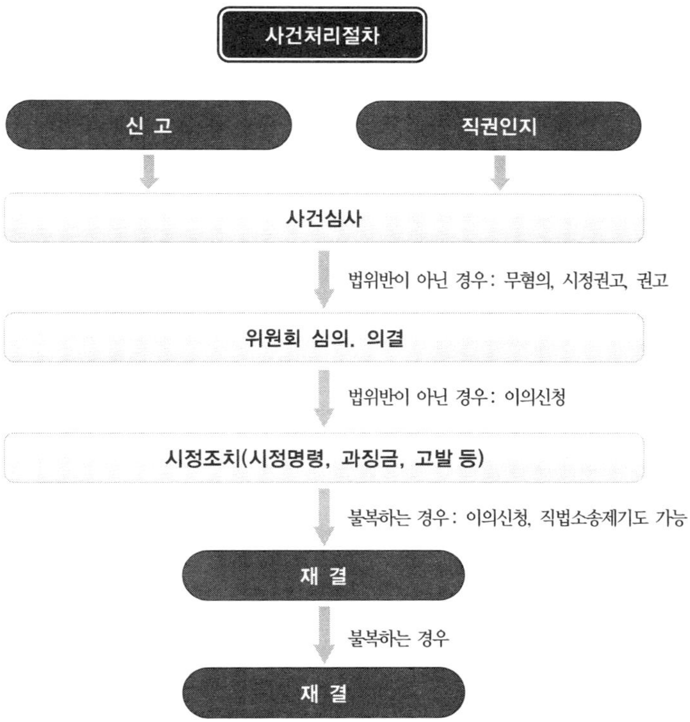


[사건절차 흐름도][35]

35) 공정거래위원회, http://www.ftc.go.kr/policy/judge/judgeMain.jsp, 2017. 8. 21. 검색.

공정거래위원회는 하도급법에 위반되는 사실을 신고받거나 직권으로 법위반 사실이 있다고 인정할 때 심사관을 통하여 조사를 개시하고, 조사 결과를 위원회에 상정하여 법위반 여부 및 그 제재를 결정하게 된다. 이 일련의 사건 처리 절차에 관한 법적 근거는 공정거래법과 공정거래법 제48조 제2항에 의하여 공정거래위원회가 제정한 「공정거래위원회 회의 운영 및 사건절차 등에 관한 규칙(이하 '사건절차규칙')」(개정 2017. 4. 14. 공정거래위원회 고시 제2017-2호)이 있다.

## Ⅱ. 사건처리절차의 개시

### 1. 신 고

#### (1) 신 고 자

누구든지 하도급법에 위반된 사실이 있다고 인정할 때에는 그 사실을 공정거래위원회에 신고할 수 있다(하도급법 제22조 제1항). 신고인은 하도급 거래의 관련자 또는 이해관계자에 한정되지 않는다. 하도급법 상담을 수행하는 지방자치단체 또는 시민단체도 신고할 수 있다. 사건 관련자는 보복이 두려워 신고하지 않을 가능성이 있으므로 신고를 촉진하기 위하여 제3자에게도 신고권한을 부여한 것으로 보인다.

#### (2) 법적 성격

대법원은 신고는 공정거래위원회에 대하여 법에 위반되는 사실에 관한 조사의 직권발동을 촉구하는 단서를 제공하는 것에 불과하고 신고인에게 그 신고 내용에 따른 적당한 조치를 취하여 줄 것을 요구할 수 있는 구체적인 청구권까지 있다고 할 수는 없다고 보았다.[36]

---

36) 대법원 2000. 4. 11. 선고 98두5682 판결, 대법원은 이 판결에서 공정거래위원회가 신고 내용에 따른 조치를 취하지 아니하고 이를 거부하는 취지로 무혐의 또는 각하 처리한다는 내용의 회시를 하였다 하더라도 이는 그 신고인의 권리의무에 아무런 영향을 미치지 아니하는 것이어서 그러한 조치를 가리켜 항고소송의 대상이 되는 행정처분에 해당한다

### (3) 신고의 방법

신고의 방법은 신고인이 공정거래위원회에 사건처리규칙에서 별지 제9호의 서식으로 정한 「불공정하도급거래행위 신고서」에 신고자의 성명·주소, 피신고자의 성명 또는 명칭, 위반행위의 내용과 이를 입증할 수 있는 자료를 분명히 밝혀서 제출하여야 한다(법 시행령 제10조 제1항, 사건처리규칙 제10조의2).

### (4) 신고서 접수 통지 및 접수의 시효중단 효과

신고서가 접수된 경우 공정거래위원회는 신고자가 동의하면 원사업자에게 신고가 접수된 사실을 통지하여야 한다(법 제22조 제1항 후단). 원사업자에게 신고가 접수된 사실이 통지한 때에는 민법 제174조에 따른 최고가 있은 것으로 본다(법 제22조 제3항 본문). 따라서 통지가 있은 때부터 6개월 내에 재판상의 청구를 하면 통지가 있은 때부터 시효중단의 효과가 있다. 다만, 신고 된 사실이 이 법의 적용대상이 아니거나 제23조 제1항 본문에 따른 조사대상 거래의 제한 기한을 경과하여 공정거래위원회가 심의절차를 진행하지 아니하기로 한 경우, 신고된 사실에 대하여 공정거래위원회가 무혐의로 조치한 경우 또는 신고인이 신고를 취하한 경우에는 최고의 효과가 없다.

### (5) 재 신 고

이미 처리한 사건과 동일한 위반사실에 대한 신고는 재심사 사유가 있다고 인정될 경우에 심사관이 위원장에게 사건심사 착수보고를 하고(사건처리규칙 제13조 제1항), 재심사 사유가 없는 경우에는 심사관은 심사절차를 개시하지 아니한다는 결정을 할 수 있다(사건처리규칙 제12조 제1항 제31호). 재심사 사유는 ① 사실의 오인이 있는 경우, ② 법령의 해석 또는 적용에 착오가 있는 경우, ③ 심사관의 심사종결이 있은 후 심사종결 사유와 관련이 있는 새로운 사실 또는 증거가 발견된 경우, ④ 기타 이와 준하는 사유가 있는 경우 등이다(사건처리규칙

---

고는 할 수 없다고 보았다.

제45조). 신고한 사건에 대해 공정거래위원회의 처리가 종결되기 전에 취하한 사건이라면 재신고하더라도 심사개시를 위하여 재심사 사유가 필요하지 않다.

### 2. 직권인지

공정거래위원회는 하도급법에 위반되는 사실이 있다고 인정할 때에는 필요한 조사를 할 수 있다(법 제22조 제2항).

## Ⅲ. 조사 및 심사절차

### 1. 사전심사

공정거래위원회 사무처장은 하도급법을 위반한 혐의가 있는 사실을 인지하거나 신고(인터넷을 통한 신고는 포함하고, 상담, 공정거래모니터요원·공정거래 대민정보서비스 시스템의 제보방을 통한 제보 등은 제외한다)를 받은 때에는 이를 심사할 심사관으로 하여금 심사절차의 개시에 앞서 사실에 대한 조사와 사전심사를 하게 할 수 있다(사건처리규칙 제10조 제1항). 심사관은 시고접수일로부터 10일까지, 인지한 경우에는 최초 자료제출요청일, 당사자 또는 이해관계인에 대한 최초 출석요청일, 최초 현장조사일 중 가장 빠른 날까지 사건을 등록하여야 한다. 인지사건의 경우 조사계획서를 첨부하여야 한다(사건처리규칙 제10조의3).

심사관은 사전심사를 마친 후 사건처리규칙 제12조 제1항 각호의 어느 하나에 해당한다고 인정되는 경우에는 심사절차를 개시하지 아니한다는 결정(심사관이 사건심사 착수보고를 한 이후에는 심사절차 종료 결정)을 할 수 있다. 사건처리규칙 제12조 제1항 각호는 심사절차를 개시하지 않을 수 있는 경우로 하도급법 적용대상이 아닌 경우, 하도급법 제23조의 조사대상 기간이 경과된 경우, 보완할 수 없는 경우, 신고를 취하한 경우, 사망, 해산, 폐업한 사업자를 신고한 경우, 이미 처리한 사건과 동일한 위반사항에 대하여 직권으로 인지하거나 다시 신고한 경우, 기타 하도급법 적용대상이 아니라고 인정되는 경우, 공정거래위원회 소관 규칙·고시·예규 등에서 정하고 있는 요건에 해당되어 하도급법 위반행위로 인정되지 아니하는 것이 명백한 경우를 들고 있다.

조사개시가 제한되는 조사대상 기간이 경과한 경우라 함은 조사개시 대상이 되는 하도급 거래가 끝난 날부터 3년이 경과한 거래를 말한다. 다만, 거래가 끝난 날부터 3년 이내에 신고 되거나 분쟁당사자에 의하여 분쟁조정이 요청된 하도급거래의 경우에는 거래가 끝난 날부터 3년이 지난 경우에도 조사를 개시할 수 있다(법 제23조 제1항).

심사관은 심사절차를 개시하지 아니 한다는 결정을 한 경우에는 그 결정 후 15일 이내에 신고인, 피조사인에게 그 사실을 서면으로 통지하여야 한다(사건절차규칙 제12조).

## 2. 심사절차

### (1) 심사절차의 개시

심사관은 조사 및 사전심사의 결과 심사절차를 개시하지 아니할 수 있는 경우에 해당하지 않는다고 인정되는 경우에는 공정거래위원장에게 사건심사 착수보고를 하여야 한다(사건처리규칙 제11조 제1항).

### (2) 조 사

공정거래위원회는 조사를 위하여 필요하다고 인정할 때에는 ① 당사자, 이해관계인 또는 참고인의 출석 및 의견의 청취, ② 감정인의 지정 및 감정의 위촉, ③ 소속공무원으로 하여금 사업자, 사업자단체 또는 이들의 임직원에 대하여 원가 및 경영상황에 관한 보고, 기타 필요한 자료나 물건의 제출을 명하거나 증거인멸의 우려가 있는 경우 제출된 자료나 물건의 영치를 할 수 있다. 이 경우 조사를 하는 공무원은 그 권한을 표시하는 증표를 관계인에게 제시하여야 한다(법 제27조 제1항, 공정거래법 제50조, 공정거래법 시행령 제55조, 제56조). 심사관 또는 조사공무원은 당사자 등의 의견을 들은 때에는 필요한 경우 진술조서를 작성해야 하고(사건처리규칙 제15조), 제출받은 자료나 물건을 영치하고자 할 때는 영치조서를 작성·교부하여야 한다(사건처리규칙 제17조).

조사공무원은 하도급법의 시행을 위하여 필요한 최소한의 범위 안에서 조사를 행하여야 하며, 다른 목적 등을 위하여 조사권을 남용하여서는 아니된다(공정거래법 제50조의2).

### (3) 조사 후 처리

심사관은 조사를 마친 후 하도급법 위반 사실이 인정될 경우 심사보고서와 그 첨부자료를 전원회의 또는 소회의에 제출하여야 한다(사건처리규칙 제29조 제1항). 하지만 심사관은 사건처리규칙의 전결 규정에 따라 하도급법 위반 사실이 인정될 경우에도 하도급법 위반 정도가 경미하거나 시정조치의 실익이 없거나 또는 심사절차 개시 후 자진 시정을 한 경우에는 경고를 할 수 있다.

심사관은 하도급법 위반 사실이 인정되지 아니하거나 판단하기 불가능한 때에는 전결로 심의절차종료, 무혐의, 종결처리, 심의중지를 할 수 있다(사건처리규칙 제53조의2). 사무처장은 ①위원회의 심결을 거쳐 위반행위를 시정하기에는 시간적 여유가 없거나 시간이 경과되어 위반행위로 인한 피해가 크게 될 우려가 있는 경우, ②위반행위자가 위반사실을 인정하고 당해 위반행위를 즉시 시정할 의사를 명백히 밝힌 경우, ③위반행위의 내용이 경미하거나 일정한 거래분야에서 경쟁을 제한하는 효과가 크지 않은 경우, ④공정거래 자율준수 프로그램(CP)을 실질적으로 도입·운용하고 있는 사업자가 동 제도 도입이후 최초 법위반행위를 한 경우에는 전결로 시정권고를 할 수 있다.

사무처장 또는 심사관이 전결로 처리한 경우에는 심사관은 15일 이내에 피조사인 및 신고인 등에게 처리결과와 그 이유가 구체적으로 기재된 문서로 통지하여야 하며, 필요하다고 인정되는 경우에는 이해관계인 등에게도 통지할 수 있다. 심사관 전결로 경고를 받은 자가 법위반의 여부 등에 관하여 심의를 요청하는 경우에 심사관은 심사보고서를 작성하여 소회의에 상정하여야 한다(사건처리규칙 제53조의2 제5항, 제7항). 또 시정권고를 받은 자가 수락하지 아니하기로 통지하거나, 시정권고를 통지받은 날부터 10일 이내에 그 수락여부를 서면으로 통지하지 아니한 경우에는 심사관은 당해 사건에 대한 심사보고서를 작성하여 각 회의에 제출하여야 한다(사건처리규칙 제51조 제4항).

## 3. 심의절차

### (1) 심의절차의 개시

전원회의 또는 소회의가 심사관으로부터 심사보고서와 그 첨부자료를 제출받은 때 심의절차가 개시된다. 심사보고서에는 사건의 개요, 시장구조 및 실태, 제도개선사항의 유무, 사실의 인정, 위법성 판단 및 법령의 적용, 자율준수 프로그램 또는 소비자불만 자율관리 프로그램 운용상황의 조사여부, 심사관의 조치의견, 피심인 수락 여부, 첨부자료를 기재하여야 한다(사건처리규칙 제29조 제1항). 심사관은 심사보고서 제출 전에 당해 사건이 소회의 소관사항인 경우 피심인에게 심사보고서상의 행위사실을 인정하고 심사관의 조치의견을 수락하는지 여부를 물어야 하며, 불수락('부분수락'을 포함한다. 이하 같다)의 경우에는 이에 대한 의견을 제출할 것을 문서로 요청하여야 한다. 다만, 심사관의 조치의견이 고발 또는 과징금납부명령인 경우, 피심인이 수락하지 않을 것이 명백한 경우 및 의장의 승인이 있는 경우에는 행위사실 인정 및 조치의견 수락 여부를 묻지 아니한다(사건처리규칙 제28조 제1항).

### (2) 심의절차 개시 고지 등

심사관은 심사보고서를 각 회의에 제출함과 동시에 피심인에게 심의절차의 개시 사실을 고지한다. 이때 피심인에게 심사보고서와 그 첨부자료의 목록 및 첨부자료(이하 "첨부자료 등"이라 한다)를 송부하고, 이에 대한 의견을 3주의 기간 내에 심판관리관에게 문서로 제출할 것을 통지하여야 한다(사건처리규칙 28조 제10항). 하지만, 심사관 조치의견의 사전 송부로 인하여 각 회의의 독립적 판단을 저해할 우려가 있거나 기타 불가피한 사유가 있는 경우 심사관은 심사관 조치의견을 심의기일(2회 이상 심의가 속개되는 것이 예정된 경우에는 최종 심의기일로 한다)에 피심인에게 배포할 수 있다(사건처리규칙 제28조 제11항).

### (3) 피심인의 심사보고서에 대한 의견서 제출

피심인은 심사보고서에 대한 의견을 3주의 기간 내에 심판관리관에게 문서로 제출하여야 한다. 다만, 부득이한 사유로 제10항의 규정에 의한 의견서 제출기간의 연장이 필요한 경우 피심인은 그 사유를 명시하여 심판관리관에게 문서로 연장신청을 할 수 있다(사건처리규칙 제28조 제10항, 제16항). 피심인이 심사보고서에 대한 의견서를 제출할 때에는 의견서에 사건명, 사건번호, 피심인의 성명·주소, 대리인, 심사보고서에 대한 의견, 증거자료 목록 등 첨부자료, 심사보고서 첨부자료 기타 자신에 관한 자료로서 영업비밀 등의 보호를 이유로 신고인, 다른 피심인 등에게 공개되기를 원하지 않는 자료가 있는 경우에는 그 자료의 목록 및 사유, 심의절차 진행과 관련한 의견이 있는 경우 그 사유를 기재하여야 하고, 의견을 뒷받침할 수 있는 증거자료를 기재하여야 한다(사건처리규칙 제28조 제14항).

### (4) 심의기일 진행

각 회의의 의장은 피심인의 의견서가 제출된 날 또는 의견서 제출기한 만료일 다음날부터 30일 이내에 당해 사건을 심의에 부의하여야 한다(사건처리규칙 제31조 제1항). 의장은 회의 구성원, 피심인, 신고인에게 심의개최의 일시, 장소, 사건명 등을 통지하여야 한다(사건처리규칙 제33조).

심의기일에 피심인(또는 대리인)은 출석하여야 하고, 심의는 공개된다. 출석한 피심인 또는 참고인이 본인이 맞는지 확인하는 인정심문을 한 다음 심사관이 심사결과의 요지를 진술하고, 그 뒤 피심인이 그에 대한 의견을 진술한다. 피심인 또는 심사관에 신청에 의하거나 회의 직권으로 증거조사하거나 감정인을 출석시켜 의견을 듣는다. 증거조사가 끝나면 심사관이 조치의견을 진술하고, 피심인이 마지막 의견을 진술하는 것으로 심의를 마친다.

### (5) 심의절차에서 피심인의 절차적 권리

피심인은 회의에 출석하여 그 의견을 진술하거나 필요한 자료를 제출

할 권리가 있다(공정거래법 제52조)

피심인은 심사보고서 중 공개하지 아니한 첨부자료에 대하여 위원회에 열람·복사를 신청할 수 있다(사건처리규칙 제29조의2).

피심인은 대리인을 선임할 수 있다. 대리인은 변호사, 피심인인 법인의 임원 등 기타 각 회의의 허가를 얻은 자만 선임할 수 있다. 원칙적으로 대리인을 선임한 경우 피심인 본인은 심의에 출석할 필요가 없다. 다만 의장이 피심인의 책임 있는 답변이나 법위반 재발방지 등을 위한 의견청취가 필요하다고 판단하여 피심인 본인(피심인이 법인인 경우에는 그 대표자)에게 심의에 출석할 것을 명한 경우에는 출석하여야 한다(사건처리규칙 제36조).

피심인은 심사관에게 질문할 수 있는 질문권이 있다. 질문권은 의장의 허락을 얻어야 하고, 심사관의 진술의 취지가 명백하지 아니한 때로 제한된다(사건처리규칙 제39조).

피심인, 참고인, 이해관계인은 심판정에서 자신의 사업상의 비밀이 포함된 사항에 대하여 발언하고자 하는 경우에는 영업비밀 등의 보호를 위하여 필요한 조치를 요청할 수 있다. 필요한 조치에는 분리 심리, 다른 피심인 등의 일시 퇴정, 기타 필요한 조치가 있다. 공정거래위원회는 사업상 비밀이 공개될 경우 피심인 등의 정당한 이익을 해할 우려가 있는 경우에는 사업상 비밀이 포함된 의견서를 공개하지 않거나 비밀을 삭제하여 의결서를 공개할 수 있다(사건처리규칙 제40조의2).

그 외에도 피심인에게 증거조사 신청권(사건처리규칙 제41조), 최종 의견 진술권(사건처리규칙 제43조)이 보장된다.

## 4. 의 결

### (1) 합의 및 의결서 작성

전원회의 또는 소회의가 심의를 종결한 후 법위반 여부와 제재에 관한 의결을 한다. 의결은 의결 내용 및 그 이유를 명시한 의결서로 하여야 한다(공정거래법 제45조). 각 회의는 의결 합의가 있는 날부터 35일(과징금 부과금액의 확정을 위해 필요한 자료의 제출을 명하는 경우 70일) 이내에 의결서를 작성하여야 한다(사건처리규칙 제54조). 심판관리관은 의결이 있는 경우 합의가 있는 날로부터 40일(과징금 부과금액의 확정을 위해 필요한 자료의 제출을 명하는 경우 75일) 이내에 피심인 또는 권한 있는 기관의 장에게 의결서의 정본을 송부하여야 한다(사건처리규칙 제56조).

### (2) 의결 유형

각 회의는 심의절차종료, 무혐의, 종결처리, 심의중지, 경고, 시정명령, 고발 등 결정을 할 수 있다.

#### 1) 심의절차종료

심사절차를 개시하지 아니할 수 있는 사유가 있는 경우, 재신고 사건으로 원사건에 대한 조치와 같은 내용의 조치를 하는 경우, 법위반 여부의 판단이 불가능한 경우 등으로 판단되면 심의절차의 종료를 의결할 수 있다(사건처리규칙 제46조).

#### 2) 무 혐 의

피심인의 행위가 하도급법 위반행위로 인정되지 아니하거나 위반행위에 대한 증거가 없는 경우에는 무혐의를 의결할 수 있다. 각 회의는 이런 경우에도 장래의 법위반 예방 등 필요한 경우에는 주의를 촉구할 수 있다(사건처리규칙 제47조).

#### 3) 종결처리

피심인에게 사망·해산·파산·폐업 또는 이에 준하는 사유가 발생함으로써 시정조치 등의 이행을 확보하기가 사실상 불가능하다고 인정될 경우, 피심인이 채무자 회생 및 파산에 관한 법률에 의하여 보전처분 또는 회생절차개시결정을 받았고, 법 위반 혐의가 재산상의 청구권과 관련된 경우는 종결처리를 의결할 수 있다(사건처리규칙 제48조)

#### 4) 심의중지

심의를 계속하기가 곤란한 경우에는 그 사유가 해소될 때까지 심의중지를 의결할 수 있다. 심의중지 사유로는 부도 등으로 인한 영업중단, 일시적 폐업이라고 인정되는 경우, 법인의 실체가 없는 경우, 도피 등에 의한 소재불명, 국외에 소재하는 외국인 사업자를 신고한 경우로서 조사 등이 현저히 곤란한 경우, 기타 이에 준하는 경우를 들고 있다(사건처리규칙 제49조).

#### 5) 경 고

하도급법 위반 행위가 인정되지만 법 위반이 경미한 경우, 사건처리과정에서 피심인이 스스로 시정한 경우에는 경고를 의결할 수 있다(사건처리규칙 제50조).

#### 6) 시정명령 등

하도급법 위반 행위가 인정되고 법 위반이 경미하지 않을 경우 공정거래위원회는 시정명령, 과징금납부명령, 과태료납부명령의 의결을 할 수 있다(사건처리규칙 제52조).

#### 7) 고발 등

하도급법 위반 행위가 인정되고 필요한 경우 공정거래위원회는 고발, 입찰참가자격제한요청, 영업정지요청의 결정을 할 수 있다(사건처리규칙 제53조).

## 5. 불복절차

### (1) 이의신청

피심인과 신고인은 공정거래위원회 처분에 대하여 불복할 경우 처분의 통지를 받은 날부터 30일 이내에 공정거래위원회에 이의를 신청할 수 있다(공정거래법 제53조). 공정거래위원회는 이의신청에 대하여 60일 이내에 재결을 하여야 한다. 재결기간은 30일 범위 안에서 연장할 수 있다. 공정거래위원회는 이의신청에 대하여 전원회의를 열어 각하, 기각, 원처분의 취소 또는 변경을 할 수 있다.

### (2) 소의 제기

공정거래위원회의 처분 또는 재결처분에 대하여 불복할 경우 전속관할 법원인 서울고등법원에 소를 제기할 수 있다. 이때 소를 제기할 처분은 법위반 사실을 인정한 시정명령, 고발등 처분에 관하여만 할 수 있고, 법위반 사실을 인정하지 않은 무혐의 의결 등은 항고소송의 대상이 되지 않는다. 대법원은 하도급법의 신고는 신고인에게 그 신고 내용에 따른 적당한 조치를 취하여 줄 것을 요구할 수 있는 구체적인 청구권까지 있다고 할 수는 없고, 따라서 이 판결에서 공정거래위원회가 신고 내용에 따른 조치를 취하지 아니하고 이를 거부하는 취지로 무혐의 또는 각하 처리한다는 내용의 회시를 하였다 하더라도 이는 그 신고인의 권리의무에 아무런 영향을 미치지 아니하는 것이어서 그러한 조치를 가리켜 항고소송의 대상이 되는 행정처분에 해당한다고는 할 수 없다고 보았다.[37)]

### (3) 헌법소원

무혐의 또는 각하 등 결정에 대하여 신고인은 헌법소원으로 다툴 수 있다. 헌법재판소는 "공정거래위원회의 무혐의 조치는 혐의가 인정될 경우에 행하여지는 시정조치에 대응되는 조치로서 공정거래위원회의 공권력 행사의 한 태양에 속하여 헌법재판소법 제68조 제1항 소정의 '공권력의 행사'에 해당하고, 따라서 공정거래위원회의 자의적인 조사 또는 판단에 의하여 결과 된 무혐의 조치는 헌법 제11조의 법 앞에서의 평등권을 침해하게 되므로 헌법소원의 대상이 되며, 공정거래위원회의 심사불개시결정 및 심의절차종료결정 역시 공권력의 행사에 해당되고, 그것이 자의적일 경우 피해자(신고인)의 평등권을 침해할 수 있으므로, 헌법소원의 대상이 된다고 할 것이다."라고 판시하였다.[38)]

---

37) 대법원 2000. 4. 11. 선고 98두5682 판결.

38) 헌법재판소 2011. 12. 29. 선고 2011헌마100 결정.

# 제 2 편

# 하도급거래 공정화에 관한 법률

제1장 하도급거래 공정화에 관한 법률의 기초적 이해

제2장 계약 단계에서의 보호

제3장 계약 이행 단계에서의 준수의무

제4장 대금 지급 단계에서의 준수의무

제5장 원사업자의 일반적 금지 사항

제6장 하도급거래의 공정성 확보 수단

Chapter 01

# 하도급거래 공정화에 관한 법률의 기초적 이해

## 제 1 절 하도급거래 공정화에 관한 법률의 목적 및 필요성

### Ⅰ. 하도급거래 공정화에 관한 법률의 목적

> 하도급법 제1조(목적) 이 법은 공정한 하도급거래질서를 확립하여 원사업자와 수급사업자가 대등한 지위에서 상호보완하며 균형있게 발전할 수 있도록 함으로써 국민경제의 건전한 발전에 이바지함을 목적으로 한다.

#### 1. 국민경제의 건전한 발전을 위한 목적

현대사회의 대량생산체제는 전문화·분업화를 기반으로 하고 있어 생산의 일부를 전문업체에 위탁하여 하도급거래를 하고 있는 것이 일반적이다. 하도급거래는 국민경제에서 차지하는 비중이 크지만 수급사업자는 영세한 중소기업인 반면 원사업자는 거래상 우월적 지위를 이용할 수 있어 부당한 하도급대금 결정, 장기어음 교부, 하도급대금의 부당감액 등 불공정거래행위가 관행화되고 있다. 이러한 하도급거래관계의 불균형은 수급사업자인 중소기업의 경쟁력을 떨어뜨리고 중소기업에 속해 있는 고용노동자들의 경제·사회적 지위를 불안하게 하여 국민경제의 내수기반을 약화시키는 등 국민경제 전체의 균형적 발전을 저해하고 있다.

## 2. 수급사업자 보호를 위한 목적

우리나라는 1960년대 이후 대기업주도의 경제성장을 추구해왔으나, 이러한 상황에서도 중소기업이 지금껏 양적으로나 질적으로 경제의 중추적 역할을 담당해 왔음은 의문의 여지가 없다. 특히 우리나라의 경우 중소기업은 사업자 수와 고용인원 등 양적인 면에서 압도적 비중을 차지하고 있으나 이익률이나 임금수준 등 질적인 면에 있어서는 대기업과의 격차가 확대추세에 있어 양극화현상이 더욱 심해지고 있다. 이러한 현상은 역사적·구조적 측면 외에 대기업과 중소기업 간의 거래관계 측면에서 그 원인을 찾을 수 있다. 수요 독점적 구조에서 발생하는 교섭력의 차이와 그에 따른 거래상의 불공정성 문제가 그 대표적 예이다. 특히 교섭력의 차이로 인해 중소납품기업이 창출한 부가가치의 일부가 구매대기업에 이전되고 구매대기업의 부담 일부가 중소납품기업에 전가되는 경우 왜곡된 가치이전구조가 형성된다. 이런 왜곡된 구조는 성장이 되더라도 고용이 늘지 않는 문제를 심화시킬 뿐 아니라 궁극적으로 우리경제의 성장기반을 취약하게 만드는 원인으로 작용한다.

## 3. 공정한 하도급거래질서 확립을 위한 목적

국민경제의 균형발전과 선진경제로의 도약을 위해서는 대기업과 중소기업의 동반성장이 필수적 과제이다. 자유 시장을 기반으로 하는 경제체제하에서 대기업과 중소기업의 균형발전은 대기업의 시장집중을 억제함과 동시에 대기업의 중소기업에 대한 경제력 남용을 방지하는 것에서 출발해야 한다. 이러한 목적을 달성하기 위해서는 투명하고 공정한 거래질서 구축이라는 측면에서 시장에서의 거래구조와 행태차원에서 각종 불공정거래관행을 시정하는데 중점을 두고 공정거래법과 하도급법의 엄정한 법집행이 요구된다.

# Ⅱ. 공정거래법으로부터 독립한 하도급법의 필요성

## 1. 공정경쟁질서를 위한 법률과 일반경쟁법으로서의 공정거래법

공정거래법은 일반 경쟁법으로서 모든 산업분야에 걸쳐 예외 없이 적용되는 것이다. 1980년 말 공정거래법 제정 이후 공정거래위원회가 공정경쟁 질서를 확립하기 위해 관리하고 있는 법률은 공정거래법, 하도급법, 약관법, 방문판매법, 할부거래법, 소비자기본법, 표시광고법, 전자상거래법, 대규모유통업법, 가맹사업법, 대리점법 등 총 11개가 있다. 이 중 하도급거래에서 중소기업을 보호하고자 하는 법률이 1984년 제정된 「하도급거래 공정화에 관한 법률(법률 제3779호 : 이하 "하도급법")」이다.

## 2. 중소기업 보호 법제의 필요성

### (1) 하도급거래에서 발생하는 불공정거래행위의 특수성

우리나라에서는 중소기업의 경쟁력과 혁신역량을 강화하기 위해 각종 적극적 지원책이 마련되고 있으나 일상적인 거래관계에서 중소기업을 보호하는 법제는 상대적으로 미흡한 상황이다. 하도급법을 제외할 경우 대기업의 횡포로부터 중소기업 보호 역할을 담당하는 것으로는 거래상 지위남용을 중심으로 한 공정거래법적 규제와 대기업에 의한 불공정 약관 사용 금지를 내용으로 한 약관규제법적 규제가 있을 뿐이다. 즉 재벌중심의 계열화된 산업구조에서 하도급에 의존하고 있는 중소기업을 불공정거래로부터 보호하는 법제는 하도급법이 거의 유일하다 할 수 있다.

하도급거래에서 발생하는 불공정거래행위는 일반적인 불공정거래행위의 유형과 중복되거나 유사한 것이 많다. 그러나 하도급거래에서 발생하는 불공정거래행위에 대해 일반불공정거래행위로 규제할 경우, 구체적인 위법성 판단기준이 개별 사례마다 모호하여 수급사업자가 이를 다투기가 매우 어렵고, 하도급거래에 내재된 구조적 종속성으로 인하여 관행화된 불공정거래행위를 사후규제만으로 해소하는 것도 실효성을 기대하기 어렵다. 또한 공정거래법이나 약관규제법은 경쟁보호를 통한 간접적인 중소기업 보호나 추상적 약관통제를 통한 무효선언에 그치고 있어서 구체적인 거래관계에서 중소 하도급업체의 보호는 매우 미흡하다. 특히 소프트웨어나 IT분야에서의 수급사업자의 경우 독창적인 기술력을 토대로 상당한 잠재력을 보유하고 있으나 대기업과의 하도급거래를 통하여 자신의 기술 자료가 부당하게 이용되거나 적정한 대금을 받지 못하는 경우가 다수 존재한다.

### (2) 하도급거래 분야에서의 전형적 불공정거래행위 사전 방지 필요성

공정거래법이나 약관규제법 등으로는 하도급거래분야에서 전형적으로 발생하는 불공정거래행위를 사전에 방지하기에 충분치 않다. 예를 들어 건설하도급에서 흔히 발생하는 선급금 미지급이나 어음할인료 미지급 등 행위는 공정거래법상 불공정성의 잣대로만 판단하기 어려우며 구두발주가 이루어지는 경우에는 처음부터 거래조건이 입증되지 않기 때문에 그 불공정성을 다투는 것이 더욱 어렵다. 따라서 공정거래법 등에만 의존하여 하도급거래의 공정화를 기대하기는 무리이며, 제조·건설 또는 용역위탁별로 전형적으로 나타나는 고유한 불공정거래행위 유형을 고려하여 사전적 규제와 사후적 규제를 종합한 독자적인 규제시스템을 갖추는 것이 필요하다. 대기업과의 하도급거래에서 부당한 단가인하 등으로 피해를 입은 중소 수급사업자가 존재하더라도 특정 대기업과의 거래의존도가 높고 독자 브랜드가 약한 수급사업자의 입장에서는 이를 공정거래위원회에 신고하여 구제 받기를 기대하기 어렵다. 더구나 법위반 여부 자체가 불명확한 상태라면 신고는 더욱 어려워지며 설사 신고가 이루어져 법위반이 확인된 경우라도 공정거래법상 적절한 구제를 받기란 현실적으로 매우 어렵다. 계약체결 이전에 발생한 행위, 즉 대기업이 특정 IT관련 부품 또는 소프트웨어나 서비스를 정식 계약 전에 사용한 후 기술을 편취하거나 다른 사업자와 계약을 체결해버린 경우 등에는 공정거래법상 적절한 구제조치를 기대하기가 현실적으로 어려운 부분이 있다. 따라서 하도급거래로 인한 중소사업자의 피해구제나 예방, 나아가 이를 통한 중소사업자의 기술력과 혁신

잠재력의 보호 및 그 사용가치의 적절한 보상을 위해서도 별도의 제도적 장치가 필요하다.

# 제 2 절 하도급법의 체계와 외국의 입법례

## Ⅰ. 하도급법의 체계

### 1. 하도급법의 구성 및 적용대상 거래행위

하도급법은 크게 제1조, 제2조의 목적 및 적용범위 규정과 3조 이하의 규제내용으로 구성되어 있다. 제3조 이하의 규제내용으로는 원사업자의 9개 (작위)의무와 12개의 금지(부작위)의무, 발주자의 하도급대금 직접지급의무와 수급사업자의 서류보존 및 건설하도급대금 계약이행보증의무가 있고 그 외 법위반행위에 대한 제재수단을 규정하고 있다.

한편 하도급법은 모든 도급거래 내지 하도급거래에 적용되는 것이 아니라, 하도급법에 정한 제조·수리·건설·용역 업종내의 매출액과 상시고용자수에 따른 적용대상기업이 거래하는 경우에 거래종료일로부터 3년의 기간에 적용되는 것이다.

### 2. 원사업자의 작위 및 부작위 의무

원사업자의 작위의무로는 1) 서면교부 및 서류보존, 2) 선급금의 지급, 3) 내국신용장의 개설, 4) 검사 및 검사결과의 통지, 5) 하도급대금의 지급, 6) 하도급대금 지급보증, 7) 관세 등 환급액의 지급, 8) 설계변경 등에 따른 하도급대금의 조정의무, 9) 추가 계약시 서면작성의무 등이 있고, 원사업자의 부작위의무로는 1) 부당한 하도급대금의 결정금지, 2) 부당한 특약금지, 3) 물품 등의 구매강제금지, 4) 부당한 위탁취소 및 수령거부 금지, 5) 부당반품금지, 6) 하도급대금의 부당감액의 금지, 7) 물품구매대금의 부당결제청구의 금지, 8) 경제적 이익의 부당요구 금지, 9) 부당한 대물변제금지, 10) 부당한 경영간섭금지, 11) 보복조치금지, 12) 탈법행위 금지의무 등이 규정되어 있다.

### 3. 법위반 행위에 대한 제재

하도급법을 위반했을 경우의 행정적 제재수단으로는 시정명령과 공표명령 및 하도급대금의 2배 이하 범위 내에서의 과징금부과, 상습위반자에 대한 명단 공표 및 입찰참가제한요청과 영업정지·취소 요청 등이 있다. 그 외 사법적 제재수단으로 하도급대금의 2배에 상당하는 벌금형 또는 3억원 또는 1억 5천만원 이하의 벌금형이 규정되어 있고, 민사상 손해배상 책임을 지도록 규정하고 있다.

특히 민사상 손해배상과 관련하여, 2013. 5. 28. 하도급법 개정을 통해 실손해배상 및 징벌적 손해배상의 적용대상을 확대하였다. 하도급거래 공정화를 위한 다양한 노력에도 불구하고 불공정 하도급 행위가 근절되지 않고, 적발이 어려운 교묘한 위반행위 때문에 상대적 약자인 하도급업체의 보호에 미흡하다는 점을 개선·보완하기 위한 것이다. 이에 따라 원사업자가 하도급법 규정을 위반함으로써 수급사업자에게 손해가 발생한 경우 그 실손해에 대한 배상책임을 지고, 특히 부당한 단가인하, 부당한 위탁취소, 부당한 반품행위, 취득한 기술자료유용행위로 인한 손해가 발생한 경우 수급사업자에게 발생한 손해의 3배 범위에서 징벌적 손해배상책임을 지게 되었다.

## Ⅱ. 외국 입법례와의 비교

대체로 우리 법은 일본의 "하도금대금지불지연 등 방지법"(이하 "하청법")과 유사한 법률체계를 취하고 있으나, 일본의 하청법은 제재수단으로 3만엔 이하의 벌금과 시정권고 및 시정권고 위반시 위반내용 공표의 수준에 머무르고 있다.

미국은 우리와 같은 독자적인 하도급법은 존재하지 않지만 연방조달규정(Federal Acquisition Regulation, FAR)과 중소기업법(Small Business Act, SBA) 등에 원사업자 선정시 세부적인 하도급 계획의 수립을 요구하고, 표준계약조항을 장려 내지 의무화 계약담당관제도, 하도급계약이행에 관한 리포트제도 등 수급사업자를 보호하는 규정을 두고 있다.[39)]

유럽은 EU 2014 공공계약지침(2014/24//EU)에 의해 발주자는 원사업자에게 하도급이 이루어지는 부분을 특정할 수 있도록 하고, 수급사업자의 요청에 있을 경우 발주자는 수급사업자에게 직접 지급할 수 있도록 수급사업자를 보호하는 규정을 두고 있다.[40)] 프랑스에서는 4,000프랑 이상의 공공 공사에 대하여는 발주자가 직접 수급사업자에게 하도급대금을 지급해야 한다.

# 제 3 절 하도급법의 적용범위

## Ⅰ. 하도급법과 다른 법률과의 관계

### 1. 민법상 도급 또는 하도급과의 차이

도급이란 수급인이 일을 완성하면 그 대가로 도급인이 보수를 지급하기로 하는 계약이며 하도급은 도급받은 일의 완성의무를 다시 재도급하는 것을 의미한다. 이러한 민법상의 재도급이 모두 하도급법상의 하도급에 해당하는 것은 아니고 하도급법상의 적용대상기업 요건과 적용대상 업종 요건에 해당하여야만 하도급법상의 하도급거래에 해당한다.

하도급법 제2조에 의하면 하도급은 “원사업자가 수급사업자에게 제조위탁·수리위탁·건설위탁·용역위탁을 하거나 원사업자가 다른 사업자로부터 제조위탁·수리위탁·건설위탁 또는 용역위탁을 받은 것을 수급사업자에게 다시 위탁하고 이를 위탁받은 수급사업자가 위탁받은 것을 제조 또는 수리·시공·용역수행하여 이를 원사업자에게 납품·인도 또는 제공하고 그 대가를 수령하는 행위”를 말한다. 그러므로 하도급법상의 하도급은 반드시 원도급거래를 전제로

39) 김관보, 「선진국의 위수탁 계약에 관한 연구」, 2015. 12. 21. 공정거래위원회, 31면.

40) 김관보, 앞의 글, 74-75면.

하는 것은 아니다. 예를 들어, 건설공사에서 자체공사처럼 발주자인 동시에 원사업자인 경우에도 하도급법이 적용될 수 있다.

> 판례 하도급법 제2조 제2항에 의하여 법률의 적용범위는 하도급관계냐 아니냐에 따르는 것이 아니라 원사업자의 규모에 의하여 결정됨을 알 수 있으므로 하도급법은 그 명칭과는 달리 흔히 말하는 하도급관계뿐만 아니라 원도급관계도 규제한다(**대법원 2003. 5. 16. 선고 2001다2470 판결**).

## 2. 다른 법률과의 관계

건설하도급의 경우 건설산업기본법(이하 "건산법"이라 한다)에서도 하도급관계를 규율하고 있는데 이 경우 먼저 하도급법이 적용되고 하도급에서 규율되지 않는 하도급관계에 대해서는 건산법이 적용될 수 있다. 건산법[41]에서 하도급법 외에 규율하고 있는 내용은 아래와 같다.

① 일괄하도급의 금지(법 제29조 제1항, 시행령 제31조)
② 전문공사 하도급의 경우 발주자에 통지의무(법 제29조 제2항, 시행령 제32조)
③ 일반건설업자에 대한 하도급은 발주자 승낙 있는 경우로 제한(법 제29조 제3항)
④ 재하도급의 금지(법 제29조 제4항)
⑤ 하도급대금의 지급의무(법 제34조, 준공금을 받았을 때 15일내에 하도급대금 지급)
⑥ 하도급대금의 직접지급(법 제35조, 국가·지방자치단체·정부투자지관 발주 공사에서 수급인이 하도급대금 1회 이상 연체한 경우와 공사예정가격의 82% 미달금액으로 도급 계약한 경우 발주자가 하수급인에 직접 지급)
⑦ 하수급계약의 적정성 심사(법 제31조, 원도급 수주금액의 82% 미만의 경우 발주자가 하수급인의 시공능력 계약내용의 적정성을 심사할 수 있도록 하여 지나친 저가 하도급 방지) 등

---

41) 건산법은 발주자-수급인(하도급법상 원사업자)-하수급인(하도급법상 수급사업자)의 체계로 되어 있다.

# Ⅱ. 하도급법의 적용범위

## 1. 적용 당사자(기업)관계

원사업자는 중소기업자[42)]가 아닌 사업자로서 중소기업자에게 제조 등의 위탁을 한 자의 경우뿐만 아니라 중소기업자인 경우에도 그 직전 사업연도의 연간매출액 또는 상시고용 종업원 수가 제조 등의 위탁을 받은 다른 중소사업자의 연간매출액 또는 상시고용 종업원 수보다 많은 경우에도 그 중소기업자와 위탁받은 중소기업자 사이의 하도급거래에 하도급법이 적용된다. 중소기업자란 제조업은 상시근로자 300명 미만 또는 자본금 80억 이하, 건설업은 상시근로자수 300명 미만 또는 자본금 30억원 이하를 말한다. 다만 연간매출액을 기준으로 제조·수리 위탁의 경우에는 20억 미만인 중소기업자, 건설위탁의 경우에는 시공능력평가액 30억 미만인 중소기업자, 용역위탁인 경우에는 연간매출액이 10억원 미만인 중소기업자는 원사업자 대상에서 제외된다(법 시행령 제2조 제4항). 또한, 원사업자 요건을 갖춘 기업이 계열회사를 통해 우회적으로 중소기업자에게 위탁한 경우, 상호출자제한 기업집단소속 회사 등도 여기에 해당한다.

수급사업자란 ① 영리를 목적으로 하는 중소기업자(자산총액 5,000억 미만일 것, 중소기업기본법 시행령 제3조 제1항 제1호에 의한 평균 매출액 제한이 있음), ② 사회적 기업, 협동조합, 협동조합연합회, 사회적 협동조합, 사회적 협동조합연합회, 중소기업협동조합, ③ 중소기업을 졸업한 3내 이내의 기업 등이다.[43)]

---

42) 중소기업기본법 제2조 제1항의 규정에 따른 자를 말하며, '중소기업협동조합법'에 따른 중소기업협동조합을 포함한다.

43) 대법원은 하도급법 제2조 제2항 제1호, 제3항은 하도급법에서 수급사업자라 함은 중소기업기본법 제2조 제1항 규정에 의한 중소기업자를 말한다는 취지로 규정하고 있을 뿐 중소기업기본법 제2조 제3항에 의하여 중소기업자로 보는 경우를 포함시키고 있지 않은 점들을 종합적으로 고려하면 하도급법에서의 수급사업자에는 중소기업기본법 제2조 제1항의 규정에 의한 중소기업에는 해당하지 아니하나 중소기업기본법 제2조 제3항에 의하여 종소기업으로 보는 경우는 여기에 해당하지 않는 것으로 보고 있다(대법원 2010. 4. 29. 선고 2008두4296 판결).

**심결례** **그룹 계열의 중소기업자를 원사업자로 이용한 하도급행위에 관한 하도급 적용(공정거래위원회 2006. 3. 10. 의결 2005부사1163, 2006부사9176)**

(1) 사실관계

피심인 (주)○○테크는 중소기업자로 연간매출액이 20억원 미만에 해당하여 하도급법 제2조 제2항 단서에 의하여 원사업자 제외대상에 해당하나, 계열회사인 ××공업(주)로부터 금형의 제조를 위탁받아 이를 그대로 이○○에게 재위탁하였다. 이00이 하도급법위반으로 신고를 하자 ○○테크는 자신은 연간매출액이 20억원 미만이어서 하도급법 적용대상이 아니라고 항변하였으나, 사실상 그룹 중심기업인 ×× 공업이 중소기업자인 계열회사 ○○테크를 이용하여 하도급거래를 한 것이 아닌지 문제가 제기되었다.

(2) 공정거래위원회의 결정요지

이○○이 피심인 ××공업(주)로부터 직접 제조위탁을 받은 것으로 하면 수급사업자에 해당하므로 (주)○○테크는 제2조 제4항의 규정에 의한 원사업자에 해당한다.

(3) 법률상 의미

하도급법 제2조 제4항에 따라 사업자가 독점규제및공정거래에관한법률("공정거래법") 제2조 제3호의 계열회사에 제조 등을 위탁하고 그 계열회사가 제3자(수급사업자)에게 다시 그 위탁업무의 전부 또는 상당부분을 재위탁한 경우 계열회사는 원사업자의 요건을 갖추지 못하였다 하더라도 위 사업자와 제3자의 관계에서 위 사업자가 원사업자의 요건을 갖춘 경우 계열회사가 원사업자의 요건을 갖춘 것으로 보아 하도급법이 적용될 수 있다는 심결이다.

## 2. 하도급법 적용대상인 거래

하도급이란 발주자-원사업자-수급사업자로 연결되는 공사 진행과정 중 원사업자와 수급사업자의 관계를 하도급이라 한다.

하도급은 제조·수리·건설·용역을 업으로 하는 원사업자가 수급사업자에게 위탁하는 경우에만 적용된다. 여기서 '업으로'란 사업을 계속, 반복하여 행하는 것을 말하며, 실제 제조 등의 사업을 행하고 있어야 하고, 단순히 잠재적인 능력을 갖추고 있는 것만으로는 업으로의 요건을 충족하지 못한다.[44] 원사업자가 제조 등을 계속·반복적으로 하는 경우가 아니면 원사업자에 대한 수탁사업자의 거래의존도가 높은 것으로 단정하기 어렵고, 원사업자가 단순한 소비자 또는 수요자의 지위에 있는 유형의 위탁거래에 대해서까지 모두 하도급법의 적용대상으로 하면 그 적용범위가 지나치게 광범위하게 되는 문제가 있기 때문이다. 또한 위탁이란 수급사업자가 원사업자가 정한 바에 따라 작업한 위탁목적물의 전용이 곤란하지 여부에 따라 판단해야 할 것이다.[45]

## 3. 하도급법의 구체적 적용범위

### (1) 개요 및 문제점

#### 1) 규정 체계

하도급법은 공정한 하도급거래질서를 확립하기 위한 것이지만 실질적으로 수급사업자인 중소기업자를 보호하는 효과를 아울러 가진다. 이를 위하여 하도급법 제2조 제1항, 제2항 및 제3항은 '하도급거래'의 개념을 제조·수리·건설·용역위탁 등으로 구분하되 원사업자와 수급사업자를 비교적 폭넓게 정의하고 있다.

그런데 동조 제6항 이하에서는 실제 하도급거래의 유형을 제조·수리·건설·용역위탁으로 세분하여 정의하면서 위탁의 개념을 '그 업에 따른 위탁'에 한정하여 규정하고, 나아가 제조위탁의 경우 원사업자의 업종을 제한하고 있다. 또한 수리위탁의 경우는 수리를 업으로 하거나 자기 사용물품의 수리를 업으로 하는 자만을 원사업자로 하는 한편, 건설·용역위탁의 경우에는 위탁의 상대방을 건설업자와 용역업자에 국한하는 등의 방식으로 실제 하도급법의 적용대상을 대폭 축소하고 있다. 예를 들어 통신사업자가 핸드폰 제조를 위탁하는 경우나 건축설계사업자가 경비업자에게 경비업무를 위탁하는 경우에는 하도급법이 적용되지 않는다.[46]

---

44) 오승돈, 『하도급법』, 지식과감성, 2017, 51면.
45) 오승돈, 앞의 책, 47면.
46) 공정거래위원회, 『공정거래제도 입문』, 2007. 3, 427-429면.

2) 문 제 점

제조위탁의 경우 원사업자가 물품의 제조·판매·수리 또는 건설을 업으로 하는 경우에만 하도급법의 적용을 받기 때문에 예컨대 용역업자가 서비스제공에 필요한 물품의 제조를 위탁하는 등의 경우에는 하도급법의 적용을 받지 않는 문제가 발생한다. 구체적인 예로 이동통신사가 제조위탁을 하는 경우 수급사업자를 하도급법에서 제외할 이유가 없다. 이러한 업역 제한은 당초 하도급법의 적용범위가 무한정 확대되는 것을 막는 한편 건설산업기본법과 같은 여타 법률과의 정합성을 고려한 것으로 보인다. 그러나 그간 실무에서 확인된 보호범위의 공백이나 하도급법의 고유한 성격을 고려할 때 실질적으로는 하도급거래임에도 불구하고 하도급법의 취지에 맞지 않게 거래상 열위에 있는 수급사업자의 보호에 흠결을 가져온다. 이 문제는 점차 해결해 나가야 하는 과제이다.

3) 업역 제한의 완화 필요성

당초 제조·수리·건설 및 용역위탁을 구분하는 취지는 실제 수급사업자에게 맡겨지는 위탁의 내용에 따라 주로 발생하는 불공정거래행위의 유형에 차이가 있을 수 있기 때문에 수탁업종에 따른 중소기업자의 판단 기준 차이를 인정할 필요성 때문이다(예컨대 현행 하도급법은 제조·용역위탁의 경우 연간매출액이 각각 20억, 10억 미만인 중소기업자를, 건설위탁의 경우 시공능력평가액이 30억 미만인 중소기업자를 법적용대상에서 제외하고 있다). 따라서 당초부터 원사업자나 수급사업자의 업종을 제한하는 방식의 위탁에 대한 개념정의는 이론적 근거에서 비롯된 것이라기보다 법집행의 편의를 고려한 것으로 보인다. 이는 하도급법의 본래취지에 부합하지 않는 것으로서 동법의 실효성을 제고하기 위해서도 불필요한 업역 제한을 대폭 완화하는 방향으로 개편할 필요가 있다.

### (2) 구체적 적용범위

#### 1) 제조위탁

제조위탁이라 함은 물품의 제조·판매·수리·건설에 해당하는 행위를 업으로 하는 사업자가 그 업에 따른 물품의 제조를 다른 사업자에게 위탁하는 것을 말한다. 이 경우 대량생산이 가능한 대체물의 제조위탁에도 하도급법이 적용되는지 여부가 문제될 수 있다. 이에 대하여 서울고등법원 2004. 7. 15. 선고 2003누5602 판결은 "의류 제조업자가 원단의 규격 또는 품질 등을 지정하여 그 제조를 위탁하는 경우에는 그 원단이 대량 생산품목으로 샘플 등에 의해 단순 주문한 것이라거나, 제조위탁을 받은 자가 위탁받은 목적물을 제3자에게 제조위탁하지 않고 단순 구매하여 납품한 것이라는 등의 특별한 사정이 없는 한 제조위탁에 해당하는 것으로 보아야 한다"고 하여 대량생산품목에 대하여도 하도급관계가 성립할 수 있다고 하였다.

#### 2) 수리위탁

수리위탁이라 함은 사업자가 물품의 수리를 주문에 의하여 행하는 것을 업으로 하거나 자기가 사용하는 물품에 대한 수리를 업으로 하는 경우에 그 수리행위 전부 또는 일부를 다른 사업자에게 위탁하는 것을 말한다(법 제2조 제8항).

#### 3) 건설위탁

건설위탁이라 함은 건설산업기본법에 의한 건설업자, 전기공사업법에 의한 공사업자, 정보통신공사사업법에 의한 공사업자, 소방법에 의한 소방시설공사업 면허를 받은 자, 기타 대통령령이 정하는 사업자가 그 업에 따른 전부 또는 일부를 다른 건설업자에게 위탁하는 것을 말한다.

건설위탁의 경우 하수급인 역시 건설업자일 것을 요구하는지 여부가 문제될 수 있으나 건설위탁은 하도급법 제2조 제9항 각 호의 건설업자 사이에 '동일한 업종 내에서 전부 또는 일부를 다른 건설업자에게 위탁하는 경우'로 해석된다.

공정거래위원회의 하도급지침은 토공사업에만 등록한 전문건설업자가 미장공사업에 등록한 전문건설업자에게 미장공사를 시공 의뢰한 경우에는 건설위탁으로 보지 않는다고 하고 있다. 대법원도 건설업자인 원사업자가 전기공사를 전기업체에게 도급을 준 도급계약은 하도급법 제2조 제9항 소정의 건설위탁에 해당하지 아니한다고 판단하였다. 즉 하도급법이 적용되기 위해서는 건설업자 중 동일한 업종간에 하도급이 이루어져야 한다. 그러나 건설업자가 시공자격이 없는 공종을 부대사업으로 도급받아 동 공종에 대해 시공자격이 있는 다른 건설사업자에게 위탁한 경우는 동일업종내에 있지 않더라도 건설위탁에 해당한다.[47] 여기서 부대공사에 해당하는 경우란 주된 공사를 시공하기 위해 필요로 하게 되는 종된 공사를 말한다.

> 판 례 하도급거래공정화에관한법률 제2조 제9항은 그 법에서 '건설위탁'이라 함은 동항 소정의 '건설업자'가 그 업에 따른 건설공사의 전부 또는 일부를 다른 건설업자에게 위탁하는 것과 건설업자가 대통령령이 정하는 건설공사를 다른 사업자에게 위탁하는 것을 말한다고 규정하고 있는바, 이는 같은 법 제2조 제9항 각 호의 건설업자 사이에 동일한 업종 내에서 전부 또는 일부를 다른 건설업자에게 위탁하는 경우(다만, 대통령령이 정하는 경미한 공사는 제외)를 가리키는 것이라고 해석함이 상당하다**(대법원 2003. 5. 16. 선고 2001다27470 판결)**.

4) 용역위탁

용역위탁이라 함은 지식·정보 성과물의 작성 또는 역무의 공급(용역)을 업으로 하는 사업자(용역업자)가 그 업에 따른 용역수행 행위의 전부 또는 일부를 다른 용역업자에게 위탁하는 것을 말한다(법 제2조 제11항). 여기서 지식·정보 성과물의 작성위탁이란 소프트웨어산업진흥법에 의한 소프트웨어 작성을 위탁하는 경우와 정보화촉진기본법에 의한 정보의 작성을 위탁하는 경우 등을 말한다. 이 외에도 사업자가 영화·방송프로그램, 방송광고 그 밖에 영상·음성

47) 하도급거래공정화지침(시행 2017.9.12. 공정거래위원회 예규 제286호, 2017.9.12., 일부개정) III. 1. 다. (1).

또는 음향에 의하여 구성되어지는 성과물의 작성을 위탁하는 경우 사업자가 문자·도형·기호의 결합 또는 이것들과 색채의 결합에 의하여 구성되는 성과물의 작성을 업으로 하는 경우를 지식·정보 성과물 작성위탁의 예로 볼 수 있다.

용역위탁이란 역무의 공급을 업으로 하는 사업자가 그 업에 따른 역무의 공급을 다른 역무 공급업자에게 위탁하는 경우에 성립하므로 원사업자가 스스로의 사용을 위하여 다른 사업자에게 역무를 위탁하는 경우는 하도급법 적용대상이 아니다. 즉 제조업체가 그 업체 소유 빌딩의 청소를 다른 사업자에게 위탁하는 경우는 그 업체 자체의 필요성에 의한 것이므로 하도급법 적용대상이 아니다. 그러나 청소를 업으로 하는 원사업자가 고객으로부터 빌딩 청소를 위탁받아 그 전부 내지 일부를 다른 사업자에게 다시 위탁하는 경우는 하도급법 적용대상이 된다.[48)]

또한, 엔지니어링 기술진흥법상 엔지니어링 활동을 업으로 하는 사업자가 공장 및 토목공사의 타당성 조사·구조계산을 위탁하는 경우, 시험·감리를 위탁하는 경우 및 시설물의 유지관리를 위탁하는 경우를 역무의 공급위탁 중 사업자가 엔지니어링 활동을 업으로 하는 경우로 볼 수 있다. 화물자동차운수사업법상 운수사업자가 화물자동차를 이용한 화물의 운송 또는 화물운송의 주선을 위탁하는 경우와 건축법상 건축물의 유지·관리를 업으로 하는 사업자가 건축물의 유지·보수·청소·경비를 위탁하는 경우 및 사업자가 경비를 업으로 하는 경우에도 역무의 공급위탁의 예로 볼 수 있다.

공정거래위원회의 하도급지침은 경비업법상의 경비를 업으로 하는 사업자가 시설·장소·물건 등에 대한 위험발생 등을 방지하는 활동을 다른 사업자에게 위탁하는 경우나 사람의 생명 또는 신체에 대한 위해의 발생을 방지하고 그 신변을 보호하기 위하여 행하는 활동을 다른 사업자에게 위탁하는 경우를 모두 용역위탁으로 보고 있다.

---

48) 오승돈, 앞의 책, 71면.

## 4. 하도급법 적용범위에 관한 개정방향

### (1) 하도급거래 개선 시도 및 한계

참여정부 당시 거래구조 개선 측면에서 업종별 표준하도급계약서 사용 권장, 공정거래계약 가이드라인을 만들고, 거래형태의 개선 측면에서는 현금성 하도급대금 결제에 대하여 서면조사 면제 및 포상, 세액공제 제도를 도입하였다. 또한 기술보호 측면에서 표준하도급계약서에 기술자료 예치제도(escrow) 조항을 규정하여 대기업이 기술자료 요구시 제3의 기관에 예치하는 제도 등을 도입하려고 시도하였다. 그러나 자율 시행이나 가이드라인 정책에서 벗어나지 못하였고 어음결제는 줄어들었으나 단가결정의 불공정성 등 계약의 불공정성은 시정되지 못하였다.

한국노동연구원(KLI) 자료에 의하면 하도급거래에서 중소기업이 토로하는 가장 큰 불만은 납품단가 인하로 나타났다(최대 70-80%, 복수응답). 납품단가인하 사유는 가격인하경쟁 부담 공유, 생산성 향상 등 위탁업체의 요구에 의한 것으로 납품단가 결정시 위탁업체의 의사가 더 많이 반영되는 것으로 드러났다(4점 척도에서 제조업 2.2. 비제조업 2.1). 특히 납품단가 인하시기도 수시·부정기적이었다(제조업 35.9%, 비제조업 13.9%). 참여정부의 위와 같은 노력에도 불구하고 하도급거래 중 불규칙한 발주나(물량의 불규칙 변동은 제조업 37.8%, 비제조업 20.0%) 지나친 품질수준 요구, 납기를 단축하는 등의 불공정 하도급 거래는 더 늘어난 것으로 나타났고 납품대금의 결제기일을 장기화하는 문제나 일방적으로 거래선을 변경하는 문제는 감소한 것으로 나타났다.[49]

### (2) 개정 방향

하도급법의 입법취지를 살리기 위해서는 다양한 형태의 하도급거래를 폭넓게 포섭할 수 있도록 제조·수리·건설·용역위탁에 부가된 다양한 업역 제한을 축소 또는 폐지하는 것이 바람직하다. 업역 구분을 일률적으로 폐지할 경

---

49) 홍장표, 「혁신과 사회통합을 위한 영세중소기업 산업정책」, 2007. 10. 29, 민주노총 주최 "영세중소기업정책 토론회".

우 민법상 도급과 구별하기 어렵다는 지적도 있을 수 있으나, 하도급에서 중요한 것은 원사업자와 수급사업자의 구조적 종속 관계 및 원사업자의 지위 남용을 방지하는 것이다. 더구나 하도급법은 도급을 전제로 한 엄밀한 의미에서의 하도급에만 적용되는 것이 아니라 최초의 도급까지 규율하고 있다는 점을 고려할 때 설사 업역 구분을 폐지하더라도 민법상 단순 도급과의 관계는 문제될 소지가 없어 보인다. 따라서 제조·수리·건설·용역위탁별로 업역 구분을 달리 규정하는 식의 유형별 업역 구분방식을 지양하고 가능한 통일적인 징표로 하도급법의 적용대상을 단일화하는 것이 규제의 명확성과 예측가능성의 관점에서도 바람직하다. 이때 통일적이고 일관되게 위탁을 유형화함에 있어서는 방송사업, 건설사업, 조선사업 등 업계의 특성을 고려한 위탁의 '본질적 내용'을 핵심기준으로 삼는 방안이 타당하다. 위탁의 본질적 내용에 따라 고유한 불공정거래행위를 특정할 수 있고 그에 따른 사전규제나 사후규제를 마련할 수 있기 때문이다.

이와 관련하여 궁극적으로 제조·수리·건설·용역 위탁의 구분이 반드시 필요한 것인지 장기적으로 재검토할 필요가 있다. 건설하도급에 특수한 건설하도급 계약이행 보증에 관한 규정(법 제13조의2) 등을 제외하면 그 실익이 크지 않기 때문이다. 다만, 업역 구분을 폐지한 상태에서도 '그 업에 따른'은 유지될 필요가 있다. 그 이유는 제조업체가 사원연수용 건물을 건설위탁할 경우와 같이 원사업자가 자기 사업과 관련 없는 업무의 일부를 위탁하는 경우에도 하도급법이 적용되는 것은 하도급법이 무한정 적용되는 결과를 초래하고, 모든 유형의 아웃소싱을 하도급법 적용대상에 포함하는 것은 합리적인 경영활동을 저해할 우려가 있기 때문이다.

Chapter 02

# 계약 단계에서의 보호

## 제 1 절 개 요

하도급거래의 공정화를 위해서는 원사업자와 수급사업자가 하는 거래의 첫 단계인 계약의 체결에서부터 공정함을 기할 필요가 있다. 원사업자가 우월적 지위를 남용하여 계약단계에서부터 수급사업자의 지위를 열악하게 하였던 관행에 제동을 걸고, 계약체결의 형식 및 내용면에서 공정성을 담보하려는 노력이 이 단계에서의 보호내용이다.

하도급법은 수급사업자의 보호를 위하여 계약 단계에서 ① 하도급거래 서면의 발급 및 서류의 보존의무(법 제3조), ② 표준하도급계약서의 작성 및 사용 권장(법 제3조의2), ③ 부당한 특약의 설정금지(법 제3조의4) ④ 하도급대금의 결정금지(법 제4조), ⑤ 물품 등의 구매강제 금지(법 제5조) 등을 규정하고 있으며, 이와 별도로 원사업자와 수급사업자 간 하도급 관련 법령의 준수 및 상호 지원·협력에 관한 협약체결 권장 제도(법 제3조의3)를 두고 있다.

## 제 2 절 하도급거래서면의 발급 및 서류의 보존의무

하도급법 제3조(서면의 발급 및 서류의 보존) ① 원사업자가 수급사업자에게 제조등의 위탁을 하는 경우 및 제조등의 위탁을 한 이후에 해당 계약내역에 없는 제조등의 위탁 또는 계약내역을 변경하는 위탁(이하 이 항에서 "추가·변경위탁"이라 한다)을 하는 경우에는 제2항의 사항을 적은 서면(「전자문서 및 전자거래 기본법」 제2조제1호에 따른 전자문서를 포함한다. 이하 이 조에서 같다)을 다음 각 호의 구분에 따른 기한까지 수급사업자에게 발급하여야 한다.

1. 제조위탁의 경우: 수급사업자가 제조등의 위탁 및 추가·변경위탁에 따른 물품 납품을 위한 작업을 시작하기 전
2. 수리위탁의 경우: 수급사업자가 제조등의 위탁 및 추가·변경위탁에 따른 수리행위를 시작하기 전
3. 건설위탁의 경우: 수급사업자가 제조등의 위탁 및 추가·변경위탁에 따른 계약공사를 착공하기 전
4. 용역위탁의 경우: 수급사업자가 제조등의 위탁 및 추가·변경위탁에 따른 용역수행행위를 시작하기 전

② 제1항의 서면에는 하도급대금과 그 지급방법 등 하도급계약의 내용 및 제16조의2 제1항에 따른 원재료의 가격변동에 따른 하도급대금의 조정요건, 방법 및 절차 등 대통령령으로 정하는 사항을 적고 원사업자와 수급사업자가 서명(「전자서명법」 제2조제3호에 따른 공인전자서명을 포함한다. 이하 이 조에서 같다) 또는 기명날인하여야 한다.

③ 원사업자는 제2항에도 불구하고 위탁시점에 확정하기 곤란한 사항에 대하여는 재해·사고로 인한 긴급복구공사를 하는 경우 등 정당한 사유가 있는 경우에는 해당 사항을 적지 아니한 서면을 발급할 수 있다. 이 경우 해당 사항이 정하여지지 아니한 이유와 그 사항을 정하게 되는 예정기일을 서면에 적어야 한다.

④ 원사업자는 제3항에 따라 일부 사항을 적지 아니한 서면을 발급한 경우에는 해당 사항이 확정되는 때에 지체 없이 그 사항을 적은 새로운 서면을 발급하여야 한다.

⑤ 원사업자가 제조 등의 위탁을 하면서 제2항의 사항을 적은 서면(제3항에 따라 일부 사항을 적지 아니한 서면을 포함한다)을 발급하지 아니한 경우에는 수급사업자는 위탁받은 작업의 내용, 하도급대금 등 대통령령으로 정하는 사항을 원사업자에게 서면으로 통지하여 위탁내용의 확인을 요청할 수 있다.

⑥ 원사업자는 제5항의 통지를 받은 날부터 15일 이내에 그 내용에 대한 인정 또는 부인(否認)의 의사를 수급사업자에게 서면으로 회신을 발송하여야 하며, 이 기간 내에 회신을 발송하지 아니한 경우에는 원래 수급사업자가 통지한 내용대로 위탁이 있었던 것으로 추정한다. 다만, 천재나 그 밖의 사변으로 회신

이 불가능한 경우에는 그러하지 아니하다.

⑦ 제5항의 통지에는 수급사업자가, 제6항의 회신에는 원사업자가 서명 또는 기명날인하여야 한다.

⑧ 제5항의 통지 및 제6항의 회신과 관련하여 필요한 사항은 대통령령으로 정한다.

⑨ 원사업자와 수급사업자는 대통령령으로 정하는 바에 따라 하도급거래에 관한 서류를 보존하여야 한다.

**하도급법 시행령 제3조(서면 기재사항)** 법 제3조제2항에서 "하도급대금의 조정요건, 방법 및 절차 등 대통령령으로 정하는 사항"이란 다음 각 호의 사항을 말한다.

1. 위탁일과 수급사업자가 위탁받은 것(이하 "목적물등"이라 한다)의 내용
2. 목적물등을 원사업자(原事業者)에게 납품·인도 또는 제공하는 시기 및 장소
3. 목적물등의 검사의 방법 및 시기
4. 하도급대금(선급금, 기성금 및 법 제16조에 따라 하도급대금을 조정한 경우에는 그 조정된 금액을 포함한다. 이하 같다)과 그 지급방법 및 지급기일
5. 원사업자가 수급사업자에게 목적물등의 제조·수리·시공 또는 용역수행행위에 필요한 원재료 등을 제공하려는 경우에는 그 원재료 등의 품명·수량·제공일·대가 및 대가의 지급방법과 지급기일
6. 목적물등의 제조·수리·시공 또는 용역수행행위를 위탁한 후 원재료 등의 가격변동 등에 따른 하도급대금 조정의 요건, 방법 및 절차

**하도급법 시행령 제4조(위탁내용의 확인)** 법 제3조제5항에서 "위탁받은 작업의 내용, 하도급대금 등 대통령령으로 정하는 사항"이란 다음 각 호의 사항을 말한다.

1. 원사업자로부터 위탁받은 작업의 내용
2. 하도급대금
3. 원사업자로부터 위탁받은 일시
4. 원사업자와 수급사업자의 사업자명과 주소(법인 등기사항증명서상 주소, 사업장 주소를 포함한다. 이하 같다)
5. 그 밖에 원사업자가 위탁한 내용

**하도급법 시행령 제5조(통지 및 회신의 방법 등)** ① 법 제3조제5항 및 제6항에 따른 통지 및 회신은 다음 각 호의 어느 하나에 해당하는 방법으로 한다.

1. 내용증명우편

2. 「전자문서 및 전자거래 기본법」 제2조제1호에 따른 전자문서로서 다음 각 목의 어느 하나에 해당하는 요건을 갖춘 것
   가. 「전자서명법」 제2조제3호에 따른 공인전자서명이 있을 것
   나. 「전자문서 및 전자거래 기본법」 제2조제8호에 따른 공인전자주소를 이용할 것
3. 그 밖에 통지와 회신의 내용 및 수신 여부를 객관적으로 확인할 수 있는 방법

② 제1항에 따른 통지와 회신은 원사업자와 수급사업자의 주소(전자우편주소 또는 제1항제2호나목에 따른 공인전자주소를 포함한다)로 한다.

③ 공정거래위원회는 제1항에 따른 통지와 회신에 필요한 양식을 정하여 보급할 수 있다.

**하도급법 시행령 제6조(서류의 보존)** ① 법 제3조제9항에 따라 보존하여야 하는 하도급거래에 관한 서류는 법 제3조제1항의 서면과 다음 각 호의 서류 또는 다음 각 호의 사항이 기재된 서류(컴퓨터 등 정보처리능력을 가진 장치에 의하여 전자적인 형태로 작성, 송수신 또는 저장된 것을 포함한다. 이하 이 조에서 같다)를 말한다.

1. 법 제8조제2항에 따른 수령증명서
2. 법 제9조에 따른 목적물등의 검사 결과, 검사 종료일
3. 하도급대금의 지급일·지급금액 및 지급수단(어음으로 하도급대금을 지급하는 경우에는 어음의 교부일·금액 및 만기일을 포함한다)
4. 법 제6조에 따른 선급금 및 지연이자, 법 제13조제6항부터 제8항까지의 규정에 따른 어음할인료, 수수료 및 지연이자, 법 제15조에 따른 관세 등 환급액 및 지연이자를 지급한 경우에는 그 지급일과 지급금액
5. 원사업자가 수급사업자에게 목적물등의 제조·수리·시공 또는 용역수행행위에 필요한 원재료 등을 제공하고 그 대가를 하도급대금에서 공제한 경우에는 그 원재료 등의 내용과 공제일·공제금액 및 공제사유

5의2. 법 제11조제1항 단서에 따라 하도급대금을 감액한 경우에는 제7조의2 각 호의 사항을 적은 서면의 사본

5의3. 법 제12조의3제1항 단서에 따라 기술자료의 제공을 요구한 경우에는 제7조의3 각 호의 사항을 적은 서면의 사본

6. 법 제16조에 따라 하도급대금을 조정한 경우에는 그 조정한 금액 및 사유
7. 법 제16조의2에 따라 다음 각 목의 어느 하나에 해당하는 자가 원재료 등의 가격변동 등에 따라 하도급대금 조정을 신청한 경우에는 신청 내용 및 협

의 내용, 그 조정금액 및 조정사유
가. 수급사업자
나. 「중소기업협동조합법」 제3조제1항제1호 또는 제2호에 따른 중소기업협동조합(이하 "조합"이라 한다)
8. 입찰명세서, 낙찰자결정품의서, 견적서, 현장설명서, 설계설명서 등 하도급대금 결정과 관련된 서류. 다만, 현장설명서 및 설계설명서는 건설위탁의 경우에만 해당한다.
② 제1항에 따른 서류는 법 제23조제2항에 따른 거래가 끝난 날부터 3년간 보존하여야 한다.

## Ⅰ. 의 의

하도급거래에서는 원사업자와 수급사업자가 대부분 계속적인 거래관계를 유지하는데 원사업자가 수급사업자에 비해 우월적인 지위에 있음을 이용하여 거래 과정에서 서면을 발급하지 않고 구두로만 작업 지시가 이루어지는 관행이 널리 퍼져 있다.

구두로만 작업 지시가 이루어지는 경우 구체적인 거래조건이 불분명해 원사업자와 수급사업자 간 분쟁 발생의 소지가 매우 높고, 소송과정에서도 입증서류 부족으로 수급사업자가 패소하여 손해를 떠안게 될 가능성이 크다.

이에 따라 하도급법 제3조에서는 원사업자가 수급사업자와 하도급거래를 할 때는 반드시 법정기재사항을 기재한 서면을 사전에 발급하도록 하고, 원사업자와 수급사업자에 대하여 하도급거래와 관련된 서류를 보존할 의무를 부과하고 있다.

그런데 하도급 거래과정에서 원사업자가 우월적인 지위를 이용하여 처음의 약속과 달리 수급사업자에게 일방적으로 불리하게 거래조건을 변경하더라도 열악한 지위에 있는 수급사업자로서는 원사업자와의 거래관계를 유지하기 위해서 어쩔 수 없이 변경된 계약조건을 수용할 해야 할 경우가 빈번하게 발생하고 있다.[50] 특히, 건설공사의 경우 원사업자가 작업지시서[51]의 교부 없이 구두로 추가공사를 요구하고, 작업지시서 교부 및 요청을 묵살하여 추가 공사비를 수급사업자가 부담하는 경우가 많은 것으로 나타나고 있다.

이와 같은 관행을 개선하기 위해 2016. 3월 하도급법이 개정되어 원사업자가 최초 거래시뿐만 아니라 추가·변경 위탁시에도 서면을 의무적으로 발급하도록 명문화하였다.

원사업자의 서면교부의무 위반 사실은 누구든지 공정거래위원회에 신고할 수 있고(법 제22조), 공정거래위원회는 이에 대해 시정조치를 명령하거나(법 제25조), 하도급대금의 2배 범위 내에서 과징금을 부과할 수 있다(법 제25조의3). 원사업자가 법 제3조 제1항부터 제4항까지의 서면교부의무를 위반한 경우, 법 제3조 제9항의 서면보존의무를 위반한 경우는 하도급대금의 2배에 상당하는 금액 이하의 벌금에 처해진다(법 제30조 제1항). 나아가 원사업자가 서면교부의무를 위반하여 수급사업자에게 손해가 발생한 경우, 원사업자가 그 고의 또는 과실 없음을 입증하지 못하는 한 의무위반으로 인하여 수급사업자에게 생긴 손해에

50) 공정거래위원회, 2012년 하반기 하도급 거래 서면 실태조사 결과, 2014.

< 행위유형별 위반혐의 비율(원사업자 답변, 2012년 하반기) >

(단위 : %)

| 구분 | 법 위반행위 유형 | 제조 | 용역 | 건설 | 전체 |
|---|---|---|---|---|---|
| 대금 관련 | 하도급대금 부당감액 | 0.1 | 0.3 | 20.2 | 1.0 |
| | 대금 미지급 | 0.5 | 0.3 | 1.8 | 0.6 |
| | 지연이자 미지급 | 5.0 | 2.8 | 3.1 | 4.7 |
| | 어음할인료 미지급 | 5.3 | 1.7 | 1.2 | 4.8 |
| | 어음대체결제 수수료 미지급 | 4.6 | 1.7 | 2.5 | 4.2 |
| 비대금 관련 | **서면 미발급** | **15.9** | **8.2** | **0.6** | **14.5** |
| | **서면 미보존** | **10.5** | **5.7** | **4.9** | **9.8** |
| | 부당한 하도급대금 결정 | 1.8 | 1.4 | 8.6 | 2.0 |
| | 부당한 발주취소 | 7.7 | 6.5 | 4.3 | 7.4 |
| | 하도급대금 감액사유 미통보 | 1.9 | 1.4 | 21 | 12.9 |
| | 원재료 가격변동에 따른 대금조정 협의의무 불이행 | 5.1 | 2.6 | 3.1 | 4.8 |

51) 외부업체에 특정 업무를 지시하기 위하여 작성하는 서식.

대한 배상책임을 진다(법 제35조 제1항).

## Ⅱ. 하도급거래 서면의 발급 의무

### 1. 서면의 종류(법 제1항 본문)

원사업자가 수급사업자와 하도급거래를 하는 경우 수급사업자에게 발급 의무가 있는 서면은 크게 두 가지가 있다.

한 가지는 최초의 하도급거래를 시작하면서 발급하는 서면이 있고 다른 한 가지는 하도급거래를 시작한 이후에 애초에 없었던 내용을 추가하거나 기존의 내용을 변경할 경우에 발급하는 서면이 있다.

두 가지 서면의 경우 발급 시기만 차이가 있을 뿐 발급 방식이나 기재해야 할 내용 등 기타 사항은 모두 동일하다.

### 2. 서면의 발급 시기(법 제1항 각 호)

하도급 서면의 경우 원칙적으로 '하도급거래가 있기 전에' 발급해야 하며(사전발급 원칙), 구체적으로 하도급거래의 각 유형별로 발급해야 할 시기는 다음과 같다.

(1) 제조위탁의 경우 : 수급사업자가 제조 등의 위탁 및 추가·변경위탁에 따른 물품 납품을 위한 작업을 시작하기 전
(2) 수리위탁의 경우 : 수급사업자가 제조 등의 위탁 및 추가·변경위탁에 따른 수리행위를 시작하기 전
(3) 건설위탁의 경우 : 수급사업자가 제조 등의 위탁 및 추가·변경위탁에 따른 계약공사를 착공하기 전
(4) 용역위탁의 경우 : 수급사업자가 제조 등의 위탁 및 추가·변경위탁에 따른 용역수행행위를 시작하기 전

### 3. 서면의 방식 및 기재 사항(법 제2항, 시행령 제3조)

하도급거래 서면을 발급하는 방식은 종이로 발급하는 방식이나 전자적으로 발급하는 방식, 두 가지 방식 모두 가능하다. 모든 서면에는 법정기재사항을 적고 원사업자와 수급사업자가 서명 또는 기명날인하여야 한다. 양당사자의 서명 또는 기명날인이 없는 서면을 발급한 경우는 서면미발급으로 본다.

하도급거래 서면에 기재해야 할 법정기재사항은 다음과 같다.

(1) 위탁일

(2) 수급사업자가 위탁받은 것의 내용

(3) 목적물 등을 원사업자에게 납품·인도 또는 제공하는 시기 및 장소

(4) 목적물 등의 검사의 방법 및 시기

(5) 하도급대금(선급금, 기성금 및 법 제16조에 따라 하도급대금을 조정한 경우에는 그 조정된 금액을 포함)과 그 지급방법 및 지급기일

(6) 원사업자가 수급사업자에게 목적물 등의 제조·수리·시공 또는 용역수행행위에 필요한 원재료 등을 제공하려는 경우에는 그 원재료 등의 품명·수량·제공일·대가 및 대가의 지급방법과 지급기일

(7) 목적물 등의 제조·수리·시공 또는 용역수행행위를 위탁한 후 원재료 등의 가격변동 등에 따른 하도급대금 조정의 요건, 방법 및 절차

### 4. 긴급복구공사 등 예외(법 제3항, 제4항)

원사업자는 원칙적으로 '법정 기재사항이 모두 기재된' 하도급거래 서면을 수급사업자에게 발급하여야 하나 긴급한 사정이 발생하여 법정 기재사항 중 일부사항을 서면 발급시점에 확정하기 곤란한 경우에는 해당 사항이 기재되지 않은 서면(불완전한 서면)을 발급할 수 있다. 원사업자가 다른 이유를 들어 하도급거래시 서면발급 의무를 면탈하는 관행을 개선하기 위해 2010년 하도급법을 개정하면서 신설된 조항이다. 이 경우 서면 사전발급 의무에 대하여 예외가 인정되는 것이 아니라 법정기재사항 기재의무에 대해서만 예외가 인정되는 것임에 유의할 필요가 있다. 다시 말해 예외적으로 정당한 사유가 있는 경우에

도 서면을 사전에 발급할 의무는 여전히 준수하여야 한다.

이 경우 해당 사항이 정하여지지 아니한 이유와 그 사항을 정하게 되는 예정 기일을 서면에 적어야 한다. 그리고 해당 사항이 확정되는 때에는 지체 없이 그 사항을 적은 새로운 서면을 발급하여야 한다.

## 5. 하도급거래의 추정제도(법 제5, 6, 7, 8항)

원사업자가 하수급인에게 구두로 하도급거래를 위탁한 후 일방적으로 위탁을 취소하거나 대금감액 등 불공정행위를 할 경우 계약 내용을 확인할 수 없어 불공정행위에 대한 제재와 계약위반에 따른 권리구제가 곤란한 문제점이 있었다.

이에 따라 구두로 위탁한 하도급거래의 내용에 대하여 수급사업자가 확인을 요청하면 원사업자가 인정여부를 회신하도록 하고, 회신이 없는 경우 계약 성립을 추정하는 '하도급계약 추정제'가 도입되어 2010. 7. 26.부터 시행되었다. 공정거래위원회는 이 제도의 원활한 작동을 위하여 '위탁내용 확인 요청서 표준서식'을 마련하여 제공하고 있다.[52]

원사업자가 서면교부의무를 위반하는 경우, 수급사업자는 내용증명우편과 같은 서면으로 원사업자에게 위탁내용의 확인을 요청할 수 있다. 확인 요청할 사항은 (1) 위탁받은 작업의 내용, (2) 하도급대금, (3) 위탁받은 일시, (4) 원사업자와 수급사업자의 사업자명과 주소, (5) 기타 원사업자가 위탁한 내용 등이다.

이에 대해서 원사업자는 통지를 받은 날부터 15일 이내에 그 내용에 대한 인정 또는 부인의 의사를 수급사업자에게 내용증명우편과 같은 서면으로 회신을 발송하여야 하며, 이 기간 내에 회신을 발송하지 아니한 경우에는 원래 수급사업자가 통지한 내용대로 위탁이 있었던 것으로 추정한다. 다만 천재나 그 밖의 사변으로 회신이 불가능한 경우에는 그러하지 아니하다.

확인 요청 통지에는 수급사업자가, 회신에는 원사업자가 서명 또는 기명날인하여야 하고, 통지 및 회신은 내용증명우편이나 그 밖에 통지와 회신의 내용

52) 「하도급거래 공정화 지침」(공정거래위원회예규 제276호, 2016.12.26., 일부개정).

및 수신 여부를 객관적으로 확인할 수 있는 방법으로 한다. 전자우편은 제외되므로 주의를 요한다.

### 6. 적법한 서면발급 여부에 관한 판단기준

적법한 서면발급 여부에 관하여 「하도급거래 공정화 지침」에서는 다음과 같이 구체적인 판단기준을 예시하고 있다.

(1) 기본계약서 또는 개별계약서에 위탁일, 품명, 수량, 단가, 하도급대금, 납기 등 법에서 규정하고 있는 중요기재사항을 담은 서면을 발급한 경우는 적법한 서면발급으로 본다.

(2) 빈번한 거래에 있어 계약서에 법정기재사항의 일부가 누락되어 있으나, 건별 발주시 제공한 물량표 등으로 누락사항의 파악이 가능한 경우는 적법한 서면발급으로 본다.

(3) 법정기재사항의 일부분이 누락되었으나 업종의 특성이나 현실에 비추어 볼 때 거래에 큰 문제가 없다고 판단되는 경우는 적법한 서면발급으로 본다.

(4) 기본계약서를 발급하고 FAX, 기타 전기·전자적인 형태 등에 의해 발주한 것으로 발주내용이 객관적으로 명백하다고 판단되는 경우 적법한 서면발급으로 본다.

(5) 기본계약서를 발급하고 수출용물품을 제조위탁 하는 경우 수급사업자가 원사업자에게 제출한 물품매도확약서(offer sheet)를 개별계약서로 갈음할 수 있다.

(6) 양당사자의 기명날인이 없는 서면을 발급한 경우는 서면미발급으로 본다.

(7) 실제의 하도급거래관계와 다른 허위사실을 기재한 서면을 발급한 경우는 서면미발급으로 본다.

(8) 1건의 하도급공사에 대하여 2종 이상의 계약서(계약서로 간주될 수 있는 서류 포함)가 존재할 때는 실제의 하도급거래관계에 입각한 서면을 적법한 것으로 본다. 다만, 실제의 거래관계를 구체적으로 입증하지 못하는 경우

에는 계약의 요건을 보다 충실하게 갖춘 서면(예 : 발주처에 통보한 서면 등)을 적법한 서면으로 본다.

(9) 추가공사의 위탁과 관련한 경우

① 경미하고 빈번한 추가 작업으로 인해 물량변동이 명백히 예상되는 공종에 대해 시공완료 후 즉시 정산합의서로 계약서를 대체한 경우는 적법한 서면발급으로 본다.

② 추가공사 범위가 구분되고 금액이 상당함에도 불구하고 이에 대한 구체적인 추가계약서나 작업지시서 등을 발급하지 아니한 경우는 서면미발급으로 본다.

③ 시공과정에서 추가 또는 변경된 공사물량이 입증되었으나 당사자 간의 정산에 다툼이 있어 변경계약서 또는 정산서를 발급하지 아니하는 경우는 원사업자가 구체적으로 적시하지 않은 책임이 있는 것으로 보아 서면미발급으로 본다.

④ 구체적인 계약서 형태를 갖추지 않았으나 원사업자의 현장관리자가 추가공사에 대한 금액산정이 가능한 약식서류 등을 제공한 경우는 불완전한 서면발급으로 본다.

## Ⅲ. 하도급거래 서류 보존의무(법 제9항)

원사업자와 수급사업자는 하도급거래에 관한 서류를 보존하여야 한다.

보존해야 한 서류에는 하도급계약서, 물품수령증명서, 검사보고서, 하도급대금지급서류, 원재료에 관한 서류, 하도급대금 조정에 관한 서류 등이 있다.

보존기간은 '거래가 끝난 날'부터 3년간이다. 여기서 '거래가 끝난 날'의 의미는 목적물을 납품 또는 인도한 날, 역무공급을 완료한 날, 공사가 완공된 날 등을 말한다(법 제23조 제2항).

서류보존은 컴퓨터 등 정보처리능력을 가진 장치에 의하여 전자적인 형태로 작성, 송수신 또는 저장된 것을 보존하는 방법으로도 할 수 있다.

# Ⅳ. 심결례 및 판례

**심결례 법정기재사항 누락 서면 발급 등에 대한 시정명령(공정거래위원회 2016. 9. 1. 의결 2015부사3854)**

피심인은 2014. 8. ~ 2015. 3. 기간 동안 수급사업자에게 아래 〈표 1〉 기재와 같이 'P○○○'등 7건에 대한 제조를 위탁하면서 '위탁일과 수급사업자가 위탁받은 것(이하 '목적물 등'이라 한다)', '목적물 등을 원사업자에게 납품·인도 또는 제공하는 시기 및 장소', '목적물 등의 검사의 방법 및 시기', '하도급대금과 그 지급방법 및 기일'만을 기재한 서면을 발급하였다.

〈표 1〉 피심인의 불완전한 서면발급내역

<table>
<tr><th>연번</th><th>계약명</th><th>품명</th><th>계약일</th><th>누락사항</th></tr>
<tr><td>1</td><td>P○○○</td><td>○○○</td><td>2014. 8.23.</td><td rowspan="7">○원재료 등의 품명·수량·제공일·대가 및 대가의 지급방법과 지급기일(제5호)<br><br>○원재료 등의 가격변동 등에 따른 하도급대금 조정의 요건, 방법 및 절차(제6호)</td></tr>
<tr><td>2</td><td>P○○○</td><td>○○○</td><td>2014.10. 3.</td></tr>
<tr><td>3</td><td>P○○○</td><td>○○○</td><td>2014.11.21.</td></tr>
<tr><td>4</td><td>P○○○</td><td>○○○</td><td>2014.11.21.</td></tr>
<tr><td>5</td><td>P○○○</td><td>○○○</td><td>2014.11.21.</td></tr>
<tr><td>6</td><td>P○○○</td><td>○○○</td><td>2015. 1.23.</td></tr>
<tr><td>7</td><td>P○○○</td><td>○○○</td><td>2015. 1.16.</td></tr>
</table>

위 인정사실을 관련 법규정에 비추어 보면, 피심인은 수급사업자에게 목적물을 제조위탁하면서 하도급계약 내용 등을 기재한 서면을 발급하지 아니하거나, 수급사업자가 물품납품을 위한 작업을 시작한 후에 발급하였으며, 하도급계약서를 작성하면서 법 시행령 제3조에서 규정하는 법정기재사항이 일부 누락된 서면을 발급하였으므로 법 제3조 제1항에 위반되어 위법하다(시정명령).

**심결례 납품일 및 납품수량 등 일부만 기재한 서면 발급에 대한 시정명령(공정거래위원회 2017. 5. 1. 의결 2016서제0887)**

원사업자가 수급사업자에게 P320T R/S 및 SH-SJ6279A-90 품목 원단 총 9,420야드를 제조 위탁하면서, 납품을 위한 작업을 시작하기 전까지 위탁일, 발주량, 납품일 및 납품 수량만이 기재된 발주서를 팩스 또는 전자메일로 발급한 것은 법 시행령 제3조가 정하는 사항 중 목적물의 납품 시기 및 장소, 목적물 검사의 방법 및 시기, 하도급대금과 그 지급방법, 하도급대금 조정의 요건·방법 및 절차 등의 법정기재사항이 기재되어 있지 아니한 불완전 서면을 발급한 행위로서 법 제3조 제1항에 위반되어 위법하다(시정명령).

판 례 **서면 미교부의 정당한 사유에 대한 원사업자의 입증책임(서울고등법원 2009. 11. 12. 선고 2008누11237 판결)**

법 제3조 제1항 은 원사업자가 수급사업자에게 제조 등의 위탁을 하는 경우에는 하도급대금과 그 지급방법 등 일정한 사항을 기재하고 원사업자와 수급사업자가 기명 날인한 서면을 수급사업자에게 교부하도록 규정하고 있는바, 위 규정에 의하면 원사업자는 제조위탁을 할 때에 수급사업자에게 계약서 등의 서면을 교부하여야 함이 원칙이나 늦어도 수급사업자가 위탁받은 물품의 제조에 착수하기 전까지는 이를 교부하여야 할 것이고, 서면을 교부하지 못한 데 대한 정당한 사유에 대하여는 이를 주장하는 원사업자가 입증하여야 한다.

# 제 3 절 표준하도급계약서의 작성 및 사용

하도급법 제3조의2(표준하도급계약서의 작성 및 사용) 공정거래위원회는 이 법의 적용 대상이 되는 사업자 또는 사업자단체에 표준하도급계약서의 작성 및 사용을 권장할 수 있다.

## Ⅰ. 의 의

공정거래위원회에서는 하도급거래의 공정성을 보장하기 위하여 표준하도급계약서의 작성 및 사용을 권장하고 있다. 표준하도급계약서는 원사업자와 수급사업자 간의 거래 내용을 정형화하고 권리의무관계를 명확하게 하여 분쟁의 발생을 사전에 예방하고 공정한 하도급거래질서를 확보하는데 의의가 있다.

표준하도급계약서의 사용은 권고사항이므로 그 사용이 의무적인 것은 아니다. 따라서 그 권고를 따르지 않는다고 해서 불이익이 있는 것은 아니다. 다만, 공정거래위원회는 이를 사용하는 경우 벌점 감면 등 인센티브를 부여하고 있다. 표준하도급계약서는 2015.12.말 기준으로 40개 업종(건설업 6개, 제조업 16개, 용역업 18개)에 대하여 제정되어 있고 2015년 기준, 5000개 조사대상 업체 중 75.6%가 표준하도급계약서를 사용하고 있다.[53)]

## Ⅱ. 내 용

사업자는 공정거래위원회의 사전심의를 거친 표준하도급계약서에 따라 계약을 체결한다고 상대방과 합의한 다음, 상대방이 표준하도급계약서의 내용을 알 수 있도록 명시하고 중요 내용을 설명하여야 한다. 표준하도급계약서를 사용하는 경우에도 하도급법의 내용을 침해하지 않는 한 당사자 간의 자유로운 합의에 의하여 표준하도급계약서의 내용에 추가하여 특약사항을 둘 수 있다.

표준하도급계약서를 사용하더라도, 하도급거래 서면의 교부 및 보존 의무는 그대로 적용되므로 그에 따라야 할 것이다.

## Ⅲ. 개선방안

표준하도급계약서의 활용을 촉진하기 위해서 표준계약서의 사용을 법적으로 의무화하고 사용의무를 위반하는 경우 과징금 또는 벌금·과태료를 부과하도록 하자는 의견도 있다. 이는 사적자치 원칙에 지나치게 개입하는 것으로 위헌의 소지가 있다.

이에 대한 대안으로서, 사업자가 표준하도급계약서와 다른 계약서를 사용하는 경우에 표준하도급계약서와 다르게 정한 주요내용을 상대방에게 표시하게 하고, 공정거래위원회에 이러한 사실을 보고하게 하며, 보고를 받은 공정거래위원회는 그 실태조사를 통하여 시정조치 등을 명할 수 있도록 하고, 사업자가

---

53) 공정거래위원회, 「공정거래백서」, 2016.

보고의무를 위반할 시 과태료를 부과하도록 하자는 의견이 제시되고 있다.54)

## 제 4 절 원사업자와 수급사업자 간 협약체결 권장 제도

> **하도급법 제3조의3(원사업자와 수급사업자 간 협약체결)** ① 공정거래위원회는 원사업자와 수급사업자가 하도급 관련 법령의 준수 및 상호 지원·협력을 약속하는 협약을 체결하도록 권장할 수 있다.
> ② 공정거래위원회는 원사업자와 수급사업자가 제1항의 협약을 체결하는 경우 그 이행을 독려하기 위하여 포상 등 지원시책을 마련하여 시행한다.
> ③ 공정거래위원회는 제1항에 따른 협약의 내용·체결절차·이행실적평가 및 지원시책 등에 필요한 사항을 정한다.

2011. 3. 29. 하도급법을 개정하면서 대기업과 중소기업의 상생협력에 의한 동반성장의 여건을 조성하려는 대책의 하나로 이 제도를 도입하였다. 공정거래위원회가 하도급 거래의 당사자들에게 협약 체결을 권장하고, 포상 등 지원시책을 통하여 협약 체결을 유도하는 제도이다.55)

이와 관련하여 공정거래위원회는 「대·중소기업간 공정거래 및 동반성장협약 절차·지원 등에 관한 기준(하도급분야)」(공정거래위원회예규 제245호, 2016.2.1., 일부개정)을 마련하여 협약의 내용, 협약절차, 협약이행평가 및 인센티브 제공 등에 대한 절차와 방법, 기준을 정하고 있다.

---

54) 민변·참여연대, 「하도급거래 공정화에 관한 법률에 관한 청원」, 2010. 12.

55) 이 제도의 도입 뒤 2011. 4.경에 삼성, 현대자동차, LG, SK, 롯데 등이 잇따라 '공정거래 및 동반성장 협약식'을 가졌다. 그 내용은 하도급 법령을 준수하겠다는 것과 대기업들이 협력사인 중소기업들의 재무건전화, 연구개발을 위해 수백억에서 수천억원을 지원하거나, 부품의 원가절감에 기여한 분만큼을 납품단가에 반영하는 것 등이다.

# 제 5 절 부당한 특약의 금지

**하도급법 제3조의4(부당한 특약의 금지)** ① 원사업자는 수급사업자의 이익을 부당하게 침해하거나 제한하는 계약조건(이하 "부당한 특약"이라 한다)을 설정하여서는 아니 된다.

② 다음 각 호의 어느 하나에 해당하는 약정은 부당한 특약으로 본다.

1. 원사업자가 제3조제1항의 서면에 기재되지 아니한 사항을 요구함에 따라 발생된 비용을 수급사업자에게 부담시키는 약정
2. 원사업자가 부담하여야 할 민원처리, 산업재해 등과 관련된 비용을 수급사업자에게 부담시키는 약정
3. 원사업자가 입찰내역에 없는 사항을 요구함에 따라 발생된 비용을 수급사업자에게 부담시키는 약정
4. 그 밖에 이 법에서 보호하는 수급사업자의 이익을 제한하거나 원사업자에게 부과된 의무를 수급사업자에게 전가하는 등 대통령령으로 정하는 약정

**하도급법 시행령 제6조의2(부당한 특약으로 보는 약정)** 법 제3조의4제2항제4호에서 "이 법에서 보호하는 수급사업자의 이익을 제한하거나 원사업자에게 부과된 의무를 수급사업자에게 전가하는 등 대통령령으로 정하는 약정"이란 다음 각 호의 어느 하나에 해당하는 약정을 말한다.

1. 다음 각 목의 어느 하나에 해당하는 비용이나 책임을 수급사업자에게 부담시키는 약정
   가. 관련 법령에 따라 원사업자의 의무사항으로 되어 있는 인·허가, 환경관리 또는 품질관리 등과 관련하여 발생하는 비용
   나. 원사업자(발주자를 포함한다)가 설계나 작업내용을 변경함에 따라 발생하는 비용
   다. 원사업자의 지시(요구, 요청 등 명칭과 관계없이 재작업, 추가작업 또는 보수작업에 대한 원사업자의 의사표시를 말한다)에 따른 재작업, 추가작업 또는 보수작업으로 인하여 발생한 비용 중 수급사업자의 책임 없는 사유로 발생한 비용
   라. 관련 법령, 발주자와 원사업자 사이의 계약 등에 따라 원사업자가 부담하여야 할 하자담보책임 또는 손해배상책임
2. 천재지변, 매장문화재의 발견, 해킹·컴퓨터바이러스 발생 등으로 인한 작업기간 연장 등 위탁시점에 원사업자와 수급사업자가 예측할 수 없는 사항

> 과 관련하여 수급사업자에게 불합리하게 책임을 부담시키는 약정
> 3. 해당 하도급거래의 특성을 고려하지 아니한 채 간접비(하도급대금 중 재료비, 직접노무비 및 경비를 제외한 금액을 말한다)의 인정범위를 일률적으로 제한하는 약정. 다만, 발주자와 원사업자 사이의 계약에서 정한 간접비의 인정범위와 동일하게 정한 약정은 제외한다.
> 4. 계약기간 중 수급사업자가 법 제16조의2에 따라 하도급대금 조정을 신청할 수 있는 권리를 제한하는 약정
> 5. 그 밖에 제1호부터 제4호까지의 규정에 준하는 약정으로서 법에 따라 인정되거나 법에서 보호하는 수급사업자의 권리·이익을 부당하게 제한하거나 박탈한다고 공정거래위원회가 정하여 고시하는 약정

## Ⅰ. 의 의

공정거래위원회가 2011년 12개 건설사를 대상으로 표준하도급계약서 및 부당특약 사용여부에 대하여 실태점검을 실시한 결과 12개 건설사 모두 수급사업자에게 유리한 조항을 삭제하거나 원사업자에게 유리한 조항을 추가로 포함시키는 등의 변형 계약서를 사용한 것으로 나타났다. 실제로 하도급 거래에서는 원사업자가 수급사업자를 상대로 불리한 특수조건 등을 설정하여 수급사업자의 부담을 가중시키는 사례가 빈번하게 발생하고 있다. 하지만 하도급 계약 내용은 당사자 간에 이미 합의하여 정한 것이기 때문에 이를 사후적으로 규제하기가 쉽지 않다.[56)]

이에 따라 2013. 8월 하도급법 개정을 통해 원사업자가 수급사업자의 의사에 반하여 계약상 이익을 부당하게 제한하는 특약을 설정하지 못하도록 하는 규정이 도입되었다.

56) 국회 정무위원회, 「하도급법 일부개정법률안 검토보고서」, 2013. 4.

# Ⅱ. 적용요건[57)]

## 1. 원사업자와 수급사업자 간의 계약조건일 것

법 제3조의4 및 같은 법 시행령 제6조의2에 규정한 부당특약의 심사대상은 원사업자가 수급사업자에게 제조·수리·건설 또는 용역(이하 "제조 등"이라 한다)의 위탁과 관련하여 원사업자와 수급사업자 간의 권리·의무관계에 영향을 미치는 모든 계약조건이다.

## 2. 수급사업자의 이익을 부당하게 침해하거나 제한하는 것

"부당특약"이란 원사업자가 수급사업자에게 제조 등을 위탁할 때 교부하거나 수령한 설계도면, 시방서, 유의서, 현장설명서, 제안요청서, 물량내역서, 계약 및 견적 일반조건·특수조건, 과업내용서, 특약조건, 도급업무내역서, 발주서, 견적서, 계약서, 약정서, 협약서, 합의서, 각서 등 그 명칭이나 형태를 불문하고 원사업자와 수급사업자 간의 권리·의무관계에 영향을 미치는 약정을 통해 설정한 계약조건으로서 수급사업자의 이익을 부당하게 침해하거나 제한하는 것을 말한다.

"수급사업자의 이익"이라 함은 수급사업자가 원사업자와 하도급거래를 함으로 인하여 얻게 되는 이윤발생, 기업성장, 사업확대, 종사원의 소득증대, 기술축적 등의 다양한 유무형의 경제적인 혜택을 말한다.

## 3. 위법할 것

부당특약에 대한 위법성 판단은 원사업자와 수급사업자 간에 제조 등의 위탁과 관련하여 체결한 하도급거래의 계약조건이 공정하고 타당한지 여부를 기준으로 판단한다. 즉, 제조 등의 위탁과 관련된 계약조건이 원사업자와 수급사업자가 서로 동등한 입장에서 충분한 협의과정을 거쳐 결정하였는지 여부, 원사업자가 수급사업자에게 목적물 등의 품명, 내용, 규격, 수량, 재질, 공법 등

---

57) 「부당특약 심사지침」(공정거래위원회예규 제258호, 2016.9.30., 폐지제정).

하도급대금을 결정하는데 필요한 자료·정보를 성실하게 제공하였는지 여부, 당해 업종의 통상적인 거래관행에 어긋나는지 여부, 이 법 및 건설산업기본법 등 관계법령의 취지에 부합하는지 여부, 목적물 등의 내용 및 특성, 수급사업자가 입은 불이익의 내용과 정도 등을 종합적으로 고려하여 판단한다.

## Ⅲ. 부당한 특약 간주 규정

하도급법 제3조의4 제2항 및 하도급법 시행령 제6조의2에서는 부당한 특약 간주규정으로 4가지 유형을 예시하고 있으며 구체적인 내용은「부당특약 심사지침」에서 규정하고 있다.

### 1. 원사업자가 제3조제1항의 서면에 기재되지 아니한 사항을 요구함에 따라 발생된 비용을 수급사업자에게 부담시키는 약정(법 제3조의4 제2항 제1호)

"서면에 명시되지 아니한 사항"에 대하여 현장설명서 등의 서류에 기재되어 있음을 이유로 원사업자가 수급사업자에게 제조 등의 위탁수행을 요구하고 이로 인하여 발생되는 비용을 수급사업자에게 부담시키는 약정에 해당하는지 여부를 기준으로 판단한다.

위 서면에 기재되지 아니한 사항에 포함되는 경우는 ① 원사업자가 입찰참가예정자 또는 수의계약예정자에게 배부한 서류 중 하도급계약 체결 시 서면에 포함되지 아니한 각종 서류(예 : 현장설명서, 입찰 및 견적 일반조건·특수조건, 설계도면, 시방서, 물량내역서, 유의서, 입찰제안요청서 등에 기재된 사항) 나 ② 하도급계약 체결과정에 서면과 별개로 작성된 각종 서류(예 : 계약 일반조건·특수조건, 계약 특약조건, 도급업무내역서, 환경에 관한 협약서, 하자보수에 관한 협약서, 안전관리 및 품질관리에 관한 협약서, 제조물책임에 관한 협약서, 각서, 확약서, 합의서 등에 기재된 사항)에 기재된 사항을 의미한다.

〈예시〉

① 철근, 원심력 철근 콘크리트관(흄관) 등 자재(발주자 또는 원사업자가 수급사업

자에게 지급한 자재를 말한다)의 하차비, 추가 장비 사용료, 야적장 임대료(보관·관리비) 등의 모든 비용은 수급사업자가 부담한다는 약정이 서면에는 기재되지 않고 현장설명서에만 기재된 경우
② 서면에 기재되지 아니한 추가공사 또는 계약사항 이외 시공부분에 대한 비용은 수급사업자가 부담한다는 약정

## 2. 원사업자가 부담하여야 할 민원처리, 산업재해 등과 관련된 비용을 수급사업자에게 부담시키는 약정(법 제3조의4 제2항 제2호)

"민원처리와 관련된 비용"이라 함은 제조 등의 위탁과 관련하여 발생하는 소음·분진·진동 등으로 인한 환경민원, 용지보상 분쟁 및 이와 유사한 각종 민원에 대한 민·형사상의 분쟁 등을 해결·처리하는데 소요되는 비용을 말한다.

"산업재해와 관련된 비용"이라 함은 제조 등의 위탁과 관련하여 수급사업자 소속 근로자가 업무와 관계되는 작업을 수행하는 과정에서 사망, 부상, 질병 등의 재해를 입은 경우 이에 대한 치료비, 보상금, 합의금 등에 소요되는 비용을 말한다.

위 약정의 위법성은 관계법령(고용보험 및 산업재해 보상보험의 보험료 징수 등에 관한 법률·산업안전보건법·산업재해보상보험법 등), 당해 업종의 통상적인 거래관행, 목적물 등의 특성 등을 고려할 때 원사업자가 부담하여야 할 민원처리 및 산업재해비용을 수급사업자에게 부담시키는 약정에 해당하는지 여부를 기준으로 판단한다.

〈예시〉
① 하도급공사를 하는 도중에 발생하는 모든 민원을 수급사업자의 비용으로 처리하여야 한다는 약정
② 수급사업자는 하도급계약의 이행과 관련하여 어떠한 민원이 발생하더라도 수급사업자의 비용으로 최우선적으로 처리하여야 하고, 원사업자에게 일체 이의를 제기하지 못한다는 약정
③ 수급사업자 소속 근로자의 산업재해로 발생한 진료비, 노무비, 산업재해자 및 유가족과의 합의, 산업재해 처리와 관련된 관계기관과의 업무협의 등에 소요되

는 비용은 전적으로 수급사업자가 부담한다는 약정
④ 산업재해를 입은 근로자가 산업재해보상보험법에서 인정하는 금액 외에 추가적으로 요구하는 민형사상의 요구 및 부대비용을 수급사업자가 전적으로 부담한다는 약정
⑤ 수급사업자는 하도급공사 중에 발생하는 모든 산업재해에 대하여 전적으로 책임지며, 산업재해사고 발생 및 처리를 이유로 원사업자에게 추가금액이나 공사기간연장을 요구할 수 없다는 약정

### 3. 원사업자가 입찰내역에 없는 사항을 요구함에 따라 발생된 비용을 수급사업자에게 부담시키는 약정(법 제3조의4 제2항 제3호)

위 약정의 위법성은 원사업자가 산출내역서 외의 다른 서류에 반영한 사항이나 산출내역서에 포괄적으로만 반영한 사항에 대하여 수급사업자에게 제조 등의 위탁수행을 요구하고 이로 인하여 발생되는 비용을 수급사업자에게 부담시키는 약정에 해당하는지 여부를 기준으로 판단한다.

다만, 원사업자가 수급사업자에게 입찰금액을 산출하기 위한 자료나 정보를 충분히 제공하였음에도 불구하고 수급사업자의 견적 누락(단가 미기재 등) 또는 견적 착오(규격·수량·단위 등 오기) 등으로 발생한 비용을 수급사업자에게 부담시킨 경우는 제외한다.

〈예시〉
① 현장설명서 등에 명기된 사항이 산출내역서에 없더라도 공사수행상 당연히 시공하여야 할 부분이 있는 경우 수급사업자가 전적으로 비용을 부담하여 시공한다는 약정
② 시방서에 특별히 지정되지 않은 품목이라도 전체공사 시공에 필요하다고 인정되는 품목은 산출내역서에 포함된 것으로 본다는 약정
③ 원사업자가 수급사업자에게 배부한 물량내역서에 구체적인 항목·수량·단위 등을 제시하지 아니하고 견적금액 또는 견적단가에는 하도급공사에 필요한 모든 비용이 반영된 것으로 간주한다는 약정
④ 주요 자재항목으로 구분되지 않은 소형강재(건설공사 등의 재료로 쓰기 위하여 압연의 방법으로 가공을 한 강철) 등의 자재비는 시공비에 반영되어 있다

는 약정

⑤ 수급사업자는 입찰 전 현장 답사, 설계도면 및 시방서를 충분히 숙지하고 입찰 내역서를 작성하므로 원사업자에게 어떠한 경우에도 추가비용을 요구할 수 없다는 약정

## 4. 그 밖에 이 법에서 보호하는 수급사업자의 이익을 제한하거나 원사업자에게 부과된 의무를 수급사업자에게 전가하는 등 대통령령으로 정하는 약정 (법 제3조의4 제2항 제4호)

### (1) 다음 각 목의 어느 하나에 해당하는 비용이나 책임을 수급사업자에게 부담시키는 약정(법 시행령 제6조의2 제1호)

위 약정의 위법성은 제조 등의 위탁과 관련하여 발생하는 비용이나 책임이 관계법령 등 제반사항을 고려할 때 원사업자가 부담하는 것이 타당함에도 불구하고 이를 수급사업자에게 부담시키는 약정에 해당하는지 여부를 기준으로 판단한다.

#### 1) 관련 법령에 따라 원사업자의 의무사항으로 되어 있는 인·허가, 환경관리 또는 품질관리 등과 관련하여 발생하는 비용(법 시행령 제6조의2 제1호 가목)

"인·허가와 관련된 비용"이라 함은 제조 등의 위탁과 관련된 법령(건축법, 도로법, 지하수법, 하수도법 등)에 따른 각종 신고, 허가·승인· 인가·면허 등의 취득, 명령 또는 각종 수검의무 이행 등에 소요되는 비용을 말한다.

"환경관리와 관련된 비용"이라 함은 제조 등의 위탁과 관련한 대기오염, 수질오염, 소음, 진동, 악취 등의 제거를 위하여 관계법령(대기환경보전법, 소음·진동관리법, 폐기물관리법, 하수도법, 지하수법 등)을 준수하는데 소요되는 비용을 말한다.

"품질관리와 관련된 비용"이라 함은 건설기술관리법 등 제조 등의 위탁과 관련된 법령에 따른 품질관리활동(자재시험·품질시험·성능검사·계측·교육 등)에 소요되는 비용을 말한다.

〈예시〉
① 관청으로부터의 건축허가를 수급사업자의 비용으로 받아야 한다는 약정
② 수급사업자는 하도급공사 진행 중에 야기되는 관공서 및 관계기관(한국전력공사, 한국전기안전공사 등)에 대한 인·허가 수속, 각종 수검·협조업무를 수급사업자의 책임 하에 행하고 그 소요비용은 수급사업자가 일체 부담한다는 약정
③ 공사현장에서 발생하는 환경오염물질(폐기물·소음·진동·먼지·오수·폐수 등)의 처리 및 재활용과 관련된 각종 비용은 수급사업자가 일체 부담한다는 약정
④ 수급사업자가 환경관련 법령(폐기물관리법, 소음·진동관리법 등) 위반 시 기성금 공제 등의 불이익에 대하여 원사업자에게 일체 이의를 제기하지 않기로 한다는 약정
⑤ 발주자 또는 원사업자가 수급사업자에게 지급한 자재의 품질 및 시공검사를 위한 시험절차 등에 소요되는 비용은 수급사업자의 부담으로 한다는 약정

### 2) 원사업자(발주자를 포함한다)가 설계나 작업내용을 변경함에 따라 발생하는 비용(법 시행령 제6조의2 제1호 나목)

"설계의 변경에 따른 비용"이라 함은 수급사업자가 하도급계약을 이행하는 도중에 발주자 또는 원사업자의 지시이나 요구에 의해 당초 설계를 변경함으로 인하여 발생하는 비용을 말한다.

"작업내용의 변경에 따른 비용"이라 함은 수급사업자가 하도급계약을 이행하는 도중에 발주자 또는 원사업자의 지시나 요구에 의해 제조방법, 시공공법, 자재 등을 변경함으로 인하여 발생하는 비용을 말한다.

〈예시〉
① 수급사업자가 설계변경에 따른 추가공사를 하였더라도 원사업자가 발주자로부터 설계변경에 대한 기성금을 받지 못한 경우 수급사업자에게 추가공사로 증액된 금액을 지급하지 않는다는 약정
② 발주자의 요청에 의한 하드웨어 구성, 소프트웨어 개발, 장비규격의 변경 등으로 발생한 비용은 설계변경 없이 수급사업자가 부담하여야 한다는 약정
③ 수급사업자는 설계도면과 현장을 사전에 충분히 확인하고 하도급계약을 체결하였으므로 작업내용의 변경으로 경미한 공사가 발생하는 경우에 소요되는 비용을 원사업자에게 요청하지 못한다는 약정

④ 수급사업자가 발주자의 지시나 요구에 의한 작업내용의 변경으로 계약사항 외에 시공한 부분에 대한 비용은 수급사업자의 부담으로 한다는 약정
⑤ 원사업자의 지시로 사토장(흙을 버리기 위한 장소)까지의 거리가 증가하여 발생한 추가비용을 수급사업자가 원사업자에게 청구하지 못한다는 약정

3) **원사업자의 지시**(요구, 요청 등 명칭과 관계없이 재작업, 추가작업 또는 보수작업에 대한 원사업자의 의사표시를 말한다)**에 따른 재작업, 추가작업 또는 보수작업으로 인하여 발생한 비용 중 수급사업자의 책임 없는 사유로 발생한 비용**(법 시행령 제6조의2 제1호 다목)

"재작업으로 인한 비용"이라 함은 수급사업자가 하도급계약, 설계도면, 시방서 등에 적합하게 제조 등의 위탁업무를 수행하는 과정에 수급사업자의 귀책사유 없이 원사업자의 지시 또는 요구에 따라 수급사업자가 이미 수행한 위탁업무를 다시 작업함으로 인하여 발생되는 비용을 말한다.

"추가 작업으로 인한 비용"이라 함은 수급사업자의 귀책사유 없이 하도급계약에 포함되지 않는 업무내용에 대하여 원사업자의 지시 또는 요구에 따라 수급사업자가 별도로 작업을 수행함으로 인하여 발생되는 비용을 말한다.

"보수작업으로 인한 비용"이라 함은 수급사업자가 목적물 등을 완성하여 원사업자에게 납품·인도 또는 제공한 후 수급사업자의 귀책사유 없이 당해 목적물이 파손·훼손된 경우 원사업자의 지시 또는 요구에 의해 수급사업자가 보수작업을 수행함으로 인하여 발생되는 비용을 말한다.

"수급사업자의 책임 없는 사유"라 함은 수급사업자가 제조 등의 위탁업무를 수행하는 과정에서 하도급계약, 설계도면, 시방서 등에 기재된 작업공법, 자재, 품질·성능검사 절차 등을 철저히 준수한 경우를 말한다.

〈예시〉
① 원사업자 소속 현장소장의 지시로 수급사업자가 재작업을 수행한 비용은 일체 인정하지 않는다는 약정
② 입주자의 요구에 따라 재료의 재질(색상 등)이 변경되는 경우 수급사업자의 부담으로 재작업하여야 한다는 약정

③ 수급사업자가 원사업자의 지시로 추가 작업을 수행함으로 인하여 발생하는 비용이 총 계약금액 대비 일정비율(예, 5%)을 초과하지 아니하는 경우 그 추가비용은 수급사업자가 부담한다는 약정
④ 원사업자의 지시에 따라 수급사업자가 돌관공사(예정된 공사기간보다 공사기간을 단축하기 위한 목적으로 급하게 하는 공사를 말한다)·휴일공사를 수행함으로 인하여 발생된 추가공사비용은 수급사업자의 부담으로 한다는 약정
⑤ 수급사업자가 원사업자에게 목적물을 인도한 후부터 원도급공사 준공 시까지 당해 목적물이 훼손된 경우 공사비 증액 없이 보수작업을 하여야 한다는 약정
⑥ 수급사업자는 비록 설계도면에 명시되지 아니한 사항이라도 공사의 경미한 변경이나 구조상 필요한 경미한 공사에 대하여는 계약금액 범위 내에서 시공하여야 한다는 약정

### 4) 관련 법령, 발주자와 원사업자 사이의 계약 등에 따라 원사업자가 부담하여야 할 하자담보책임 또는 손해배상책임(법 시행령 제6조의2 제1호 라목)

"발주자와 원사업자 사이의 계약"이라 함은 발주자가 제조·수리·시공 또는 용역수행을 도급하기 위하여 원사업자와 체결한 계약을 말한다.

"하자담보책임"이라 함은 목적물 등에 하자가 있을 때 관련 법령 등에 따라 발주자 또는 구매자 등에 대하여 부담하는 담보책임을 말한다.

"손해배상책임"이라 함은 제조 등의 위탁과 관련하여 고의 또는 과실로 타인 등에게 손해를 입힌 경우 그 손해를 배상하여야 할 책임을 말한다.

〈예시〉
① 수급사업자가 완성하여 소비자에게 판매된 제품의 하자처리와 관련한 모든 비용은 수급사업자의 부담으로 한다는 약정
② 수급사업자의 하자보수보증증권 상의 보증기간은 하도급계약으로 정한 하자담보책임기간보다 몇 년(예, 1년)을 더 길게 산정하여야 한다는 약정
③ 수급사업자는 원사업자가 하자라고 확정한 경우, 이에 대하여 일체의 이의를 제기할 수 없다는 약정
④ 원사업자가 제공한 재료로 수급사업자가 가공했을 경우 해당 제품의 하자에 대해서는 수급사업자가 일체의 책임을 진다는 약정
⑤ 목적물의 하자로 볼 수 없는 경우까지 수급사업자는 원사업자가 요구한 시한 이내에 수급사업자의 비용으로 당해 목적물(예, 소프트웨어)과 동일한 사양으

로 교체하여야 한다는 약정
⑥ 수급사업자가 하자담보책임기간 중에 하자보수의무를 이행하지 아니하여 원사업자가 이를 시행하는 경우에는 당해 보수비용의 몇 배(예, 3배)를 원사업자에게 지불해야 한다는 약정

### (2) 천재지변, 매장문화재의 발견, 해킹·컴퓨터바이러스 발생 등으로 인한 작업기간 연장 등 위탁시점에 원사업자와 수급사업자가 예측할 수 없는 사항과 관련하여 수급사업자에게 불합리하게 책임을 부담시키는 약정(법 시행령 제6조의2 제2호)

"위탁시점"은 원사업자와 수급사업자가 제조 등의 위탁과 관련하여 작성한 하도급거래계약서에 서명 또는 기명날인한 날짜(이하 "체결일"이라 한다)를 말한다. 다만 실질적인 위탁시점이 하도급거래계약서 체결일보다 빠를 경우에는 원사업자와 수급사업자가 상호 합의한 날짜를 위탁시점으로 본다.

"예측할 수 없는 사항"이라 함은 태풍·홍수·지진·기타 악천후 등 천재지변 또는 전쟁·사변·화재·전염병·폭동, 제3자의 전국적인 노조파업, 매장문화재 발견, 해킹·컴퓨터 바이러스 발생 등 원사업자와 수급사업자의 통제범위를 벗어나는 경우를 말한다.

"수급사업자에게 불합리하게 책임을 부담시키는지 여부"는 원사업자와 수급사업자의 책임형량에 기초하여 판단한다. 즉, 정상적인 거래관행상 공정성과 타당성을 결여하여 수급사업자에게 책임이 무겁게 지워진 경우가 여기에 해당하는 것으로 본다.

〈예시〉
① 하도급계약기간 중에 수해·눈피해 등이 발생하더라도 공사기간연장은 없다는 약정
② 전염병(예, 조류독감)의 창궐시 이를 예방하기 위한 의약품, 의료소모품 등을 구입하는데 소요되는 모든 비용은 수급사업자가 부담한다는 약정
③ 제3자의 전국적인 노조파업에 따른 하도급공사의 공사기간연장으로 발생한 추가비용은 수급사업자가 전적으로 부담하여야 한다는 약정

④ 수급사업자가 건물 부지를 파는 도중 문화재가 발굴되더라도 작업의 중지, 공사기간연장 등으로 인해 추가적으로 발생하는 비용은 수급사업자의 부담으로 한다는 약정
⑤ 수급사업자가 전사적 자원관리시스템(ERP)을 제작하는 도중에 신종 바이러스가 출현하더라도 시스템 대응방안 마련을 위한 작업기간의 연장은 인정되지 않는다는 약정

### (3) 해당 하도급거래의 특성을 고려하지 아니한 채 간접비(하도급대금 중 재료비, 직접노무비 및 경비를 제외한 금액을 말한다)의 인정범위를 일률적으로 제한하는 약정. 다만, 발주자와 원사업자 사이의 계약에서 정한 간접비의 인정범위와 동일하게 정한 약정은 제외한다(법 시행령 제6조의2 제3호).

"하도급거래의 특성"이라 함은 하도급거래 계약기간, 투입 인력수, 업종형태(토공, 기계설비 등), 작업지역(서울 또는 울릉도), 작업환경(평지 또는 산지 등), 목적물 등의 종류·규격·품질·용도·원재료·제조공정·시공공법 등의 차이를 말한다.

"간접비"라 함은 제조 등의 위탁과 관련한 직접비 항목(재료비, 직접노무비, 경비)을 제외한 간접노무비, 일반관리비(사무실 직원의 급료, 복지후생비 등) 및 이윤 등 명칭 여하를 불문하고 제반 관리활동부문에서 발생하는 비용을 말한다.

"인정범위"라 함은 원사업자가 지정한 간접비의 금액 또는 총 계약금액에서 간접비가 차지하는 비율의 상한을 말한다.

"일률적 제한"이라 함은 하도급거래의 특성을 고려하지 아니하고 간접비의 인정범위를 동일하거나 일정한 기준에 따라 획일적으로 제한하는 것을 말한다. 다만, 당해 업종의 통상적인 거래관행, 하도급거래 규모, 목적물의 특성 등에 비추어 적정하다고 인정되는 경우에는 제외한다.

〈예시〉
① 안전관리비, 퇴직공제부금(일용근로자의 고용개선을 위하여 도입된 제도로 인하여 발생되는 비용을 말한다)은 반드시 견적기준을 준수하여 입찰하여야 하고 이 기준을 초과할 경우 원사업자가 입찰금액을 조정할 수 있다는 약정

② 수급사업자의 공과잡비(일반관리비, 이윤)는 직접공사비 대비 견적기준(예, 토목현장 6%, 건축현장 4%)을 초과하지 못한다는 약정
③ 수급사업자의 이윤은 별도 산정하지 않고, 직접공사비의 각 공종단가에 포함한다는 약정
④ 수급사업자의 일반관리비는 직접공사비의 일정비율(예, 5%) 범위내에서 계상하되, 각종 이행보증수수료(계약이행, 선급금이행, 하자이행) 및 사용자배상책임보험(민간 보험회사가 의무가입이 아닌 사용자를 대상으로 산재보험과 유사한 내용을 담아 판매하는 사보험을 말한다)료를 포함한다는 약정
⑤ 수급사업자는 일반관리비, 이윤, 안전관리비, 사용자배상책임보험료, 고용보험료, 산재보험료 등을 간접비로 별도 표기하지 않고 견적단가에 포함하여 견적하여야 한다는 약정

### (4) 계약기간 중 수급사업자가 법 제16조의2에 따라 하도급대금 조정을 신청할 수 있는 권리를 제한하는 약정(법 시행령 제6조의2 제4호)

"계약기간"이라 함은 원사업자와 수급사업자 간에 하도급거래계약을 체결한 날로부터 목적물 등을 원사업자에게 납품·인도(제조·수리위탁 및 지식·정보성과물), 완료(역무공급), 완공(건설위탁)한 날까지를 말한다. 다만 원사업자와 수급사업자가 합의한 유효기간이 있을 경우에는 이를 계약기간으로 본다.

"하도급대금 조정을 신청할 수 있는 권리"이라 함은 법 제16조2에 근거하여 수급사업자가 원재료의 가격변동에 따른 하도급대금의 조정을 원사업자에게 직접 신청하거나 중소기업협동조합으로 하여금 원사업자와 하도급대금의 조정을 협의할 수 하도록 중소기업협동조합에 신청할 수 있는 권리를 말한다.

〈예시〉
① 수급사업자는 원사업자에게 하도급계약기간 중 어떠한 사유로도 계약금액의 증액 등 조정을 일체 요구하지 못한다는 약정
② 원사업자와 수급사업자가 하도급대금의 조정에 관하여 합의에 이르지 못한 경우 양 당사자는 하도급분쟁조정협의회에 조정을 신청하지 않겠다는 약정
③ 중소기업협동조합이 수급사업자에게 원사업자와의 하도급대금을 조정하기 위한 협의신청을 요청하더라도 이에 응하지 않는다는 약정
④ 수급사업자는 인건비 상승 등 기타 어떠한 경우에도 계약된 하도급금액 이외

공사비의 증액을 요구하지 않을 것이며, 이를 이유로 공사지연 및 공사거부행위를 일절 하지 않겠다는 약정
⑤ 하도급계약기간 중 원부자재 인상으로 납품단가의 변동이 발생시 하도급계약기간이 만료된 이후 납품단가를 재조정할 수 있다는 약정
⑥ 수급사업자는 자신이 소속된 중소기업협동조합에 원재료의 가격변동에 따른 하도급대금의 조정협의를 신청하지 않겠다는 약정

(5) 그 밖에 제1호부터 제4호까지의 규정에 준하는 약정으로서 법에 따라 인정되거나 법에서 보호하는 수급사업자의 권리·이익을 부당하게 제한하거나 박탈한다고 공정거래위원회가 정하여 고시하는 약정(법 시행령 제6조의2 제5호)

## Ⅳ. 심결례 및 판례

심결례 **수급사업자의 이익침해 및 민원처리 비용 부담 약정 등에 대한 금지명령(공정거래위원회 2016. 5. 3. 의결 2015부사1065)**

1. 사실관계

피심인은 2014. 4. 18. 수급사업자에게 이 사건 공사를 위탁하면서 정해진 기한 내 작업완료가 어려울 경우 원사업자가 수급사업자에 대한 통보만으로 잔여공사를 직접 수행한 후 그 공사비용을 수급사업자의 기성금에서 공제할 수 있도록 하고, 공사 중 발생하는 민원처리, 산업재해, 추가작업과 관련된 비용 일체를 수급사업자가 부담하도록 하는 조항을 아래 〈표 1〉과 같이 현장설명서에 설정하였다.

〈표 1〉 현장설명서상 부당특약 조항

| 구 분 | 조항 및 내용 |
|---|---|
| 원사업자가 수급사업자에 대한 일방적인 통보만으로 잔여공사를 직영처리한 후 그 비용을 수급사업자로부터 공제할 수 있도록 한 조항 | 4. 견적조건<br>1) 일반사항<br>⑰ 갑은 을이 모든 작업과 현장관리에 대하여 지시에 따르지 않거나, 요구 일정에 작업을 완료할 수 없다고 판단될 경우, 을에 통보 후 직영으로 처리 후 기성금에서 공제처리할 수 있다. |

| | |
|---|---|
| | 4. 견적조건<br>1) 일반사항<br>⑪ 을은 해당 공정의 공사 진행 중 각종 민원 발생의 소지를 저진동, 무소음공법 등을 적극 적용하여 최소화하여야 하며, 이와 관련한 민원처리 및 과태료, 경비일체를 을의 부담 하에 일괄 처리하여야 한다.<br>⑬ 공사의 진행 간 공기조정을 위하여 발생하는 갑의 돌관작업(야간작업 및 동절기 공사 등) 요구가 있을 경우, 을은 추가비용 부담 하에 작업지시를 이행하여야 한다. |
| 장래 발생 가능한 각종 비용을 수급사업자에게 부담시키는 조항 | 3) 공사에 관한 사항<br>⑤ 공사 안전관리 조건<br>안전사고 발생시 중대 재해외에는 공상처리하는 조건임<br>⑧ 소음 및 진동, 분진으로 인접 건물 및 제3자에게 피해를 주지 않는 공법으로 수행하며, 민원발생 시 제반 업무처리 및 이에 따른 비용은 을의 부담으로 한다.<br>⑭ 공정상 동절기 공사가 필요한 경우에는 공사비의 증액 없이 수행하여야 한다.<br><br>5. 안전관리<br>⑫ 공사 중 발생되는 제반 사고처리 및 보상 일체 포함 안전시설 시공 조건으로 한다. |

2. 공정거래위원회의 판단

(1) 수급사업자의 이익을 침해·제한하는 약정 여부(법 제3조의4 제1항 관련)

일반적으로 원사업자는 공사기한 내 공사완료가 어려울 것으로 판단되면 공정부진의 원인, 책임의 귀속주체 등을 종합적으로 고려하여 수급사업자와 상호 협의하에 후속공정에 대한 대책을 마련하여야 한다.

아울러 원사업자는 정해진 기한 내 공사완료가 어렵게 된 책임이 수급사업자에게 있지 아니한 경우 특별한 사정이 없는 한 수급사업자가 해당 공사를 계속 수행할 수 있도록 변경계약을 통한 공사기간의 연장 또는 공사기간을 단축할 수 있는 대책 등을 마련해 주어야 할 책무가 있다.

설령, 수급사업자의 귀책으로 원사업자가 하도급계약을 해지하고 잔여공사를 직접 시공하고자 하는 경우에도 계약해지의 절차와 방법은 계약서 또는 관계법령 등에 따라 적법하게 이루어져야 하고, 계약해지 후 원사업자가 직접 수행한 직영공사 비용은 원사업자가 부담하는 것이 합리적이고 정상적인 거래관행이라고 할 것이다.

그러나 피심인은 예정된 일정 내에 공사완료가 어려울 경우 원사업자의 일방적인 통보만으로 잔여공사를 직접 시행할 수 있도록 함과 동시에 해당 공사대금을 수급사업자의 기성금에서 공제할 수 있는 조항을 위 〈표 1〉의 4. 1) ⑰ 과 같이 현장설명서에 설정하였다.

위 조항에 따르면 원사업자는 공사지연이 예상될 경우 수급사업자와의 협의 없이도 자신의 일방적인 통보로써 잔여공사를 직접 수행할 수 있게 되는바, 이는 공사부진 등에 수급사업자의 귀책이 있는지 여부와 관계없이 사실상 원사업자가 임의적으로 하도급계약의 일부 또는 전부를 해지할 수 있다는 것을 의미한다.

즉 위 조항은 하도급계약을 통하여 정당하게 획득한 수급사업자의 공사수행 권리를 제한하는 점, 나아가 하도급계약에 근거하여 공사 진행정도에 따라 취득이 예정되어 있는 수급사업자의 공사 관련 수익을 원사업자가 대신 취득하게 되는 점, 그리고 원사업자가 직영으로 수행한 잔여공사 비용을 합리적인 사유 없이 수급사업자에게 부담시킬 수 있다는 점 등에서 원사업자가 수급사업자의 이익을 부당하게 침해·제한하는 약정에 해당하여 법 제3조의4 제1항에 위반된다.

(2) 원사업자가 부담하여야 할 민원처리, 산업재해 등과 관련된 비용을 수급사업자에게 부담시키는 약정 여부(법 제3조의4 제2항 제2호 관련)

법 제3조의4 제2항 제2호에서는 원사업자가 부담하여야 할 민원처리, 산업재해 등과 관련된 비용을 수급사업자에게 부담시키는 약정을 부당특약으로 규정하고 있으며, 이러한 특약의 위법성은 위탁과 관련된 관계법령, 당해 업종의 통상적인 거래관행, 수급사업자가 위탁받은 목적물의 내용 및 특성 등으로 볼 때 원사업자가 부담하는 것이 타당한 비용이나 책임을 수급사업자에게 부담시키는 약정에 해당하는지 여부를 기준으로 판단한다.

① 민원처리 관련 비용을 수급사업자에게 부담시키는 약정

소음·진동관리법 및 같은 법 시행규칙에서는 소음·진동관리를 위한 특정 공사의 사전신고, 방음시설 설치, 소음·진동 저감대책 수립 및 시행 등에 대한 의무 이행주체를 원사업자로 규정하고 있고, 이러한 의무 불이행에 따른 과태료 부과 대상 역시 원사업자로 규정하고 있다.

따라서 건설공사장 등에서 발생하는 소음·진동의 적정 관리, 소음·진동으로 인한 피해방지 및 구제, 소음·진동 관련 각종 민원업무 처리 및 비용부담 주체 또한 원사업자로 보는 것이 타당할 것이다.

그러나 피심인은 수급사업자에게 위탁한 공사진행 중 발생하는 소음, 진동 등에 따른 각종 민원처리 및 소요경비, 과태료 등을 전적으로 수급사업자가 부담하여야 한다는 조항을 위 〈표 1〉 4. 1) ⑪ 및 3) ⑧ 과 같이 현장설명서에 설정하였다.

이와 관련하여 관련법상 공사소음·진동 관련 민원에 대한 책임은 원칙적으로 원사업자에게 있으므로 수급사업자는 해당 민원에 자신의 귀책이 있는 경우 그에 상응하는 부분에 대해서만 비용부담 등의 책임이 있고, 그 범위를 초과하는 부분

에 대해서는 마땅히 원사업자의 책임이 요구된다고 할 것이다.

그러나 위 조항은 민원의 발생원인과 책임소재를 불문하고 각종 민원처리와 관련된 비용 일체를 무조건 수급사업자에게 부담시키고 있는바, 이는 원사업자가 부담하여야 할 민원처리 관련 비용을 수급사업자에게 부담시키는 부당한 약정에 해당하여 법 제3조의4 제2항 제2호에 위반된다.

② 산업재해 관련 비용을 수급사업자에게 부담시키는 약정

근로자는 업무상의 사유로 4일 이상의 요양을 요하는 부상을 당하거나 질병에 걸린 경우 산업재해보상보험법에 근거하여 산업재해보상보험 적용을 통한 요양급여(제40조), 휴업급여(제52조), 장해급여(제57조) 등을 지급받을 권리가 있다.

한편, 원사업자는 산업안전보건법 제29조에 따른 근로자의 안전·보건관리 의무와 산업재해 예방조치 의무, 같은 법 시행규칙 제4조에 따른 산업재해 발생에 관한 보고 의무 등을 부담한다는 점에서 원사업자로부터 공사를 위탁받은 수급사업자 소속 근로자의 산업재해 관련 업무처리 및 비용부담에 관한 일차적인 책임 또한 원사업자에게 있다고 할 수 있다.

그러나 피심인은 3주 이상의 진단을 받는 중대한 재해가 아닌 이상 근로자가 산업재해보상보험을 적용받을 수 없도록 하였고, 공사 중 발생하는 모든 사고와 관련된 업무처리와 보상의무 등을 전적으로 수급사업자가 부담하도록 하는 조항을 위 〈표 1〉 4. 3) ⑤ 및 5. ⑫ 와 같이 현장설명서에 설정하였다.

이와 관련하여 아래와 같은 점을 종합해 볼 때, 위 조항은 원사업자가 부담하여야 할 비용을 수급사업자에게 부담시키는 부당한 약정에 해당하여 법 제3조의4 제2항 제2호에 위반된다.

첫째, 관련법상 원사업자에게 부여된 산업재해 예방조치 의무, 안전보건관리 의무 등의 불이행과 같은 원사업자의 과실여부를 따지지 않고 공사수행 중 발생하는 모든 안전사고 관련 비용을 수급사업자에게 일괄적으로 전가하고 있는 점

둘째, 위 조항은 중대한 재해가 아닌 이상 근로자로 하여금 원사업자를 통한 산업재해보상보험 적용 대신 수급사업자를 통한 공상처리를 받도록 하여 산업안전보건법에서 보호하고 있는 근로자의 산업재해보상보험급여 수급권을 제한함과 동시에 근로자의 재해·부상 등에 소요되는 비용을 사실상 수급사업자에게 전가시키고 있는 점

③ 원사업자의 지시에 따른 재작업, 추가작업, 보수작업으로 인한 비용 중 수급사업자의 책임 없는 사유로 발생한 비용을 수급사업자에게 부담시키는 약정 여부(법 제3조의4 제2항 제4호 및 법 시행령 제6조의2 제1호 다목 관련)

원칙적으로 원사업자는 수급사업자의 책임 없는 사유로 발생한 추가 작업 등에 수반되는 비용을 부담하여야 할 의무가 있다.

그러나 피심인은 원사업자의 돌관작업 지시가 있을 경우 수급사업자는 공사비

증액 없이 모든 작업을 자신의 비용 부담 하에 이행하여야 한다는 조건을 위 〈표 1〉 4. 1) ⑬ 및 3) ⑭ 와 같이 현장설명서에 설정하였다.

이 조항은 원사업자가 요구한 추가작업이 자연재해, 천재지변 등과 같은 외부적 요인이나 원사업자의 사정 등에 기인할 수 있는 것임에도 추가작업의 발생원인, 책임주체 등을 불문하고 추가작업에 수반되는 모든 비용을 수급사업자가 부담하도록 하였다.

따라서 이는 수급사업자의 귀책없이 발생한 추가작업 비용까지도 전적으로 수급사업자에게 전가시키는 부당한 약정에 해당하여 법 제3조의4 제2항 제4호 및 법 시행령 제6조의2 제1호 다목에 위반된다.

피심인의 위와 같은 부당한 특약 설정행위에 대하여 당해 법 위반행위와 동일 또는 유사한 위반행위가 반복될 우려가 있으므로 향후금지명령을 부과한다.

**심결례 비용전가 및 하도급대금 조정신청권 제한조항에 대한 시정조치 등(공정거래위원회 2017. 4. 4. 의결 2016건하0875)**

1. 사실관계

(1) 입찰내역에 없는 사항의 요구에 따라 발생된 비용 전가조항

피심인은 2014. 4. 30. ~ 2015. 11. 13. 기간 동안 **** 등 53개 수급사업자와 '**** 내장목공사' 등 87건의 하도급계약을 체결하면서 '하도급계약 특수조건' 또는 '물품구매 계약 및 설치계약 특수조건'(이하 '특수조건'으로 통칭)에 계약서 등에 명기되지 아니한 사항도 공사의 성질상 당연히 필요한 사항은 공사비에 포함하거나, 공법의 사소한 변경이나 이에 수반되는 경미한 물량 증가 등은 설계도서 등에 명시되지 아니한 것이라도 공사의 경미한 변경이나 공종상 필요한 경미한 공사에 대하여는 계약금액의 범위 내에서 시공하도록 하는 내용의 계약조건(이하 '입찰내역에 없는 사항의 요구에 따라 발생된 비용 전가조항')을 설정하였다.

나. 하도급대금 조정신청권 제한조항

피심인은 2014. 4. 30. ~ 2015. 11. 13. 기간 동안 **** 등 52개 수급사업자와 '**** 내장목공사' 등 85건의 하도급계약을 체결하면서 공법변경에 의한 설계변경을 제외하고는 계약단가의 변경을 제한하거나, 계약체결 전에 단가인상이 반영된 것으로 인정하여 물가변동으로 인한 계약금액의 조정은 없는 것으로 하는 등 수급사업자가 법 제16조의2에 따라 하도급대금 조정을 신청할 수 있는 권리를 제한하는 내용의 계약조건(이하 '하도급대금 조정신청권 제한조항')을 설정하였다.

다. 법규준수 등의 의무위반에 따른 책임 조항

피심인은 2014. 4. 30. ~ 2015. 11. 13. 기간 동안 **** 등 53개 수급사업자와 '**** 내장목공사' 등 87건의 하도급계약을 수급사업자에게 계약이행과 관련된

각종 관련 법률 준수 의무를 부과하면서 법률 위반으로 발생된 모든 벌칙과 손해배상책임을 수급사업자의 책임 하에 처리하도록 하고 이를 이유로 한 계약금액 조정과 공기 연장 등을 요구할 수 없도록 하는 내용, 수급사업자가 채용한 자나 수급사업자의 책임하에 시공에 참여하게 한 자가 임금 등 기타 근로조건과 관련된 노사분규를 하여 발생한 손해에 대해 수급사업자가 전액 배상처리하며 이와 관련된 계약금액 조정이나 공기연장 등 기타 계약조건의 변경을 요청하지 못하도록 하는 내용, 특수조건 등의 의무를 수급사업자가 이행하지 않아 피심인에게 손해가 발생한 경우 수급사업자가 이를 전액 배상하는 내용의 계약조건(이하 '법규준수 등의 의무위반에 따른 책임 조항')을 설정하였다.

〈표 1〉 특수조건의 계약 내용

| 특수조건 유형 | 조항 내용 | 관련 수급사업자 (계약 건수) |
|---|---|---|
| 입찰내역에 없는 사항을 요구함에 따라 발생된 비용을 수급사업자에게 전가하는 약정 | 【제1조(일반사항) 제7항】 현장설명서, 공사내역서, 설계도면, 특기시방서, 시방서 등에 명기되지 않은 사항이라도 공사시공의 성질상 당연히 필요한 사항은 공사비에 포함하며, 본계약조건이나 특수조건 등 계약문서에 명기되지 않은 사항은 원사업자와 사전에 협의한다. | **** 등 53개 수급사업자(87건) |
| | 【제12조(경미한 공사)】 수급사업자는 공법의 사소한 변경 또는 이에 수반되는 경미한 물량증가 및 설계도서, 특기시방서에 명시되지 아니한 것이라도 재료의 치수 및 설치공법의 사소한 변경, 이에 수반되는 약간의 수량 증감 등 공사의 경미한 변경이나 공종상 필요한 경미한 공사에 대하여는 계약금액의 범위 내에서 시공한다. | |
| 하도급대금 조정을 신청할 수 있는 권리를 제한하는 약정 | 【제10조(설계변경) 제5항】 계약단가는 공법변경에 의한 설계변경을 제외하고는 변경할 수 없다. | **** 등 52개 수급사업자(85건) |
| | 【제10조(설계변경) 제10항】 설계수량은 발주처의 설계방침에 의거 변경될 수 있으며, 최종수량정산은 도급설계에 준하고 수급사업자는 이에 대하여 이의를 제기할 수 없다. | |
| | 【제11조(물가변동으로 인한 계약금액의 조정) 제1항】 당 공사는 계약체결 이전에 단가상승을 감안한 조건으로 인정하여, 물가변동으로 인한 계약금액의 조정은 없는 것으로 한다. | |
| | 【제13조(계약변경) 제5항】 인건비상승 및 작업지연으로 인한 공기연장과 이에 따른 공사비증액은 일체 인정하지 않는다. | |

| 특수조건 유형 | 조항 내용 | 관련 수급사업자 (계약 건수) |
|---|---|---|
| | 【제13조(계약변경) 제7항】 수급사업자는 쌍방이 정한 계약조건의 합의가 필요한 경우를 제외하고 어떠한 경우도 적자보전 및 단가인상등을 요구할 수 없으며 이러한 사유등으로 야기된 문제에 대하여 수급사업자는 원사업자에게 민·형사상, 행정상, 하도급법상 일체의 이의 및 소송을 제기할 수 없다. | |
| 법규준수 등의 의무위반에 따른 책임 조항 | 【제1조(일반사항) 제13항 】 수급사업자는 공사이행과 관련 각종 관련 법규의 위반됨이 없이 모든 공사를 수행하여야 하며, 이런 법률사항을 위반함으로 말미암아 발생하는 모든 제반 벌칙 및 이로 인한 추가금액 부담이 있을시 수급사업자의 책임 하에 처리하며 이를 이유로 계약금액의 조정 및 공기의 연장 등을 요구할 수 없다. | ****등 53개 수급사업자(87건) |
| | 【제8조(현장대리인,종업원,고용원) 제4항】 수급사업자는 임금등 기타 근로조건과 관련 수급사업자가 채용 또는 수급사업자의 책임하에 시공에 참여하게 한 자에 대해 노사분규가 발생했을 경우, 수급사업자는 전적으로 책임지고 해결하고 이로인해 원사업자나 제3자의 피해가 있을 경우 그 피해에 대해 수급사업자의 책임하에 전액 배상처리하며, 이와 관련 원사업자에게 가온건업 등 53개 수급사업자(87건)계약금액의 조정이나 공기연장등 기타계약조건의 변경을 요청할수 없다. | |
| | 【제19조(미이행분에 대한 조치와 손해의 부담 및 배상) 제6항】 동 계약서 본문 및 특수조건상의 의무를 수급사업자가 이행치 않아 원사업자의 손해가 발생 시 수급사업자는 동 손해에 대해 전액 배상하여야 한다. | |

나. 공정거래위원회의 판단

(1) 입찰내역에 없는 사항의 요구에 따라 발생된 비용 전가조항

원칙적으로 입찰내역에 없는 사항이나 수급사업자의 귀책사유 없이 추가로 발생한 업무를 수행하는 경우 그에 따른 비용이 발생할 수 있고, 공법이 변경되거나 그에 따른 물량이 증가하는 경우 비록 그 물량의 증가가 경미하더라도 추가 비용이 발생할 수 있으므로 이에 대하여는 원사업자에게 청구할 수 있어야함에도 불구하고 그 비용이 경미하다는 등의 사유로 이를 수급사업자에게 부담시키는 약정을 설정한 것은 수급사업자의 이익을 부당하게 침해하거나 제한하는 계약조건을 설정한 행위에 해당된다.

(2) 하도급대금 조정신청권 제한조항

수급사업자는 하도급계약의 체결 이후 원재료 등의 가격이 변동되어 하도급대금의 조정이 불가피한 경우에는 하도급대금의 조정을 신청할 수 있어야 함에도 불구하고 계약단가는 공법변경에 의한 것을 제외하고는 변경할 수 없고, 물가변동으로 인한 계약금액의 조정은 없으며, 적자보전 및 단가인상 등을 요구할 수 없고 이러한 사유 등으로 야기된 문제에 대하여 원사업자에게 민·형사상, 행정상, 하도급법상 일체의 이의 및 소송을 제기할 수 없도록 정한 것은 수급사업자의 이익을 부당하게 침해하거나 제한하는 계약조건을 설정한 행위에 해당된다.

(3) 법규준수 등의 의무위반에 따른 책임 조항

원사업자는 관련 법령에 따라 자신의 의무로 되어있는 인·허가, 환경관리 등의 비용이나 하자담보책임, 손해배상책임 등을 수급사업자에게 부담시키는 약정을 설정하여서는 아니되나, 이 사건 계약조항은 공사를 수행하는 자가 관련 법령이나 계약상 의무를 준수하여야 한다는 취지로 보이고 각 개별법에 사업자별로 부담하여야할 책임의 범위 등이 규정되어 있음을 감안 할 때 동 규정이 모든 책임을 수급사업자에게 전가하는 것으로 해석되지는 아니하므로 해당 조항은 수급사업자의 이익을 부당하게 침해하거나 제한하는 계약조건에 해당되지 아니한다.

(4) 소 결

피심인의 행위 중 위 가. 나. 항의 행위는 원사업자가 수급사업자의 이익을 부당하게 침해하거나 제한한 것으로서 법 제3조의4 제1항에 위반되어 위법하다(시정조치 및 과징금 부과).

**심결례 계약해지 및 잔업요구 조항 등에 대한 시정조치(공정거래위원회 2017. 7. 11. 의결 2016건하2535)**

1. 사실관계

피심인은 □□□ 등 2개 수급사업자에게 'MF2 솔루션 리뉴얼' 등을 용역위탁하면서, 아래 〈표 1〉, 〈표 2〉의 기재와 같이 '업무축소 등 피심인의 필요에 의해 계약을 해지할 수 있다'는 조항, '특근 및 근무시간외 잔업 등의 요구에 대하여 특별한 사유가 없는 한 응하여야 한다'는 조항 등의 내용을 포함하여 하도급계약을 체결하였다.

〈표 1〉 부당특약 설정 행위 관련 하도급계약 현황

(단위 : 천 원, 부가가치세 별도)

| 계약 건 명 | 수급사업자 | 계약일자 | 계약금액 | 계약기간 |
|---|---|---|---|---|
| MF2 솔루션 | □□□ | 2015. 4. 6. | 57,000 | 2015. 4. 6. ~ 2015. |

| 리뉴얼 | | | | 7. 5. |
|---|---|---|---|---|
| 네트워크 UI시스템 구축 | ▲▲▲ | 2016. 3. 18. | 72,000 | 2016. 3. 21. ~ 2016. 11. 20. |

〈표 2〉 하도급계약서의 특약조항 내용

| 구분 | 수급사업자명 | 내 용 |
|---|---|---|
| 1 | □□□ | 제8조(의무 불이행 및 계약해제)<br>"을"이 다음의 사유에 해당하는 경우에는 "갑"의 통지에 의하여 계약의 전부 또는 일부를 해제할 수 있다.<br>3. "갑"의 업무축소 등으로 "을"의 용역 등 서비스 제공이 필요없다고 "갑"이 판단할 경우 "을"에게 해지일로부터 1개월 전에 서면통지 함으로서 본 계약은 해지된다. |
| 2 | □□□<br>▲▲▲ | 제11조(근무조건)<br>"을"로부터 파견된 인력의 근무조건은 아래와 같다.<br>3. 특근 및 근무시간 외 잔업에 대하여 "갑"의 요구가 있을 시 "을"은 특별한 사유가 없는 한 이에 응해야 한다. 이 경우 특근 및 잔업시간은 결근일과 상쇄할 수 없다. |

2. 공정거래위원회의 판단

(1) 업무축소 등 피심인의 필요에 의해 계약을 해지할 수 있다는 조항

원사업자는 정당한 계약해지 사유가 발생하지 아니한 이상 수급사업자의 책임으로 돌릴 사유가 없음에도 불구하고 일방적인 의사표시로 계약을 해지하여서는 아니 된다.

그러나 당해 조항은 피심인의 업무축소 등을 이유로 1개월 전의 서면통지로써 계약이 해지된다고 규정하고 있어, 수급사업자의 귀책사유와는 관계없이 피심인에게 일방적인 계약해지권을 인정함으로써 수급사업자의 지위를 현저히 불안하게 하고 나아가 부당한 위탁취소를 금지하는 법 제8조 제1항의 규정 취지에도 반하므로, 법 제3조의4 제1항에 위반된다.

(2) 특근 및 근무시간외 잔업 등의 요구에 대하여 특별한 사유가 없는 한 응하여야 한다는 조항

하도급거래 과정에서 당초 예정과는 다르게 업무 일정이 변경되거나 작업 내용이 변경·추가되는 경우에는 해당 사항들이 변경된 경위, 책임의 유무 및 범위 등을 종합적으로 고려하여 관련 비용을 분담하는 것이 통상적인 거래관행에 부합할 것이다.

그러나 당해 조항은 수급사업자가 피심인의 특근 및 근무시간외 잔업 등의 요

구에 대해 특별한 사유가 없는 한 응하도록 하면서 이를 결근일과 상쇄할 수 없게 하도록 규정함으로써, 추가 근무에 대한 귀책사유 등을 고려함이 없이 관련 비용을 수급사업자가 전부 부담하도록 할 우려가 있으므로 법 제3조의4 제2항 제4호 및 법 시행령 제6조의2 제1호 다목에 해당하여 법 제3조의4 제1항에 위반된다.

다. 피심인 주장에 대한 판단

이에 대하여 피심인은, ① 수급사업자들이 제공한 계약서를 그대로 수용하여 계약을 체결한 것일 뿐 문제되는 계약조건들을 설정한 사실이 없고, ② 당해 계약조건으로 인해 수급사업자들이 불이익을 받은 사실이 없으므로 법 제3조의4 제1항 위반이 아니라고 주장한다.

살피건대, ① 수급사업자가 피심인의 우월적 지위로 인해 이 사건 계약조건이 포함된 계약서를 제시하였을 가능성을 배제할 수 없고, 해당 계약서를 최종 검토하여 서명 또는 기명날인한 이상 피심인이 이 사건 계약조건을 설정한 것으로 볼 수 있는 점, ② 수급사업자들에게 불이익이 발생한 사실이 없다는 이유만으로 부당특약 설정 행위가 아니라고 볼 수는 없는 점 등을 종합적으로 고려하면, 피심인의 이 부분 주장은 이유 없다(시정조치 및 과징금 부과).

## 제 6 절 부당한 하도급대금 결정 금지

하도급법 제4조(부당한 하도급대금의 결정 금지) ① 원사업자는 수급사업자에게 제조등의 위탁을 하는 경우 부당하게 목적물등과 같거나 유사한 것에 대하여 일반적으로 지급되는 대가보다 낮은 수준으로 하도급대금을 결정(이하 "부당한 하도급대금의 결정"이라 한다)하거나 하도급 받도록 강요하여서는 아니 된다.

② 다음 각 호의 어느 하나에 해당하는 원사업자의 행위는 부당한 하도급대금의 결정으로 본다.

1. 정당한 사유 없이 일률적인 비율로 단가를 인하하여 하도급대금을 결정하는 행위
2. 협조요청 등 어떠한 명목으로든 일방적으로 일정 금액을 할당한 후 그 금액을 빼고 하도급대금을 결정하는 행위
3. 정당한 사유 없이 특정 수급사업자를 차별 취급하여 하도급대금을 결정하

는 행위
4. 수급사업자에게 발주량 등 거래조건에 대하여 착오를 일으키게 하거나 다른 사업자의 견적 또는 거짓 견적을 내보이는 등의 방법으로 수급사업자를 속이고 이를 이용하여 하도급대금을 결정하는 행위
5. 원사업자가 수급사업자와의 합의 없이 일방적으로 낮은 단가에 의하여 하도급대금을 결정하는 행위
6. 수의계약(隨意契約)으로 하도급계약을 체결할 때 정당한 사유 없이 대통령령으로 정하는 바에 따른 직접공사비 항목의 값을 합한 금액보다 낮은 금액으로 하도급대금을 결정하는 행위
7. 경쟁입찰에 의하여 하도급계약을 체결할 때 정당한 사유 없이 최저가로 입찰한 금액보다 낮은 금액으로 하도급대금을 결정하는 행위
8. 계속적 거래계약에서 원사업자의 경영적자, 판매가격 인하 등 수급사업자의 책임으로 돌릴 수 없는 사유로 수급사업자에게 불리하게 하도급대금을 결정하는 행위

**하도급법 시행령 제7조(부당한 하도급대금 결정 금지)** ① 법 제4조제2항제6호에서 "대통령령으로 정하는 바에 따른 직접공사비 항목의 값을 합한 금액"이란 원사업자의 도급내역상의 재료비, 직접노무비 및 경비의 합계를 말한다. 다만, 경비 중 원사업자와 수급사업자가 합의하여 원사업자가 부담하기로 한 비목(費目) 및 원사업자가 부담하여야 하는 법정경비는 제외한다.
② 법 제4조제2항제6호에 따른 정당한 사유는 공사현장여건, 수급사업자의 시공능력 등을 고려하여 판단하되, 다음 각 호의 어느 하나에 해당되는 경우에는 하도급대금의 결정에 정당한 사유가 있는 것으로 추정한다.
1. 수급사업자가 특허공법 등 지식재산권을 보유하여 기술력이 우수한 경우
2. 「건설산업기본법」 제31조에 따라 발주자가 하도급 계약의 적정성을 심사하여 그 계약의 내용 등이 적정한 것으로 인정한 경우

## Ⅰ. 의 의

하도급법은 원사업자가 수급사업자와 하도급거래를 하면서 일반적으로 지급되는 대가보다 낮은 수준으로 하도급대금을 결정하거나 하도급 받도록 강요하는 것을 금지하고 있다. 하도급 거래에서 원사업자는 경제적 이윤을 극대화하기 위해 거래상 우월적 지위를 이용하여 수급사업자에게 지급하여야 할

하도급 대금을 낮게 결정하려는 유인이 강하다. 하지만 이로 인해 수급사업자는 일방적인 희생을 강요당할 수밖에 없으며, 부도나 파산에 이르게 되는 등 심한 경영난에 시달릴 수 있다. 그리고 이는 결국 기업 간의 거래를 넘어 경제 전체에 악영향을 끼치는 결과로 이어진다. 따라서 계약체결 단계에서 적정한 수준의 하도급 대금을 결정하도록 해야 할 필요성이 크다.

한편 기존 하도급법에서는 부당한 하도급대금 결정이 인정되기 위한 요건으로 '부당한 방법을 이용할 것'과 하도급 대금이 일반적인 대금 수준에 비해 '현저하게 낮을 것'이라는 2가지 요건을 모두 충족할 것을 요구하고 있었다. 하지만 ① 부당한 방법으로 하도급대금을 결정 받았음에도 불구하고 가령 수급사업자가 받은 불이익이 상당한 수준이지만, 현저한 정도에 미치지 못했다는 이유로 법 위반에 해당되지 않는 것은 불합리한 측면이 있고, ② 실무적으로도 현저성을 입증하기란 쉽지 않아 수급사업자의 보호에 미흡한 측면이 있다는 비판이 제기되었다.[58] 이에 따라 2013. 5월 하도급법 개정 시 '현저하게'라는 문구를 삭제하고 '부당한 방법을 이용해서'를 '부당하게'로 개정하였다.

원사업자의 부당한 하도급대금의 결정은 위법이다. 누구든지 공정거래위원회에 신고할 수 있고, 공정거래위원회는 하도급대금에 관한 분쟁을 조정하거나, 시정조치를 명령할 수 있으며 과징금을 부과할 수 있다. 또한 하도급대금의 2배 범위 내에서 벌금형에 처할 수 있고, 손해를 입은 자가 있는 경우에는 그 자에게 발생한 손해의 3배를 넘지 아니하는 범위에서 배상책임을 진다.

## Ⅱ. 성립 요건[59]

부당한 하도급대금 결정행위가 위법하기 위해서는 ① 부당하게 ② 목적물 등과 같거나 유사한 것에 대하여 일반적으로 지급되는 대가보다 낮은 수준의 요건을 동시에 충족하여야 한다.

---

58) 국회 정무위원회, 「하도급법 일부개정법률안 검토보고서」, 2012. 9.

59) 「부당한 하도급대금결정 및 부당감액행위에 대한 심사지침」(공정거래위원회예규 제261호, 2016.11.24., 폐지제정).

## 1. 부당하게

"부당하게"에 대한 판단은 원칙적으로 하도급대금의 결정과 관련하여 그 내용, 수단·방법 및 절차 등이 객관적이고 합리적이며 공정·타당한지 여부 즉, 하도급대금의 결정 과정에서 원사업자가 수급사업자에게 목적물 등의 내용, 규격, 품질, 수량, 재질, 용도, 공법, 운송, 대금결제조건 등 가격결정에 필요한 자료·정보·시간 등을 성실하게 제공하였는지 여부, 수급사업자와 실질적이고 충분한 협의를 하였는지 여부와 거래상의 지위를 이용하여 수급사업자의 자율적인 의사를 제약하였는지 여부 또는 정상적인 거래관행에 어긋나거나 사회통념상 올바르지 못한 것으로 인정되는 행위나 수단 등을 사용하였는지 여부 등을 종합적으로 고려하여 판단한다.

〈예시〉

① 원사업자가 수급사업자들로부터 낮은 견적가를 받기 위해 발주수량, 규격(사양), 품질, 원재료, 결제수단·운송·반품 등의 거래 조건, 민원처리비용 부담주체 등 목적물 등의 대가결정에 영향을 미치는 주요내용이나 자료·정보 등을 수급사업자에게 충분히 제공하지 아니하거나 사실과 다르게 제공하는 경우

② 원사업자가 최저가 지명경쟁 입찰에 참여를 거부하거나 일정횟수 이상 낙찰되지 아니하는 수급사업자에 대해 다음 거래 시 물량감축 등의 불이익을 제공토록 하는 내용의 협력업체 관리내규를 이용하여 지명경쟁 입찰가격을 낮게 결정하도록 하는 경우

③ 원사업자가 수량과 단가에 근거하여 하도급대금을 결정하였음에도 하도급대금 합의서 작성 시 수량을 제외하고 단가만 명시(단가 합의서 작성)하여 수량을 미확정 상태로 두고 매 발주시마다 수량을 통보하는 방법으로 하도급대금을 결정하는 경우

④ 정당한 이유 없이 위탁할 때 하도급대금(단가 및 수량)을 확정하지 아니하는 경우

⑤ 원사업자가 단가결정시 부득이한 사정에 의해 예상수량으로 단가를 정하고 추후 수량을 확정하여 정산을 하는 경우 사전에 수급사업자에게 불리하지 아니한 내용으로 수량증감에 따른 단가조정 기준을 정하지 아니하는 경우

⑥ 원사업자가 계속적 거래관계에 있는 수급사업자에게 확정되지 아니한 초안상태의 생산량감축 계획 관련 문건을 보여주는 등의 방법으로 거래중단이나 물량감축 의사를 내비치는 등 수급사업자의 자율적 의사를 억압하거나 제한하는 방

법을 이용하는 경우

⑦ 원사업자가 수급사업자의 거래관련 (인감)도장을 맡아 보관하면서 일방적으로 이를 하도급대금 결정에 합의한 것으로 사용하는 경우

⑧ 원사업자가 가격책정 모델 또는 기법을 적용하여 산출한 금액을 가격인상 근거자료로는 활용하지 아니하고 가격인하 근거로만 활용하는 경우

⑨ 원사업자가 거래의존도가 높은 수급사업자에 대해 거래처 변경 시 경영상 어려움이 가중될 우려가 있는 것을 이용하여 가격인하에 불응할 경우 거래처 변경 가능성을 내세워 가격을 인하하는 경우

⑩ 임시단가(또는 가단가)를 정해 위탁한 뒤 나중에 원가계산, 견적가격 등의 산출이 가능할 때(예컨대, 제1회차 납품후) 대금을 확정하기로 수급사업자와 합의한 후 정당한 이유 없이 1회차 목적물이 납품된 후 상당한 기간을 경과하여 대금을 확정하는 경우

⑪ 신규 개발품이 아님에도 원사업자가 임시단가(또는 가단가)로 발주 받았다는 이유로 수급사업자에게 임시단가로 위탁한 후 발주자가 가격을 인하할 경우 그 만큼을 인하하여 단가를 확정하는 경우

⑫ 원사업자가 수급사업자에게 제조 등을 위탁할 때 정당한 이유 없이 목적물 등에 대한 단가를 정하지 아니하고 납품받을 때 단가를 정하는 경우

⑬ 해당 목적물에 대해 하도급대금을 낮게 결정하면서 그 차액에 상당하는 금액을 다른 목적물에 대한 하도급대금의 결정시 보전해 주기로 한 후 이를 이행하지 아니하는 경우

⑭ 수출, 할인특별판매, 경품류, 선물용, 견본용 등을 이유로 같거나 유사한 것에 대해 일반적으로 지급되는 대가나 수급사업자의 견적가를 무시하고 일방적으로 하도급대금을 결정하는 경우

⑮ 원사업자가 원도급대금에 비하여 현저히 낮은 실행예산을 작성하여 일방적으로 그 실행예산 범위 내의 금액으로 하도급대금을 결정하는 경우

⑯ 원사업자가 수급사업자의 납품관련 기술자료(설계도서, 시방서, 특수한 공정·공법 등과 이에 대한 견적가 산출내역 등) 등을 다른 사업자에게 제공하고 그 다른 사업자가 이를 이용하여 제출한 견적가격 등을 근거로 하도급대금을 결정하는 경우

⑰ 원사업자가 건설산업기본법·령, 국가계약법·령 또는 지방자치단체계약법·령에 의거 하도급계약 금액 또는 수급사업자의 견적가를 포함한 하도급관리계획을 발주처에 제출하여 발주 받은 후 하도급계약 금액을 하도급관리계획상의 하도급계약 금액보다 낮은 수준으로 재조정하거나, 견적가보다 낮은 금액으로 하도급계약을 체결하는 경우

⑱ 원사업자가 발주자와의 협상 과정에서 수급사업자의 업무량을 일방적으로 추가시키고 하도급대금은 증액하지 아니하는 경우

⑲ 원사업자가 수급사업자의 제조원가 명세서 등을 제출받아 수급사업자의 이익률이 높다는 이유를 내세워 계약 갱신 시 동일한 목적물에 대해 하도급대금을 낮게 결정하는 경우
⑳ 설계변경 등에 따른 신규항목 등에 대한 물량 및 단가를 수급사업자의 의사와 무관하게 원사업자가 일방적으로 결정·작성한 변경 내역서를 제시하며, 변경계약에 서명할 때까지 기성금 지급을 유보하는 등의 방법으로 수급사업자를 압박하여 신규항목 등에 대한 하도급대금을 낮게 결정하는 경우
㉑ 기타 객관성·합리성이 결여되거나 공정·타당하지 아니한 내용, 수단·방법 및 절차 등으로 하도급대금을 결정하는 경우

## 2. 목적물 등에 대하여 일반적으로 지급되는 대가보다 낮은 수준

"목적물 등과 같거나 유사한 것에 대하여 일반적으로 지급되는 대가보다 낮은 수준"은 목적물 등과 같거나 유사한 것에 대해 정상적인 거래관계에서 일반적으로 지급되는 대가보다 낮은 수준 인지의 여부를 기준으로 판단한다.

(1) "동종 또는 유사한 것에 대하여 통상 지급되는 대가"란, 목적물 등과 동종 또는 유사한 것에 대해 정상적인 거래관계에서 일반적으로 지급되는 대가인지의 여부를 기준으로 판단한다.

(2) "같거나 유사한 것"의 판단은 목적물 등의 종류, 거래규모, 규격, 품질, 용도, 원재료, 제조공정, 공법 등을 고려하여 판단한다.

(3) "일반적으로 지급되는 대가"는 원칙적으로 다음의 방법으로 산출된 대가 중 순차적으로 우선 산출되는 대가를 적용한다.

① 목적물 등과 같은 것에 대해 동일 또는 유사한 시기에 정상적인 거래관계에서 다른 사업자에게 지급한 대가

② 목적물 등과 유사한 것에 대해 동일 또는 유사한 시기에 정상적인 거래관계에서 다른 사업자에게 지급한 대가

③ 종전에 목적물 등과 같거나 유사한 것에 대해 해당 수급사업자에게 지급한 대가가 있는 경우에는 그 대가에 소비자물가 상승률, 원자재가격 변동률 등을 고려하여 산출한 대가

④ 최저가 경쟁입찰에서 최저가로 입찰한 금액(일반적으로 지급되는 대가의 최저 수준)

⑤ 신규 개발품과 같이 목적물 등과 같거나 유사한 것이 존재하지 아니하거나 그것을 알 수 없는 경우에는 해당 목적물 등에 대한 제조 등의 원가에 해당 원사업자가 거래 중에 있는 같거나 유사한 업종에 속하는 수급사업자들의 전년도 평균 영업이익률에 상당하는 금액을 더한 대가

⑥ 원사업자가 건설산업기본법·령, 국가계약법·령 또는 지방자치단체계약법·령에 의거 발주처에 제출하는 하도급관리계획에 포함된 하도급계약금액 또는 수급사업자의 견적가격

(4) "낮은 수준"의 해당 여부는 원칙적으로 결정된 하도급대금과 목적물 등과 같거나 유사한 것에 대해 일반적으로 지급되는 대가와의 차액규모, 목적물 등의 수량과 해당 시장 및 전·후방 시장상황 등을 고려하여 판단한다. ① 최저가 경쟁입찰에서 최저가로 입찰한 금액보다 하도급대금이 낮은 경우, ② 계속적으로 거래해 오고 있는 수급사업자가 납품하는 목적물의 제조에 필요한 원자재 가격이나 인건비가 인상되었음에도 원사업자가 단가를 인하하는 경우 등이 이에 해당한다.

## Ⅲ. 부당한 하도급대금 결정 간주 규정

하도급법 제4조 제2항에서는 부당한 하도급대금의 결정행위로 아래의 8가지 행위를 예시하고 있으며 구체적인 내용은「부당한 하도급대금 결정 및 감액행위에 대한 심사지침」에서 규정하고 있다.

### 1. 정당한 사유 없이 일률적인 비율로 단가를 인하하여 하도급대금을 결정하는 행위(법 제4조 제2항 제1호)

"정당한 사유" 여부는 일률적인 비율로 단가를 인하해야 하는 객관적이고 합리적인 근거가 있는지 여부로 판단한다.

〈정당한 사유의 예시〉

① 종전 계약에 비해 수급사업자별 또는 품목별로 발주물량이 동일한 비율로 증가한 경우 그에 따른 고정비의 감소분을 반영하기 위해 객관적이고 합리적으로 산출된 근거에 따라 종전 계약금액을 기준으로 일률적인 비율로 인하하여 하도급대금을 결정하는 경우

② 종전 계약에 비해 원자재 가격이 하락하여 동일한 원자재를 사용하는 품목별로 그 하락률을 객관적이고 합리적으로 산출한 근거에 따라 종전 계약금액을 기준으로 일률적인 비율로 인하하여 하도급대금을 결정하는 경우

③ 일률적 비율에 의한 단가결정이 개별적 단가결정에 비해 수급사업자에게 유리한 경우(단, 원사업자가 이를 객관적으로 입증하는 경우에 한한다)

"일률적인 비율"이라 함은 둘 이상의 수급사업자나 품목에 대해 수급사업자별 경영상황이나 시장상황, 목적물 등의 종류, 거래규모, 규격, 품질, 용도, 원재료, 제조공정, 공법 등의 특성이나 차이를 고려하지 아니하고 동일하거나 일정한 규칙에 따라 획일적으로 적용하는 비율을 말한다.

결정된 인하율이 수급사업자에 따라 어느 정도 편차가 있다고 하더라도, 전체적으로 동일하거나 일정한 구분에 따른 비율로 단가를 인하한 것으로 볼 수 있다면, "일률적인 비율"이 적용된 것으로 본다.[60]

결국 "일률적인 비율로 단가를 인하하여"의 의미는 비율의 동일성보다는 원사업자가 수급 사업자와의 협의 없이 일방적으로 정한 인하율을 일률적으로 적용하는 행위가 있었는지 여부에 초점이 맞춰져 있는 것으로 보아야 할 것이다.[61]

〈일률적인 비율의 예시〉

① 둘 이상의 수급사업자 또는 하나의 수급사업자가 납품하는 두 종류 이상의 목적물 등에 대해 종전 계약단가를 기준으로 동일한 비율로 단가를 인하하는 경우

② 수급사업자의 거래규모별, 경영상황별(영업이익 규모 등) 또는 품목별로 단가

60) 대법원 2011. 3. 10. 선고 2009두1990 판결.

61) 황태희, 「하도급 거래에 있어서 수급사업자 보호의 실효성 제고방안에 관한 법적 연구 -시정조치 등 제재를 중심으로-, 『경쟁법연구』 제25권, 2012, 283면.

인하비율을 정하여 수급사업자들에게 획일적으로 적용하는 경우

③ 원사업자가 목적물 등에 대한 단가를 결정하면서 수급사업자별 또는 목적물별 단가가 다름에도 불구하고 종전 계약가격 또는 견적가격 등을 기준으로 동일한 금액을 획일적으로 인하하거나 일반적으로 지급되는 대가보다 낮은 특정한 금액으로 단가를 인하하여 획일적으로 정하는 경우

〈법위반 예시〉

① 원사업자가 경영상 어려움을 이유로 종전 계약단가를 기준으로 일방적으로 일정률씩 획일적으로 인하하는 행위

② 수급사업자의 전년도 영업이익률이 원사업자보다 높다는 이유로 종전 계약단가를 기준으로 거래규모에 따라 일정률씩(예컨대, 100억 이상인 수급사업자들에게 7%씩, 50억~100억인 수급사업자들에게 5%씩, 50억 이하인 수급사업자들에게 3%씩) 단가를 인하하기로 정하여 획일적으로 적용하는 행위

③ 객관적이고 합리적인 산출근거없이 종전 계약단가를 기준으로 수급사업자의 납품단가 규모별로 일정률씩(예컨대, 10만원 이상 품목은 5%씩, 10만원 미만 품목은 3%씩) 인하하기로 정하여 획일적으로 적용하는 행위

④ 완성차 제조 원사업자가 신규로 다수의 부품제조 수급사업자를 선정하면서 정당한 이유 없이 수급사업자의 견적가를 기준으로 위탁품목별로 일정률씩(예컨대, 엔진제조 수급사업자에 대해서는 10%씩, 타이어제조 수급사업자에 대해서는 5%씩, 브레이크제조 수급사업자에 대해서는 3%씩) 단가를 획일적으로 인하하는 행위

⑤ 원사업자가 수급사업자들의 종전 계약가격이 A는 250원, B는 300원, C는 350원으로 각자 다름에도 불구하고 객관적이고 합리적인 산출근거 없이 200원으로 획일적으로 인하하여 결정하는 행위

⑥ 환율변동 및 원자재가격 인하 등을 정당한 사유로 제시하였으나 제시한 사유와 무관한 가공비 항목에서 납품단가를 일률적으로 인하하는 행위

⑦ 원사업자가 발주자와의 협상 과정에서 당초 수급사업자들이 수행하기로 되어 있는 과업과 관련 없는 과업이 추가되면서 여기서 발생하는 비용을 보전하기 위해 이를 수급사업자들이 제시한 견적금액에서 일방적으로 일정률씩 획일적으로 인하하는 행위

**심결례 하도급법 제4조 제2항 제1호의 '정당한 이유없이 일률적인 비율로 단가를 인하하여' 하도급대금을 결정하는 행위(공정거래위원회 2015. 3. 23. 의결 2014구사0333)**

1. 사실관계

피심인은 휴대폰의 부자재 구매, 임가공 비용을 절감할 목적으로 자신이 수립한 '성과관리 계획'에 따라 단가인하를 실시하면서 ○○○○(주) 등 3개 수급사업자가 납품하는 ASSIST LEVER 등 휴대폰 부품 55개 품목에 대하여 기존 단가 대비 5% 또는 5.25%씩 일률적인 비율로 단가를 인하하였다. 피심인은 공정거래위원회 심의일 전인 2014. 4. 24. 단가인하에 따른 차액 110,417천 원을 관련 수급사업자에게 모두 지급하였다.

위와 같은 사실은 피심인이 모두 인정하였고, 피심인이 제출한 '단가인하합의서' 및 '확인서', '○○○○(주) 등 3개 수급사업자에 대한 하도급대금 결정내역' 등을 통하여 인정할 수 있다.

2. 공정거래위원회의 결정 요지

(1) 일률적인 비율로 단가를 인하하였는지 여부

피심인은 ○○○○(주)의 ASSIST LEVER 등 3개 품목, ㈜○○의 BRACKET FOLDER 등 14개 품목, ㈜○○○○○의 SPONGE VGA CAMERA 등 38개 품목에 대하여 각각 5.25% 또는 5%의 비율로 단가를 인하하였는바, 피심인이 2012년 5%의 단가 인하계획을 미리 세워놓고 전체적으로 동일한 비율인 5.25% 또는 5%의 획일적인 비율로 단가를 인하하였으므로, 이와 같은 피심인의 행위는 해당 수급사업자가 납품하는 2개 이상의 품목에 대하여 일률적인 비율로 단가를 인하한 행위에 해당한다.

(2) 정당한 사유가 있었는지 여부

피심인은 단가인하가 제조공정 개선에 따른 불량률 및 고정비 하락 등 원가절감을 반영한 것이었고, 수급사업자와 충분한 협의를 거쳐 이루어졌으므로 정당한 사유가 있다고 주장한다. 그러나 다음 사항들을 고려할 때, 이는 일률적 비율에 의한 단가인하의 정당한 사유로 보기 어렵다.

첫째, 피심인은 불량률 감소 정도 등 원가절감 요인에 대한 구체적인 내용이나 일률적인 비율을 적용하여 단가를 인하한 근거에 대한 합리적이고 객관적인 자료를 제시하지는 못하였다. 휴대폰 부품 제조와 관련된 품목 수가 많고 그 종류가 다양한데 반하여 단가협의를 위한 담당 인력이 부족하여 개별 품목에 대한 단가협상이 사실상 어려웠음을 피심인이 인정하고 있는 점, 특히 피심인과 ○○○○ 간의 2011. 4. 29.자 단가합의는 단가인하의 사유가 고객사(발주자)의 판매단가 인하에 따른 것이라고 피심인이 확인하고 있는 점 등을 모두 고려할 때, 이 사건 단가 인하는 개별 제품의 특성을 고려하지 않았을 뿐만 아니라 객관적이고 합리적인 근거 없이 일률적으로 단가를 인하한 행위로 보는 것이 옳다.

둘째, 수급사업자는 거래단절 우려 등으로 피심인이 불합리한 단가인하 요구를 하더라도 이에 응할 수밖에 없는 입장에 있는 점, 피심인이 분기마다 주요 협력업체들을 대상으로 '정기공급자 평가'를 실시하고 그 평가결과를 기준으로 수급사업자의 다음 분기 납품물량을 결정한 점 등을 고려할 때, 수급사업자의 자율적 의사가 반영된 것으로 보기도 어렵다.

셋째, ○○○○㈜, ㈜○○, ㈜○○○○○가 각각 납품하는 품목은 금속소결품, 도장 임가공품, 접착용 테이프 등으로 같은 수급사업자의 제품이더라도 용도 및 가공방법, 기존 거래단가, 거래물량 등이 품목마다 서로 상이함에도 불구하고 피심인은 이러한 사정을 고려하지 아니하고 일률적인 비율을 적용하여 단가를 인하하였다.

피심인의 행위는 정당한 사유 없이 일률적인 비율로 단가를 인하하여 하도급대금을 결정한 행위로 법 제4조 제2항 제1호에 해당되어 같은 조 제1항에 위반된다 (금지명령 부과).

**판 례 하도급법 제4조 제2항 제1호에서 정한 '일률적인 비율로 단가를 인하'한다는 의미 등(대법원 2011. 3. 10. 선고 2009두1990 판결)**

(1) 하도급법 제4조 제1항, 제2항 제1호 각 규정의 내용 및 체계와 부당한 하도급대금의 결정 금지에 관한 입법 취지 등에 비추어 보면, 위 법 제4조 제2항 제1호에서 '일률적인 비율로 단가를 인하'한다는 것은, 둘 이상의 수급사업자나 품목에 관하여 수급사업자의 경영상황, 시장상황, 목적물 등의 종류·거래규모·규격·품질·용도·원재료·제조공법·공정 등 개별적인 사정에 차이가 있는데도 동일한 비율 또는 위와 같은 차이를 반영하지 아니한 일정한 구분에 따른 비율로 단가를 인하하는 것을 의미한다. 그리고 결정된 인하율이 수급사업자에 따라 어느 정도 편차가 있다고 하더라도, 위 기준에 비추어 전체적으로 동일하거나 일정한 구분에 따른 비율로 단가를 인하한 것으로 볼 수 있다면, '일률적인 비율로 단가를 인하하여 하도급대금을 결정하는 행위'에 해당한다고 보아야 한다.

(2) 원사업자인 자동차 제조회사가 자신에게 자동차 부품을 납품하는 55개 중소기업 수급사업자들 중 26개 수급사업자의 789개 품목에 관하여 2001. 12.부터 2003. 5.까지 1, 2차에 걸쳐 납품단가를 3.2~3.5% 인하한 행위가 하도급법 제4조 제2항 제1호에서 정한 부당한 하도급대금의 결정 행위에 해당한다고 보고 공정거래위원회가 시정명령 등을 내린 사안에서, 수급사업자들의 경영상황과 목적물의 종류 등은 물론 납품물량 증가율까지 서로 다른데도, 원사업자가 저수익 차종의 재료비를 3.5% 인하하여 수익성을 개선할 계획을 세운 다음 2차 인하를 단행함으로써 수급사업자들 중 1차에서 1.8~2.0% 인하한 20개 업체에 대하여는 1.3~1.5% 추가 인하하여 인하율이 합계 3.2~3.5%에 이르게 하고, 나머지 6개 업체에 대하여는 3.4~3.5% 인하한 것으로 볼 여지가 있어 원사업자의 2차 인하행위가 '일률적인 비율로 단가를 인하하여 하도급대금을 결정하는 행위'에 해당한다.

## 2. 협조요청 등 어떠한 명목으로든 일방적으로 일정 금액을 할당한 후 그 금액을 빼고 하도급대금을 결정하는 행위(법 제4조 제2항 제2호)

원사업자가 협조요청이나 상생협력 등의 명목여하 또는 수급사업자의 합의여부에 불문하고 일방적으로 일정금액을 할당하여 그 금액을 빼고 하도급대금을 결정하였는지 여부에 따라 위법성을 판단한다.

원사업자가 일방적으로 수급사업자별로 일정금액을 할당한 후에 수급사업자와 협의과정에서 일부 수급사업자의 경우 할당한 금액대로 반영되지 아니하였다고 하더라도 위법성이 있는 것으로 판단할 수 있다.

〈법위반 예시〉

① 원사업자가 환율변동, 임금상승, 물가인상, 가격경쟁 심화 등과 같은 경제여건의 변화에 따른 수지개선 또는 이익 극대화를 위한 방안으로 구매비용 절감(원가절감) 목표를 정하여 이를 수급사업자별로 일방적으로 절감액을 할당한 후 수급사업자의 견적가격 또는 종전 단가를 기준으로 일정금액을 빼고 수급사업자들에게 협조를 요청하는 등의 방법으로 하도급대금을 결정하는 행위

② 수급사업자들에게 협조를 요청하는 방법으로 공정거래위원회의 과징금 납부명령이나 시정명령 또는 원사업자의 자진시정에 따라 이미 납부하거나 지급한 과징금, 어음할인료, 지연이자 등의 전부 또는 일부만큼 낮은 금액으로 하도급대금을 결정하는 행위

③ 원사업자가 발주자와의 협상에 의해 추가된 비용을 수급사업자들에게 전가하기 위하여 수급사업자별로 일방적으로 절감액을 할당한 후 사정변경을 이유로 그 금액을 빼고 하도급대금을 결정하는 행위

## 3. 정당한 사유 없이 특정 수급사업자를 차별 취급하여 하도급대금을 결정하는 행위(법 제4조 제2항 제3호)

"정당한 사유"에 해당되는지 여부는 수급사업자별 경영상황, 생산능력, 작업의 난이도, 거래규모, 거래의존도, 운송거리·납기·대금지급조건 등의 거래조건, 거래기간, 수급사업자의 귀책사유 존부 등 객관적이고 합리적인 차별사유에 해당되는지 여부로 판단한다.

〈법위반 예시〉
① 원사업자가 목적물의 종류, 사양, 대금지급 조건, 거래수량, 작업의 난이도 등이 차이가 없음에도 특정 수급사업자에 대해 자신의 경쟁사업자와 거래한다는 이유 또는 자신이 지정한 운송회사를 이용하지 않는다는 이유 등으로 하도급대금을 차별하여 결정하는 행위

## 4. 수급사업자에게 발주량 등 거래조건에 대하여 착오를 일으키게 하거나 다른 사업자의 견적 또는 거짓 견적을 내보이는 등의 방법으로 수급사업자를 속이고 이를 이용하여 하도급대금을 결정하는 행위(법 제4조 제2항 제4호)

본 규정은 원사업자(대기업)측의 사정에 따라 발생한 환경 변화에 따른 위험을 고스란히 수급사업자(부품 기업 등)에게 전가시키는 것(이른바 '하도급 대금 후려치기')을 막기 위함이다.[62]

원사업자가 하도급대금의 결정과정에서 수급사업자에게 착오를 일으키게 하거나 수급사업자를 속인 사실이 있는지 여부에 따라 위법성을 판단하게 되는데, 수급사업자를 속인 사실의 여부는 거래의 종류 및 상황, 상대방인 수급사업자의 업종, 규모, 거래 경험, 원사업자와 수급사업자의 거래상 지위 등 행위 당시의 구체적 사정을 고려하여 개별적으로 판단한다.

속이거나 착오의 대상은 사실에 관한 것이거나 법률관계에 관한 것이거나 법률효과에 관한 것이거나를 묻지 않고, 그 수단과 방법에도 아무런 제한이 없으며, 그 행위로 인하여 재산상 손실이 현실적으로 발생할 필요도 없다.[63]

〈법위반 예시〉
① 원사업자가 확정되지 아니한 초안 상태의 생산량 증대계획 또는 신규 수주계획 문건 등을 수급사업자에게 보여주면서 마치 종전계약보다 발주량을 대폭 늘려 줄 것처럼, 또는 그와 같이 수주가 이루어 질 것처럼 언질을 주어 하도급 대금

62) 황태희, 앞의 논문, 284면.
63) 황태희, 앞의 논문, 285면.

을 낮게 결정한 후 실제로는 발주량을 늘려주지 않는 행위
② 다른 사업자의 견적서를 위·변조하거나 허위로 작성하여 그것을 보여주는 방법으로 하도급대금을 결정하는 행위
③ 해당 단가 인하분을 타 품목이나 타 공사 등을 위탁할 때 보전해 줄 것처럼 하면서 단가를 인하 한 후 그것을 이행하지 아니하는 행위
④ 원사업자가 하도급대금 결정을 위한 협의과정에서 하도급대금을 30일 이내에 현금으로 지급하기로 한 다른 수급사업자의 계약조건과 동일한 지급조건인 것처럼 내비춰 단가를 낮게 책정 한 후 실제로는 만기 6개월의 어음으로 지급하는 행위

**심결례 하도급법 제4조 제2항 제4호의 '수급사업자에게 착오를 일으키게 하거나 수급사업자를 기만하여' 하도급대금을 결정하는 행위(공정거래위원회 2008. 2. 19. 의결 2007서제0034)**

1. 사실관계

(1) 시멘트 운반선 S-410 ~ S-403호선에 대한 하도급대금 결정행위

피심인은 2004. 7. 9. (주)○○○○○에게 시멘트 운반선 S-401호, S-402호선의 선박거주구 일체화 및 설비 1식 제조를 위탁하고, 이에 대한 하도급대금은 각각 850,000,000원으로 결정하였다.

이후 피심인은 시멘트 운반선 S-401호, S-402호선의 후속선인 S-403호선의 선박거주구를 (주)○○○○○에게 2005. 5. 31. 제조위탁하면서, (주)○○○○○가 2004년도 대비 2005년도 원자재 가격 상승과 중량증가분을 반영하여 견적금액을 S-401호선을 기준으로 당시 인건비 및 소비자물가 상승률인 약 9%보다 현저히 낮은 약 6%만을 적용하여 900,000,000원의 견적금액을 제출하였으나, 피심인은 다른 위탁업체에도 일률적으로 단가를 인하하였다면서 3차례(1차 880,000,000원, 2차 850,000,000원, 3차 835,000,000원)에 걸쳐 견적금액을 인하·조정하여 하도급대금을 오히려 당초 위탁받은 시멘트 운반선 S-401호선 선박거주구 하도급대금 보다 낮은 835,000,000원으로 결정하였다.

이는 당초 위탁받은 시멘트 운반선 S-401호선 선박거주구 하도급대금 보다도 낮은 금액으로써 (주)○○○○○가 제출한 견적금액 900,000,000원보다 7.2%, 기제조 위탁받은 시멘트 운반선 S-401호선 선박거주구 제조 위탁 금액보다는 1.8% 각각 낮은 금액에 해당한다.

한편, 피심인은 발주자로부터 시멘트 운반선 S-403호선의 수주금액을 기 수주한 시멘트 운반선 S-401호선, S-402호선의 수주금액 15,250,000,000원, 14,820,000,000원보다 각각 270,000,000원, 700,000,000원 증액된 15,520,000,000원에 수주하였다.

(2) 다목적 운반선 H-501 ~ H-504호선에 대한 하도급대금 결정행위

피심인은 다목적 운반선에 대해서는 (주)○○○○○에게만 견적을 제출하도록 하여 (주)○○○○○로부터 2005. 5. 20. 다목적 운반선 선박거주구 각각에 대하여 작업범위(Work scope)는 S-401호선과 동일하게 하고 발주 수량은 시리즈선박(동형선) 10척으로 한 계약조건으로 "거주구 일체화 제작 및 설비 1식"에 대한 견적금액 875,000,000원을 제출받았다.

이후 피심인은 2005. 6. 10. 다목적 운반선 H-501호선 등 10척의 선박거주구 제조를 (주)○○○○○에게 위탁하면서 선박거주구 각각의 작업범위(Work scope)는 S-401호선과 동일하게 하고 발주수량을 10척으로 하는 조건으로 하도급대금을 750,000,000원으로 결정하고, H-501호선 ~ H-504호선 등 4척에 대해서만 납품일 등을 기재한 계약을 체결하였다.

그러나, 2006. 4. 17. 제조위탁 선박거주구 수량을 H-501호선 등 4척으로 하는 변경계약을 체결하면서 H-501호선 선박거주구 하도급대금은 당초 계약서의 하도급대금 750,000,000원에 피심인의 도면 및 의장품 공급 지연으로 인한 지체금 50,000,000원을 합하여 800,000,000원으로 하되 이중 하도급대금 250,000,000원에 해당하는 작업은 피심인이 담당하기로 합의하여 H-501호선 선박거주구의 변경 하도급대금은 550,000,000원(이러한 방식으로 H-502호선 ~ H-504호선 선박거주구 하도급대금은 각각 542,300,000원)으로 결정하였다.

한편, 피심인이 다목적 운반선 H-501호선 등 10척의 선박거주구 제조를 (주)○○○○○에게 위탁할 당시에는 발주자로부터 7척만 수주(4척은 계약확정, 3척은 옵션계약)한 상태였음에도 (주)○○○○○에게는 동형선 10척의 선박거주구를 제조위탁하는 것으로 하여 발주 계획량이 많은 것처럼 계약을 체결한 사실이 있다.

2. 공정거래위원회의 결정 요지

먼저, 추가 발주한 시멘트 운반선 S-403호선 선박거주구의 하도급대금 결정은 당초 S-401호선, S-402호선 선박거주구 하도급 계약시(2004. 7. 9.) 동형선을 연속선으로 발주한다는 의사표시 등에 의해 하도급대금이 충분히 낮은 수준으로 결정된 S-401호선의 선박거주구 제조위탁 단가를 기준으로 한 것으로 이 단가의 정당성에 대한 판단은 별론으로 한다고 하더라도 동종의 목적물에 대해 최소한 S-401호선 선박거주구 제조위탁 시점과 S-403호선 선박거주구를 제조위탁 시점(2005. 5. 31.) 사이의 물가 또는 임금상승율 및 발주자로부터 추가로 인상받은 금액 등을 감안하여 결정하는 것이 통상 하도급대금 결정 방법이라 할 수 있다.

그러나, 수급사업자인 (주)○○○○○는 당시 조선업종의 호황으로 임금과 물가상승율 합계가 실제 9%이상 상승된 점과 발주자로부터 계약금액을 증액(약 3.2%) 받은 점을 감안하여 이보다는 낮은 약 6% 정도를 S-401호선 선박거주구 제조위탁 계약금액에다 증액하여 900,000,000원을 견적금액으로 제시하였으나, 피심인

은 동형선을 연속하여 위탁하고 다른 위탁 업체들에게도 일률적으로 단가를 인하하였다는 등의 이유로 물가 또는 임금상승율 및 발주자로부터 추가로 인상받은 금액 등을 감안한 증액 조정은 고사하고 하도급대금을 S-401호선 선박거주구 제조위탁 계약금액보다도 오히려 15,000,000원 인하한 835,000,000원으로 결정하였는데, 이는 부당한 방법을 이용하여 동종의 목적물에 대해 통상 지급되는 단가보다 현저하게 낮은 수준으로 하도급대금을 결정한 행위라 할 수 있다.

다음으로 피심인이 다목적 운반선 H-501호선 ~ H-504호선의 선박거주구에 대한 하도급대금 결정과정을 보면, 당초(2005. 6. 10.)에는 다목적 운반선 10척의 선박거주구를 제조위탁하고 작업범위도 (주)○○○○○가 기 제조위탁받은 S-401호선과 동일 수준으로 하는 조건으로 S-401호선 선박거주구 제조위탁 하도급대금보다 100,000,000원이나 낮은 750,000,000원으로 결정하였다.

그러나, 피심인은 2006. 4. 17. 변경계약을 통하여 당초 계약 물량 10척을 4척으로 축소하면서 하도급대금은 당초 계약서상 다량 발주를 조건으로 낮은 수준으로 결정한 하도급대금을 그대로 유지하였고, 발주수량에 대해서도 피심인은 당초 계약당시에는 발주자로부터 7척만 수주(4척은 계약확정, 3척은 옵션계약)한 상태에서 동형선 10척의 선박거주구를 제조 위탁하는 것으로 계약하는 등 발주량 등 거래조건에 대하여 (주)○○○○○를 기만하고 이를 이용하여 하도급대금을 결정한 행위에 해당한다.

따라서, 피심인이 시멘트 운반선 S-403호선 및 다목적 운반선 H-501호선의 선박거주구 제조위탁과 관련하여 결정한 하도급대금은 하도급법 제4조 제1항의 부당한 방법을 이용하여 목적물 등과 동종 또는 유사한 것에 대하여 통상 지급되는 대가보다 현저하게 낮은 수준으로 결정한 부당한 하도급대금 결정행위에 해당한다(금지명령 부과).

**판 례 부당한 하도급대금 결정에 관한 하도급법 제4조 제2항 제4호 의 '기만'의 의미 및 어떤 행위가 수급사업자를 착오에 빠지게 한 기만행위에 해당하는지 여부의 판단 기준 등(대법원 2010. 4. 29. 선고 2008두14296 판결)**

(1) 부당한 하도급 결정에 관한 하도급법 제4조 제2항 제4호에서의 '기만'이란 하도급거래에서 지켜야 할 신의와 성실의 의무를 저버리는 행위로서 수급사업자로 하여금 착오를 일으키게 하는 것을 말하고, 어떤 행위가 수급사업자를 착오에 빠지게 한 기만행위에 해당하는가의 여부는 거래의 종류 및 상황, 상대방인 수급사업자의 업종, 규모, 거래 경험, 원수급자와 수급사업자의 거래상 지위 등 행위 당시의 구체적 사정을 고려하여 개별적으로 판단해야 한다. 그리고 기만의 의도는 원사업자가 자인하지 않는 이상 하도급대금 결정 전후 원사업자의 재력, 환경, 거래상 지위, 하도급대금의 인하 배경과 과정 및 내용, 거래의 이행과정 등과 같은

객관적인 사정 등을 종합하여 판단할 수밖에 없다.

(2) 승용 및 상용자동차 제조·판매회사가 자동차부품 생산업체들에게 수익성이 낮은 甲 차종 부품의 납품단가를 인하하는 대신 乙 차종 부품의 납품단가를 인상하여 손실을 정산하여 주기로 약속한 후, 이를 믿고 甲 차종 부품의 납품단가를 인하한 부품업체들에게 그 손실을 전혀 보전해 주지 않거나 일부만 보전해 준 행위에 대하여 공정거래위원회가 부당한 하도급대금 결정행위에 해당한다는 이유로 시정명령 등을 내린 사안에서, 위 자동차회사는 부품업체들에 대하여 상당히 우월한 거래상 지위를 가지고 있고 인하된 납품대금을 보전해 줄 경제적 능력이 있었던 것으로 보임에도 상당한 기간이 지나도록 그 전액을 보전해 주지 않은 사실 등에 비추어, 자동차회사가 부품업체들에 대하여 인하된 납품대금 전액을 보전해 줄 의사가 없었음에도 이를 보전해 줄 것처럼 부품업체들을 기만하였다고 보아, 위 납품단가 인하행위는 수급사업자를 기만하고 이를 이용하여 하도급대금을 결정한 부당한 하도급대금의 결정에 해당한다.

## 5. 원사업자가 수급사업자와의 합의 없이 일방적으로 낮은 단가에 의하여 하도급대금을 결정하는 행위(법 제4조 제2항 제5호)

"일방적으로"는 원사업자가 하도급대금을 결정하는 과정에서 수급사업자와 실질적이고 충분한 협의를 거쳐 하도급대금을 결정하였는지 여부 및 이 과정에서 수급사업자가 의사표시의 자율성을 제약받지 아니한 상태였는지 여부를 기준으로 판단한다.

"낮은 단가" 즉, 결정된 단가의 부당성 여부는 원칙적으로 객관적이고 타당한 산출근거에 의하여 단가를 낮게 결정한 것인지 여부를 기준으로 판단하되, 수급사업자 등이 제시한 견적가격(복수의 사업자들이 견적을 제시한 경우 이들의 평균 견적가격), 목적물 등과 같거나 유사한 것에 대해 일반적으로 지급되는 대가, 목적물의 수량, 해당 목적물의 시장상황 등을 고려하여 판단한다.

〈법위반 예시〉

① 원사업자가 종전 계약의 목적물과 동일한 것에 대해 하도급대금을 새로이 결정하면서 미리 정한 자신의 원가절감 목표액을 수급사업자들의 의사와 무관하게

할당한 후 해당 수급사업자가 제출한 견적가를 기준으로 동 수급사업자에 해당하는 할당금액을 빼고 하도급대금을 결정하는 행위

② 원사업자가 계속적인 거래관계에 있는 수급사업자에게 신규 품목에 대해 종전 가격보다 낮게 임시단가(또는 가단가)를 정하여 위탁한 후 단가를 확정하기 위한 추가적인 협의 없이 원사업자 일방의 의사결정을 통해 임시단가 그대로 하도급대금을 결정하는 행위

③ 단가를 결정하지 않은 채 위탁하여 목적물의 납품이 완료된 후 수급사업자의 가격 협상력이 낮은 상태를 이용하여 수급사업자의 제조원가보다 낮게 하도급대금(단가)을 결정하는 행위

④ 원사업자가 신개발품을 발주하면서 우선 임시단가(또는 가단가)를 정하고 추후 목적물의 최초 납품분에 대한 가격산출이 가능한 때 단가를 확정하기로 수급사업자와 합의하였으나 이후 해당 합의를 무시하고 객관적이고 합리적인 산출 근거 없이 임시단가 보다 낮게 하도급대금을 결정하는 행위

⑤ 합의(서)가 존재하더라도 원사업자가 객관적·합리적 절차와 방법을 결여하고 원가절감, 생산성향상 등 원사업자 일방의 영업수지 개선계획에 따라 협조요청 등을 명분으로 한 통보나 강요에 의하여 하도급대금을 낮게 결정한 것으로 인정되는 행위

⑥ 합의(서)가 존재하더라도 원사업자는 소속 임직원에 대한 임금 또는 복리후생 비용 등의 인상, 임직원수의 증가, 영업이익률 증가 등 영업수지가 개선되는 등의 추세를 보이는 반면, 수급사업자는 원사업자의 계속적 또는 반복적 단가 인하로 소속 임직원에 대한 임금동결, 인원감원, 영업이익률 등이 하락하거나 원자재가격의 인상 등으로 영업수지가 더욱 악화되는 추세에서 원사업자가 관례적으로 다시 단가를 인하하는 행위

**심결례 하도급법 제4조 제2항 5호의 '합의없이 일방적으로' '낮은 단가'에 의하여 하도급대금을 결정하는 행위(공정거래위원회 2016. 12. 20. 2015부사4282, 2016부사0174, 의결 2016부사0175)**

1. 사실관계

피심인은 2012. 1.경 자신과 거래관계에 있는 발주자 ○○중공업 및 ○○○○○중공업과 선박엔진 구성품인 베드 플레이트와 프레임 박스의 2012년 기종별 제작단가를 2011년 제작단가보다 각각 2.5% ~ 3.5%(평균 2.8%), 1.0% ~ 8.8%(평균 2.7%)를 인하하기로 합의하였다.

피심인은 2012. 2. 4. 수급사업자 ○○○○에게 아래 〈표 1〉 기재와 같이 '2012년 구매기본계약 변경요청의 건'이라는 제목의 문서를 발송하면서 같은 해 2. 6.까지 이에 대한 의견을 회신해 줄 것을 요청하였다.

〈표 1〉 피심인의 단가인하 협조요청 문서(발췌)

**제목 : 2012년 구매기본계약 변경요청의 건**

1. 귀사의 일익 번창하심을 기원드립니다.

2. 조선경기 침체 및 Global 금융위기로 인해 신조물량의 급격한 감소와 엔진제조업체의 치열한 가격경쟁으로 모기업 발주가격의 인하가 급속히 진행되고 있습니다.

3. 금번 당사는 가격경쟁력을 통해 엔진 제조업체의 수주물량을 최대한 확보키 위해 아래와 같이 귀사와의 구매기본계약을 변경코자 통보하오니 당사의 영업환경을 혜량하시어 검토 후 회신 부탁드립니다.

\- 아 래 -

1) 계약기간 : 2012년 2월 1일 ~ 2013년 1월 31일(1년)
2) 계약금액 : 첨부의 제작단가표 참고
3) 회신요청일 : 2012년 2월 6일한

* 첨부: 제작단가표 ························· 4매 - 끝 -

이후 피심인은 수급사업자 ○○○○와 '2012년 구매기본계약'을 체결하면서 위 〈표 1〉의 협조요청 문서에 첨부된 제작단가표의 내용과 동일하게 베드 플레이트 및 프레임 박스의 2012년 제작단가를 기재와 같이 기존 단가보다 0.7% ~ 39.3%(평균 12.8%)를 인하하였다.

이를 통해 피심인은 아래 〈표 5〉 기재와 같이 2012년 7월부터 2013년 1월까지의 기간 동안 OOOO로부터 수령한 목적물에 대하여 인하된 단가에 따른 하도급대금을 지급함으로써 기존 단가를 적용하였을 때보다 9,019천 원이 적은 하도급대금을 지급하였다.

2. 공정거래위원회의 결정 요지

(1) '합의 없이 일방적으로' 하도급대금을 결정하였는지 여부

다음과 같은 점을 종합해 볼 때 피심인은 수급사업자와 합의 없이 일방적으로 하도급대금을 결정한 것으로 판단된다.

첫째, 피심인이 수급사업자에게 2012년 구매기본계약 체결을 위하여 협조요청 문서를 보내면서 2012년도에 적용될 품목별 제작단가표만을 제공하였을 뿐 단가 결정에 영향을 미치는 주요 내용이나 자료·정보 등을 제공한 사실이 없어 수급사업자와 실질적이고 충분한 협의를 거쳤다고 볼 수 없다.

둘째, 수급사업자의 매출액은 모두 피심인과의 거래에서 발생하여 수급사업자

의 피심인에 대한 거래의존도가 100%이고 수급사업자로서는 향후 지속적인 거래 관계의 유지를 위하여 피심인의 단가 인하 요구를 사실상 거절하기가 곤란하였을 것이라는 점 등을 감안할 때, 비록 피심인과 수급사업자가 외형상 구매기본계약의 체결을 통해 단가를 인하하였다 하더라도 이를 진정성 있는 합의라고 보기는 어렵다.

(2) '낮은 단가'인지 여부

다음과 같은 점을 종합해 볼 때 피심인은 '낮은 단가'로 하도급대금을 결정한 것으로 판단된다.

첫째, 피심인은 재료비 또는 인건비의 하락, 작업조건의 개선에 따른 작업시간의 현저한 단축, 명백한 계산착오 등과 같은 객관적이고 타당한 산출근거 없이 품목별로 0.7% ~ 39.3%의 단가를 인하하였다.

특히 이 사건 제조위탁과 같이 목적물의 규격·품질·공정 등을 특별히 지정하여 위탁함으로써 통상적으로 지급되는 대가를 산정하기 곤란한 경우에는 다른 수급사업자 또는 다른 품목과의 가격을 비교할 것이 아니라, 피심인이 수급사업자와 계속적인 하도급거래 관계가 있었던 점을 고려하여 기존 단가보다 인하된 단가이면 '낮은 단가'에 해당한다고 보아야 할 것이다.

둘째, 피심인은 발주자인 ○○중공업 및 ○○○○○중공업과의 도급단가를 전년도 대비 각각 평균 2.8%와 2.7%를 인하하였으나, 수급사업자에 대한 하도급단가는 이보다 훨씬 높은 전년도 대비 평균 12.8%의 인하율을 적용하여 단가를 결정하였다.

피심인의 위 행위는 법 제4조 제2항 제5호에서 규정하는 부당한 하도급대금의 결정 행위에 해당하여 법 제4조 제1항에 위반된다(시정조치 및 과징금 부과).

## 6. 수의계약(隨意契約)으로 하도급계약을 체결할 때 정당한 사유 없이 대통령령으로 정하는 바에 따른 직접공사비 항목의 값을 합한 금액보다 낮은 금액으로 하도급대금을 결정하는 행위(법 제4조 제2항 제6호)

"정당한 사유"에 해당되는지 여부는 공사현장의 여건, 수급사업자의 시공능력 등을 고려하여 판단하되, 다음 각호의 하나에 해당하는 경우 영 제7조(부당한 하도급대금 결정 금지) 제2항의 규정에 의거 하도급대금의 결정에 정당한 사유가 있는 것으로 추정한다.

1. 수급사업자가 특허공법 등 지적재산권을 보유하여 기술력이 우수한 경우

2.「건설산업기본법」 제31조의 규정에 따라 발주자가 하도급 계약의 적정성을 심사하여 그 계약의 내용 등이 적정한 것으로 인정한 경우

"대통령령이 정하는 바에 따른 직접공사비 항목의 값을 합한 금액"은 원사업자의 도급내역상의 재료비, 직접노무비 및 경비의 합계 금액을 말한다. 다만, 경비 중 원사업자와 수급사업자가 합의하여 원사업자가 부담하기로 한 비목(費目) 및 원사업자가 부담하여야 하는 법정경비를 제외한다(법 시행령 제7조 제1항).

심결례 **하도급법 제4조 제2항 제6호의 '수의계약(隨意契約)으로 하도급계약을 체결할 때 정당한 사유 없이 낮은 금액'으로 하도급대금을 결정하는 행위(공정거래위원회 2016. 12. 13. 2014서건4398)**

1. 사실관계

피심인은 ◎◎이 이 사건 공사를 포기함에 따라 아래 〈표 1〉 기재와 같이 2013. 10. 31. ~ 2013. 11. 11. 기간 중 ○○ 등 5개 사업자에게 전화 및 이메일로 이 사건 공사에 대한 견적을 의뢰하여 2013. 11. 5. ~ 11. 20.까지 이메일 등으로 견적서를 제출받았다.

**〈표 1〉 피심인의 견적의뢰 및 협력업체의 견적제출 내역**

(단위 : 천 원, 부가가치세 포함)

| 협력업체명 | 견적의뢰 | | 견적제출일 | 견적금액 | 접수방법 |
|---|---|---|---|---|---|
| | 의뢰일 | 방법 | | | |
| ☆☆ | 2013. 10. 31. | 전화·이메일 | 2013. 11. 5. | 1,589,830 | 이메일 |
| ★★ | 2013. 11. 6. | 전화·이메일 | 2013. 11. 13. | 1,446,060 | 방문 |
| ○○ | 2013. 11. 11. | 전화·이메일 | 2013. 11. 19. | 1,439,680 | 이메일 |
| ◇◇ | " " | 전화·이메일 | 2013. 11. 20. | 1,802,680 | 이메일 |
| ◆◆ | " " | 전화·이메일 | 2013. 11. 13. | 1,493,910 | 이메일 |

이후, 피심인은 2013. 11. 23. 상기 5개의 견적서 제출업체 중 ○○과 이 사건 공사에 대한 하도급대금을 1,439,680천 원으로 하여 하도급계약을 체결하였다. 이는 이 사건 공사와 동일한 조경식재 2공구에 대하여 ◎◎과 체결하였던 2,296,800천 원 및 이 사건 공사와 유사한 조경식재 1공구의 하도급대금인 2,268,200천 원 등에 비하여 약 8억여 원이 더 낮은 금액이다.

〈표 2〉 조경식재 1, 2공구의 하도급대금 결정 내역

(단위 : 천 원, 부가가치세 포함)

| 구분 | 하도급대금 결정 금액 | 비 고 |
|---|---|---|
| 조경식재 2공구 | 2,296,800 | 피심인들이 이 사건 공사에 대하여 최초 수급사업자인 ◎◎과 체결한 하도급금액 |
| 조경식재 1공구 | 2,268,200 | 피심인들이 이 사건 공사와 유사한 공사인 조경식재공사 1공구에 대하여 △△과 체결한 하도급금액 |
| 조경식재 2공구 | 1,439,680 | 피심인 유승건설이 이 사건 공사에 대하여 ○○과 체결한 하도급금액 |

한편, 피심인이 ○○과 체결한 하도급대금 1,439,680천 원은 원사업자의 도급내역상의 직접공사비 항목(재료비, 직접노무비 및 경비)의 값을 합한 금액인 2,225,798천 원보다 786,118천 원이 더 낮은 금액이다.

〈표 3〉 원도급내역서상의 직접공사비와 하도급대금 비교

(단위 : 천 원, 부가가치세 포함)

| 도급 계약 | | 도급내역상 직접공사비 | | | | 하도급계약 | | 차액(a-b) |
|---|---|---|---|---|---|---|---|---|
| 일자 | 금액 | 재료비 | 직접노무비 | 경비 | 합계(a) | 일자 | 금액(b) | |
| 2012. 11. 6. | 2,750,374 | 1,471,687 | 728,648 | 25,463 | 2,225,798 | 2013. 11. 23. | 1,439,680 | 786,118 |

2. 공정거래위원회의 결정 요지

(1) 수의계약으로 하도급계약을 체결하였는지 여부

다음과 같은 점들을 고려할 때 이 사건 계약은 수의계약으로 체결되었음이 인정된다.

첫째, 이 사건의 하도급계약 체결은 경쟁입찰의 기본적인 형식과 절차인 입찰공고, 입찰설명서, 낙찰자 선정기준, 개찰 일시 등에 대한 절차의 수행 및 관련 자료들의 제공없이 이루어졌다.

둘째, 수의계약과 경쟁입찰의 가장 큰 차이점은 거래상대방을 임의로 선정할 수 있지는 여부라고 할 것인바, 피심인은 낙찰자 선정기준에 대한 명확한 자료의 제공이나 개찰결과의 공고 등이 없이 단순히 견적서만을 제출받아 이 사건 계약을 진행하였던 점, 피심인이 작성한 '○○ 민원(분쟁)보고'(소갑 제18호증)에 의하면 "◎◎ 계약해지 후 후속업체 선정시 선급금 과기성 처리의 약점과 하도급계약 차액

에 대한 약점으로 믿을 수 있는 업체를 선정해야했기에 당사 타 현장에 진행하고 믿을 수 있다고 객관적으로 판단되어 ○○과 ☆☆을 추천하여 승인됨"이라고 기재되어 있는 점 등을 고려할 때 피심인은 이 사건 공사의 거래상대방을 임의로 선택한 것이라고 볼 수 있으므로 이 사건 계약은 수의계약으로 체결되었음이 인정된다.

셋째, 피심인 직원의 진술에 의하더라도 이 사건 하도급계약 체결이 경쟁입찰이 아닌 수의계약으로 체결되었음이 인정된다.

〈표 4〉 피심인 유승건설의 문○○ 부장 진술조서(발췌)

| 문) 경쟁입찰입니까 수의 계약입니까?<br>답) (문○○) 수의계약입니다. |
|---|

(2) 정당한 사유의 존재 여부

법 시행령 제3조의2 제2항의 규정에 의하면 수급사업자가 특허공법 등 지식재산권을 보유하여 기술력이 우수한 경우나, 건설산업기본법 제31조에 따라 발주자가 하도급계약의 적정성을 심사하여 그 계약의 내용 등이 적정한 것으로 인정한 경우에는 하도급대금의 결정에 정당한 사유가 있는 것으로 추정된다.

그러나 이 사건 공사는 ○○이 특허공법 등 지식재산권을 보유하고 있지도 아니하고, 발주자가 하도급계약의 적정성을 심사한 사실도 없으므로 법 시행령 제3조의2 제2항의 규정에 따른 정당한 사유가 인정되지 아니한다.

(3) 원도급내역상의 직접공사비보다 낮은 금액으로 하도급대금을 결정하였는지 여부

피심인은 이 사건 공사와 관련한 원도급내역상의 직접공사비 2,225,798천 원보다 786,118천 원이 더 낮은 1,439,680천 원으로 하도급대금을 결정하였다. 피심인의 행위는 부당한 하도급대금의 결정행위에 해당하여 법 제4조 제2항 제6호에 위반된다(시정조치 및 과징금 부과).

## 7. 경쟁입찰에 의하여 하도급계약을 체결할 때 정당한 사유 없이 최저가로 입찰한 금액보다 낮은 금액으로 하도급대금을 결정하는 행위(법 제4조 제2항 제7호)

"정당한 사유"에 해당하는지 여부는 수급사업자의 귀책사유, 원사업자의

책임으로 돌릴 수 없는 사유 또는 수급사업자에게 유리한 경우인지 여부 등 최저가 입찰금액 보다 낮게 결정할 객관적이고 합리적인 사유에 해당되는지 여부로 판단하며 원사업자가 이를 입증하여야 한다.

〈정당한 사유의 예시〉

① 최저가 경쟁입찰에서 낙찰된 수급사업자가 핵심기술인력의 갑작스런 사망 등과 같이 예상치 못한 사유로 인하여 목적물 등의 일부에 대해 제조 등을 수행할 수 없어 수급사업자가 그 부분에 대한 감액을 요청하는 경우

② 최저가 경쟁입찰에서 낙찰자가 결정된 직후 미리 예상치 못한 발주물량의 증가 등으로 인해 총 계약금액이 증가함에 따라 객관적이고 합리적인 산출근거에 의해 단가를 최저가보다 낮게 결정하는 경우

본 조항을 적용함에 있어 하도급대금을 결정하는 행위의 태양에는 특별한 제한이 없으며, 따라서 추가적인 협상에 의한 경우 뿐 아니라 재입찰에 의한 경우도 포함한다.

〈법위반 예시〉

① 원사업자가 최저가 경쟁입찰에서 최저가로 입찰한 수급사업자에게 업계관행을 이유로 다시 대금인하 협상을 하여 최저가 입찰금액보다 낮은 가격으로 하도급대금을 결정하는 행위

② 원사업자가 최저가 경쟁입찰에서 최저가로 입찰한 수급사업자에게 입찰조건과 달리 하도급대금을 더 낮춰 줄 것을 요구하여 거절당하자, 최저가 입찰자 이외의 입찰자와 단가협상을 통해 최저가 입찰금액보다 낮은 가격으로 하도급대금을 결정하는 행위

③ 원사업자가 경쟁입찰을 실시하면서 최저 입찰가가 원사업자의 예정가격을 초과하는 경우에 재입찰을 실시한다는 점을 사전 고지하지 않았음에도 이를 이유로 최저 입찰가를 제시한 업체를 낙찰자로 선정하지 아니하고 그 업체를 포함하여 상위 2개 또는 3개 업체를 대상으로 재입찰을 실시하여 그 중 가장 낮은 가격을 제시한 업체를 낙찰자로 선정함으로써 당초 최저 입찰가보다 낮게 하도급대금을 결정하는 행위

※ 최저 입찰가가 원사업자의 예정가격을 초과하는 경우에 재입찰을 실시한다는 점을 사전 고지하였다고 하더라도, 예정가격에 대한 공증을 받는 등 사후에라도 낙찰자 선정에 대한 이의나 분쟁이 발생한 경우 원사업자의 예정가

격을 확인할 수 있도록 하는 것이 필요하다. 또한 예정가격은 단지 원사업자 자신의 외주비를 절감하기 위한 목적이 아니라 원사업자가 실제 집행할 수 있는 예산의 최대한도 등을 고려하여 합리적으로 결정되어야 할 것이며, 예정가격의 정당성에 대해서는 원사업자가 이를 입증하여야 한다.

**심결례 하도급법 제4조 제2항 제7호의 '정당한 사유 없이 최저가로 입찰한 금액보다 낮은 금액으로' 하도급대금을 결정하는 행위(공정거래위원회 2017. 1. 9. 2015서건2412)**

1. 사실관계

피심인은 이 사건 공사의 하도급계약을 위하여 2013. 6. 12. 14:00경 대전 서구 ○○동에 소재한 ○○○○병원 신축공사 현장에서 현장설명회를 개최하였고, ○○○○를 포함한 9개 업체가 현장설명회에 참석하였다.

피심인이 현장설명회에서 배포한 이 사건 공사 관련 현장설명서 내용 중 입찰조건에 관한 주요 내용은 아래 기재와 같다.

**Ⅱ. 입찰유의사항**

2. 입찰(내역)서 작성
   1) 입찰방식은 총액 입찰방식으로 한다.

3. 낙찰예정업체 결정
   1) 입찰에 참여한 업체 중 예가 내 최저금액 입찰업체를 낙찰예정업체로 결정한다.
   2) 예가 대비 현저하게 낮은 가격으로 입찰한 업체가 있는 경우에는 당사 규정에 따라 입찰내역의 적정성, 시공실적, 재무상태, 신인도 등을 종합적으로 평가하여 저가심의 후 최적격 업체를 낙찰 예정업체로 결정한다.
   3) 1개 업체만 입찰에 참여한 경우나 담합 등 입찰 질서 문란행위를 한 사실이 판명된 경우에는 유찰 처리한다.
   4) 낙찰 후 낙찰업체의 적정성 검토 후 업체가 적정하지 못하다고 판단될 경우 유찰처리한다.

6. 기성청구 및 대금지급
   4) 기성금 유보 : 기성금의 20%는 유보한다("갑"의 전체준공 후 6월 이내 발주처에서 잔금 수령 후 지급한다).

(이하 생략)

이후 피심인이 현장설명회에 참석하였던 위 9개 업체로부터 입찰서류를 제출받아 2013. 6. 19. 입찰내용을 개봉한 결과, ○○○○가 최저가인 2,040,000천 원으로 입찰하였다.

그러나 피심인은 최저가로 입찰한 ○○○○를 낙찰자로 결정하지 아니하고, 입찰내용을 개봉한 당일인 2013. 6. 19. ○○○○를 포함하여 입찰금액이 가장 낮은 상위 4개 업체를 대상으로 다시 견적서를 제출할 것을 요청하였고, 이에 따라 4개 업체가 다시 견적서를 작성하여 제출한 결과 ○○○○가 제출한 견적금액이 1,990,000천 원으로 가장 낮았다.

피심인은 가장 낮은 금액을 견적가격으로 제출한 ○○○○와 2013. 7. 17. 이 사건 공사에 대하여 1,950,000천 원으로 하도급계약을 체결하였다.

2. 공정거래위원회의 결정 요지

(1) 경쟁입찰에 해당하는지 여부

피심인이 이 사건 공사의 수급사업자를 선정하기 위하여 2개 이상의 협력업체를 입찰에 참가하게 한 점, 현장설명회에 참석한 업체들에게 교부한 현장설명서에 '입찰방식은 총액 입찰방식으로 한다'는 내용과 '최저금액 입찰업체를 낙찰예정업체로 한다'는 내용이 명시되어 있는 점 등을 고려할 때, 피심인이 이 사건 공사의 계약과 관련하여 수급사업자를 선정한 방식은 '경쟁입찰'에 해당된다고 판단된다.

(2) 최저가로 입찰한 금액보다 낮은 금액으로 하도급대금을 결정하였는지 여부

피심인이 이 사건 공사의 수급사업자를 선정하기 위하여 경쟁입찰을 실시하여 ○○○○가 최저가인 2,040,000천 원으로 입찰하였으나, 입찰금액이 낮은 4개 업체를 대상으로 다시 견적서를 제출하게 한 후 여기에서도 가장 낮은 가격을 제시한 ○○○○를 상대로 추가적인 협상과정을 통해 최초 입찰 당시 제출한 금액보다 90,000천 원 더 낮은 금액으로 하도급계약을 체결하였으므로, 피심인은 최저가로 입찰한 금액보다 낮은 가격으로 하도급대금을 결정하였다고 판단된다.

(3) 정당한 사유가 있는지 여부

정당한 사유란 '원사업자의 책임으로 돌릴 수 없는 사유' 또는 '수급사업자의 귀책사유' 등 최저가로 입찰한 금액보다 낮은 금액으로 하도급대금을 결정하는 것을 정당화할 객관적·합리적 사유를 말하는 것으로, 공정한 하도급거래질서 확립이라는 관점에서 사안에 따라 개별적·구체적으로 판단하여야 하며, 피심인이 정당한 사유를 입증하여야 한다.

정당한 사유와 관련하여, 피심인은 최초 입찰 당시의 대금지급 조건인 '기성금의 20%를 하자담보의 목적으로 유보'하는 것을 전제로 수급사업자 ○○○○가 최저 입찰금액을 제출하였으나, 피심인 내부적으로 공사금액을 좀 더 낮추더라도 기성금 유보 조건을 제외하는 것이 수급사업자에게 유리하다고 판단하여 재견적을

> 통해 하도급대금을 최초 입찰가격보다 낮게 결정하였다고 주장한다.
> 그러나, 위 입찰조건과 같이 공사기성금의 20%를 유보한 후 피심인이 발주자로부터 준공금을 수령한 후에 이를 지급하기로 하는 것은 공사를 시공한 부분에 대하여 목적물 수령일부터 60일 이내에 하도급대금을 지급하도록 한 법 제13조의 규정에 위반되는 점, 법에 위반되는 대금지급 조건을 법규정에 부합하는 대금지급 조건으로 변경한다는 이유로 수급사업자의 최저 입찰가격보다 낮게 하도급대금을 결정하는 것은 합리적인 사유로 보기 어려운 점, 피심인이 ○○○○가 제출한 재견적금액에서도 40,000천 원을 더 낮추어 하도급대금을 결정한 점 등의 사정을 고려할 때 피심인의 행위에 정당한 사유가 있다고 볼 수 없다.
> 피심인의 행위는 하도급법 제4조 제2항 제7호에서 규정하는 부당한 하도급대금의 결정 행위에 해당되어 위법하다(시정조치 및 과징금 부과).

## 8. 계속적 거래계약에서 원사업자의 경영적자, 판매가격 인하 등 수급사업자의 책임으로 돌릴 수 없는 사유로 수급사업자에게 불리하게 하도급대금을 결정하는 행위(법 제4조 제2항 제8호)

계속적 거래계약 기간 중 원사업자가 경영적자, 판매부진, 경쟁심화에 따른 판매가격 인하 등 수급사업자의 책임으로 돌릴 수 없는 사유로 새로이 인하된 하도급대금을 결정하는 경우에 그 내용이나 절차가 정상적인 거래관행에 비추어 볼 때 공정하고 타당한지 여부로 위법성을 판단한다.

"수급사업자의 책임으로 돌릴 수 없는 사유"란 새로이 하도급대금을 결정하게 된 사정이 원사업자나 외부환경의 변화 등에 있고 수급사업자에게는 귀책사유가 없음을 말한다.

"수급사업자에게 불리하게"는 새로이 인하된 하도급대금을 결정하는 절차 및 그 결정된 내용이 정상적인 거래관행상 공정성과 타당성이 결여되었음을 말하며, 이는 아래의 사항을 고려하여 판단한다.

① 원사업자가 새로이 하도급대금을 인하 결정하게 된 사정, 과정 및 그 결과와 관련하여 필요한 자료나 정보 등을 수급사업자에게 성실하게 제공하였는지 여부

② 원사업자가 객관적이고 합리적인 절차에 따라 수급사업자와 실질적인 협의를 거쳤는지 여부
③ 인하된 하도급대금의 환원이나 인상 등에 대해 실효성 있는 방안을 마련·제공하고 추후 이를 실행하였는지 여부
④ 새로이 인하된 하도급대금을 결정한 사정과 수급사업자가 납품하는 목적물 등이 연관성이 있는지 여부
⑤ 원사업자와 수급사업자간 부담의 분담 정도가 합리적인지 여부

결국 원사업자는 계속적 거래계약 기간 중에 수급사업자의 책임으로 돌릴 수 없지만 경영상 불가피한 사유를 이유로 이러한 이유와 직접 관련이 있는 목적물에 대해 새로이 하도급대금을 인하 결정할 수 있다. 다만, 새로이 하도급대금을 인하 결정하는 과정에서 원사업자가 수급사업자와 충분하고 실질적인 협의를 거치고 이러한 협의결과를 토대로 그 부담을 수급사업자와 합리적으로 분담하는 것이 필요하다.

예를 들면 계속적 거래계약 기간 중 원사업자가 판매가 부진한 제품에 대하여 생산중단 보다는 판매가격을 인하하기로 하고, 이후의 발주물량(해당 제품에 부속하는 목적물로 한정한다)에 대해서 수급사업자와 충분하고 실질적인 교섭을 통해 그 교섭 결과를 바탕으로 원수급사업자 간 판매가격 인하에 따른 부담을 적정 분담하는 수준에서 납품가격을 인하 결정하는 행위는 법 위반이 아니다.

위에서 "직접 관련이 있는 목적물"이란 가령 원사업자가 A, B, C 등 다수의 제품을 생산한다고 가정했을 때 A제품의 글로벌 가격경쟁이 격화되어 판매가격 인하 없이는 수출경쟁력 유지가 불가능한 경우가 발생하면 A제품에 부속되는 목적물들에 한해 단가를 인하할 수 있음을 의미한다. 한편 원사업자의 임금

〈법위반 예시〉

① 계속적 거래계약 기간 중 수급사업자가 납품한 목적물이 부수된 제품의 경우 판매 호조로 원사업자 경영적자의 원인이 아님에도 원사업자가 경영적자를 이유로 해당 수급사업자에 대해서도 종전에 비해 낮은 단가로 하도급대금을 결정

하는 행위
② 원사업자의 임금인상이나 노조파업 등에 따른 비용 발생분을 수급사업자에게 전가하기 위하여, 계속적 거래계약 기간 중 원사업자가 종전에 비해 낮은 단가로 하도급대금을 결정하는 행위
③ 계속적 거래계약 기간 중 원사업자가 글로벌 가격경쟁 심화나 환율변동 등을 이유로 사전협의 과정 없이 종전에 비해 낮은 단가로 하도급대금을 일방적으로 결정해서 수급사업자에게 통보하는 행위

인상이나 노조파업 등의 경우는 이들과 직접 연관된 목적물을 특정할 수 없으므로 이를 이유로 단가를 인하하는 것은 금지된다.

## 제 7 절 물품 등의 구매강제 금지

하도급법 제5조(물품 등의 구매강제 금지) 원사업자는 수급사업자에게 제조 등의 위탁을 하는 경우에 그 목적물 등에 대한 품질의 유지·개선 등 정당한 사유가 있는 경우 외에는 그가 지정하는 물품·장비 또는 역무의 공급 등을 수급사업자에게 매입 또는 사용(이용을 포함한다. 이하 같다)하도록 강요하여서는 아니 된다.

### Ⅰ. 의 의

원사업자는 정당한 이유 있는 경우를 제외하고는 그가 지정하는 물품이나 장비 등을 수급사업자에게 구입하도록 강요하여서는 아니 된다. 다만, 품질의 유지·개선 등 정당한 사유가 있는 경우에는 예외가 인정된다.

수급사업자에게는 하도급계약의 이행을 위하여 필요한 물품이나 재료를 선택할 자유가 보장되어야 한다. 원사업자가 하도급계약을 빌미로 하여 자기 제품이나 잉여 원재료 등을 수급사업자에게 강제로 떠넘기려는 행위는 규제되어야 마땅하다.[64]

원사업자가 정당한 사유 없이 수급사업자에게 물품 등의 구매강요 행위를

하는 경우 누구든지 공정거래위원회에 신고할 수 있고, 공정거래위원회는 하도급대금에 관한 분쟁을 조정하거나, 시정조치를 명령할 수 있으며 과징금을 부과할 수 있다. 또한 하도급대금의 2배 범위 내에서 벌금형에 처할 수 있다. 또한 원사업자가 구매강요행위 금지의무를 위반하여 수급사업자에게 손해가 발생한 경우, 원사업자가 고의 또는 과실 없음을 입증하지 못하는 한 수급사업자에게 생긴 손해에 대하여 배상책임을 진다.

## Ⅱ. 적용요건

'정당한 사유'가 있는 경우에는 구매 강요가 아니다. 목적물에 대한 품질의 유지·개선에 필요한 경우, 수요자의 특수한 요구에 따라 특정한 물품·장비·역무 등이 사용되어야 할 경우 등이 정당한 사유에 해당할 것이다.

원사업자가 지정하는 물품·장비·역무의 공급 등을 수급사업자에게 매입 또는 사용하도록 '강요하는 행위'가 금지된다. 어떤 행위가 '강요하는 행위'에 해당하는지는 행위의 형식만이 아니라 원사업자가 우월적 지위를 이용하여 수급사업자의 선택과정에 개입함으로써 그의 선택의 자유가 무력화되었는지를 실질적으로 판단하여야 할 것이다.

64) 김홍석·구상모, 앞의 책, 139면.

Chapter 03

# 계약 이행 단계에서의 준수의무

## 제 1 절 선급금 지급의무

> 하도급법 제6조(선급금의 지급) ① 수급사업자에게 제조 등의 위탁을 한 원사업자가 발주자로부터 선급금을 받은 경우에는 수급사업자가 제조·수리·시공 또는 용역수행을 시작할 수 있도록 그가 받은 선급금의 내용과 비율에 따라 선급금을 받은 날(제조 등의 위탁을 하기 전에 선급금을 받은 경우에는 제조 등의 위탁을 한 날)부터 15일 이내에 선급금을 수급사업자에게 지급하여야 한다.
> ② 원사업자가 발주자로부터 받은 선급금을 제1항에 따른 기한이 지난 후에 지급하는 경우에는 그 초과기간에 대하여 연 100분의 40 이내에서 「은행법」에 따른 은행이 적용하는 연체금리 등 경제사정을 고려하여 공정거래위원회가 정하여 고시하는 이율에 따른 이자를 지급하여야 한다. <개정 2010.5.17>
> ③ 원사업자가 제1항에 따른 선급금을 어음 또는 어음대체결제수단을 이용하여 지급하는 경우의 어음할인료·수수료의 지급 및 어음할인율·수수료율에 관하여는 제 13조 제 6항·제7항·제9항 및 제10항을 준용한다. 이 경우 "목적물 등의 수령일부터 60일"은 "원사업자가 발주자로부터 선급금을 받은 날부터 15일"로 본다. [전문개정 2009.4.1]

### Ⅰ. 의 의

원사업자가 발주자로부터 선급금을 받은 경우에는 그가 받은 선급금의 내용과 비율에 따라 선급금을 받은 날부터 15일 이내에 선급금을 수급사업자에게 지급하여야 한다.

선급금은 공사를 원활하게 진행할 수 있도록 하기 위하여 발주자가 원사업자에게 미리 지급하는 공사대금의 일부로서 구체적인 기성고와 관련하여 지급하는 것이 아니라 전체 공사와 관련하여 지급하는 것으로 선급 공사대금의 성질을 갖는다.[65)]

## Ⅱ. 취 지

선급금은 원사업자가 공사를 원활하게 진행할 수 있도록 발주자가 장차 지급할 대금을 원사업자에게 미리 지급하여 주는 것을 말한다. 따라서 원사업자가 발주자로부터 선급금을 받았다면 실제 제조, 수리 또는 시공행위를 수행하는 수급사업자가 공사에 착수할 있도록 그가 받은 선급금의 내용과 비율에 따라 선급금을 지급받은 날(제조 등의 위탁을 하기 전에 선급금을 받은 경우에는 제조 등의 위탁을 한 날)로부터 일정한 기간 내에 선급금을 지급하는 것이 타당하다. 이에 법은 원사업자가 발주자로부터 선급금을 받은 경우 15일 이내에 선급금을 수급사업자에게 지급하도록 강제하고 있는 것이다.

한편 선급금의 취지에 비추어 볼 때 선급금은 기성률에 맞추어 공제하는 것이 공평하다. 따라서 원사업자가 선급금을 수급사업자에게 지급하고 다음 기성에서 선급금 전체를 일괄적으로 공제하는 경우 하도급법에 위반될 소지가 있다.[66)]

## Ⅲ. 원사업자의 선급금 지급의무의 내용

### 1. 선급금 지급의무

#### (1) 선급금 지급의무

수급사업자에게 제조 등의 위탁을 한 원사업자가 발주자로부터 선급금을 받은 경우에는 그가 받은 선급금의 내용과 비율에 따라 선급금을 받은 날부

65) 대법원 1999. 12. 7. 선고 99다55519 판결(판결문 중 수급인, 도급인은 하도급법상의 용어와 상응하게 원사업자, 발주자로 변경함).

66) 이동헌, 「건설판례에 대한 문제와 의문의 제기」, 한국학술정보, 2006

터 15일 이내에 선급금을 수급사업자에게 지급하여야 한다. 만약 원사업자가 제조 등의 위탁을 하기 전에 선급금을 받은 경우에는 제조 등의 위탁을 한 날부터 15일 이내에 선급금을 수급사업자에게 지급하여야 한다(법 제6조 제1항).

### (2) 사업자가 발주자로부터 받은 선급금의 내용과 비율에 대한 판단 기준

발주자가 선급금을 지급하면서 특정한 공사나 품목을 지정하여 선급금을 지급하는 경우에는 발주자가 지정하는 용도에 한정하여 원사업자는 수급사업자에게 선급금을 지급하면 된다. 예를 들어 A라는 토목건축공사에 토공사, 철근콘크리트 공사, 조경석재 공사, 승강기 설치 공사 등 4개의 전문건설공사가 있다고 가정할 경우, 선급금을 지급하면서 토공사와 철근콘크리트 공사에만 사용하도록 공사부문을 지정하였다면 토공사와 철근콘크리트공사부문 수급사업자에게만 선급금을 지급하여야 하고, 철근자재 구입에만 사용하도록 품목을 지정하였다면 철근자재를 사용하는 공사부문 수급사업자에게만 선급금을 지급하여야 하며, 선급금 지급대상 공사 또는 품목 전체에서 해당 공사가 차지하는 금액비율로 수급사업자에게 선급금을 지급하여야 한다.

발주자가 선급금을 지급하면서 특정한 품목이나 공사부문을 지정하지 않은 경우 원사업자는 전체공사대금 중 하도급계약금액의 비율에 따라 수급사업자에게 해당 선급금을 지급하여야 한다.

〈예시〉

원사업자가 발주자로부터 지급받은 선급금이 1,034,000천원, 도급금액 3,465,960천원, 하도급금액이 766,549천원인 경우 지급해야 할 당해 선급금액은 227,480천원이다. 1,034,000천원 × 22%(도급금액 대비 하도급금액이 차지하는 비율 : 766,549천원 / 3,465,960천원 × 100) = 227,480천원.

## 2. 지연지급에 대한 지연이자

### (1) 법정지급기일

선급금의 법정지급기일은 원사업자가 발주자로부터 선급금을 받은 날부터 15일, 제조 등의 위탁을 하기 전에 선급금을 받은 경우에는 제조위탁한 날로부터 15일째 되는 날을 의미한다(법 제6조 제1항).

### (2) 지연이자 지급의무

원사업자가 발주자로부터 받은 선급금을 법정지급기일을 초과하여 지급하는 경우에는 법정지급기일을 초과한 날로부터 지급기일까지의 기간일수를 산정하여 이자를 지급한다. 다만, 원사업자가 발주자로부터 선급금을 지급받은 후 수급사업자에게 선급금지급보증서 제출을 요청한 날로부터 수급사업자가 선급금지급보증서를 제출한 날까지의 기간일수는 지연이자 계산시 공제할 수 있다.

**(예)**[67]

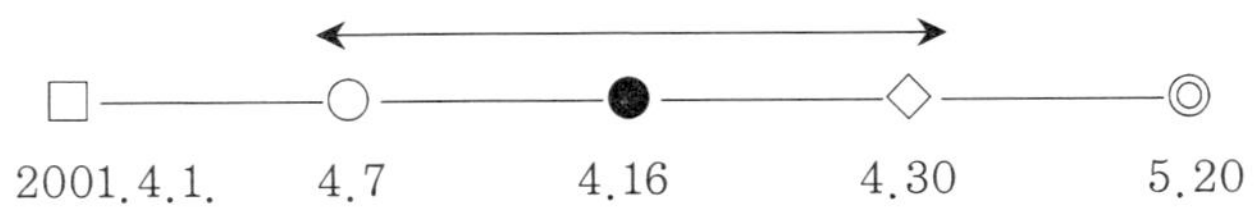


□ 발주자로부터 선급금을 지급받은 날
○ 선급금지급보증서 제출을 요청한 날
● 선급금 법정지급기일
◇ 선급금지급보증서를 제출한 날
◎ 원사업자가 선급금을 지급한 날

**– 이자부과 일수 계산 예**
법정지급기일을 초과하여 지급한 일수(34일) – 지급보증서를 요청한 날로부터 제출한 날까지 일수(23일) = 11일

67) 「하도급거래공정화지침」 Ⅲ. 6.

### (3) 지연이율 고시

선급금의 지급 지연시 연이율은 연 100분의 40 이내에서 「은행법」에 따른 금융기관이 적용하는 연체금리 등 경제사정을 고려하여 공정거래위원회가 정하여 고시하는 이율에 따른다. 20015. 6. 30. 개정된 공정거래위원회 고시에 의할 경우 선급금의 지연 지급시 지연이율은 연리 15.5%이다.[68)]

### (4) 선급금을 지급하지 않은 상태에서 기성금을 지급하는 경우

선급금을 지급하지 않은 상태에서 기성금을 지급하는 경우는 선급금 일부가 당해 기성금에 포함된 것으로 간주하여 지급기일을 초과한 날로부터 당해 기성금 지급기일까지의 기간에 대한 이자를 지급하여야 한다.

**(예)[69)] ㅁ 선급금을 미지급한 경우**

총계약금액 : 5,000만원
선 급 금 : 1,000만원(공사금액의 20%)
발주자로부터 선급금을 지급받은 날 : 2010. 3. 17
선급금 지급기일 : 2010. 4. 1

(단위 : 만원)

| 구 성 | 기 성 금 액 | | 당 해 선급금1. | 선급금 기산일2. | 선급금 지연일수3. | 지연 이자4. |
|---|---|---|---|---|---|---|
| | 일 자 | 금 액 | | | | |
| 1회 기성 | 2010. 4. 30 | 1,000 | 200 | 2010. 4. 2 | 29 | 3.1 |
| 2회 기성 | 5. 31 | 1,000 | 200 | 〃 | 60 | 6.5 |
| 3회 기성 | 6. 30 | 1,000 | 200 | 〃 | 90 | 9.8 |
| 4회 기성 | 7. 31 | 1,000 | 200 | 〃 | 121 | 13.2 |
| 5회 기성 | 8. 31 | 1,000 | 200 | 〃 | 152 | 16.6 |
| 계 | | 5,000 | 1,000 | | | 49.2 |

주 1. 선급금×당해기성금/총계약금액으로 계산
2. 선급금 지급기일을 초과한 날
3. 기산일로부터 실제 기성금 지급일까지의 기간
4. 당해 선급금 × 20%(공정거래위원회가 고시하는 지연이자율) × 선급금 지연일수 /365일

68) 「선급금 등 지연지급 시의 지연이율 고시」(공정거래위원회 고시 제2015-4호, 2015. 6. 30. 개정)

**□ 선급금을 일부만 지급하면서 지연지급한 경우**

총계약금액 : 10,000만원
선 급 금 : 2,000만원 (공사금액의 20%)
선급금 지급기일 : 2010.4.30
선급금 지급금액 : 1,000만원 (2010.5.10일 현금 지급)
⇒ 지급지연일수 : 10일

○ 선급금중 1,000만원(공사금액의 10%)의 지연지급에 따른 지연이자 : 5.4만원
- 1,000만원×20%(공정거래위원회가 고시하는 지연이자율) × 10(지급기일을 초과한 날로부터 실제 지급일까지의 기간) / 365 = 5.4만원

○ 선급금 중 1,000만원을 미지급함에 따라 발생한 지연이자 : 45.2만원

(단위 : 만원)

| 구 성 | 기성금액 | | 당 해 선급금1. | 선급금 기산일2. | 선급금 지연일수3. | 지연 이자4. |
|---|---|---|---|---|---|---|
| | 일 자 | 금 액 | | | | |
| 1회 기성 | 2010.5.31 | 2,000 | 200 | 2010.5.1 | 31 | 3.4 |
| 2회 기성 | 6.30 | 3,000 | 300 | 〃 | 61 | 10.0 |
| 3회 기성 | 7.31 | 1,000 | 100 | 〃 | 92 | 5.0 |
| 4회 기성 | 8.31 | 2,000 | 200 | 〃 | 123 | 13.5 |
| 5회 기성 | 9.30 | 2,000 | 200 | 〃 | 153 | 16.7 |
| 계 | | 10,000 | 1,000 | | | 45.2 |

주 1. 미지급한 선급금×당해기성금/총계약금액
2. 선급금 지급기일을 초과한 날
3. 기산일로부터 실제 기성금 지급일까지의 기간
4. 당해 선급금 × 20%(공정거래위원회가 고시하는 지연이자율) × 선급금 지연일수 /365일

## 3. 어음 또는 어음대체결제수단을 이용하여 지급하는 경우 할인료 등의 지급 의무

### (1) 어음으로 지급하는 경우 할인료 지급의무 및 할인율

원사업자가 선급금을 어음 또는 어음대체결제수단을 이용하여 지급하

69) 「하도급거래공정화지침」 Ⅲ. 6.

는 경우 그 어음은 법률에 근거하여 설립된 금융기관에서 할인이 가능한 것이어야 한다. 그리고 어음을 교부한 날부터 어음의 만기일까지의 기간에 대한 할인료를 어음을 교부하는 날에 수급사업자에게 지급하여야 한다. 다만, 원사업자가 선급금의 법정지급기일(원사업자가 발주자로부터 선급금을 받은 날부터 15일) 이내에 어음을 교부하는 경우에는 법정지급기일 다음날부터 어음의 만기일까지의 기간에 대한 할인료를 법정지급기일 내에 수급사업자에게 지급하여야 한다(법 제13조 제6항).

어음 할인율은 연 100분의 40 이내에서 법률에 근거하여 설립된 금융기관에서 적용되는 상업어음할인율을 고려하여 공정거래위원회가 정하여 고시한다. 공정거래위원회 고시에 의할 경우 원사업자가 부담하여야 할 할인료에 적용되는 할인율은 연 7.5%이다.[70)]

**(예)**[71)] ① 수급사업자에게 법정지급기일내에 어음 등으로 지급하는 경우 : 법정지급기일을 초과한 날부터 어음만기일까지의 기간에 대한 할인료 부과

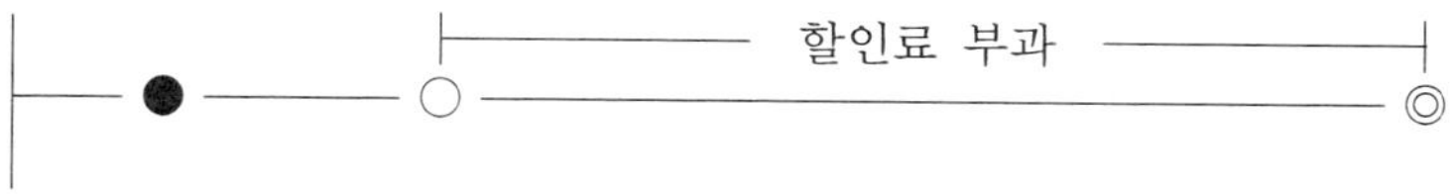


② 수급사업자에게 법정지급기일을 초과하여 어음 등으로 지급하는 경우 : 법정지급기일을 초과한 날로부터 어음교부일까지의 기간에 대한 지연이자 부과 및 어음교부일부터 만기일까지의 기간에 대한 할인료 부과

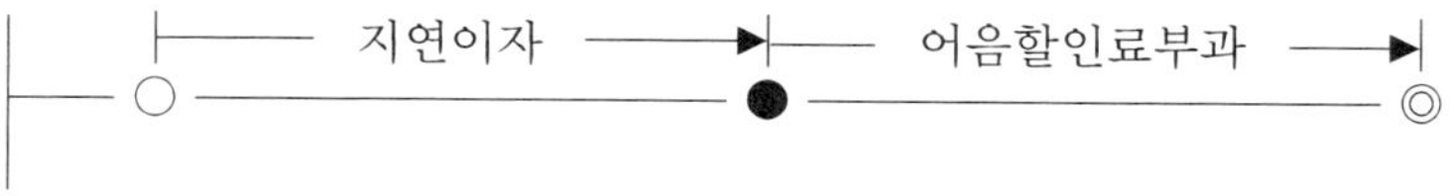


{○ 법정지급기일, ● 지급일(또는 어음교부일), ◎ 어음만기일}

---

70) 「어음에 의한 하도급대금 지급시의 할인율 고시」(공정거래위원회 고시 제2015-15호, 2015. 10. 23. 개정).

71) 「하도급거래공정화지침」 Ⅲ. 6.

### (2) 어음대체결제수단을 이용하여 지급하는 경우 수수료 지급의무 및 수수료율

원사업자가 하도급대금을 어음대체결제수단을 이용하여 지급하는 경우에는 지급일(기업구매전용카드의 경우는 카드결제 승인일을, 외상매출채권 담보대출의 경우는 납품 등의 명세 전송일을, 구매론의 경우는 구매자금 결제일)부터 상환기일까지의 기간에 대한 수수료(대출이자를 포함)를 지급일에 수급사업자에게 지급하여야 한다. 다만, 원사업자가 선급금의 법정지급기일(원사업자가 발주자로부터 선급금을 받은 날부터 15일) 이내에 어음대체결제수단을 이용하여 지급하는 경우에는 법정지급기일 다음날부터 하도급대금 상환기일까지의 기간에 대한 수수료를 선급금의 법정지급기일 이내에 수급사업자에게 지급하여야 한다(법 제13조 제7항). 이 경우 적용하는 수수료율은 원사업자가 금융기관(「여신전문금융업법」 제2조제2호의2에 따른 신용카드업자를 포함한다)과 체결한 어음대체결제수단의 약정상 수수료율로 한다(법 제13조 제10항).[72]

## 4. 현금비율 및 어음만기일 유지 의무

### (1) 현금비율 적용기준[73]

원사업자가 발주자로부터 선급금을 받은 때에도 그 지급받은 현금 비율 이상으로 수급사업자에게 지급하여야 한다.

※ 현금비율은 다음과 같이 산정한다.
- ○ 원사업자가 발주자로부터 지급받은 현금비율 : 현금수령액/도급대금수령액
- ○ 원사업자가 수급사업자에게 지급하는 현금비율 : 현금지급액/ 하도급대금지급액
- ○ 금액단위는 천원으로 하고 천원미만은 버린다.

72) 종래 어음대체결제수단에 의한 하도급대금 지급시의 수수료율은 공정거래위원회 고시에 따랐으나, 하도급대금 지급이 어음대체결제 수단일 경우 원사업자가 수급사업자에게 연 7.0 %의 고시에 의한 수수료를 지급해야 하는 반면 수급사업자가 금융기관에 지불하는 수수료는 원사업자와 금융기관이 사전에 정한 수수료율(연 4～9%)로 양자의 차이로 인한 부담 등 문제를 해소하기 위하여 2015. 7. 24. 하도급법 제13조 제10항을 개정하면서 약정상 수수료율에 따르기로 하고 위 수수료 고시를 폐지하였다.

73) 「하도급거래공정화지침」 Ⅲ. 12.

○ 현금비율산정시 현금수령액(현금지급액)은 '현금', '수표', '만기일이 채권발행일 바로 다음날 도래하는 외상매출채권'에 의한 수령액(지급액)의 합계액을 말한다.

### (2) 어음만기일 유지[74)]

원사업자가 발주자로부터 선급금을 지급받은 때에 어음이 포함되어 있는 경우 교부받은 어음의 지급기간을 초과하는 어음으로 수급사업자에게 교부하여서는 아니 된다.

## 5. 선급금 지급의무의 강행규정성

선급금 지급의무에 관한 법 제6조는 원사업자가 발주자로부터 선급금을 지급받은 경우에 수급사업자가 공사를 원활하게 진행할 수 있도록 원사업자가 수급사업자에게 선급금을 지급하도록 의무를 부과하고 있는 강행규정이므로 당사자 사이의 약정에 의해 선급금 지급의무 규정의 적용을 배제할 수는 없다.[75)]

# Ⅳ. 법 위반 행위의 유형

## 1. 선급금의 미지급

원사업자가 선급금을 수령하였으나 수급사업자에게 지급하지 않은 경우, 선급금을 수령하였으나 수령한 비율(20%)보다 적은 비율(10%)로 지급한 경우 법

---

74) 「하도급거래공정화지침」 Ⅲ. 13.

75) 서울고등법원 1999. 1. 13. 선고 97구27970 판결 "앞서 본 바와 같이 법이 금지하는 불공정하도급거래행위에 관한 규정은 강행규정이라 할 것이므로, 당사자 사이에 그와 같은 합의가 있었다는 사정만으로 선급금 중 일부의 미지급이 불공정하도급거래행위에 해당하지 아니한다고 할 수 없고, 또한 법 제6조 제1항 의 규정에 의한 선급금을 모두 지급하지 아니하는 것이 동종업계의 관행이라고 볼 증거가 없을 뿐만 아니라 그러한 관행이 있다 하더라도 앞에서 본 바와 같이 강행규정에 위반된 관행의 존재를 들어 불공정하도급거래행위가 아니라고 할 수도 없으므로 원고의 위 주장은 이유 없다."

위반에 해당한다.

### 2. 선급금에 대한 어음할인료 및 지연이자의 미지급

선급금을 법정지급기일(원사업자가 발주자로부터 선급금을 받은 날부터 15일)내에 어음으로 지급하고 어음만기일이 법정지급기일을 초과하였으나 어음할인료를 미지급한 경우 법 위반에 해당한다.

## Ⅴ. 원사업자의 선급금 지급의무 위반의 효과

원사업자의 선급금 지급의무 위반시 공정거래위원회는 시정조치를 권고하거나 명할 수 있고, 이에 따라 시정명령을 한 경우에는 시정명령을 받은 원사업자에 대하여 시정명령을 받았다는 사실을 공표할 것을 명할 수 있다(법 제25조 제1항, 제3항). 또한 하도급 대금의 2배를 초과하지 아니하는 범위에서 원사업자에 대하여 과징금을 부과할 수 있다(법 제25조의3 제1항 제3호).

선급금 지급의무 위반시 원사업자는 제조 등의 위탁을 한 하도급대금의 2배에 상당하는 금액 이하의 벌금에 처한다(법 제30조 제1항 제1호). 법인의 대표자나 법인 또는 개인의 대리인, 사용인, 그 밖의 종업원이 그 법인 또는 개인의 업무에 대하여 선급금 지급의무의 위반행위를 하면 그 행위자를 벌하는 외에 그 법인 또는 개인에게도 벌금형을 과한다(법 제31조).

한편, 원사업자가 선급금 지급의무를 위반함으로써 손해를 입은 자가 있는 경우에는 그 자에게 발생한 손해에 대해 배상책임을 진다. 다만, 원사업자가 고의 또는 과실이 없음을 입증하는 경우에는 그러하지 아니하다(법 제35조 제1항).

## Ⅵ. 구체적 사례[76)]

### 1. 선급금을 어음으로 지급하였으나 부도가 발생한 경우

어음은 만기일에 결제되는 것을 전제로 채무가 소멸되는 것이므로 선급금으로 지급한 어음이 부도처리 되었다면 선급금을 지급하지 않은 것과 동일하다.

### 2. 원사업자가 선급금을 지급하고 다음 기성금에서 일괄 공제 가능한지, 원사업자가 기성금(기성비율 20%)을 지급한 후 선급금을 받은 경우의 선급금 지급

선급금은 하도급대금의 일부를 미리 지급한 것이므로 기성비율에 맞추어 공제하는 것이 타당하며, 기성율보다 높게 선급금을 조기 공제하는 것은 법위반 소지가 크다. 또, 선급금을 받기 전에 기성금이 나갔다면 기성비율(20%) 만큼의 선급금을 제외한 나머지 선급금(80%)를 지급하면 될 것이다.

### 3. 하도급업체에게 15일 이내에 선급금을 지급하여야 하나, 하청업체의 귀책사유(보험증권 미제출 등)로 대금지급이 지연되었을 경우 하도급법 위반 여부 및 선급금을 지급하지 않아도 무방한 경우

원사업자가 발주자로부터 선급금을 받은 후 수급사업자에게 선급금지급보증서 제출을 요청한 날부터 수급사업자가 보증서를 제출한 날까지의 기간일수는 선급금 지연지급에 대한 지연이자 계산시 공제 가능하다. 따라서, 수급사업자가 선급금지급보증서를 지연제출하여 그 지연일수만큼 선급금 지급이 지연되었을 경우에는 하도급법에 위반되지 않는다.

원사업자가 수급사업자에게 선급금지급보증서 제출을 요청하였으나 수급사업자가 보증한도 부족 등으로 보증서를 제출하지 아니하거나 포기각서를 제출한 경우에는 선급금을 지급하지 않아도 무방하다.

---

76) 공정거래위원회·중소기업중앙회, 『하도급거래 공정화 제도』(2007년 하도급법령 교육 교재), 2007.

**심결례 1 선급금 및 지연이자 미지급행위에 대한 시정명령(공정거래위원회 2007. 2. 27. 의결 2006광사1678)**

피심인(원사업자)은 발주자로부터 이 사건 공사와 관련하여 선급금(도급금액의 45%에 해당)을 지급받았음에도 불구하고, 신고인(수급사업자)에게 선급금을 일체 지급하지 아니한 사실과, 발주자로부터 선급금을 지급받은 날로부터 15일을 초과하는 기간에 대한 지연이자를 지급하지 아니한 사실이 있다.

공정거래위원회는 "피심인은 수급사업자에게 건설 등을 위탁함에 있어 발주자로부터 선급금을 지급받았음에도 불구하고 지급받은 날로부터 15일 이내에 수급사업자에게 선급금을 지급하지 아니하는 행위를 다시 하여서는 아니될 것, 선급금을 법정지급기일을 초과하여 지급함에 따라 발생한 지연이자를 수급사업자에게 지체없이 지급할 것"이라는 시정명령을 하였다.

**심결례 2 당사자사이의 합의로 선급금지급의무를 면제할 수 있는지 여부(공정거래위원회 2006. 8. 29. 의결 2005서건4330)**

법 제6조는 원사업자가 발주자로부터 선급금을 지급받은 경우에는 수급사업자가 공사를원활하게 진행할 수 있도록 원사업자가 수급사업자에게 선급금을 지급하도록 하는 의무를 부과하고 있는 강행규정이므로, 피심인과 수급사업자인 ○○설비 사이의 약정에 의하여 위 규정의 적용을 배제할 수 없다.

**심결례 3 어음대체결재수단 수수료 미지급에 대한 시정조치(공정거래위원회 2015. 10. 26. 의결 2014기정3201)**

피심인이 수급사업자에게 선급금 및 하도급대금을 지급하면서 법정지급기일을 도과하여 지급하고, 또한 그 초과기간에 대한 지연이자를 지급하지 아니한 행위, 선급금 및 하도급대금을 상환일이 선급금 또는 하도급대금 법정지급기일을 지난 어음대체결제수단을 이용하여 지급하면서 그 초과기간에 대한 수수료를 지급하지 아니한 행위 등에 대하여, 향후 이러한 위반행위와 동일 또는 유사한 위반행위가 반복될 우려가 있으므로 재발방지를 위하여 향후 금지명령을 부과한다.

**심결례 4 지연이자 미지급 등에 대한 시정조치(공정거래위원회 2015. 6. 1. 의결 2013건하3661)**

광고업의 하도급거래는 대기업 계열 광고대행사가 원사업자로부터 계열그룹사의 물량을 배타적으로 수행하여 안정적인 수주물량을 확보하여 시장지배력이 강화되고 실제 투입 경비를 사후 정산하는 방식으로 하도급대금이 결정되는 관행 등으로 불공정 거래가 빈번하였음.

피심인은 (주)○○ 등 39개 수급사업자에게 광고제작 및 행사 기획·진행 등의 용역을 위탁하고 선급금을 발주자로부터 받은 날부터 15일 이내에 지급하지 아니하는 행위와 15일을 초과하여 지급하면서 그 초과한 기간에 대한 지연이자를 지급하지 아니한 것과 같은 행위를 다시 하여서는 아니 된다.

**판례 1 선급금 지급 후 도급계약이 해제 또는 해지되는 등의 사유로 중도에 선급금을 반환하게 된 경우의 처리방법(대법원 2007. 9. 20. 선고 2007다40109 판결)**

(1) 판결 요지

선급금은 자금 사정이 좋지 않은 수급인으로 하여금 자재 확보·노임 지급 등에 어려움이 없이 공사를 원활하게 진행할 수 있도록 하기 위하여, 도급인이 장차 지급할 공사대금을 수급인에게 미리 지급하여 주는 선급 공사대금으로, 구체적인 기성고와 관련하여 지급된 공사대금이 아니라 전체 공사와 관련하여 지급된 선급 공사대금이므로, 선급금을 지급한 후 계약이 해제 또는 해지되는 등의 사유로 중도에 선급금을 반환하게 된 경우에는, 선급금이 공사대금의 일부로 지급된 것인 이상 선급금은 별도의 상계 의사표시 없이 그때까지의 기성고에 해당하는 공사대금에 당연 충당되고, 그래도 공사대금이 남는다면 그 금액만을 지급하면 되는 것이고, 거꾸로 선급금이 미지급 공사대금에 충당되고 남는다면 그 남은 선급금에 관하여 도급인이 반환채권을 가지게 된다고 보는 것이 선급급의 성질에 비추어 타당하다(대법원 1997. 12. 12. 선고 97다5060 판결 등 참조).

건설산업기본법 제35조 제1항, 하도급거래공정화에 관한 법률 제14조 제1항 등에서 하도급대금의 직접지급에 관하여 규정을 두고 있는 것은 수급인이 파산하거나 그 외 사유로 하도급업자들에게 하도급대금을 지급하지 않거나 지급할 수 없는 사유가 생길 경우 약자의 지위에 있는 하도급업자들을 보호하고 공사 수행에 대한 대가를 실질적으로 보장하기 위함에 그 취지와 목적이 있는 것일 뿐이지 도급인과 하수급인과의 직접적인 도급계약관계의 설정을 전제로 한 것은 아니므로, 결국 하수급인이 시공한 부분은 수급인의 기성고로 볼 수밖에 없다. 또한, 하수급인은 수급인의 이행보조자에 불과하므로 수급인의 기성공사금액에는 그 이행보조자인 하수급인의 기성공사부분이 당연히 포함된다고 보아야 한다. 따라서 선급금을 지급한 후 계약의 해제 또는 해지 등의 사유가 발생한 경우에는 하수급인의 기성공사부분에 대한 공사대금도 포함한 수급인의 기성고를 선급금에서 공제하여야 하고,

그래도 남는 공사대금이 있는 경우에 한하여 하도급대금을 하수급인에게 직접 지급하여야 한다고 보아야 할 것이다.

위와 같은 법리에 비추어 보면, 원심이, 원고가 소외 주식회사에게 지급한 선급금 106,000,000원은 이 사건 공사계약의 해지 당시 소외 주식회사의 기성금액 146,722,590원에 별도의 상계 의사표시 없이 당연히 충당되어 잔액이 없게 되었고, 이로써 소외 주식회사의 선급금 반환채무는 모두 소멸하였다고 할 것이므로, 위 선급금 반환채무를 보증한 피고로서는 아무런 보증책임이 없다고 판단한 것은 정당하고, 거기에 상고이유로 주장하는 바와 같은 선급금에 관한 법리오해 등의 위법이 없다.

(2) 해 설

하수급인의 직접지급청구권이 인정될 경우 선급금 정산과의 관계에 대한 판례. 하수급인의 시공부분은 수급인의 기성고에 포함되어야 하므로 선급금을 지급한 후 계약 해제 등 사유가 발생한 경우 하수급인의 기성공사부분에 대한 공사대금도 포함한 수급인의 기성고를 선급금에서 공제해야 하고 그래도 남은 공사대금이 있는 경우에 한해 하도급대금을 하수급인에게 직접 지급해야 한다는 취지.

판례 2 **공사 도급계약에서 수급인의 공사 중단으로 도급인이 수급인에게 지급한 선금이 기성 공사대금에 충당될 경우, 하도급대금 직불 규정에 따라 도급인이 하수급인에게 직접 지급한 하도급공사대금은 기성 공사대금에서 공제되는지 여부(소극)(대법원 1997. 12. 12. 선고 97다5060 판결)**

공사대금의 지급에 관하여 규정하고 있는 공사계약일반조건 제21조와 제21조의 3 제1항 제2호 및 선금이 지급된 경우에 그 처리에 관하여 규정하고 있는 공사계약특수조건 제14조의 규정과 원래 선금급은 자금 사정이 좋지 않은 수급인으로 하여금 자재 확보, 노임 지급 등에 어려움이 없이 공사를 원활하게 진행할 수 있도록 하기 위하여, 도급인이 장차 지급할 공사대금을 수급인에게 미리 지급하여 주는 선급 공사대금이며, 구체적인 기성고와 관련하여 지급된 공사대금이 아니라 전체 공사와 관련하여 지급된 선급 공사대금이라는 점에 비추어, 선금을 지급한 후 계약이 해제 또는 해지되거나 선금급 조건을 위반하는 등의 사유로 중도에 선금을 반환하게 되었다면 선금이 공사대금의 일부로 지급된 것인 이상, 하도급을 주었는지 여부를 불문하고 선금은 별도의 상계 의사표시 없이 그 때까지의 기성고에 해당하는 공사대금에 당연 충당되고 그래도 공사대금이 남는다면, 그 금액만을 지급하면 되는 것이고, 거꾸로 선금이 미지급 공사대금에 충당되고 남는다면 그 남은 선금에 관하여 도급인이 반환채권을 가지게 된다고 보는 것이 선금급의 성질에 비

> 추어 타당하고, 하도급대금 직불에 관한 조항이 하수급인이 시공한 부분에 상당하는 금액에 대하여 계약자가 하수급인에게 대가 지급을 의뢰한 것으로 보아 당해 수급인에게 직접 지급하여야 한다고 규정하고 있는 것은 선금급으로써 기성고에 대한 공사대금에 충당하고 남은 공사대금이 있을 경우에 그 중 하도급대금을 하수급인에게 직접 지급하여야 함을 규정한 것으로 봄이 타당하다.

## 제 2 절 내국신용장 개설의무

> **하도급법 제7조(내국신용장의 개설)** 원사업자는 수출할 물품을 수급사업자에게 제조위탁 또는 용역위탁한 경우에 정당한 사유가 있는 경우 외에는 위탁한 날부터 15일 이내에 내국신용장(內國信用狀)을 수급사업자에게 개설하여 주어야 한다. 다만, 신용장에 의한 수출의 경우 원사업자가 원신용장(原信用狀)을 받기 전에 제조위탁 또는 용역위탁을 하는 경우에는 원신용장을 받은 날부터 15일 이내에 내국신용장을 개설하여 주어야 한다.[전문개정 2009.4.1]

### Ⅰ. 의 의

원사업자는 수출할 물품을 수급사업자에게 제조위탁 또는 용역위탁한 경우에 정당한 사유가 있는 경우 외에는 위탁한 날부터 15일 이내에 내국신용장(內國信用狀)을 수급사업자에게 개설하여 주어야 한다. 다만, 신용장에 의한 수출의 경우 원사업자가 원신용장(原信用狀)을 받기 전에 제조위탁 또는 용역위탁을 하는 경우에는 원신용장을 받은 날부터 15일 이내에 내국신용장을 개설하여 주어야 한다.

한편, 원사업자가 내국신용장을 개설한 경우 목적물 등의 납품등이 있는 때에는 검사완료 즉시 물품수령증명서(인수증)을 수급사업자에게 발급하여야 한다(법 제8조 제2항).

## Ⅱ. 취 지

하도급법에서 원사업자에게 내국신용장[77] 개설의무를 규정한 취지는 자금사정이 취약한 수급사업자로 하여금 무역금융을 이용할 수 있도록 함으로써 원자재 구매 및 생산에 소요되는 자금을 지원받을 수 있게 함과 동시에 확실한 대금결제를 보장하고자 하는 취지이다.

수출용 물품의 거래과정을 보면, 외국구매자(Buyer)와 국내수출업자(하도급법상 원사업자) 사이에 물품공급에 관한 계약이 이루어지면 외국구매자는 국내수출업자에게 물품대금을 반드시 지급하겠다는 보증서인 신용장(Letter of Credit, L/C)을 개설해 준다. 이로써 국내수출업자가 안심하고 수출할 수 있게 되어 국제무역이 활발하게 이루어질 수 있게 됨과 동시에 신용장을 근거로 무역금융의 이용이 가능하게 되어 물품생산에 소요되는 자금을 융통할 수 있게 되고, 나아가 원신용장(Master L/C)을 근거로 수출이행에 필요한 물품을 국내에서 원활히 조달하기 위하여 국내제조업체(하도급법상 수급사업자)를 수혜자로 하는 내국신용장을 개설[78]할 수 있게 된다.[79]

참고로 공정거래위원회의 <제조업 분야 2010년도 하반기 하도급거래 실태조사결과>에 의하면(제조업 분야 6만개 사업자 대상 조사, 원사업자 3천개, 수급사업자 5만 7천개) 법위반 행위 유형 가운데 원사업자는 서면 미발급(22.6%), 부당한 발주취소(14.5%)에 이어 내국신용장 미개설(14.3%)이 빈번한 법 위반행위 유형인 것으로 드러난 바 있다.[80]

---

77) 내국신용장은 수출용 완제품 또는 수출용 원자재의 국내공급업자에게 대금결제의 확실성을 보장해 주기 위하여 물품구매자를 개설의뢰인으로 하고 공급자를 수혜자로 하여 외국환은행이 발급하는 국내업자간 지급보증제도이다.

78) 대법원 1995. 5. 9. 선고 94다38144 판결 "원신용장의 물품선적기일·유효기간이 지난 후에 개설된 내국신용장이 무효가 된다고 볼 수 없다."

79) 김홍석·구상모, 앞의 책, 66면.

80) 공정거래위원회, 「하도급거래 서면실태조사결과 보도자료」, 2012. 2. 15.

## Ⅲ. 내국신용장 개설의무 및 예외

### 1. 원사업자의 내국신용장 개설의무

원사업자가 수출할 물품을 수급사업자에게 제조위탁하거나 용역위탁한 경우, 원사업자는 원칙적으로 내국신용장을 수급사업자에게 개설해주어야 한다.[81] 다만 원사업자가 원신용장을 받기 전에 제조위탁 또는 용역위탁하는 경우에는 원신용장을 받은 날로부터 15일 이내에 개설하면 된다.

### 2. 예외 – 정당한 사유[82]

(1) 법 제7조는 내국신용장 개설의무를 원칙으로 하면서도 정당한 사유가 있는 경우에는 예외를 인정하고 있다. 정당한 사유라 함은 수급사업자가 영세하거나 내국신용장 개설에 필요한 서류작성능력이 없는 등의 이유로 내국신용장의 개설을 원하지 아니한 사실이 명백한 경우, 원사업자가 내국신용장 개설은행에 연체 및 대지급 당한 상태에 있거나 개설한도 부족 등으로 인하여 내국신용장 개설이 불가능한 경우 등을 말한다.

(2) 수급사업자가 제조위탁을 받은 날로부터 15일을 초과하여 물품매도확약서를 제출하는 경우 원사업자가 물품매도확약서를 제출받은 후 지체없이 내국신용장을 개설한 경우에는 위법한 것으로 보지 않는다.

(3) 월 1회 이상 일괄하여 내국신용장을 개설하기로 원사업자와 수급사업자가 명백히 합의한 경우에는 그 정한 날에 내국신용장을 개설하면 위법한 것으로 보지 아니한다.

(4) 내국신용장 미개설로 인해 혜택을 보는 것은 원사업자이므로 정당한 사

---

81) 상기 규정에 따라 원사업자는 정당한 사유가 있는 경우를 제외하고는 수급사업자에게 내국신용장을 개설해 주어야할 의무가 있다할 것인바, 해당 의무를 이행하는데 필요한 내국신용장 개설비용의 부담책임은 원사업자에게 있다고 보아야함이 타당하므로 원사업자가 수급사업자에게 내국신용장 개설비용을 전가시키는 행위는 하도급법 제12조의2(경제적 이익의 부당요구 금지) 규정에 위반될 소지가 있다(공정거래위원회 사무처 기업거래정책국 기업거래정책과 해석).

82) 「하도급거래공정화지침」 Ⅲ. 7.

유의 입증은 원사업자가 하여야 한다.

## Ⅳ. 내국신용장 개설의무 위반의 효과

원사업자의 내국신용장 개설의무 위반시 공정거래위원회는 시정조치를 권고하거나 명할 수 있고, 이에 따라 시정명령을 한 경우에는 시정명령을 받은 원사업자에 대하여 시정명령을 받았다는 사실을 공표할 것을 명할 수 있다(법 제25조 제1항, 제3항). 또한 하도급대금의 2배를 초과하지 아니하는 범위에서 원사업자에 대하여 과징금을 부과할 수 있다(법 제25조의3 제1항 제3호).

내국신용장 개설의무 위반시 원사업자는 제조 등의 위탁을 한 하도급대금의 2배에 상당하는 금액 이하의 벌금에 처한다(법 제30조 제1항 제1호). 법인 또는 개인의 업무에 대하여 선급금 지급 의무의 위반행위를 하면 그 행위자를 벌하는 외에 그 법인 또는 개인에게도 벌금형을 과한다(법 제31조).

한편, 원사업자가 내국신용장 개설의무를 위반한 경우 수급사업자에게 발생한 손해에 대해 배상책임을 진다. 다만, 원사업자가 고의 또는 과실이 없음을 입증하는 경우에는 그러하지 아니하다(법 제35조 제1항).

## Ⅴ. 구체적 사례83)

### 1. 수출할 물품을 수급사업자에게 제조위탁할 경우 원사업자는 항상 내국신용장을 개설해주어야 하는지

정당한 사유가 없는 한 원사업자는 제조위탁한 날(원신용장을 받기 전에 제조위탁한 경우에는 원신용장을 받은 날)로부터 15일 이내 내국신용장을 개설하여 주어야 한다(법 제7조).

하지만 수급사업자가 제조위탁한 날부터 15일을 초과하여 물품매도확약서를 제출한 경우 원사업자가 접수 후 지체 없이 내국신용장을 개설한 경우, 또는 월 1회 이상 일괄하여 내국신용장을 개설하기로 원사업자와 수급사업자가

83) 앞의 책, 『하도급거래 공정화 제도』, 2007 참조.

명백히 합의한 경우 그 정한 날에 내국신용장을 개설하면 적법하다.

## 2. 원사업자가 내국신용장을 개설해주는 대신 물품구매승인서로 대체할 수 있는지 여부

원사업자가 내국신용장을 개설하는 것이 불가능하거나 수급사업자가 내국신용장 대신 물품구매승인서를 원한 경우 등 정당한 사유가 있는 경우를 제외하고는 하도급법 위반 소지가 있다.

**심결례 1 의류용 원단을 제조위탁하면서 내국신용장을 미개설한 행위 (공정거래위원회 2001. 1. 2. 의결 2000하이0725)**

피심인 (주) ○○은 섬유제품 가공업을 영위하는 ○○염공 (주)에게 의류용 원단을 제조위탁함. 하도급법 제7조에 의해 원사업자가 수출할 물품을 수급사업장게 제조위탁한 경우에 정당한 사유가 있는 경우를 제외하고는 위탁한 날부터 15일 이내에 내국 신용장을 수급사업자에게 개설하여 주어야 한다고 규정하고 있으나 피심인은 내국신용장을 개설해 주지 않아도 되는 정당한 사유가 없음에도 불구하고 내국신용장을 수급사업자에게 15일 이내에 개설해 주지 않았으므로 이는 같은 법 제7조의 규정에 위반되는 불공정하도급거래행위로 인정된다.

**심결례 2 포장지를 제조위탁하면서 내국신용장을 미개설한 행위 (공정거래위원회 2008. 5. 20. 의결 2007하개2647)**

(주)○○○제약은 양약 및 자양강장제 등을 제조하는 회사로 (주)○○산업 등 2개 수급사업자에게 수출용제품의 포장지 등을 제조위탁하면서 정당한 사유 없이 위탁한 날로부터 15일 이내에 내국신용장을 개설해 주지 않았다. 이는 법 제7조의 규정에 위반되는 불공정하도급거래행위로서 시정명령 하였다.

**심결례 3 내국신용장 개설 관련 허위자료제출에 대한 과태료처분 (공정거래위원회 2003. 1. 8. 의결 2002하이1780)**

자동차부품제조 사업자인 ○○공조(주)는 수출물품을 수급사업자에게 제조위탁하면서 정당한 사유 없이 내국신용장을 개설해 주지 않았다. 그럼에도 공정거래위원회가 실시한 서면직권조사에서 수급사업자가 필요 서류를 제출하지 않아서 개설하지 않았다는 내용의 조사표를 허위로 제출하였고 하도급법 제30조의 2 제1항에 따라 과태료가 부과되었다.

# 제 3 절 부당한 위탁취소 및 수령거부의 금지

하도급법 제8조(부당한 위탁취소의 금지 등) ① 원사업자는 제조 등의 위탁을 한 후 수급사업자의 책임으로 돌릴 사유가 없는 경우에는 다음 각 호의 어느 하나에 해당하는 행위를 하여서는 아니 된다. 다만, 용역위탁 가운데 역무의 공급을 위탁한 경우에는 제2호를 적용하지 아니한다.
1. 제조 등의 위탁을 임의로 취소하거나 변경하는 행위
2. 목적물 등의 납품 등에 대한 수령 또는 인수를 거부하거나 지연하는 행위
② 원사업자는 목적물 등의 납품 등이 있는 때에는 역무의 공급을 위탁한 경우 외에는 그 목적물 등에 대한 검사 전이라도 즉시(제7조에 따라 내국신용장을 개설한 경우에는 검사 완료 즉시) 수령증명서를 수급사업자에게 발급하여야 한다. 다만, 건설위탁의 경우에는 검사가 끝나는 즉시 그 목적물을 인수하여야 한다.
③ 제1항 제2호에서 "수령"이란 수급사업자가 납품 등을 한 목적물 등을 받아 원사업자의 사실상 지배하에 두게 되는 것을 말한다. 다만, 이전(移轉)하기 곤란한 목적물 등의 경우에는 검사를 시작한 때를 수령한 때로 본다.
[전문개정 2009.4.1]

## Ⅰ. 의 의

원사업자는 제조 등의 위탁을 한 후 수급사업자의 책임으로 돌릴 사유가 없는 경우에는 ① 제조 등의 위탁을 임의로 취소하거나 변경하는 행위 ② 목적물 등의 납품 등에 대한 수령(수급사업자가 납품 등을 한 목적물 등을 받아 원사업자의 사실상 지배하게 두게 되는 것. 단, 이전하기 곤란한 목적물 등의 경우에는 검사를 시작한

때) 또는 인수를 거부하거나 지연하는 행위를 하여서는 아니 된다. 단, 용역위탁 가운데 역무의 공급을 위탁한 경우에는 ③ 목적물 등의 납품 등에 대한수령 또는 인수를 거부하거나 지연하는 행위의 금지 부분은 적용하지 않는다.

원사업자는 목적물 등의 납품 등이 있는 때에는 역무를 공급한 경우 외에는 그 목적물 등에 대한 검사 전이라도 즉시 수령증명서를 수급사업자에게 발급하여야 하고, 건설위탁의 경우에는 검사가 끝나는 즉시 그 목적물을 인수하여야 한다.

## Ⅱ. 취 지

수급사업자에게 귀책사유가 없음에도 원사업자가 임의로 제조 등의 위탁을 취소 또는 변경하거나 목적물의 수령 또는 인수를 거부하거나 지연하게 되면 수급사업자는 재고부담, 미납품 자재 처리, 이자부담 등 직접적인 피해만이 아니라 생산계획 차질에 따른 손실 등 직·간접적인 피해를 초래할 수 있다. 따라서 하도급법은 이를 금지하고 있는 것이다.

## Ⅲ. 부당한 위탁취소 등의 금지의 내용

### 1. 위탁취소 등의 부당성

하도급법은 원사업자의 모든 위탁취소 등(제조 등의 위탁을 임의로 취소하거나 변경하는 행위, 목적물 등의 납품 등에 대한 수령 또는 인수를 거부하거나 지연하는 행위. 이하 '위탁취소 등')을 금지하는 것이 아니라 그것이 부당한 경우, 즉 수급사업자에게 책임을 돌릴 사유가 없는 경우에 이를 금지하고 있다. 예를 들어 원사업자 측의 생산물량 감소, 자재 단종, 설계 변경 등의 사유로 발주를 취소하였다면 이는 부당한 위탁취소로 법위반이 인정된다.

따라서 부당한 위탁취소 행위가 성립하기 위해서는 ① 수급사업자의 책임으로 돌릴 사유가 없음에도 불구하고 ②원사업자가 제조 등의 위탁을 임의로 취소하여야 한다.

"수급사업자의 책임으로 돌릴 사유"란 수급사업자의 귀책사유로 인해 계약을 이행할 수 없는 경우 등으로서 ① 수급사업자에게 파산·회생절차의 신청 등 경영상의 중대한 사유가 발생하고 그로 인하여 계약내용을 정상적으로 이행할 수 없다고 인정되는 경우, ② 수급사업자가 감독관청으로부터 영업취소·영업정지 등의 처분을 받은 경우로서 계약내용을 정상적으로 수행할 자격·능력이 없다고 인정되는 경우, ③ 수급사업자가 특별한 이유없이 목적물 등의 제조·수리·시공 또는 용역의 착수·착공을 거부하여 납품 등의 시기에 완성·완공할 가능성이 없다고 인정되는 경우, ④ 수급사업자가 목적물 등의 품질에 영향을 미치는 주요 공정·공법 등을 임의로 변경하는 등 계약의 중요한 내용을 위반하고 그 위반으로 인하여 계약의 목적을 달성할 수 없다고 인정되는 경우라고 할 수 있다.

"원사업자의 임의적인 위탁취소"란 원사업자가 수급사업자와 실질적인 협의 없이 일방적으로 위탁을 취소한 행위로서 ① 위탁취소의 사유가 해당 하도급계약서에 규정되어 있고 위탁취소가 위 계약서에 따른 내용 및 절차에 따라 이루어졌는지 여부, ② 원사업자와 수급사업자간에 실질적인 협의가 있었는지 여부, ③ 원사업자가 위탁을 취소함으로써 수급사업자가 입게 될 손실에 대하여 양 당사자가 충분한 협의를 거쳐 정당한 보상을 하고 위탁을 취소하였는지 여부를 종합적으로 고려하여 판단한다.

## 2. 부당한 위탁취소행위의 예시[84)]

부당한 위탁취소, 수령거부 및 반품행위에 대한 심사지침은 아래와 같이 원사업자의 부당한 위탁취소행위를 예시하고 있다.

(1) 원사업자의 판매량 감소·사양변경·모델단종·생산계획 변경·내부 자금사정 악화 또는 발주자로부터의 발주취소·발주중단 등 원사업자의 경영상황 또는 시장여건의 변동 등을 이유로 임의로 위탁을 취소하는 행위

84) 「부당한 위탁취소, 수령거부 및 반품행위에 대한 심사지침」(공정거래위원회예규 제262호, 2016. 11. 24. 폐지제정) Ⅲ. 1.

〈예시〉
① 원사업자가 제조위탁한 물량의 일부만을 입고시키고 나머지 물량은 판매부진, 내부 자금사정 등을 이유로 일방적으로 취소한 경우
② 원사업자가 제조위탁을 한 후 수급사업자가 공정을 상당부분 진행한 시점(85%)에 발주자의 부도를 이유로 일방적으로 제작중단 통보를 하면서 상당기간(11개월)이 지난 시점까지 제작을 진행하라는 지시를 하지 아니한 경우
③ 원사업자가 수급사업자에게 일정한 사양을 제시하며 소프트웨어 개발을 위탁한 후 발주자와의 최종 협의결과 사양이 변경되었다는 이유로 일방적으로 위탁을 변경한 경우

(2) 원사업자가 제조 등의 위탁을 한 후 원사업자 자신이 직접 수행하거나 다른 수급사업자에게 대신 수행하게 하기 위해 일방적으로 위탁을 취소하는 행위

〈예시〉
① 원사업자가 제조위탁을 하고 상당기간이 지난 후 자신의 계열사인 다른 수급사업자에게 발주하기 위해 이미 발주한 제조위탁을 일방적으로 취소한 경우
② 수급사업자가 위탁받은 공사에 대한 작업을 중단하여 공사계약 해지를 통보하였으나, 수급사업자가 작업을 중단하기 전에 다른 수급사업자에게 수급사업자의 작업을 대신하도록 하였고, 수급사업자의 작업중단에 대해 시정요구 및 이의를 제기한 사실이 없는 경우

(3) 원사업자가 수급사업자에게 부당하게 하도급대금 감액 등의 요구를 하고 수급사업자가 이에 응하지 아니함을 이유로 위탁을 취소하는 행위

(4) 용지보상 지연, 문화재 발굴 등 수급사업자의 책임으로 돌릴 수 없는 사유로 인해 공기가 상당기간 지연되었음에도 원사업자가 간접비 등 추가 소요비용에 대해 수급사업자가 부담을 떠안을 것을 요구하고 수급사업자가 이에 응하지 아니함을 이유로 위탁을 취소하는 행위

(5) 원사업자가 공급하기로 되어 있는 원자재 또는 장비 등을 지연하여 공급

하는 등 원사업자의 책임으로 인해 수급사업자가 계약내용을 이행할 수 없게 되었음에도 수급사업자에게 그 책임을 물어 위탁을 취소하는 행위

〈예시〉
① 원사업자는 수급사업자에게 아파트 철근콘크리트 공사를 위탁한 후 선행공종인 토공사와 파일공사가 상당기간(2개월) 지체되고 발주자의 자재수급이 원활히 이루어지지 아니하여 수급사업자의 체불금이 누적되어 공사진행이 어려웠음에도 불구하고 일방적으로 위탁을 해지한 경우
② 수급사업자가 선박거주구의 납기를 준수하지 아니한 것을 이유로 후속 선박거주구의 위탁계약을 취소하였으나 원사업자가 제공하도록 되어있는 시급자재를 5개월 정도 지연하여 공급한 사실 등에 기인한 측면이 큰 경우

(6) 원사업자가 수급사업자로부터 위탁내용의 확인을 요청하는 서면을 받았음에도 불구하고 위탁내용을 서면으로 확인해 주지 않고 수급사업자에게 계속 작업을 하도록 한 후 목적물 등이 위탁내용과 다르다고 하여 위탁을 취소하는 행위

(7) 수급사업자가 해당 공사와 관련이 없는 다른 현장의 손해배상책임을 이행하지 아니한다는 이유로 위탁을 취소하는 행위

(8) 원사업자가 수급사업자에게 금형개발을 제조위탁하면서 해당 금형으로부터 일정수량의 부품을 납품하도록 보장한다고 약정하였으나, 수급사업자의 책임으로 돌릴 사유가 없음에도 해당 부품에 대한 약정물량 중 일부만을 수령한 후 나머지에 대해서는 일방적으로 위탁을 취소하는 행위

〈예시〉
• 원사업자가 '05.2월경 금형개발을 제조위탁하면서 수급사업자가 동 금형을 개발완료할 경우 특정수량의 부품을 납품하도록 보장(월 20만개 이상)한다고 약정하였으나, 수급사업자가 금형개발을 완료하였음에도 불구하고 '06.4월부터 같은 해 8월까지 일부 부품만을 납품 받은 후(약 11만개, 월평균 2만2천개) 금형반납을 요구하였으며 수급사업자가 이에 응하지 아니하자 별도 통보없이 일방적으로 거래를 중지한 경우

(9) 목적물 등의 하자발생에 대한 수급사업자의 책임을 입증할 객관적인 자료가 없음에도 원사업자가 수급사업자의 기술력 부족 등을 이유로 위탁을 취소하는 행위

(10) 수급사업자의 공사진행 부진을 입증할 객관적인 자료가 없고 공사현장 근로자 또는 자재·장비업자 등 협력업체의 현장 점거농성도 정상적인 공사수행에 영향을 미치지 않을 정도의 단기간에 불과하여 납기 내에 공사를 수행할 시간적인 여유가 충분함에도 원사업자가 납기 내에 완공할 가능성이 없다는 이유로 임의로 위탁을 취소하는 행위

〈예시〉

- 원사업자가 하도급공사의 진행 부진, 수급사업자 근로자의 현장 점거농성 등을 이유로 위탁을 해지하였으나, 수급사업자의 공사진행이 부진하다는 객관적인 자료가 없고, 현장 농성도 지극히 짧은 기간 동안 이루어져 공사 수행에 차질을 줄 정도는 아니었으며, 공사계약 후 해지 시까지 경과한 기간보다 더 긴 잔여계약기간이 남아있어 공사를 수행할 시간적인 여유가 있었다고 인정된 경우

(11) 수급사업자가 부도당일까지 정상적으로 공사를 수행 중이었고, 부도이후 정상적인 공사가 어려울 경우에는 수급사업자의 연대보증사가 납기 내에 잔여공사를 추진할 수 있음에도 불구하고 원사업자가 수급사업자의 부도사실 자체만으로 부도 당일 위탁을 취소하는 행위

(12) 원사업자가 위탁을 취소하면서 수급사업자에게 동의·합의를 강요하는 방법 등으로 수급사업자의 형식적인 동의·합의를 받아 위탁을 취소하는 행위

〈예시〉

① ERP시스템을 통해 납기일 종료 후 수급사업자의 동의를 거쳐 취소하였으나, 원사업자측의 생산물량 감소, 자재단종, 설계변경 등을 이유로 사실상 이미 제품생산을 완료한 시점인 납기일 종료 후에 수급사업자의 의사를 충분히 반영하지 않는 등 형식적인 동의를 받아 위탁을 취소한 경우

② 당초 정산합의서에 판넬과 가구의 납기일자를 명기하지 않았으나, 원사업자가

임의로 명기하고 날인을 강요한 후 수급사업자가 위 납기일자에 납품하지 않았다는 이유로 후속계약을 취소한 경우
③ 원사업자가 수급사업자의 거래관련 (인감)도장을 맡아 보관하면서 일방적으로 위탁취소에 합의한 것으로 사용한 경우

(13) 원사업자가 수급사업자에게 제조 등의 위탁을 한 후 인사이동으로 부임한 원사업자의 새로운 담당자가 수급사업자의 책임으로 돌릴 사유가 없음에도 일방적으로 위탁을 취소하는 행위

〈예시〉
• 원사업자가 수급사업자에게 디자인의 작성을 위탁한 후 인사이동으로 교체되어 새로 부임한 원사업자의 담당자가 자신의 마음에 들지 않는다는 이유로 지금까지의 디자인 작성 작업을 무시하고 일방적으로 위탁을 변경한 경우

(14) 정상적인 거래관행에 비추어 볼 때 수급사업자의 귀책사유로 보기 곤란한 사유를 위탁을 취소할 수 있는 계약조건으로 명시하고 이들 계약조건에 따라 위탁을 취소하는 행위

### 3. 부당한 수령거부행위의 예시[85)]

부당한 위탁취소, 수령거부 및 반품행위에 대한 심사지침은 아래와 같이 원사업자의 부당한 행위를 예시하고 있다.

(1) 계약서면에 위탁내용이 명확하게 기재되어 있지 않는 등 위탁내용이 불명확하여 수급사업자가 납품 등을 한 목적물 등의 내용이 위탁내용과 상이한지 판단하기 곤란함에도 불구하고 수령을 거부하는 행위

(2) 검사기준을 정하지 아니하고도 통상의 기준보다 높은 기준을 적용하거나, 검사기준을 정하였다고 하더라도 내용이 불분명하거나 당초계약에서 정한 검사기준보다 높은 기준을 적용하여 목적물 등이 위탁내용과 다르거나 품질·성능의 하자 등을 이유로 수령을 거부하는 행위

85) 「부당한 위탁취소, 수령거부 및 반품행위에 대한 심사지침」Ⅲ. 2.

(3) 위탁시 서면으로 납기를 정하지 아니하거나 납기를 변경하면서 이를 서면으로 명확히 하지 아니하여 수급사업자가 납기를 어겼는지 여부가 분명하지 않음에도 납기지연을 이유로 수령을 거부하는 행위

(4) 원사업자가 일방적으로 납기단축을 통보한 후 납기에 목적물 등을 납품하지 않았다는 이유로 수령을 거부하는 행위

〈예시〉
- 위탁시 발주일로부터 6개월 후를 납기일로 정했으나 원사업자가 갑자기 수급사업자의 사정을 고려하지 않고 일방적으로 발주일로부터 1개월 후에 납품할 것을 지시하였고 수급사업자가 위 기일에 목적물을 납품할 수 없게 되자 원사업자가 납기지연을 이유로 수급사업자가 제조한 목적물의 수령을 거부한 경우

(5) 원사업자가 공급하기로 되어있는 원자재 등을 늦게 공급함으로써 납기내 납품 등이 곤란하였음에도 납기지연을 이유로 수령을 거부하는 행위

(6) 원사업자가 공급한 원재료의 품질불량 또는 원사업자의 설계오류 등으로 인해 목적물 등에 하자가 발생하였음에도 불구하고 수급사업자에게 그 책임을 물어 수령을 거부하는 행위

(7) 목적물 등의 하자에 대한 책임소재가 분명하지 않음에도 원사업자가 목적물 등의 하자에 대한 책임을 수급사업자가 전적으로 부담할 것을 요구하면서 수령을 거부하는 행위

(8) 원사업자가 발주자로부터의 발주취소·발주중단, 발주자·외국수입업자·고객의 클레임, 원사업자의 판매부진·생산계획 변경·사양변경 등을 이유로 위탁내용대로 제조·수리·시공 또는 용역한 목적물 등의 수령을 거부하는 행위

〈예시〉
① 수급사업자가 위탁을 받아 납품한 목적물 중 일부를 원사업자가 수주실패 또는 지연 등을 이유로 당초 납기일에 수령하지 않은 경우

② 수급사업자가 위탁받은 부품의 제조를 이미 완성하였음에도 원사업자가 생산계획이 변경되었다는 이유로 수급사업자가 생산한 부품의 수령을 거부한 경우
③ 수급사업자가 위탁받은 부품의 제조를 이미 완성하였음에도 불구하고 원사업자가 설계변경을 이ㅠ로 당초 위탁한 규격과는 다른 규격의 것을 납품할 것을 요구하면서 수급업자가 생산한 부품의 수령을 거부한 경우
④ 종합건설사인 원사업자가 수급사업자에 대해 설계도면의 작성을 위탁했으나, 상가 건설계획이 변경되었다는 이유로 해당 설계도면을 수령하지 않은 경우
⑤ 광고회사인 원사업자가 수급사업자에 대해 TV광고의 제작을 위탁했으나, 광고주가 광고발주를 취소하자 원사업자가 이미 수급업자가 TV광고를 제작하여 저장한 매체를 수령하지 않은 경우

(9) 원사업자가 수급사업자로부터 목적물 등을 수령할 것을 요구받았음에도 보관장소 부족 등 정당하지 아니한 사유로 수령을 거부하는 행위

〈예시〉
- 원사업자가 수급사업자에게 제조위탁하여 완성된 물량(ATM기의 외부케이스) 1,115대 중 326대를 공장창고의 여유공간 부족 등을 이유로 주문서의 납기일자로부터 최소 24일 또는 최대 404일 지연하여 수령한 경우

(10) 원사업자가 수급사업자의 부도 등에 따라 목적물 등의 안정적인 공급이 어렵다고 판단해서 이미 발주한 목적물 등의 수령을 임의로 거부하는 행위

(11) 원사업자가 여러 품목을 제조 위탁한 경우에 일부 품목의 불량을 이유로 다른 품목에 대해서도 수령을 거부하는 행위

(12) 구두로 추가 위탁을 한 후 목적물의 일부는 수령하였으나, 나머지 목적물에 대해서는 당초 서면계약서에 따른 위탁이 아니라며 위탁사실을 부인하고 수령을 거부하는 행위

## 4. 정당한 경우로 인정되는 경우

부당한 위탁취소, 수령거부 금지 규정은 원사업자가 수급사업자에게 제조

위탁을 한 후에는 임의로 내용을 변경하거나 취소할 수 없도록 제한을 둔 것으로 수급사업자의 책임으로 돌릴 사유가 있는 경우에는 위탁취소나 수령거부행위의 정당성이 인정된다.[86)]

원사업자가 건설공사를 위해 현장에 건설자재를 반입하였으나 세금계산서를 발행해주지 않았더라도 수급사업자가 납품한 건설자재를 받아 사실상 원사업자의 지배 아래 둔 사실이 입증되면 목적물의 수령으로 본다.[87)]

## Ⅳ. 법 위반 행위의 유형[88)]

수급사업자가 공사를 정상적으로 시공하고 있는데도 시공능력 부실 등의 객관적 입증자료 없이 막연한 이유로 공사계약을 일방적으로 해지하는 경우, 발주자 및 원사업자의 예정공정표상 공기지연으로 볼 수 없는 경우, 선행 공종이 지연되어 수급사업자가 시공해야 할 후속공종이 지연될 수밖에 없는 경우, 무리하게 공기를 일방적으로 단축한 후 공기지연을 이유로 해지하는 경우 등은 부당한 계약 해지 행위로서 법위반이 인정된다.

## Ⅴ. 부당한 위탁취소 등의 효과

### 1. 시정조치 권고, 시정명령

원사업자의 부당한 위탁취소 금지의무 위반 시 공정거래위원회는 시정에 필요한 조치를 명할 수 있고, 이에 따라 시정명령을 한 경우에는 시정명령을 받은 원사업자에 대하여 시정명령을 받았다는 사실을 공표할 것을 명할 수 있다(법 제25조 제1항, 제3항).

---

86) 공정거래위원회 2005. 9. 9. 의결 2005조일1118, 삼성에스디에스(주)의 불공정하도급거래에 대한 건.

87) 공정거래위원회·중소기업중앙회, 『하도급거래 공정화 제도』, 2007년 하도급법령 교육교재, 2007.

88) 공정거래위원회, 『공정거래제도 입문』, 2007. 3.

## 2. 과징금 부과

공정거래위원회는 하도급대금의 2배를 초과하지 아니하는 범위에서 원사업자에 대하여 과징금을 부과할 수 있다(법 제25조의3 제1항 제3호).

공정거래위원회는 2012. 5. 삼성전자에 대하여 부당한 위탁취소 행위에 대해 시정조치와 함께 과징금을 부과한 바 있는데 이 조치는 부당한 위탁취소행위만으로는 최초의 과징금 부과 사례이다.[89)]

## 3. 벌금 부과

### (1) 벌 금

부당한 위탁취소 등의 경우 원사업자는 제조 등의 위탁을 한 하도급대금의 2배에 상당하는 금액 이하의 벌금에 처한다(법 제30조 제1항 제1호).

### (2) 양벌규정

법인의 대표자나 법인 또는 개인의 대리인, 사용인, 그 밖의 종업원이 그 법인 또는 개인의 업무에 대하여 부당한 위탁 취소 금지 의무를 위반하면 그 행위자를 벌하는 외에 그 법인 또는 개인에게도 벌금형을 과한다. 다만, 법인 또는 개인이 그 위반행위를 방지하기 위하여 해당 업무에 관하여 상당한 주의와 감독을 게을리하지 아니한 경우에는 그러하지 아니하다(법 제31조).

### (3) 공정거래위원회의 전속고발권 및 고발의무

앞서 살펴본 바와 같다.

## 4. 손해배상 책임

하도급거래 공정화를 위한 다양한 노력에도 불구하고 불공정 하도급 행위가 근절되지 않고, 적발이 어려운 교묘한 위반행위 때문에 상대적 약자인 하

---

89) 공정거래위원회 보도자료, 「삼성전자의 부당 위탁취소 등에 시정조치와 과징금 16억원 부과」 2012. 5. 22.

도급업체의 보호에 미흡하다는 문제를 개선하기 위해, 2013. 5. 28. 하도급법을 개정하여 실손해배상 및 징벌적 손해배상의 적용대상을 확대하였다.

이에 따라 원사업자가 하도급법 규정을 위반함으로써 수급사업자에게 손해가 발생한 경우 그 손해에 대해 배상책임을 지고, 특히 원사업자가 부당한 위탁취소 금지의무를 위반한 경우 수급사업자에게 발생한 손해의 3배를 넘지 않는 범위에서 징벌적 손해배상책임을 지게 되었다. 다만, 원사업자가 고의 또는 과실이 없음을 입증하는 경우에는 손해배상의 책임을 지지 아니한다(법 제35조).

## Ⅵ. 구체적 사례

심결례 1 **수급사업자가 작업공장 이전을 계획하고 있었음에도 원사업자로부터 사전승인을 받지 않았다는 등의 이유로 사전최고 없이 계약해지를 통보하고 거래를 중단한 것은 부당한 위탁취소에 해당(공정거래위원회 2003. 11. 5. 의결 2003부사0917)**

1. 사실관계

원사업자는 수급사업자가 작업공장 이전을 계획하고 있었음에도 불구하고 자신으로부터 공장이전에 관해 사전승인을 받지 아니한 점과 수급사업자 내부 임원과의 불화사실은 계약해지 사유에 해당하고 또한 작업공장이 이전될 경우 납품차질, 물류비용 증가가 예상된다며 사전최고 없이 바로 수급사업자에게 계약해지 통보를 하고 거래를 중단하였음

2. 공정거래위원회의 결정요지

공정거래위원회는 아래와 같이 피심인(원사업자)이 공장이전과 관련하여 자신으로부터 사전승인이 없었다는 등의 사유로 계약을 해지한 행위는 수급사업자에게 책임을 돌릴 만한 사유가 없음에도 불구하고 임의로 계약을 취소한 행위로서 법 제8조 제1항의 규정에 위반되는 불공정하도급거래행위로 인정하였음

① 본건 거래에 있어 작업장의 위치를 거래목적 달성의 불가결한 요소로 볼 만한 사유가 없고, 당사자간 사전에 작업장소를 특정하였거나 거래중 작업장소 이전과 관련한 별도이 약정사실이 없었던 점으로 보아 수급사업자가 피심인으로부터 장소이전에 대한 사전승인을 받아야 할 근거는 없음

② 불화가 있던 임원은 회사를 사실상 그만두었으며 그 이후에도 수급사업자는 아무런 차질 없이 목적물을 제조납품해온 사실을 미루어 단순한 불화사실을

계약을 해지할 만한 객관적인 사유나 근거로 보기 어려움
③ 수급사업자의 납품차질발생가능성에 대한 피심인의 주장은 타당성을 인정하기 어려움
④ 작업공장 이전이 더 많은 물류비용을 수반한다 하더라도 증가된 물류비용 부담에 관해서는 당사자간 별도의 비용정산 절차를 통하여 조정할 수 있는 사항임을 감안할 때 물류비용 증가를 곧 계약해지 사유로 보기는 어려움

심결례 2 **협약서가 정상적으로 이행되었다는 확인을 수급사업자가 거부한 경우, 하도급거래와 관련 없는 사항에 대하여 원사업자가 검찰고소 중단을 요구하였으나 수급사업자가 이를 거부한 경우 등을 이유로 위탁을 취소할 수 있는지 여부(공정거래위원회 2005. 9. 9. 의결 2005조일1118)**

피심인은 수급사업자와 이 사건 하도금대금에 합의한 후 동 하도급거래를 하는 조건으로 수급사업자에게 "1차 및 2차 협약서가 모두 정상적으로 이행되었다"는 확인을 요구하였으며 동 요구를 수급사업자가 거부하자 이 사건 위탁을 취소하였는바, '1차 및 2차 협약서의 이행여부'에 대하여는 당사자간 논란이 있을 뿐만 아니라 동 협약서의 이행여부는 이 사건 하도급거래 내용과는 직접적인 관련이 없는 사항이며, 가사 이 사건 하도급거래 내용과 관련이 있다고 하더라도 피심인의 요구를 거부한 수급사업자의 행위를 이 사건 제조위탁을 수행할 수 없는 정도의 중대한 귀책사유로 보기 어려운 점, 피심인은 이 사건 하도급거래를 하는 조건으로 수급사업자에게 자신에 대한 검찰고소 중단을 요구하였으나, 수급사업자가 이를 거부하였다는 이유로 이 사건 제조위탁을 취소하였는바, 수급사업자가 검찰고소하려고 한 사안은 피심인의 '1차 협약서 불이행에 대한 사항' 및 '○○은행 BPR 시스템 이미지엔진 소프트웨어 개발 사업 건과 관련한 라이센스 위반에 대한 사항'으로 이 사건 하도급거래와는 관련이 없는 사항이므로 피심인의 검찰고소 중단 요구를 거부한 수급사업자의 행위를 이 사건 제조위탁을 수행할 수 없는 정도의 중대한 귀책사유로 보기 어려운 점등 피심인이 수급사업자의 귀책사유가 없음에도 불구하고 이 사건 제조위탁을 일방적으로 취소한 행위는 하도급법 제8조 제1항을 위반한 불공정하도급거래행위로 인정되었고, 공정거래위원회는 피심인에 대하여 수급사업자에게 책임을 돌릴 사유가 없음에도 불구하고 제조위탁을 임의로 취소하는 행위를 다시 하지 않도록 시정명령하였다.

심결례 3 **공정거래위원회 2012. 8. 7. 의결 2012제하0213 삼성전자(주)의 불공정하**

**도급거래행위에 대한 건(2012. 5. 22. 공정거래위원회 보도자료, "삼성전자의 부당 위탁취소 등에 시정조치와 과징금 16억원 부과")**

1. 이 사건의 위탁·위탁취소 거래의 특성

삼성전자는 생산계획 수립, 자재의 제조위탁(발주) 및 입고 등 일련의 과정을 전산시스템인 ERP 시스템(전사적 자원관리시스템)을 통해 관리, ERP 시스템에서 삼성전자는 수급사업자로부터 발주취소에 대해 동의여부를 확인하고 동의하지 않는 경우 물품을 수령했음(이 경우 대부분 지연하여 수령하게 됨)

2. 부당한 위탁취소 행위

▸ 삼성전자는 제조위탁 후 24,523건에 대해 발주취소

▸ 이러한 발주취소는 삼성전자 측의 생산물량 감소, 자재 단종, 설계변경 등의 사유로 이루어졌으므로 수급사업자의 책임 없는 위탁취소에 해당

▸ 납기일 종료 후에 위탁취소를 하는 경우, 수급사업자는 이미 제품생산을 완료한 상태이므로 직·간접적인 피해가 발생

▸ 위와 같이 수급사업자의 피해가 발생함에도 납기일 종료 후에 제조위탁을 취소 하는 것은 원사업자가 임의로 위탁취소 하는 것으로 위법

☞ 전산시스템으로 동의가 이루어졌을지라도 공정거래위원회가 납기일이 지난 이후에 동의한 것에 대해 이를 형식적인 동의로 판단하여 위법성을 인정

3. 부당한 목적물 지연수령 행위

▸ 삼성전자는 제조위탁 후 4,051건에 대해 목적물 수령을 지연

▸ 삼성전자가 당초 발주상의 납기일이 지나서 목적물을 수령함으로써, 수급사업자에게 지연수령 기간만큼의 재고부담, 생산계획 차질 등의 손해를 발생시킴으로써 부당한 지연수령에 해당

☞ 전산시스템으로 발주취소한 것에 대해 수급사업자가 동의하지 않아 삼성전자가 해당 물품을 수령하는 경우에 대부분 지연수령행위가 발생하고 공정거래위원회가 이를 위법한 것으로 인정

4. 조치내용

▸ 시정명령 : 향후 재발방지 명령

▸ 과징금 16억 2백만원 부과

※ 부당한 위탁취소행위만을 대상으로 과징금이 부과된 최초의 사례

심결례 4 **원사업자가 수급사업자에게 목적물, 납기일, 하도급대금 등이 기재된 발주서(개별계약서)를 발급하였으나, 동 발주서가 실무 담당자가 전결로 처리한 비공식적인 발주에 지나지 않는다는 이유로 이 건 목적물의 수령을 거부한 것은 부당한 수령거부에 해당(공정거래위원회 2015. 11. 6. 의결 2014부사1175)**

1. 사실관계

피심인은 태양광 장비 등의 제조를 업으로 하는 중소기업자로서 2011. 5. 17. 수급사업자에게 핵심부품인 자성유체씰 조립체 100세트를 제조 위탁하면서 피심인 및 수급사업자의 서명 또는 기명날인이 누락된 서면을 발급하였다.

피심인은 동 발주서가 실무 담당자가 전결로 처리한 비공식적인 발주에 지나지 않는다는 이유로 목적물의 납기예정일인 같은 해 7. 30.까지 해당 목적물을 수령하지 않고, 2013. 5. 13. 새로운 하도급계약을 체결할 때 까지 이 건 목적물을 수령하지 아니 하였다.

2. 공정거래위원회 결정요지

(1) 서면 발급의무 위반 행위

피심인이 물품을 제조위탁하면서 피심인 및 수급사업자의 서명 또는 기명날인이 누락된 서면을 발급한 행위는 법 제3조 제1항 및 제2항에 위반되므로 위법하다.

(2) 목적물 수령 거부 및 지연수령 행위

피심인이 수급사업자에게 물품을 제조위탁한 후, 수급사업자에게 책임을 돌릴 사유가 없음에도 불구하고 목적물 수령을 거부하고 지연 수령한 행위는 법 제8조 제1항에 위반되므로 위법하다.

심결례 5 **원사업자가 수급사업자로부터 목적물을 수령하면서 피심인 자신이 발주자로부터 받은 수령증명서의 사본을 발급한 점을 들어, 별도로 수급사업자에게 수령증명서를 발급하지 않은 행위(공정거래위원회 2015. 6. 9. 의결 2013구사3129)**

1. 사실관계

피심인은 산업기계제조업을 영위하는 중소기업자로서 발주자로부터 광양제철소 4열연 공장 내에 설치될 산업기계설비에 대한 제조를 도급받아 2012. 5. 22. ~ 2012. 8. 16.의 기간 중 워킹 빔 프레임 등 총 6개 설비에 대한 제조를 수급사업자에게 위탁하였다. 그러나 피심인은 2012. 5. 22. ~ 2013. 2. 8.의 기간 중 수급사업자로부터 목적물을 약 270회에 걸쳐 수령하였음에도 불구하고, 하도급법 제8조 제2항에서 규정하는 수령증명서를 발급하지 아니하였다.

2. 공정거래위원회 결정요지

피심인은 수급사업자로부터 목적물을 수령하면서 수령증명서를 발급하지 아니하였으므로, 이러한 피심인의 행위는 법 제8조 제2항의 규정에 위반된다.

이와 관련하여 피심인은 수급사업자가 수령증명서를 요구한 때에는 피심인 자신이 발주자로부터 받은 수령증명서의 사본을 발급한 점을 들어, 별도로 수급사업자에게 수령증명서를 발급할 필요가 없다고 주장한다.

그러나 피심인이 수급사업자로부터 받은 목적물 중 정상 수령분을 근거로 총 계약금액을 일정 비율로 나누어 그 대가를 지급하여 왔던 점으로 볼 때, 수령증명서에는 수령 목적물에 대한 대가를 확정하기 위한 수령일, 납품중량, 기타 납품 상세내역 등이 기재되어 있어야 하나 발주자로부터 받은 수령증명서의 사본에는 이러한 내역이 기재되어 있지 아니하므로, 피심인의 위 주장은 받아들일 수 없다.

따라서, 피심인의 위 행위는 하도급법 제8조 제2항의 규정에 위반되므로 하도급법 제25조 제1항을 적용하여 주문과 같이 의결한다.

## 제 4 절 목적물에 대한 검사·통지의무

하도급법 제9조(검사의 기준·방법 및 시기) ① 수급사업자가 납품 등을 한 목적물 등에 대한 검사의 기준 및 방법은 원사업자와 수급사업자가 협의하여 객관적이고 공정·타당하게 정하여야 한다.

② 원사업자는 정당한 사유가 있는 경우 외에는 수급사업자로부터 목적물 등을 수령한 날[제조위탁의 경우에는 기성부분(既成部分)을 통지받은 날을 포함하고, 건설위탁의 경우에는 수급사업자로부터 공사의 준공 또는 기성부분을 통지받은 날을 말한다]부터 10일 이내에 검사 결과를 수급사업자에게 서면으로 통지하여야 하며, 이 기간 내에 통지하지 아니한 경우에는 검사에 합격한 것으로 본다. 다만, 용역위탁 가운데 역무의 공급을 위탁하는 경우에는 이를 적용하지 아니한다.

### Ⅰ. 의 의

수급사업자가 납품 등을 한 목적물 등에 대한 검사의 기준 및 방법은 원사업자와 수급사업자가 협의하여 정하되, 객관적이고 공정·타당하게 정하여야 한다.

원사업자는 정당한 사유가 있는 경우 외에는 수급사업자로부터 목적물 등을 수령한 날(제조위탁의 경우에는 기성부분을 통지받은 날을 포함, 건설위탁의 경우에는 수급사업자로부터 공사의 준공 또는 기성부분을 통지받은 날)부터 10일 이내에 검사 결과를 수급사업자에게 서면으로 통지하여야 하며, 이 기간 내에 통지하지 아니한 경우에는 검사에 합격한 것으로 본다. 다만, 용역위탁 가운데 역무의 공급을 위탁한 경우에는 이를 적용하지 않는다.

## Ⅱ. 취 지

원사업자에 대해 수급사업자는 경제적 약자의 처지일 수밖에 없다. 이런 역학관계 내에서 검사방법이 정해져 있지 않거나 검사방법이 부당하게 정해진 경우에는 수급사업자가 납품한 물건에 대하여 원사업자가 자의적으로 합격여부를 결정하거나 검사를 지연함으로써 수급사업자에게 불이익이 생길 수 있고[90] 검사시기가 불분명할 경우 하도급대금 지급의무 기산일도 불명확하게 되어 불필요한 분쟁이 발생할 수 있으므로 이를 사전에 방지하기 위하여 마련한 것이다.

따라서 법 제9조는 검사의 기준과 방법이 객관적이고 공정·타당하게 정해져야 한다는 원칙을 정함과 동시에 목적물 등을 수령한 날부터 10일 이내에 서면으로 검사결과를 통보하지 않으면 검사에 합격한 것으로 함으로써(정당한 사유가 있는 경우는 제외) 당사자의 권리의무관계가 조속히 확정될 수 있도록 규정하고 있다.

## Ⅲ. 검사결과 통지의무의 내용

### 1. 검사의 기준과 방법

하도급법은 검사의 기준과 방법을 원사업자와 수급사업자가 협의하여 객

90) 이동헌, 앞의 논문, 한국학술정보, 2006.

관적이고 공정·타당하게 정하도록 하고 있다. 검사의 방법으로는 당사자 사이의 합의가 있다는 전제하에 전수검사, 발췌검사, 제3자에 대한 검사의뢰, 수급사업자에게 검사위임, 무검사 합격 등이 가능하다. 특히 당사자 사이에 합의가 이루어지기 어려운 경우에는 제3의 공인기관에 검사를 의뢰하는 것이 공정성도 담보하고 불필요한 다툼을 막을 수 있다.

## 2. 검사결과의 통지기간 및 방법

원사업자는 정당한 사유가 있는 경우 외에는 목적물을 수령한 날부터 10일 이내에 검사결과를 서면으로 통지하여야 한다. 목적물을 수령한 날이라 함은 제조위탁의 경우에는 기성부분을 통지받은 날을 포함하고, 건설위탁의 경우에는 수급사업자로부터 공사의 준공 또는 기성부분을 통지받은 날을 말한다.

## 3. 목적물 수령일의 의미[91)]

목적물의 수령이란 수급사업자가 납품한 목적물을 받아 사실상 원사업자의 지배 아래 두는 것을 말하며, 다만 이전이 곤란한 목적물의 경우에는 검사를 개시한 때를 수령한 때로 본다.

물리적으로 이전이 가능한 목적물의 경우 "목적물을 수령한 날"이란 원사업자가 목적물을 받아 사실상 지배 아래 둔 날을 의미하며 여기서 "사실상 지배 아래 둔 날"은 개별적 구체적으로 판단할 사항이나, 원칙적으로 납품장소 입고일에 해당하는 것으로 판단된다. 아울러 하도급법 제13조 제1항에 규정된 "목적물의 수령일"은 같은 법 제9조제2항에 규정된 "목적물을 수령한 날"과 같은 의미이며, 다만 납품이 빈번하여 원사업자와 수급사업자가 월 1회 이상 세금계산서의 발행일을 정한 경우에는 그 정한 날이 목적물의 수령일이 된다.

## 4. 정당한 사유(통지의무의 예외)

원사업자에게 정당한 사유가 있는 경우에는 10일 이내의 검사결과 통지

91) 공정거래위원회·중소기업중앙회, 앞의 글, 2007년 하도급법령 교육 교재, 2007.

의무의 예외가 인정된다. 예외로 인정될 수 있는 '정당한 사유가 있는 경우'로는 거대한 건설공사(댐·교량공사, 대단위 플랜트 공사 등), 시스템 통합 용역 등 복잡·다양한 기술적 검사가 필요하여 장기간의 검사가 불가피하게 요구되는 경우를 들 수 있다. 그러나 일일 평균 검사물량의 과다, 발주처에의 납기 준수 등 통상적인 경우에는 정당한 사유로 인정되기 어렵다.[92)]

'정당한 사유가 있는 경우' 예외적으로 검사결과의 서면통지 규정을 적용받지 않기 때문에 이를 엄격하게 해석하며, 동 규정의 의미는 같은 조 제1항을 미루어 볼 때, 수급사업자와 협의하여 납품 검사 기준 및 방법을 정함에 있어 객관적이고 공정·타당한 사유로 목적물 수령 후 10일 이내에 검사결과 통지가 불가능함을 명시하고 그 납품검사 통지 기일을 별도로 정한 경우를 말한다.[93)]

## 5. 효 과

원사업자가 정당한 사유 없이 10일 이내에 서면으로 검사결과를 통지하지 아니한 경우에는 검사에 합격한 것으로 보며, 이 날을 기산일로 하여 하도급대금 지급기일이 진행된다.

대법원은 "하도급거래 공정화에 관한 법률 제9조 제2항에서 원사업자가 수급 사업자로부터 목적물을 수령하고도 정당한 사유 없이 10일 이내에 수급사업자에게 서면으로 검사결과를 통지하지 아니한 경우에는 검사에 합격한 것으로 본다고 규정한 취지는 검사에 합격한 것으로 봄으로써 하도급거래 공정화에 관한 법률이 적용되는 범위 안에서는 그로 인한 대금 채무도 발생한 것이라고 본다는 의미라고 풀이함이 상당하므로, 이러한 경우에 원사업자가 수급사업자에게 그 대금을 하도급거래 공정화에 관한 법률이 정한 바에 따라 지급하지 아니하였다면, 달리 그 대금채무가 발생하지 아니하였음이 밝혀지지 않는 한 공정거래위원회는 제25조 제1항에서 정하고 있는 시정명령과 제25조의3 제1항 제3호에서 정하고 있는 과징금 부과 등의 조치를 할 수 있다고 보아야 한

---

92) 「하도급거래공정화지침」 Ⅲ. 8-1.

93) 공정거래위원회, 「공정거래법상 기업결합, 경제력집중억제 및 하도급법, 가맹사업법위반행위에 대한 위원회 심결정리 및 분석」, 2007.

다."[94]고 판시한 바 있다.

## Ⅳ. 법위반 행위의 유형[95]

수급사업자가 공사를 준공한 다음 원사업자에게 준공통지를 하였음에도 원사업자가 기간 내에 검사결과를 통지하지 않고 있다가 법정지급기일(하도급법제13조 목적물 수령일로부터 60일)이 지난 다음에야 하자가 있다며 공사대금을 지급하지 않는 경우, 이는 검사결과 통지의무를 위반한 것이므로 하자를 이유로 공사대금 지급을 거절할 수 없다. 즉, 원사업자가 기성청구 또는 준공 통지를 받은 날로부터 10일 이내에 검사결과를 통지하지 아니하였으므로 목적물 인수일은 기성청구 또는 준공 통지일로부터 10일째 되는 날이다.

## Ⅴ. 통지하지 않은 경우의 효과

원사업자가 정당한 사유 없이 목적물을 수령한 날로부터 10일 이내에 검사결과를 통지하지 않고 하도급대금도 지급하지 않은 경우 공정거래위원회는 그 미지급행위에 상당한 이유가 있는지 여부에 대해 판단할 필요 없이 하도금대금의 미지급을 이유로 시정조치를 할 수 있다.

또한 원사업자가 통지의무를 해태하였다면 법 제10조의 부당반품금지 규정에 의해 일단 수령 또는 인수해 간 물건을 원칙적으로 수급사업자에게 반품할 수 없다.

## Ⅵ. 구체적 사례

심결례 1 **목적물 수령한 날로부터 10일 이내에 검사결과를 서면으로 통지한 바 없으**

---

94) 대법원 2002. 11. 26. 선고 2001두3099 판결.

95) 공정거래위원회, 「공정거래제도 입문」, 2007. 3.

**나 사용과정에서 품질하자 발견시 하도급대금지급 의무를 면하는지 여부(공정거래위원회 2007. 10. 22. 의결 2007서제0178)**

법 제9조 제2항에서는'원사업자는 정당한 사유가 있는 경우를 제외하고는 수급사업자로부터 목적물 등을 수령한 날부터 10일 이내에 검사결과를 수급사업자에게 통지하여야 하며 이 기간 내에 통지하지 않는 경우에는 검사에 합격한 것으로 본다'로 규정하고, …(중략)… 피심인은 제조위탁한 목적물을 수급사업자로부터 2006. 3. 31.~2006. 10. 25. 기간중 피심인의 입고담당 직원의 확인을 거쳐 수령하면서 10일 이내에 제출검사 결과를 수급사업자에게 서면으로 통지한 사실은 없으나, 나중에 수급사업자가 납품한 제품이 피심인의 발주처로부터 불량판정을 받았기 때문에 납품대금 및 이의 지연지급에 따른 이자를 지급할 수 없다고 주장한다.

살피건대, 피심인이 제조위탁한 목적물을 수급사업자로부터 피심인의 입고담당 직원의 확인을 거쳐 수령하면서 10일 이내에 제품검사 결과를 수급사업자에게 서면으로 통지하지 아니하였고, 설사 같은 제품들이 정상적 검수로 인정된 후 사용과정에서 품질불량 제품이 발견되고 이로 인하여 피심인이 손해를 보았다 하더라도 이는 별도의 민사적인 절차에 따라 다투어야 할 사안이며, 이 사안이 하도급법상 원사업자의 하도급대금지급 의무를 면제하는 것은 아니라고 할 것이다.

심결례 2 **공정거래위원회 2008. 7. 25. 의결 2008부사1156**

(1) 사실관계

피심인 A는 수급사업자인 B에게 2008. 1. 7. 선박배관엔진을 제조 위탁한 후, 2008. 1. 28. B로부터 목적물을 수령하였고 A는 목적물을 추가 가공하여 2008. 3. 10. 발주자에게 납품하였으나 발주자로부터 2008. 3. 12. 불합격 통지를 받았다. A는 2008. 3. 15. B에게 발주자로부터 납품된 목적물이 불합격되었음을 구두통지하면서 수정보완을 지시하였고, 2008. 3. 27. 수정보완된 목적물을 납품하였으나 2008. 3. 28. 발주자로부터 재차 불합격통지를 받았다. 이후 A는 발주자와 납품된 목적물을 발주자가 직접 수정보완하고 그 비용을 A가 지급하기로 합의하였다. A는 2008. 4. 2. B에게 수정보완된 목적물이 발주자로부터 재차 불합격통지를 받았음을 구두통지하며 수정보완비용에 대한 정산을 요구하였다. B는 A의 목적물 수령후 10일 이내에 서면에 의한 검사결과 통지가 없으므로 목적물이 정상적으로 인수되었다고 주장하면서 하도급대금의 지급을 요구하였으나, 피심인 A는 수정보완비용에 대해 정산합의가 이루어지지 아니하였다는 이유로 하도급대금을 지급하지 아니하였다.

(2) 공정거래위원회의 결정 요지

법 제9조 제2항의 규정에 의하면 원사업자가 수급사업자에게 제조 등의 위탁을 하는 경우 목적물 수령일로부터 10일 이내에 검사결과를 서면으로 통지하지 아니하면 합격한 것으로 간주되며, 법 제13조 제1항과 제8항의 규정에 의해 합격된 목적물은 목적물의 수령일로부터 60일 이내(이하 '법정지급기일'이라 한다.)의 가능한 짧은 기한으로 정한 지급기일까지 하도급대금을 지급하도록 규정하고 있고, 하도급대금을 법정지급기일을 초과하여 지급할 때에는 그 초과기간에 대하여 지연이자를 지급하도록 규정하고 있다.

살피건대, 피심인이 수급사업자로부터 위탁한 목적물을 수령한날로부터 10일 이내에 서면에 의한 검사결과를 통지한 사실이 없으므로 피심인은 수급사업자의 목적물을 정상적으로 인수한 것으로 인정됨에도 불구하고, 피심인이 법정지급기일을 초과한 현재까지 하도급대금과 이 금액에 대한 지연이자를 지급하지 아니한 행위는 법 제13조 제1항 및 제8항에 위반되는 불공정하도급거래행위에 해당된다.

심결례 3 **원사업자가 수급사업자에게 SW시스템 개발·구축 등의 용역을 위탁한 경우, 목적물 수령일을 언제로 볼 것인지(공정거래위원회 2014. 5. 9. 의결 2013건하2004)**

(1) 사실관계

피심인은 2009년 9월부터 2012년 7월까지의 기간 중 59개 수급사업자에게 총 66건의 SW시스템 개발·구축 등의 용역을 위탁한 후, 수급사업자들로부터 계약종료와 함께 목적물을 납품받았으나, 목적물 수령일부터 10일을 초과하여 검사하였고, 그 중 (주)네오프레임 등 27개 수급사업자와 계약을 체결한 29건의 용역에 대하여는 하도급대금을 목적물 수령일부터 60일을 초과하여 지급한 사실이 있다.

(2) 공정거래위원회 결정요지

가) 위법성 성립요건

하도급법 제9조 제2항 위반행위는 원사업자가 수급사업자로부터 목적물 등을 납품받은 날부터 10일 이내에 수급사업자에게 검사결과를 통지하지 아니하는 경우에 성립하고, 하도급법 제13조 제1항 위반행위는 원사업자가 수급사업자로부터 목적물 등을 납품 받은 날부터 60일 이내에 하도급대금을 지급하지 아니한 경우에 성립한다.

나) 위법성 요건 해당여부

이 사건 하도급거래에서 피심인은 수급사업자들에게 용역위탁 중 지식·정보 성과물의 작성을 위탁한 것으로 피심인이 목적물 수령증명서를 발급하지 않아 수령일을 특정하기 어렵고, 계약기간의 연장 또는 변경이 없었으므로 당초 계약기간

종료일을 목적물 수령일로 볼 수 있다.

따라서, 피심인은 계약기간 종료일로부터 10일 이내에 검사를 완료하고 그 결과를 통지하여야 하며, 60일 이내에 하도급대금을 지급하여야 함에도 불구하고 위 59개 수급사업자에게 검사 및 그 결과통지를 하지 아니하였고, 그 중 27개 수급사업자에게는 60일 이내에 하도급대금을 지급하지 아니하였는바, 피심인의 이와 같은 행위는 하도급법 제9조 제2항 및 하도급법 제13조 제1항에 위반된다고 판단된다.

다) 피심인 주장 및 그에 대한 검토

피심인은 ① 개별 모듈은 단독 실행(구동)이 어렵고, 다른 개별 모듈들과 결합하여 전체 시스템이 완성되어야 개별모듈의 실행 및 다른 모듈들과의 연동이 되는지 여부를 검사할 수 있는 점, ② 전체 시스템의 실행 및 연동이 이루어졌을 때에야 해당 용역이 완성되었다고 할 수 있으므로 잔금지급은 검사 완료시점에 이루어지는 것이 업계의 관행으로 되어 있는 점, ③ 이 사건 용역위탁의 대부분은 개별 모듈제작을 위한 용역을 하나의 수급사업자에게 위탁하는 것이 아니라 개별수급사업자들로부터 소수의 인원을 제공받아 하나의 모듈 작업에 투입하여 진행하는 등 역무위탁의 성격이 강하여 수급사업자별로 목적물을 납품받아 검사하는 것이 사실상 불가능한 점 등을 고려하면 하도급법 위반으로 보기 어렵다고 주장한다.

살피건대, 다음과 같은 점에서 피심인의 주장은 타당하지 아니하여 이를 받아들이지 아니한다.

① 수급사업자들이 완성한 여러 개별 모듈(또는 시스템)의 연계·연동 과정에서 발생하는 문제에 대한 1차적 책임은 개별 모듈 개발을 담당한 수급사업자에게 있다기보다 시스템 통합 사업자인 피심인에게 있으므로 목적물의 납품이 있으면 즉시 검사 후 수령하여야 하고, 만약, 목적물을 수령한 후 통합하는 과정에서 개별 모듈의 하자가 발견되는 경우 당해 모듈을 작성한 수급사업자에게 하자보증책임을 물어야 할 것인바, 통합과정에서 하자가 발견될 가능성을 이유로 검사를 지연하고 하도급대금(잔금) 지급을 지연하는 것은 정당한 사유에 의한 것이라 볼 수 없다.

② 이 사건 하도급거래가 역무위탁의 성격이 강하여 사실상 검사가 불가능하다는 주장과 관련하여서는, 피심인이 월별 투입인력을 기준으로 하도급 대금을 지급하는 것은 사실이나 거래의 형태를 알 수 있는 계약서(착수합의서 및 정식계약서) 등 문서들의 내용으로 미루어, 다음과 같은 점에서 이 사건 거래는 지식·정보성과물의 작성 위탁에 해당한다고 판단되므로, 피심인의 주장은 이유 없다.

첫째, 이 사건 하도급거래가 역무위탁에 해당한다면 투입인력의 수, 인력의 자격요건, 자격요건 별 인건비 등이 가장 중요한 계약의 내용이 될 것이므로 착수합의서 또는 정식계약서에 해당 사항이 적시되어야 할 것임에도 불구하고 그러하지 아니하다.

둘째, 수급사업자로부터 전문인력을 공급받아 피심인이 기획, 총괄하여 작업을 수행한다면 그 성과물에 대한 총괄책임이 피심인에게 있을 것이므로 검사과정이 필요없을 것임에도 불구하고 검사 후 대금을 지급하기로 정하고 있다.

셋째, 월별로 투입인력에 대한 인건비를 하도급대금으로 지급하고 용역수행결과에 대한 보증을 요구하지 않는다고 하면서도 대금 중 최종잔금을 검사 후 지급하도록 함으로써 잔금을 보증의 수단으로 이용하고 있다.

라) 소 결

피심인은 (주)○○○○ 등 59개 수급사업자에게 SW시스템 개발·구축 등의 용역을 위탁하면서 수급사업자가 용역위탁의 목적물인 지식·정보성과물을 납품하였음에도 불구하고 법정 검사기한인 10일을 초과하여 검사한 것과 같은 행위, 목적물을 수령한 날부터 60일을 초과하여 하도급대금을 지급하는 것과 같은 행위를 다시 하여서는 아니 된다.

**판례 1 원사업자가 하도급법 제9조 제2항 소정의 기간 내에 검사결과를 수급사업자에게 통지하지 아니한 경우의 효과(대법원 1995. 6. 16. 선고 94누10320 판결)**

(1) 사실관계

원고는 갑 회사로부터 호텔등 신축공사를 도급받은 후 위 공사 중 터파기 및 흙막이 공사를 을 회사에게 하도급 주었다. 피고 공정거래위원회는 을 회사의 하도급공사가 1999. 2. 25. 경 종료되었음에도 원고가 하도급공사잔대금을 지급하지 않았다는 등의 이유로 원고에게 1999. 10. 22. 시정명령을 내렸다. 이에 대해 원고는 공사도중 을 회사의 부실시공으로 인하여 인근가옥에 균열이 생기는 등 민원이 발생하여 그 보상비와 공기가 158일 연장되어 발생한 지체상금 등의 액수를 합하면 미지급대금 액수를 넘기 때문에 결국 하도급대금의 지급지체가 아니라고 주장하며 위 시정명령의 취소를 구하는 소를 제기하였다.

(2) 법률상 쟁점

위 사안의 법률상 쟁점은 (1) 원사업자가 하도급거래공정화에관한법률 제9조 제2항 소정의 기간 내에 검사결과를 수급사업자에게 통지하지 아니한 경우의 법적 효과와 (2) 원사업자의 수급사업자에 대한 하도급대금 미지급을 이유로 공정거래위원회가 원사업자를 제재함에 있어 그 미지급행위에 상당한 이유가 있는지 여부에 대하여 판단하여야 하는지 여부이다.

(3) 판결의 요지

1) 수급사업자가 추가공사를 포함한 하도급공사를 종료하여 원사업자가 수급사업자로부터 시공완료의 통지를 받고서도 그 날로부터 10일 이내에 검사결과를 수급사업자에게 서면으로 통지하지 아니 하였다면, 원사업자가 그 통지의무를 해태한 데에 정당한 사유가 있는지 여부에 관하여 아무런 주장·입증이 없는 이상, 수급사업자의 하도급공사는 검사에 합격한 것으로 간주되고 그 결과 원사업자는 수급사업자에 대하여 공사잔대금을 지급할 의무가 발생한다.

2) 원사업자가 지급기일을 경과하여 수급사업자에게 하도급대금을 지급하지 아니하는 경우 그 자체가 하도급거래공정화에관한법률 위반행위가 되어 제재대상이 되고, 따라서 공정거래위원회로서는 특단의 사정이 없는 한 원사업자가 대금지급기일에 하도급대금의 지급을 거절하거나 그 지급을 미루고 있는 사실 자체에 의하여 법 위반행위가 있는지 여부를 판단하면 되지, 원사업자가 하도급대금의 지급을 거절하거나 그 지급을 미룰 만한 상당한 이유가 있는지 여부에 대하여 까지 나아가 판단할 필요는 없다.

(4) 판례의 검토

수급사업자에게 10일 이내에 검사결과를 통보하지 않았다면 원사업자는 수급사업자에 대하여 공사대금 지급의무가 발생하고, 원고가 B회사의 부실공사로 인해 손해를 보았다는 것을 이유로 하도급법상의 대금지급의무를 거절할 수는 없다는 점을 명확히 한 판결이다.

**판례 2 하도급법 제9조제2항의 '원사업자가 수급사업자로부터 목적물을 수령하고도 정당한 사유 없이 10일 이내에 수급사업자에게 서면으로 검사결과를 통지하지 아니한 경우에는 검사에 합격한 것으로 본다'는 규정의 취지(대법원 2002. 11. 26. 선고 2001두3099 판결)**

하도급거래공정화에관한법률은 하도급거래질서를 확립하여 원사업자와 수급사업자가 대등한 지위에서 상호 보완적으로 균형 있게 발전하도록 하는 것을 목적으로 하고 있는 점(제1조), 검사의 기준과 방법은 당사자가 협의에 의하여 객관적이고 공정·타당하도록 정하는 것이 원칙인 점(제9조 제1항), 민사상 대금채무의 발생과 소멸은 하도급거래공정화에관한법률의 영역이 아니라 민사법의 영역에 속하는 점 등을 종합하면, 제9조 제2항에서 원사업자가 수급사업자로부터 목적물을 수령하고도 정당한 사유 없이 10일 이내에 수급사업자에게 서면으로 검사결과를 통지하지 아니한 경우에는 검사에 합격한 것으로 본다고 규정한 취지는 검사에 합격한 것으로 봄으로써 하도급거래공정화에관한법률이 적용되는 범위 안에서는 그로인한 대금채무도 발생한 것으로 본다는 의미라고 풀이함이 상당하므로, 이러한 경우

> 에 원사업자가 수급사업자에게 그 대금을 하도급거래공정화에관한법률이 정한바에 따라 지급하지 아니하였다면, 달리 그 대금채무가 발생하지 아니하였음이 밝혀지지 않는 한 공정거래위원회는 제25조 제1항에서 정하고 있는 시정명령과 제25조의3 제1항 제3호에서 정하고 있는 과징금 부과 등의 조치를 할 수 있다고 보아야 한다.

## 제 5 절 부당반품의 금지

> 하도급법 제10조(부당반품의 금지) ① 원사업자는 수급사업자로부터 목적물 등의 납품 등을 받은 경우 수급사업자에게 책임을 돌릴 사유가 없으면 그 목적물 등을 수급사업자에게 반품(이하 "부당반품"이라 한다)하여서는 아니 된다. 다만, 용역위탁 가운데 역무의 공급을 위탁하는 경우에는 이를 적용하지 아니한다.
>
> ② 다음 각 호의 어느 하나에 해당하는 원사업자의 행위는 부당반품으로 본다.
>
> 1. 거래 상대방으로부터의 발주취소 또는 경제상황의 변동 등을 이유로 목적물 등을 반품하는 행위
> 2. 검사의 기준 및 방법을 불명확하게 정함으로써 목적물 등을 부당하게 불합격으로 판정하여 이를 반품하는 행위
> 3. 원사업자가 공급한 원재료의 품질불량으로 인하여 목적물 등이 불합격품으로 판정되었음에도 불구하고 이를 반품하는 행위
> 4. 원사업자의 원재료 공급 지연으로 인하여 납기가 지연되었음에도 불구하고 이를 이유로 목적물 등을 반품하는 행위

### Ⅰ. 의 의

원사업자는 수급사업자로부터 목적물 등의 납품 등을 받은 경우 수급사업자에게 책임을 돌릴 사유가 없으면 그 목적물 등을 수급사업자에게 반품하여서는 아니 된다. 다만, 용역위탁 가운데 역무의 공급을 위탁하는 경우에는 이를 적용하지 아니한다.

## Ⅱ. 취 지

수급사업자는 기본적으로 원사업자에 대한 의존성이 강하고, 원사업자의 주문에 의하여 위탁받은 목적물을 생산하는 것이므로 원사업자가 정당한 이유 없이 이를 반품하게 되면 타사로의 전매가 곤란하여 수급사업자의 이익을 침해하게 된다. 특히, 반품의 경우 납품된 후에 수급사업자의 예상에 반하여 반품하는 것이므로 수령거부 이상으로 수급사업자의 이익을 저해하게 된다.[96)]

따라서 하도급법은 정당한 이유가 없는 한 원사업자가 목적물을 반품할 수 없도록 규정하고 있는 것이다.

## Ⅲ. 부당반품 금지의 내용

### 1. 부당반품의 금지(법 제10조 제1항 및 제2항)

원사업자가 수급사업자로부터 목적물 등을 수령한 후에 수급사업자에게 책임을 돌릴 사유가 없음에도 불구하고 그 형식에 상관없이 수령한 목적물 등을 수급사업자에게 되돌려 보내는 행위를 부당반품이라고 하고, 이러한 부당반품은 하도급법상 금지된다.

이 규정에 의하면 원사업자는 일단 정당하게 물품을 수령 또는 인수한 경우에는 원칙적으로 사후에 이를 반품할 수 없다. 특히 법 제9조에 의한 법정검사기간이 경과되었거나, 원사업자가 정상적으로 검사를 완료한 목적물에 대해서는 원칙적으로 반품할 수 없다.[97)]

### 2. 부당반품 행위의 예시[98)]

부당한 위탁취소, 수령거부 및 반품행위에 대한 심사지침은 아래와 같이 원사업자의 부당반품 행위를 예시하고 있다.

---

96) 김홍석·구상모, 앞의 책.
97) 공정거래위원회, 앞의 글, 2007.
98) 「부당한 위탁취소, 수령거부 및 반품행위에 대한 심사지침」Ⅲ. 3.

(1) 원사업자가 수급사업자가 위탁내용대로 제조·수리·시공 또는 용역하여 납품 등을 한 목적물 등에 대해 발주자·외국수입업자 등 거래상대방으로부터의 발주취소·발주중단, 발주자·외국수입업자·고객의 클레임, 원사업자의 생산계획 변경·사양변경·모델단종·판매부진·재고증가·보관장소 부족 또는 소비위축·경제상황 변동 등 수급사업자의 책임과는 무관하여 정당성을 가지지 못하는 사유로 반품하는 행위(법 제10조 제2항 제1호의 거래상대방으로부터의 발주취소 또는 경제상황의 변동 등을 이유로 목적물 등을 반품하는 행위)

〈예시〉
① 불경기에 따른 소비위축으로 의류의 판매가 부진하자 이들 의류를 수급사업자에게 반품한 경우
② 원사업자가 수급사업자로부터 수령한 방송 영상물을 일정기간 계속적으로 방송할 예정이었지만, 시청률이 하락한 것을 이유로 방송을 중단하고 방송 영상물이 기록된 매체(CD-ROM, USB, 플로피 디스크 등)을 반품한 경우

(2) 검사기준·방법을 정하지 아니하거나 검사기준·방법을 정하였으나 그 내용이 불분명한 상황에서 원사업자가 통상의 기준보다 높은 검사기준을 적용하거나 일방적으로 정한 검사기준을 적용하는 등 정상적인 거래관행에 비추어 볼 때 공정·타당하지 아니한 검사기준·방법을 사용하여 목적물 등을 불합격으로 판정하고 반품하는 행위(법 제10조 제2항 제2호의 검사의 기준 및 방법을 불명확하게 정함으로써 목적물 등을 부당하게 불합격으로 판정하여 이를 반품하는 행위)

〈예시〉
• 완구제품의 제조를 위탁하면서 안전규격에 대해 특별한 요청이 없어 국내 안전규격에 맞추어 제조·납품하였는데, 원사업자가 EU 안전규격에 미치지 못한다는 이유로 불합격시키고 반품한 경우

(3) 검사 결과 목적물 등이 불합격품으로 판정된 이유가 수급사업자의 책임보다는 원사업자가 공급한 원자재·부자재, 건축자재 등 원재료의 품질불

량으로 인한 것임에도 수급사업자에게 그 책임을 물어 반품하는 행위(법 제10조 제2항 제3호의 원사업자가 공급한 원재료의 품질불량으로 인하여 목적물 등이 불합격품으로 판정되었음에도 불구하고 이를 반품하는 행위)

〈예시〉
- 원사업자가 공급한 원단의 품질불량으로 인해 납품한 방수의류의 방수성능이 검사기준 미만일 수밖에 없음이 확인되었음에도 이들 방수의류를 반품한 경우

(4) 수급사업자의 목적물 등의 제조 등을 위해 원사업자가 자신이 공급하기로 되어 있는 원자재·부자재, 건축자재 등을 지연하여 공급함으로써 수급사업자가 납기 내 납품 등이 곤란하였음에도 수급사업자에게 그 책임을 물어 반품하는 행위(법 제10조 제2항 제4호의 원사업자의 원재료 공급 지연으로 인하여 납기가 지연되었음에도 불구하고 이를 이유로 목적물 등을 반품하는 행위)

〈예시〉
- 원사업자가 밸런타인데이를 겨냥하고 초콜릿 제품의 제조를 위탁하면서 카카오페이스트를 1.24.까지 공급하기로 하였으나 2주일 후인 2.7.에 공급함으로써 수급사업자가 2.10.납기를 지키지 못하고 2.13.납품하자 납기를 준수하지 않아 초콜릿 제품의 유통·판매가 어렵다는 이유로 반품한 경우

(5) 원사업자가 수급사업자 이외의 제3자에게 검사를 위탁한 경우로서 수급사업자가 제3자의 검사를 필하여 납품하였음에도 이를 반품하는 행위

〈예시〉
- 수급사업자가 원사업자와 위수탁계약을 할 때 정한 검사기관에서 검사를 필하고 납품을 하였음에도 원사업자가 다른 검사기관에서 다시 검사를 받고 납품할 것을 요구하면서 반품한 경우

(6) 수급사업자의 납기지연이 있었으나 원사업자가 이를 용인한 객관적인 사실이 있었음에도 목적물 등을 수령한 후 납기지연을 이유로 반품 하는 행위

〈예시〉
- 수급사업자가 원자재의 일시적인 품귀현상으로 약정물량의 1/2에 대해 납기를 3개월 연장해 줄 것을 요청하고 원사업자가 이를 양해하여 수급사업자가 연장된 납기에 맞추어 납품하였으나 그 사이 유행이 바뀌어 완제품의 판매가 부진하자 원사업자가 당초 납기를 지키지 않았다는 이유로 일방적으로 해당 수급사업자의 목적물을 반품한 경우

(7) 목적물 등의 하자에 대한 책임소재가 분명하지 않음에도 원사업자가 목적물 등의 하자에 대한 책임을 수급사업자가 전적으로 부담할 것을 요구하면서 반품하는 행위

## 3. 반품할 수 있는 기간

수급사업자가 발주한 목적물과 다른 물품 등을 납품하였거나 오손·훼손 등 하자있는 물품을 납품한 경우 등은 수급사업자의 책임이 있는 경우로서 원사업자가 반품하는 경우에도 부당반품에 해당하지 않는다.

하도급법에 특별한 규정은 없으나, 수급사업자에게 책임을 돌릴 사유가 있어 반품하는 경우에도 하자가 발견한 날로부터 상당기간이 경과하여 수급사업자에게 반품하지 않을 것이라는 신뢰가 생긴 후에는 반품할 수 없는 것으로 해석된다.[99]

## 4. 위법성의 판단기준

부당반품의 위법성은 원사업자가 수급사업자에게 책임을 돌릴만한 사유가 없음에도 불구하고 목적물 등을 반품한 것인지 여부를 중심으로 판단하되 위탁계약 체결 및 반품의 경위, 반품한 목적물 등의 범위, 계약이행 내용과 위탁할 때의 반품조건, 검사방법, 반품에 따른 손실의 분담, 목적물 등의 수령부터 반품까지의 기간 등 여러 사정을 종합적으로 고려한다.

---

99) <하도급거래 공정화 제도>, 2007년 하도급법령 교육 교재, 공정거래위원회, 중소기업중앙회, 2007.

다만, 반품에 대해서 원사업자와 수급사업자 간에 실질적인 협의를 거친 후 목적물이 반품되었다면 부당반품이 아니라고 볼 여지가 있다.[100]

## Ⅳ. 법위반 행위의 유형

기계제작 및 배관설치공사에 있어서 발주취소 또는 경제상황의 변동 등을 이유로 이미 제작한 기계를 반품하는 행위 등은 부당반품에 해당하는 법위반 행위이다.

## Ⅴ. 부당반품의 금지 위반의 효과

원사업자의 부당한 반품은 하도급법 제10조를 위반한 것이므로 누구든지 공정거래위원회에 그 위반사실을 신고할 수 있다.

공정거래위원회는 하도급대금에 관한 분쟁을 조정하거나, 발주자와 원사업자에 대하여 하도급대금 등의 지급, 법 위반행위의 중지, 향후 재발방지, 그 밖에 시정에 필요한 조치를 명할 수 있다. 또한 수급사업자에게 제조 등의 위탁을 한 하도급대금이나 발주자로부터 제조 등의 위탁을 받은 하도급대금의 2배를 초과하지 아니하는 범위에서 과징금을 부과할 수 있다.

시정조치 과징금과 별도로 하도급대금의 2배에 상당하는 금액 이하의 벌금형이 부과될 수 있다. 또한 2013. 5. 28. 개정 하도급법에서 실손해배상 및 징벌적 손해배상의 적용대상을 확대함에 따라, 원사업자가 부당반품금지 규정을 위반함으로써 수급사업자에게 손해가 발생한 경우 그 손해에 대해 배상책임을 진다. 이 때 손해배상의 범위는 법 제35조 제2항에 따라 수급사업자에게 발생한 손해의 3배를 넘지 않는 범위 내에서 정하여지는 징벌적 손해배상책임이다.[101]

---

100) 서울고등법원 2008. 6. 18. 선고 2008누3816 판결.

101) 법 위반시 효과 및 구제 수단의 자세한 내용은 제2장 제4절 Ⅳ를 참조.

## Ⅵ. 구체적 사례

**심결례 1** **판매부진을 이유로 PB 상품을 반품한 경우 부당한 반품으로 인정한 사례(공정거래위원회 2003. 8. 5. 의결 2003하일0933)**

갑 유통은 을 등 3개 수급사업자에게 함박웃음 쌀 등 3개 품목을 PB제품으로 제조위탁 한 후, 해당제품을 수령하면서 수령한 날부터 10일 이내에 수급사업자에게 동PB제품 검사결과를 서면으로 통지하지 아니한채, 이를 판매하는 과정에서 판매부진을 이유로 PB 제품을 반품하였다. 이는 하도급법 제10조 제1항에서 금지하고 있는 행위로 인정되므로, 공정거래위원회는 수급사업자에게 책임을 돌릴 사유가 없음에도 구하고 부당하게 반품하는 행위를 다시 하지 않도록 시정명령하였다.

**심결례 2** **공정거래위원회 2007. 2. 5. 의결 2006서제1482**

1. 사실관계

피심인 乙은 甲사로부터 수주한 휴대폰 부품을 수급사업자 丙에게 제조위탁한 후 제품 수령 후 10일 이내에 丙에게 해당 제품의 검사결과를 서면으로 통지하지 아니한 채, 중국 현지공장에서의 하자발생 및 甲사로부터의 제품 하자 통보 등을 이유로 제품 수령일로부터 1~2개월 후에 수급사업자에게 반품하였다.

2. 공정거래위원회의 결정 요지

피심인은 반품한 제품은 특채 방식(불량이 예상되는 품목의 검사방법으로서 검사결과 합격한 제품이라도 사용시 불량이 발견되는 경우 해당제품을 반품하는 검사방법)에 의해 합격판정을 받아 전량을 납품받은 것으로 나중에 하자가 발견되어 납품받은 제품을 수급사업자에게 반품한 것으로서 수급사업자와 하자가 개선된 제품을 10일 이내에 입고시키기로 합의한 바 있어 정당한 반품이었다고 주장하나, 하도급법 제9조 제2항에 의하면 제품 수령 후 10일 이내에 검사결과를 서면으로 통지하지 않는 경우에는 검사에 합격한 것으로 본다고 규정되어 있고, 수급사업자가 해당 제품을 반품 받은 것은 당시 수급사업자가 매출 대부분을 피심인에게 의존하고 있는 상황에서 이루어진 비자발적인 행위라고 판단되며 아울러 피심인이 수급사업자에게 특채 방식에 의한 납품 및 반품을 통지하였다는 것을 입증하지 못하고 있으므로, 하도급법 제10조 제1항에 위배되는 불공정거래행위로 인정된다.

Chapter 04

# 대금 지급 단계에서의 준수의무

## 제1절 개 설

수급사업자가 가장 많은 민원을 제기하는 하도급 불공정거래는 하도급대금의 부당한 감액 또는 하도금 대금의 부당한 지급 지연과 관련되어 있다. 대급 지급단계에서 수급사업자들이 정당한 하도급대금을 적절한 시기에 지급받을 수 있도록 보호하는 것은 하도급법의 중핵이라고 할 수 있다.

대금지급단계에서의 수급사업자의 보호는 크게 하도급대금의 부당감액이나 원사업자가 부담하여야 할 비용을 정당한 사유 없이 수급사업자에게 전가하는 행위 및 부당한 대물변제를 금지함으로써 수급사업자의 하도급대금 채권액이 확보될 수 있도록 하는 규정과 하도급대금의 지급이 부당하게 지연되지 않도록 하는 규정으로 나누어 볼 수 있다.

하도급대금 채권의 실질이 훼손되지 않도록 하기 위해서는 수급사업자가 지급받을 하도급대금 채권액을 적절한 시기에 지급받을 수 있어야 한다. 이에 하도급법은 하도급대금 채권액의 확보를 위하여 원사업자가 부당하게 하도급대금을 감액하지 못하도록 하고(법 제11조 제1항), 원사업자가 수급사업자로부터 지급받을 물품구매대금 등에 대한 부당결제청구를 금지하며(법 제12조), 원사업자가 수급사업자로 하여금 원사업자 또는 제3자에게 부당하게 경제적 이익을 제공할 것을 요구하는 행위를 금지하고(법 제12조의2), 원사업자가 수출할 물품을 수급사업자게 제조위탁 또는 용역위탁하여 관세 등을 환급받은 경우에는 이를 수급사업자에게 환급하도록 하며(법 제15조), 설계변경 등에 따라 원사업자가 발주자로부터 추가금액을 지급받은 경우에 하도급대금의 조정이 수급사업자에게 불리하게 이루어지지 않도록 규율하고(법 제16조 제1항), 원사업자가 하도급대금을 수급사업자의 의사에 반하여 물품으로 지급하지 못하도록 규정하고 있다(법 제17조).

그리고 하도급법은 하도급대금의 지급이 부당하게 지연되지 않도록 하도급대금의 지급기일에 관한 상세한 규정을 두고 있고(법 제13조), 원사업자의 파산 등의 사유가 발생한 경우에 발주자가 수급사업자에게 하도급대금을 직접 지급하도록 하고 있으며(법 제14조) 건설하도급의 경우에 원사업자의 대금지급보증 및 수급사업자의 계약이행보증에 관하여 규정하고 있다(법 제13조의2).

## 제 2 절 부당감액의 금지

하도급법 제11조(감액의 금지) ① 원사업자는 제조 등의 위탁을 할 때 정한 하도급대금을 감액하여서는 아니 된다. 다만, 원사업자가 정당한 사유를 입증한 경우에는 하도급대금을 감액할 수 있다.

② 다음 각 호의 어느 하나에 해당하는 원사업자의 행위는 정당한 사유에 의한 행위로 보지 아니한다.

1. 위탁할 때 하도급대금을 감액할 조건 등을 명시하지 아니하고 위탁 후 협조요청 또는 거래 상대방으로부터의 발주취소, 경제상황의 변동 등 불합리한 이유를 들어 하도급대금을 감액하는 행위
2. 수급사업자와 단가 인하에 관한 합의가 성립된 경우 그 합의 성립 전에 위탁한 부분에 대하여도 합의 내용을 소급하여 적용하는 방법으로 하도급대금을 감액하는 행위
3. 하도급대금을 현금으로 지급하거나 지급기일 전에 지급하는 것을 이유로 하도급대금을 지나치게 감액하는 행위
4. 원사업자에 대한 손해발생에 실질적 영향을 미치지 아니하는 수급사업자의 과오를 이유로 하도급대금을 감액하는 행위
5. 목적물등의 제조·수리·시공 또는 용역수행에 필요한 물품 등을 자기로부터 사게 하거나 자기의 장비 등을 사용하게 한 경우에 적정한 구매대금 또는 적정한 사용대가 이상의 금액을 하도급대금에서 공제하는 행위

> 6. 하도급대금 지급 시점의 물가나 자재가격 등이 납품등의 시점에 비하여 떨어진 것을 이유로 하도급대금을 감액하는 행위
> 7. 경영적자 또는 판매가격 인하 등 불합리한 이유로 부당하게 하도급대금을 감액하는 행위
> 8. 「고용보험 및 산업재해보상보험의 보험료징수 등에 관한 법률」, 「산업안전보건법」 등에 따라 원사업자가 부담하여야 하는 고용보험료, 산업안전보건관리비, 그 밖의 경비 등을 수급사업자에게 부담시키는 행위
> 9. 그 밖에 제1호부터 제8호까지의 규정에 준하는 것으로서 대통령령으로 정하는 행위
>
> ③ 원사업자가 제1항 단서에 따라 하도급대금을 감액할 경우에는 감액사유와 기준 등 대통령령으로 정하는 사항을 적은 서면을 해당 수급사업자에게 미리 주어야 한다.
>
> ④ 원사업자가 정당한 사유 없이 감액한 금액을 목적물 등의 수령일부터 60일이 지난 후에 지급하는 경우에는 그 초과기간에 대하여 연 100분의 40 이내에서 「은행법」에 따른 은행이 적용하는 연체금리 등 경제사정을 고려하여 공정거래위원회가 정하여 고시하는 이율에 따른 이자를 지급하여야 한다.

## Ⅰ. 하도급대금 부당감액 금지의 의의

### 1. 취지 및 개정법의 내용

하도급계약 체결 이후에 원사업자가 우월적 지위를 이용하여 하도급대금을 부당하게 감액하려고 하는 경우 수급사업자는 열악한 정보 및 거래단절의 위험 때문에 원사업자의 부당한 대금 감액 요청에 저항하기 어렵다. 하도급법은 수급사업자의 이러한 열악한 지위를 고려하여 원사업자가 애초에 정한 하도급 대금을 원칙적으로 감액하지 못하도록 하면서 예외적으로 원사업자가 정당한 사유를 입증한 경우에만 감액할 수 있도록 규정하고 있다. 2011년 개정 전에는 "수급사업자에게 책임을 돌릴 사유가 없는 경우"에 감액하지 못하도록 규정하고 있어서 소송의 승패를 좌우하는 입증책임의 부담이 수급사업자에게 돌려지는 불합리한 점이 있었다. 그런데 2011년 개정을 통하여 원사업자가 대금 감액의 정당성에 대한 입증책임을 부담하게 되었다. 또한 원사업자가 감액

할 경우 감액사유와 기준 등 대통령령으로 정하는 사항을 적은 서면을 수급사업자에게 미리 제출하도록 하는 의무규정[102]을 신설하여 수급사업자의 법적 보호를 한층 더하고 있다. 법은 부당감액으로 간주하는 9가지 행위를 열거하고 있다. 하도급대금의 부당감액행위는 그 형태와 수단·방법이 복잡·다양하기 때문에 위와 같은 일반규정이나 간주규정만으로는 위법성을 심사하는데 한계가 있을 수밖에 없었다. 이에 따라 공정거래위원회는 부당한 하도급대금의 결정 및 부당감액 행위와 관련하여 '부당한 하도급대금 결정 및 부당감액 행위에 대한 심사지침'[103]을 시행하고 있다.

## 2. 의 의

하도급대금을 감액한다고 하면 원사업자가 수급자에게 위탁을 할 당시 정한 대금을 그대로 지급하지 않고 이를 감하여 지급하는 것을 말한다. 감액여부에 대한 기준시점은 위탁을 할 때, 즉 원칙적으로 원사업자가 수급자에게 제조 등의 위탁을 하는 때를 기준으로 판단한다. 다만, 위탁계약 체결시 하도급거래가 빈번하여 대금결제·운송·검수·반품 등의 거래조건, 규격·재질, 제조공정 등과 관련된 일반적인 내용을 기본계약서에 담고, 단가·수량 등 하도급대금과 관련한 내용은 특약서 또는 발주서 등으로 위임하여 별도의 특약 또는 발주내용에 의거 하도급대금이 결정되는 경우에는 당해 특약 또는 발주내용이 수급사업자에게 통지되는 시점을 기준으로 한다.

---

102) 하도급법 시행령 제7조의2(하도급대금 감액 시 서면 기재사항) 법 제11조제3항에서 "감액사유와 기준 등 대통령령으로 정하는 사항"이란 다음 각 호의 사항을 말한다.
1. 감액 시 그 사유와 기준
2. 감액의 대상이 되는 목적물 등의 물량
3. 감액금액
4. 공제 등 감액방법
5. 그 밖에 원사업자의 감액이 정당함을 입증할 수 있는 사항

103) 「부당한 하도급대금 결정 및 부당감액 행위에 대한 심사지침」(공정거래위원회 예규 제182호, 2013. 11. 27. 개정).

## 3. 부당한 하도급대금 결정 금지(법 제4조)와의 구별

법 제4조 제1항은 하도급 계약 체결 당시 부당하게 일반적으로 지급되는 대가보다 낮은 수준으로 하도급대금을 결정하지 못하도록 규정하고 있다. 법 제4조가 계약 체결 당시를 규율하는 것이라면, 법 제11조 부당감액금지는 계약 체결 후 사정의 변경에 대해 규율하고 있다. 부당한 하도급대금 결정 금지 의무는 일반적으로 지급되는 대가보다 낮은 수준으로 하도급대금을 결정하는 것을 금지하는 것으로 '일반적 대가보다 낮은 수준인지 여부'에 대해서는 '수급사업자'에게 입증책임이 있다. 반면, 부당한 대금감액 금지의무는 원칙적으로 하도급대금을 감액하지 못하고 예외적으로 정당한 사유가 있는 경우에만 감액이 가능하다는 점을 규정하고 있으므로, 법문상 '정당한 사유'의 입증책임은 '원사업자'에게 있다.

'하도급대금 결정'과 '하도급대금 감액'을 좀 더 분별하여 살펴본다면, 계약기간 중(계약기간 만료에 따른 계약기간 자동연장의 경우를 포함한다)에 당초 하도급대금 결정시 약정된 수량 외에 새로이 발주되는 수량에 대하여 당초 약정된 단가를 변경하여 적용하는 것은 '하도급대금의 결정'으로 보아 부당대금감액에 해당하지 않을 것이나, 당초 약정된 수량에 대하여 단가를 인하하여 적용하는 것은 '하도급대금의 감액'으로 보아 본 조가 적용될 것이다. 또 수량을 정함이 없이 납품 단가만 먼저 확정한 후 수량을 발주한 후 단가를 인하하는 것 역시 "하도급대금의 감액"으로 볼 것이다.

반면, 신규 개발품 등과 같이 원사업자가 제조 등의 위탁을 할 때 하도급 대금을 확정하지 못하여 임시단가(또는 가단가)를 정해 위탁한 뒤 나중에 대금을 확정하기로 수급사업자와 합의한 경우, 나중에 대금을 확정하는 것을 "하도급대금의 결정"으로 본다.[104]

## 4. 본 규정의 강행규정성 여부

대법원은 "하도급거래공정화에관한법률(이하 '하도급법'이라 한다) 제11조는

104) 「부당한 하도급대금 결정 및 부당감액 행위에 대한 심사지침」 Ⅲ.

그 규정에 위반된 대금감액 약정의 효력에 관하여는 아무런 규정을 두지 않는 반면 규정을 위반한 원사업자를 벌금형에 처하도록 하면서 그 규정 위반행위 중 일정한 경우만을 공정거래위원회에서 조사하게 하여 그 위원회로 하여금 그 결과에 따라 원사업자에게 시정조치를 명하거나 과징금을 부과하도록 규정하고 있을 뿐이므로, 위 규정은 그에 위배한 원사업자와 수급사업자 간의 계약의 사법상의 효력을 부인하는 조항이라고 볼 것은 아니다"[105]고 판시하여 본 조항의 강행규정성을 부정하고 있다.

다만 동 판례에서는 "하도급거래 공정화에 관한 법률의 입법 목적과 입법 취지 등에 비추어 보면, 같은 법 제11조 제2항 각 호에 해당하는 행위를 한 원사업자가 우월적 지위를 이용하여 수급사업자의 자발적 동의에 의하지 않고 하도급대금을 부당하게 감액한 경우에는 그 하도급대금의 감액 약정이 민법상 유효한지 여부와 관계없이 그 자체가 하도급거래공정화에 관한 법률 제11조를 위반한 불공정 거래행위에 해당하는 것으로서 위 규정에 의하여 보호되는 수급사업자의 권리나 이익을 침해하는 불법행위를 구성하고, 원사업자는 이로 인하여 수급사업자가 입은 손해를 배상할 책임이 있다"고 판시하고 있다.

법제11조의 위반행위를 한 원사업자에게 벌칙, 과징금, 시정명령을 부과하도록 하여 수급사업자 등을 보호하고 공정한 하도급거래를 조성하고자 하는 법의 목적에 비추어 보면, 법제11조를 위반한 사법상의 효력을 무효로 하는 법조항의 신설이 필요하며 이에 따라 수급사업자가 부당하게 감액된 대금을 지급받기 위하여 법 위반 행위 이전의 사법상 약정에 따른 계약상 청구와 불법행위 청구를 선택적 또는 중첩적으로 할 수 있도록 하여야 한다.

## Ⅱ. 부당감액 금지의 입증책임

### 1. 개정법의 내용 - 원사업자가 정당한 사유를 입증할 것

개정 전에는 "원사업자는 수급사업자에게 책임을 돌릴 사유가 없는 경우

105) 대법원 2011. 1. 27. 선고 2010다53457 판결

에는 제조 등의 위탁을 할 때 정한 하도급대금을 부당하게 감액하여서는 아니 된다"고 규정하고 있어 사실상 수급사업자가 자신의 책임 없음과 부당성을 모두 입증해야 하는 불합리한 면[106][107][108]이 있었다. 그러나 2011년 개정으로 위와 같은 요건이 모두 폐지되고 원사업자는 원칙적으로 하도급대금을 감액할 수 없고 예외적으로 원사업자 스스로 이에 대한 정당한 사유가 있음을 입증하는 경우에만 대금감액을 감액할 수 있다. 그러므로 원사업자와 수급자 사이에 합의의 방식으로 감액하였다 하더라도 그 감액이 제반 정황에 비추어 수급사업자의 내심의 의사에 반하고 원사업자의 우월적 지위에 의해 수급사업자가 동의한 경우에는 본조에 의해 금지된다.

감액의 정당성 여부는 하도급계약 체결 및 감액의 경위, 계약이행 내용, 목

106) 공정거래위원회 1997. 5. 15. 의결 9603부사0191.
피스톤에 사용되는 피스톤 핀을 제조위탁·납품받고 자동차엔진용 피스톤에 대하여 동 제품의 해외수출전담회사가 제품에 결함이 있음을 이유로 클레임을 제기하자 자신에게 핀만 납품한 수급사업자에게 아무런 객관적인 근거도 없이 동 클레임에 대한 책임을 일방적으로 물어 하도급대금에서 클레임 명목으로 감액한 사례로서 부당감액으로 인정하고 시정명령을 하였다.

107) 공정거래위원회 2005. 11. 24. 의결 2006부사1733.
수급사업자로부터 물품을 납품받고 불량사실을 납품일로부터 최소 44일, 최대 120일이 지난 시점에 통보하고 불량발생을 이유로 하도급대금을 감액한 사례에서 공정거래위원회는 "피심인은 수급사업자에게 납품일로부터 상당한 기간이 지난 후 불량사실을 일방적으로 고지하였으므로 하도급법 제9조에 의해 합격한 것으로 봄이 타당하고 결함발생의 이유가 명확하지 않고 물품의 결함여부를 수급사업자에게 미리 알려 주었다면 하자를 예방할 수도 있었기 때문에 수급사업자에게 책임을 돌릴 사유가 없음에도 부당하게 감액한 것이다"라고 하여 시정명령을 하였다.

108) 공정거래위원회 2006. 10. 30. 의결 2005전사1087.
수급사업자에게 자동차전기장치 품목인 와이어링 하네스의 조립을 위탁한 후, 납품검사단계에서 불량품이 발견된 경우 반품 및 교환하는 방법을 통하여 해결하는 것이 적정함에도 불구하고, 하도급목적물을 수급사업자로부터 받은 이후 피심인의 창고에서 발주자의 자동차 생산라인까지 옮겨지는 과정에서 제품불량이 발생할 수 있는데 수급사업자에게 불량의 책임을 모두 돌려 페널티를 부과하였으며 피심인은 발주자로부터 납기지연 및 제품불량을 이유로 페널티 금액을 부과받은 사실이 없는데도 제품불량에 대해 일정액의 페널티를 부과하는 방법으로 하도급대금을 부당감액하였다"라고 하여 경미한 수급사업자의 과오를 이유로 부당감액을 한 것으로 보고 시정명령을 하였다.

적물의 특성과 그 시장상황, 감액된 하도급대금의 정도, 감액방법과 수단, 수급사업자의 귀책사유 등 여러 사정을 종합적으로 고려하여 판단한다. 감액은 명목이나 방법, 시점, 금액의 다소를 불문하고, 원사업자가 수급사업자의 귀책사유 등 감액의 정당한 사유를 입증하지 못하는 경우에는 법위반으로 판단한다.

공정거래위원회의 대금결정 및 감액지침에서는 원사업자 대금감액의 정당한 사유를 아래와 같이 예시[109]하고 있다.

① 하도급계약 체결 후에 원사업자가 수급사업자가 제출한 하도급대금 산정자료에 중대하고 명백한 착오를 발견하여 이를 정당하게 수정하고 그 금액을 감액하는 경우
② 수급사업자가 위탁내용과 다른 목적물 또는 불량품을 납품하거나 정해진 납기일을 초과하여 납품하는 등 수급사업자의 귀책사유로 인해 원사업자가 납품된 목적물을 반품하고, 반품된 해당 목적물의 하도급대금을 감액하는 경우
③ 수급사업자가 수리가 가능한 불량품을 납품하였으나 반품을 하여 수리를 시킬 시간적 여유가 없어 원사업자가 스스로 수리하여 사용하고 그 비용을 감액하는 경우. 단, 사전에 수급사업자가 납득할 수 있는 구체적인 수리비용 산정기준이 필요하며, 감액은 이러한 산정기준에 따라 산출된 금액에 한정되어야 한다.
④ 원사업자가 수급사업자에게 무상으로 장비를 사용할 수 있도록 하였으나, 수급사업자의 장비관리 소홀로 인해 장비가 훼손되어 해당 장비에 대한 적정수리비를 하도급대금에서 공제하는 경우

## 2. 정당한 사유가 없는 대금감액의 예시[110]

공정거래위원회의 「대금결정 및 감액지침」은 하도급대금 결정 및 부당감액에 대하여 하도급법 및 하도급법시행령의 내용을 보다 구체적이고 명확하게 규정함과 아울러 구체적인 심사기준을 마련하여 위반행위 유형별로 구체화된 기준을 제시하고 있다. 이러한 심사지침은 하도급법의 명시적인 위임에 근거한 것은 아니고 공정거래위원회가 하도급법 위반행위에 대한 효율적인 심사를

109) 부당한 하도급대금 결정 및 부당감액 행위에 대한 심사지침」Ⅴ. 1.
110) 부당한 하도급대금 결정 및 부당감액 행위에 대한 심사지침」Ⅴ. 1.

위하여 제정한 행정기관 내부의 업무처리지침으로 보아야 할 것이다. 아래는 지침내용 중 정당한 사유가 없는 감액행위로 판단한 법위반 예시이다.

> ① 원사업자가 수급사업자로부터 위탁 목적물을 수령하여 자신의 물류센터에 보관하는 과정에서 폭우로 인해 유실된 수량에 해당하는 금액을 대금지급시 공제하는 행위
> ② 건설업자인 원사업자가 수급사업자로부터 교량신축공사의 목적물을 인수하여 관할 지방자치단체에 준공검사를 신청하였으나 원사업자가 제공한 설계하자에 의한 부실공사로 인해 준공검사를 득하지 못하였음에도 그것을 이유로 하도급대금을 감액하는 행위
> ③ 공정거래위원회의 과징금 납부명령이나 시정명령 또는 원사업자의 자진시정으로 인해 이미 납부하거나 지급한 과징금, 어음할인료, 지연이자, 하도급대금 등의 전부 또는 일부 금액을 감액하여 지급하는 행위
> ④ 법정 검사기간 경과 후 불량 등을 이유로 반품하고 그 만큼 감액하여 하도급대금을 지급하는 경우
> ⑤ 구두로 납기 등을 연기한 후 당초 서면계약서상의 납기를 준수하지 아니한 것으로 처리하여 감액하는 경우
> ⑥ 당초 계약내용과 달리 간접노무비, 일반관리비, 이윤, 부가가치세 등을 감액하는 행위
> ⑦ 목적물을 저가로 수주하였다는 등의 이유로 당초 계약과 다르게 하도급 대금을 감액하는 행위
> ⑧ 단가 및 물량에는 변동이 없으나 운송조건, 납품기한 등의 거래조건을 당초 계약내용과 달리 추가비용이 발생하는 내용으로 변경하고 그에 따른 추가비용을 보전해주지 아니하는 행위
> ⑨ 당초 계약과 달리 환차손 등을 수급사업자에게 전가시키는 행위
> ⑩ 원사업자가 일방적으로 결제화폐를 수급사업자에게 불리한 화폐로 변경하여 환율변동에 따른 손실을 부담지우는 행위
> ⑪ 단가와 수량에 의해 하도급대금이 확정된 후에 수량을 감축하여 하도급 대금을 감액하고 단가인상 등의 보전을 해주지 아니하는 행위
> ⑫ 수급사업자에게 무상으로 장비를 사용할 수 있도록 한 후 사전협의 없이 하도급대금에서 장비사용료를 공제하는 행위
> ⑬ 하도급거래 기간 중에 당초 계약시 정하지 아니한 판매장려금이나 기타 부대비용 등을 수급사업자에게 부담시키는 행위
> ⑭ 원사업자가 수급사업자와 당초 합의한 표준품셈을 수급사업자에게 책임을 돌릴 사유가 없음에도 일방적으로 변경하여 적용함으로써 하도급대금을 감액하는 행위

> ⑮ 해당 공사의 설계변경 또는 물가변동 등에 따른 추가금액을 지급하여야 함에도 불구하고, 수급사업자가 낙찰 받은 차기 공사의 계약체결을 조건으로 수급사업자로 하여금 추가금액의 수령을 포기하도록 하는 행위
> ⑯ 수급사업자의 요청 또는 원·수급사업자간 합의에 의해 잔여 공사분을 원사업자가 직영으로 시공한 후 지출한 비용에 대한 합당한 증빙자료도 제시하지 아니하고 하도급대금에서 잔여 공사비용을 공제하는 행위
> ⑰ 원사업자가 철근 등 지급자재의 가공·보관을 제3자에게 위탁하고 수급사업자는 그 제3자로부터 자재를 납품받아 시공토록 하면서, 자재의 훼손, 분실 등에 대한 책임소재를 명확히 하지 아니하고 일방적으로 자재비 손실액을 하도급대금에서 감액하는 행위

## Ⅲ. 부당감액 간주

하도급법 제11조 제2항은 일정한 경우 원사업자가 감액에 대해 정당한 사유가 없는 것으로 간주되는 행위를 규정하고 있다. 이 규정에 해당하는 때에는 부당감액 금지에 관한 일반규정인 하도급법 제11조 제1항에 해당하는지 여부를 따질 필요 없이 부당감액에 해당하는 것으로 본다. 간주 규정이므로 부당성 여부를 다투어서 적용을 배제할 수 없다고 할 것이다.

다만, 제7호는 다른 간주 규정과는 달리 "부당하게"라고 명시하고 있어 수급사업자가 감액행위의 부당성의 입증책임을 부담하는 것처럼 규정되어 있다. 이는 하도급법 제11조 제1항에 규정한 원사업자의 입증책임 규정과 배치되므로 제7호의 "부당하게"를 삭제하는 것이 타당하다.

### 1. 위탁 후 불합리한 사유로 대금을 감액하는 행위(법 제11조 제2항 제1호)[111)]

#### (1) 의 의

원사업자가 수급사업자에게 제조 등의 위탁을 할 때 하도급대금을 감액할 조건 등을 명시하지 아니하고 위탁 후 협조요청 또는 거래 상대방으로부

111) 이하는 모두 「부당한 하도급대금 결정 및 부당감액 행위에 대한 심사지침」을 참고.

터의 발주취소, 경제상황의 변동 등 불합리한 이유를 들어 하도급대금을 감액하는 행위는 부당감액으로 간주된다.[112)]

제조 등의 위탁을 할 때 하도급대금을 감액할 조건을 명시한 경우에도 감액조건이 수급사업자에게 일방적으로 불리한 것인지의 여부, 객관적이고 합리적으로 정당성을 가지는 것인지의 여부를 기준으로 판단한다. 따라서 수급사업자에게 일방적으로 불리하거나 객관적이고 합리적 정당성을 가지지 못하는 감액조건에 따른 감액은 위법한 것으로 판단한다.

### (2) 법 위반 사례의 예시[113)]

① 원사업자가 불경기에 따른 소비위축으로 목적물 등에 대한 판매부진을 만회하기 위해 광고·경품 등의 마케팅 비용의 지출을 늘린 후 그 비용의 일부를 하도급대금에서 공제하는 행위
② 원사업자가 자재 및 장비 등을 공급하기로 한 경우 이를 지연하여 공급하거나 사실상 무리한 납기·공기를 정해 놓고 이 기간 내에 납품 또는 준공하지 못함을 이유로 감액하는 행위
③ 장기·계속적 발주를 이유로 이미 확정된 하도급대금을 감액하는 행위
④ 하도급대금을 총액으로 확정하여 계약한 후 공정 또는 공종 등에 대한 구체적 산출내역상 수급사업자의 이익률이 높게 반영되었다는 이유로 하도급대금을 감액하는 행위
⑤ 원사업자가 자신의 검수조건에 따라 수급사업자로부터 납품받은 목적물에 대해 발주자로부터 불량제품이라는 이유로 반품되자 이에 대한 책임소재를 분명하게 가리지 않고 일방적으로 그 제조공정에 관련된 수급사업자들에게 그 비용을 분담시키는 행위

---

112) 공정거래위원회 2006. 10. 30. 의결 2005전사1087.
공정거래위원회는 원사업자가 수급사업자와 하도급계약을 체결하면서 납품단가를 정한 이후 하도급계약서에서 하도급단가 조정사유로 명시한 바 없음에도 수급사업자들의 생산성향상이라는 이유로 하도급대금을 감액한 사례에서 부당감액으로 인정하고 시정명령을 하였다.

113) 부당한 하도급대금 결정 및 부당감액 행위에 대한 심사지침」Ⅴ. 2. 가.

## 2. 단가인하에 관한 합의가 있더라도 합의성립 전 위탁한 부분까지 소급적용하는 행위(법 제11조 제2항 제2호)

### (1) 의 의

본 호는 원사업자의 우월적 지위로 수급사업자와 단가인하를 소급적용하는 것을 금지한다. 따라서 단가인하에 관해 합의가 성립한 시점 또는 그 이후에 해당 합의 성립 전에 위탁한 부분까지 합의한 단가를 소급 적용하여 하도급대금을 감액한 사실이 있는지를 따져 법위반 여부를 판단한다.

### (2) 법 위반 사례의 예시

| 원사업자가 수급사업자와 단가인하에 관한 합의가 성립한 경우, 합의 이전에 위탁하여 합의 이후에 납품 등이 이루어진 목적물에 등에 대하여 인하된 단가를 적용하여 지급하는 행위 |
|---|

## 3. 현금으로 지급하거나 지급기일 전 지급을 이유로 대금을 지나치게 감액하는 행위(법 제11조 제2항 제3호)

### (1) 의 의

"지나친 감액"의 해당여부는 현금지급, 조기지급 등의 지급조건변경이 당초 계약시 약정한 지급수단이나 지급기일 등의 조건에 비해 수급사업자에게 유리한 것인지 여부와 감액규모, 지급조건 변경에 따른 수급사업자의 이익정도와 경영상황, 금리수준 등 금융시장상황 등을 고려하여 판단한다.[114)]

114) 공정거래위원회 2006. 12. 11. 의결 2006부사1722.
공정거래위원회는 수급사업자와 하도급대금지급조건을 어음 50%, 현금 50%로 정했음에도 전액 현금으로 지급함을 이유로 감액한 사례에서 부당감액으로 인정하고 시정명령을 하였다.

### (2) 법 위반 사례의 예시

① 하도급대금을 목적물 수령일로부터 60일째 되는 날 만기 2개월 어음으로 지급하기로 계약하였으나 원사업자가 일방적으로 현금으로 지급하면서 당시의 예금은행 가중평균 여신금리(한국은행 발표)에 해당하는 금액을 초과하여 감액하는 행위
② 하도급대금을 목적물 수령일로부터 60일째 되는 날 현금으로 지급하기로 계약한 후 원사업자가 일방적으로 30일 앞당겨 현금으로 지급하면서 당시의 예금은행 가중평균 여신금리(한국은행 발표)에 해당하는 금액을 초과하여 감액하는 행위

## 4. 수급사업자의 과오를 이유로 대금을 감액하는 행위(법 제11조 제2항 제4호)

### (1) 의 의

수급사업자의 과오가 원사업자의 손해발생에 실질적으로 영향을 미쳤는지 여부, 즉 수급사업자의 과오와 원사업자의 손해발생 간 직접적인 인과관계가 존재하는 지 여부를 기준으로 위법성을 판단한다. "수급사업자의 과오"가 원사업자의 손해발생에 실질적으로 영향을 미치지 아니하는 경미한 수준이라면 이를 이유로 대금을 감액하는 경우 법위반에 해당한다.

### (2) 법 위반 사례의 예시[115)]

수급사업자가 원사업자로부터 제공받은 규격과 재질, 성능 등 모든 조건을 충족한 완제품 조립용 부품을 원사업자의 검수를 거쳐 원사업자가 지정한 장소로 운송하는 과정에서 단순한 포장지의 오·훼손을 이유로 원사업자가 일방적으로 하도급대금을 감액하는 행위

115) 부당한 하도급대금 결정 및 부당감액 행위에 대한 심사지침」 V. 2. 라.

## 5. 필요한 물품이나 장비를 자기로부터 사게 하거나 사용하게 한 경우 적정 금액 이상을 대금에서 공제하는 행위(법 제11조 제2항 제5호)

### (1) 의 의

본 호에서 적정한 구매대금 또는 사용대가인지 여부는 당해 물품·장비 등의 구매대금 또는 사용대가가 당시 동일·유사한 물품·장비 등의 시장가격이나, 원사업자가 다른 수급사업자에게 판매하거나 사용하게 한 물품·장비 등에 대한 판매대금 또는 사용대가를 기준으로 판단한다.

### (2) 법 위반 사례의 예시

| |
|---|
| ① 원사업자가 토목공사에 필요한 자기 소유의 중장비를 수급사업자에게 실비로 임대하는 조건으로 하도급계약을 한 후 하도급대금 지급시에 시장가격보다 비싸게 장비임대료를 공제하는 행위<br>② 원사업자가 자기의 계열회사의 장비를 사용하게 하고 제1회차 대금지급시 아직 사용하지 아니한 기간 동안의 장비사용료를 모두 선제공하는 행위 |

## 6. 대금 지급 시점의 물가 등이 납품 시점에 비하여 떨어진 것을 이유로 감액하는 행위(법 제11조 제2항 제6호)

### (1) 의 의

제조 등의 위탁을 할 때 정한 하도급대금은 납품 등이 이루어지기 이전에 합리적 정당성을 가지는 이유에 의한 단가 등의 변경이 없는 한 제조 등의 위탁을 할 때 정한 단가 등에 의하여 산출된 하도급대금을 지급하는 것이 타당하므로, 납품 등이 이루어진 이후에 발생한 사유를 들어 감액하는 것은 원칙적으로 위법한 것으로 판단한다.

### (2) 법 위반 사례의 예시

목적물 등의 제조 등에 소요되는 원자재의 가격이 목적물을 발주 또는 납품할 당시까지는 변동이 없었으나, 발주 또는 납품이 이루어진 이후에 하락하였음을 이유로 대금지급시 감액하는 행위

## 7. 경영적자 또는 판매가격 인하 등 불합리한 이유로 부당하게 감액하는 행위 (법 제11조 제2항 제7호)

### (1) 의 의

원사업자의 경영적자 또는 판매가격 인하는 원사업자의 책임있는 사유이거나 원사업자의 지배범위 내에 있는 사유로서 수급사업자의 책임으로 돌릴 수 있는 사유가 될 수 없다. 따라서 수급사업자의 책임으로 돌릴 수 있는 사유가 없음에도 원사업자가 경영적자 또는 판매가격 인하 등을 이유로 하도급대금을 감액하는 행위는 감액이유 및 방법이 합리적 타당성이 없어 부당하게 하도급대금을 감액하는 경우에 해당한다.

### (2) 법 위반 사례의 예시

① 원사업자가 전년도의 임직원 임금인상, 신규투자 증대, 판매부진, 환율변동 등에 따른 적자폭의 증가를 이유로 당초 계약된 하도급대금을 일방적으로 감액하는 행위
② 환율변동으로 원사업자가 목적물 등에 대한 수출가격이 하락하였다는 이유로 계약조건과 달리 환차손실을 수급사업자에게 분담할 것을 협조 요청하는 방법으로 전가시키는 행위
③ 원사업자의 노사분규로 인한 경영손실을 고통분담 차원에서 수급사업자의 하도급대금에서 감액하는 행위

### 8. 법에 따라 원사업자가 부담하여야 하는 고용보험료, 산업안전관리비 등의 경비를 수급사업자에게 부담시키는 행위(법 제11조 제2항 제8호)

#### (1) 의 의

본호는 관계법령에 따라 보험료 등을 원사업자가 부담할 의무가 있음에도 불구하고 이를 수급사업자에게 전가하는 행위를 하도급대금 부당감액으로 보아 금지하는 것이다.

#### (2) 법위반 사례의 예시

| ① 원사업자가 관계법령에 따라 부담해야 할 고용보험료나 산업안전보건관리비를 수급사업자로 하여금 지급하도록 하고 이를 보전해 주지 아니하는 행위<br>② 원사업자가 접대비 등의 영업활동비를 목적물의 수주와 관련 있다는 이유로 수급사업자에게 부담시키는 행위 |
|---|

## Ⅳ. 위반의 효과 및 제재수단

### 1. 연체이자의 지급

부당감액에 대한 특별한 제재수단으로 법은 원사업자에게 고율의 연체이자를 지급하도록 규정하고 있다. 즉, 원사업자가 부당감액한 금액을 목적물 등의 수령일로부터 60일이 지난 후에 지급하는 경우에는 그 초과기간에 대하여 연100분의 40 이내에서 은행법에 따른 금융기관이 적용하는 연체금리 등 경제사정을 고려하여 공정거래위원회가 정하여 고시하는 이율(연 15.5%)[116]에 따른 이자를 지급하도록 함으로써 부당감액한 금액에 가산하여야 할 지연손해금율 및 지연손해금 발생시기에 관한 특칙을 규정하고 있다.

본조에 의해 수급사업자는 원사업자에 대해 지연손해금에 대한 실체법적 청구권을 가지므로 공정거래위원회를 통한 간접강제 방식 이외에 민사소송(하도

116) 「선급금 등 지연지급 시의 지연이율 고시」(공정거래위원회 고시 제 2015-4호. 2015. 6. 30. 개정).

급대금 지급 지연이자 청구 소송)을 통하여 법원에 직접 청구할 수 있다.

원사업자와 수급사업자 사이의 지연손해 이율이 위 규정보다 더 높은 경우 본 항은 부당감액의 경우 수급사업자를 보호하기 위한 규정이므로 원사업자와 수급사업자 사이의 지연손해금에 관한 약정이 수급사업자에게 유리한 경우에는 그 약정이 적용되는 것으로 보아야 할 것이다.

## 2. 부당한 감액 행위의 민사적 효력

### (1) 계약이 무효인지 여부

부당한 대금 감액 행위가 민법 제104조에 규정된 불공정한 법률행위로서 무효가 될 수 있는가. 대법원은 수급사업자가 원사업자에 대해 제기한 민사상 손해배상청구 사건에서 "민법 제104조에 규정된 불공정한 법률행위는 객관적으로 급부와 반대급부 사이에 현저한 불균형이 존재하고, 주관적으로 그와 같이 균형을 잃은 거래가 피해 당사자의 궁박, 경솔 또는 무경험을 이용하여 이루어진 경우에 성립하는 것으로서, 약자적 지위에 있는 자의 궁박, 경솔 또는 무경험을 이용한 폭리행위를 규제하려는 데에 그 목적이 있고, 불공정한 법률행위가 성립하기 위한 요건인 궁박, 경솔, 무경험은 모두 구비되어야 하는 요건이 아니라 그 중 일부만 갖추어져도 충분한데, 여기에서 '궁박'이라 함은 '급박한 곤궁'을 의미하는 것으로서 경제적 원인에 기인할 수도 있고 정신적 또는 심리적 원인에 기인할 수도 있으며, 당사자가 궁박한 상태에 있었는지 여부는 그의 나이와 직업, 교육 및 사회경험의 정도, 재산 상태 및 그가 처한 상황의 절박성의 정도 등 여러 사정을 종합하여 구체적으로 판단하여야 하며, 한편 피해 당사자가 궁박한 상태에 있었다고 하더라도 그 상대방 당사자에게 그와 같은 피해 당사자 측의 사정을 알면서 이를 이용하려는 의사, 즉 폭리행위의 악의가 없었다거나 또는 객관적으로 급부와 반대급부 사이에 현저한 불균형이 존재하지 아니한다면 민법 제104조에 규정된 불공정 법률행위는 성립하지 않는다."[117]고 판시하여 소극적인 입장이다.

그렇다면 법 제11조가 강행규정에 해당하여 민법 제103조 선량한 풍속 기타 사회질서 위반으로 무효가 될 수 있는가. 대법원은 위 사건에서 "하도급거래공정화에 관한 법률 제11조는 그 규정에 위반된 대금감액 약정의 효력에 관하여는 아무런 규정을 두지 않는 반면 그 규정을 위반한 원사업자를 벌금형에 처하도록 하면서 그 규정 위반행위 중 일정한 경우만을 공정거래위원회에서 조사하게 하여 그 위원회로 하여금 그 결과에 따라 원사업자에게 시정조치를 명하거나 과징금을 부과하도록 규정하고 있을 뿐이므로, 위 규정은 그에 위배한원사업자와 수급사업자 간의 계약의 사법상의 효력을 부인하는 조항이라고 볼 것은 아니다"고 판시하여 이도 부정하고 있다.

### (2) 불법행위책임 성립 여부

위 사건에서 대법원은 불법행위 책임을 인정하면서 다음과 같이 판시하였다.

"하도급거래 공정화에 관한 법률의 입법 목적과 입법 취지 등에 비추어 보면, 같은 법 제11조 제2항 각 호에 해당하는 행위를 한 원사업자가 우월적 지위를 이용하여 수급사업자의 자발적 동의에 의하지 않고 하도급대금을 부당하게 감액한 경우에는 그 하도급대금의 감액 약정이 민법상 유효한지 여부와 관계없이 그 자체가 하도급거래 공정화에 관한 법률 제11조를 위반한 불공정 거래행위에 해당하는 것으로서 위 규정에 의하여 보호되는 수급사업자의 권리나 이익을 침해하는 불법행위를 구성하고, 원사업자는 이로 인하여 수급사업자가 입은 손해를 배상할 책임이 있다. 여기서 하도급대금의 감액 약정이 수급사업자의 자발적인 동의에 의한 것인지 여부는 수급사업자에 대한 원사업자의 거래상 우월적 지위의 정도, 수급사업자의 원사업자에 대한 거래의존도, 거래관계의 지속성, 거래의 특성과 시장상황, 거래 상대방의 변경가능성, 당초의 대금과 감액된 대금의 차이, 수급사업자가 완성된 목적물을 인도한 시기와 원사업자가 대금 감액을 요구한 시기와의 시간적 간격, 대금감액의 경위, 대금감액에 의하여 수급사업자가 입은 불이익의 내용과 정도 등을 정상적인 거래관행이나

117) 대법원 2011. 1. 27. 선고 2010다53457 판결.

상관습 및 경험칙에 비추어 합리적으로 판단하여야 한다."[118]

## 3. 기타 제재수단

원사업자의 하도급대금 감액은 법 위반 행위이다. 따라서 누구든지 공정거래위원회에 그 위반사실을 신고할 수 있고, 공정거래위원회는 하도급대금에 관한 분쟁을 조정하거나, 발주자와 원사업자에 대하여 하도급대금 등의 지급, 법 위반행위의 중지, 향후 재발방지, 그 밖에 시정에 필요한 조치를 권고하거나 명할 수 있다. 또한 수급사업자에게 제조 등의 위탁을 한 하도급대금이나 발주자로부터 제조 등의 위탁을 받은 하도급대금의 2배를 초과하지 아니하는 범위에서 과징금을 부과할 수 있다. 시정조치 과징금과 별도로 하도급대금의 2배에 상당하는 금액 이하의 벌금형이 부과될 수 있다.

**판례 원사업자의 부당대금감액행위에 대해 민사적 효력은 인정하면서도 불법행위 책임을 인정한 사례(대법원 2011. 1. 27. 선고 2010다53457 판결)**

1. 민법 제104조 위반에 관한 법리오해, 채증법칙 위반, 판단누락 등의 점에 대하여

(1) 민법 제104조에 규정된 불공정한 법률행위는 객관적으로 급부와 반대급부 사이에 현저한 불균형이 존재하고, 주관적으로 그와 같이 균형을 잃은 거래가 피해 당사자의 궁박, 경솔 또는 무경험을 이용하여 이루어진 경우에 성립하는 것으로서, 약자적 지위에 있는 자의 궁박, 경솔 또는 무경험을 이용한 폭리행위를 규제하려는 데에 그 목적이 있고, 불공정한 법률행위가 성립하기 위한 요건인 궁박, 경솔, 무경험은 모두 구비되어야 하는 요건이 아니라 그 중 일부만 갖추어져도 충분한데, 여기에서 '궁박'이라 함은 '급박한 곤궁'을 의미하는 것으로서 경제적 원인에 기인할 수도 있고 정신적 또는 심리적 원인에 기인할 수도 있으며, 당사자가 궁박한 상태에 있었는지 여부는 그의 나이와 직업, 교육 및 사회경험의 정도, 재산 상태 및 그가 처한 상황의 절박성의 정도 등 여러 사정을 종합하여 구체적으로 판단하여야 하며, 한편 피해 당사자가 궁박한 상태에 있었다고 하더라도 그 상대방 당사자에게 그와 같은 피해 당사자 측의 사정을 알면서 이를 이용하려는 의사, 즉 폭리행위의 악의가 없었다거나 또는 객관적으로 급부와 반대급부 사이에 현저한 불균형이 존재하지 아니한다면 민법 제104조에 규정된 불공정 법률행위는 성립하

118) 대법원 2011. 1. 27. 선고 2010다53457 판결.

지 않는다.

(2) 원심판결 이유를 위 법리와 기록에 비추어 보면, 원심이 그 판시와 같은 사실을 인정한 다음, 피고가 원고에게 제대로 공사대금을 지급하지 않아서 원고가 심각한 경영난에 빠졌다고 볼 수 없으므로, 이 사건 각 정산합의가 원고의 궁박한 상태에서 이루어진 불공정한 법률행위로서 무효라는 원고의 주장을 배척하고, 나아가 원고와 피고가 S-404호에 대한 도급계약의 이행을 조건으로 하여 S-401 내지 S-403호에 대한 정산합의를 하고, H-502호 내지 H-504호에 대한 도급계약의 이행을 조건으로 하여 H-501호에 대한 정산합의를 하였다는 점을 인정할 아무런 증거가 없으므로, S-404호와 H-502호 내지 H-504호에 도급계약이 이행되지 않아 이 사건 각 정산합의가 무효라는 원고의 주장을 배척한 것은 모두 정당하다. 원심판결에는 상고이유에서 주장하는 바와 같은 민법 제104조 위반에 관한 법리오해, 채증법칙 위반, 판단누락 등의 위법이 없다.

2. 하도급거래 공정화에 관한 법률 제11조의 강행규정 여부에 관한 법리오해의 점에 대하여

하도급거래 공정화에 관한 법률(이하 '하도급법'이라 한다) 제11조는 그 규정에 위반된 대금감액 약정의 효력에 관하여는 아무런 규정을 두지 않는 반면 그 규정을 위반한 원사업자를 벌금형에 처하도록 하면서 그 규정 위반행위 중 일정한 경우만을 공정거래위원회에서 조사하게 하여 그 위원회로 하여금 그 결과에 따라 원사업자에게 시정조치를 명하거나 과징금을 부과하도록 규정하고 있을 뿐이므로, 위 규정은 그에 위배한 원사업자와 수급사업자 간의 계약의 사법상의 효력을 부인하는 조항이라고 볼 것은 아니다.

3. 하도급법 제11조 위반에 의한 불법행위 성립에 관한 법리오해 등의 점에 대하여

하도급법은 공정한 하도급거래질서를 확립하여 원사업자와 수급사업자가 대등한 지위에서 상호보완적으로 균형 있게 발전할 수 있도록 함으로써 국민경제의 건전한 발전에 이바지함을 목적으로 제정된 법으로서, 하도급거래에 있어서 원사업자의 부당한 행위를 억제하고 수급사업자의 열위적 지위를 보완하여 하도급거래가 상호보완적인 협조관계에서 이루어지도록 유도함으로써 분업화와 전문화를 통한 생산성의 향상에 기여하려는 데 그 취지가 있다. 하도급법은 원사업자의 수급사업자에 대한 불공정거래 행위에 대한 규제로서 제11조 제1항에서 "원사업자는 수급사업자에게 책임을 돌릴 사유가 없음에도 불구하고 제조 등의 위탁을 할 때 정한 하도급대금을 부당하게 감액(이하 '부당감액'이라 한다)하여서는 아니 된다"고 규정하고 있고, 같은 조 제2항에서 "다음 각 호의 1에 해당하는 원사업자의 행위는 제1항의 규정에 의한 부당감액으로 본다"고 규정하고 있다.

위와 같은 하도급법의 입법 목적과 입법 취지 등에 비추어 보면, 위 규정 각

호에 해당하는 행위를 한 원사업자가 우월적 지위를 이용하여 수급사업자의 자발적 동의에 의하지 않고 하도급대금을 부당하게 감액한 경우에는 그 하도급대금의 감액 약정이 민법상 유효한지 여부와 관계없이 그 자체가 하도급법 제11조를 위반한 불공정 거래행위에 해당하는 것으로서 위 규정에 의하여 보호되는 수급사업자의 권리나 이익을 침해하는 불법행위를 구성한다고 할 것이고, 원사업자는 이로 인하여 수급사업자가 입은 손해를 배상할 책임이 있다. 여기서 하도급대금의 감액 약정이 수급사업자의 자발적인 동의에 의한 것인지 여부는 수급사업자에 대한 원사업자의 거래상 우월적 지위의 정도, 수급사업자의 원사업자에 대한 거래의존도, 거래관계의 지속성, 거래의 특성과 시장상황, 거래 상대방의 변경가능성, 당초의 대금과 감액된 대금의 차이, 수급사업자가 완성된 목적물을 인도한 시기와 원사업자가 대금 감액을 요구한 시기와의 시간적 간격, 대금감액의 경위, 대금감액에 의하여 수급사업자가 입은 불이익의 내용과 정도 등을 정상적인 거래관행이나 상관습 및 경험칙에 비추어 합리적으로 판단하여야 한다.

원심은, 피고가 S-401호 내지 S-403호와 H-501호에 대한 각 공사대금의 지급과정에서 부당하게 공사대금을 감액하여 정산합의를 강요하였는데, 이는 모두 하도급법을 위반한 불법행위에 해당하므로, 피고는 원고에게 실제 지급하여야 할 공사대금과 위 각 정산합의에 따라 부당감액된 공사대금의 차액 상당의 손해를 배상할 의무가 있다는 취지의 원고의 주장에 대하여, 공정거래위원회가 2008. 2. 19. 2007서제34호 '피고의 불공정하도급거래행위에 대한 건'에서 "피고는 수급사업자인 원고에게 시멘트 운반선과 다목적 운반선의 선박거주구 제조위탁과 관련하여 수급사업자에게 책임을 돌릴만한 사유가 없음에도 불구하고 S-401호에 대하여 부당하게 감액한 하도급대금 60,747,000원과 S-403호에 대하여 부당하게 감액한 하도급대금 10,990,000원 등 71,737,000원과 이 금액에 대하여 각각 2005. 1. 26., 2005. 11. 8.부터 실제 지급하는 날까지의 기간에 대해 연 25%의 이율에 의한 이자를 지체 없이 지급하여야 한다"는 내용의 의결을 한 사실 등을 인정하면서도, 피고가 하도급법에 위반하여 공정거래위원회로부터 시정명령이나 과징금을 부과받았다는 점만으로는 원고와 피고 사이에 이루어진 각 정산합의의 사법상 효력이 무효라고 볼 수 없고, 달리 피고가 정산합의과정에서 원고에 대하여 불법행위를 하였다는 점을 인정할 증거도 없다는 이유로 원고의 위 주장을 배척하였다.

그러나 앞에서 본 법리에 비추어 보면, 피고가 원고와 사이에 S-401호 내지 S-403호와 H-501호에 관하여 체결한 각 정산합의가 원고에게 책임을 돌릴 사유가 없음에도 불구하고 피고의 우월적 지위를 이용하여 원고의 자발적 동의에 의하지 않고 하도급대금을 부당하게 감액한 것이라고 인정되는 경우에는, 위 각 정산합의가 민법상 유효한지 여부 및 위 각 정산합의 과정에서 사기·강박 등의 정도에 이르는 행위가 있었는지 여부와 관계없이 그 자체가 하도급법 제11조에 위반되는 불공정 거래행위에 해당하는 것으로서 위 규정에 의하여 보호되는 원고의 권리와 이익을 침해하는 불법행위를 구성하므로, 피고는 원고에게 이로 인한 손해를 배상할 책임이 있다.

따라서 원심으로서는 먼저 위 각 정산합의가 하도급법 제11조에 위반되는 불공정 거래행위에 해당되는지 여부를 먼저 심리·판단한 후 만일 그것이 인정되는 경우에는 피고에게 불법행위에 기한 손해배상책임을 인정하여야 할 것이다.

그런데도 원심이 이와 같은 점에 대하여 심리·판단함이 없이 그 판시와 같은 사정을 들어 원고의 위 주장을 섣불리 배척한 데에는 하도급법 제11조를 위반한 불공정 거래행위 시 불법행위의 성립에 관한 법리 등을 오해한 나머지 필요한 심리를 다하지 아니하여 판결에 영향을 미친 위법이 있다.

판례 **위 대법원 판결의 환송후 판결(광주고등법원 2011. 10. 14. 선고 2011나992 판결)**

1. 하자보수비 정산 부분의 부당감액 여부

**살피건대, 하도급법 제9조 제2항 은 "원사업자는 정당한 사유가 있는 경우 외에는 수급사업자로부터 목적물 등을 수령한 날부터 10일 이내에 검사결과를 수급사업자에게 서면으로 통지하여야 하며, 이 기간 내에 통지하지 아니한 경우에는 검사에 합격한 것으로 본다"고 규정**하고 있는데, 위 인정사실에서 든 증거들과 변론 전체의 취지에 의하면, 피고는 2005. 1. 26. 원고로부터 S▽▽01호의, 2005. 5. 26. S▽△02호의, 2005. 11. 5. S▽▽03호의 각 선박거주구를 인도받을 당시 위 각 선박거주구를 검사하여 이상이 없음을 확인하였고 각 인도일로부터 10일이 경과하도록 위 선박거주구에 관하여 불합격 통지 등을 한 적이 없는 사실, 피고는 원고로부터 추가공사비의 정산요구를 받게 되자 비로소 위 선박거주구에 하자가 있고 그 하자보수비로 S▽▽01호 선박거주구에는 91,802,767원, S▽△02호 선박거주구에는 9,582,820원, S▽▽03호 선박거주구에는 38,927,851원을 각 공제하자고 주장하여 피고의 요구대로 정산이 된 사실, 당시 원고는 2005. 4. 28. 피고에게 S▽△02호 선박거주구의 제조공정에 따라 1차 중도금 255,000,000원의 지급을 요청하였으나, 피고는 위 중도금의 지급을 지연하다가 원고가 S▽▽01호에 관한 정산을 한 다음날인 2005. 5. 13. S▽▽01호의 잔금과 S▽△02호의 중도금을 함께 지급한 사실 등을 종합하여 볼 때, 원 · 피고 사이의 S▽▽01호, S▽△02, S▽▽03호에 관한 하자보수비를 당초의 공사대금에서 감액하기로 정산한 부분은 원고에게 책임을 돌릴 사유가 없음에도 불구하고 위 선박거주구의 제작 및 설치를 위탁할 당시 정한 하도급대금을 부당하게 감액하였다고 봄이 상당하므로, 이는 하도급법 제11조 제1항 에 위반되는 불법행위로서 피고는 원고에게 그 손해를 배상할 의무가 있다.

> 2. 손해배상의 범위
> 위 인정사실에 의하면, 원고는 피고로부터 S▽▽01호, S▽△02, S▽▽03호에 관한 당초 공사금액과 추가공사비를 합한 금액에서, 원고가 공제함이 상당하다고 인정한 하자보수비를 공제한 나머지 금액을 공사대금으로 지급받아야 할 것인바, 그 경우 원고가 입은 손해는 실제로 지급받아야 할 공사대금과 감액 · 정산하여 지급받은 금액의 차액이라고 할 것이다.

# 제 3 절 물품구매대금 등의 부당결제 청구의 금지

> **하도급법 제12조(물품구매대금 등의 부당결제 청구의 금지)** 원사업자는 수급사업자에게 목적물 등의 제조·수리·시공 또는 용역수행에 필요한 물품 등을 자기로부터 사게 하거나 자기의 장비 등을 사용하게 한 경우 정당한 사유 없이 다음 각 호의 어느 하나에 해당하는 행위를 하여서는 아니 된다.
> 1. 해당 목적물 등에 대한 하도급대금의 지급기일 전에 구매대금이나 사용대가의 전부 또는 일부를 지급하게 하는 행위
> 2. 자기가 구입·사용하거나 제3자에게 공급하는 조건보다 현저하게 불리한 조건으로 구매대금이나 사용대가를 지급하게 하는 행위

## Ⅰ. 의 의

원사업자는 정당한 사유가 있는 경우를 제외하고는 수급사업자에게 물품 등의 구매를 강제할 수 없으며(법 제5조), 목적물 등의 제조·수리·시공 또는 용역수행에 필요한 물품 등을 자기로부터 사게 하거나 자기의 장비 등을 사용하게 한 경우에 적정한 구매대금 또는 적정한 사용대가 이상의 금액을 하도급대금에서 공제하는 행위를 할 수 없다(법 제11조 제2항 제5호). 본 조는 위 규정들의 연장선상에 있다.

원사업자는 수급사업자에게 목적물 등의 제조·수리·시공 또는 용역수행에

필요한 물품 등을 자기로부터 사게 하거나 자기의 장비 등을 사용하게 한 경우에 당해 목적물의 대금지급 시기에 앞서 그 구매대금이나 사용대가를 지급하게 하거나 현저하게 불리한 조건으로 지급하도록 하는 행위는 형평에 어긋나고 하도급대금의 부당감액의 경우와 실질상 동일하며 부당하게 수급사업자를 착취하는 행위에 해당하므로 이를 금지하는 것이다.

## Ⅱ. 위반의 효과

본 조를 위반하는 경우 누구든지 공정거래위원회에 그 위반사실을 신고할 수 있고(법 제22조), 공정거래위원회는 하도급대금에 관한 분쟁을 조정하거나, 발주자와 원사업자에 대하여 하도급대금 등의 지급, 법 위반행위의 중지, 향후 재발방지, 그 밖에 시정에 필요한 조치를 권고하거나 명할 수 있고, 시정권고를 3회 이상 받은 사업자는 상습법위반사업자로 명단이 공표될 수 있다(법 제25조, 제25조의4). 또한 수급사업자에게 제조 등의 위탁을 한 하도급대금이나 발주자로부터 제조 등의 위탁을 받은 하도급대금의 2배를 초과하지 아니하는 범위에서 과징금을 부과할 수 있다(법 제25조의3). 시정조치 과징금과 별도로 하도급대금의 2배에 상당하는 금액 이하의 벌금형이 부과될 수 있다(법 제30조 제1항 제1호).

# 제 4 절 경제적 이익의 부당요구 금지

| 하도급법 제12조의2(경제적 이익의 부당요구 금지) 원사업자는 정당한 사유 없이 수급사업자에게 자기 또는 제3자를 위하여 금전, 물품, 용역, 그 밖의 경제적 이익을 제공하도록 하는 행위를 하여서는 아니 된다. |
|---|

## Ⅰ. 의 의

원사업자는 정당한 사유 없이 수급사업자에게 자기 또는 제3자를 위하여 금전, 물품, 용역 그 밖의 경제적 이익을 제공하도록 하는 행위를 하여서는 아니 된다. 본조는 새로운 형태의 불공정하도급거래에 효과적으로 대응하기 위하여 2004년 하도급법 개정 시 신설되었다.

원사업자가 수급사업자의 열악한 지위를 이용하여 부당하게 이익을 취하거나 제3자에게 부당한 이익을 취득하도록 함으로써 수급사업자를 착취하는 행위를 금지한다.

본조는 부당한 하도급대금의 결정 금지, 부당감액 금지 등 개별적인 불공정하도급거래행위에서 일률적으로 규율하기 어려운 새로운 형태의 불공정하도급거래를 규율하기 위한 규정으로 원사업자의 수급사업자에 대한 일체의 부당한 이익 요구행위를 금지한다.

이 규정은 불공정하도급거래행위에 대한 일반규정으로 보아야 할 것이므로 개별적인 불공정거래행위에 대하여 보충적으로 적용된다.

## Ⅱ. 법위반 사례의 예시[119)]

① 원사업자의 수익 또는 경영여건 악화 등 불합리한 이유로 협찬금, 장려금, 지원금 등 경제적 이익(재물 및 경제적 가치 있는 이익을 포함. 이하 같음)을 요구하는 경우

② 하도급거래 개시 또는 다량거래 등을 조건으로 협찬금, 장려금, 지원금 등 경제적 이익을 요구하는 경우

③ 기타 수급사업자가 부담하여야 할 법률상의 의무가 없음에도 협찬금, 장려금, 지원금 등 경제적 이익을 요구하는 경우

119) 위 하도급 지침.

## Ⅲ. 위반의 효과 및 제재수단

본조를 위반한 행위에 대해서는 누구든지 공정거래위원회에 그 위반사실을 신고할 수 있다(법 제22조), 공정거래위원회는 하도급대금에 관한 분쟁을 조정하거나, 발주자와 원사업자에 대하여 하도급대금 등의 지급, 법 위반행위의 중지, 향후 재발방지, 그 밖에 시정에 필요한 조치를 권고하거나 명할 수 있고, 시정권고를 3회 이상 받은 사업자는 상습법위반사업자로 명단이 공표될 수 있다(법 제25조, 제25조의4). 또한 수급사업자에게 제조 등의 위탁을 한 하도급대금이나 발주자로부터 제조 등의 위탁을 받은 하도급대금의 2배를 초과하지 아니하는 범위에서 과징금을 부과할 수 있다(법 제25조의3). 시정조치 과징금과 별도로 하도급대금의 2배에 상당하는 금액 이하의 벌금형이 부과될 수 있다(법 제30조 제1항 제1호).

**판 례** **구 하도급거래 공정화에 관한 법률 제12조의2의 입법 취지 및 위 규정에서 말하는 '경제적 이익의 제공'에 원사업자가 부담하여야 할 비용을 수급사업자에게 전가하거나 유동성을 확보하는 것 등 간접적이고 우회적인 형태로 수급사업자에게 경제적 부담을 지우는 것도 포함되는지 여부 : 적극(대법원 2010. 12. 9. 선고 2009두2368 판결)**

(1) 사실관계

원고는 원사업자로서 39개 수급사업자들에게 건축공사를 하도급하면서 그 거래조건으로 자신의 미분양 아파트를 분양받도록 하거나 자신과 특수한 관계에 있는 회사의 수입차량을 구매하도록 하였다.

(2) 판결요지

1) 하도급법 제12조의 2의 입법취지는 원사업자가 하도급거래를 하면서 자신의 우월적 지위를 이용하여 수급사업자에게 법률상 의무 없는 부담을 강요하는 불공정거래행위를 금지하는 데 있는바, 수급사업자가 원사업자의 경제적 이익 제공 요구를 수용할 수밖에 없는 조건을 내세워 하도급계약을 체결하는 행위도 위 조항의 규제대상에 포함되는 것으로 보아야 하고, 여기에서 말하는 '경제적 이익의 제공'에는 반드시 반대급부가 없는 일방적인 경제적 이익만이 아니라 원사업자가 부담하여야 할 비용을 수급사업자에게 전가하거나 유동성을 확보하는 것 등 간접적이고 우회적인 형태로 수급사업자에게 경제적 부담을 지우는 것도 포함된다.

2) 원심은 그 채용증거들을 종합하여, 원고가 이 사건 39개 수급사업자들에게 건축공사를 하도급하면서 그 거래조건으로 자신의 미분양 아파트를 분양받도록 하거나 자신과 특수한 관계에 있는 회사의 수입차량을 구매하도록 한 사실을 인정한 다음, 원고가 이 사건 39개 수급사업자로 하여금 미분양된 아파트를 분양받는 것 및 수입차량을 구매하는 것을 조건으로 하여 하도급계약을 체결한 것은 자신 또는 제3자의 매출을 늘리고 자금운용을 원활하게 할 수 있는 경제적 이익의 요구행위로 볼 수 있고, 나아가 원고는 호남지역에서 시공능력 평가순위 3위의 대형건설업체로서 해당 지역 내에서 하도급업체들에 대하여 우월적 지위에 있었던 점, 원고는 하도급계약 체결과 관련하여 협력업체 중 특별한 기준이 없이 해당 공종의 공사를 수행하는 데 적정하다고 판단되는 4, 5개 회사에 대하여 입찰을 위한 현장설명회에 참석할 것을 지명하고 현장설명회에 참석한 회사들이 응찰을 하여 최저가로 입찰한 회사가 낙찰을 받는 방식을 취하고 있었는데 건축공사를 하도급받기 위해서는 원고로부터 지명을 받는 것이 필수적인 전제조건이 되는 수급사업자로서는 위와 같은 입찰과정에서 원고가 내세운 구매조건을 사실상 거부하기 어려웠을 것으로 보이는 점, 원고가 수급사업자에게 배정한 일부 아파트에 대하여는 이후의 분양에 지장을 초래할 것을 우려해 일정기간 동안 분양권의 전매를 금지하였던 점 등 판시 사정에 비추어 볼 때, 원고의 이 사건 미분양아파트분양행위 및 수입차량매도행위는 39개 수급사업자들의 진정한 의사에 반하여 이루어진 것으로서 강제성이 있었다고 보인다는 이유로 원고의 이 사건 미분양아파트 분양행위 및 수입차량 매도행위 등을 정당한 사유 없이 수급사업자에게 자기 또는 제3자를 위하여 금전, 물품, 용역 그 밖에 경제적 이익을 제공하도록 하는 행위로서 구 하도급법 제12조의 2에서 금지하는 위반행위에 해당한다고 판단하였고, 대법원은 이를 그대로 확정하였다.

(3) 판례 검토

하도급법 제12조의 2의 입법취지로 경제적 이익의 제공에는 반드시 반대급부가 없는 일방적인 경제적 이익만이 아니라, 원사업자가 부담하여야 할 비용을 수급사업자에게 전가하거나 유동성을 확보하는 것 등 간접적이고 우회적인 형태로 수급사업자에게 경제적 부담을 지우는 것도 포함하는 것으로 확대해석하고, 원사업자가 건축공사의 수급사업자에게 하도급거래조건으로 미분양아파트를 분양받게 하는 등의 행위는 하도급법 제12조의 2에 위반한다고 판시한데 그 의의가 있다 할 것이다.[120]

120) 대법원 2010. 12. 9. 선고 2008두22822 판결도 동지의 판례임.

# 제 5 절 기술자료 제공 강요 금지 등

> 하도급법 제12조의3(기술자료 제공 강요 금지 등) ① 원사업자는 수급사업자의 기술자료를 본인 또는 제3자에게 제공하도록 요구하여서는 아니 된다. 다만, 원사업자가 정당한 사유를 입증한 경우에는 요구할 수 있다.
> ② 원사업자는 제1항 단서에 따라 수급사업자에게 기술자료를 요구할 경우에는 요구목적, 비밀유지에 관한 사항, 권리귀속관계, 대가 등 대통령령으로 정하는 사항을 해당 수급사업자와 미리 협의하여 정한 후 그 내용을 적은 서면을 해당 수급사업자에게 주어야 한다.
> ③ 원사업자는 취득한 기술자료를 자기 또는 제3자를 위하여 유용하여서는 아니된다.

## Ⅰ. 의 의

원사업자는 수급사업자의 기술자료를 자기 또는 제3자에게 제공하도록 강요하여서는 아니 된다. 원사업자가 수급사업자의 기술자료를 요구할 경우 실체적으로는 정당한 사유가 있음을 입증하여야 하고, 절차적으로는 수급사업자와 미리 협의하여 요구목적, 비밀유지에 관한 사항, 권리귀속관계, 대가 등에 관한 사항을 적은 서면을 수급사업자에게 교부하여야 한다. 또한 원사업자는 위와 같이 실체적·절차적으로 정당한 방법으로 취득한 기술자료라 하더라도 이를 자기 또는 제3자를 위하여 유용하여서는 안 된다.

본조는 원사업자가 우월적 지위를 이용하여 수급사업자의 기술자료 등 지적재산권을 침해하는 것을 방지하기 위하여 2010. 1. 25. 신설되었고, 2011. 3. 29. 개정하여 실체적으로는 정당한 사유에 대한 입증책임을 원사업자가 부담하도록 하고, 절차적 요건을 추가하여 수급사업자의 보호를 강화하였다. 또한 원사업자가 수급자에게 기술자료를 요구할 경우 일정 사항을 해당 수급자와 미리 협의하여 정한 후 그 내용을 적은 서면을 해당 수급사업자에게 주도록 의무화 함으로써 수급사업자의 절차보장권을 강화하였다. 원사업자가 수급사업자에게 교부하는 양식의 예는 '기술자료 제공 요구, 유용행위 심사지침'에 [서식1] 기술자료 요구서라는 표준서식으로 마련되어 있다.

## Ⅱ. 기술자료의 정의[121)]

기술자료는 수급사업자의 상당한 노력에 의하여 비밀로 유지되고 있는 것으로서 다음 중 어느 하나에 해당하는 정보·자료를 말한다.

① 제조·수리·시공 또는 용역수행 방법에 관한 정보·자료(제조·수리·시공 또는 용역수행 방법은 원사업자가 수급사업자에게 위탁한 당해 업무에 관련된 것에 한정하지 아니한다)

[예] 작업공정도, 작업표준서(지시서), 기계 운용 매뉴얼, 기계 조작 방법, 시방서, 원재료 성분표, 배합 요령 및 비율 등

② 특허권, 실용신안권, 디자인권, 저작권 등의 지식재산권과 관련된 기술정보·자료로서 수급사업자의 기술개발(R&D)·생산·영업활동에 기술적으로 유용하고 독립된 경제적 가치가 있는 것

[예] 공정도, 공정 설명서, 작업지시서, 설계도, 회로도, 공정 또는 설비 배치도, 운용 매뉴얼, 혼합 또는 배합 요령 등

③ 시공프로세스 매뉴얼, 장비 제원, 설계도면, 연구자료, 연구개발보고서 등 위 ①, ②에 포함되지 않는 기타 사업자의 정보·자료로서 수급사업자의 기술개발(R&D)·생산·영업활동에 기술적으로 유용하고 독립된 경제적 가치가 있는 것

상당한 노력에 의하여 비밀로 유지되고 있다는 점이 인정되려면, 그 내용이 객관적으로 비밀로 유지 및 관리되고 있다는 사실이 인식 가능한 상태에 있어야 하며 다음의 사항들을 고려하여 판단한다. 다만, 수급사업자는 기본적으로 거래상 지위가 낮아 원사업자의 기술자료 요구에 대해 비밀유지 노력에 관한 사항을 명시적 또는 직접적으로 요구할 수 없고, 원사업자에게 기술자료가 제

121) 「기술자료 제공 요구·유용행위 심사지침」(공정거래위원회 예규 제263호, 2016. 12. 27. 일부개정) Ⅲ. 1.

공되면 제3자에게 노출될 가능성이 있음을 인지하더라도 이에 응할 수밖에 없다는 현실까지 함께 고려하여야 한다.

① 비밀이라고 인식될 수 있는 표시를 하거나 고지를 하였는지 여부
(자료에 "대외비", "컨피덴셜(Confidential)", "극비" 등의 문구를 기재한 경우, 수급사업자가 임직원에게 자료를 회사 외부로 반출하여서는 아니된다고 지시 또는 명령한 경우)

② 자료에 접근할 수 있는 대상자나 접근방법을 제한하였는지 여부
(임원 또는 해당 업무 담당자 등 특정인에게만 접근 권한을 부여한 경우, 암호 설정·시정장치·지문인식장치 등으로 접근을 제한한 경우)

③ 자료에 접근한 자에게 비밀유지준수 의무를 부과하였는지 여부
(임직원·거래상대방 등과 비밀유지계약을 체결하거나 그들로부터 비밀유지 각서를 징구한 경우, 취업 규칙 등 사내규정으로 임직원에게 비밀유지준수 의무를 부과한 경우)

## Ⅲ. 행위의 유형[122)]

### 1. 기술자료 제공 요구

#### (1) 의의 및 위법성 판단기준

원사업자가 수급사업자의 기술자료를 원사업자 또는 제3자에게 제공하도록 요구하는 행위는 원칙적으로 위법하다. 다만 원사업자가 기술자료를 요구할 정당한 사유가 있음을 입증하는 경우 위법하지 아니하다. 정당한 사유에 해당될 수 있는 경우는 제조 등의 위탁 목적을 달성하기 위해 수급사업자의 기술자료가 절차적, 기술적으로 불가피하게 필요한 경우를 의미하며 이를 예시하면 아래와 같다.

① 원사업자와 수급사업자가 공동으로 특허를 개발하는 과정에서 그 특허출원을 위하여 필요한 기술자료를 요구하는 경우

---

122) 위 기술자료 제공 요구·유용행위 심사지침, Ⅳ.

② 원사업자와 수급사업자가 공동으로 기술개발 약정을 체결하고 동 약정의 범위 내에서 기술개발에 필요한 기술자료를 요구하는 경우
③ 하도급법 제16조의2에 따른 하도급대금 조정협의 시 하도급대금의 인상폭 결정과 직접 관련이 있는 원재료의 원가비중 자료를 요구하는 경우
④ 제품에 하자가 발생하여 원인규명을 위해 하자와 직접 관련된 기술자료를 요구하는 경우

위와 같은 정당한 기술자료 제공 요구라 하여도 요구 목적 달성을 위해 필요한 최소한의 범위를 넘어서는 아니된다. 수급사업자가 원사업자에게 기술자료 제공시 관련 없는 내용을 삭제한 상태로 제공하는데 대하여 원사업자가 완전한 상태의 기술자료의 제공을 요구하는 경우는 필요한 최소한의 범위를 넘어서는 경우의 전형적인 예가 된다.

또한 정당한 기술자료 제공 요구의 경우에도 요구 목적에 따른 제공 범위, 기술 제공 대가, 비밀준수 관련 사항, 기술의 권리 귀속 관계 등 법 제12조의3 제3항, 동 시행령 제7조의3에서 규정한 서면기재사항에 대해 수급사업자와 미리 협의한 후 이를 기술자료 제공 요구 지침 [서식 1]의 표준양식으로 작성하여 교부하여야 한다. 동 협의가 공정하게 이루어졌는지 여부는 다음 사항을 종합적으로 고려하여 판단한다.

① 원사업자가 기술자료의 제공을 요구함에 있어 수급사업자의 자율적인 의사를 제약하는 등 강제성이 있거나 수급사업자를 기망하여 착오를 일으키게 하는지 여부
② 기술자료의 권리귀속 관계, 제공 및 활용범위 등을 반영한 정당한 대가에 대해 충분히 협의하였는지 여부(이 때 "정당한 대가"는 동종 또는 유사한 것에 대해 동일 또는 근접한 시기에 정상적인 거래관계에서 일반적으로 지급되는 대가인지 여부를 고려하여 판단하고, 신규 기술과 같이 동종 또는 유사한 것이 존재하지 아니하거나 그것을 알 수 없는 경우에는 기술평가전문기관의 기술가치평가에 따라 산출한 대가를 기준으로 판단한다.)
③ 기타 정상적인 거래관행에 어긋나거나 사회통념상 올바르지 못한 것으로

인정되는 행위나 수단 등을 사용하여 기술자료를 요구하였는지 여부

### (2) 정당하게 서면을 교부한 경우

① 원사업자는 정당한 사유가 존재하여 수급사업자에게 기술자료를 요구하면서 서면기재사항이 모두 기재된 기술자료 요구서를 수급사업자로부터 기술자료를 제공받기 이전에 양사의 기명날인 또는 대표자가 서명하여 발급한 경우

② 원사업자가 수급사업자에게 기술자료를 요구하면서 정당한 사유가 있어 서면기재사항 중 일부 내용을 미리 확정하기 곤란함에 따라 그 사유와 대략적인 예정일을 기재하여 자료요구서를 발급한 후 해당사항이 확정되면 그 사항이 기재된 서면을 지체 없이 발급한 경우

③ 기본계약서, 특약서 등에 서면기재사항 중 일부사항이 기재되어 있고 개별적으로 기술자료를 요구할 때 나머지 사항을 기재하여 기술요구서를 발급한 경우

④ 동일한 수급사업자에게 같은 목적으로 여러 건의 기술자료 요구서를 발급해야 함에 따라 이를 통합하여 하나의 기술자료 요구서를 발급한 경우

## 2. 취득한 기술자료의 유용

### (1) 의의 및 판단기준

하도급법 제12조3 제3항에서 금지하고 있는 “취득한 기술자료의 유용”이라 함은, 원사업자가 수급사업자로부터 취득한 기술자료를 그 취득 목적 및 합의된 사용 범위를 벗어나서 부정한 이익을 얻거나 수급사업자에게 손해를 입힐 목적으로 사용하는 행위를 의미한다. 또한 원사업자가 수급사업자에게 정당한 대가를 지급하지 아니하고 부정한 수단으로 기술자료를 취득하여 임의로 사용하는 행위도 대상이 된다.

기술자료 유용의 위법성은 기술자료 제공 요구 시 사전협의를 거쳐 서면으로 제시한 기술자료 사용 목적과 범위를 벗어나 기술자료를 사용함으로써 하

도급거래의 공정성을 침해하는지 여부를 위주로 판단한다. 따라서, 정당한 대가를 지급한 경우에도 합의된 사용목적과 범위를 벗어나 사용하는 행위는 하도급거래의 공정성을 침해하였다고 볼 수 있다. 이 때, 하도급거래의 공정성을 침해하는지 여부는 다음 사항을 종합적으로 고려하여 판단한다.

① 기술자료 사용의 부당성 여부(이는 원사업자 및 제3자가 이익을 얻거나 수급사업자에게 손해를 입힐 목적과 의도로 기술자료를 사용하는 것인지 여부, 특허법 등 관련 법령에 위반하여 기술자료를 사용하거나 사용하도록 하였는지 여부, 기술자료 사용의 범위가 당해 기술의 특수성 등을 고려한 통상적인 업계관행에 벗어나는지 여부, 기술자료 사용에 대해 수급사업자와 충분한 협의를 거치지 않았는지 여부 등을 고려하여 판단한다.)

② 하도급거래 과정에서 기술자료의 사용 태양 및 범위, 사용 대가의 유무 및 금액 등에 대하여 서면을 통하여 충분한 협의를 거쳤음에도 그 합의를 벗어나 사용하였는지 여부

③ 원사업자의 기술자료 유용으로 수급사업자의 사업활동이 심히 곤란하게 되는지 여부

④ 정상적인 거래관행에 어긋나거나 사회통념상 올바르지 못한 것으로 인정되는 행위나 수단 등을 사용하였는지 여부

### (2) 기술자료 유용행위의 예시

#### 1) 거래이전 단계

① 원사업자가 최저가로 낙찰받은 수급사업자의 입찰제안서에 포함된 기술자료를 자신이 유용하거나 자신의 계열회사나 수급사업자의 경쟁회사 등 제3자에게 유출하는 경우

② 원사업자가 거래 개시 등을 위해 수급사업자가 제시한 제품의 독창적인 디자인을 단순 열람한 후 이를 도용하여 자신이 직접 제품을 생산하거나 제3자에게 해당 디자인을 제공하여 제품을 생산토록 하는 경우

#### 2) 거래 단계

① 원사업자가 거래를 위한 부품 승인과정에서 수급사업자로부터 공정도,

회로도 등 기술자료를 넘겨받아 납품가격을 경쟁시키기 위해 수급사업자의 경쟁회사에 그 기술을 제공하는 경우

② 원사업자가 기술지도, 품질관리 명목으로 물품의 제조공법을 수급사업자로부터 습득한 후 자신이 직접 생산하거나 제3자에게 수급사업자의 제조공법을 전수하여 납품하도록 하는 경우

③ 원사업자가 수급사업자와 기술이전계약(기술사용계약 등 포함)을 체결하고 기술관련 자료를 제공받아 필요한 기술을 취득한 후 일방적으로 계약을 파기하거나 계약 종료 후 위 계약상의 비밀유지의무에 위반하여 그 기술을 이용하여 독자적으로 또는 제3자를 통하여 제품을 상용화하거나 무단으로 다른 기업에 기술을 공여하는 경우

④ 원사업자가 수급사업자와 공동으로 협력하여 기술개발을 하면서 수급사업자의 핵심기술을 탈취한 후 공동개발을 중단하고 자체적으로 제품을 생산하는 경우

⑤ 원사업자가 수급사업자로부터 취득한 기술에 대해 수급사업자가 출원을 하기 전에 원사업자가 선(先)출원하여 해당 기술에 대한 특허권, 실용신안권을 선점하거나, 수급사업자가 제공한 기술을 일부 수정하여 원사업자가 선(先)출원하는 경우

3) 거래이후 단계

① 원사업자가 수급사업자로부터 기술자료를 제공받고 거래 종료 후 자신이 직접 생산하거나 제3자에게 전수하여 납품하도록 하는 경우

## Ⅳ. 위반의 효과 및 제재수단

### 1. 징벌적 손해배상

하도급법 제35조(손해배상 책임) ① 원사업자가 이 법의 규정을 위반함으로써 손해를 입은 자가 있는 경우에는 그 자에게 발생한 손해에 대하여 배상책임을 진다. 다만, 원사업자가 고의 또는 과실이 없음을 입증한 경우에는 그러하지 아니하다.

> ② 원사업자가 제4조, 제8조제1항, 제10조, 제11조제1항·제2항 및 제12조의3 제3항을 위반함으로써 손해를 입은 자가 있는 경우에는 그 자에게 발생한 손해의 3배를 넘지 아니하는 범위에서 배상책임을 진다. 다만, 원사업자가 고의 또는 과실이 없음을 입증한 경우에는 그러하지 아니하다.
> ③ 법원은 제2항의 배상액을 정할 때에는 다음 각 호의 사항을 고려하여야 한다.
> 1. 고의 또는 손해 발생의 우려를 인식한 정도
> 2. 위반행위로 인하여 수급사업자와 다른 사람이 입은 피해규모
> 3. 위법행위로 인하여 원사업자가 취득한 경제적 이익
> 4. 위반행위에 따른 벌금 및 과징금
> 5. 위반행위의 기간·횟수 등
> 6. 원사업자의 재산상태
> 7. 원사업자의 피해구제 노력의 정도
>
> ④ 제1항 또는 제2항에 따라 손해배상청구의 소가 제기된 경우 「독점규제 및 공정거래에 관한 법률」 제56조의2 및 제57조를 준용한다.

2011. 3. 29. 법 개정으로 원사업자가 본조를 위반하여 손해를 입은 자가 입은 경우에 그 징벌적 손해배상책임에 관한 위 규정이 신설되었다. 동조는 민법상 불법행위에 관한 특별규정이라고 할 것이다. 일반불법행위와 달리 고의, 과실에 관한 입증책임을 원사업자에게로 전환하고 기술자료 유용의 경우 손해의 3배를 넘지 아니하는 범위 내에서 배상하도록 함으로써 징벌적 손해배상책임을 명문화하였다.

징벌적 손해배상제도를 도입한 것은 환영할 만한 일이나 그 사유를 부당한 하도급대금결정(법 제4조), 부당한 위탁취소(법 제8조 제1항), 부당반품(법 제10조), 하도급대금감액(법 제11조), 기술자료 유용(법 제12조의3) 등의 경우에 한정할 것이 아니라 원사업자가 고의를 넘어서 해의를 가지고 수급사업자에게 재산적 피해를 가한 전반적인 경우로 확장해야 할 것이다. 미국 Clayton법도 반독점법 위반이 잘 발각되지 않는 측면을 고려하여 일반예방효과를 달성하고자 실제 손해액의 3배 배상제도를 채택하고 있다. 이러한 3배 배상제도는 미국 등 선진국에서 대부분 받아들이고 있어 위헌논란이 발생하지는 않을 것으로 보인다.[123)]

123) 민변 민생경제위원회(책임집필 김성진), 「재벌개혁을 위한 입법과제」, 민주정책연구원,

특별한 규정이 없으므로 이는 피고 소재지(혹은 불법행위지)를 관할하는 민사법원에 소를 제기하면 되며 일반불법행위의 시효가 적용된다.

### 2. 기타 제재

원사업자가 본조를 위반하는 경우 누구든지 공정거래위원회에 그 위반사실을 신고할 수 있다(법 제22조), 공정거래위원회는 분쟁을 조정하거나, 발주자와 원사업자에 대하여 하도급대금 등의 지급, 법 위반행위의 중지, 향후 재발방지, 그 밖에 시정에 필요한 조치를 권고하거나 명할 수 있고, 시정권고를 3회 이상 받은 사업자는 상습법위반사업자로 명단이 공표될 수 있다(법 제25조, 제25조의4). 또한 수급사업자에게 제조 등의 위탁을 한 하도급대금이나 발주자로부터 제조 등의 위탁을 받은 하도급대금의 2배를 초과하지 아니하는 범위에서 과징금을 부과할 수 있다(법 제25조의3). 시정조치 과징금과 별도로 하도급대금의 2배에 상당하는 금액 이하의 벌금형이 부과될 수 있다(법 제30조 제1항 제1호).

## 제 6 절 하도급대금의 지급 등

하도급법 제13조(하도급대금의 지급 등) ① 원사업자가 수급사업자에게 제조 등의 위탁을 하는 경우에는 목적물 등의 수령일(건설위탁의 경우에는 인수일을, 용역위탁의 경우에는 수급사업자가 위탁받은 용역의 수행을 마친 날을, 납품 등이 잦아 원사업자와 수급사업자가 월 1회 이상 세금계산서의 발행일을 정한 경우에는 그 정한 날을 말한다. 이하 같다)부터 60일 이내의 가능한 짧은 기한으로 정한 지급기일까지 하도급대금을 지급하여야 한다. 다만, 다음 각 호의 어느 하나에 해당하는 경우에는 그러하지 아니하다.

1. 원사업자와 수급사업자가 대등한 지위에서 지급기일을 정한 것으로 인정되는 경우
2. 해당 업종의 특수성과 경제여건에 비추어 그 지급기일이 정당한 것으로 인정되는 경우

---

2012, 2014면 이하.

② 하도급대금의 지급기일이 정하여져 있지 아니한 경우에는 목적물 등의 수령일을 하도급대금의 지급기일로 보고, 목적물 등의 수령일부터 60일이 지난 후에 하도급대금의 지급기일을 정한 경우(제1항 단서에 해당되는 경우는 제외한다)에는 목적물 등의 수령일부터 60일이 되는 날을 하도급대금의 지급기일로 본다.
③ 원사업자는 수급사업자에게 제조 등의 위탁을 한 경우 원사업자가 발주자로부터 제조·수리·시공 또는 용역수행행위의 완료에 따라 준공금 등을 받았을 때에는 하도급대금을, 제조·수리·시공 또는 용역수행행위의 진척에 따라 기성금 등을 받았을 때에는 수급사업자가 제조·수리·시공 또는 용역수행한 부분에 상당하는 금액을 그 준공금이나 기성금 등을 지급받은 날부터 15일(하도급대금의 지급기일이 그 전에 도래하는 경우에는 그 지급기일) 이내에 수급사업자에게 지급하여야 한다.
④ 원사업자가 수급사업자에게 하도급대금을 지급할 때에는 원사업자가 발주자로부터 해당 제조 등의 위탁과 관련하여 받은 현금비율 미만으로 지급하여서는 아니 된다.
⑤ 원사업자가 하도급대금을 어음으로 지급하는 경우에는 해당 제조 등의 위탁과 관련하여 발주자로부터 원사업자가 받은 어음의 지급기간(발행일부터 만기일까지)을 초과하는 어음을 지급하여서는 아니 된다.
⑥ 원사업자가 하도급대금을 어음으로 지급하는 경우에 그 어음은 법률에 근거하여 설립된 금융기관에서 할인이 가능한 것이어야 하며, 어음을 교부한 날부터 어음의 만기일까지의 기간에 대한 할인료를 어음을 교부하는 날에 수급사업자에게 지급하여야 한다. 다만, 목적물 등의 수령일부터 60일(제1항 단서에 따라 지급기일이 정하여진 경우에는 그 지급기일을, 발주자로부터 준공금이나 기성금 등을 받은 경우에는 제3항에서 정한 기일을 말한다. 이하 이 조에서 같다) 이내에 어음을 교부하는 경우에는 목적물 등의 수령일부터 60일이 지난 날 이후부터 어음의 만기일까지의 기간에 대한 할인료를 목적물 등의 수령일부터 60일 이내에 수급사업자에게 지급하여야 한다.
⑦ 원사업자는 하도급대금을 어음대체결제수단을 이용하여 지급하는 경우에는 지급일(기업구매전용카드의 경우는 카드결제 승인일을, 외상매출채권 담보대출의 경우는 납품등의 명세 전송일을, 구매론의 경우는 구매자금 결제일을 말한다. 이하 같다)부터 하도급대금 상환기일까지의 기간에 대한 수수료(대출이자를 포함한다. 이하 같다)를 지급일에 수급사업자에게 지급하여야 한다. 다만, 목적물 등의 수령일부터 60일 이내에 어음대체결제수단을 이용하여 지급하는 경우에는 목적물 등의 수령일부터 60일이 지난 날 이후부터 하도급대금 상환기일까지의 기간에 대한 수수료를 목적물 등의 수령일부터 60일 이내에 수급사업자에게 지급하여야 한다.
⑧ 원사업자가 하도급대금을 목적물 등의 수령일부터 60일이 지난 후에 지급

하는 경우에는 그 초과기간에 대하여 연 100분의 40 이내에서 「은행법」에 따른 금융기관이 적용하는 연체금리 등 경제사정을 고려하여 공정거래위원회가 정하여 고시하는 이율에 따른 이자를 지급하여야 한다.
⑨ 제6항에서 적용하는 할인율은 연 100분의 40 이내에서 법률에 근거하여 설립된 금융기관에서 적용되는 상업어음할인율을 고려하여 공정거래위원회가 정하여 고시한다.
⑩ 제7항에서 적용하는 수수료율은 원사업자가 금융기관(「여신전문금융업법」 제2조제2호의2에 따른 신용카드업자를 포함한다)과 체결한 어음대체결제수단의 약정상 수수료율로 한다.
⑪ 제1항부터 제10항까지의 규정은 「중견기업 성장촉진 및 경쟁력 강화에 관한 특별법」 제2조제1호에 따른 중견기업으로 연간매출액이 대통령령으로 정하는 금액(제1호의 회사와 거래하는 경우에는 3천억원으로 한다) 미만인 중견기업이 다음 각 호의 어느 하나에 해당하는 자로부터 제조등의 위탁을 받은 경우에도 적용한다. 이 경우 제조등의 위탁을 한 자는 제1항부터 제10항까지, 제19조, 제20조, 제23조제2항, 제24조의4제1항 및 제6항, 제25조제1항 및 제3항, 제25조의2, 제25조의3제1항, 제25조의5제1항, 제26조제2항, 제30조제1항, 제33조, 제35조제1항을 적용할 때에는 원사업자로 보고, 제조등의 위탁을 받은 중견기업은 제1항부터 제10항까지, 제19조, 제21조, 제23조제2항, 제24조의4제1항, 제25조의2, 제33조를 적용할 때에는 수급사업자로 본다.

1. 「독점규제 및 공정거래에 관한 법률」 제9조제1항에 따른 상호출자제한기업집단에 속하는 회사
2. 제1호에 따른 회사가 아닌 사업자로서 연간매출액이 대통령령으로 정하는 금액을 초과하는 사업자

## Ⅰ. 의 의

수급사업자는 원사업자에 대하여 열악한 정보 및 거래단절의 위험으로 인하여 대등한 거래 당사자 사이의 일반적인 거래현실과 비교할 때, 매우 불리한 조건으로 하도급대금을 지급받기로 약정하는 경우가 많다. 하도급법은 하도급대금의 지급시기 및 지급방법에 관하여 자세한 규정을 두어 하도급대금의 지급이 수급사업자에게 부당하게 불리한 조건으로 이루어지지 않도록 규율하고 있고, 하도급대금의 지급이 지연되는 경우 지연손해금에 관하여도 규율하고 있다.

하도급대금을 어음으로 지급하였으나 지급받은 어음이 부도처리된 경우에는 하도급대금을 지급하지 아니한 것으로 본다.[124] 한편, 하도급대금 지급 지연에 대하여 원사업자에게 상당한 사유가 있었는지 여부는 묻지 않는다. 대법원도 아래 판결에서 같은 취지로 판시하고 있다.

> 판 례 원사업자가 수급사업자에게 하도급대금이나 어음할인료를 지급하지 아니하는 경우 그 자체가 하도급법 위반행위가 되어 시정조치의 대상이 되는 것이므로 시정명령을 내리는 공정거래위원회로서는 특별한 사정이 없는 한 원사업자가 하도급대금이나 어음할인료의 지급을 거절하거나 그 지급을 미루고 있는 사실 자체로써 위반행위가 되는지 여부를 판단하면 되고, 원사업자가 그 지급을 거절하거나 그 지급을 미룰만한 상당한 이유가 있는지 여부까지 나아가 판단할 필요는 없는 것이다(**대법원 1999. 3. 26. 선고 98두19773 판결**).

> 심결례 **원사업자가 채권자로부터 예금 채권에 대한 가압류를 받아 하도급 대금을 지급하지 못한 경우(공정거래위원회 2017. 5. 12. 의결 2016건하1608)**
>
> 공정거래위원회는 원사업자의 '채권 가압류 결정을 받아 하도급대금을 60일 이내에 지급하지 못하였다'는 주장에 대하여 채권에 대한 가압류 결정이 있다 하더라도 채무의 이행기가 도래한 때에는 제3채무자가 이행지체 책임을 면할 수 없는 점, 피심인이 민사집행법에 따른 가압류 결정으로 인하여 수급사업자에게 하도급대금채무를 이행하지 못하였다 하더라도 금전공탁 등 다른 절차에 따라 '지급'에 준하는 별도의 적극적 조치를 하지 않았다면 법에서 규정한 하도급대금 지급의무를 이행한 것으로 볼 수 없는 점 등을 고려할 때 원사업자의 행위는 법 위반에 해당된다고 보아 시정명령하였다.

본조의 성격은 효력규정으로서 수급사업자는 원사업자에 대해 지연손해금 등에 대해 실체법적 권리를 가진다. 따라서 수급사업자는 공정거래위원회를 통한 간접강제에 의한 보호를 받는 이외에 민사법적 방법으로 원사업자에 대해 지연손해금 등에 대해 직접 청구할 수 있다.

124) 「하도급거래공정화지침」(공정거래위원회 예규 제276호, 2016. 12. 16. 일부개정), 11. 나.

**심결례 1 수급사업자가 민형사상 이의를 제기하지 않고 공정거래위원회 신고를 취하하는 조건으로 합의를 했다고 주장하는 사안(공정거래위원회 2006. 4. 12. 의결 2005하이1080)**

피심인이 하도급대금을 법정지급기일을 초과하여 일부만 지급하였고 그 초과기간에 대한 지연이자, 나머지 하도급대금 및 그 지연이자를 미지급한 것을 인정하면서도 피심인이 수급사업자와 민·형사상 이의를 제기하지 않고 공정거래위원회에 대한 신고를 취하하는 조건으로 신고인과 합의를 했다고 주장하는 사안에서 "공정거래위원회에 신고된 사건은 조정이 성립되거나 신고인이 신고를 취하한 경우 심사불개시사유가 되나 이에 해당하지 않고 신고인이 피심인과 합의를 하였더라도 이와 같은 합의가 곧바로 하도급법상 대금지급채무를 소멸시키지는 않으며 신고인은 피심인과 합의한 것은 사실이나 이는 하도급대금의 일부라도 수령하기 위한 부득이한 행위였다고 주장하고 하도급법 위반사항은 여전히 해소되지 않고 있는 점 등을 고려하여 피심인의 주장을 배척하였다.

**심결례 2 원사업자가 클레임 명목으로 하도급대금 및 지연이자를 지급하지 않은 사안(공정거래위원회 2006. 11. 28. 의결 2006서제0734)**

피심인은 수급사업자로부터 목적물을 인수하고도 하도급대금과 이에 대한 지연이자를 지급하지 아니하였고 또한 하도급대금을 법정지급기일을 초과하여 만기가 되는 어음으로 지급하면서 이에 대한 어음할인료를 지급하지 아니하였는데 피심인이 수급사업자에게 클레임 명목으로 청구한 금액이 존재하기 때문에 하도급대금과 지연이자를 지급하지 않았다고 주장하는 사안에서 "피심인이 클레임을 청구한 품목과 피심인이 하도급대금 및 지연이자를 미지급한 대상 제품과는 관련이 없고, 피심인과 수급사업자간 클레임 관련 채권은 당사자가 민사상으로 해결해야 할 문제로서 피심인이 목적물을 수령하고도 법정지급기일을 초과하여 하도급대금을 지급하지 않은 이상 행위의 위법성이 인정된다"고 하여 시정명령을 하였다.

**심결례 3 원사업자가 제3채무자가 되어 하도급대금을 압류한 경우(공정거래위원회 2004. 12. 27. 의결 2004전사0304)**

공정거래위원회는 수급사업자의 채권자들이 피심인을 제3채무자로 하여 하도급대금을 압류 및 가압류하였다는 이유로 하도급대금을 공탁하지 않은 사안에서 하도급법위반을 인정하고 시정명령하였다.

## Ⅱ. 하도급대금의 지급시기 및 지연이자

### 1. 지급시기

원사업자는 수급사업자에게 제조 등의 위탁을 하는 경우에는 목적물 등의 수령일로부터 60일 이내의 가능한 짧은 기간으로 정한 지급기일까지 하도급대금을 지급하여야 한다(법 제13조 제1항).

그렇다면 언제를 지급기일로 볼 것인가. 하도급대금의 지급기일이 정해져 있지 않은 경우에는 목적물 등의 수령일을 하도급대금의 지급기일로 보고, 목적물 등의 수령일로부터 60일을 초과하여 하도급대금 지급기일이 정해져 있는 경우에는 목적물 등의 수령일로부터 60일째 되는 날을 하도급대금의 지급기일로 본다(법 제13조 제2항). 지급기일의 기준이 되는 목적물의 수령일은 제조 수리위탁의 경우에는 원사업자가 수급사업자로부터 목적물의 납품을 받은 날, 건설위탁의 경우에는 원사업자가 수급사업자로부터 준공 또는 기성부분의 통지를 받고 검사를 완료한 날(법 제8조 제2항 단서의 규정에 의한 목적물의 인수일)을 말한다. 다만, 납품이 빈번하여 상호 합의하에 월 1회 이상 세금계산서를 발행하도록 적용하고 있는 경우에는 일괄마감하는 날(세금계산서 발행일)을 말한다.[125)]

### 2. 지연이자

원사업자가 하도급대금을 목적물 등의 수령일로부터 60일을 초과하여 지급하는 경우에는 그 초과기간에 대하여 연 100분의 40 이내의 범위에서 은행법에 의한 금융기관이 적용하는 연체금리 등 경제사정을 고려하여 공정거래위원회가 정하여 고시하는 이율(연 15.5%)[126)]에 의한 이자를 지급하여야 한다(법

125) 「하도급거래공정화지침」, 11. 다.

제13조 제8항).

하도급대금지급기일에 관한 규정은 수급사업자가 원사업자에 대하여 열악한 경제적 지위에서 부당한 대금지급조건을 감수할 수밖에 없는 경우가 많음을 고려한 규정이므로 하도급법은 원사업자와 수급사업자가 대등한 지위에서 지급기일을 정한 것으로 인정되는 경우이거나 당해 업종의 특수성과 경제여건에 비추어 그 지급기일이 정당한 것으로 인정되는 경우에는 60일을 초과하여 하도급대금을 지급할 수 있도록 하고 있다(법 제13조 제1항 단서). 이 경우에는 60일을 초과하여 하도급대금을 지급하더라도 지연손해금을 부담하지 않는다.

심결례 공정거래위원회는 원사업자가 수급사업자에게 건설위탁을 하면서 목적물 수령일로부터 60일 이내에 하도급 대금을 지급하지 아니한 것 및 목적물 수령일로부터 60일이 지난 후에 하도급대금을 지급하면서 그 초과기간에 대한 지연이자를 지급하지 아니하는 것과 같은 행위에 대하여 하도급법 위반을 인정하면서 시정조치 및 과징금 부과처분을 하였다(**공정거래위원회 2015. 2. 3. 의결 2014건하3459**).

판례 1 **공정거래위원회의 시정명령 이후에 수급사업자의 원사업자에 대한 하도급대금지급청구소송에서 법정이율에 의한 지연손해금 지급 확정판결이 있는 경우 하도급법상 이율과 법정이율의 우선 순위(대법원 2010. 10. 28. 선고 2010두16561 판결)**

하도급법이 적용되는 하도급거래에서 발생한 하도급대금의 지급이 지체된 경우에 수급사업자가 원사업자를 상대로 청구할 수 있는 지연손해금에 대하여는 이에 관하여 규정하는 위 법 제13조 제8항에서 정한 다른 요건이 충족되는 한 위 법조항에 따라 공정거래위원회가 정하여 고시한 이율에 의할 것이고, 그 한도에서 민법 또는 상법상의 법정이율이나 그에 관한 보다 일반적인 특례인 '소송촉진 등에 관한 특례법' 제3조 제1항에서 정한 이율은 적용되지 아니한다. 그리하여 수급사업자는 애초 이와 같이 위 구 하도급거래공정화에관한법률의 규정에 좇아 하도급대금에 관하여 고시이율에 좇은 지연손해금의 지급을 청구할 실체법상의 권리를 가진다. 따라서 그가 고시이율과 법정이율의 차이에 상응한 부분의 지연손해금을 포기하여 그 권리를 상실하였다는 등의 특별한 사정이 인정되지 아니하는 한 공정

126) 「선금급 등 지연지급시의 지연이율 고시」(공정거래위원회고시 제2015-4호, 2015. 6. 30. 일부개정), Ⅰ.

거래위원회의 시정명령 이후에 수급사업자의 원사업자에 대한 하도급대금지급청구소송에서 법정이율에 의한 지연손해금의 지급을 명하는 확정판결이 있었다고 하더라도 이는 수급사업자의 실체법적 권리 그 자체에 영향이 있는 것이 아니므로 그러한 사정만으로 공정거래위원회의 시정명령 중 고시이율에 의한 지연손해금의 지급을 명하는 부분이 위법하게 된다고 할 수 없다.

판례 2 **하도급법 제13조 제8항에 따라 공정거래위원회가 정하여 고시한 고시이율에 의한 지연손해금의 지급을 명하는 공정거래위원회의 시정명령 이후에 수급사업자의 원사업자에 대한 하도급대금 청구소송에서 법정이율에 의한 지연손해금의 지급을 명하는 판결이 확정된 경우, 시정명령 중 고시이율과 법정이율의 차액에 해당하는 지연손해금의 지급을 명하는 부분이 위법하게 되는지 여부 및 이는 법정이율에 의한 지연손해금의 지급을 명하는 판결이 확정된 후에 공정거래위원회가 시정명령을 하는 경우에도 마찬가지인지 여부(대법원 2015. 12. 10. 선고 2013두35013 판결)**

(1) 상고이유 제1점에 대하여

가. 하도급법 제13조 제8항은 '원사업자가 하도급대금을 목적물 등의 수령일부터 60일이 지난 후에 지급하는 경우에는 그 초과기간에 대하여 연 100분의 40 이내에서 은행법에 따른 은행이 적용하는 연체금리 등 경제사정을 고려하여 공정거래위원회가 정하여 고시하는 이율에 따른 이자를 지급하여야 한다'고 규정하고 있고, 하도급법 제25조 제1항은 '공정거래위원회가 제13조 등의 규정을 위반한 원사업자에 대하여 하도급대금 등의 지급, 법 위반행위의 중지, 향후 재발방지, 그 밖에 시정에 필요한 조치를 권고하거나 명할 수 있다'고 규정하고 있다.

나. 원심은 채택증거를 종합하여, 하도급법상 원사업자인 원고가 수급사업자인 주식회사 ○○엘리베이터(이하 '○○엘리베이터'라 한다)와 2012. 1. 5. 주식회사 ◎◎◎◎◎◎의 나주공장 1차 신축공사 중 화물용승강기설치공사(이하 '이 사건 공사'라 한다)에 관하여 계약금액을 185,900,000원으로, 공사기간을 2012. 1. 5.부터 2012. 2. 29.로 하는 하도급계약을 체결한 사실, ○○엘리베이터가 2012. 3. 27. 이 사건 공사를 완성하고 원고 또는 발주자에게 승강기를 인도한 사실, ○○엘리베이터가 원고를 상대로 미지급 하도급대금의 지급을 구하는 민사소송을 제기하여 2012. 8. 29. 원고는 ○○엘리베이터에게 143,720,000원과 이에 대한 법정이율에 따른 지연손해금을 지급하라는 내용의 일부 승소판결을 받은 뒤 ○○엘리베이터와 원고 모두 항소한 사실, ○○엘리베이터는 2012. 10. 9. 위 가집행선고부 제1심판결에 기하여 원고의 채권을 추심하는 방법으로 미지급 하도급대금 143,720,000원과 지연손해금 4,013,165원 합계 147,733,165원을 지급받은 사실,

이에 피고는 2013. 4. 2. 하도급법 제25조 제1항에 따라 원고에 대하여 2012. 3. 27.부터 60일이 지난 후에 ○○엘리베이터에게 하도급대금을 지급하면서 그 초과기간 동안 지급하지 아니한 고시이율에 따른 지연손해금 6,696,928원의 지급을 명하는 시정명령(이하 '이 사건 시정명령'이라 한다)을 한 사실을 인정한 다음, 이 사건 공사의 목적물인 승강기의 인도일은 2012. 3. 27.이므로 피고가 그로부터 60일이 경과한 날인 2012. 5. 27.을 고시이율에 따른 지연손해금의 기산일로 산정한 것은 적법하다고 판단하였다.

다. 앞서 본 규정과 관련 법리에 비추어 기록을 살펴보면, 원심의 이러한 판단은 정당하고, 거기에 상고이유의 주장과 같이 논리와 경험의 법칙에 반하여 자유심증주의의 한계를 벗어나거나 고시이율에 따른 지연손해금의 기산일에 관한 법리를 오해한 위법이 없다.

(2) 상고이유 제2점에 대하여

가. 하도급법이 적용되는 하도급거래에서 발생한 하도급대금의 지급이 지체된 경우에 수급사업자는 원사업자를 상대로 하도급법 제13조 제8항에 따라 공정거래위원회가 정하여 고시하는 고시이율에 의한 지연손해금을 청구할 수 있고, 수급사업자가 민법 또는 상법상의 이율이나 소송촉진 등에 관한 특례법 제3조 제1항에서 정한 이율(이하 이들을 '법정이율'이라 한다)과 고시이율 사이의 차액에 해당하는 지연손해금을 포기하였다는 등의 특별한 사정이 없는 한, 공정거래위원회의 시정명령 이후에 수급사업자의 원사업자에 대한 하도급대금 청구소송에서 법정이율에 의한 지연손해금의 지급을 명하는 판결이 확정되었다고 하더라도 그러한 사정만으로 공정거래위원회의 시정명령 중 고시이율과 법정이율의 차액에 해당하는 지연손해금의 지급을 명하는 부분이 위법하게 된다고 할 수 없으며(대법원 2010. 10. 28. 선고 2010두16561 판결 참조), 이는 수급사업자의 원사업자에 대한 하도급대금 청구소송에서 법정이율에 의한 지연손해금의 지급을 명하는 판결이 확정된 후에 공정거래위원회가 시정명령을 하는 경우에도 마찬가지라고 할 것이다.

나. 원심이 같은 취지에서, ○○엘리베이터가 고시이율에 의한 지연손해금 청구를 포기하는 등 그 권리를 상실하였다고 볼 만한 자료가 없으므로 피고는 법정이율에 의한 지연손해금의 지급을 명하는 민사판결에도 불구하고 고시이율에 의한 지연손해금과 법정이율에 의한 지연손해금의 차액을 지급하라는 시정명령을 할 수 있다고 판단한 것은 정당하고, 거기에 상고이유의 주장과 같이 시정명령의 대상이 되는 지연손해금의 범위에 관한 법리를 오해한 위법이 없다.

(3) 상고이유 제3점에 대하여

가. 하도급법 제25조 제1항은 공정거래위원회는 하도급법 제13조 등의 규정을 위반한 원사업자에 대하여 하도급대금 등의 지급, 법위반행위의 중지, 향후 재발

방지, 그 밖에 시정에 필요한 조치를 권고하거나 명할 수 있다고 규정하고 있는바, 하도급법이 제13조 등의 위반행위 그 자체에 대하여 과징금을 부과하고(제25조의 3 제1항) 형사처벌을 하도록(제30조 제1항 제1호) 규정하고 있는 것과 별도로 그 위반행위를 이유로 한 시정명령의 불이행에 대하여도 형사처벌을 하도록(제30조 제2항 제2호) 규정하고 있는 점과 이익침해적 제재규정의 엄격해석 원칙 등에 비추어 볼 때, 비록 하도급법 제13조 등의 위반행위가 있었더라도 그 위반행위의 결과가 더 이상 존재하지 않는다면 하도급법 제25조 제1항에 의한 시정명령을 할 수 없다고 보아야 한다(대법원 2011. 3. 10. 선고 2009두1990 판결 등 참조).

나. 원심판결의 이유와 원심이 적법하게 채택한 증거에 의하면, ① ○○엘리베이터가 원고를 상대로 제기한 하도급대금 청구소송에서 원고는 지체상금채권과 하자보수에 갈음한 손해배상채권 등을 자동채권으로 하여 상계항변을 하였고, 그러한 의사표시가 담긴 2012. 7. 2.자 준비서면이 ○○엘리베이터에게 송달된 사실, ② 위 민사소송의 제1심에서 원고의 상계항변 중 지체상금채권 500만 원 부분이 받아들여져 원고는 ○○엘리베이터에게 1억 4,372만 원 및 이에 대한 법정이율에 따른 지연손해금을 지급하라는 판결이 선고된 사실, ③ 이에 피고는 원고의 미지급 하도급대금을 1억 4,372만 원으로 보고 목적물 수령일부터 60일을 초과한 기간에 대하여 지연손해금의 지급을 명하는 이 사건 시정명령을 한 사실, ④ 그 후 위 민사소송의 항소심에서 원고의 상계항변 중 지체상금 채권 400만 원과 하자보수에 갈음한 손해배상채권 240만 원 합계 640만 원 부분이 추가로 받아들여져 원고는 ○○엘리베이터에게 1억 3,732만 원과 이에 대한 법정이율에 따른 지연손해금을 지급하라는 내용의 판결이 선고되고, 그 무렵 확정된 사실을 알 수 있다.

다. 위와 같은 사실관계를 앞서 본 법리에 비추어 살펴보면, 이 사건 시정명령 전에 원고의 상계의 의사표시가 있었기 때문에 원고의 하도급대금 채무 중 1,140만 원은 시정명령 당시에 이미 상계로 소멸되었는데도, 피고는 위반행위의 결과가 더 이상 존재하지 않는 640만 원을 포함한 1억 4,372만 원을 미지급 하도급대금으로 보고 그에 대한 지연손해금의 지급을 명하였으므로, 이 사건 시정명령 중 640만 원에 대하여서도 지연손해금의 지급을 명한 부분은 위법하다고 할 것이다.

그럼에도 이와 달리 원심은 이와 달리 이 사건 시정명령이 적법하다고 판단하였으므로, 이러한 원심판결에는 하도급법 제25조 제1항에 의한 시정명령에 관한 법리를 오해하여 판결에 영향을 미친 위법이 있다.

## Ⅲ. 준공금 또는 기성금 수령의 경우의 특칙

원사업자가 수급사업자에게 제조 등의 위탁을 한 경우 원사업자가 발주자로부터 제조·수리·시공 또는 용역수행행위의 완료에 따라 준공금 등을 받았을 때에는 원사업자가 발주자로부터 그 준공금 등을 지급받은 날로부터 15일 이내에 하도급대금을 수급사업자에게 지급하여야 한다. 원사업자가 제조·수리·시공 또는 용역수행행위의 진척에 따라 기성금 등을 받았을 때에는 원사업자가 발주자로부터 그 기성금 등을 지급받은 날로부터 15일 이내에 수급사업자가 제조·수리·시공 또는 용역수행한 부분에 상당하는 금액을 수급사업자에게 지급하여야 한다(법 제13조 제3항).

이는 원사업자가 발주자로부터 준공금 또는 기성금 등을 지급받은 경우에는 늦어도 15일 이내에는 수급사업자에게도 하도급대금 또는 수급사업자의 기성 부분 대금을 지급하라는 것이므로 원사업자와 수급사업자가 하도급대금 또는 수급사업자의 기성 부분 대금에 대한 지급기일에 관하여 15일보다 짧은 기일로 정한 경우에는 그에 따라야 한다.

## Ⅳ. 현금결제비율의 유지의무

### 1. 의 의

하도급법은 원사업자가 수급사업자에게 하도급대금을 지급함에 있어서 원사업자가 발주자로부터 지급받은 현금비율 미만으로 지급하지 못하도록 하고, 원사업자가 하도급대금을 어음으로 지급하는 경우에 발주자로부터 받은 어음의 지급기간을 초과하는 어음을 지급하지 못하도록 규정하고 있다(법 제13조 제4항 및 제5항).

또한, 어음 지급의 경우에는 원사업자가 수급사업자에게 할인 가능한 어음을 지급하도록 하고, 지급기일부터 만기일까지의 기간에 대한 할인료를 원사업자가 부담하도록 하며, 어음대체결재수단에 의한 지급의 경우에는 지급기일부터 하도급대금 상환기일까지의 기간에 대한 수수료를 원사업자가 부담하도록 규정하고 있다.

하도급법이 현금결제비율 등의 유지의무를 규정하고 있는 것은 원사업자가 발주자로부터 현금이나 만기일이 짧은 어음을 지급받고도 하도급대금을 장기어음으로 지급함으로써 수급사업자의 자금난을 가중시키고 경영상의 어려움을 초래하게 되며, 사회경제적으로는 어음결제비중의 증가 및 어음만기일의 장기화, 수취어음의 부도에 따른 수급사업자의 연쇄도산 위험을 가중시키는 것을 방지하기 위한 것이다.

## 2. 현금결제비율 유지의무

원사업자가 수급사업자에게 하도급대금을 지급할 때에는 원사업자가 발주자로부터 해당 제조 등의 위탁과 관련하여 받은 현금비율 미만으로 지급하여서는 아니된다(법 제13조 제4항). 원사업자가 수급사업자에게 하도급대금을 지급할 때에는 원사업자가 발주자로부터 지급받은 준공금이나 기성금 등의 현금비율보다 같거나 더 높은 비율로 지급하여야 한다.

심결례 1 공정거래위원회는 원사업자가 발주자로부터 수주받은 선박대금의 97.4%에 해당하는 금액을 현금으로 수령하였음에도 수급사업자에게 현금 18.1%, 어음 81.9%의 비율로 하도급대금을 지급한 사안에서 하도급법위반을 인정하고 시정명령을 하였다(**공정거래위원회 2004. 10. 8. 의결 2004하기1340**).

심결례 2 공정거래위원회는 원사업자가 발주자로부터 건설 공사 대금을 전액 현금으로 수령하였음에도 55개 수급사업자에게 하도급대금을 지급하면서 현장별로 현금결제비율을 3.0%, 6.5%, 9.5%로 하여 지급하거나 전액 외상매출채권담보대출을 이용하여 지급한 사안에서 하도급법위반을 인정하고 시정명령 및 과징금 부과 처분을 하였다(**공정거래위원회 2015. 2. 3. 의결 2014부사2883**).

원사업자가 발주자로부터 지급받은 현금비율이 일정한 경우에는 당해 현금비율 이상으로 지급하여야 하고 원사업자가 발주자로부터 지급받은 현금비율이 일정하지 아니한 경우에는 수급사업자에게 하도급대금을 지급하기 직전에 원사업자가 발주자로부터 지급받은 현금비율 이상으로 지급하여야 한다.

원사업자가 다수의 발주자에게 납품하는 물품을 다수의 수급사업자에게 제조 등 위탁하는 경우 특정 수급사업자가 납품한 물품이 공급되는 발주자가 명확한 경우에는 당해 발주자로부터 원사업자가 받은 현금비율을 적용하고, 불명확한 경우에는 원사업자가 다수의 발주자로부터 받은 현금비율을 산술평균하여 적용한다.[127)]

### 3. 어음 지급기간 유지의무

원사업자가 수급사업자에게 하도급대금을 어음으로 지급할 때에는 원사업자가 발주자로부터 해당 제조 등의 위탁과 관련하여 받은 어음의 지급기간(발행일로부터 만기일까지)을 초과하는 어음을 지급하여서는 아니 된다(법 제13조 제5항). 원사업자가 발주자로부터 제1회 도급대금을 지급받기 전까지 수급사업자에게 하도급대금을 지급하는 경우에는 예외로 할 수 있다. 다만, 원사업자가 수급사업자에게 금회 하도급대금을 지급한 후 차회 하도급대금을 지급하기 전까지 발주자로부터 2회 이상 도급대금을 지급받은 경우에는 각각의 어음지급기간을 산술평균하여 적용한다.[128)]

원사업자가 발주자로부터 준공금이나 기성금 등을 어음으로 지급받고 원사업자가 수급사업자에게 하도급대급을 어음으로 지급하는 경우에는 원사업자가 발주자로부터 받은 어음의 지급기간과 같거나 더 단기의 지급기간으로 된 어음을 지급하여야 한다.

원사업자가 다수의 발주자에게 납품하는 물품을 다수의 수급사업자에게 제조 등 위탁하는 경우에 특정 수급사업자가 납품한 물품이 공급되는 발주자가 명확한 경우에는 당해 발주자로부터 원사업자가 받은 어음지급기간을 적용하고, 불명확한 경우에는 원사업자가 다수의 발주자로부터 교부받은 어음지급기간을 산술평균하여 적용한다.[129)]

---

127) 「하도급거래공정화지침」, 12. 나.
128) 「하도급거래공정화지침」, 13. 가.
129) 「하도급거래공정화지침」, 13. 나.

## Ⅴ. 할인 가능 어음 지급의 원칙과 어음할인료 지급의무

원사업자가 하도급대금을 어음으로 지급하는 경우에 그 어음은 법률에 근거하여 설립된 금융기관에서 할인이 가능한 것이어야 하며, 어음을 교부할 날부터 어음의 만기일까지의 기간에 대한 할인료를 어음을 교부하는 날에 수급사업자에게 지급하여야 한다(법 제13조 제6항 본문). 원사업자가 수급사업자에게 목적물의 수령일로부터 60일이 경과하기 전에 어음을 지급하는 경우에는 목적물 등의 수령일로부터 60일이 경과한 날부터 만기일까지의 기간에 대한 할인료를 목적물 등의 수령일로부터 60일 이내에 수급사업자에게 지급하도록 하고 있다(법 제13조 제6항 단서). 이에 대해 적용하는 할인율은 연 100분의 40 이내에서 법률에 근거하여 설립된 금융기관에서 적용되는 상업어음할인율을 고려하여 적용하는 이율(연 7.5%)[130]로 한다.

원사업자가 지급기일에 하도급대금을 현금으로 지급하는 것이 원칙임에도 부득이 어음으로 하도급대금을 지급한 것이므로 지급기일과 만기일까지의 할인료에 해당하는 돈을 수급사업자에게 지급하도록 규정한 것이다.

> 심결례 공정거래위원회는 수급사업자에게 하도급대금을 만기일이 목적물 수령일로부터 60일을 초과하는 어음으로 지급하면서, 목적물 수령일부터 60일이 지난 날 이후부터 어음의 만기일까지의 기간에 대한 어음 할인료를 지급하지 아니한 원사업자의 행위에 대하여 법 제13조 제6항에 위반되어 위법하다고 하면서 시정조치 및 과징금을 부과한 바 있다(**공정거래위원회 2015. 11. 18. 의결 2015제하1605, 2016. 12. 14. 의결 2016제하1817 등**).

## Ⅵ. 어음대체결제수단에 의한 지급시 수수료 지급의무

원사업자가 하도급대금을 어음대체결제수단을 이용하여 지급하는 경우에

---

130) 「어음에 의한 하도급대금 지급시의 할인율 고시」(공정거래위원회고시 제2015-15호, 2015. 10. 23. 일부개정), Ⅰ.

는 지급일부터 하도급대금 상환기일까지의 기간에 대한 수수료(대출이자 포함)를 지급일에 수급사업자에게 지급하여야 한다. 기업구매전용카드, 외상매출채권 담보대출, 구매론 등의 어음대체결제수단은 원사업자가 부도처리되더라도 수급사업자에게 상환의무가 발생하지 않으므로 하도급법 상으로는 현금성 결제수단으로 취급된다. 다만, 수급사업자가 이러한 어음대체결제수단을 이용하는 경우 카드 수수료와 대출이자 등의 비용이 발생하게 되므로 형평의 원칙상 이를 원사업자가 부담하게 함으로써 수급사업자를 보호하려는 것이다.

이에 대해 적용하는 수수료율은 원사업자가 금융기관(「여신전문금융업법」 제2조 제2호의2에 따른 신용카드업자를 포함한다)과 체결한 어음대체결제수단의 약정상 수수료율로 한다.

어음대체결제수단에 의한 지급의 경우에도 어음 지급의 경우에 할인료를 지급하도록 한 것과 동일하게 목적물 등의 수령일로부터 60일 이내에 어음대체결제수단으로 지급한 경우에는 목적물의 수령일부터 60일이 지난 날 이후부터 하도급대금의 상환기일까지의 기간에 대한 수수료를 목적물의 수령일부터 60일 이내에 원사업자가 수급사업자에게 지급하도록 하고 있다.

> 심결례 공정거래위원회는 수급사업자에게 상환기일이 하도급대금의 법정지급기일을 초과하는 어음대체결제수단으로 하도급대금을 지급하면서 그 초과기간에 대한 어음대체결제수수료를 지급하지 아니한 행위는 법 제13조 제7항에 위반되어 위법하다고 하면서 시정조치 및 과징금을 부과한 바 있다(**공정거래위원회 2015. 11. 5. 의결 2015제하2181, 2015. 11. 25. 의결 2014제하1941 등**).

## 제 7 절 건설하도급 계약이행 및 대금지급 보증

> 하도급법 제13조의2(건설하도급 계약이행 및 대금지급 보증) ① 건설위탁의 경우 원사업자는 계약체결일부터 30일 이내에 수급사업자에게 다음 각 호의 구

분에 따라 해당 금액의 공사대금 지급을 보증(지급수단이 어음인 경우에는 만기일까지를, 어음대체결제수단인 경우에는 하도급대금 상환기일까지를 보증기간으로 한다)하고, 수급사업자는 원사업자에게 계약금액의 100분의 10에 해당하는 금액의 계약이행을 보증하여야 한다. 다만, 원사업자의 재무구조와 공사의 규모 등을 고려하여 보증이 필요하지 아니하거나 보증이 적합하지 아니하다고 인정되는 경우로서 대통령령으로 정하는 경우에는 그러하지 아니하다.

1. 공사기간이 4개월 이하인 경우: 계약금액에서 선급금을 뺀 금액
2. 공사기간이 4개월을 초과하는 경우로서 기성부분에 대한 대가의 지급 주기가 2개월 이내인 경우: 다음의 계산식에 따라 산출한 금액

$$\text{보증금액} = \frac{\text{하도급계약금액} - \text{계약상 선급금}}{\text{공사기간(개월 수)}} \times 4$$

3. 공사기간이 4개월을 초과하는 경우로서 기성부분에 대한 대가의 지급 주기가 2개월을 초과하는 경우: 다음의 계산식에 따라 산출한 금액

$$\text{보증금액} = \frac{\text{하도급계약금액} - \text{계약상 선급금}}{\text{공사기간(개월 수)}} \times \text{기성부분에 대한 대가의 지급주기(개월 수)} \times 2$$

② 원사업자는 제1항 각 호 외의 부분 단서에 따른 공사대금 지급의 보증이 필요하지 아니하거나 적합하지 아니하다고 인정된 사유가 소멸한 경우에는 그 사유가 소멸한 날부터 30일 이내에 제1항에 따른 공사대금 지급보증을 하여야 한다. 다만, 계약의 잔여기간, 위탁사무의 기성률, 잔여대금의 금액 등을 고려하여 보증이 필요하지 아니하다고 인정되는 경우로서 대통령령으로 정하는 경우에는 그러하지 아니하다.

③ 다음 각 호의 어느 하나에 해당하는 자와 건설공사에 관하여 장기계속계약(총액으로 입찰하여 각 회계연도 예산의 범위에서 낙찰된 금액의 일부에 대하여 연차별로 계약을 체결하는 계약으로서 「국가를 당사자로 하는 계약에 관한 법률」 제21조 또는 「지방자치단체를 당사자로 하는 계약에 관한 법률」 제24조에 따른 장기계속계약을 말한다. 이하 이 조에서 "장기계속건설계약"이라 한다)을 체결한 원사업자가 해당 건설공사를 장기계속건설하도급계약을 통하여 건설위탁하는 경우 원사업자는 최초의 장기계속건설하도급계약 체결일부터 30일 이내에 수급사업자에게 제1항 각 호 외의 부분 본문에 따라 공사대금 지급을 보증하고, 수급사업자는 원사업자에게 최초 장기계속건설하도급계약 시 약정한 총 공사금액의 100분의 10에 해당하는 금액으로 계약이행을 보증하여야 한다.

1. 국가 또는 지방자치단체
2. 「공공기관의 운영에 관한 법률」에 따른 공기업, 준정부기관 또는 「지방공기업법」에 따른 지방공사, 지방공단

④ 제3항에 따라 수급사업자로부터 계약이행 보증을 받은 원사업자는 장기계속건설계약의 연차별 계약의 이행이 완료되어 이에 해당하는 계약보증금을 같은 항 각 호의 어느 하나에 해당하는 자로부터 반환받을 수 있는 날부터 30일 이내에 수급사업자에게 해당 수급사업자가 이행을 완료한 연차별 장기계속건설하도급계약에 해당하는 하도급 계약이행보증금을 반환하여야 한다. 이 경우 이행이 완료된 부분에 해당하는 계약이행 보증의 효력은 상실되는 것으로 본다.

⑤ 제1항부터 제3항까지의 규정에 따른 원사업자와 수급사업자 간의 보증은 현금(체신관서 또는 「은행법」에 따른 은행이 발행한 자기앞수표를 포함한다)의 지급 또는 다음 각 호의 어느 하나의 기관이 발행하는 보증서의 교부에 의하여 한다.

1. 「건설산업기본법」에 따른 각 공제조합
2. 「보험업법」에 따른 보험회사
3. 「신용보증기금법」에 따른 신용보증기금
4. 「은행법」에 따른 금융기관
5. 그 밖에 대통령령으로 정하는 보증기관

⑥ 제5항에 따른 기관은 다음 각 호의 어느 하나에 해당하는 사유로 수급사업자가 보증약관상 필요한 청구서류를 갖추어 보증금 지급을 요청한 경우 30일 이내에 제1항의 보증금액을 수급사업자에게 지급하여야 한다. 다만, 보증금 지급요건 충족 여부, 지급액에 대한 이견 등 대통령령으로 정하는 불가피한 사유가 있는 경우 보증기관은 수급사업자에게 통지하고 대통령령으로 정하는 기간 동안 보증금 지급을 보류할 수 있다.

1. 원사업자가 당좌거래정지 또는 금융거래정지로 하도급대금을 지급할 수 없는 경우
2. 원사업자의 부도·파산·폐업 또는 회사회생절차 개시 신청 등으로 하도급대금을 지급할 수 없는 경우
3. 원사업자의 해당 사업에 관한 면허·등록 등이 취소·말소되거나 영업정지 등으로 하도급대금을 지급할 수 없는 경우
4. 원사업자가 제13조에 따라 지급하여야 할 하도급대금을 2회 이상 수급사업자에게 지급하지 아니한 경우
5. 그 밖에 원사업자가 제1호부터 제4호까지에 준하는 지급불능 등 대통령령으로 정하는 사유로 인하여 하도급대금을 지급할 수 없는 경우

⑦ 원사업자는 제5항에 따라 지급보증서를 교부할 때 그 공사기간 중에 건설위탁하는 모든 공사에 대한 공사대금의 지급보증이나 1회계연도에 건설위탁

하는 모든 공사에 대한 공사대금의 지급보증을 하나의 지급보증서의 교부에 의하여 할 수 있다.

⑧ 제1항부터 제7항까지에서 규정한 것 외에 하도급계약 이행보증 및 하도급대금 지급보증에 관하여 필요한 사항은 대통령령으로 정한다.

⑨ 원사업자가 제1항 각 호 외의 부분 본문, 제2항 본문 또는 제3항 각 호 외의 부분에 따른 공사대금 지급보증을 하지 아니하는 경우에는 수급사업자는 계약이행을 보증하지 아니할 수 있다.

⑩ 제1항 또는 제3항에 따른 수급사업자의 계약이행 보증에 대한 원사업자의 청구권은 해당 원사업자가 제1항부터 제3항까지의 규정에 따른 공사대금 지급을 보증한 후가 아니면 이를 행사할 수 없다. 다만, 제1항 각 호 외의 부분 단서 또는 제2항 단서에 따라 공사대금 지급을 보증하지 아니하는 경우에는 그러하지 아니하다.

**하도급법 시행령 제8조(건설하도급 계약이행 및 대금지급 보증)** ① 법 제13조의2 제1항 각 호 외의 부분 단서에서 "대통령령으로 정하는 경우"란 다음 각 호의 어느 하나에 해당하는 경우를 말한다.

1. 원사업자가 수급사업자에게 건설위탁을 하는 경우로서 1건 공사의 공사금액이 1천만원 이하인 경우
2. 원사업자가 「자본시장과 금융투자업에 관한 법률」 제335조의3에 따라 신용평가업인가를 받은 신용평가회사가 실시한 신용평가에서 공정거래위원회가 정하여 고시하는 기준 이상의 등급을 받은 경우
3. 법 제14조제1항제2호에 따라 발주자가 하도급대금을 직접 지급하여야 하는 경우
4. 하도급대금의 지급을 전자적으로 관리하기 위하여 운영되고 있는 시스템(이하 "하도급대금지급관리시스템"이라 한다)을 활용하여 발주자가 원사업자 명의의 계좌를 거치지 아니하고 수급사업자에게 하도급대금을 지급하는 경우

② 법 제13조의2제3항제5호에서 "대통령령으로 정하는 보증기관"이란 「전기공사공제조합법」에 따른 전기공사공제조합, 「정보통신공사업법」에 따른 정보통신공제조합, 「주택도시기금법」에 따른 주택도시보증공사 및 「소방산업의 진흥에 관한 법률」에 따른 소방산업공제조합을 말한다.

③ 법 제13조의2제4항 각 호 외의 부분 단서에서 "보증금 지급요건 충족 여부, 지급액에 대한 이견 등 대통령령으로 정하는 불가피한 사유가 있는 경우"란 다음 각 호의 어느 하나에 해당하는 경우를 말한다.

1. 보증기간 동안의 원사업자 및 수급사업자의 계약이행 여부가 불명확하여 자료보완이 필요하다고 인정하는 경우
2. 지급하여야 할 기성금(명칭을 불문하고 계약이행에 따른 대가로 지급되는

것을 말한다)에 대하여 원사업자와 수급사업자 사이에 이견이 있는 경우
④ 법 제13조의2제4항 각 호 외의 부분 단서에서 "대통령령으로 정하는 기간"이란 30일을 말한다. 다만, 수급사업자와 합의한 경우 15일의 범위에서 한 차례만 그 기간을 연장할 수 있다.
⑤ 법 제13조의2제4항제5호에서 "제1호부터 제4호까지에 준하는 지급불능 등 대통령령으로 정하는 사유로 인하여 하도급대금을 지급할 수 없는 경우"란 다음 각 호의 어느 하나에 해당하여 하도급대금을 지급할 수 없는 경우를 말한다.
1. 원사업자가 「기업구조조정 촉진법」 제5조제2항에 따라 관리절차의 개시를 신청한 경우
2. 발주자에 대한 원사업자의 공사대금채권에 대하여 제3채권자가 압류·가압류를 하였거나 원사업자가 해당 공사대금채권을 제3자에게 양도한 경우
3. 법 제2조제14항에 따른 신용카드업자 또는 금융기관이 수급사업자에게 상환청구를 할 수 있는 어음대체결제수단으로 하도급대금을 지급한 후 원사업자가 해당 신용카드업자 또는 금융기관에 하도급대금을 결제하지 아니한 경우
4. 원사업자가 수급사업자에게 하도급대금으로 지급한 어음이 부도로 처리된 경우
5. 원사업자가 수급사업자로부터 지급기일 이후 2회 이상 하도급대금 지급에 관한 최고를 받고도 이를 이행하지 아니한 경우
⑥ 제1항제4호에 따라 대금지급 보증의무 면제대상이 되는 하도급대금지급관리시스템의 종류는 공정거래위원회가 정하여 고시한다.

## Ⅰ. 의 의

건설 위탁은 계속적이고 장기적으로 진행되는 특성으로 인해 다양한 위험과 불확실한 상황에 노출되는 경우가 많아 제조, 수리, 용역 등 다른 유형의 하도급거래에 비하여 하도급 대금을 지급하지 못할 가능성이 크다. 게다가 건설위탁이 다양한 공종으로 이루어지는 탓에 원사업자가 다수의 수급사업자와 중복적으로 하도급 거래를 유지하게 되고, 또한 수급사업자도 다수의 근로자, 용역업체, 건설기계 대여업자 등과 복잡한 계약관계를 맺게 된다. 따라서 건설위탁에 있어서는 원사업자가 부도 등의 사유로 수급사업자에게 대금을 지급하

지 못할 경우를 대비하여 '특별한 보호 장치'를 마련해 둘 필요가 있다. 이를 위해 하도급법에서는 건설 하도급 계약 체결 시 원사업자로 하여금 현금의 지급이나 보증기관이 발생하는 보증서 교부에 의한 방법으로 하도급대금의 지급을 보증하게 하고, 수급사업자는 원사업자에게 계약금액의 100분의 10에 해당하는 금액의 계약이행을 보증하도록 하고 있다.

## Ⅱ. 건설하도급 대금지급 보증 의무

### 1. 개 요

하도급법은 건설 위탁의 경우에 장래의 하도급 공사대금 지급을 확실하게 담보하기 위하여 건설하도급 대금지급 보증 의무를 규정하고 있다.

건설위탁을 할 때 원사업자는 법정면제사유에 해당되지 않는 한 수급사업자에게 공사기간 및 대금지급 주기에 따라 산정된 일정 금액의 공사대금 지급을 보증하여야 한다. 이러한 원사업자의 하도급대금 지급보증의무는 수급사업자와 합의로 면제되지 아니한다.

원사업자가 본조를 위반한 경우 공정거래위원회는 원사업자에 대해 시정조치권고 또는 명령, 공표명령(법 제25조), 과징금부과(법 제25조의3) 등을 할 수 있고, 또한 벌금형(법 제30조)이 부과될 수 있다.

본조의 성격은 효력규정이다. 따라서 원사업자가 대금지급보증을 하지 않는 경우 공정거래위원회의 행정처분을 통해 간접강제에 의한 보호 이외에 수급사업자는 계약이행보증을 거절할 실체법적 항변권을 가진다.

**판 례** **청주지방법원 2003. 5. 2. 선고 2002가합2185 판결**

공사계약서에 첨부된 건설공사하도급계약조건에 의하면 공사도급인의 공사대금채무와 수급인의 하자보수보증금채무는 동시이행의 관계에 있는 것으로 보이고, 따라서 공사대금의 일부가 아직 지급되지 않은 공사계약에 관한 수급인의 하자보수보증금채무는 그 변제기가 아직 도래하지 않았으며 또한 위 계약조건에 의하면 수급인은 하자보수보증금으로서 금전 이외에도 소정의 보정서 등으로 갈음

> 하여 이를 납부할 수 있어 쌍방이 서로 같은 종류를 목적으로 하는 채무를 부담하는 경우에 해당하지 아니하므로 공사도급인의 공사대금채무와 수급인의 하자보수보증금채무는 상계적상에 있지 않다.

## 2. 보증 금액(법 제1항 본문)

하도급법은 건설위탁을 함에 있어서 원사업자가 지급보증하여야 하는 금액을 공사기간이 4개월 이하인 경우와 공사기간이 4개월을 초과하는 경우로 구분하고, 공사기간이 4개월을 초과하는 경우에는 다시 기성부분에 대한 대가의 지급 주기가 2개월 이내인 경우와 2개월을 초과하는 경우로 구분하여 규정하고 있다.

공사기간이 4개월 이하인 경우에 원사업자가 지급보증하여야 하는 금액은 계약금액에서 선급금을 뺀 금액이다.

공사기간이 4개월을 초과하고 기성부분에 대한 대가의 지급 주기가 2개월 이내인 경우 원사업자가 지급보증하여야 하는 공사대금의 금액은 '(하도급계약금액-계약상 선급금) × 4 / 공사기간(개월 수)'로 계산한 금액이다. 예를 들어, 하도급계약금액이 1억원이고 계약상 선급금이 1천만원, 공사기간이 6개월이라면 보증금액은 (1억원 - 1천만원) × 4 / 6 = 6천만원이 된다.

공사기간이 4개월을 초과하고 기성부분에 대한 대가의 지급 주기가 2개월을 초과하는 경우 원사업자가 지급보증하여야 하는 금액은 '(하도급계약금액-계약상 선급금) × 기성부분에 대한 대가의 지급주기(개월 수) × 2 / 공사기간(개월 수)'로 계산한 금액이다. 예를 들어, 하도급계약대금이 1억원이고 계약상 선급금이 1천만원이며, 공사기간이 6개월, 기성부분에 대한 대가의 지급주기가 3개월이라면 보증금액은 (1억원 - 1천만원) × 3 × 2 / 6 = 9천만원이 된다.

결국, 공사기간이 길고 기성부분에 대한 대가의 지급주기가 2개월 이내로 짧은 경우에 원사업자 지급보증하여야 하는 금액은 적어지게 된다.

## 3. 보증 방법(법 제5항, 제7항, 법 시행령 제8조 제2항)

원사업자의 건설하도급대금 지급보증은 원사업자가 수급사업자에게 지급보증금액을 현금(자기앞수표 포함)으로 지급하거나 보증서를 교부하는 방법으로 한다. 보증서는 ① 「건설산업기본법」에 따른 각 공제조합, ② 「보험업법」에 따른 보험회사, ③ 「신용보증기금법」에 따른 신용보증기금, ④ 「은행법」에 따른 금융기관, ⑤ 「전기공사공제조합법」에 의한 전기공사공제조합, ⑥ 「정보통신공사업법」에 의한 정보통신공제조합, ⑦ 「주택도시기금법」에 따른 주택도시보증공사, ⑧ 「소방산업의 진흥에 관한 법률」에 따른 소방산업공제조합이 발행한 보증서 중 하나에 해당하여야 한다.

지급보증서의 교부는 매 건의 건설위탁마다 할 수도 있지만, 지급보증하는 공사기간 중에 건설위탁하는 모든 공사에 대한 공사대금의 지급보증이나 1회계연도에 건설위탁하는 모든 공사에 대한 공사대금의 지급보증을 하나의 지급보증서의 교부에 의하여 할 수도 있다.

판 례 **대법원 2001. 3. 23. 선고 2000다11560 판결**

채권자가 기존 채무의 지급을 위하여 그 채무의 이행기가 도래하기 전에 미리 그 채무의 변제기보다 후의 일자가 만기로 된 어음의 교부를 받은 때에는 묵시적으로 기존 채무의 지급을 유예하는 의사가 있었다고 볼 경우가 있을 수 있고 이때 기존 채무의 변제기는 어음에 기재된 만기일로 변경된다고 볼 것이나, 특별한 사정이 없는 한 하도급자가 하도급대금지급채무를 이행기일까지 변제하지 아니하여 채무불이행상태에 빠진 다음에 그 채무의 지급을 위하여 어음이 발행된 경우까지 그와 동일하게 볼 수는 없으므로 위 약관 제3조 제2호(하도급대금지급채무의 이행기일이 보증기간에 있지 아니한 경우 그 해당채무를 보증범위에서 제외하고 있는 건설공제조합의 약관 규정)를 하도급자가 하도급대금지급채무를 변제하지 아니하여 채무불이행 상태에 빠진 다음에 하도급대금지급채무의 지급을 위하여 어음을 발행한 경우까지 피고가 보증책임을 면한다는 조항으로 해석할 수는 없다.

건설공제조합의 하도급대금 지급보증 약관 제7조 제1항 제3호, 같은 조 제3항에 의하면 보증채권자가 주계약에 따라 지급받아야 할 선금 및 기성금을 수령한 때에는 10일 이내에 원도급의 발주자가 확인한 기성내역서 및 대금지급수단(현금 또는 어음 등)에 관한 사항을 건설공제조합에게 반드시 통지해야 하도록 정하면서 보증채권자가 정당한 사유없이 위 통지의무를 게을리한 때에는 보증책임을 지지 아니한다고 정하고 있는 바, 보증인에게 이러한 통지의무를 부담케 하는 취지는 그와 같은 사정으로 인하여 보증인이 당초 예상하지 못하였던 보증책임을 추가로 부담하게 되거나 보증책임이 부당히 확대되어 불이익을 입게 되는 것을 방지하고, 또 보증인 스스로 그와 같은 사정으로 인하여 불측의 손해가 발생하는 것을 스스로 방지하기 위한 조치를 취할 수 있도록 하기 위한 것임에도, 보증채권자가 보증인인 건설공제조합에게 그와 같은 사정을 통지하지 아니함으로써 추가로 발생한 손해에 관하여 보증책임이 면책될 수 있음은 별론으로 하고, 그와 같은 사정에 의하여 곧바로 건설공제조합의 보증책임이 면책된다고 하는 위 약관조항은 보증의 범위가 하도급공사계약과 보증계약에 의하여 정해진 보증책임까지지도 전적으로 인정하지 아니함으로써 상당한 이유없이 보증인의 책임을 배제 또는 제한하는 것이므로 고객에 대하여 부당하게 불리한 조항으로서 신의성실의 원칙에 반하여 공정을 잃어 「약관규제에 관한 법률」제6조 제2항 제1호, 제1항에 의하여 무효이다.

### 4. 지급 사유 및 보류 사유(법 제6항, 법 시행령 제8조 제3항, 제4항, 제5항)

보증기관은 다음 어느 하나에 해당하는 사유로 수급사업자가 보증약관상 필요한 청구서류를 갖추어 보증금 지급을 요청한 경우 30일 이내에 보증금액을 수급사업자에게 지급하여야 한다.

(1) 원사업자가 당좌거래정지 또는 금융거래정지로 하도급대금을 지급할 수 없는 경우
(2) 원사업자의 부도·파산·폐업 또는 회사회생절차 개시 신청 등으로 하도급대금을 지급할 수 없는 경우
(3) 원사업자의 해당 사업에 관한 면허·등록 등이 취소·말소되거나 영업정지 등으로 하도급대금을 지급할 수 없는 경우
(4) 원사업자가 제13조에 따라 지급하여야 할 하도급대금을 2회 이상 수급사업자에게 지급하지 아니한 경우
(5) 원사업자가 「기업구조조정 촉진법」 제5조제2항에 따라 관리절차의 개시를 신청한 경우
(6) 발주자에 대한 원사업자의 공사대금채권에 대하여 제3채권자가 압류·

가압류를 하였거나 원사업자가 해당 공사대금채권을 제3자에게 양도한 경우

(7) 하도급법 제2조제14항에 따른 신용카드업자 또는 금융기관이 수급사업자에게 상환청구를 할 수 있는 어음대체결제수단으로 하도급대금을 지급한 후 원사업자가 해당 신용카드업자 또는 금융기관에 하도급대금을 결제하지 아니한 경우

(8) 원사업자가 수급사업자에게 하도급대금으로 지급한 어음이 부도로 처리된 경우

(9) 원사업자가 수급사업자로부터 지급기일 이후 2회 이상 하도급대금 지급에 관한 최고를 받고도 이를 이행하지 아니한 경우

다만, 보증기관은 보증금 지급요건 충족 여부, 지급액에 대한 이견 등 다음의 사유가 있는 경우에는 수급사업자에게 이를 통지하고 30일의 기간 동안 보증금 지급을 보류할 수 있다. 이때 수급사업자와 합의한 경우 15일의 범위에서 한 차례만 그 기간을 연장할 수 있다.

1. 보증기간 동안의 원사업자 및 수급사업자의 계약이행 여부가 불명확하여 자료보완이 필요하다고 인정하는 경우
2. 지급하여야 할 기성금(명칭을 불문하고 계약이행에 따른 대가로 지급되는 것을 말한다)에 대하여 원사업자와 수급사업자 사이에 이견이 있는 경우

### 5. 지급보증의무 면제 사유(법 제1항 단서, 제2항, 법 시행령 제8조 제1항, 제6항)

하도급법은 원사업자의 재무구조와 공사의 규모 등을 고려하여 보증이 필요하지 아니하거나 보증이 적합하지 않다고 인정되는 경우로서 대통령령이 정하는 경우에는 원사업자의 지급보증의무를 면제하고 있다.

① 원사업자가 수급사업자에게 건설위탁을 하는 1건 공사의 공사금액이 1천만원이하인 경우, ② 원사업자가 「자본시장과 금융투자업에 관한 법률」 제335조의3에 따라 신용평가업인가를 받은 신용평가회사가 실시한 신용평가에서 공정거래위원회가 정하여 고시하는 기준 이상의 등급을 받은 경우, ③ 발주자가

하도급대금을 직접 수급사업자에게 지급하기로 발주자·원사업자 및 수급사업자 간에 합의하여 발주자가 수급사업자에게 하도급대금을 직접 지급하여야 하는 경우 ④ 하도급대금의 지급을 전자적으로 관리하기 위하여 운영되고 있는 시스템을 활용하여 발주자가 원사업자 명의의 계좌를 거치지 아니하고 수급사업자에게 하도급대금을 지급하는 경우에는 원사업자의 지급보증의무가 면제된다. 위 ②와 관련하여 공정거래위원회는 2개 이상의 신용평가 전문기관에서 실시하는 회사채평가에서 A0이상의 등급을 받은 경우와 회사채 신용평가 인가를 받은 신용평가회사에서 실시한 기업어음에 대한 신용평가에서 등급 A2+ 이상을 받은 경우를 지급보증면제대상으로 고시하고 있다.[131] 또한 ④와 관련하여 대금지급 보증의무 면제대상이 되는 하도급대금지급관리시스템은 산업통상자원부 고시「상생결제시스템 결제대금예치계좌 운영요령」제2조 제1호에서 규정하고 있는 '상생결제시스템'으로 공정거래위원회가 정하여 고시하고 있다.[132]

원사업자는 공사대금 지급의 보증이 필요하지 아니하거나 적합하지 아니하다고 인정된 사유가 소멸한 경우에는 그 사유가 소멸한 날부터 30일 이내에 공사대금 지급보증을 하여야 한다. 다만, 계약의 잔여기간, 위탁사무의 기성률, 잔여대금의 금액 등을 고려하여 보증이 필요하지 아니하다고 인정되는 경우로서 대통령령으로 정하는 경우에는 그러하지 아니하다.

한편 원사업자에 대한 대금지급보증의무 면제사유와 관련하여 2017년 기준 원사업자의 수급사업자에 대한 대금지급보증서 교부비율이 47%로 절반에도 미치지 못하고 있고,[133] 건설경기의 악화로 건설업체의 경영난이 심각한 상황에서 신용등급이 높은 회사의 경우에도 대금지급이 갑자기 어려워질 수 있는 상황인 점을 고려할 때 '일정 기준 이상의 신용평가를 받은 경우'는 면제사유

---

131) 「건설하도급대금지급보증 면제대상고시」(시행 2017.1.1. 공정거래위원회고시 제2016-18호, 2016.12.20., 일부개정).

132) 「하도급대금 지급관리시스템 지정고시」(시행 2017.6.28. 공정거래위원회고시 제2017-8호, 2017.6.28., 제정).

133) 이은형, 「2017년 2분기 전문건설업 동향 및 실태분석」, 대한건설정책연구원, 2017. 8.

에서 제외해야 한다는 주장이 있다.

참고로「건설산업기본법」에서도 건설하도급에서의 원사업자(수급인)의 하도급대금지급보증의무를 두고 있고, 동법 시행규칙에서 제28조에서 대금지급보증서 교부 면제사유를 정하고 있는데, 2014. 2월 시행규칙이 개정되면서 '수급인이 2개 이상의 국내 신용평가기관이 실시한 최근 연도 회사채평가에서 A 이상의 등급을 받은 경우'가 면제사유에서 삭제된 바 있다.

## 6. 건설하도급 대금지급 보증 위법성 판단사유[134)]

원사업자의 하도급대금 지급보증과 관련한 위법성 판단기준을 예시하면 다음과 같다.

(1) 원사업자는 수급사업자에게 정당한 사유가 없는 한 수급사업자와 계약공사를 착공하기 전까지 해당 공사대금의 지급을 보증하여야 한다.

(2) 원사업자는 하도급대금이나 공사기간이 조정되어 그에 따른 지급보증 변경이 필요한 경우 그 조정시점에서 변경된 내용에 따라 수급사업자에게 추가로 대금지급을 보증하여야 한다. 다만, 추가공사의 공사금액이 4,000만원 이하의 경미한 공사인 경우에는 예외로 한다.

(3) 하도급대금의 지급을 이미 보증한 사업자와 합병을 하거나 상속, 영업양수 등을 통하여 그 지위를 승계한 원사업자는 수급사업자에게 동 하도급대금에 대하여 별도의 지급보증을 하지 않아도 된다. 다만, 대금지급보증의무 대상사업자가 대금지급보증면제대상 사업자의 원사업자 지위를 승계한 경우에는 수급사업자에게 승계당시 잔여공사에 대하여 하도급대금의 지급을 보증하여야 한다.

(4) 하도급계약 체결후, 원사업자에 대한 신용평가등급이 변경되어 하도급대금지급보증 면제대상에서 제외된 경우에는 기존의 하도급계약에 대하여는 지급보증을 하지 않아도 된다.

(5) 보증의무가 면제된 원사업자가 면제등급에서 제외된 후, 대금에 관한 변경

---

134)「하도급거래 공정화 지침」(공정거래위원회예규 제276호, 2016.12.26., 일부개정).

계약을 체결하는 경우에는 변경계약으로 추가된 대금에 대하여 지급보증을 하여야 한다. 다만, 추가금액이 4,000만원 이하인 경우에는 예외로 한다.

(6) 평가대상인 회사채는 원칙적으로 무보증회사채를 기준으로 하며, 회사채에 대한 신용평가등급은 당해 평가의 유효기간 내에서 효력이 있다.

(7) 원사업자의 하도급대금 지급보증의무는 수급사업자와 합의로 면제되지 아니한다.

## Ⅲ. 건설하도급 계약이행 보증 의무

### 1. 개 요

건설위탁의 경우 원사업자가 수급사업자에게 장래의 하도급 공사대금의 지급을 담보하기 위하여 대금지급보증 의무를 지는 것과 마찬가지로 수급사업자도 원사업자에게 하도급 공사계약의 이행을 담보하기 위하여 계약이행 보증 의무를 진다.

계약이행 보증 제도는 공평의 관점에서 수급사업자의 부실에 의한 피해 방지 또는 계약불이행에 대비하여 발주자 및 원사업자를 보호하기 위한 목적에서 마련되었다.

### 2. 내 용(법 제1항, 제9항, 제10항)

수급사업자는 원사업자에게 계약금액의 100분의 10에 해당하는 금액의 계약이행을 보증하여야 한다.

원사업자가 법에서 정한 사유 이외에 공사대금 지급보증을 하지 아니하는 경우에는 수급사업자는 계약이행을 보증하지 아니할 수 있으며, 원사업자는 법에서 정한 사유에 따라 공사대금 지급을 보증하지 아니하는 경우 외에는 공사대금 지급을 보증한 후가 아니면 수급사업자에 대한 계약이행보증 청구권을 행사할 수 없다.

## 3. 장기계속계약 공사의 경우

국가 또는 지방자치단체, 「공공기관의 운영에 관한 법률」에 따른 공기업, 준정부기관 또는「지방공기업법」에 따른 지방공사, 지방공단과 건설공사에 관하여 장기계속계약(총액으로 입찰하여 각 회계연도 예산의 범위에서 낙찰된 금액의 일부에 대하여 연차별로 계약을 체결하는 계약으로서 「국가를 당사자로 하는 계약에 관한 법률」 제21조 또는 「지방자치단체를 당사자로 하는 계약에 관한 법률」 제24조에 따른 장기계속계약을 말함)을 체결한 경우 장기계속건설계약의 연차별 계약의 이행이 완료된 때에는 원사업자는 국가 또는 지방자치단체로부터 반환받을 수 있는 날부터 30일 이내에 수급사업자에게 해당 수급사업자가 이행을 완료한 연차별 장기계속건설하도급계약에 해당하는 하도급 계약이행보증금을 반환하여야 한다. 이 경우 이행이 완료된 부분에 해당하는 계약이행 보증의 효력은 상실되는 것으로 본다.

## 4. 개선 과제

현행 하도급법은 '수급사업자는 원사업자에게 계약금액의 100분의 10에 해당하는 금액의 계약이행을 보증해야 한다.'고 명시하고 있지만 법 규정보다 2배나 많은 보증금액을 요구하는 사례가 빈발하고 있다.[135]

**전문건설업체 "과도한 계약이행 보증에 압박" 신음(대한전문건설신문 2017.05.15.)**

서울 소재 철근콘크리트공사업체인 A사는 최근 경기지역의 기숙사 공사 중 일부를 3억9600만원에 하도급 받으면서 전문건설공제조합과 서울보증보험에서 각각 10%씩 총 20%의 보증한도를 채워 제출하라는 원도급업체의 요구를 받았다. 이에 A사는 전문조합에 15만원이면 될 수수료에 서울보증보험 수수료 약 24만원을 더 부담했다.

서울 소재 조경전문업체 B사도 최근 하도급계약을 맺으면서 20%에 달하는 이행보증을 요구받고 이의를 제기했지만 결국 원도급업체의 요구대로 보증서를 끊어주고 공사를 수행했다.

135) 「전문건설업체 "과도한 계약이행 보증에 압박" 신음」 대한전문건설신문 2017.05.15.

> 또한 원도급업체들은 과도한 계약이행보증서를 공사수행 과정에서 무기로 활용하고 있는 것으로 나타났다. 과다 이행보증을 요구받은 협력업체들은 "공사를 진행 중 원도급사와 분쟁이 생기면 '협력업체를 바꾸고 이행보증을 청구하겠다'고 협박하는 용도로 보증서를 사용하는 사례가 비일비재하다"고 호소하고 있다.

이는 현행 하도급법에 원사업자가 수급사업자에게 법에서 정한 한도보다 더 많은 계약보증금액을 요구할 경우에도 이를 제재할 규정이 따로 마련되어 있지 않다는 데서 비롯되는 측면이 있다. 따라서 이를 개선하기 위해 원사업자가 법에서 정한 한도를 초과하여 수급사업자에게 계약이행보증을 요구할 경우 원사업자에 대하여 시정조치 등을 할 수 있도록 하는 방안이 필요해 보인다.

또한 수급사업자가 원사업자의 하도급대금 감액에 따르지 아니할 경우, 원사업자가 부당 위탁취소 후 계약이행보증금 지급을 요구하는 경우가 빈발하고 있어 이에 대한 실태조사 등의 조치가 필요하다고 할 것이다. 계약이행보증금을 요구당하는 수급사업자는 계약이행보증서를 발급 받을 수 없어 신규 수주를 할 수 없게 되는 불이익이 있다.

## 제 8 절 하도급대금의 직접 지급

> 하도급법 제14조(하도급대금의 직접 지급) ① 발주자는 다음 각 호의 어느 하나에 해당하는 사유가 발생한 때에는 수급사업자가 제조·수리·시공 또는 용역수행을 한 부분에 상당하는 하도급대금을 그 수급사업자에게 직접 지급하여야 한다.
> 1. 원사업자의 지급정지·파산, 그 밖에 이와 유사한 사유가 있거나 사업에 관한 허가·인가·면허·등록 등이 취소되어 원사업자가 하도급대금을 지급할 수 없게 된 경우로서 수급사업자가 하도급대금의 직접 지급을 요청한 때
> 2. 발주자가 하도급대금을 직접 수급사업자에게 지급하기로 발주자·원사업자 및 수급사업자 간에 합의한 때
> 3. 원사업자가 제13조제1항 또는 제3항에 따라 지급하여야 하는 하도급대금

의 2회분 이상을 해당 수급사업자에게 지급하지 아니한 경우로서 수급사업자가 하도급대금의 직접 지급을 요청한 때

4. 원사업자가 제13조의2제1항 또는 제2항에 따른 하도급대금 지급보증 의무를 이행하지 아니한 경우로서 수급사업자가 하도급대금의 직접 지급을 요청한 때

② 제1항에 따른 사유가 발생한 경우 원사업자에 대한 발주자의 대금지급채무와 수급사업자에 대한 원사업자의 하도급대금 지급채무는 그 범위에서 소멸한 것으로 본다.

③ 원사업자가 발주자에게 해당 하도급 계약과 관련된 수급사업자의 임금, 자재대금 등의 지급 지체 사실을 입증할 수 있는 서류를 첨부하여 해당 하도급대금의 직접 지급 중지를 요청한 경우, 발주자는 제1항에도 불구하고 그 하도급대금을 직접 지급하지 아니할 수 있다.

④ 제1항에 따라 발주자가 해당 수급사업자에게 하도급대금을 직접 지급할 때에 발주자가 원사업자에게 이미 지급한 하도급금액은 빼고 지급한다.

⑤ 제1항에 따라 수급사업자가 발주자로부터 하도급대금을 직접 받기 위하여 기성부분의 확인 등이 필요한 경우 원사업자는 지체 없이 이에 필요한 조치를 이행하여야 한다.

⑥ 제1항에 따라 하도급대금을 직접 지급하는 경우의 지급 방법 및 절차 등에 관하여 필요한 사항은 대통령령으로 정한다.

**하도급법 시행령 제9조(하도급대금의 직접 지급)** ① 법 제14조제1항에 따른 수급사업자의 직접지급 요청은 그 의사표시가 발주자에게 도달한 때부터 효력이 발생하며, 그 의사표시가 도달되었다는 사실은 수급사업자가 증명하여야 한다.

② 발주자는 하도급대금을 직접 지급할 때에 「민사집행법」 제248조제1항 등의 공탁사유가 있는 경우에는 해당 법령에 따라 공탁(供託)할 수 있다.

③ 발주자는 원사업자에 대한 대금지급의무의 범위에서 하도급대금 직접 지급 의무를 부담한다.

④ 하도급대금의 직접 지급 요건을 갖추고, 그 수급사업자가 제조·수리·시공한 분(分)에 대한 하도급대금이 확정된 경우, 발주자는 도급계약의 내용에 따라 수급사업자에게 하도급대금을 지급하여야 한다.

## Ⅰ. 의 의

수급사업자는 원사업자로부터 제조 등의 위탁을 받는 것이므로 발주자와의

사이에는 직접적인 계약관계가 없어서 수급사업자가 발주자에게 직접 하도급대금의 지급을 청구할 수 없는 것이 원칙이고, 발주자의 경우에도 원사업자와의 계약관계에 의하여 준공금 또는 기성금 등을 원사업자에게 지급하여야 할 의무가 있는 것이 원칙이다. 따라서 하도급 관계에서 대금의 지급은 발주자로부터 원사업자에게, 원사업자로부터 수급사업자에게 이루어지는 것이 원칙이다.

그러나 원사업자에게 부도가 발생하는 등 원사업자가 수급사업자에게 하도급대금을 지급할 것으로 기대하기 어려운 사유가 발생한 경우에도 발주자가 원사업자에게만 하도급대금을 지급하여야 한다면 수급사업자에게 매우 불리한 결과를 야기하게 된다. 하도급법은 원사업자가 수급사업자에게 하도급대금을 지급할 것을 기대하기 어려운 일정한 사유가 발생한 경우에 발주자가 수급사업자에게 수급사업자가 제조·수리·시공 또는 용역수행을 한 부분에 상당하는 하도급대금을 그 수급사업자에게 직접 지급하도록 규정하고 있다. 즉 발주자가 임의로 하도급대금의 직접 지급 여부를 선택할 수 있는 것이 아니고, 하도급법에서 정한 요건이 충족되면 발주자는 의무적으로 하도급대금을 수급사업자에게 지급해야 하는 것이다.

발주자가 하도급법상 직접지급의무를 위반한 경우 공정거래위원회는 하도급대금의 2배를 초과하지 아니하는 범위에서 과징금을 부과할 수 있고 시정조치의 대상이 될 수 있다(법 제25조의3 제1항 제4호). 발주자가 공권력주체인 행정기관이라고 하더라도 하도급법 위반행위를 할 경우에는 역시 시정조치를 할 수 있다.

**판 례** **하도급법 제14조의 입법취지 및 위헌여부(헌법재판소 2003. 5. 15.자 2001헌바98 결정)**

1. 이 사건 법률조항의 입법취지 및 입법연혁

(1) 원사업자로부터 제조, 수리, 건설(이하 '제조 등'이라고 한다)의 위탁을 받은 중소기업자가 자신의 노력과 비용으로 실제 제조 등을 하였음에도 원사업자의 파산·부도 등으로 인하여 하도급대금을 받기 어려운 경우가 흔히 발생한다. 이 때 자금사정이 여의치 않은 대다수 영세한 수급사업자들은 임금 및 자재대금을 지급

하지 못하게 되어 연쇄적으로 도산의 위험에 처하게 될 뿐만 아니라 위탁받은 제조 등의 완성을 곤란케 함으로써 사회·경제적 손실이 발생하고 이해관계인 사이에 분쟁이 파생된다. 이에 원사업자에게 지급불능 또는 그와 유사한 사유가 발생하였을 때 발주자로 하여금 수급사업자에게 하도급대금을 직접 지급하도록 함으로써 영세한 수급사업자를 보호하여 국민경제의 균형적인 발전을 도모하려는 것이 이 사건 법률조항의 하도급대금 직접지급제도의 입법취지라 할 것이다.

(2) 1984년 제정된 하도급법 제14조 는 "발주자는 수급사업자가 제조·수리 또는 시공한 분에 해당되는 하도급대금을 대통령령이 정하는 바에 의하여 직접 수급사업자에게 지급할 수 있다"고 규정하여 발주자의 하도급대금 직접지급은 의무가 아니라 발주자의 임의에 맡겨져 있었다. 그러던 중, 1999. 2. 5. 위 조항은 "발주자는(……)지급하여야 한다"로 개정되어 발주자의 하도급대금 직접 지급이 의무화되었다. 대기업들의 하청업체에 대한 상습적인 하도급대금 지급지체와 1997.말 불어닥친 외환위기의 여파로 많은 중견업체들이 파산·부도를 당하였고 이들과 하도급관계에 있던 수많은 중소 수급사업자들도 연쇄적으로 도산됨으로써 산업구조의 근간이 무너지고 국민경제가 수렁에 빠지는 상황이 발생하자 입법자는 하도급대금의 직접 지급을 발주자의 의사에 맡겨서는 실효성이 없다는 점을 인식하고 이를 법으로 강제함으로써 수급사업자를 보호하려고 한 것이다.

2. 이 사건 법률조항의 헌법적 쟁점

이 사건 법률조항의 헌법적 쟁점은, 첫째, 발주자는 하도급계약의 당사자가 아님에도 하도급대금지급의무를 지게됨으로써 사적 자치권을 제한받고 있는 바 헌법 제10조 에 위반되는지 문제되고 둘째, 발주자에게 하도급대금지급의무를 부과하고 원사업자의 도급대금채권을 소멸시킴으로써 발주자 및 원사업자의 재산권을 침해하는 것이 헌법 제23조 의 재산권보장 규정에 위반되는지 여부이며, 셋째, 하도급대금직접지급제도가 원사업자의 채권자들 중에서 하도급대금채권자인 수급사업자를 우대하고 다른 일반채권자를 차별하여 헌법 제11조 의 평등원칙에 위배되는지 여부이다.

(1) 사적 자치권 침해여부

1) 이른바 사적 자치의 원칙이란 자신의 일을 자신의 의사로 결정하고 행하는 자유뿐만 아니라 원치 않으면 하지 않을 자유로서 우리 헌법 제10조 의 행복추구권에서 파생되는 일반적 행동자유권의 하나이다. 이런 사적 자치의 원칙은 법률행위의 영역에서는 계약자유의 원칙으로 나타나는데 계약자유의 원칙은 계약의 체결에서부터 종결에 이르기까지 모든 단계에서 자신의 자유의사에 따라 계약관계를 형성하는 것으로서 계약의 내용, 이행의 상대방 및 방법의 변경뿐만 아니라 계약 자체의 이전이나 폐기도 당사자 자신의 의사로 결정하는 자유를 말한다고 할

것이다.

그러나 사적 자치권(계약자유권)도 국가안전보장, 질서유지 및 공공복리를 위하여 필요한 경우에는 법률로써 제한될 수 있고 다만, 그 제한은 필요 최소한에 그쳐야 하며 사적 자치권의 본질적인 내용을 침해할 수 없다고 할 것인바( 헌법 제37조 제2항), 이 사건 법률조항이 위와 같은 기본권 제한입법의 원칙을 지킨 것인지 살펴본다.

2) 앞에서 본 바와 같이 이 사건 하도급대금 직접지급제는 원사업자가 하도급대금을 지급할 수 없는 사유가 발생한 경우 영세한 수급사업자로 하여금 하도급대금을 지급받을 수 있도록 함으로써 중소기업인 수급사업자를 보호하여 국민경제의 균형있는 발전을 도모하려는데 있다할 것인바 그 입법목적은 정당하다. 또한 발주자에 의한 하도급대금 직접지급제도가 수급사업자의 보호라는 위의 입법목적을 달성하는데 기여하는 바가 있으므로 입법자가 선택한 수단도 적합하다고 할 것이다. 한편, 수급사업자의 보호를 통한 국민경제의 균형적 발전이라는 정당한 공익을 실현하기 위한 것이더라도 국가가 국민의 사적 자치영역(사법관계)에 개입하여 법률관계의 형성에 조건이나 의무를 부과하거나 자치의 결과로 형성된 법률관계를 사후에 수정·변경하는 것은 되도록 자제되어야 한다. 또한 국가의 개입이 불가피한 경우라도 입법자는 국민의 사적 자치권이 되도록 덜 침해되는 방법을 선택하여야 하는 바, 그 경우 자치권을 행사한 당사자 본인의 기본권을 제한하는 방법이 우선적으로 고려되어야 하고 자치권의 행사와 관련이 없는 제3자의 기본권을 제한하는 방법은 전자의 방법으로는 목적을 달성할 수 없는 경우에 비로소 고려될 수 있다.

3) 살피건대 원사업자에게 하도급대금을 지급할 수 없는 사유가 발생한 경우 수급사업자를 보호하기 위한 방법으로 우선적으로 고려될 수 있는 것이 하도급계약체결시 계약당사자인 원사업자에게 하도급대금지급보장의무를 지우는 것이다. 만약 그와 같은 방법이 수급사업자를 보호할 수 없는 경우에 다른 방법이 모색되어야 한다. 그러하지 아니하고 제3자인 발주자에게 하도급대금지급의무를 부과하는 것은 침해의 최소성 원칙에 위반될 수 있다. 그러나 원사업자에게 하도급대금의 지급보장의무를 지우는 방법은 수급사업자를 보호하기에는 충분하지 않다고 보인다. 즉, 거래상의 우월적 지위에 있는 원사업자의 자발적 지급보장을 기대하는 것이 쉽지 않고 열등한 지위에 있는 수급사업자는 원사업자의 거래단절 등의 현실적인 불이익을 우려한 나머지 원사업자에 대하여 적극적인 의무이행을 요구하는 것을 기대할 수 없어 입법효과를 거두기 어렵다고 할 것이다. 실제로 입법자는 건설하도급거래에 대하여 하도급대금지급을 보장하기 위하여 원사업자에게 하도급대금지급보증서를 수급사업자에게 교부하도록 강제하는 제도를 채택하고 있는데(법 제13조의2 ), 통계에 의하면 2001년도 건설하도급공사중 지급보증서를 교부해야만 하는 3천만원 이상의 공사 73,561건 중에서 지급보증서가 실제 교부된 것은 2,835건으로 3.9%에 불과한 것으로 나타나 그 효과는 매우 미미한 것으로

나타났다. 이는 원사업자에게 하도급대금지급보장의무를 부과하는 방법이 수급사업자를 보호하는데 효과적이지 못하다는 것을 실증하고 있다. 그리하여 입법자는 원사업자의 이행불능의 경우와 같은 예외적인 경우에 한하여 발주자로 하여금 하도급대금을 직접 지급하도록 함으로써 수급사업자를 보호하는 방법을 선택한 것이고, 이는 위탁물의 완성에 궁극적으로 이익을 얻는 발주자의 사적 자치권을 제한함으로써 침해의 주관적 최소성을 충족하였다고 할 것이다.

4) 나아가 원사업자가 하도급대금을 지급할 수 없는 경우에 발주자에게 하도급대금을 직접 지급하도록 함으로써 발주자 및 원사업자가 침해받는 계약의 자유보다는 수급사업자가 하도급대금을 지급받음으로써 얻는 사회적 이익이 더 크다고 할 것이며, 이 사건 하도급대금 직접지급제가 발주자 및 원사업자의 사적 자치권의 본질적 내용을 침해할 정도까지 이르는 것으로도 보이지 않는다.

그렇다면 이 사건 법률조항이 기본권 제한의 입법원칙을 벗어나 발주자 및 원사업자의 사적 자치권을 과도하게 침해하여 헌법 제10조 에 위반되는 것은 아니라고 할 것이다.

(2) 재산권 보장 위배여부

이 사건 법률조항이 발주자에게 자신의 의사와 관계없이 하도급대금지급의무를 부과하고 원사업자의 도급대금채권을 소멸시킴으로써 발주자 및 원사업자의 재산권을 침해하고 있다. 그러나 이 사건 법률조항의 입법목적은 대기업인 원사업자가 파산·부도 등의 사유로 하도급대금을 지급할 수 없는 경우에 이와 하도급거래관계에 있는 중소기업자를 보호함으로써 국민경제의 균형발전이라는 정당한 공익실현을 위한 것으로 재산권 제한의 정당한 근거가 있다할 것이다. 또한, 이 사건 법률조항이 발주자에게는 하도급대금지급의무를, 원사업자에게는 도급대금채권의 소멸을 아무런 대가없이 일방적으로 강제하는 것이 아니라 발주자에게는 의무를 지우는 대신 원사업자에 대한 대금지급채무를 소멸시켜주고, 원사업자의 도급대금채권을 소멸시키는 대신 수급사업자에 대한 하도급대금지급채무도 소멸시켜 줌으로써 실질적으로는 채권·채무의 법률상 이전과 같은 효과를 가져오는데 불과할 뿐 기존의 채무를 초과하는 새로운 의무를 지우는 것은 아니다.

그렇다면 이 사건 법률조항이 발주자 및 원사업자의 재산권을 침해하여 재산권 제한의 헌법적 한계를 벗어난 정도에 이른 것이라고 볼 수 없고 재산권의 본질적 부분을 침해하는 것도 아니라고 할 것이어서 헌법 제23조가 보장하고 있는 재산권 보장의 원칙에 위반된다고 볼 수 없다.

(3) 평등원칙 위반여부

이 사건 하도급대금 직접지급제도가 원사업자의 채권자들 중에서 수급사업자를 우대하게되는 결과를 가져오는 것은 사실이다. 그러나 일반채권자와 달리 수급사업자는 원사업자의 도급채권 형성에 직접 기여하는 자이고, 이를 발주자와의 관계에서 보면 수급사업자의 원사업자에 대한 하도급대금채권과 발주자의 원사업자에 대한 도급채무는 비록 직접적인 관련이 있는 것은 아니지만 수급사업자의 자재와 비용으로 완성한 완성품에 대한 궁극적인 이익을 발주자가 본다는 점에서 간접적으로 대가적 관계에 있다고 볼 수 있을 정도로 밀접한 상호관련성이 있는 반면, 원사업자의 일반채권자의 채권과 발주자의 원사업자에 대한 도급채무는 아무런 관련이 없으므로, 원사업자의 도급채권에 관한 한 수급사업자와 일반채권자는 다르다고 할 것이다.

따라서, 앞에서 본 바와 같이 수급사업자가 하도급 대금을 받지 못하는 경우에는 그 사회적 연쇄파동이 심각해지는 점 등을 고려하여 입법자가 원사업자가 파산 등의 사유로 하도급대금을 지급할 수 없는 경우에 영세한 하청업자를 보호하기 위하여 원사업자의 도급대금채권에 대하여 수급사업자에게 직접 지급받을 수 있도록 하였다고 하더라도 거기에는 그와 같은 차별을 할 만한 합리적 이유가 있다할 것이다. 또한 이 사건 법률조항의 직접지급제로 인하여 원사업자의 채권자들 중에서 수급사업자를 우대하는 결과를 가져온다고 하더라도 이는 국민경제의 균형발전이라는 공익실현을 위하여 입법자가 선택한 수단에 의하여 불가피하게 발생하는 것이고, 이 때 원사업자의 다른 채권자들이 입게 되는 불이익은 수급사업자의 시공분에 상당하는 도급대금채권이 파산재단의 환가금에 포함되지 않는 것에 불과할 뿐이고 발주자에 의하여 하도급대금이 지급된 경우에는 파산재단에 대한 수급사업자의 권리 역시 소멸하는 것이므로 다른 채권자들이 입게 될 불이익이 지나치게 가혹한 정도에 이른 것이라고 볼 수도 없다.

한편, 청구인은 수급사업자가 여러 명이고 도급대금이 수급사업자 전체의 하도급대금에 미치지 못할 때 원사업자가 파산한 경우에는 수급사업자 중에서도 먼저 발주자에게 직접지급청구권을 행사한 수급사업자만이 우선변제를 받게 되어 수급사업자 사이에서도 일부 수급사업자만을 우대하는 것이어서 평등원칙에 위반된다고 주장한다. 그러나 이 사건 직접지급제로 인하여 위와 같은 결과가 발생된다고 하더라도 그것은 수급사업자 중 일부가 자신의 권리를 행사한 결과일 뿐이고 이 사건 직접지급제의 직접적인 법률효과가 아니다. 오히려 입법자는 수급사업자 모두에게 동등한 권리를 부여하고 있고 그 중 일부를 우대하거나 불이익을 준 것이 아니며 그러한 입법의도도 없다. 그렇다면 이 사건 법률조항은 헌법 제11조 의 평등원칙에 위반되지 않는다고 할 것이다.

**심결례 재하도급의 경우에 발주자가 아닌 원사업자도 하도급법 제14조 규정에 의한 직접지급의무를 부담하는지 여부(공정거래위원회 2006. 4. 24. 의결 2006심일0224)**

1. 사실관계

이의신청인(갑을공영종합건설 주식회사)은 발주자인 서울대공원관리사업소로부터 과천서울대공원 내 자연생태학습원 조성공사를 도급받아 주식회사 가델디자인과 하도급계약을 체결하였고 가델디자인은 주식회사 이마주에게 재하도급을 주었다. 그런데 이의신청인은 가델디자인에게 지급할 의무가 있는 하도급대금 39,545천원을 이마주에게 직접지급하기로 약정하였다는 이유로 가델디자인에게 하도급대금과 이에 대한 지연이자를 지급하지 않았다.

2. 공정거래위원회의 판단

공정거래위원회는 "하도급법 제14조에 하도급대금의 직접지급에 관한 규정이 있으나, 이는 같은 조 제1항 각호의 1에 해당되는 경우로서 발주자가 수급사업자의 직접지급 요청에 의하여 직접 하도급대금을 지급하는 내용이므로 이 사건 공사에 있어 이의신청인은 발주자인 서울대공원관리사업소로부터 도급을 받아 가델디자인과 하도급계약을 체결한 원사업자로서 하도급법상 하도급대금 직접지급에 관한 규정이 적용되지 않는다"고 보았다. 이에 따라 원심결에서 판단한 바와 같이 이의신청인이 가델디자인에게 지급할 의무가 있는 하도급대금 39,545천원을 이마주에게 직접지급하기로 약정하였다는 이유로 이의신청인의 가델디자인에 대한 하도급대금 지급의무가 면제되는 것은 아니라고 보았다.

또한, 이의신청인이 이 건의 심의과정에서, "하도급법 제2조에 '이 법에서 발주자라 함은 제조. 수리. 시공 또는 용역수행을 원사업자에게 도급하는 자를 말한다. 다만 재하도급의 경우에는 원사업자를 말한다.'라는 규정에서 단서부분을 볼 때 이의신청인을 발주자로 보아 하도급법 제14조의 하도급대금 직접 지급에 관한 규정을 이의신청인에게도 적용할 수 있다."고 주장한 것과 관련하여 공정거래위원회는 "이의신청인의 주장대로 상기 규정에 의해 재하도급의 경우에는 원사업자를 발주자로 볼 수 있지만, 하도급대금 직접지급은 하도급법 제14조 제1항 각호의 1에 해당하는 사유가 발생한 경우로서 수급사업자의 직접지급 요청에 따라 발주자가 직접지급한다고 규정하고 있으므로 이의신청인이 동 규정을 적용받기 위해서는 ① 이의신청인, 가델디자인, 이마주 간에 체결한 하도급거래의 존재, ② 하도급법 제2조의 규정에 의한 당사자 적격성, ③ 하도급법 제14조에서 규정하고 있는 요건 및 절차에 따라 이마주가 이의신청인에게 하도급대금을 직접지급해 줄 것을 요청하였다는 사실 등이 입증되어야 할 것이다. 그러나 이 사건에서는 위의 사실을 입증할 수 있는 구체적인입증자료가 없으므로 이 부분에 대한 이의신청인의 주장은 받아들일 수 없다."고 판단하였다.

결국 공정거래위원회는 발주자가 아닌 원사업자는 재하도급이 행하여진 경우라고 할지라도 재하수급인에 대하여 하도급법 제14조 소정의 직접지급의무를 부담하지 않는다고 보고 있다.

## Ⅱ. 하도급대금 직접지급의무 발생 사유

발주자가 수급사업자에게 하도급대금을 직접 지급하여야 하는 사유로 하도급법 제14조에서는 4가지 경우를 규정하고 있다. 아래에서 차례로 나누어 살펴본다.

### 1. 원사업자의 지급정지 등(법 제14조 제1항 제1호)

원사업자의 지급정지·파산, 그 밖에 이와 유사한 사유가 있거나 사업에 관한 허가·인가·면허·등록 등이 취소되어 원사업자가 하도급대금을 지급할 수 없게 된 경우로서 수급사업자가 하도급대금의 직접 지급을 요청한 때에는 발주자는 수급사업자가 제조·수리·시공 또는 용역수행을 한 부분에 상당하는 하도급대금을 그 수급사업자에게 직접 지급하여야 한다.

원사업자의 지급정지·파산은 원사업자가 수급사업자에게 하도급대금을 지급할 것을 기대하기 어려운 대표적인 경우이다. 허가·인가·면허·등록 등이 취소되어 원사업자가 하도급대금을 지급할 수 없게 된 경우에도 같다. 다만, 허가 등이 취소되더라도 원사업자가 자력이 있어서 하도급대금을 지급할 수 있는 경우에는 이에 해당하지 않는 것으로 보아야 한다.

발주자의 하도급대금의 직접지급의무는 원사업자의 부도 등이 발생한 것만으로 당연히 인정되는 것은 아니고 수급사업자가 발주자에게 하도급대금의 직접 지급을 요청하여야 비로소 인정되는 것이다.

발주자가 직접 지급하여야 하는 하도급대금은 수급사업자가 용역수행한 부분에 상당하는 하도급대금에 한정되는 것이므로 원사업자가 하도급대금의 지급을 지체하였더라도 발주자가 지연손해금까지 지급하여야 하는 것은 아니다. 다만, 하도급대금 직접지급 사유가 발생하여 발주자가 수급사업자에게 하도급대금 직접지급의무를 부담하게 되었음에도 이를 게을리 한 경우에는 직접지급의무의 이행지체로 인한 지체책임이 발생하는 것은 물론이다.

**판 례 수급사업자의 발주자에 대한 하도급공사대금 직접청구권 발생 여부 판단의 기준 시점 및 원사업자가 하도급공사대금을 '지급할 수 없게 된 경우'의 의미(대법원 2009. 3. 12. 선고 2008다65839 판결)**

1. 사실관계

피고(연풍대진연립재건축주택조합)는 2004. 5. 29. 제1심 공동피고 예전건설 주식회사에게 이 사건 재건축공사를 도급하였고 예전건설은 2004. 10. 13. 원고(주식회사 청남산업개발)에게 이 사건 재건축공사 중 토공사 부분을 공사대금 487,000,000원에 하도급하였다. 원고는 2004. 12. 5.경 하도급 받은 토공사를 완료하였는데, 예전건설은 자금난에 봉착하여 원고를 비롯한 수급사업자에 대한 하도급대금을 제대로 지급하지 못하는 등의 사정으로 2004. 12. 17.경부터 일시적인 공사중단 및 재개를 반복하다가 2005. 4.경 공사를 완전히 중단하였고, 결국 2005. 4. 28.경 부도가 났다. 이에 피고는 2005. 5. 27. 예전건설의 채무불이행을 이유로 이 사건 도급계약을 해제하였다. 예전건설은 부도날 당시 원고를 비롯한 수급사업자들에 대한 하도급대금 채무로 35억 원 이상을, 장비 및 자재사용료, 식대, 인건비 등 채무로 8억 원 이상을 부담하고 있었다. 예전건설은 2005. 10. 6. 피고를 상대로 이 사건 도급계약에 기한 공사대금 1,861,842,000원의 지급 및 서울 동대문구 장안동 93-12 대 239㎡에 관한 소유권이전등기 말소등기절차의 이행을 구하는 소를 제기하였는데(서울북부지방법원 2005가합7867호), 서울북부지방법원은 2007. 2. 6. 피고가 예전건설에 대하여 이 사건 도급계약에 기한 공사대금 및 위 토지의 대금 등 합계 1,532,564,369원을 지급할 의무가 있으나 이미 2005. 4.경 예전건설이 16억 원의 채권을 소외인에게 양도하였다는 이유로 예전건설에 대해 패소판결을 선고하였다. 반면 위 사건의 항소심인 서울고등법원은 2008. 5. 29. 예전건설이 피고에 대하여 공사대금 등 합계 1,702,755,465원의 채권을 취득하였음을 인정하고, 나아가 예전건설이 소외인에게 이 사건 도급계약에 기한 공사대금 중 16억 원을 양도한 것은 통정허위표시로서 무효라고 판단한 다음, 위 공사대금 등 채권과 피고의 예전건설에 대한 손해배상금 등 720,888,000원의 채권을 대등액에서 상계하여, 결국 '피고는 예전건설에 대하여 981,867,465원 및 이에 대한 지연손해금을 지급할 의무가 있다.'는 내용의 판결을 선고하였고 피고 등의 상고가 기각되어 위 서울고등법원의 판결은 그대로 확정되었다. 원고는 2006. 8. 29. 제1심법원에 이 사건 재건축공사의 발주자인 피고에 대하여 하도급대금의 직접지급을 구하는 내용이 담긴 이 사건 소장을 제출하였고, 그 소장 부본이 2006. 9. 8. 피고에게 송달되었다. 원심은, 예전건설이 부도나기는 하였으나 위와 같이 피고를 상대로 하여 제기한 이 사건 도급계약에 기한 공사대금 등의 지급을 구하는 소송에서 2008. 5. 29. '피고는 예전건설에 대하여 981,867,465원 및 이에 대한 지연손해금을 지급하라.'는 내용의 판결이 선고된 이상, 원고로서는 확정된 예전건설에 대한 이 사건 제1심판결에 기하여 예전건설의 피고에 대한 위 판결금 채권에 대하여 강제집행절차를 밟을 수 있다는 이유만으로 예전건설이 하도급대금을 지급할 수 없게 된 경우에 해당한다고 보기 어렵다고 판단하였다.

2. 관련 법리

하도급법 제14조 제1항에서는 "발주자는 다음 각 호의 1에 해당하는 사유가 발생한 경우로서 수급사업자가 제조·수리·시공 또는 용역수행한 분에 상당하는 하도급대금의 직접 지급을 요청한 때에는 해당 수급업자에게 직접 지급하여야 한다."고 규정하고, 제1호에서 그 사유의 하나로 '원사업자의 지급정지·파산 그 밖에 이와 유사한 사유가 있거나 사업에 관한 허가·인가·면허·등록 등이 취소되어 원사업자가 하도급대금을 지급할 수 없게 된 경우'를 들고 있으며, 제2항에서는 " 제1항의 규정에 의한 사유가 발생한 경우 발주자의 원사업자에 대한 대금지급채무와 원사업자의 수급사업자에 대한 하도급대금 지급채무는 그 범위 안에서 소멸한 것으로 본다."고 규정하고 있으며, 하도급법 시행령 제4조 제1항에서는 " 법 제14조 제1항의 규정에 의한 수급사업자의 직접지급 요청은 그 의사표시가 발주자에게 도달한 때부터 효력이 발생하며, 그 의사표시가 도달되었다는 사실은 수급사업자가 증명하여야 한다."고 규정하고 있다.

그러므로 수급사업자가 하도급계약에 따른 공사를 시행하고 발주자에게 그 시공한 분에 상당하는 하도급대금의 직접 지급을 요청한 때에 수급사업자의 발주자에 대한 하도급대금 직접지급청구권이 발생함과 아울러 발주자의 원사업자에 대한 대금지급채무가 하도급대금의 범위 안에서 소멸하게 된다 할 것이고, 따라서 수급사업자가 발주자에 대하여 하도급대금의 직접지급을 구할 수 있는 권리가 발생하는지 여부, 즉 원사업자가 지급정지·파산 그 밖에 이와 유사한 사유 등으로 인하여 하도급대금을 지급할 수 없게 되었는지 여부 등에 관하여는 수급사업자의 직접지급 요청의 의사표시가 발주자에게 도달한 시점을 기준으로 판단하여야 하며, 여기서 '지급할 수 없게 된 경우' 즉 지급불능이라 함은 채무자가 변제능력이 부족하여 즉시 변제하여야 할 채무를 일반적·계속적으로 변제할 수 없는 객관적 상태를 말한다.

3. 판결 요지

위와 같은 사실관계를 위 법리에 비추어 살펴보면, 하도급대금의 직접지급을 요청하는 원고의 의사표시가 피고에게 도달한 2006. 9. 8. 당시에는 예전건설의 피고에 대한 이 사건 도급계약에 기한 공사대금 등 채권이 용이하게 변제받을 수 있는 상태에 있었다고 하기 어려울 뿐만 아니라 원고를 비롯한 수급사업자들에 대한 채무액이 그 채권액을 훨씬 초과하고 있었고, 또한 예전건설은 부도로 인하여 다른 지급수단을 조달할 수 있는 능력이 있었다고 보기도 어려워, 결국 원사업자인 예전건설은 자금사정의 악화로 부도가 나는 등의 사유로 변제능력이 부족하여 즉시 변제하여야 할 채무를 일반적·계속적으로 변제할 수 없는 객관적 상태에 있었다고 봄이 상당하다.

판 례 **하수급인이 직접지급청구권의 발생요건으로서 하도급거래 공정화에 관한 법률 제14조 제1항에서 말하는 하도급대금의 직접지급을 요청하였는지 판단하는 기준 (대법원 2017. 4. 26. 선고 2014다38678 판결)**

1. 사실관계

도급인인 甲 주식회사, 수급인인 乙 주식회사, 하수급업체 대표인 丙 주식회사 등이 乙 회사의 워크아웃 신청으로 중단되었던 공사를 재개하기 위한 사업약정을 체결하면서 甲 회사가 하수급업자 등에게 하도급대금 등을 직접 지급하기로 하였고, 이에 따라 하수급인인 丁 주식회사와 甲 회사, 乙 회사가 직접지급 합의서를 작성하였는데, 丁 회사가 甲 회사 등을 상대로 하도급대금의 지급을 청구하는 전소를 제기하면서 직접지급 합의서에는 기재되어 있지 않은 乙 회사와 변경계약한 증액대금도 함께 지급할 것을 청구하였으나, 법원이 甲 회사가 직접지급 합의서에 따른 최초의 하도급대금만을 지급할 의무가 있음을 전제로 증액대금의 지급약정 등에 관한 丁 회사의 주장을 배척하자, 다시 丁 회사가 乙 회사를 흡수합병한 戊 주식회사를 상대로 증액대금의 지급을 구하는 소를 제기하였다.

2. 법률상 쟁점

위 사안의 쟁점은 하수급인인 원고가 도급인(발주자)에 하도급대금의 직접지급을 요청함으로써 수급인(원사업자)인의 하도급대금 지급의무가 소멸하였는지 여부이다.

원심은, 하수급인(수급사업자)인 원고가 수급인으로부터 하도급대금의 2회분 이상을 지급받지 못한 상태에서 도급인을 상대로 하도급대금의 지급을 청구하는 소(이하 '전소'라 한다)를 제기하고 그 소장부본이 2010. 8. 11. 도급인에게 송달됨으로써 원고가 하도급법 제14조 제1항 제3호에 따라 하도급법상 직접 지급요청을 하였다고 보아, 도급인은 원고에게 하도급대금(원래의 하도급대금과 수급인이 추가로 약정한 증액대금을 포함한다)을 직접 지급할 의무를 부담하고, 피고(도급인)가 흡수합병한 수급인의 하도급대금 지급의무가 소멸하였다고 판단하였다.

3. 판결 요지

도급인은 수급인에 대한 도급대금 지급의무의 범위와 관계없이 하수급인(원고)에게 일정한 금액의 하도급대금을 직접 지급하기로 약정하였고, 전소에서 원고는 위 약정을 1차적인 근거로 삼아 당초 약정한 하도급대금과 함께 증액대금의 지급을 청구하였다.

원고의 수급인에 대한 하도급법 제14조 제1항 제3호에 따른 직접지급청구권의

> 존부나 범위에 관해서는 전소에서 심리·판단이 이루어지지 않았는데, 원고가 그 소장부본의 송달로써 하도급법상 증액대금의 직접지급을 요청하였다고 볼 경우 원고로서는 증액대금에 관한 권리행사나 대금회수가 사실상 곤란해지는 결과가 된다. 이러한 사정을 기초로 전소 소장에 기재된 문언의 내용, 이 사건 사업약정과 직접지급 합의의 경위와 내용, 증액대금에 관한 변경계약의 경위, 전소에서 증액대금과 관련하여 당사자들이 했던 주장과 이에 관하여 법원이 심리·판단한 내용과 범위, 이 사건 소제기의 경위, 전소판결에 관한 당사자들의 불복 여부, 원고의 진정한 의사와 도급인이 인식한 내용 등을 종합적으로 고찰해 보면, 원고는 전소에서 사업약정과 지급합의에 기하여 도급인이 원고에게 지급하기로 한 하도급대금을 청구한 것이고, 그것이 동시에 이 사건 증액대금에 관한 하도급법상 직접지급 청구권의 발생요건인 하도급법 제14조 제1항 제3호에 따른 직접지급의 요청에 해당한다고 보기는 어렵다.
>
> 원심은, 전소의 진행경과 등의 사정을 전체적으로 살펴보지 않고 원고가 당시 수급인으로부터 하도급대금의 2회분 이상을 지급받지 못하였다는 점에 주목하여 원고가 전소의 소장부본 송달로써 도급인에게 하도급법 제14조 제1항 제3호의 직접 지급요청을 하였다고 보아 피고의 원고에 대한 증액대금 지급의무가 소멸하였다고 판단하였다. 원심의 이러한 판단에는 하도급법 제14조에서 정한 직접 지급요청에 관한 법리를 오해하여 판결에 영향을 미친 잘못이 있다.

## 2. 3자 합의(법 제14조 제1항 제2호)

발주자가 하도급대금을 직접 수급사업자에게 지급하기로 발주자·원사업자 및 수급사업자 간에 합의한 때에는 발주자가 수급사업자에게 하도급대금을 직접 지급하여야 한다. 여기서의 3자간의 합의는 동시에 명시적인 합의가 있어야 하는 것이 아니며, 순차적, 묵시적 합의도 무방하다.[136] 이는 계약 자유의 원칙상 당연한 것을 규정한 것이다. 계약당사자는 자유롭게 대금의 지급방법을 정할 수 있고, 채권자는 채무자로부터 자신이 지급받아야 할 돈을 제3자에게 지급하는 것으로 채무자와 합의함으로써 채무이행의 방법을 변경할 수 있다.

발주자가 3자 합의에 의하여 수급사업자에게 직접 하도급대금을 지급하는 것은 원사업자에게 이행하여야 하는 대금지급의무를 수급사업자에게 이행함

136) 김홍석·구상모, 앞의 책, 179면.

으로써 갈음하기로 하는 합의가 3자 합의에 포함되어 있기 때문이고, 수급사업자의 입장에서도 원사업자가 이행하여야 하는 하도급대금 지급의무의 이행을 발주자의 하도급대금 지급으로 갈음하기로 하는 합의가 3자 합의에 포함되어 있기 때문이다. 3자 합의를 이유로 한 하도급대금 직접 지급의무의 범위에 수급사업자가 지급하여야 할 지연손해금이 포함될 것인지 여부는 계약 해석의 문제이다.

판 례 **대법원 2001. 10. 26. 선고 2000다61435 판결**

1. 사실관계

원고들은 부산 일원에 아파트를 신축하면서 1997. 7. 25. 주식회사 00건설(이하 소외 회사라고 한다)과 사이에 위 신축공사 중 토공,구조물 및 가시설공사(이하 이 사건 공사라고 한다)를 소외 회사에게 도급금액 2,339,582,335원, 계약보증금은 도급금액의 10%, 공사기간은 1997. 7. 26.부터 1998. 12. 31.까지로 각 약정하여 도급하기로 하는 내용의 공사도급계약을 체결하였는데, 위 도급계약에는 소외 회사가 준공기일까지 공사를 완공하지 못하거나 그 귀책사유로 준공기일 내에 공사를 완공할 가능성이 없음이 명백하다고 인정되는 경우 원고들은 계약을 해제 또는 해지할 수 있고, 이 경우 계약보증금을 반환하지 아니한다는 내용이 들어 있다.

소외 회사는 위 도급계약에 의하여 원고들에게 지급하여야 하는 계약보증금 233,958,233원(2,339,532,335×10%)에 갈음하여 1997. 7. 29. 피고로부터 계약보증서(보증서 번호 2613호, 보증금액 233,958,233원, 보증기간:1997. 7. 25. - 1998. 12. 31.)를 발급 받아 이를 원고들에게 제출하였는데, 위 계약보증서 제3조 제1항은 주계약에서 정하는 바에 따라 보증채권자에게 귀속 혹은 몰수되는 금액을 피고가 보증한다는 취지의 규정을 두고 있다.

위 도급계약에 따라 소외 회사는 이 사건 공사를 시작하였으나, 자금사정의 악화로 1998. 3. 2. 원고들에게 1998. 2. 28.자로 이 사건 공사를 포기한다는 내용의 공사포기각서를 제출하였고, 나아가 원고들과 사이에 1998. 2. 28.까지의 기성고를 합계 276,000,000원으로 정하되, 같은 날 이를 수령한 것으로 하고, 그 대신 원고들이소외 회사의 하수급인들에 대한 채무를 직접 지급하기로 하는 내용의 정산합의를 하였다.

소외 회사는 1998. 3. 4. 부도를 내었고, 원고들은 정산합의에 따라 1998. 4. 17.경까지 합의된 기성고 금액을 포함하여 이보다 많은 약 3억 3천여만원 정도를 소외 회사의 채무이행으로 소외 회사의 하수급인들에게 지급하였다. 한편, 원고들은 1998. 3. 9. 피고에게 위 계약보증서에 따른 보증금의 지급을 요청하였으나 피고는 이를 거부하였다.

2. 법률상 쟁점

위 사안의 쟁점은 (1) 공사도급계약을 해지하면서 그 동안의 기성고액을 수급인이 모두 수령한 것으로 하고, 그 대신 도급인이 수급인의 하수급인들에 대한 채무를 직접 지급하기로 정산합의를 한 경우, 수급인의 기성금청구채권이 소멸하는 시점, (2) 공사도급계약에 계약상 권리 또는 의무를 제3자에게 양도하거나 승계할 때에는 보증인의 동의를 얻도록 규정하고 있는 경우, 수급인이 도급인에 대한 기성금청구채권을 하수급인들에게 양도함에 있어 보증인의 동의를 요하는지 여부, (3) 공사도급계약을 해지하면서 그 동안의 기성고액을 수급인이 모두 수령한 것으로 하고, 그 대신 도급인이 수급인의 하수급인들에 대한 채무를 직접 지급하기로 정산합의를 함으로써 수급인의 보증인으로 하여금 민법 제434조에 따른 주채무자의 기성금청구채권에 기한 상계권을 행사하지 못하게 만든 것이 신의칙에 반하지 여부 등이다.

3. 판결 요지

(1) 공사도급계약을 해지하면서 그 동안의 기성고액을 수급인이 모두 수령한 것으로 하고, 그 대신 도급인이 수급인의 하수급인들에 대한 채무를 직접 지급하기로 정산합의를 한 경우, 당사자의 의사는 정산합의 시점에서 확정적으로 수급인의 기성금청구채권 포기의 효력이 생기도록 하고, 다만, 도급인이 하수급인들에 대한 채무의 이행을 하지 아니하는 것을 해제조건으로 하였다고 보는 것이 합당하다 할 것이므로, 일단 정산합의 시점부터 권리포기의 효과는 발생하였다고 봄이 상당하다.

(2) 공사도급계약에서 "이 계약으로부터 발생하는 권리 또는 의무는 제3자에게 양도하거나 승계할 수 없다. 다만, 상대방의 서면승낙과 보증인의 동의를 얻었을 때에는 그러하지 아니하다."고 규정하고 있다 할지라도, 원칙적으로 의무의 승계에 있어서는 의무이행자가 누구인가 하는 것이 보증에 있어서 중대한 요소이므로 보증인의 동의를 요한다고 봄이 상당할 것이나, 권리의 양도로 인하여 보증인에게 어떠한 책임이 가중되거나 하는 일은 없으므로, 권리의 양도에 보증인의 동의를 요한다고 보기는 어렵다 할 것이어서, 도급인과 수급인이 수급인의 기성금청구채권을 하수급인들에게 양도함에 있어 위 도급계약조항에 의하여 수급인의 보증인의 동의를 요한다고 할 수는 없다.

(3) 공사도급계약을 해지하면서 그 동안의 기성고액을 수급인이 모두 수령한 것으로 하고, 그 대신 도급인이 수급인의 하수급인들에 대한 채무를 직접 지급하기로 정산합의를 함으로써 수급인의 도급인에 대한 기성금청구채권이 소멸하여 수급인의 보증인이 민법 제434조에 따른 주채무자의 채권에 기한 상계권을 행사하지 못하게 된 경우, 비록 상계가 담보적 기능을 가지고 있다 할지라도 그것만으로 위와 같은 결과를 신의칙에 반하는 것으로 볼 수는 없다고 했다.

(4) 1998. 3. 2. 원고들과 소외 회사가 1998. 2. 28.까지의 기성고를 2억 7,600만 원으로 정하여 같은 날 소외 회사가 이를 수령한 것으로 하되, 그 대신 원고들이 소외 회사의 하수급인들에 대한 채무를 직접 지급하기로 정산합의를 하였다. 이는 결국 원고들이 소외 회사의 하수급인들에 대한 채무를 인수 혹은 이행인수하는 대가로 소외 회사가 기성금청구채권을 포기한 것이라고 보아야 할 것이므로 피고가 상계 의사표시를 한 1998. 3. 5.에는 이미 소외 회사의 기성금청구채권은 소멸하였고, 따라서 이를 자동채권으로 삼아 피고가 상계를 할 수는 없으며, 원고들과 소외 회사의 위 정산합의는 소외 회사에 대한 하수급인들의 채권을 보호하는 것으로서 사회상규 등에 반하는 것이라고 할 수 없다.

피고는 계약보증서의 발급자로서 피보증인인 소외 회사가 준공기한 내에 이 사건 공사를 완공하지 못함이 명백함을 이유로 원고들이 소외 회사와의 도급계약을 해지(위 1998. 3. 2.자 피고의 공사포기 및 정산합의는 결국 도급계약의 해지라고 할 것이다.)한 이상 계약보증서에서 약정된 바에 따라 원고들에게 계약보증금 233,958,233원을 지급할 의무가 있다고 판시한 원심판결을 정당한 것으로 보아 상고를 기각하고 원심판결을 인용하였다.

4. 판례검토

위 판례는 원사업자의 부도로 인하여 그 동안 시행한 원사업자의 발주자에 대한 공사대금채권과 수급사업자의 원사업자에 대한 공사대금채권을 상호정산(발주자가 수급사업자의 공사대금을 지급하기로 함)하기로 합의한 시점에서 원사업자의 공사대금청구채권의 포기의 효과가 발생하므로 발주자가 원사업자의 계약보증금을 보증한 보증인에게 계약보증금(공사대금의 10%)을 청구한 사안에서 보증인은 원사업자의 기성고에 대한 공사대금채권에 기한 상계권을 행사할 수 없도록 하는 것은 신의칙에 반하지 아니한다고 하여 수급사업자를 보호하는 태도를 취하고 있다.

**판 례 발주자·원사업자 및 수급사업자의 3자 간에 하도급대금의 직접 지불이 합의된 경우, 수급사업자의 발주자에 대한 직접 지급청구권이 발생함과 아울러 발주자의 원사업자에 대한 대금지급채무가 하도급대금의 범위 안에서 소멸하는 시점 등(대법원 2014. 11. 13. 선고 2009다67351 판결)**

1. 사실관계

피고는 소외 주식회사(이하 '소외 회사'라 한다)에게 이 사건 어린이교통안전체험교육장 조성공사를 도급하고, 소외 회사는 원고에게 그 중 A.L 창호공사를 하도급하였다. 소외 회사와 원고는 2005. 10. 21. "하도급대금은 하도급거래 공정화에 관한 법률 제14조 및 같은 법 시행령 제4조에 따라 원고에게 직접 지급하기로 한다."는 내용의 합의서(갑 제1호증)를 작성하여 피고에게 제출하였다. 그 후 원고가 위 창호공사를 완공하고 2006. 1. 18. 피고에게 하도급대금의 직접 지급을 요청하였으나, 피고는 소외 회사의 다른 채권자들이 소외 회사의 피고에 대한 공사대금 채권에 대하여 한 채권압류 및 추심명령, 채권가압류 등이 그 이전에 피고에게 송달되어 경합되었다는 이유로 원고의 직접 지급요청을 거절하였다.

2. 법률상 쟁점

이 사안의 쟁점은 (1) 발주자·원사업자 및 수급사업자의 3자 간에 하도급대금의 직접 지불이 합의된 경우, 수급사업자의 발주자에 대한 직접 지급청구권이 발생함과 아울러 발주자의 원사업자에 대한 대금지급채무가 하도급대금의 범위 안에서 소멸하는 시점과 (2) 수급사업자의 하도급공사 시행 전에 이루어진 발주자·원사업자 및 수급사업자의 3자 간 직접 지불 합의 속에 아직 시공하지 않은 부분에 대한 하도급대금의 직접 지급요청 의사표시가 미리 포함되어 있다고 볼 수 있는지 여부 등이다.

3. 판결 요지

하도급법 제14조 제1항에서, "발주자는 다음 각 호의 1에 해당하는 사유가 발생한 경우로서 수급사업자가 제조·수리·시공 또는 용역수행한 분에 상당하는 하도급대금의 직접 지급을 요청한 때에는 해당 수급업자에게 직접 지급하여야 한다." 고 규정하고, 제2호에서 그 사유의 하나로 '발주자가 하도급대금을 직접 수급사업자에게 지급하기로 발주자·원사업자 및 수급사업자 간에 합의한 경우'를 들고 있으며, 제2항에서는 " 제1항의 규정에 의한 사유가 발생한 경우 발주자의 원사업자에 대한 대금지급채무와 원사업자의 수급사업자에 대한 하도급대금 지급채무는 그 범위 안에서 소멸한 것으로 본다."고 규정하고 있는바, 이러한 하도급법 제14조 제1항의 문언상 발주자·원사업자 및 수급사업자의 3자 간에 하도급대금의 직접 지불이 합의된 경우라도 수급사업자가 하도급계약에 따른 공사를 시행하고 발주자에게 그 시공한 분에 상당하는 하도급대금의 직접 지급을 요청한 때에 비로소 수급사업자의 발주자에 대한 직접 지급청구권이 발생함과 아울러 발주자의 원사업자에 대한 대금지급채무가 하도급대금의 범위 안에서 소멸하는 것으로 해석하여야 할 것이므로, 이와 달리 수급사업자의 하도급공사 시행 및 발주자에 대한 시공한 분에 상당한 하도급대금의 직접 지급요청이 있기도 전에 3자 간 직불합의만으로 즉시 발주자의 원사업자에 대한 대금지급채무가 하도급대금의 범위 안에서 소멸한다고 볼 수는 없고, 또한 수급사업자가 하도급공사를 시행하기도 전에 3자 간 직불합의가 먼저 이루어진 경우 그 직불합의 속에 아직 시공하지도 않은 부분에 상당하는 하도급대금의 직접 지급요청의 의사표시가 미리 포함되어 있다고 볼 수도 없다.

위 사실관계에 의하면 원고와 소외 회사가 2005. 10. 21. 그 판시와 같은 내용의 합의서를 작성하여 피고에게 제출한 후, 원고가 하도급계약에 따른 창호공사를 완성하고 2006. 1. 18. 피고에게 하도급대금의 직접 지급을 요청하였다는 것인바, 이를 앞의 법리에 비추어 보면, 가사 발주자인 피고, 수급사업자인 원고 및 원사업자인 소외 회사 사이에 2005. 10. 21. 하도급대금의 직접 지불에 관한 합의가 묵시적으로 이루어졌다고 본다 하더라도, 원고의 피고에 대한 하도급대금 직접 지급청구권이 발생함과 아울러 피고의 소외 회사에 대한 공사대금 지급채무가 위 하도급대금의 범위 안에서 소멸한 시점은 그 후 원고가 하도급공사를 완성하고 피고에게 그 시공한 분에 상당하는 하도급대금의 직접 지급을 요청한 2006. 1. 18.이라고 할 것이다.

**판 례** **'발주자가 하도급대금을 직접 수급사업자에게 지급한다는 뜻과 그 지급방법 및 절차에 관하여 발주자·원사업자·수급사업자가 합의한 때'의 의미(울산지방법원 2005. 10. 13. 선고 2004가단35716 판결(확정))**

1. 사실관계

피고는 2003. 9. 2.경 소외 영풍산업 주식회사로부터 부산 사하구 괴정동에 있는 영풍마드레빌 아파트 신축공사의 토공사 부분을 수급받아, 2003. 10.경 위 토공사 중 잔토처리 공사(이하 '이 사건 공사'라 한다)를 소외 임채봉 및 소외 안대식에게 공사대금 859,430,000원에 하도급하였고, 임채봉은 이 사건 공사를 소외 포산건설 주식회사(이하 '포산건설'이라고만 한다)에게 재하도급하였다. 원고는 2003. 10. 20.경 포산건설과의 사이에 이 사건 공사에 필요한 잔토 운반을 위한 운송계약을 체결하고 덤프트럭을 이용하여 운송을 하였으나 그 운송료를 지급받지 못하자, 2003. 12. 23. 포산건설에 대하여 23,981,311원의 운송료 채권이 있음을 이유로 하여 울산지방법원 2003카단24352호로 채권자 원고, 채무자 포산건설, 제3채무자 피고 및 소외 임채봉, 청구금액 23,982,311원으로 하여 채무자가 제3채무자들에게 가지는 덤프트럭 운송비 청구채권액 중 위 청구금액에 해당하는 금액을 가압류한 후, 포산건설에 대하여 위 운송대금 청구소송을 제기하여 대구지방법원 포항지원 2004가단6137호로 승소판결을 받아, 2004. 7. 29. 울산지방법원 2004타채3573호로 위 가압류를 본압류로 전이하는 채권압류 및 추심명령을 받았다.

그런데 그 이 전에 피고의 현장소장이던 소외 이청천은 2003. 10. 29. "이 사건 공사 현장의 2003. 10. 6.부터 공사마감일까지 사토운반에 관한 운반비는 피고에서 정한 규정에 의한 토사 운반책임자 안대식, 임채봉 이하 위임장을 대동한 대표자와 같이 한 자리에서 대금을 지급할 것을 협약한다."는 취지의 '덤프 운행비에 관한 협약서'를 작성하여 주었고, 2003. 12. 2.에는 포산건설의 부사장으로 재직하였던 소외 정호원 및 원고에게 24,661,075원을 직접 지급하고 난 후, 12,000,000원을 2003. 12. 3. 원고의 대표이사인 정병기의 구좌에 입금하기로 약정하고 이를 이행하였다.

2. 판결 요지

덤프 운행비에 관한 협약서가 피고, 임채봉, 안대식 및 원고 등 하수급업자들과의 3자 합의에 의한 형식이 아니고 단지 피고의 현장대리인인 이청천이 단독으로 공사대금을 임채봉의 위임장을 소지한 하수급업자들에게 직접 지급할 것을 확인한 것에 불과한 점, 임채봉은 자신이 포산건설에 대하여 지급할 운송료가 존재하지 않는다고 다투면서, 피고에게는 이 사건 공사에 관한 운송료를 포산건설이 아닌 임채봉에게 직접 지급하여 줄 것을 청구하고 있는 사실을 인정할 수 있는 점 등에 비추어 보면, 위 인정 사실만을 들어 '발주자가 하도급대금을 직접 수급사업자에게 지급한다는 뜻과 그 지급방법 및 절차에 관하여 발주자·원사업자 및 수급사업자가 합의한 때'에 해당한다고 보기는 어렵다.

이 사건에서 법원은 건축공사 발주자의 현장소장이 "수급사업자의 하도급대금을 원사업자의 위임장을 소지한 자에게 지급할 것을 협약한다."는 내용으로 협약서를 작성하고 그에 따라 수급사업자에게 하도급대금을 지급한 사실도 있었지만, 이러한 협약이 발주자·원사업자·수급사업자 간의 합의에 의한 형식을 취하지 아니하였고, 원사업자가 발주자에 대하여 하도급대금을 직접 자신에게 지급해 줄 것을 요청하고 있는 경우, 발주자가 수급사업자에게 하도급대금을 직접 지급하여야 하는 하도급법 시행령 제4조 제1항 제2호에 정한 '발주자가 하도급대금을 직접 수급사업자에게 지급한다는 뜻과 그 지급방법 및 절차에 관하여 발주자·원사업자·수급사업자가 합의한 때'에 해당하지 않는다고 보았다.

### 3. 하도급대금 지급 지체(법 제14조 제1항 제3호)

원사업자가 하도급법에서 정한 대금지급기일까지 하도급대금의 2회분 이상을 해당 수급사업자에게 지급하지 아니한 경우로서 수급사업자가 하도급대금의 직접 지급을 요청한 때에는 발주자는 수급사업자가 제조·수리·시공 또는 용역수행을 한 부분에 상당하는 하도급대금을 그 수급사업자에게 직접 지급하여야 한다.

하도급대금이 대금지급기일까지 2회분 이상 지급되지 아니한 경우에는 발주자가 원사업자에게 준공금 또는 기성금 등을 지급하더라도 원사업자가 수급사업자에게 하도급대금을 지급하지 않을 개연성이 크므로 하도급대금 직접 지급 사유로 규정하고 있는 것이다.

원사업자가 2회분 이상 하도급대금을 지급기일까지 지급하지 않은 이상 원사업자가 자력이 있더라도 수급사업자는 발주자에게 하도급대금의 직접지급을 요청할 수 있고, 이 경우에 발주자는 수급사업자에게 하도급대금을 직접 지급할 의무가 있다. 발주자는 원사업자가 지급하지 않은 지연손해금까지 지급할 의무가 있는 것은 아니라는 점은 원사업자의 지급정지 등을 이유로 한 하도급대금 직접지급의 경우와 같다.

### 4. 건설하도급대금 지급보증의무 위반(법 제14조 제1항 제4호)

원사업자가 하도급법에 따라 이행하여야 하는 건설하도급대금 지급보증의무를 이행하지 아니한 경우로서 수급사업자가 하도급대금의 직접 지급을 요청한 때에는 발주자는 수급사업자가 제조·수리·시공 또는 용역수행을 한 부분에 상당하는 하도급대금을 그 수급사업자에게 직접 지급하여야 한다.

건설위탁의 경우 원사업자는 하도급법에서 정하는 바에 따라 건설하도급대금 지급보증의무를 부담하는데, 원사업자가 이러한 지급보증의무를 이행하지 않는 경우에는 건설하도급대금이 수급사업자에게 제대로 지급될 것을 기대하기 어렵다. 원사업자의 부도 등으로 인한 수급사업자의 연쇄도산을 방지하고, 원사업자의 하도급대금 미지급행위로부터 수급사업자를 보호하기 위해 둔 규정이다.

따라서 하도급법은 원사업자가 건설하도급대금 지급보증의무를 이행하지 않는 경우에는 수급사업자가 발주자에게 하도급대급 직접 지급을 요청하여 하도급대금을 발주자로부터 직접 지급받을 수 있도록 하고 있다.

발주자는 원사업자가 지급하지 않은 지연손해금까지 지급할 의무가 있는 것은 아니라는 점은 원사업자의 지급정지 등을 이유로 한 하도급대금 직접지급의 경우와 같다.

## Ⅲ. 직접지급의무 발생의 효과

### 1. 발주자의 직접지급의무의 발생

#### (1) 금액의 확정

발주자가 원사업자에 갈음하여 수급사업자에 직접 지급해야 할 금액은 원사업자가 수급사업자로부터 기성청구를 받아 확인한 다음, 원사업자가 자신과 수급사업자의 시공내역을 구분하여 확인한 다음 발주자에게 기성검사신청을 하면 발주자 및 감리자 등의 승인 내지 검수에 의해 공사물량과 금액이 확정될 것이다.[137)]

#### (2) 발주자의 대금지급의무의 범위

하도급대금 직접지급제도는 발주자가 원사업자에게 지급해야 할 공사대금을 수급사업자에게 직접 지급하는 제도이므로 발주자가 원사업자에게 대금을 지급하는 경우보다 더 불리한 지위에 있게 하는 것은 부당하다. 따라서 특별한 사정이 없는 한 발주자는 원사업자에 대한 대금지급의무의 범위 안에서만 하도급대금 직접지급의무를 부담한다.

**판 례 하도급법 제14조 제1항에 따른 발주자의 수급사업자에 대한 직접 지급의무의 범위(대법원 2011. 4. 28. 선고 2011다2029 판결)**

1. 사실관계

피고는 2008. 10. 6. 명국종합건설 주식회사(이하 '명국건설'이라 한다)에게 서안동농협 고추유통센터 신축공사(건축 및 소방)를 공사대금 71억 2,000만 원(그 후 8,168,880,000원으로 증액)으로 정하여 도급주었다. 원고는 2009. 4. 1. 명국건설로부터 위 신축공사 중 방수공사를 공사대금 1억 8,275만 원(그 후 2억 4,963만 원으로 증액)으로 정하여 하도급 받았다. 원고는 2009. 6. 30.까지 하도급받은 방수공사를 시공하였는데 그 부분의 하도급대금은 2억 3,100만 원이었고 피고는 2009. 6. 18. 명국건설에게 그의 요청에 따라 위 방수공사대금 중 7,700만 원을 원고의 은행계좌로 송금하는 방식으로 지급하였다. 원고는 2009. 7. 30. 피고에게

137) 김홍석·구상모, 앞의 책, 181면.

하도급대금 2억 3,100만 원 중 이미 수령한 7,700만 원을 공제한 나머지 1억 5,400만 원을 직접 지급하여 달라고 요청하였고 피고가 원고로부터 위 방수공사 대금의 직접 지급요청을 받을 당시 명국건설에게 위 신축공사 중 방수공사에 해당하는 부분의 대금을 기성금으로 모두 지급한 상태이어서 명국건설이 2009. 7. 31. 피고에게 청구한 위 신축공사의 제12회 기성내역서에는 방수공사가 이미 100% 완공된 것으로 되어 있고 방수공사 공정에 관하여 청구하는 공사대금은 없었다. 피고는 원고의 직접 지급요청에도 불구하고 명국건설의 청구에 따라 2009. 7. 31. 명국건설에게 공사대금 2억 1,300만 원을 지급하였고, 2009. 9. 16. 명국건설과 사이의 공사도급계약을 해지하면서 공사잔대금을 59,976,693원으로 정산하였으며, 2009. 11. 25. 피공탁자를 명국건설의 피고에 대한 공사대금채권을 가압류한 소외인 등으로 하여 위 공사잔대금을 집행공탁하였다.

2. 관련 법리

하도급법 제14조(하도급대금의 직접 지급) 제1항은 “발주자는 다음 각 호의 어느 하나에 해당하는 사유가 발생한 때 수급사업자가 제조·수리·시공 또는 용역수행을 한 부분에 상당하는 하도급대금을 그 수급사업자에게 직접 지급하여야 한다.”고 규정하고 있고, 같은 조 제4항은 “ 제1항에 따라 발주자가 해당 수급사업자에게 하도급대금을 직접 지급할 때에 발주자가 원사업자에게 이미 지급한 하도급금액은 빼고 지급한다.”고 규정하고 있다. 또한 하도급법 제4조(하도급대금의 직접 지급) 제3항은 “발주자는 원사업자에 대한 대금지급의무의 범위에서 하도급대금 직접 지급의무를 부담한다.”라고 규정하였다. 이러한 관계 법령의 규정 내용을 종합하여 보면, 법 제14조 제1항에 따른 발주자의 수급사업자에 대한 직접 지급의무의 범위는 특별한 사정이 없는 한 발주자의 원사업자에 대한 대금지급의무를 한도로 하여 해당 수급사업자가 제조·수리·시공 또는 용역수행을 한 부분에 상당하는 하도급대금에서 발주자가 원사업자에게 이미 지급한 기성공사대금 내역 중 해당 수급사업자의 하도급공사 부분의 금액을 공제한 금액이라고 보아야 한다.

3. 판결 요지

위 사실관계를 앞서 본 법리에 비추어 보면, 발주자인 피고는 수급사업자인 원고로부터 위 방수공사의 하도급대금의 직접 지급을 요청받을 당시 원사업자인 명국건설에게 위 방수공사를 한 부분에 상당하는 하도급대금의 지급을 완료한 상태이므로 피고는 원고에게 위 하도급대금의 직접 지급의무가 없다고 할 것이다.

## 2. 원사업자의 대금지급채무와 하도급대금지금채무의 대등액에서 소멸

하도급법 제14조 제2항은 하도급법상 하도급대금 직접지급사유가 발생한 경우 원사업자에 대한 발주자의 대금지급채무와 수급사업자에 대한 원사업자의 하도급대금 지급채무는 대등액에서 소멸하는 것으로 규정하고 있다. 위 규정의 취지는 발주자가 하도급대금을 직접 수급사업자에게 지급하기로 발주자, 원사업자 및 수급사업자간에 합의한 경우에 발주자는 바로 하도급대금 전액을 해당 수급사업자에게 직접 지급할 의무가 발생하는 것이 아니라, 수급사업자가 제조, 수리, 시공 또는 용역수행한 분에 상당하는 하도급대금을 해당 수급사업자에게 직접 지급할 의무가 발생하는 것이고 그 범위 내에서 발주자의 원사업자에 대한 대금지급채무가 소멸한다고 해석함이 상당하다.

**판 례 하도급법 제14조 제2항에 의하여 발주자의 원사업자에 대한 대금지급채무가 소멸하기 위한 요건 및 그 범위(대법원 2008. 2. 29. 선고 2007다54108 판결)**

1. 사실관계

피고는 A건설과 사이에, 2003. 8. 11. 생립공장 e동 증축공사를 공사대금 536,238,490원에, 2003. 10. 1. 사무동 증축공사를 공사대금 386,497,237원에 건축하기로 하는 내용의 공사도급계약을 각 체결하였다. 위 각 공사도급계약과 체결과 동시에 원수급인인 A건설이 위 공사 전부를 소외인에게 그대로 하도급주어 소외인이 공사를 시행하기로 하는 내용으로 A건설과 소외인사이에서 각 하도급계약이 함께 체결되었다. 위 각 도급계약 및 하도급계약 체결 당시 피고, A건설 및 소외인사이에서는 공사대금은 도급인인 피고가 원수급인인 A건설의 입회하에 하수급인인 소외인에게 직접 지급함과 아울러 '경영난을 겪고 있는 A건설에는 지급하지 않는 것'으로 약정(이하 '이 사건 약정'이라고 한다)하였다. 원고는 A건설에 대한 보험료채권에 기하여 2003. 10. 14. A건설의 피고에 대한 위 각 도급계약에 따른 공사대금 중 일부인 97,427,990원을 국세체납처분의 예에 따라 압류하고, 2003. 10. 15. 피고에게 그 압류통지가 도달하였다.

2. 판결 요지

이 사건 약정을 체결함에 있어서 당사자들의 의사가, 위 각 도급계약 및 하도급계약에 따른 공사가 실제로 시행 내지 완료되었는지 여부와 상관없이 A건설의 피고에 대한 공사대금채권 자체를 소외인에게 이전하여 소외인이 피고에게 직접 그 공사대금을 청구하고 A건설은 공사대금 청구를 하지 않기로 하는 취지라면 이는 실질적으로 A건설이 피고에 대한 공사대금채권을 소외인에게 양도하고 그 채무자인 피고가 이를 승낙한 것이라고 봄이 상당하고, 이러한 경우 위와 같은 채권양도에 대한 피고의 승낙이 확정일자 있는 증서에 의하여 이루어졌다고 볼 만한 아무런 자료가 없으므로, 피고로서는 위와 같은 채권양도와 그에 기한 채무의 변제를 들어서 A건설의 위 공사대금채권에 대한 압류채권자인 원고에게 대항할 수 없다고 할 것이다(대법원 2000. 6. 23. 선고 98다34812 판결 등 참조).

반면, 이 사건 약정을 체결함에 있어서 당사자들의 의사가, 소외인이 위 각 하도급계약에 기하여 실제로 공사를 시행 내지 완료한 범위 내에서는 피고는 소외인에게 그 공사대금을 직접 지급하기로 하고 A건설에게 그 공사대금을 지급하지 않기로 하는 취지라면(원심이 들고 있는 하도급거래 공정화에 관한 법률 제14조 제2항의 규정 취지도 위 조항에서 지칭하고 있는 같은 조 제1항의 규정 내용에 비추어 보면, '발주자가 하도급대금을 직접 수급사업자에게 지급하기로 발주자·원사업자 및 수급사업자간에 합의한 경우'에, 발주자는 바로 그 하도급대금 전액을 해당 수급사업자에게 직접 지급할 의무가 발생하는 것이 아니라, '수급사업자가 제조·수리·시공 또는 용역수행한 분에 상당하는' 하도급대금을 해당 수급사업자에게 직접 지급할 의무가 발생하는 것이고 그 범위 내에서 발주자의 원사업자에 대한 대금지급채무가 소멸한다고 해석함이 상당하다), 이 사건 압류명령의 통지가 피고에게 도달되기 전에 소외인이 위 공사를 실제로 시행 내지 완료하였는지 여부나 그 기성고 정도 등에 따라 피고가 A건설의 위 공사대금채권에 대한 압류채권자인 원고에게 소외인의 시공 부분에 상당하는 하도급대금의 범위 내에서 대항할 수 있는지 여부 및 그 범위가 달라지게 될 것이다(대법원 1990. 4. 27. 선고 89다카2049 판결 등 참조).

# Ⅳ. 관련 문제

## 1. 선급금이 남아 있는 경우의 문제

공사도급계약에서 수수되는 이른바 선급금은 자금 사정이 좋지 않은 수급인에게 자재 확보·노임 지급 등에 어려움이 없이 공사를 원활하게 진행할 수 있도록 하기 위하여 도급인이 장차 지급할 공사대금을 수급인에게 미리 지급하여 주는 것으로서, 구체적인 기성고와 관련하여 지급된 공사대금이 아니라 전체 공사와 관련하여 지급된 공사대금이다.

이러한 점에 비추어 선급금을 지급한 후 계약이 해제 또는 해지되는 등의 사유로 수급인이 도중에 선급금을 반환하여야 할 사유가 발생하였다면, 특별한 사정이 없는 한 별도의 상계 의사표시 없이도 그때까지의 기성고에 해당하는 공사대금 중 미지급액은 선급금으로 충당되고 도급인은 나머지 공사대금이 있는 경우 그 금액에 한하여 지급할 의무를 부담하게 된다.

이때 선급금의 충당 대상이 되는 기성공사대금의 내역을 어떻게 정할 것인지는 도급계약 당사자의 약정에 따라야 하고, 도급인이 하수급인에게 하도급대금을 직접 지급하는 사유가 발생한 경우에 이에 해당하는 금원을 선급금 충당의 대상이 되는 기성공사대금의 내역에서 제외하기로 하는 예외적 정산약정을 한 때에는 도급인은 미정산 선급금이 기성공사대금에 충당되었음을 이유로 하수급인에게 부담하는 하도급대금 지급의무를 면할 수 없다.

그러나 이러한 정산약정 역시 특별한 사정이 없는 한 도급인에게 도급대금채무를 넘는 새로운 부담을 지우지 않는 범위 내에서 하수급인을 수급인에 우선하여 보호하려는 약정이라고 보아야 하므로, 도급인이 하도급대금을 직접 지급하는 사유가 발생하기 전에 선급금이 기성공사대금에 충당되어 도급대금채무가 모두 소멸한 경우에는 도급인은 더 이상 하수급인에 대한 하도급대금 지급의무를 부담하지 않게 된다.[138]

## 2. 원사업자의 발주자에 대한 공사대금채권이 가압류된 경우의 문제

부도 등 원사업자의 재산상태가 악화되어 원사업자의 일반채권자들이 원사업자의 발주자에 대한 공사대금채권에 대하여 가압류를 한 경우에, 하도급법상 직접지급사유가 발생하게 된다면 발주자가 가압류 등에도 불구하고 하도급대금을 수급사업자에게 직접 지급해야 하는지가 문제된다. 이에 대해 하도급법 제14조 제2항에 의하여 직접지급사유가 발생한 후에 발주자에게 가압류가 송달된 경우에는 이미 소멸한 채권을 대상을 한 것으로 무효라고 보아야 하고, 직접지급사유가 발생하기 전에 가압류를 한 경우에는 유효하다고 할 것이다.

138) 대법원 2014. 1. 23. 선고 2013다214437 판결 등.

이 경우에도 가압류 등의 효력을 부정한다면 다른 채권자들의 권리를 과도하게 침해하는 것이라고 할 것이다.[139]

법원도 하도급대금 직접 지급사유가 발생한 후에는 그 이전에 당해 하도급대금에 상당하는 부분에 대해 미리 압류·가압류 등이 이루어져 피압류채권이 존속한다고 볼 사정이 없는 한 원사업자의 제3채권자가 원사업자의 발주자에 대한 채권에 대하여 압류 또는 가압류를 하였다고 하더라도 발주자나 제3채권자들은 그 압류 또는 가압류로써 하도급법상 직불청구권자에 대항할 수 없다고 판시한 바 있다.[140]

**판 례** **하도급대금 직접 지급사유가 발생한 후에 원사업자의 제3채권자가 원사업자의 발주자에 대한 채권에 대하여 압류 또는 가압류를 한 경우, 발주자나 제3채권자가 하도급거래 공정화에 관한 법률상 직불청구권자에 대항할 수 있는지 여부 등(서울중앙지방법원 2010. 7. 7. 선고 2009가합37669 판결)**

1. 압류채권자와 수급사업자 사이의 우선 순위

하도급법 제14조 제2항은 '제1항(발주자의 하도급대금 직접지급의무)의 규정에 의한 사유가 발생한 경우 발주자의 원사업자에 대한 대금지급채무와 원사업자의 수급사업자에 대한 하도급대금지급채무는 그 범위 내에서 소멸한 것으로 본다.'라고 규정하고 있으므로, 원사업자의 발주자에 대한 공사대금채권은 제1항의 규정에 의한 사유가 발생한 경우, 즉 수급사업자의 직접청구권이 발생한 때에 소멸한다. 그리고 '하도급법 제14조와 동법 시행령 제4조 제1항 제1호의 규정상, 원사업자의 부도 등으로 원사업자가 하도급대금을 지급할 수 없어 수급사업자가 발주자에게 하도급대금의 직접지급을 요청하면 발주자는 수급사업자에게 하도급공사대금을 직접 지급하여야 할 의무를 지는 한편 발주자의 원사업자에 대한 대금지급채무와 원사업자의 수급사업자에 대한 하도급대금 지급채무는 지급된 범위 안에서 소멸하게 되나, 그렇다고 하여 그 사유발생 전에 이루어진 강제집행 또는 보전집행의 효력을 배제하는 규정은 없으므로 그 규정들에 의한 하도급대금 직접 지급사유가 발생하기 전에 원사업자의 제3채권자가 원사업자의 발주자에 대한 채권에 대하여 압류 또는 가압류 등으로 채권의 집행보전이 된 경우에는 그 이후에 발생한 하도급공사대금의 직접 지급사유에도 불구하고 그 집행 보전된 채권은 소멸하지 않는

139) 김홍석·구상모, 앞의 책, 182~183면.

140) 서울중앙지방법원 2010. 7. 7. 선고 2009가합37669 판결.

다.'(대법원 1997.12.12.선고 97다20083판결, 대법원 2003.9.5.선고 2001다64769판결 등)는 법리의 반대해석상 하도급대금 직접 지급사유가 발생한 후에는 그 이전에 당해 하도급대금에 상당하는 부분에 대해 미리 압류·가압류 등이 이루어져 피압류채권이 존속한다고 볼 사정이 없는 한 원사업자의 제3채권자가 원사업자의 발주자에 대한 채권에 대하여 압류 또는 가압류를 하였다고 하더라도 발주자나 제3채권자들은 그 압류 또는 가압류로써 하도급법상 직불청구권자에 대항할 수 없다고 봄이 상당하다[위 대법원 2003.9.5.선고2001다64769판결 및 그 환송 후 판결인 광주고등법원 제주부 (제주)2004.5.28.선고 2003나1498판결, 서울중앙지방법원 2005.9.9.선고 2005가합4364판결 등 참조].

2. 수급사업자들 사이의 우선 순위

이 사건과 같이 발주자에 대해 하도급대금의 직접 지급을 요청한 수급사업자가 수인인 경우 그들 사이의 우선 순위를 정하는 방법에 관하여는 그들 모두를 평등하게 취급해야 한다는 견해와 하도급대금의 직접 지급을 요청한 의사표시가 발주자에게 먼저 도달한 수급사업자를 선착순으로 우선 취급하여야 한다는 견해로 크게 나누어 볼 수 있을 것이다.

하도급법 제14조 제1항 제1호 및 제2항 이 원사업자가 하도급대금을 지급할 수 없게 된 경우로서 "수급사업자가 하도급대금의 직접지급을 요청한 때"원사업자에 대한 발주자의 대금 지급의무와 수급사업자에 대한 원사업자의 하도급대금 지급채무는 그 범위에서 소멸한 것으로 본다고 규정하고 있을 뿐, 발주자에게 하도급대금의 직접지급을 요청한 수급사업자가 여럿인 경우 그들 사이의 우열관계를 정하는 구체적이고 명시적인 규정을 두고 있지 않은 결과 이러한 견해 대립이 있을 수 있게 되는 것이다.

우선 전자(前者)의 견해는 다음과 같은 점을 논거로 할 수 있을 것이다.즉,하도급법의 위 규정은 (가)압류 채권자 등 일반채권자들보다 공사도급계약 등의 하수급인을 우선적으로 보호하도록 하는 규정일 뿐 그 하수급인이 수인인 경우 그들 사이의 우열관계를 정하는 규정이 아니므로 채권자평등의 일반 원칙에 따라 그들을 동등하게 대우해야 한다.

그리고 하도급법 시행령 제4조 제2항 이 '발주자는 하도급대금을 지급함에 있어 민사집행법 제248조 제1항 등의 공탁사유가 있는 경우, 당해 법령에 따라 공탁할 수 있다'라고 규정하고 있으므로 발주자가 위 규정에 따라 집행공탁을 한 시점을 민사집행법 제247조 제1항 제1호 의 채권 등 집행에서의 배당요구 시기(時期)에 준하는 시점으로 보아 그 때까지 발주자에 대해 직불청구를 한 수급사업자들에 대해 채권자평등의 일반 원칙에 따라 동등한 순위로 취급하여 각 수급사업자들간의 공사대금채권액에 따라 안분배당하는 방법으로 그들을 동등하게 취급해야 한다는 것이다.

그러나 위와 같은 견해를 채택하게 되면 압류·가압류권자 등 일반채권자들과 각 수급사업자들 사이의 법률관계를 불필요하게 복잡하게 하고, 발주자나 수급사업자들의 법률상 지위를 불안하게 하며, 하도급법의 입법목적에도 반하게 되므로 위와 같은 견해를 채택할 수는 없고, 공사대금의 직접 지급을 요청하는 의사표시가 발주자에게 도달한 시점을 기준으로 하여 선착순으로 수급사업자들 사이의 우선순위를 정해야 한다고 본다. 왜냐하면, ① 하도급법 제14조 제1항 제1호 및 제2항이 원사업자가 하도급대금을 지급할 수 없게 된 경우로서 "수급사업자가 하도급대금의 직접지급을 요청한 때"원사업자에 대한 발주자의 대금지급의무와 수급사업자에 대한 원사업자의 하도급대금 지급채무는 그 범위에서 소멸한 것으로 본다고 규정하고 있고, 같은 법 시행령 제4조 제1항 이 수급사업자의 직접지급 요청은 그 의사표시가 발주자에게 도달한 때부터 효력이 발생한다고 규정하고 있으므로 그 문언상수급사업자들 사이의 우선순위도 공사대금의 직접 지급을 요청하는 의사표시가 발주자에게 도달한 시점을 기준으로 하여 선착순으로 정하도록 하고 있음이 분명한 점, ② 하도급법시행령 제4조 제2항 이 '발주자는 하도급대금을 지급함에 있어 민사집행법 제248조 제1항 등의 공탁사유가 있는 경우, 당해 법령에 따라 공탁할 수 있다'라고 규정하고 있으나, 같은 조문 제1항과 종합적으로 해석할 경우, 그 의미는 하도급대금의 직접 지급 요청을 한 수급사업자가 수인일 경우 발주자가 그 수급사업자들 간의 우선순위나 공사대금 액수 등을 결정하기 어려울 때 대금지급의무를 면하는 방법으로 이를 공탁할 수 있음을 규정한 것에 지나지 않으므로 위 규정만으로 발주자에게 하도급대금의 직접지급을 요청한 수급사업자들을 평등하게 취급해야 한다고 보기까지는 어려운 점, ③ 직접청구권자들이 수인일 경우 그들 사이의 우선순위관계를 정하는 기준이 없이 그들을 모두 평등하게 취급해야 한다면, 발주자는 어느 수급사업자에게 하도급대금을 지급해야 할 모르는 불안정한 상태에 놓이게 되는 점(흔히 공사도급계약에 있어 발주자는 원사업자나 수급사업자의 공사 완공 여부, 완공정도, 하자보수, 공사대금정산 등의 주장을 하며 공사대금액을 확정하지 않는 경우가 많아, 발주자가 원사업자나 수급사업자에게 지급할 공사대금액을 임의적으로 정하여 변제공탁이나 집행공탁을 하도록 강제하기도 어렵다), ④ 직접청구를 한 수급사업자들 사이의 관계를 정하는 기준이 없이 채권자평등의 원칙에 따라 평등하게 배당해야 한다면, 이미 직접청구를 한 수급사업자들은 그 직접지급청구 당시 하도급채권의 존부 및 범위가 모두 분명치 않은 다른 수급사업자들 전부가 직접 청구할 때까지 또는 발주자가 집행공탁을 할 때까지 기다려야만 하도급대금을 지급받게 되어 그 지위가 기약할 수 없는 시기까지 장기간 불안정해지는 점(이 사건에서 발주자인 피고는 집행공탁을 하지도 않았다), ⑤이러한 불안정한상황에 이미 직접청구를 한 수급사업자가 내몰리는 것은 '수급사업자가 발주자에게 하도급대금의 직접지급을 요청한 때'에는 원사업자에 대한 발주자의 대금지급채무와 수급사업자에 대한 원사업자의 하도급대금 지급채무를 그

> 범위 안에서 소멸한 것으로 간주하고, 발주자가 그 하도급대금을 그 수급사업자에게 직접 지급하여야 할 의무를 부담하도록 한 하도급법 제14조 제1항, 제2항 의 명문 규정에 반할 뿐만 아니라, 영세한 수급사업자를 보호하고 공정한 하도급거래 질서를 확립하여 원사업자와 수급사업자가 대등한 지위에서 상호보완하여 균형 있게 발전할 수 있도록 함으로써 국민경제의 건전한 발전에 이바지하려는 하도급법의 입법목적에 반하게 되는 점, ⑥ 공사대금의 직접 지급을 요청하는 의사표시가 발주자에게 도달한 시점을 기준으로 하여 선착순으로 수급사업자들 사이의 우선순위를 정하면 수급사업자들 사이 및 원사업자에 대한 일반채권자들 사이의 법률관계를 매우 간명하게 정할 수 있는 점 등 때문이다. 결국, 발주자에게 하도급대금의 직접지급을 요청한 하수급인들이 여러 명인 경우 그들 사이의 우열관계는 채권자평등이라는 일반원칙에 의하기보다 직접지급 요청 도달일시의 선후에 따라 우열관계를 정하고,그 도달일시가 같은 수급사업자들에 한해서만 채권액에 따라 안분배당함이 상당하다

따라서, 원사업자의 재정상황이 악화되는 등 하도급법상 직접지급사유가 발생한 경우에 원사업자의 공사대금채권에 대해 가압류를 한 원사업자의 채권자와 수급사업자 사이의 우선순위는 가압류와 하도급법상 직접 지급사유 중 어느 것이 먼저 발생하였느냐에 달려있다. 그런데 하도급법상 직접지급사유는 원사업자의 부도 등으로 인하여 당연히 발생하는 것이 아니고 수급사업자가 발주자에게 하도급대금의 직접 지급을 요청해야만 발생한다. 법적 지식이 충분하지 못한 영세한 수급사업자는 원사업자에게 부도가 발생하더라도 발주자에게 직접 지급요청을 하지 못하고 있는 사이에 원사업자의 채권자가 원사업자의 발주자에 대한 공사대금채권에 대해 가압류를 한다면 수급사업자는 공사대금을 한 푼도 못 받게 될 우려가 있다. 이러한 부조리를 막기 위해서, 우선순위를 판단함에 있어서의 하도급법상 직접지급사유는 하도급법 제14조 제1항에 규정된 사유가 발생하면 수급사업자의 직접 지급청구 없이도 발생하는 것으로 해석해야 할 것이다.

일반채권에 우선권을 가지는 임금채권, 국세나 지방세 등은 체납처분을 전제로 한 배당절차에서 다른 압류권자에 대해 우선한다고 할 것이므로 원사업자에 대한 체납처분(압류)이 있기 전에 직접지급사유가 발생한 경우에는 수급

사업자의 발주자에 대한 직접지급청구권이 우선한다고 할 것이다.

> 심결례 **직접지급사유가 발생한 이후에 공사대금채권에 대해 가압류가 된 경우의 효력 (공정거래위원회 2003. 8. 5. 의결 2003하일0717)**
>
> 하도급법 제34조 규정에 의하면, 건설산업기본법 규정이 하도급법과 저촉되는 경우에는 하도급법에 의하도록 되어 있으므로, 발주자는 원사업자의 하도급과 관련한 건설산업기본법에 의한 통지 및 사전승인여부와 관계없이 하도급에 따른 하도급대금을 직접 지급하여야 하는 점, 수급사업자인 신고인이 발주자에게 하도급대금의 직접지급을 요청한 때에 발주자가 원사업자에게 지급해야할 대금지급채무는 소멸되었다고 볼 수 있으므로, 발주자는 원사업자에 대한 대금지급채무가 소멸된 이후에 건설공제조합으로부터 본 공사대금의 미지급공사대금에 대한 채권가압류 결정문서를 받았더라도 이에 상관없이 하도급대금을 직접 지급해야 한다.

### 3. 발주자의 직접지급의무와 공탁

발주자에게 직접지급사유가 발생하였고 발주자의 원사업자에 대한 공사대금지급채무에 대해 원사업자의 채권자가 가압류 등을 한 경우, 발주자가 채권자가 누구인지 알 수 없다는 이유(민법 제487조)로 공탁을 할 수 있는지가 문제된다.

직접지급사유가 발생한 경우에는 하도급법상 원사업자의 발주자에 대한 공사대금채권은 소멸했다고 볼 것이므로 그 후에 원사업자의 발주자에 대한 공사대금채권에 대한 가압류 및 압류 등은 무효로 보아야 할 것이므로 발주자의 공탁 역시 무효라고 할 것이다. 그러나 발주자의 과실 없이 정당한 수급사업자가 누구인지 알 수 없거나 수급사업자가 수령을 거절하는 경우, 발주자가 원사업자에게 지급하여야 할 공사대금이 수급사업자에게 직접 지급해야할 하도급대금을 초과할 경우에 직접 지급할 금액을 공제하고 집행 공탁한 경우 등은 유효하다고 할 것이다.[141]

---

141) 김홍석·구상모, 앞의 책, 185면.

## Ⅴ. 입법 과제

하도급대금 직접지급의무와 관련하여 20대 국회에서 3건의 개정안이 발의되어 있어 있는바(2017. 8월 현재), 구체적인 내용을 살펴보고자 한다.

### 1. 하도급대금 직접지급의무 발생 사유 추가[142)]

현행법은 발주자와 원사업자 그리고 수급사업자간의 하도급거래에 관한 사항을 규정하고 있으나, 수급사업자가 제조 등의 위탁을 수행하는 도중에 발주자로부터 직접 추가적인 위탁을 받는 때에는 수급사업자 보호가 어려운 면이 있다. 원사업자는 추가적인 위탁을 한 당사자가 아니므로 추가대금의 지급을 거절하고, 발주자는 수급사업자의 직접 계약 당사자가 아니므로 계약에 따른 책임을 묻기 어려운 실정이다.

이에 발주자가 직접 추가적인 제조 등의 위탁을 한 경우 하도급대금의 직접지급을 하도록 함으로써 수급사업자를 두텁게 보호할 필요가 있다(안 제14조제1항제5호 신설).

### 2. 하도급대금 지급관리시스템 구축 등[143)]

현행법은 원사업자의 지급정지·파산, 발주자·원사업자 및 수급사업자 간의 합의가 있는 경우, 원사업자가 하도급대금을 2회분 이상 지급하지 아니한 경우 등의 사유가 발생하는 때에는 발주자가 수급사업자에게 하도급대금을 직접 지불하도록 하고 있는데 재하도급 또는 재재하도급거래에서 최하위 수급사업자는 중간사업자의 부도 또는 파산으로 인해 하도급대금을 지급받지 못하는 경우가 여전히 발생하고 있다.

이에 재하도급 또는 재재하도급의 거래에서도 원사업자가 하도급대금을 지급할 수 없게 된 경우 수급사업자가 하도급대금의 직접 지급을 요청할 수 있도

142) 하도급법 일부개정법률안(2007940).

143) 하도급법 일부개정법률안(2005330), 하도급법 일부개정법률안(2002027).

록 근거를 명확히 하고자 함. 또한 국가, 지방자치단체 또는 공공기관이 발주자인 경우에는 하도급대금의 지급을 관리하기 위한 시스템을 구축하도록 할 필요가 있다(안 제2조 제1항, 안 제14조의2 신설).

또한 하도급대금의 지연지급 또는 미지급에 대비하여 수급사업자가 보험회사와 보험계약을 체결할 수 있음을 명시하여 하도급대금의 지연지급 및 최하위 수급사업자의 피해를 방지할 필요가 있다(안 제14조의3 신설).

참고로 현행「건설산업기본법」에서는 다음과 같이 국가, 지방자치단체 또는 공공기관이 발주한 공사에 대하여 일정한 경우에 발주자가 하도급대금을 하수급인에게 직접 지급할 수 있다고 규정하고 있다.

> **건설산업기본법 제35조(하도급대금의 직접 지급)** ① 발주자는 다음 각 호의 어느 하나에 해당하는 경우에는 하수급인이 시공한 부분에 해당하는 하도급대금을 하수급인에게 직접 지급할 수 있다. 이 경우 발주자의 수급인에 대한 대금 지급채무는 하수급인에게 지급한 한도에서 소멸한 것으로 본다.
> 1. 국가, 지방자치단체 또는 대통령령으로 정하는 공공기관이 발주한 건설공사가 다음 각 목의 어느 하나에 해당하는 경우로서 발주자가 하수급인을 보호하기 위하여 필요하다고 인정하는 경우
>    가. 수급인이 제34조제1항에 따른 하도급대금 지급을 1회 이상 지체한 경우
>    나. 공사 예정가격에 대비하여 국토교통부령으로 정하는 비율에 미달하는 금액으로 도급계약을 체결한 경우

이에 따라 서울시 등 일부 지방자치단체에서는 별도의 '대금지급시스템'을 마련하여 지방자치단체가 발주자인 공공발주 공사에 대하여 하도급 대금 직불제를 실시하고 있다. 수급사업자(하수급인)보호라는 관점에서는 공공발주 공사와 민간발주 공사 구분 없이 동일하게 대금지급이 보장되어야 할 필요가 있으므로 민간발주 공사에 대해서도 하도급 대금 직불제도가 확대될 수 있도록 제도개선을 검토할 필요가 있다.

〈참조 – 서울시 대금지급시스템 소개 화면〉

**01. 대금e바로 란?**

서울시의 발주공사에 대해 원도급사, 하도급사, 건설근로자, 장비/자재업체간 공정거래 유도와 사회적 약자보호를 위해 구축, 운영하는 시스템으로 금융기관과 연계하여 공공기관이 지급한 공사대금이 최하위의 건설근로자, 장비/자재업체에게까지 적기에 적정하게 대금이 지급되도록 함은 물론 실시간 지급확인이 가능한 공정거래지원시스템입니다.

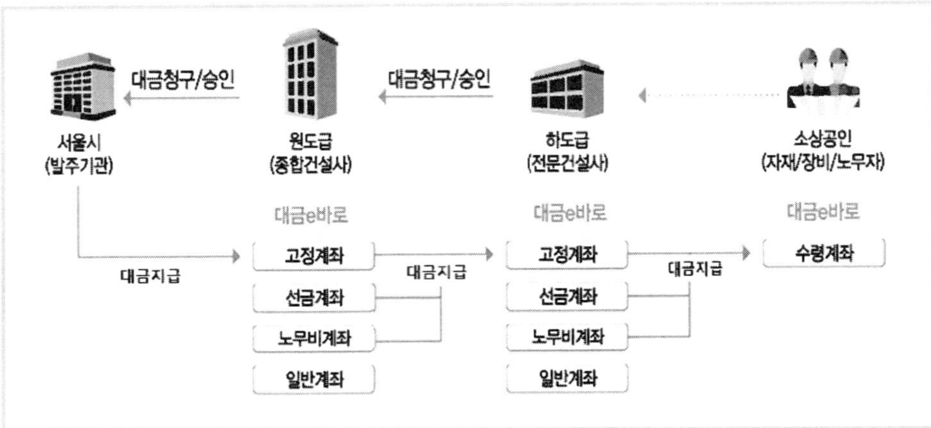


# 제 9 절 관세 등 환급액의 지급

하도급법 제15조(관세 등 환급액의 지급) ① 원사업자가 수출할 물품을 수급사업자에게 제조위탁하거나 용역위탁한 경우 「수출용원재료에 대한 관세 등 환급에 관한 특례법」에 따라 관세 등을 환급받은 경우에는 환급받은 날부터 15일 이내에 그 받은 내용에 따라 이를 수급사업자에게 지급하여야 한다.

② 제1항에도 불구하고 수급사업자에게 책임을 돌릴 사유가 없으면 목적물 등의 수령일부터 60일 이내에 수급사업자에게 관세 등 환급상당액을 지급하여야 한다.

③ 원사업자가 관세 등 환급상당액을 제1항과 제2항에서 정한 기한이 지난 후에 지급하는 경우에는 그 초과기간에 대하여 연 100분의 40 이내에서 「은행법」에 따른 금융기관이 적용하는 연체금리 등 경제사정을 고려하여 공정거래위원회가 정하여 고시하는 이율에 따른 이자를 지급하여야 한다.

## Ⅰ. 의 의

수출용원재료를 수입하여 완성품을 제작·수출하는 경우, 「수출용원재료에 대한 관세 등 환급에 관한 특례법」에 따라 수출용원재료를 수입하면서 부담한 관세 등을 환급받을 수 있는데, 이렇게 환급받은 돈 중에서 수급사업자가 수출용원재료를 수입하였거나 원사업자가 수입한 수출용원재료를 수급사업자가 구입하는 등의 방법으로 해당 관세를 수급사업자가 부담한 경우에는 해당 수출용원재료에 부과되었던 관세 상당액은 수급사업자에게 환급하는 것이 형평의 원칙에 부합한다. 이에 따라 하도급법은 이러한 경우에 수출용원재료의 관세를 실제로 부담한 수급사업자에게 해당 관세 환급분을 원사업자가 관세 등을 환급받은 날로부터 15일 이내에 지급하도록 규정하고 있다.

공정거래위원회는 원사업자가 관세 등 환급금 상당액의 지급의무에 위반할 경우 하도급대금의 2배를 초과하지 아니하는 범위에서 과징금을 부과할 수 있고(법 제25조의2 제1항 제6호), 위반행위의 시정에 필요한 조치를 권고하거나 명령할 수 있다(법 제25조의3 제1항 제5호, 법 제25조 제1항). 또한 하도급대금의 2배에 상당하는 금액 이하의 벌금에 처한다(법 제30조 제1항 제3호).

## Ⅱ. 원사업자의 관세 등 환급상당액 지급의무

원사업자는 수출용원재료에 부과되었던 관세 등을 환급받더라도 그 관세 등을 수급사업자가 부담한 경우에는 해당 관세 환급분을 수급사업자에게 지급하여야 하므로 관세 등을 환급받는 절차를 게을리 할 우려가 있다.

따라서 하도급법은 수출물품의 제조위탁 또는 용역위탁과 관련하여 궁극적으로 수급사업자가 관세 등을 환급받아야 할 경우에 원사업자가 관세 등 환급절차를 게을리 하여 수급사업자에게 손해를 끼치는 것을 방지하기 위하여 수급사업자에게 책임을 돌릴 사유가 없으면 원사업자가 관세 등을 환급받지 못하였더라도 목적물 등의 수령일부터 60일 이내에 수급사업자에게 관세 등 환급상당액을 지급하도록 규정하고 있다. 이 규정은 원사업자가 관세 등 환급절차를 게을리 하지 않았다면 수급사업자에게 최종적으로 귀속될 관세 등 환급상당액이 있었을 것으로 인정되는 경우에만 적용된다고 할 것이므로 수급사업자가 처음부터 수출용원재료의 관세 등을 부담하지 않은 경우 등 수급사업자에게 귀속되어야 할 관세 등 환급상당액이 발생한 여지가 없는 경우에는 적용될 여지가 없다. 한편 수급사업자의 귀책사유로 인하여 관세 등 환급금을 지급받지 못한 경우에는 수급사업자는 지급의 지연에 대해 책임을 면한다.[144]

원사업자가 관세 등 환급상당액을 지급기일(원사업자가 관세등 환급금을 지급받은 경우에는 지급받은 날로부터 15일, 원사업자가 관세등 환급금을 지급받지 못한 경우에는 목적물 등의 수령일부터 60일)이 지난 후에 지급하는 경우에는 그 초과기간에 대하여 연 100분의 40 이내에서 「은행법」에 따른 금융기관이 적용하는 연체금리 등 경제사정을 고려하여 공정거래위원회가 정하여 고시하는 이율(연 25%)에 따른 이자를 지급하여야 한다.

## 제 10 절 설계변경 등에 따른 하도급대금의 조정

> 하도급법 제16조(설계변경 등에 따른 하도급대금의 조정) ① 원사업자는 제조 등의 위탁을 한 후에 다음 각 호의 경우에 모두 해당하는 때에는 그가 발주자로부터 증액받은 계약금액의 내용과 비율에 따라 하도급대금을 증액하여야 한다. 다만, 원사업자가 발주자로부터 계약금액을 감액받은 경우에는 그 내용과 비율에 따라 하도급대금을 감액할 수 있다.
> 1. 설계변경 또는 경제상황의 변동 등을 이유로 계약금액이 증액되는 경우
> 2. 제1호와 같은 이유로 목적물 등의 완성 또는 완료에 추가비용이 들 경우
>
> ② 제1항에 따라 하도급대금을 증액 또는 감액할 경우, 원사업자는 발주자로부터 계약금액을 증액 또는 감액받은 날로부터 15일 이내에 발주자로부터 증액 또는 감액받은 사유와 내용을 해당 수급사업자에게 통지하여야 한다. 다만, 발주자가 그 사유와 내용을 해당 수급사업자에게 직접 통지한 경우에는 그러하지 아니하다.

144) 김홍석·구상모, 앞의 책, 116~117면.

> ③ 제1항에 따른 하도급대금의 증액 또는 감액은 원사업자가 발주자로부터 계약금액을 증액 또는 감액받은 날로부터 30일 이내에 하여야 한다.
> ④ 원사업자가 제1항의 추가금액을 받은 날부터 15일이 지난 후에 추가 하도급대금을 지급하는 경우의 이자에 관하여는 제13조제8항을 준용하고, 추가 하도급대금을 어음 또는 어음대체결제수단을 이용하여 지급하는 경우의 어음할인료·수수료의 지급 및 어음할인율·수수료율에 관하여는 제13조제6항·제7항·제9항 및 제10항을 준용한다. 이 경우 "목적물 등의 수령일부터 60일"은 "추가금액을 받은 날부터 15일"로 본다.

## Ⅰ. 의 의

하도급법에서는 원사업자가 설계변경이나 물가상승 등에 따라 목적물 등의 완성에 추가비용이 발생하여 발주자로부터 도급대금을 조정(증액)받은 경우 수급사업자도 동일한 사유로 목적물의 완성에 추가비용이 발생되므로 수급사업자 보호 및 공평의 원칙상 하도급대금도 조정하도록 규정하고 있다.

공정거래위원회는 원사업자가 경제사정 등이 변경되어 원도급대금이 증액되었음에도 불구하고 위 규정에 위반하여 하도급대금을 조정하지 아니하는 경우에는 위반행위의 시정에 필요한 조치를 권고하거나 명할 수 있고(법 제25조 제1항), 하도급대금의 2배를 초과하지 아니하는 범위에서 과징금을 부과할 수 있다(법 제25조의3 제1항 제6호). 또한 하도급대금의 2배에 상당하는 금액 이하의 벌금에 처한다(법 제30조 제1항 제3호).

## Ⅱ. 내 용

### 1. 증액 의무 등

원사업자는 제조 등의 위탁을 한 후에 발주자로부터 설계변경 또는 경제상황의 변동 등을 이유로 추가금액을 받는 경우 등의 이유로 목적물 등의 완성 또는 완료에 추가비용이 들 때에는 그가 받은 추가금액의 내용과 비율에 따라 하도급대금을 증액하여야 하며, 발주자로부터 감액을 받은 경우에는 그 내용과 비율에 따라 하도급대금을 감액할 수 있다.

## 2. 조정 기준[145)]

① 원사업자가 발주자로부터 설계변경 등에 따른 하도급대금의 조정을 받은 경우 추가금액의 내용과 비율이 명확한 경우에는 그 내용과 비율에 따라 수급사업자에게 지급하여야 하고, 내용이 불명확한 경우에는 발주자가 지급한 평균비율을 적용 지급하여야 한다.

② 원사업자가 발주자로부터 물가변동 등 경제상황의 변동에 따른 하도급대금의 조정을 받은 경우, 하도급계약이 발주자로부터 조정받기 이전에 체결되었다 하더라도 발주자로부터 조정 받은 기준시점 이후 잔여공사에 대하여 수급사업자에게 대금을 조정해준 경우에는 적법한 것으로 본다.

③ 발주자로부터 조정 받은 기준시점 이후에 체결된 하도급계약분에 대하여는 수급사업자에게 대금을 조정해 주지 않아도 적법하다, 다만, 조정기준시점 이전에 이미 선시공 등 사실상 하도급거래가 있었다는 객관적인 사실이 입증되는 경우에는 상기 “가”항에 따라 적용한다.

④ 원사업자가 발주자로부터 물가변동과 관련 추가금액을 지급받고도 원사업자와 수급사업자간 약정이나 국가를 당사자로 하는 계약에 관란 법률 시행령 제64조(물가변동으로 인한 계약금액의 조정)를 이유로 조정해주지 않은 경우에는 법 위반행위로 본다.

⑤ 물가변동과 관련 발주자로부터 조정 받은 추가금액을 수급사업자에게 조정해주는데 있어서 물가변동조정기준시점이전에 지급한 선급금은 물가변동조정대상금액에서 제외할 수 있다.

⑥ 원사업자가 발주자로부터 물가변동 등의 이유로 추가금액을 지급받은 때, 일부 공종에 있어 하도급금액이 원도급금액을 상회한 경우에도 하도급금액을 기준으로 증액해 주어야 한다.

---

145) 「하도급거래 공정화 지침」(공정거래위원회예규 제276호, 2016.12.26., 일부개정).

### 3. 통지 의무 및 지급 기한

원사업자는 발주자가 하도급대금이 증액 또는 감액된 사유와 내용을 직접 수급사업자에게 통지하지 않는 한 하도급대금이 증액 또는 감액 받은 날로부터 15일 이내에 그 사유와 내용을 수급사업자에게 통지해야 한다.

이러한 하도급대급의 증액 또는 감액은 원사업자가 발주자로부터 증액 또는 감액을 받은 날부터 30일 이내에 하여야 한다.

원사업자가 발주자로부터 추가금액을 받은 날로부터 15일이 지난 후에 수급사업자에게 추가 하도급대금을 지급하는 경우에는 연 25%의 이자를 가산하여야 하고, 추가 하도급대금을 어음 또는 어음결제수단을 이용하여 지급하는 경우에는 하도급대금지급에 있어서 적용되는 할인 가능 어음 지급의무, 어음 할인금 지급 의무, 어음대체결재수단 이용에 따른 수수료 지급의무를 지켜야 한다. 이 경우 원사업자가 발주자로부터 추가금액을 받은 날로부터 15일이 추가 하도급대금의 지급기일(다만, 원사업자와 수급사업자가 이 보다 빠른 날을 지급기일로 합의한 경우에는 그 날)이 된다.

## Ⅲ. 위 조항에 위반한 하도급 약정의 효력

한편 대법원은 원사업자가 수급사업자와 법 제16조의 하도급대금 조정의무에 위반하여 설계변경 또는 경제상황의 변동 등 하도급대금 증액사유가 발생하더라도 하도급대금을 증액하지 않기로 합의를 한 경우에도 그 약정의 효력은 유효하다고 보고 있다.

판례 **대법원 2000. 7. 28. 선고 2000다20434 판결**

하도급거래 공정화에 관한 법률 제16조에는 원사업자가 제조 등의 위탁을 한 후에 발주자로부터 설계변경 또는 경제상황의 변동 등의 이유로 추가금액을 지급받는 경우 동일한 사유로 목적물의 완성에 추가비용이 소요되는 때에는 그가 받은 추가금액의 내용과 비율에 따라 하도급대금을 증액하여야 한다는 취지로 규정되어 있다.

> 그러나 그 법은 그 조항에 위반된 하도급약정의 효력에 관하여는 아무런 규정을 두지 않는 반면 위의 조항을 위반한 원사업자를 벌금형에 처하도록 하면서 그 조항 위반행위 중 일정한 경우만을 공정거래위원회에서 조사하게 하여 그 위원회로 하여금 그 결과에 따라 하도급분쟁조정협의회에 조정 등을 요청하게 하거나 원사업자에게 통지·최고하게 하거나 그 위반행위의 신고를 각하 또는 기각하게 하도록 규정하고 있을 뿐이어서 그 조항은 그에 위배한 하도급인과 하수급인 간의 계약의 사법상의 효력을 부인하는 조항이라고 볼 것은 아니다.

그러나 이러한 약정은 거래상 열위적 지위에 있는 수급사업자의 입장에서 볼 때 불리한 거래조건임에도 불구하고 하도급 거래관계의 계속적 유지를 위해 부득이 원사업자의 요구를 수용하였거나 원사업자가 자신의 경제적 이익을 위하여 거래상 열위에 있는 수급사업자의 정당한 이익을 침해하고 실질적으로 강요에 의하여 체결된 합의로 보는 것이 하도급거래의 현실에 부합할 것이다. 하도급법의 입법목적 및 법 제16조 제1항의 규정내용에 비추어볼 때 위 조항은 강행규정에 해당하는 것으로 보아 하도급대금 조정의무에 위반된 약정 부분의 사법상 효력을 무효로 하는 것이 타당할 것이다.

## 제 11 절 원재료의 가격 변동에 따른 하도급대금의 조정

> **하도급법 제16조의2(원재료의 가격 변동에 따른 하도급대금의 조정)** ① 수급사업자는 제조 등의 위탁을 받은 후 목적물 등의 제조 등에 필요한 원재료의 가격이 변동되어 하도급대금의 조정(調定)이 불가피한 경우에는 원사업자에게 하도급대금의 조정을 신청할 수 있다.
>
> ② 「중소기업협동조합법」 제3조제1항제1호 또는 제2호에 따른 중소기업협동조합(이하 "조합"이라 한다)은 원재료 가격의 급격한 변동으로 조합원인 수급사업자의 하도급대금의 조정이 불가피한 사유가 발생한 경우에는 해당 수급사업자의 신청을 받아 대통령령으로 정하는 원사업자와 하도급대금의 조정을 위한 협의를 할 수 있다. 다만, 원사업자와 수급사업자가 같은 조합의 조합원인 경우에는 그러하지 아니하다

③ 제2항 본문에 따른 신청을 받은 조합은 신청받은 날부터 7일 이내에 원사업자에게 하도급대금의 조정을 신청하여야 한다.
④ 제1항에 따라 하도급대금 조정을 신청한 수급사업자가 제2항에 따른 협의를 신청한 경우 제1항에 따른 신청은 중단된 것으로 보며, 제1항 또는 제3항에 따른 조정협의가 완료된 경우 수급사업자 또는 조합은 사정변경이 없는 한 동일한 사유를 들어 제1항부터 제3항까지의 조정협의를 신청할 수 없다.
⑤ 제2항에 따른 신청을 받은 조합은 납품 중단을 결의하는 등 부당하게 경쟁을 제한하거나 부당하게 사업자의 사업내용 또는 활동을 제한하는 행위를 하여서는 아니 된다.
⑥ 제2항 본문에 따른 불가피한 사유, 수급사업자의 신청 및 조합의 협의권한 행사의 요건·절차·방법 등에 관하여 필요한 사항은 대통령령으로 정한다.
⑦ 원사업자는 제1항 또는 제3항의 신청이 있은 날부터 10일 안에 조정을 신청한 수급사업자 또는 조합과 하도급대금 조정을 위한 협의를 개시하여야 하며, 정당한 사유 없이 협의를 거부하거나 게을리하여서는 아니 된다.
⑧ 원사업자 또는 수급사업자(제3항에 따른 조정협의의 경우 조합을 포함한다. 이하 이 조에서 같다)는 다음 각 호의 어느 하나에 해당하는 경우 제24조에 따른 하도급분쟁조정협의회에 조정을 신청할 수 있다. 다만, 제3항에 따른 조합은 「중소기업협동조합법」에 따른 중소기업중앙회에 설치된 하도급분쟁조정협의회에 조정을 신청할 수 없다.
1. 제1항 또는 제3항에 따른 신청이 있은 날부터 10일이 지난 후에도 원사업자가 하도급대금의 조정을 위한 협의를 개시하지 아니한 경우
2. 제1항 또는 제3항에 따른 신청이 있은 날부터 30일 안에 하도급대금의 조정에 관한 합의에 도달하지 아니한 경우
3. 제1항 또는 제3항에 따른 신청으로 인한 협의개시 후 원사업자 또는 수급사업자가 협의 중단의 의사를 밝힌 경우 등 대통령령으로 정하는 사유로 합의에 도달하지 못할 것이 명백히 예상되는 경우

**하도급법 시행령 제9조의2(조합의 하도급대금 조정협의 등)** ① 법 제16조의2제2항 본문에서 "대통령령으로 정하는 원사업자"란 원사업자 중 다음 각 호의 어느 하나에 해당하는 자를 말한다.
1. 「독점규제 및 공정거래에 관한 법률」 제9조제1항에 따른 상호출자제한기업집단에 속하는 회사
2. 「중견기업 성장촉진 및 경쟁력 강화에 관한 특별법」 제2조제1호에 따른 중견기업으로서 직전 사업연도의 연간매출액(관계 법률에 따라 시공능력평가액을 적용받는 거래의 경우에는 하도급계약 체결 당시 가장 최근에 공시된 시공능력평가액의 합계액을 말하고, 연간매출액이나 시공능력평가액이 없는 경우에는 자산총액을 말한다)이 3천억원 이상인 자

② 법 제16조의2제2항에 따라 조합은 조합원인 수급사업자가 하도급계약을 체결한 날(하도급계약 체결 후에 계약금액을 조정한 경우에는 직전 조정한 날을 말하고, 경쟁입찰에 따라 하도급계약을 체결한 경우에는 입찰한 날을 말한다. 이하 이 조에서 같다)부터 60일 이상 경과하고 다음 각 호의 어느 하나에 해당하는 사유가 발생한 경우에는 해당 수급사업자의 신청을 받아 원사업자와 하도급대금의 조정을 위한 협의를 할 수 있다.

1. 하도급 계약금액의 10퍼센트 이상을 차지하는 원재료의 가격이 하도급계약을 체결한 날을 기준으로 10퍼센트 이상 상승한 경우
2. 하도급계약을 체결한 날을 기준으로 원재료의 가격 상승에 따른 변동금액이 나머지 목적물등에 해당하는 하도급대금의 3 퍼센트 이상인 경우

③ 제2항에도 불구하고 다음 각 호의 어느 하나에 해당하는 경우에는 하도급계약을 체결한 날부터 60일이 경과하지 아니하여도 조합은 해당 수급사업자의 신청을 받아 원사업자와 하도급대금의 조정을 위한 협의를 할 수 있다.

1. 수급사업자의 하도급 계약기간이 60일 이내이고, 제2항 각 호의 어느 하나에 해당하는 사유가 발생한 경우
2. 하도급계약을 체결한 날을 기준으로 원재료의 가격상승에 따른 변동금액이 하도급 계약금액의 5퍼센트 이상인 경우

④ 법 제16조의2제2항 본문에 따른 신청을 하는 수급사업자는 신청서에 다음 각 호의 서류를 첨부하여 자신이 조합원으로 소속되어 있는 조합에 제출하여야 한다.

1. 제2항 또는 제3항의 요건을 충족하였음을 확인할 수 있는 서류
2. 하도급계약서 사본(계약금액이 조정된 경우에는 이를 확인할 수 있는 서류를 포함한다)
3. 경쟁입찰에 따라 하도급계약을 체결한 경우에는 이를 확인할 수 있는 서류
4. 그 밖에 원사업자와의 하도급대금 조정에 필요한 서류

⑤ 제2항 또는 제3항에 따라 조합이 원사업자와 하도급대금의 조정을 위한 협의를 하려는 때에는 총회 또는 이사회의 의결을 거쳐야 하며, 다음 각 호의 서류를 첨부하여 원사업자에게 제출하여야 한다.

1. 제4항제1호부터 제4호까지의 서류
2. 총회 또는 이사회의 의사록 사본
3. 조합원 중 제2항 또는 제3항의 요건을 충족하는 수급사업자 목록

**하도급법 시행령 제9조의3(하도급분쟁조정협의회에의 조정신청 사유)** 법 제16조의2제8항제3호에서 "원사업자 또는 수급사업자가 협의 중단의 의사를 밝힌 경우 등 대통령령으로 정하는 사유"란 다음 각 호의 어느 하나에 해당하는 경우를 말한다.

1. 원사업자 또는 수급사업자(법 제16조의2제3항에 따른 조정협의의 경우 조

> 합을 포함한다)가 협의 중단의 의사를 밝힌 경우
> 2. 원사업자 및 수급사업자(법 제16조의2제3항에 따른 조정협의의 경우 조합을 포함한다)가 제시한 조정금액이 상호 간에 2배 이상 차이가 나는 경우
> 3. 합의가 지연되면 영업활동이 심각하게 곤란하게 되는 등 원사업자 또는 수급사업자에게 중대한 손해가 예상되는 경우
> 4. 그 밖에 이에 준하는 사유가 있는 경우

## Ⅰ. 의 의

하도급거래의 특성상 우월적 지위에 있는 원사업자는 원재료의 가격이 하락하는 경우 수급사업자에 대하여 납품단가의 인하를 요구할 수 있는 반면, 수급사업자는 거래 단절 등의 우려 때문에 원재료의 가격이 급격히 상승하더라도 하도급대금의 조정을 신청하기 어렵다.

기존에는 대기업에 납품하는 중소기업의 원자재 가격 변동 등 단가변동 사유가 발생할 경우 단가조정에 대한 규정은 공정거래위원회 「대·중소기업간 상생협력을 위한 바람직한 계약체결 가이드라인」 지침에 규정되어 있었다. 하지만 법령이 아닌 지침에서 규정하고 있는 한계가 있었고, 의무사항이 아닌 권장사항으로 운영하고 있어 실효성이 확보되지 못하고 있었다. 이에 따라 2009. 4월 하도급법 개정을 통해 수급사업자가 하도급 계약을 체결한 후 원재료의 가격이 변동되어 하도급대금의 조정이 불가피한 경우에는 원사업자에게 하도급대금의 조정을 신청할 수 있도록 하는 제도가 도입되었다.

공정거래위원회는 원사업자가 위 규정에 위반하여 하도급대금을 조정하지 아니할 경우 시정에 필요한 조치를 권고하거나 명할 수 있고(법 제25조 제1항), 하도급대금의 2배를 초과하지 아니하는 범위에서 과징금을 부과할 수 있다(법 제25조의3 제1항 제6호). 원사업자가 정당한 사유 없이 협의를 거부하는 경우에는 하도급대금의 2배에 상당하는 금액 이하의 벌금에 처한다(법 제30조 제1항 제4호).

# Ⅱ. 하도급대금의 조정협의 제도

## 1. 개 요

원자재 값 인상에 따라 공정하게 납품단가가 조정, 결정될 수 있도록 법적 근거를 두고 이에 따른 분쟁조정절차 등을 입법화하는 하도급법의 개정이 필요하다는 인식에 따라, 국회는 2011. 3. 29. 원재료 가격의 급격한 변동으로 조합원인 수급사업자의 하도급대금 조정이 불가피한 경우에는 수급사업자를 대신한 중소기업협동조합이 하도급대금의 조정을 신청할 수 있도록 하는 규정을 신설하였다. 즉, 수급사업자가 원사업자의 보복 등을 고려하여 원자재 가격의 급격한 상승으로 인하여 납품단가의 인상이 절실히 필요함에도 불구하고 조정신청을 회피하는 것을 방지하기 위해 중소기업협동조합으로 하여금 수급사업자를 대신하여 조정을 신청할 수 있도록 한 것이다.

나아가 중소기업협동조합에 대하여 법률상 20일 이내의 조정신청 의무를 부과함으로써 조정을 통한 권리구제의 길을 보다 실질화 하였다.

## 2. 조정협의 절차

### (1) 수급사업자가 직접 신청하는 경우(법 제1항)

수급사업자는 원재료의 가격이 변동되어 하도급대금의 조정이 불가피한 경우에는 언제든지 원사업자에게 직접 하도급대금의 조정을 신청할 수 있다.

### (2) 중소기업협동조합이 대행하는 경우(법 제2항)

#### 1) 개 요(법 시행령 제9조의2 제1항)

중소기업협동조합(「중소기업협동조합법」 제3조 제1항 제1호 또는 제2호에 따른 '협동조합'과 '사업협동조합'으로 한정되고 '협동조합연합회'와 '중소기업중앙회'는 제외됨)은 원재료 가격의 급격한 변동으로 조합원인 수급사업자의 하도급대금의 조정이 불가피한 사유가 발생한 경우에는 해당 수급사업자의 신청을 받아 대통령령으로 정하는 원사업자와 하도급대금의 조정을 위한 협의를 할 수 있다. 여기서 '대통령령으로 정하는 원사업자'란 ①「독점규제 및 공정거래에 관한 법률」제9조제1항에 따른 상호출자제한기업집단에 속하는 회사 또는 ②「중견기업 성장촉진 및 경쟁력 강화에 관한 특별법」제2조제1호에 따른 중견기업으로서 직전 사업연도의 연간매출액(관계 법률에 따라 시공능력평가액을 적용받는 거래의 경우에는 하도급계약 체결 당시 가장 최근에 공시된 시공능력평가액의 합계액을 말하고, 연간 매출액이나 시공능력평가액이 없는 경우에는 자산총액을 말한다)이 3천억원 이상인 자를 말한다.

#### 2) 조정협의의 요건

##### 가. 원칙(법 시행령 제9조의2 제2항)

조합은 다음에 해당하는 사유가 발생한 경우에는 해당 수급사업자의 신청을 받아 원사업자와 하도급대금의 조정을 위한 협의를 할 수 있다.

① 조합원인 수급사업자가 하도급계약을 체결한 날(하도급계약 체결 후에 계약금액을 조정한 경우에는 직전 조정한 날, 경쟁입찰에 따라 하도급계약을 체결한 경우에는 입찰한 날)부터 60일 이상 경과할 것

② 원재료 가격변동이 다음의 어느 하나에 해당할 것

㉠ 하도급 계약금액의 10퍼센트 이상을 차지하는 원재료의 가격이 하도급계약을 체결한 날을 기준으로 10퍼센트 이상 상승한 경우

㉡ 하도급계약을 체결한 날을 기준으로 원재료의 가격 상승에 따른 변동금액이 나머지 목적물등에 해당하는 하도급대금의 3 퍼센트 이상인 경우

##### 나. 예외(신속처리의 경우, 법 시행령 제9조의2 제3항)

조합은 다음 각 호의 어느 하나에 해당하는 경우에는 하도급계약을 체결한 날부터 60일이 경과하지 아니하여도 해당 수급사업자의 신청을 받아 원사업자와 하도급대금의 조정을 위한 협의를 할 수 있다.

① 수급사업자의 하도급 계약기간이 60일 이내이고, 제2항 각 호의 어느 하나에 해당하는 사유가 발생한 경우

② 하도급계약을 체결한 날을 기준으로 원재료의 가격상승에 따른 변동금액

이 하도급 계약금액의 5퍼센트 이상인 경우

3) **조정협의 절차**(법 시행령 제9조의2 제4항, 제5항, 법 제3항, 제4항)

조정협의의 신청을 하는 수급사업자는 신청서에 다음 각 호의 서류를 첨부하여 자신이 조합원으로 소속되어 있는 조합에 제출하여야 한다.

① 조정협의 요건을 충족하였음을 확인할 수 있는 서류

② 하도급계약서 사본(계약금액이 조정된 경우에는 이를 확인할 수 있는 서류를 포함한다)

③ 경쟁입찰에 따라 하도급계약을 체결한 경우에는 이를 확인할 수 있는 서류

④ 그 밖에 원사업자와의 하도급대금 조정에 필요한 서류

신청을 받은 조합은 신청 받은 날부터 20일 이내에 원사업자에게 하도급대금의 조정을 신청하여야 한다.

조합이 원사업자와 하도급대금의 조정을 위한 협의를 하려는 때에는 총회 또는 이사회의 의결을 거쳐야 하며, 다음 각 호의 서류를 첨부하여 원사업자에게 제출하여야 한다.

1. 제4항제1호부터 제4호까지의 서류
2. 총회 또는 이사회의 의사록 사본
3. 조합원 중 제2항 또는 제3항의 요건을 충족하는 수급사업자 목록

수급사업자가 직접 원사업자에게 하도급대금 조정을 신청한 도중에 조합에 협의(대행)를 신청한 경우 해당 신청은 중단된 것으로 본다. 또한 조정협의가 완료된 경우에는 수급사업자 또는 조합은 사정변경이 없는 한 동일한 사유를 들어 조정협의를 신청할 수 없다.

## 3. 원사업자 및 조합의 의무(법 제5항 및 제7항)

원사업자는 조정협의의 신청이 있은 날부터 10일 안에 조정을 신청한 수급사업자 또는 조합과 하도급대금 조정을 위한 협의를 개시하여야 하며, 정당한 사유 없이 협의를 거부하거나 게을리하여서는 아니 된다.

수급사업자로부터 조정협의의 신청을 받은 조합은 납품 중단을 결의하는 등 부당하게 경쟁을 제한하거나 부당하게 사업자의 사업내용 또는 활동을 제한하는 행위를 하여서는 아니 된다

### 4. 조정합의에 이르지 못한 경우(법 제8항)

원사업자 또는 수급사업자(조합이 조정협의를 신청한 경우 조합을 포함)는 다음 각 호의 어느 하나에 해당하는 경우 하도급분쟁조정협의회[146]에 조정을 신청할 수 있다. 다만, 조합의 협의대행을 한 경우에는「중소기업협동조합법」에 따른 중소기업중앙회에 설치된 하도급분쟁조정협의회에 조정을 신청할 수 없다.

① 조정협의 신청이 있은 날부터 10일이 지난 후에도 원사업자가 하도급대금의 조정을 위한 협의를 개시하지 아니한 경우
② 조정협의 신청 신청이 있은 날부터 30일 안에 하도급대금의 조정에 관한 합의에 도달하지 아니한 경우
③ 조정협의 신청 신청으로 인한 협의개시 후 원사업자 또는 수급사업자가 협의 중단의 의사를 밝힌 경우 등 다음의 사유로 합의에 도달하지 못할 것이 명백히 예상되는 경우
  ㉠ 원사업자 또는 수급사업자(조합신청에 따른 조정협의의 경우 조합을 포함)가 협의 중단의 의사를 밝힌 경우
  ㉡ 원사업자 및 수급사업자(조합신청에 따른 조정협의의 경우 조합을 포함)가 제시한 조정금액이 상호 간에 2배 이상 차이가 나는 경우
  ㉢ 합의가 지연되면 영업활동이 심각하게 곤란하게 되는 등 원사업자 또는 수급사업자에게 중대한 손해가 예상되는 경우
  ㉣ 그 밖에 이에 준하는 사유가 있는 경우

---

146) 하도급법 제24조(하도급분쟁조정협의회의 설치 및 구성 등) ①「독점규제 및 공정거래에 관한 법률」제48조의2에 따른 한국공정거래조정원(이하 "조정원"이라 한다)은 하도급분쟁조정협의회(이하 "협의회"라 한다)를 설치하여야 한다. ② 사업자단체는 공정거래위원회의 승인을 받아 협의회를 설치할 수 있다.

## Ⅲ. 납품단가 연동제 도입의 필요성

2009. 4. 자율적인 납품단가 조정을 위해 '납품단가 조정협의 의무제'가 도입되었으나 시행된 이후에도 실제 조정협의에 부쳐진 것은 단 1건에 불과할 정도로 유명무실한 상황에 있다.

실제로 중소기업중앙회가 2010. 4. 중소기업 208개사를 대상으로 실시한 '중소제조업의 원자재와 납품단가 반영실태 및 애로요인 조사'에 따르면 "원자재 가격 상승분을 제품가격에 전혀 반영하지 못하고 있다"고 답한 중소기업이 44.2%에 달하고 있다.

이에 따라 수급사업자인 중소기업들은 원자재 가격이 일정수준 이상 오르면 의무적으로 납품단가를 인상하도록 하는 '납품가격 연동제'의 도입을 절박하게 요구하였으나 시장원리 훼손, 중소기업의 혁신의지 약화, 대기업의 해외부품업체 선호 등의 우려로 무산된 바 있다.

하지만 원사업자와의 거래관계에서 중소기업인 수급사업자들이 가장 큰 어려움을 겪고 있는 사항은 납품단가의 일방적인 인하와 원자재 가격 상승분의 미반영 등 낮은 납품단가와 관련된 것이고 중소기업이 대기업으로부터 적정 납품단가를 안정적으로 보장받을 수 있어야 장기사업계획의 수립, 자본축적, 연구개발 투자, 우수 인적자원 확보 등에 소요되는 투자재원을 확보하여 경쟁력을 가질 수 있게 되는 점에서 납품가격 연동제의 도입이 필요하다고 볼 수 있다.[147)]

한편 20대 국회에서 2017. 8월 현재, 원재료 가격 이외에 임금이나 공공요금의 변동이 있는 경우에도 수급사업자가 원사업자에게 하도급대금의 조정을 신청할 수 있도록 하고, 중소기업협동조합의 조정 협의 대상으로 하는 등의 내용으로 하도급법 개정안 4건이 발의된 바 있다.

147) 민주사회를 위한 변호사 모임 민생경제위원회 재벌개혁TF, 「재벌개혁입법연구」 2017. 3.

# 제 12 절 부당한 대물변제의 금지

**하도급법 제17조(부당한 대물변제의 금지)** ① 원사업자는 하도급대금을 물품으로 지급하여서는 아니 된다. 다만, 다음 각 호의 어느 하나에 해당하는 사유가 있는 경우에는 그러하지 아니하다.

1. 원사업자가 발행한 어음 또는 수표가 부도로 되거나 은행과의 당좌거래가 정지 또는 금지된 경우
2. 원사업자에 대한 「채무자 회생 및 파산에 관한 법률」에 따른 파산신청, 회생절차개시 또는 간이회생절차개시의 신청이 있은 경우
3. 그 밖에 원사업자가 하도급대금을 물품으로 지급할 수밖에 없다고 인정되는 대통령령으로 정하는 사유가 발생하고, 수급사업자의 요청이 있는 경우

② 원사업자는 제1항 단서에 따른 대물변제를 하기 전에 소유권, 담보제공 등 물품의 권리·의무 관계를 확인할 수 있는 자료를 수급사업자에게 제시하여야 한다.

③ 물품의 종류에 따라 제시하여야 할 자료, 자료제시의 방법 및 절차 등 그 밖에 필요한 사항은 대통령령으로 정한다.

**하도급법 시행령 제9조의4(대물변제 인정사유)** 법 제17조제1항제3호에서 "그 밖에 원사업자가 하도급대금을 물품으로 지급할 수밖에 없다고 인정되는 대통령령으로 정하는 사유"란 「기업구조조정 촉진법」에 따라 금융채권자협의회가 원사업자에 대하여 공동관리절차 개시의 의결을 하고 그 절차가 진행 중인 경우를 말한다.

**하도급법 시행령 제9조의5(대물변제 전에 제시하여야 하는 자료 및 제시방법 등)** ① 원사업자가 법 제17조제3항에 따라 수급사업자에게 제시하여야 할 자료는 다음 각 호의 구분에 따른 자료로 한다.

1. 대물변제의 용도로 지급하려는 물품이 관련 법령에 따라 권리·의무 관계에 관한 사항을 등기 등 공부(公簿)에 등록하여야 하는 물품인 경우: 해당 공부의 등본(사본을 포함한다)
2. 대물변제의 용도로 지급하려는 물품이 제1호 외의 물품인 경우: 해당 물품에 대한 권리·의무 관계를 적은 공정증서(「공증인법」에 따라 작성된 것을 말한다)

② 제1항에 따른 자료를 제시하는 방법은 다음 각 호의 어느 하나에 해당하는 방법으로 한다. 이 경우 문서로 인쇄되지 아니한 형태로 자료를 제시하는 경우에는 문서의 형태로 인쇄가 가능하도록 하는 조치를 하여야 한다.

1. 문서로 인쇄된 자료 또는 그 자료를 전자적 파일 형태로 담은 자기디스크(자기테이프, 그 밖에 이와 비슷한 방법으로 그 내용을 기록·보관·출력할 수

있는 것을 포함한다)를 직접 또는 우편으로 전달하는 방법
2. 수급사업자의 전자우편 주소로 제1항에 따른 자료가 포함된 전자적 파일을 보내는 방법. 다만, 원사업자가 전자우편의 발송·도달 시간의 확인이 가능한 자동수신사실 통보장치를 갖춘 컴퓨터 등을 이용한 경우로 한정한다.
③ 원사업자는 제1항에 따른 자료를 제시한 후 대물변제를 하기 전에 법 제17조제2항에 따른 물품의 권리·의무 관계가 변경된 경우에는 그 변경된 내용이 반영된 제1항에 따른 자료를 제2항에 따른 방법으로 수급사업자에게 지체 없이 다시 제시하여야 한다.
④ 원사업자는 제2항 및 제3항에 따라 자료를 제시한 후 지체 없이 다음 각 호의 사항을 적은 서면을 작성하여 수급사업자에게 내주고 원사업자와 수급사업자는 해당 서면을 보관하여야 한다.
1. 원사업자가 자료를 제시한 날
2. 자료의 주요 목차
3. 수급사업자가 자료를 제시받았다는 사실
4. 원사업자와 수급사업자의 상호명, 사업장 소재지 및 전화번호
5. 원사업자와 수급사업자의 서명 또는 기명날인

## Ⅰ. 의 의

하도급거래 또한 근본적으로는 당사자 간의 계약관계이므로 '사적자치의 원칙'이 지배하는 영역이다. 따라서 수급사업자의 보호라는 하도급법의 취지를 훼손하지 않는 범위에서는 당사자의 의사에 따른 자유로운 권리의 처분이 인정될 필요가 있다.

하지만 하도급거래 관계에서는 거래상 우월한 지위에 있는 원사업자의 강요 등에 의해 수급사업자가 본의와는 달리 대물변제에 동의한다는 의사표시를 하게 될 수도 있고,[148] 대물변제 과정에서 현금화가 어려운 물품[149]이 아닌 현금 또는 현금성 결제방식[150] 위주로 대금을 지급받아 원활한 현금흐름에 지장이 생기거나 부당하게 하도급대금이 감액되는 효과가 발생할 수 있다.[151]

이에 따라 하도급법에서는 대물변제로 인하여 수급사업자가 권리를 부당하

148) 아래에서 보는 바와 같이 수급사업자의 자발적 청구에 의한 대물변제 수령은 1.1%에 불과하다.

게 침해받지 않도록 원사업자의 부당한 대물변제를 금지하고 있다.

한편, 기존 하도급법에서는 부당한 대물변제가 인정되기 위한 요건으로 '수급사업자의 의사에 반하는' 대물변제라는 요건을 두고 있었는바 원사업자가 하도급거래상 우월적 지위를 이용하여 수급사업자의 내심과 달리 대물변제를 원하는 것으로 의사표시를 하게 함으로써 합법적인 대물변제의 수단으로 활용되는 문제점이 있었다. 이에 따라 수급사업자의 권익을 보다 적극적으로 보호하기 위해 2017. 4월 하도급법 개정(2017.10.19. 시행예정)을 통해 해당 법조문에서 '수급사업자의 의사에 반하여'라는 문구를 삭제하여 하도급대금에 대한 대물변제의 여지를 원칙적으로 차단하고, 다만, 예외적으로 원사업자가 발행한 어

〈하도급대금의 대물수령 수령이유〉

| 구 분 | 업체수(%) |
|---|---|
| **원도급자와의 합의** | **55 (59.8)** |
| **원도급자의 강요** | **26 (28.3)** |
| **발주자의 강요** | **7 (7.6)** |
| 자발적 청구 | 1 (1.1) |
| 합 계 | 92 (100.0) |

자료 : 대한건설정책연구원, 「전문건설업 실태 분석보고서」, 2015.

149) 여기서 현금화가 어려운 물품이란 주로 환가성이 높지 않은 부동산을 말한다.

〈하도급대금의 대물수령 형태〉

| 구 분 | 업체수(%) |
|---|---|
| **부동산 건물** | **106 (82.8)** |
| 계열사의 제품 및 상품권 | 4 (3.1) |
| 건설자재 또는 장비류 | 2 (1.6) |
| 기 타 | 14 (10.9) |
| 합 계 | 128 (100.0) |

자료 : 대한건설정책연구원, 「전문건설업 실태 분석보고서」, 2015.

150) 현금성 결제방식에는 외상매출채권 담보대출, 기업구매전용카드, 기업구매자금대출, 구매론, 네트워크론 등이 있으며, 수급사업자는 원사업자의 거래은행을 통해 현금을 직접 지급받거나 매출전표와 상환으로 현금을 지급받게 된다.

151) 국회 정무위원회, 「하도급법 일부개정법률안 검토보고서」, 2016. 11.

음 또는 수표가 부도로 되거나 은행과의 당좌거래가 정지 또는 금지된 경우 등 제한적인 경우에만 대물변제가 가능하도록 하였다.

공정거래위원회는 원사업자가 위 규정에 위반하여 부당한 대물변제를 한 경우 시정에 필요한 조치를 권고하거나 명할 수 있고(법 제25조 제1항), 하도급대금의 2배를 초과하지 아니하는 범위에서 과징금을 부과할 수 있으며(법 제25조의3 제1항 제6호), 하도급대금의 2배에 상당하는 금액 이하의 벌금에 처한다(법 제30조 제1항 제3호).

## Ⅱ. 내 용

### 1. 대물변제의 원칙적 금지

2017. 4월 개정된 하도급법에서는 원칙적으로 원사업자의 수급사업자에 대한 대물변제를 금지하고 있다. 기존 하도급법에서는 '수급인의 의사에 반하는' 대물변제만을 금지하고 있었으나 '의사의 반하여'라는 요건은 내심의 의사를 기준으로 하는 것이기 때문에 객관화하기가 매우 어렵고 자의적인 판단이 이루어질 개연성이 크다는 점, 민사소송 등에서 수급사업자로서는 대물변제가 '의사의 반하여' 이루어졌다는 점을 입증하기가 매우 어렵다는 점에서 법개정에 대한 요구가 강하게 있었다.

### 2. 대물변제의 예외적 허용

이에 따라 2017. 4월 개정된 하도급법에서는 원사업자의 수급사업자에 대한 대물변제를 원칙적으로 금지하였다. 다만 예외적으로 ① 원사업자가 발행한 어음 또는 수표가 부도로 되거나 은행과의 당좌거래가 정지 또는 금지된 경우 ② 원사업자에 대한 「채무자 회생 및 파산에 관한 법률」에 따른 파산신청, 회생절차개시 또는 간이회생절차개시의 신청이 있은 경우 ③ 그 밖에 원사업자가 하도급대금을 물품으로 지급할 수밖에 없다고 인정되는 대통령령으로 정하는 사유가 발생하고, 수급사업자의 요청이 있는 경우에는 대물변제가 허용될 수 있도록 하였다. 여기서 '그 밖에 원사업자가 하도급대금을 물품으로 지급할 수밖에 없다고 인정되는 대통령령으로 정하는 사유'란 「기업구조조정 촉진법」에 따라 금융채권자협의회가 원사업자에 대하여 공동관리절차 개시의 의결을 하고 그 절차가 진행 중인 경우를 말한다.

개정 하도급법은 원사업자와 수급사업자 간 사적자치의 원칙을 보장하고 기존에 판례 등에서 대물변제가 인정되어온 요건을 보다 명확하게 법률로 규정한 점에서는 의의가 있지만, 시행령 단계에서 대물변제가 허용되는 범위를 얼마든지 넓힐 수 있는 여지를 둔 점에서 수급사업자 보호에 취약하다는 비판이 제기되고 있다.

### 3. 대물변제의 절차

예외적으로 수급사업자에게 하도급대금을 대물변제 할 수 있는 경우라고 하더라도 원사업자는 대물변제를 하기 전에 소유권, 담보제공 등 물품의 권리·의무 관계를 확인할 수 있는 자료를 수급사업자에게 제시하여야 한다. 제시하여야 할 자료는 ① 대물변제의 용도로 지급하려는 물품이 관련 법령에 따라 권리·의무 관계에 관한 사항을 등기 등 공부(公簿)에 등록하여야 하는 물품인 경우에는 해당 공부의 등본(사본을 포함한다), ② 그 이외의 경우에는 해당 물품에 대한 권리·의무 관계를 적은 공정증서(「공증인법」에 따라 작성된 것을 말한다)가 있다.

자료를 제시하는 방법은 다음 각 호의 어느 하나에 해당하는 방법으로 한다. 이 경우 문서로 인쇄되지 아니한 형태로 자료를 제시하는 경우에는 문서의 형태로 인쇄가 가능하도록 하는 조치를 하여야 한다.

1. 문서로 인쇄된 자료 또는 그 자료를 전자적 파일 형태로 담은 자기디스크(자기테이프, 그 밖에 이와 비슷한 방법으로 그 내용을 기록·보관·출력할 수 있는 것을 포함한다)를 직접 또는 우편으로 전달하는 방법
2. 수급사업자의 전자우편 주소로 제1항에 따른 자료가 포함된 전자적 파일을 보내는 방법. 다만, 원사업자가 전자우편의 발송·도달 시간의 확인이 가능한 자동수신사실 통보장치를 갖춘 컴퓨터 등을 이용한 경우로 한정

한다.

원사업자는 위와 같은 자료를 제시한 후 대물변제를 하기 전에 법 제17조제2항에 따른 물품의 권리·의무 관계가 변경된 경우에는 그 변경된 내용이 반영된 제1항에 따른 자료를 제2항에 따른 방법으로 수급사업자에게 지체 없이 다시 제시하여야 한다.

원사업자는 자료를 제시한 후 지체 없이 다음 각 호의 사항을 적은 서면을 작성하여 수급사업자에게 내주고 원사업자와 수급사업자는 해당 서면을 보관하여야 한다.

1. 원사업자가 자료를 제시한 날
2. 자료의 주요 목차
3. 수급사업자가 자료를 제시받았다는 사실
4. 원사업자와 수급사업자의 상호명, 사업장 소재지 및 전화번호
5. 원사업자와 수급사업자의 서명 또는 기명날인

## Ⅲ. 추가 검토사항

공정거래위원회에서는 하도급법 제17조제1항 제3호에 따라 수급사업자의 요청 시 예외적으로 대물변제가 허용되는 사유를 규정하는 내용의 하도급법 시행령 개정(안)을 2017. 5. 25. 다음과 같이 입법예고하였다.

**하도급법 시행령 개정(안) 제9조의4(대물변제 인정사유)** 법 제17조제1항 단서 제3호에서 "그 밖에 원사업자가 하도급대금을 물품으로 지급할 수밖에 없다고 인정되는 대통령령으로 정하는 사유"란 다음 각 호의 어느 하나에 해당하는 경우를 말한다.

1. 발주자가 대물변제를 조건으로 공사 등을 발주하고 공사 등을 이행한 원사업자에게 대물변제가 이루어진 경우
2. 「기업구조조정 촉진법」에 따라 금융채권자협의회가 원사업자에 대해 공동관리절차의 개시의 의결을 하고 그 절차가 진행 중인 경우
3. 발주자의 지급정지·파산, 그 밖에 이와 유사한 사유가 있어 불가피하게 원사업자에게 대물변제가 이루어진 경우

그런데 이 중 제1호 및 제2호의 사유와 관련하여 ① 현재 공공발주 공사에서 발주자가 현물지급(토지) 조건부로 공사를 발주한 경우에도 원사업자가 하도급대금을 현금으로 지급하고 있는데 '제1호'가 도입될 경우 오히려 원사업자가 현금지급을 꺼리고 대물변제가 확대될 수 있는 여건이 마련될 수 있는 점, ② 원사업자는 전체공사에 있어 종합적인 계획·관리·조정의 역할을 주로하고 실제 도급공사의 대부분을 하도급하고 있어 현금이 크게 소요되지 않는 반면에, 수급사업자는 직접공사를 수행하기 위해 근로자 임금, 자재·장비대 선 투입 등으로 현금사용 비중이 높아 하도급대금을 대물로 지급하는 경우 수급사업자의 경영악화가 초래되는 점, ③ 발주자의 부도·파산 등에 따른 도급대금의 수령형태는 원사업자의 자의적 판단 하에 이루어지는 것으로서 그 책임과 손실은 당연히 원사업자가 부담하는 것이 원칙인데 발주자와 직접적인 계약당사자가 아닌 수급사업자에게 책임을 전가하는 것은 수급사업자의 권리를 부당하게 침해하는 점 등에서 발주자·원사업자간의 계약조건 또는 발주자의 사정에 따라 원사업자와 하수급인 간에 대물변제를 허용하도록 하는 것은 '사적자치의 원칙' 과 '과실책임의 원칙'에 위반되며 수급사업자의 지위를 보호하려는 입법취지를 심각하게 훼손하는 것이라는 의견이 제시된 바 있다.[152)]

하도급대금에 대한 대물변제의 '원칙적 금지, 예외적 허용'이라는 하도급법 제17조의 개정 취지에 비추어 볼 때 위 의견은 일응 타당한 측면이 있으므로 시행령 개정과 관련하여 신중한 검토가 요구된다고 하겠다.

152) 대한전문건설협회, 「하도급법 시행령 개정안 관련 전문건설업계 의견」, 2017. 6.

Chapter 05

# 원사업자의 일반적 금지 사항

## 제1절 부당한 경영간섭 금지

> 하도급법 제18조(부당한 경영간섭의 금지) 원사업자는 하도급거래량을 조절하는 방법 등을 이용하여 수급사업자의 경영에 간섭하여서는 아니 된다.

### Ⅰ. 의 의

원사업자는 하도급거래량을 조절하는 방법 등을 이용하여 수급사업자의 경영에 간섭하여서는 아니된다. 하도급거래에 있어서 원사업자는 수급사업자에 대하여 우월적 지위를 갖고 있으므로 이러한 지위를 이용하여 수급사업자의 경영활동의 자유를 침해하는 행위를 금지하기 위해 둔 규정이다. 본 조문의 표제는 '부당한' 경영간섭의 금지이지만, 시장의 지배와 경제력의 남용 방지를 경제이념으로 하는 현행 헌법[153] 하에서 독립적 경제주체인 원사업자와 수급사업자 사이에 경영간섭이 허용될 아무런 이유가 없으므로 거래상 지위를 이용하는 특별한 행위표지가 없더라도 경영간섭은 원칙적으로 부당한 것이고 원사업자가 경영간섭의 정당한 이유를 입증해야 하는 것으로 개정될 필요가 있어 보인다(원칙적 금지와 예외적 허용). 같은 취지에서 법 제17조 부당한 대물변제

153) 헌법 제119조 제2항 국가는 균형있는 국민경제의 성장 및 안정과 적정한 소득의 분배를 유지하고, 시장의 지배와 경제력의 남용을 방지하며, 경제주체간의 조화를 통한 경제의 민주화를 위하여 경제에 관한 규제와 조정을 할 수 있다.

의 금지규정이 개정되었음은 이미 설명한바 있다.

## Ⅱ. 부당성 판단기준

경영에 간섭한다는 것은 거래상대방의 임직원을 선임·해임함에 있어 자기의 지시 또는 승인을 받게 하거나 거래상대방의 생산품목·시설규모·생산비·거래내용을 제한함으로써 경영활동을 제한하는 행위를 말한다. 이러한 행위는 원사업자가 수급사업자로 하여금 자율적인 판단에 따라 임직원을 선임·해임하거나 경영활동을 할 수 없도록 하는 우월적 지위에 있어야 한다. 그러나 원사업자가 수급사업자의 능력부족으로 인한 인부동원, 자재구입 등이 지연되어 납기지연이 우려되는 경우 이를 알선해 주는 경우와 같이 외형상 수급사업자의 경영에 개입하더라도 수급사업자의 이익을 도모하기 위한 의도에서 행해지는 합리적인 범위내의 경영간섭은 하도급법상의 부당한 경영간섭에 해당하지 않는다.

하도급거래공정화지침은 원사업자가 수급사업자와 체결한 협약에 따라 협약체결 수급사업자에게 지원한 조건의 범위 내에서 협약체결 수급사업자로 하여금 협약체결 수급사업자의 수급사업자에게 지원하도록 하는 행위나 원사업자가 수급사업자와 체결한 협약에 따라 협약체결 수급사업자의 수급사업자에 대해 협약체결 수급사업자가 지원한 실적을 점검하는 행위를 부당한 경영간섭에 해당하지 않는 예로 들고 있다.[154)]

## Ⅲ. 부당한 경영간섭행위의 예시[155)]

하도급거래공정화지침에 의하면 다음과 같은 경우 부당한 경영간섭행위에 해당한다.

① 수급사업자가 임직원을 선임·해임함에 있어 자기의 지시 또는 승인을 얻

154) 하도급거래공정화지침 Ⅲ. 17. 나.
155) 하도급거래공정화지침 Ⅲ. 17. 가.

게 하거나 수급사업자의 의사에 반하여 특정인을 채용하게 하는 등의 방법으로 인사에 간섭하는 행위

② 수급사업자의 생산품목·시설규모 등을 제한하는 행위

③ 1차 수급사업자의 재 하도급거래에 개입하여 자신의 위탁한 목적물의 품질유지 및 납기 내 납품여부 등 하도급거래의 목적과 관계없이 2차수급사업자의 선정·계약조건설정 등 재 하도급거래내용을 제한하는 행위

④ 수급사업자가 정상적으로 공사를 시공 중에 있음에도 불구하고 수급사업자의 의사에 반하여 현장근로자를 동원하여 공사를 시공케 하는 행위

⑤ 수급사업자로 하여금 자신 또는 자신의 계열회사의 경쟁사업자와 거래하지 못하도록 하는 행위

⑥ 원사업자가 수급사업자의 의사에 반하여 수급사업자의 사업장에 출입하여 원가내역, 생산과정, 투입인력, 재료배합 등을 실사하는 행위. 다만, 건설위탁의 경우 원사업자가 공사 현장에 출입하는 행위는 이에 해당하지 아니한다.

## □ 심결례 및 판례

### 1. 심결례(원사업자의 재하도급대금 결정 사안)

(1) 납품단가 결정은 경영의 본질적인 사항이므로 제1차 수급사업자의 납품가격 결정권을 제한하여 원사업자가 제2차 사업자와 직접 결정한 단가대로 제1차 수급사업자의 재하도급대금을 결정하도록 한 행위는 제1차 수급사업자의 경영을 간섭한 행위이므로 부당한 경영간섭에 해당된다[156]**(공정거래위원회 2009. 1. 8. 의결 2008하개1671)**.

(2) 수급사업자는 원사업자와는 별개의 독립된 사업자이므로 재 하도급거래시 단가, 물량 등에 대하여 자율적으로 결정할 권한이 있음에도 피심인은 앞서의 〈그림 1〉과 〈표 3〉에서 보는 바와 같이 수급사업자의 재하도급 단가결정에 직접개입하고 있다. 이는 하도급 납품단가 결정이 경영의 본질적인 사항임을 감안 할 때 1차 수급사업자의 2차 수급사업자에 대한 자율적인 납품가격 결정권을 부당하게 제한하는 행위로써 부당한 경영간섭행위로 인정된다. 따라서 위 3. 나. 와 같이 제품에 대한 품질유지라는 본래의 활동범위를 넘어 수급사업자의 재하도급 거래내용을 간섭하는 피심인의 행위는 하도급법 제18조가 금지하는 부당한 경영간섭행위에 해당된다

(공정거래위원회 2009. 1. 20. 의결 2008하개2671).[157]

## 2. 판 례

### (1) 원사업자가 일방적으로 납품기간을 단축한 사안(부당한 경영간섭 긍정)

한국통신이 하수급업자에 대하여 일방적인 단기간의 납품기한을 설정하거나 하수급업자에게 아무런 귀책사유 없는 경우에도 부당한 지체상금을 부과한 것은 우월한 지위를 남용한 불공정행위[158]라고 판단(**대법원 1997. 8. 26. 선고 96누20 판결**).

### (2) 이용객의 유류선택권을 보장하기 위해 유류공급사를 도로공사가 지정하도록 한 사안(부당한 경영간섭 부정)

한국도로공사가 고속도로 이용객들의 유류선택권을 보장하기 위하여 하수급업자인 정유사를 안배할 필요성이 있어 유류공급 정유사를 도로공사가 지정하도록 하는 고속도로주유소 운영계약은 우월적 지위 남용으로서의 경영간섭에 해당하지 않는다(**대법원 2000. 10. 6. 선고 99다30817 판결**).

### (3) 원사업자가 품질유지라는 본래 목적을 넘어 수급사업자의 재하도급 거래내용 간섭행위를 인정한 사안

원고는 아래 〈표 13〉 및 〈표 14〉와 같이 수급사업자에게 승인원의 제출시 핵심기술자료를 제공하도록 요구하고, 수급사업자에게 재하도급업자 관리를 위한 인력을 별도로 운영토록 요구하였으며 재하도급업자 선정시는 물론이고 작업자가 변경되는 경우에도 원고로부터 승인을 받도록 하면서 그 실적이 부진할 경우 물량감축 등의 불이익을 주면서 수급관리자를 관리하였다. 원고가 동▽▽엔피에 그 승인원(갑 제20호증)을 요청한 제품인 휴대용 충전기는 수급사업자인 동▽▽엔피가 자체적으로 개발하여 원고에게 납품하는 ODM(Original Design Manufacturing) 제품으로서 다른 부품에 비해 그 구조나 동작원리가 비교적 간단한 것으로 보이는데도 그 승인원에는 회로도, 부품의 종류와 구체적인 기능, 동작원리뿐만 아니라 원자재 구매처 및 제조공정 등 구체적인 조립방법까지 나타나 있는 점, 원고가 2004년 8월경 마련한 '04년 2차 벤더 관리 방안'(갑 제21호증)에는 협력업체 자체 판단에 따른 2차 벤더의 변경을 금지하고 협력업체로 하여금 2차 벤더 관리 전담 인력을 선정하여 운용하도록 하며 위 인력으로 하여금 2차 벤더를 정기적으로 방문하여 그 결과를 원고에게 월 1회 제출하도록 한 점, 원고가 2004년 11월경 마련한 '2차 벤더 관리기준'(갑 제22호증)에서는 변경점 신고의 경우 반드시 구매부서를 창구로 하여 승인하도록 하고 규정 미준수 업체는 1차 경고 조치 후 재발시 거래축소 등의 조치를 취하여 협력업체로 하여금 2차 벤더 관리 담당 인력을 선정하게 하고 위 인력의 주요 역할까지 구체적으로 기재되어 있는 점, 2004년 12월 위 기준은 내부결재가 이루어져 2005. 1. 11. 내지 1. 13.까지 사이에 사내 전자우편을 통해 전사에 배포된 점, 원고가 제출한 '총괄별 2次 Vender 관리 세부현황'(갑 제21호증)에 '2차 Vender 현황을 별도로 File로 관리하고 있으며, 분기별로 Up-date 실시함'이라고 기재되어 있는 점, 원고는 2005. 1. 17.에도 위 2차 벤더 관리 기준과 유사한 내용을 가진 '2차 벤더 관리 방안'(을 제30호증)을 마련하기도 한 점 등에 비추어 보면, 원고의 행위는 품질유지라는 본래의 목적을 넘어 수급사업자의 재하도급 거래내용을 간섭한 행위로서 법 제18조가 금지하는 부당한 경영간섭행위에 해당된다(**서울고등법원 2009. 11. 12. 선고 2008누11237 판결**).

## 제 2 절 보복조치 및 탈법행위의 금지

### Ⅰ. 보복조치의 금지

하도급법 제19조(보복조치의 금지) 원사업자는 수급사업자 또는 조합[159]이 다음 각 호의 어느 하나에 해당하는 행위를 한 것을 이유로 그 수급사업자에 대하여 수주기회(受注機會)를 제한하거나 거래의 정지, 그 밖에 불이익을 주는 행위를 하여서는 아니 된다.

1. 원사업자가 이 법을 위반하였음을 관계 기관 등에 신고한 행위
2. 제16조의2제1항 또는 제2항의 원사업자에 대한 하도급대금의 조정신청 또는 같은 조 제8항의 하도급분쟁조정협의회에 대한 조정신청
3. 제22조의2제2항에 따라 하도급거래 서면실태조사를 위하여 공정거래위원회가 요구한 자료를 제출한 행위

---

156) 원사업자가 수급사업자에 대한 하도급대금을 부당하게 결정한 경우 하도급법 제4조가 적용되나, 원사업자가 제1차 수급사업자의 제2차 수급사업자에 대한 재하도급대금을 부당하게 결정한 경우에는 하도급법 제4조가 아닌 본 조가 적용된다.

157) 위 사안은 피심인이 수급사업자에게 특별한 귀책사유가 없음에도 불구하고 실 납품수량 대비 5%를 무상으로 추가 납품하도록 한 것은 정당한 사유없이 수급사업자로 하여금 피심인에게 경제적 이익이 제공되도록 한 행위로써 하도급법 제12조의2 규정을 위반한 불공정하도급거래행위에도 해당된다고 보았다.

158) 하도급법위반이 아닌 공정거래법위반 사안이나 부당한 경영간섭에 해당한다고 할 수 있을 것이다

### 1. 의 의

원사업자는 수급사업자 또는 중소기업협동조합[160]이 원사업자의 하도급법 위반에 관하여 관계기관 등에 신고한 것을 이유로 당해 수급사업자에 대하여 수주기회를 제한하거나 거래의 정지 기타 불이익을 주는 행위를 하여서는 아니 된다. 보복조치의 금지는 수급사업자가 원사업자로부터 불이익을 당했을 때 제도적으로 구제를 받기 위한 전제조건이다. 만약 원사업자로부터 신고를 하거나 조사에 협조하였다는 이유로 더 큰 불이익을 당한다면 보복이 두려워 누구도 신고를 하지 않을 것이며 불법적인 하도급 관행은 이 사회에서 사라지지 않을 것이다.

### 2. 보복조치

위 조문은 보복조치의 행위로 수급사업자에게 수주기회를 제한하거나 거래의 정지, 그 밖에 불이익을 주는 행위를 열거하고 있다. 하도급공거래공정화지침은 그 밖에 불이익을 주는 행위를 아래와 같이 예시하고 있다.[161]

① 원사업자가 기존의 생산계획 등에 따라 생산을 하여야 하는 상황이거나 발주자로부터 향후 확보할 수 있는 예상물량이 충분함에도 불구하고 법 제19조 각 호의 신고, 조정신청, 조사협조를 한 수급사업자에 대해 정당한 사유 없이 기존 하도급거래상의 물량과 비교하여 발주물량을 축소하여 불이익을 주는 행위

② 법 제19조 각 호의 신고, 조정신청, 조사협조를 한 수급사업자에 대해 원사업자가 정당한 사유 없이 그간 지급·제공하던 원재료, 자재 등의 공급

---

159) 법 제16조의2 제2항에 의하면 “조합”이란 「중소기업협동조합법」 제3조 제1항 제1호 또는 제2호에 따른 중소기업협동조합을 말한다.

160) 민변은 이전부터 본 조문의 실효성을 보장하기 위해 중소기업협동조합 등이 수급사업자로부터 위임을 받아 신고를 하거나 소송을 수행할 수 있는 임의적 소송담당제도를 도입해야 한다고 주장한바 있다. 개정법은 이를 일부 수용하여 중소기업협동조합을 신고주체로 명시하고 있으나 임의적 소송담당제도를 두고 있지는 않다.

161) 하도급거래공정화지침, Ⅲ. 17-1 가.

을 중단하거나 회수하는 등의 방법으로 수급사업자의 사업활동을 곤란하게 하는 행위

③ 원사업자가 동종업계 다른 원사업자들로 하여금 법 제19조 각 호의 신고, 조정신청, 조사협조를 한 수급사업자를 대상으로 거래정지, 수주기회 제한, 위 (1), (2)의 행위를 하도록 하는 행위

④ 기타 합리성·객관성이 결여되거나 일반적인 거래관행상 통용되지 않는 수단·방법을 활용해 법 제19조 각 호의 신고, 조정신청, 조사협조를 한 수급사업자에 대해 불이익을 주는 행위

## 3. 보복조치의 판단기준[162)]

수급사업자의 법 제19조 각호의 신고, 조정신청, 조사협조와 원사업자의 해당 수급사업자에 대한 수주기회 제한, 거래정지, 그 밖의 불이익을 주는 행위 간에 인과관계가 있는지 여부는 해당 수급사업자가 신고, 조정신청 등을 한 시점과 원사업자의 수주기회 제한 등의 행위가 발생한 시점간의 격차, 해당 수급사업자를 제외한 동종업계 다른 수급사업자들과 그 원사업자간의 거래내용 및 상황, 해당 수급사업자와 그 원사업자간의 거래이력, 발주자의 발주물량 축소 등의 거래여건의 변화 등 행위 당시의 구체적인 사정을 고려하여 개별적으로 판단한다.

## 4. 법위반의 효과

원사업자가 본 규정에 위반한 경우 시정조치(법 제25조), 하도급대금의 2배를 초과하지 않는 범위 내 과징금부과(법 제25조의3),[163)] 3억원 이하의 벌금(법 제30조 제2항 제1호)에 처해질 수 있다. 또한 원사업자가 대통령령으로 정하는 벌점

162) 하도급거래공정화지침, Ⅲ. 17-1 나.

163) 본 조문은 하도급법 전체의 실효성을 담보하는 것이므로 위반의 효과로서 원사업자에 대한 과징금 부과처분뿐 아니라 징벌적 손해배상을 강제함으로써 강력히 제재할 필요가 있다고 본다. 20대국회에서 발의된 하도급법 개정안 중에는 이와 같은 취지로 법 제35조를 개정하는 안이 있다.

을 초과하는 경우 공정거래위원회는 관계 행정기관의 장에게 입찰참가자격의 제한, 「건설산업기본법」 제82조 제1항 제7호에 따른 영업정지, 그 밖에 하도급거래의 공정화를 위하여 필요한 조치를 취할 것을 요청하여야 하는데(법 제26조 제2항), 동법 시행령은 원사업자의 벌점이 5점 이상인 경우 입찰참가자격을 제한하고 있다(법 시행령 제17조 제2항 제1호). 시행령에 의할 때 원사업자가 하도급법 위반행위로 고발당한 경우의 벌점은 3점이나 본 규정을 위반한 경우는 특별히 벌점을 5.1점으로 정하고 있다(법 시행령 별표3 2. 가. 7)).

〈예시〉
S사는 하도급업체의 신고로 공정거래위원회로부터 시정조치를 받게 되자, 1개월 후에 공정거래위원회에 신고를 한 하도급업체의 신용등급을 A등급에서 B등급으로 하향조정하였다.
S사가 합리적인 이유없이 공정거래위원회원에 신고를 했다는 이유로 수급사업자를 협력업체에서 배제하거나 신용등급을 하향조정하는 등의 불이익을 가한다면 이는 하도급법이 금지하는 보복조치에 해당한다고 보아야 할 것이다.

## Ⅱ. 탈법행위의 금지

**하도급법 제20조(탈법행위의 금지)** 원사업자는 하도급거래(제13조 제11항[164])이 적용되는 거래를 포함한다)와 관련하여 우회적인 방법에 의하여 실질적으로 이 법의 적용을 피하려는 행위를 하여서는 아니 된다.

### 1. 의 의

원사업자는 하도급거래와 관련하여 우회적인 방법에 의하여 실질적으로

164) 제1항부터 제10항까지의 규정은 「중견기업 성장촉진 및 경쟁력 강화에 관한 특별법」 제2조제1호에 따른 중견기업으로 연간매출액이 대통령령으로 정하는 금액(제1호의 회사와 거래하는 경우에는 3천억원으로 한다) 미만인 중견기업이 다음 각 호의 어느 하나에 해당하는 자로부터 제조 등의 위탁을 받은 경우에도 적용한다.

이 법의 적용을 면탈하려는 행위를 하여서는 아니 된다. 원사업자가 우회적인 방법을 통해 위반행위를 하게 되는 경우에도 아무런 제재조치가 없다면 하도급법의 목적달성은 불가능하게 된다. 공정거래위원회는 탈법행위를 하도급법의 위반 의도가 가장 강한 행위중의 하나로 보고 회사의 경우 법인뿐만 아니라 행위책임자인 개인에 대해서도 고발 등의 조치를 하여 엄격하게 대응하고 있다.

## 2. 탈법행위의 예시[165)]

① 공정거래위원회의 시정조치에 따라 하도급대금 등을 수급사업자에게 지급한 후 이를 회수하거나 납품대금에서 공제하는 등의 방법으로 환수하는 행위

② 어음할인료·지연이자 등을 수급사업자에게 지급한 후 이에 상응하는 금액만큼 일률적으로 단가를 인하하는 행위

③ 수급사업자에게 선급금 포기각서 제출을 강요한 후 선급금을 지급하지 않는 행위(신설 : 2010.7.23)

## 3. 법위반의 효과

(1) 원사업자가 본 규정에 위반한 경우 시정조치(법 제25조), 하도급대금의 2배를 초과하지 않는 범위 내 과징금부과(법 제25조의3),[166)] 1억5천만원 이하의 벌금(법 제30조 제2항 제2호)에 처해질 수 있다.

(2) 대법원은 "하도급법 제20조는 '원사업자는 하도급거래와 관련하여 우회적인 방법에 의하여 실질적으로 이 법의 적용을 면탈하려는 행위를 하여서는 아니된다.'라고 규정하고 있으나, 하도급법은 그 조항에 위반된 도급 또는 하도급약정의 효력에 관하여는 아무런 규정을 두지 않는 반면

---

165) 하도급거래공정화지침, Ⅲ. 18.

166) 본 조문은 하도급법 전체의 실효성을 담보하는 것이므로 위반의 효과로서 원사업자에 대한 과징금 부과처분에 더해 징벌적 손해배상제도를 도입하여 강력히 제재할 필요가 있다고 본다. 20대국회에서 발의된 하도급법 개정안 중에는 이와 같은 취지로 법 제35조를 개정하는 안이 있다.

위의 조항을 위반한 원사업자를 벌금형에 처하도록 하면서 그 조항 위반 행위 중 일정한 경우만을 공정거래위원회에서 조사하게 하여 그 위원회로 하여금 그 결과에 따라 원사업자에게 시정조치를 명하거나 과징금을 부과하도록 규정하고 있을 뿐이어서 그 조항은 그에 위배한 원사업자와 수급사업자간의 계약의 사법상의 효력을 부인하는 조항이라고 볼 것은 아니다."라고 판시하고 있다.[167)]

(3) 하지만 하도급법에 위반되는 약정의 사법상 효력을 인정할 경우 열악한 지위에 있는 수급사업자를 보호하기 위한 하도급법의 취지는 사라지게 될 것이므로 하도급법 규정은 경제적 약자를 보호하기 위한 효력규정으로 보아야 할 것이다. 아래에서 보는 바와 같이 최근 서울고등법원은 하도급법 제20조를 효력규정으로 보고 "특채약정"이 탈법행위에 해당하여 무효라고 판시한 바 있다.

## ❑ 심결례 및 판례

### 1. 심결례

**(1) 어음할인료를 다시 회수한 사안(탈법행위 긍정)**

원사업자가 어음할인료 미지급행위가 적발되자 자진하여 수급사업자에게 어음할인료를 지급하였다가 그 후 다시 어음할인료를 현금으로 회수하였고, 어음할인료 회수 사실이 드러나자 다시 수급사업자에게 현금으로 돌려준 행위(**공정거래위원회 2008. 1. 25. 의결 2007부사2639)**

**(2) 하도급대금을 지불한 후 우회적인 방법으로 이를 다시 회수한 사안(탈법행위 긍정)**

원사업자가 하도급법 위반으로 조사를 받던 중 하도급대금을 수급사업자에게 지급하여 공정거래위원회로부터 단순 경고조치를 받은 후 원자재 공급량을 정산서에 과다계상하는 방법으로 이미 지급하였던 하도급대금을 회수한 행위(**공정거래위원회 2004. 1. 19. 의결 2003구사0865)**

**(3) 원사업자가 발주자로부터 공사대금을 전액 현금으로 지급받았음에도 불구하고 수급사업자에게 하도급대금 전액을 어음으로 지급한 사안(탈법행위 긍정)**

---

167) 대법원 2003. 5. 16. 선고 2001다27470 판결, 대법원 2000. 7. 28. 선고 2000다20434 판결.

이러한 행위는 법 제13조 제4항에 위반된다. 원사업자가 법 제13조 제4항 위반을 피하려 우외적인 방법으로 사용하여 현금결제비율을 유지하는 것처럼 보이도록 공사대금을 전액 수급사업자의 통장에 입금하였다가 이를 수표로 찾았다면 법 제20조가 금지하는 탈법행위에 해당한다(**공정거래위원회 2011. 10. 5. 의결 2011하개0866**).

**(4) 원사업자가 서면실태조사에 따라 적발된 하도급대금 등을 지급한 후 다시 물품대금에서 공제하는 방법으로 환수한 사안(탈법행위 긍정)**

위 2. 가.의 행위사실과 같이, 피심인 회사는 위원회의 시정조치 및 하도급거래 서면실태조사에 따라 적발된 하도급대금의 어음할인료 및 지연이자를 지급하였으나, 그 이후 수급사업자에게 지급한 어음할인료 및 지연이자를 물품대금에서 공제하는 방법으로 다시 환수한 행위는, 결과적으로 하도급거래와 관련하여 우회적인 방법으로 위원회의 시정조치를 이행하지 아니하여 실질적으로 이 법 적용을 피하려는 탈법행위에 해당되는 바, 당시 피심인은 하도급업무를 담당하는 피심인 회사의 자재팀 직원들로 하여금 수급사업자에게 지급한 어음할인료 및 지연이자를 물품대금에서 공제하는 방법으로 환수하도록 독려하고, 직접 환수에 참여하여 이 사건 법 위반행위를 주도한 바가 있다. 따라서 피심인 회사의 위 행위는 하도급법 제20조의 규정에 위반되는 불공정 하도급거래행위에 해당된다(**공정거래위원회 2011. 3. 28. 의결 2010부사2480**).

**2. 판 례**

특채약정이 탈법행위에 해당한다는 사안(**서울고등법원 2008. 10. 24. 선고 2007나125538 판결**)

서울고등법원은 원사업자가 수급업자로부터 가스켓을 납품받으면서 제품에 즉시 발견할 수 없는 하자가 있을 경우를 대비하여 수급업자와 사이에 가스켓에 하자가 있는 것이 발견되면 납품일로부터 10일 이상이 경과한 후에도 반품할 수 있도록 하는 '특채약정'은 하도급법 제9조 제2항(검사결과 통지의무), 제10조(부당반품금지)의 규정을 면탈하기 위한 것에 해당하여 무효라고 판시했다.

---

〈예시〉

갑 회사가 하도급대금 지연이자 2천만원을 미지급한 사실로 공정거래위원회에 의해 조사를 받게 되자, 사실은 수급사업자에게 1달 후에 지연이자를 지급한다는 지불각서를 작성해 주고는 수급사업자로 하여금 갑 회사로부터 지연이자를 지급받았다는 취지의 입증서류를 공정거래위원회에 제출하도록 하였다.

갑회사가 수급사업자로 하여금 지연이자를 지급받은 것처럼 형식적인 증빙서류를 제출하도록 한 것은 지급의무를 면탈한 탈법행위에 해당한다고 할 것이다.

# 제 3 절 수급사업자의 준수사항

하도급법 제21조(수급사업자의 준수사항) ① 수급사업자는 원사업자로부터 제조 등의 위탁을 받은 경우에는 그 위탁의 내용을 신의(信義)에 따라 성실하게 이행하여야 한다.
② 수급사업자는 원사업자가 이 법을 위반하는 행위를 하는 데에 협조하여서는 아니 된다.
③ 수급사업자는 이 법에 따른 신고를 한 경우에는 증거서류 등을 공정거래위원회에 지체 없이 제출하여야 한다.

하도급법은 원사업자와 수급사업자가 대등한 지위에서 상호보완하여 균형있게 발전할 수 있도록 하는 것을 목적으로 하고 있는 바, 경제적 우위에 있는 원사업자를 규제하여 수급사업자를 보호하는 것을 주 내용으로 하고 있다. 하지만 원사업자를 규제한다고 하여 수급사업자의 일반적인 의무가 소홀히 되어서는 아니되므로 주의규정으로서 이와 같은 수급사업자의 준수의무를 규정하고 있다.

수급사업자는 하도급계약의 당사자 중 일방으로서 계약의 일반 원칙인 신의칙에 따른 의무를 부담하며, 하도급법 제21조 제1항은 이를 다시 확인하고 있다. 다만 하도급법은 수급사업자의 신의성실의무 위반에 대한 규제를 따로 규정하고 있지는 않으므로, 이에 대해서는 일반 민법상 원칙에 따르게 된다.

하도급법에 따른 공정한 하도급거래가 정착되기 위해서는 원사업자 뿐만 아니라 수급사업자 역시 본 법이 제대로 시행될 수 있도록 노력하여야 하고, 이에 탈법적 거래관행 또는 원사업자의 요구에 따른 탈법행위에 협조해서는 안될 것이다. 법이 존재하더라도 제대로 지켜지지 않으면 사실상 규범력을 상실하게 되고 원사업자를 규제하려는 본 법의 취지가 퇴색될 것이다. 실제 거래에 있어서 원사업자의 요구를 거부하는 것은 쉬운 일이 아니지만 수급사업자로서는 자신의 이득만을 위해서가 아니라 올바른 거래관행의 정착을 위해 원사업자의 본 법 위반행위에 협조해서는 안 될 의무를 지고 있다.

또한 공정거래위원회가 수급사업자가 확보한 증거 없이 원사업자의 본 법 위반행위를 조사하는 것은 사실상 대단히 어렵다고 할 수 있다. 따라서 수급사업자는 공정거래위원회에 증거서류를 지체 없이 제출하여 증거의 인멸이나 위변조를 방지할 수 있도록 협조할 필요가 있다.

Chapter 06

# 하도급거래의 공정성 확보 수단

## 제1절 위반행위의 신고 및 조사 등

하도급법 제22조(위반행위의 신고 등) ① 누구든지 이 법에 위반되는 사실이 있다고 인정할 때에는 그 사실을 공정거래위원회에 신고할 수 있다. 이 경우 공정거래위원회는 대통령령으로 정하는 바에 따라 신고자가 동의한 경우에는 원사업자에게 신고가 접수된 사실을 통지하여야 한다. <개정 2016.3.29.>
② 공정거래위원회는 제1항 전단에 따른 신고가 있거나 이 법에 위반되는 사실이 있다고 인정할 때에는 필요한 조사를 할 수 있다. <개정 2016.3.29.>
③ 제1항 후단에 따라 공정거래위원회가 원사업자에게 통지한 때에는 「민법」 제174조에 따른 최고(催告)가 있은 것으로 본다. 다만, 신고된 사실이 이 법의 적용대상이 아니거나 제23조제1항 본문에 따른 조사대상 거래의 제한 기한을 경과하여 공정거래위원회가 심의절차를 진행하지 아니하기로 한 경우, 신고된 사실에 대하여 공정거래위원회가 무혐의로 조치한 경우 또는 신고인이 신고를 취하한 경우에는 그러하지 아니하다. <개정 2016.3.29.>
④ 공정거래위원회는 다음 각 호의 구분에 따른 기간이 경과한 경우에는 이 법 위반행위에 대하여 제25조제1항에 따른 시정조치를 명하거나 제25조의3에 따른 과징금을 부과하지 아니한다. 다만, 법원의 판결에 따라 시정조치 또는 과징금 부과처분이 취소된 경우로서 그 판결이유에 따라 새로운 처분을 하는 경우에는 그러하지 아니하다. <신설 2015.7.24., 2016.3.29.>
1. 공정거래위원회가 이 법 위반행위에 대하여 제1항 전단에 따른 신고를 받고 제2항에 따라 조사를 개시한 경우: 신고일부터 3년
2. 제1호 외의 경우로서 공정거래위원회가 이 법 위반행위에 대하여제2항에 따라 조사를 개시한 경우: 조사개시일부터 3년

⑤ 공정거래위원회는 제4조, 제8조제1항, 제10조, 제11조제1항·제2항 또는 제12조의3제3항을 위반한 행위를 신고하거나 제보하고 그 위반행위를 입증할 수 있는 증거자료를 제출한 자에게 예산의 범위에서 포상금을 지급할 수 있

다. <신설 2015.7.24.>
⑥ 제5항에 따른 포상금 지급대상자의 범위 및 포상금 지급의 기준·절차 등에 필요한 사항은 대통령령으로 정한다. <신설 2015.7.24.>
⑦ 공정거래위원회는 제5항에 따라 포상금을 지급한 후 다음 각 호의 어느 하나에 해당하는 사실이 발견된 경우에는 해당 포상금을 지급받은 자에게 반환할 금액을 통지하여야 하고, 해당 포상금을 지급받은 자는 그 통지를 받은 날부터 30일 이내에 이를 납부하여야 한다. <신설 2015.7.24.>
1. 위법 또는 부당한 방법의 증거수집, 거짓신고, 거짓진술, 증거위조 등 부정한 방법으로 포상금을 지급받은 경우
2. 동일한 원인으로 다른 법령에 따라 포상금 등을 지급받은 경우
3. 그 밖에 착오 등의 사유로 포상금이 잘못 지급된 경우
⑧ 공정거래위원회는 제7항에 따라 포상금을 반환하여야 할 자가 납부 기한까지 그 금액을 납부하지 아니한 때에는 국세 체납처분의 예에 따라 징수할 수 있다. <신설 2015.7.24.>
[전문개정 2009.4.1.]

## Ⅰ. 의 의

누구든지 하도급법 위반사실을 알게 되는 경우 공정거래위원회에 신고할 수 있다. 즉, 수급사업자가 아닌 제3자도 하도급거래에서의 부당한 행위를 알게 되는 경우 공정거래위원회에 신고할 수 있다. 공정거래위원회는 신고자의 신고에 의하여 또는 직권으로 필요한 조사를 할 수 있다. 공정거래위원회는 신고나 제보를 하고 입증자료를 제출한 자에게 포상금을 지급할 수 있다. 또한, 신고자의 신고가 일정한 요건을 갖춘 경우에는 민법상 최고의 효력이 주어진다.

## Ⅱ. 신고의 효력

### 1. 공정거래위원회의 조사개시[168)]

공정거래위원회는 신고자의 신고가 있는 때에는 필요한 조사를 할 수 있다. 여기에서 말하는 신고는 공정거래위원회에 대하여 같은 법에 위반되는 사

168) 공정거래위원회의 구체적인 조사절차는 제1편 제2장 제3절 사건처리절차 참조.

실에 관한 조사의 직권발동을 촉구하는 것에 불과하고 신고인에게 그 신고 내용에 따른 적당한 조치를 취하여 줄 것을 요구할 수 있는 구체적인 청구권까지 있다고 할 수는 없다는 것이 대법원의 입장이다.[169] 따라서, 공정거래위원회가 신고 내용에 따른 조치를 취하지 아니하고 이를 거부하는 취지로 무혐의 또는 각하 처리한다는 내용의 회시를 하였다 하더라도 이는 그 신고인의 권리의무에 아무런 영향을 미치지 아니하는 것이어서 그러한 조치를 가리켜 항고소송의 대상이 되는 행정처분에 해당한다고는 할 수 없다.

## 2. 민법상 최고의 효력

(1) 공정거래위원회는 하도급법 시행령[170]으로 정하는 바에 따라 신고자가 동의한 경우에는 원사업자에게 신고가 접수된 사실을 통지하여야 하고, 공정거래위원회가 원사업자에게 통지한 때에는 「민법」 제174조에 따른 최고(催告)가 있은 것으로 본다. 최고는 6월내에 재판상의 청구, 파산절차참가, 화해를 위한 소환, 임의출석, 압류 또는 가압류, 가처분을 하지 아니하면 시효중단의 효력이 없다. 따라서 위와 같은 후속조치를 취함이 없이 신고만 한 경우에는 소멸시효가 중단되지 않음을 유의하여야 한다.

(2) 신고가 다음에 해당하는 경우에는 위와 같은 민법상 최고의 효력이 주어지지 않는다.

① 신고된 사실이 이 법의 적용대상이 아니거나 제23조제1항 본문에 따른

169) 대법원 2000. 4. 11. 선고 98두5682 판결.

170) **시행령 제10조(위반행위의 신고 및 통지)** ② 공정거래위원회는 법 제22조제1항 전단에 따른 신고를 접수한 날부터 15일 이내에 신고자가 다음 각 호의 동의를 하는지 여부를 확인하기 위한 서면을 신고자에게 직접 발급하거나 우편(전자우편을 포함한다)을 통하여 송부하여야 한다. <개정 2016.1.22., 2016.7.19.>
1. 신고가 접수된 사실을 공정거래위원회가 원사업자에게 통지하는 것에 대한 동의
2. 제1호의 통지를 하는 경우 신고자 및 신고내용도 함께 통지하는 것에 대한 동의
③ 신고자가 제2항 각 호 외의 부분에 따른 공정거래위원회의 서면을 발급받거나 우편(전자우편을 포함한다)을 통하여 송부받은 날부터 15일 이내에 공정거래위원회에 동의한다는 사실을 서면으로 통지하지 아니한 경우에는 제2항에 따른 동의를 하지 아니한 것으로 본다. <개정 2016.7.19.>

조사대상 거래의 제한 기한(거래가 끝난 날부터 3년)을 경과하여 공정거래위원회가 심의절차를 진행하지 아니하기로 한 경우[171)]

② 신고된 사실에 대하여 공정거래위원회가 무혐의로 조치한 경우

③ 신고인이 신고를 취하한 경우

## 3. 포상금의 지급

(1) 공정거래위원회는 제4조(부당한 하도급대금의 결정 금지), 제8조제1항(부당한 위탁취소의 금지), 제10조(부당반품의 금지), 제11조제1항·제2항(감액금지) 또는 제12조의3제3항(기술자료 제공 유용 금지)을 위반한 행위를 신고하거나 제보하고 그 위반행위를 입증할 수 있는 증거자료를 제출한 자에게 예산의 범위에서 포상금을 지급할 수 있다. 신고포상금의 지급에 관한 세부기준, 지급절차, 신고포상금심의위원회의 설치 및 운영에 관한 사항, 기타 필요한 사항은 공정거래위원회 고시(공정거래법 등 위반행위 신고자에 대한 포상금 지급에 관한 규정)에 규정되어 있다.

(2) 포상금 지급대상자는 같은 항에서 규정한 법 위반행위를 신고하거나 제보하고 법 위반행위를 입증할 수 있는 증거자료를 최초로 제출한 자로 한다(법 시행령 제10조의2 제1항). 다만, 아래와 같은 자는 포상금 지급대상자에서 제외한다(법 시행령 제10조의2 제2항).

1. 해당 법 위반행위를 한 원사업자
2. 제1호에 따른 원사업자의 임직원으로서 그 법 위반행위에 관여한 임직원
3. 해당 법 위반행위에 따라 피해를 입은 수급사업자
4. 제3호에 따른 수급사업자의 임직원

171) 이와 관련해 법 제23조 제1항 단서는 “다만, 거래가 끝난 날부터 3년 이내에 신고 되거나 제24조의4 제1항 제1호 또는 제2호의 분쟁당사자에 의하여 분쟁조정이 요청된 하도급거래의 경우에는 거래가 끝난 날부터 3년이 지난 경우에도 조사를 개시할 수 있다.” 라고 규정하고 있으므로 거래가 끝난 날부터 3년을 경과한 경우에도 공정거래위원회가 심의절차를 진행하기로 한 경우에는 최고의 효력이 주어져야 하는 것으로 해석된다.

## Ⅲ. 조사대상의 제한

> 하도급법 제23조(조사대상 거래의 제한) ①제22조제2항에 따라 공정거래위원회의 조사개시 대상이 되는 하도급거래(제13조제11항이 적용되는 거래를 포함한다. 이하 이 조에서 같다)는 그 거래가 끝난 날부터 3년이 지나지 아니한 것으로 한정한다. 다만, 거래가 끝난 날부터 3년 이내에 신고되거나 제24조의4제1항제1호 또는 제2호의 분쟁당사자에 의하여 분쟁조정이 요청된 하도급거래의 경우에는 거래가 끝난 날부터 3년이 지난 경우에도 조사를 개시할 수 있다. <개정 2010.1.25., 2015.7.24.>
> ② 제1항에서 “거래가 끝난 날”이란 제조위탁·수리위탁 및 용역위탁 중 지식·정보성과물의 작성위탁의 경우에는 수급사업자가 원사업자에게 위탁받은 목적물을 납품 또는 인도한 날을, 용역위탁 중 역무의 공급위탁의 경우에는 원사업자가 수급사업자에게 위탁한 역무공급을 완료한 날을 말하며, 건설위탁의 경우에는 원사업자가 수급사업자에게 건설위탁한 공사가 완공된 날을 말한다. 다만, 하도급계약이 중도에 해지되거나 하도급거래가 중지된 경우에는 해지 또는 중지된 날을 말한다. <신설 2010.1.25.>
> [전문개정 2009.4.1.]

공정거래위원회에 하도급법 위반행위의 신고(법 제22조)로 조사개시대상이 되는 하도급거래는 그 거래가 종료된 날로부터 3년이 지나지 않은 것에 한한다. 다만, 거래가 종료된 날로부터 3년 이내에 신고되거나 원사업자 또는 수급사업자가 분쟁조정을 요청한 하도급거래는 거래가 종료된 날로부터 3년이 경과한 경우에도 조사를 개시할 수 있도록 하고 있다.[172)]

## Ⅳ. 하도급거래 서면실태 조사

> 하도급법 제22조의2(하도급거래 서면실태조사) ① 공정거래위원회는 공정한 하도급거래질서 확립을 위하여 하도급거래에 관한 서면실태조사를 실시하여 그

172) 그러나 2017. 8. 기준으로 공정위(서울 건설하도급 및 제조하도급에 한정)가 거래가 끝난 날부터 3년 이내에 신고 및 조정 신청된 거래임을 이유로 거래가 끝난 날부터 3년이 경과하여 조사를 개시한 건은 없다.

> 조사결과를 공표하여야 한다. <개정 2011.3.29.>
> ② 공정거래위원회는 제1항에 따른 서면실태조사를 실시하려는 경우에는 조사대상자의 범위, 조사기간, 조사내용, 조사방법 및 조사절차, 조사결과 공표범위 등에 관한 계획을 수립하여야 하고, 조사대상자에게 하도급거래 실태 등 조사에 필요한 자료의 제출을 요구할 수 있다. <개정 2011.3.29.>
> ③ 공정거래위원회는 제2항에 따라 자료의 제출을 요구하는 경우에는 조사대상자에게 자료의 범위와 내용, 요구사유, 제출기한 등을 명시하여 서면으로 통지하여야 한다.
> [본조신설 2010.1.25.]

공정위는 하도급거래가 공정하게 이루어지는지 감독하기 위해 매년 하도급법 제22조의2에 의거, 5,000개의 원사업자와 9만5천개의 수급사업자를 대상으로 서면실태조사를 실시하고 그 결과를 발표하고 있으며, 서면실태조사를 토대로 법위반 혐의가 있는 경우에는 현장 직권조사를 실시하고 있다.

## 제 2 절 하도급분쟁조정협의회

### Ⅰ. 하도급분쟁조정협의회의 설치

> **하도급법 제24조(하도급분쟁조정협의회의 설치 및 구성 등)** ①「독점규제 및 공정거래에 관한 법률」 제48조의2에 따른 한국공정거래조정원(이하 "조정원"이라 한다)은 하도급분쟁조정협의회(이하 "협의회"라 한다)를 설치하여야 한다. <개정 2011.3.29., 2015.7.24.>
> ② 사업자단체는 공정거래위원회의 승인을 받아 협의회를 설치할 수 있다. <신설 2015.7.24.>
> ③ 조정원에 설치하는 협의회는 위원장 1명을 포함하여 9명 이내의 위원으로 구성하되 공익을 대표하는 위원, 원사업자를 대표하는 위원과 수급사업자를 대표하는 위원이 각각 같은 수가 되도록 하고, 사업자단체에 설치하는 협의회의 위원의 수는 공정거래위원회의 승인을 받아 해당 협의회가 정한다. <개정 2015.7.24.>
> ④ 조정원에 설치하는 협의회의 위원장은 공익을 대표하는 위원 중에서 협의

회가 선출하고, 사업자단체에 설치하는 협의회의 위원장은 위원 중에서 협의회가 선출한다. 협의회에서 선출된 위원장은 해당 협의회를 대표한다. <개정 2015.7.24.>
⑤ 조정원에 설치하는 협의회의 위원의 임기는 2년으로 하고, 사업자단체에 설치하는 협의회의 위원의 임기는 공정거래위원회의 승인을 받아 해당 협의회가 정한다. <개정 2015.7.24.>
⑥ 조정원에 설치하는 협의회의 위원은 조정원의 장이 추천하는 사람과 다음 각 호의 어느 하나에 해당하는 사람 중 공정거래위원회 위원장이 위촉하는 사람이 된다. <신설 2011.3.29., 2015.7.24.>
1. 대학에서 법률학·경제학 또는 경영학을 전공한 사람으로서 「고등교육법」 제2조제1호·제2호 또는 제5호에 따른 학교나 공인된 연구기관에서 부교수 이상의 직 또는 이에 상당하는 직에 있거나 있었던 사람
2. 판사·검사 직에 있거나 있었던 사람 또는 변호사의 자격이 있는 사람
3. 독점금지 및 공정거래 업무에 관한 경험이 있는 4급 이상 공무원(고위공무원단에 속하는 일반직공무원을 포함한다)의 직에 있거나 있었던 사람

⑦ 사업자단체에 설치하는 협의회의 위원은 협의회를 설치한 각 사업자단체의 장이 위촉하되 미리 공정거래위원회에 보고하여야 한다. 다만, 사업자단체가 공동으로 협의회를 설치하려는 경우에는 해당 사업자단체의 장들이 공동으로 위촉한다. <개정 2011.3.29., 2015.7.24.>
⑧ 공익을 대표하는 위원은 하도급거래에 관한 학식과 경험이 풍부한 사람 중에서 위촉하되 분쟁조정의 대상이 되는 업종에 속하는 사업을 영위하는 사람이나 해당 업종에 속하는 사업체의 임직원은 공익을 대표하는 위원이 될 수 없다. <개정 2011.3.29., 2015.7.24.>
⑨ 공정거래위원회 위원장은 공익을 대표하는 위원으로 위촉받은 자가 분쟁조정의 대상이 되는 업종에 속하는 사업을 영위하는 사람이나 해당 업종에 속하는 사업체의 임직원으로 된 때에는 즉시 해촉하여야 한다. <개정 2011.3.29., 2015.7.24.>
⑩ 국가는 협의회의 운영에 필요한 경비의 전부 또는 일부를 예산의 범위에서 보조할 수 있다. <신설 2014.5.28., 2015.7.24.>
[전문개정 2010.1.25.]
[제목개정 2014.5.28.]

하도급분쟁은 자주 발생하는 분쟁이라는 점에서 모든 분쟁을 공정거래위원회에서 해결하는 것은 현실적으로 어렵고, 법원에 의한 사법적 해결절차에 돌입하는 경우 상당히 오랜 시일이 걸리게 된다. 이에 따라 분쟁의 신속한 해

결을 위해 하도급계약이 주로 이루어지는 사업분야에서 하도급분쟁을 조정을 통해 해결할 수 있도록 별도의 기구가 필요하였고, 동법에 따라 한국공정거래조정원과 사업자단체에 하도급분쟁조정협의회를 설치하기에 이르렀다.

하도급분쟁조정협의회는 원재료 가격의 급격한 변동으로 하도급 대금의 조정이 불가피한 경우 내지 수급사업자와 원사업자 사이에 원만한 조정이 이루어지지 않는 경우 하도급대금의 조정을 해야 한다. 그러나 사업자단체에 설치된 하도급분쟁조정협의회[173]는 그 공정성에 의문이 있을 뿐만 아니라 원만한 조정을 기대하기도 어렵고 그 집행력을 담보하기도 어렵다.

하도급업체가 조정의 결과에 승복할 수 있는 공정성을 확보하기 위해서는 하도급분쟁조정협의회를 한국공정거래조정원으로 일원화하는 것이 타당할 것으로 보이고, 그 구성에 있어서도 중소기업의 입장을 대변할 수 있는 위원수를 확보해야 할 것이다. 하도급법에서는 공익을 대표하는 위원, 원사업자를 대표하는 위원과 수급사업자를 대표하는 위원이 각각 같은 수가 되도록 해야 한다고 규정하고 있으나 경제적으로 열악한 지위에 있는 중소기업의 입장을 제대로 대변하기 위해서는 수급사업자를 대표하는 위원의 수가 공익을 대표하는 위원 및 원사업자를 대표하는 위원을 합한 수와 같도록 되어야 할 것이다.

---

173) 2017. 8.을 기준으로 하도급분쟁조정협의회가 설치된 사업자단체는 총 10개이다.

| 연번 | 협의회 | 거래분야 |
|---|---|---|
| 1 | 한국공정거래조정원 | 제조, 건설, 수리 및 용역 위탁 |
| 2 | 중기중앙회 | 제조·수리 및 용역의 위탁 |
| 3 | 한국소프트웨어산업협회 | 소프트웨어사업 위탁 |
| 4 | 건설협회 및 전문건설협회(공동설치) | 건설업자의 건설·제조 위탁 |
| 5 | 한국전기공사협회 | 전기공사의 위탁 |
| 6 | 한국정보통신공사협회 | 정보통신공사의 위탁 |
| 7 | 한국엔지니어링진흥협회 | 엔지니어링 활동 위탁 |
| 8 | 대한건축사협회 | 건축설계의 위탁 |
| 9 | 한국소방시설공사협회 | 소방공사의 위탁 |
| 10 | 한국광고단체연합회 | – |

## Ⅱ. 조정절차

하도급법 제24조의4(분쟁의 조정 등) ① 협의회는 공정거래위원회 또는 다음 각 호의 어느 하나에 해당하는 분쟁당사자가 요청하는 원사업자와 수급사업자 간의 하도급거래의 분쟁에 대하여 사실을 확인하거나 이를 조정한다. 다만, 분쟁당사자가 각각 다른 협의회에 분쟁조정을 요청한 경우에는 수급사업자 또는 제3호에 따른 조합이 분쟁조정을 요청한 협의회가 이를 담당한다. <개정 2011.3.29, 2013.5.28>

1. 원사업자
2. 수급사업자
3. 제16조의2제8항에 따른 조합

② 협의회는 분쟁당사자로부터 분쟁조정을 요청받은 때에는 지체 없이 그 내용을 공정거래위원회에 보고하여야 한다.

③ 협의회는 조정이 성립된 경우에는 조정에 참가한 위원과 분쟁당사자가 서명 또는 기명날인한 조정조서를 작성한 후 그 사본을 첨부하여 조정결과를 공정거래위원회에 보고하여야 한다.

④ 협의회는 조정의 요청을 받은 날부터 60일(분쟁당사자 쌍방이 기간연장에 동의한 경우에는 90일로 한다) 이내에 조정이 성립되지 아니한 경우에는 조정경위와 관계 서류를 첨부하여 공정거래위원회에 보고하여야 한다.

⑤ 협의회는 조정을 하기 위하여 필요한 경우에는 해당 분쟁사실의 확인에 필요한 범위에서 조사를 하거나 분쟁당사자에게 자료의 제출이나 출석을 요구할 수 있으며, 분쟁당사자는 협의회의 회의에 출석하여 의견을 진술하거나 자료를 제출할 수 있다.

⑥ 공정거래위원회는 제2항에 따라 보고를 받은 경우 해당 분쟁에 대한 조정절차가 종료될 때까지는 해당 분쟁의 당사자인 원사업자에게 제25조제1항에 따른 시정조치를 명하거나 제25조의5제1항에 따른 시정권고를 하여서는 아니된다. 다만, 공정거래위원회가 이미 제22조제2항에 따라 조사 중인 사건에 대하여는 그러하지 아니하다. <개정 2016.3.29.>

하도급분쟁조정협의회는 하도급분쟁 발생시 공정거래위원회나 양당사자 또는 중소기업협동조합의 요청이 있는 경우 사실을 확인하거나 이를 조정한다. 분쟁이 조정된 경우 그 결과를, 조정이 이루어지지 아니한 경우에는 그 경위를 지체 없이 공정거래위원회에 보고해야 한다.

개정법은 수급사업자들이 하도급대금의 조정신청에 대한 보복으로 원사업자와의 거래가 중단될 것을 우려하여 신청에 소극적으로 될 것을 우려하여 중소기업협동조합이 회원인 수급사업자의 위임을 받아 하도급대금 조정신청 및 소송업무를 수행할 수 있도록 하였고, 조정이 성립되지 않는 경우 수급사업자들에게 교섭력의 차이를 극복하여 대등한 입장에서 원사업자와 교섭에 임할 수 있도록 공정거래위원회의 인가를 받아 공동행위를 할 수 있도록 하였다.

## Ⅲ. 조정의 효력

**하도급법 제24조의5(조정조서의 작성과 그 효력)** ① 협의회는 조정사항에 대하여 조정이 성립된 경우 조정에 참가한 위원과 분쟁당사자가 서명 또는 기명날인한 조정조서를 작성한다. 이 경우 분쟁당사자 간에 조정조서와 동일한 내용의 합의가 성립된 것으로 본다.

② 협의회는 분쟁당사자가 조정절차를 개시하기 전에 조정사항을 스스로 조정하고 조정조서의 작성을 요구하는 경우에는 그 조정조서를 작성할 수 있다.

③ 분쟁당사자는 조정에서 합의된 사항을 이행하여야 하고, 이행결과를 공정거래위원회에 제출하여야 한다. <신설 2016.3.29.>

④ 공정거래위원회는 제1항 또는 제2항에 따라 합의가 이루어지고, 분쟁당사자가 그 합의된 사항을 이행한 경우에는 제25조제1항에 따른 시정조치 및 제25조의5제1항에 따른 시정권고를 하지 아니한다. <신설 2016.3.29.>

[본조신설 2010.1.25.]

하도급분쟁조정협의회에 의해 조정이 이루어진 경우 조정조서와 동일한 내용의 합의가 성립된 것으로 본다. 주의할 것은 하도급분쟁조정협의회를 이용한 조정은 '합의'로서 민법상 '화해계약'의 성질을 가진 것이고, 민사소송법상 '제소전화해'와는 다르다는 점이다. 즉, 민사소송법상 법원에 의한 제소전화해의 경우 확정판결과 동일한 효력이 있어 별도의 재판 없이 집행절차를 개시할 수 있으나, 하도급분쟁조정협의회를 통한 조정은 화해계약으로서 조정당사자는 상호양보한 부분에 대한 권리가 소멸하고 조정으로 인하여 그 권리를 취득하는 효력이 있을 뿐 판결과 동일한 효력이 있는 것은 아니다. 따라서 상대방이 조정사항을 불이행하는 경우 채무불이행 등을 이유로 한 별도의 재판을 거쳐 집행절차를 개시할 수 있을 뿐이다.

한편, 당사자는 화해계약에 대해 착오를 이유로 취소할 수 없으나, 화해계약에 따른 채무를 이행하지 아니할 경우 계약해제에 관한 규정에 따라 이를 해제할 수 있으며 그에 따른 효과가 발생한다. 또한 하도급분쟁조정협의회를 통한 조정조서는 재판에서 매우 유력한 증거가 되므로 조정에 따른 합의사항이 제대로 이행되지 않는 경우 합의사항의 이행을 청구하는 재판에서 유리하게 된다.

개정법은 분쟁당사자 사이에 조정이 성립된 경우 합의된 사항을 이행하고 그 결과를 공정거래위원회에 제출하도록 하고 있다. 조정사항이 이행된 경우 공정거래위원회는 시정조치 및 시정권고를 하지 아니한다. 그러나 이행결과가 제출되지 않는 경우에는 조정이 성립되었다 하더라도 제25조 제1항에 따른 시정조치 및 제25조의5 제1항에 따른 시정권고를 할 수 있다. 조정사항이 불이행된 경우에도 공정거래위원회로부터 즉각적인 제재조치를 받는 것은 아니며, 심사를 거쳐 하도급법 위반으로 인정되는 경우 그에 따른 제재를 받게 된다.

하도급분쟁조정은 민법상 시효중단사유에 해당하지 않는다.[174] 따라서 절차가 개시되거나 조정이 성립하는 경우에도 소멸시효가 진행된다는 점을 유의하여야 한다. 다만, 조정이 성립하는 경우에는 새롭게 성립된 화해계약의 소멸시효가 문제될 수 있을 것이다.

174) 20대 국회 하도급법 개정안 중에는 분쟁조정절차를 거치는 경우 시효중단 효력을 부여한다는 것이 있다. 분쟁조정절차를 활성화한다는 측면에서 긍정적으로 볼 여지가 있으나, 공정거래위원회에 직접 신고한 경우 민법상 최고의 효력만 부여하고 있다는 점에서 체계정합성의 문제가 있을 것으로 생각된다.

# 제 3 절 시정조치와 시정권고[175)]

하도급법 제25조(시정조치) ① 공정거래위원회는 제3조제1항부터 제4항까지 및 제9항, 제3조의4, 제4조부터 제12조까지, 제12조의2, 제12조의3, 제13조, 제13조의2, 제14조부터 제16조까지, 제16조의2 제7항 및 제17조부터 제20조까지의 규정을 위반한 발주자와 원사업자에 대하여 하도급대금 등의 지급, 법 위반행위의 중지, 특약의 삭제나 수정, 향후 재발방지, 그 밖에 시정에 필요한 조치를 명할 수 있다. <개정 2010.1.25., 2011.3.29., 2013.5.28., 2013.8.13., 2016.3.29.>

② 삭제[176)] <2016.3.29.>

③ 공정거래위원회는 제1항에 따라 시정조치를 한 경우에는 시정조치를 받은

---

175) 공정위가 2013.1.1.~2017.6.30. 기간 동안 하도급법 제25조에 따라 경고이상 시정조치 한 사건현황은 아래와 같다. 같은 기간 중 시정조치 공표명령 건수와 시정권고 건수는 없다.

(단위: 건 수)

| 위반유형 | '13 | '14 | '15 | '16 | '17. 6월 |
|---|---|---|---|---|---|
| 서면미교부 | 238 | 106 | 212 | 30 | 13 |
| 부당특약 | – | 4 | 1 | 4 | 1 |
| 대금 미지급 | 74 | 65 | 106 | 80 | 59 |
| 대금 지연지급 | 4 | 9 | 10 | 12 | 5 |
| 어음할인료 미지급 | 60 | 38 | 264 | 298 | 187 |
| 지연이자 미지급 | 43 | 86 | 197 | 291 | 259 |
| 부당한 하도급대금 결정 | 10 | 13 | 9 | 8 | 6 |
| 부당 감액 | 7 | 8 | 2 | 6 | 1 |
| 선급금 미지급 | 7 | 5 | 5 | 8 | 1 |
| 설계변경등 하도급대금 미조정 | 8 | 5 | 14 | 12 | 9 |
| 대금지급보증 미이행 | 16 | 33 | 4 | 18 | 4 |
| 현금결제비율(어음만기일) 미유지 | 20 | 7 | 28 | 1 | 3 |
| 부당 위탁취소(수령거부) | 2 | 5 | 8 | 6 | 2 |
| 어음대체결제수수료 미지급 | 40 | 36 | 131 | 159 | 108 |
| 경제적 이익 요구 | 2 | 3 | – | – | – |
| 기술자료 요구 | – | 1 | – | – | 3 |
| 기술유용 | – | – | 1 | – | – |
| 부당 반품 | – | 1 | – | 1 | – |
| 계 | 531 | 425 | 992 | 934 | 661 |

> 원사업자에 대하여 시정조치를 받았다는 사실을 공표할 것을 명할 수 있다. <개정 2016.3.29.>
> [전문개정 2009.4.1.]

## Ⅰ. 시정조치의 의의

공정거래위원회는 하도급대금의 지급 등에 관한 규정을 위반한 발주자와 원사업자에 대하여 하도급대금의 지급, 하도급법 위반행위의 중지, 특약의 삭제나 수정, 향후 재발방지, 기타 당해 위반행위의 시정에 필요한 조치를 명하거나 시정방안을 정하여 이를 따를 것을 권고할 수 있다.

## Ⅱ. 적용대상

공정거래위원회는 원사업자가 다음과 같은 하도급법 규정의 위반행위를 할 경우 시정조치를 취할 수 있다.

1. 서면 교부 의무 및 서류 보존 의무 위반행위(법 제3조)
2. 부당한 특약의 금지(법 제3조의4)
3. 부당한 하도급대금의 결정 금지 위반행위(법 제4조)
4. 물품 등의 구매 강제 금지 위반행위(법 제5조)
5. 선급금 지급 기일 위반행위(법 제6조)
6. 내국신용장 개설 의무 위반행위(법 제7조)
7. 부당한 위탁취소의 금지 위반행위(법 제8조)
8. 목적물에 대한 검사·통지의무 위반행위(법 제9조)

---

176) 구법의 삭제된 내용은 하도급거래에 관한 분쟁의 조정이 성립된 경우 합의사항에 대한 이행여부를 확인하는 절차 없이 공정거래위원회가 시정조치를 한 것으로 보는 것이었다. 그러나 실제 합의사항 이행여부를 확인할 수 없는 문제가 제기되었다. 이에 개정법은 분쟁당사자가 조정에서 합의된 사항을 이행하고 그 이행결과를 공정거래위원회에 제출하도록 하여 공정거래위원회가 이에 대한 이행이 이루어진 때에 한하여 시정권고 및 시정조치를 하지 않도록 규정하였다.

9. 부당반품의 금지 위반(법 제10조)
10. 감액금지 위반행위(법 제11조)
11. 부당결제 금지 위반(법 제12조)
12. 경제적 이익의 부당요구 금지 위반행위(법 제12조의2)
13. 기술자료 제공 요구 금지 위반행위(법 제12조의3)
14. 하도급대금의 지급 등 규정의 위반행위(법 제13조)
15. 건설하도급 계약 이행 및 대금지급 보증 의무 위반 행위(법 제13조의2)
16. 하도급대금의 직접지급 의무 위반행위(법 제14조)
17. 관세 등 환급액의 지급 의무 위반 행위(법 제15조)
18. 설계변경 등에 따른 하도급대금의 조정 의무 위반 행위(법 제16조)
19. 원재료의 가격 변동에 따른 하도급대금 조정 의무 위반 행위(법 제16조의2)
20. 부당한 대물변제 금지 위반행위(법 제17조)
21. 부당한 경영간섭 금지 위반행위(법 제18조)
22. 보복조치 금지 위반행위(법 제19조)
23. 탈법행위 금지 위반행위(법 제20조)

## Ⅲ. 시정조치의 효과

공정거래위원회의 시정명령은 예컨대 제13조(하도급대금 등) 위반의 행위가 있음을 확인하거나 재발방지 등을 위한 조치를 취하는 것이 아니라, 당해 위반행위로 인하여 현실로 존재하는 위법한 결과를 바로잡는 것을 내용으로 하는 것이다. 따라서 위반행위가 있었더라도 변제, 상계, 정산 등으로 위반행위의 결과가 더 이상 존재하지 아니하면 그 결과의 시정을 명하는 내용의 시정명령은 할 수 없게 된다.[177]

하도급법을 위반한 자는 위반행위의 태양에 따라 하도급 제30조 규정에 의한 형사처벌을 받게 된다. 그러나 그러한 개별 위반행위와 별도로 공정거래위원회의 시정명령에 따르지 아니한 경우 법 제30조 제2항 제3호에 따라 또 다시

177) 대법원 2002. 11. 26. 선고 2001두3099 판결.

형사처벌을 받을 수 있다. 이는 처벌의 근거를 달리하는 별개의 행위를 처벌하는 것이어서 이중처벌에 해당하지 아니한다.

원사업자가 공정거래위원회의 시정명령에 대해 집행정지 결정을 받기 위해서는 시정명령의 이행으로 인하여 신청인에게 회복하기 어려운 손해가 발생하여야 한다. 회복하기 어려운 손해란 원상회복이 불가능하거나 금전으로 보상할 수 없는 손해를 말한다. 손해배상채권의 확보 가능성이 없다는 것은 회복하기 어려운 손해로 볼 수 없다.

## Ⅳ. 공표명령

공표명령이란 공정거래위원회가 시정명령을 받은 원사업자에게 하도급법을 위반한 사실을 공표하도록 명령하는 제도를 말한다(법 제25조 제3항). 이러한 공표명령은 사업자의 이미지에 큰 타격을 주므로 사업자로 하여금 법 위반행위를 방지하기 위해 노력하도록 하고, 소비자에게는 정확한 정보를 제공해 주는 기능을 한다.

공표명령이 양심에 자유에 반하는 제도인가라는 문제가 있으나 사죄광고를 명하는 것이 아니라 단순한 법 위반사실을 공표하는 것이므로 국민의 알권리를 위해 허용된다고 볼 수 있다.

공표명령은 법 위반사실의 내용 및 정도, 동기 등을 참작하여 결정한다. 공표명령을 한 경우에는 10일 이내에 이행여부를 확인하고, 불이행시에는 다시 10일 이내에 이행할 것을 촉구하되, 계속 불이행시는 정당한 사유가 없는 한 고발한다. 다만, 고발결정 때까지 이행을 완료한 경우에는 고발하지 아니한다.[178]

## Ⅴ. 시정권고

**하도급법 제25조의5(시정권고)** ① 공정거래위원회는 이 법을 위반한 발주자와

178) 「공정거래위원회로부터 시정명령을 받은 사실의 공표에 관한 운영지침」 7. 가.

> 원사업자에 대하여 시정방안을 정하여 이에 따를 것을 권고할 수 있다. 이 경우 발주자와 원사업자가 해당 권고를 수락한 때에는 공정거래위원회가 시정조치를 한 것으로 본다는 뜻을 함께 알려야 한다.

공정거래위원회가 하도급법을 위반한 발주자와 원사업자에게 시장방안을 정하여 권고하고, 발주자와 원사업자가 권고를 수락한 때에는 시정조치를 받은 것과 같은 효력이 있다.

종전 하도급법 제25조 제1항에 시정조치와 시정권고를 함께 규정하고 있었으나 개정 하도급법에서 권고 수락의 효과 등에 대한 내용을 보완하여 시정조치와 그 성격이 상이한 시정권고에 관한 사항을 별도의 조에서 규정하였다. 이로써 시정권고에 관한 공정거래법 규정과 보조를 맞췄다.

시정권고를 하기 위해서는 우선 하도급법 위반 사실이 있어야 한다. 그리고, ① 위원회의 심결을 거쳐 위반행위를 시정하기에는 시간적 여유가 없거나 시간이 경과되어 위반행위로 인한 피해가 크게 될 우려가 있는 경우, ② 위반행위자가 위반사실을 인정하고 당해 위반행위를 즉시 시정할 의사를 명백히 밝힌 경우, ③ 위반행위의 내용이 경미하거나 일정한 거래분야에서 경쟁을 제한하는 효과가 크지 않은 경우, ④ 공정거래 자율준수 프로그램(CP)을 실질적으로 도입·운용하고 있는 사업자가 동 제도 도입이후 최초 법위반행위를 한 경우 중 하나에 해당하여야 한다.[179]

위 요건을 충족하는 경우 공정거래위원회의 전원회의 및 소회의는 시정방안을 정하여 이에 따를 것을 권고할 수 있다. 시정권고는 시정권고 사항, 법위반 내용 등을 기재한 서면으로 하여야 한다. 심사관은 권고를 받은 자가 수락하지 아니하기로 통지하거나, 시정권고를 통지받은 날부터 10일 이내에 그 수락여부를 서면으로 통지하지 아니한 경우에는 당해 사건에 대한 심사보고서를 작성하여 각 회의에 제출하여야 한다.

---

179) 「공정거래위원회 회의운영 및 사건절차 등에 관한 규칙」(개정 2015. 9. 30. 공정거래위원회 고시 제2015-13호) 제51조 제1항.

시정권고를 받은 자가 그 권고를 수락하였을 때에는 하도급법 제25조 제1항에 따른 시정조치를 받은 것으로 본다.

## Ⅵ. 공 탁

> **하도급법 제25조의2(공탁)** 제25조제1항에 따른 시정명령을 받거나 제25조의5제1항에 따른 시정권고를 수락한 발주자와 원사업자는 수급사업자가 변제를 받지 아니하거나 변제를 받을 수 없는 경우에는 수급사업자를 위하여 변제의 목적물을 공탁(供託)하여 그 시정조치 또는 시정권고의 이행 의무를 면할 수 있다. 발주자와 원사업자가 과실이 없이 수급사업자를 알 수 없는 경우에도 또한 같다. <개정 2016.3.29.>

시정명령을 받거나 시정권고를 수락한 발주자와 원사업자는 변제를 받지 아니하거나 변제받을 수 없는 수급사업자를 위해 변제의 목적물을 공탁하여 시정조치의 이행의무를 면할 수 있다. 시정명령을 이행할 의사는 있으나 수급사업자를 알 수 없는 등 고의나 과실 없이 이행하기 곤란한 사유가 발생한 경우에 대비한 것이다. 원사업자가 공탁을 한 경우는 공정거래위원회로부터 받은 시정조치 또는 시행권고를 이행한 것으로 본다.

# 제 4 절 과 징 금

> **하도급법 제25조의3(과징금)** ① 공정거래위원회는 다음 각 호의 어느 하나에 해당하는 발주자·원사업자 또는 수급사업자에 대하여 수급사업자에게 제조 등의 위탁을 한 하도급대금이나 발주자·원사업자로부터 제조 등의 위탁을 받은 하도급대금의 2배를 초과하지 아니하는 범위에서 과징금을 부과할 수 있다.
> 1. 제3조제1항부터 제4항까지의 규정을 위반한 원사업자
> 2. 제3조제9항을 위반하여 서류를 보존하지 아니한 자 또는 하도급거래에 관한 서류를 거짓으로 작성·발급한 원사업자나 수급사업자

> 3. 제3조의4, 제4조부터 제12조까지, 제12조의2, 제12조의3, 제13조 및 제13조의2를 위반한 원사업자
> 4. 제14조제1항을 위반한 발주자
> 5. 제14조제5항을 위반한 원사업자
> 6. 제15조, 제16조, 제16조의2제7항 및 제17조부터 제20조까지의 규정을 위반한 원사업자
>
> ② 제1항의 과징금에 관하여는 「독점규제 및 공정거래에 관한 법률」 제55조의3부터 제55조의7까지의 규정을 준용한다.

## Ⅰ. 의 의

공정거래위원회는 일정한 하도급법 위반 행위를 한 발주자·원사업자 또는 수급사업자에 대하여 하도급대금의 2배를 초과하지 아니하는 범위에서 과징금을 부과할 수 있다. 대법원은 과징금 부과의 성격에 관하여 제재적 성격과 불법적 경제적 이익을 박탈하기 위한 성격을 갖고 있고,[180] 과징금을 부과할 것인지와 과징금을 부과할 경우 하도급법, 공정거래법 및 공정거래법 시행령이 정하고 있는 일정한 범위 안에서 과징금의 액수를 구체적으로 얼마로 정할 것인지에 관하여 공정거래위원회에 재량이 있다고 본다.[181]

## Ⅱ. 과징금 부과 대상 행위

과징금 부과대상이 되는 행위는 다음과 같다.

(1) 서면을 미교부하거나 허위서면을 교부한 원사업자(법 제3조 제1항부터 제4항까지)

(2) 서면을 보존하지 아니하거나, 허위서류를 작성한 원사업자나 수급사업자(법 제3조 제9항)

(3) 부당한 특약을 한 원사업자(법 제3조의4)

---

180) 대법원 2010. 1. 14. 선고 2009두11843 판결.

181) 대법원 2009. 4. 9. 선고 2008두21829 판결; 서울고등법원 2012. 6. 21. 선고 2011누30795 판결.

(4) 부당하게 하도급대금을 결정한 원사업자(법 제4조)
(5) 물품 등의 구매를 강제한 원사업자(법 제5조)
(6) 선급금을 미지급한 원사업자(법 제6조)
(7) 내국신용장을 미개설한 원사업자(법 제7조)
(8) 부당한 위탁취소를 한 원사업자(법 제8조)
(9) 공정, 타당하지 않은 검사의 기준 및 방법을 설정한 원사업자(법 제9조)
(10) 부당반품을 한 원사업자(법 제10조)
(11) 부당하게 하도급대금을 감액한 원사업자(법 제11조)
(12) 물품구매대금 등의 부당결제청구를 한 원사업자(법 제12조)
(13) 경제적 이익의 부당요구를 한 원사업자(법 제12조의2)
(14) 기술자료를 요구하거나 유용한 원사업자(법 제12조의3)
(15) 하도급대금을 미지급한 원사업자(법 제13조)
(16) 건설하도급대금지급보증서를 미교부한 원사업자(법 제13조의2)
(17) 하도급대금의 직접지급규정을 위반한 발주자(법 제14조 제1항, 제5항)
(18) 관세 등 환급액을 미지급한 원사업자(법 제15조)
(19) 설계변경 등에 따른 하도급대금을 미조정한 원사업자(법 제16조)
(20) 원재료의 가격 변동에 따른 하도급대금 조정 신청을 위한 협의를 개시하지 않는 등을 한 원사업자(법 제16조의2 제7항)
(21) 부당한 대물변제를 한 원사업자(법 제17조)
(22) 부당한 경영간섭을 한 원사업자(법 제18조)
(23) 보복조치를 한 원사업자(법 제19조)
(24) 탈법행위를 한 원사업자(법 제20조)

## Ⅲ. 과징금 부과 여부 및 산정방법

### 1. 과징금 부과 여부

과징금 부과 여부는 위반행위 내용 및 정도를 고려하여 결정된다. 공정한 하도급거래질서 확립에 미치는 파급효과가 상당하다고 인정되는 경우, 피해 수급사업자의 수나 그 피해금액이 많은 경우, 위반행위의 수가 많거나 과거 법위반전력이 많아 향후 법위반행위 재발 방지를 위해 필요하다고 인정되는 경우에는 원칙적으로 부과대상이 된다.[182]

반대로 법위반행위의 중대성 정도가 심각하지 않은 경우로서 다음에 해당한다면 과징금을 부과하지 아니할 수 있다.[183]

① 공정거래협약평가 우수등급 이상에 해당되는 자가 자율준수노력, 외부 법률 자문 등 위법행위를 하지 아니하기 위하여 상당한 주의를 기울였으나 예상하기 어려운 사정으로 인해 위반행위가 발생된 것으로서 인정되는 경우

② 법 위반행위를 한 원사업자 또는 발주자가 공정거래위원회의 조사가 개시된 날 또는 공정거래위원회로부터 미지급금의 지급에 관한 요청을 받은 날부터 30일 이내에 수급사업자에게 이 법을 위반하여 지급하지 아니한 선급금 또는 하도급대금 등을 지급한 경우

③ 공정거래위원회의 조사 개시 이전에 사업자가 자율적으로 점검하여 확인한 법위반행위에 대해 스스로 시정한 경우

## 2. 과징금의 산정

공정거래위원회는 과징금을 부과함에 있어서 위반행위의 내용 및 정도, 기간 및 횟수, 취득한 이익의 규모 등을 참작하여야 한다(법 제25의3 제2항, 공정거래법 제55조의3 제1항). 과징금의 액수는 당해 위반행위의 구체적 태양 등에 기하여 판단되는 그 위법성의 정도뿐 아니라 그로 인한 이득액의 규모와도 상호 균형을 이루어야 하고, 이러한 균형을 상실할 경우에는 비례의 원칙에 위배되어 재량권의 일탈·남용에 해당할 수가 있다.[184]

---

182) 하도급법 시행령 제13조에 따른 별표 2 「과징금 부과기준」; 「하도급법 위반사업자에 대한 과징금 부과기준에 관한 고시」(개정 2016. 7. 25. 공정거래위원회 고시 제2016-10호) (이하 '하도급법 위반 과징금 고시') Ⅲ. 1.

183) 「하도급법 위반 과징금 고시」 Ⅲ. 2.

184) 대법원 2010. 1. 14. 선고 2009두11843 판결.

구체적으로 과징금은 ①위반행위의 중대성 정도에 따른 기본 산정금액을 산정한 다음, ②위반행위의 횟수 및 위반행위에 따른 피해를 입은 수급사업자의 수에 따른 조정(1차 조정), ③위반사업자의 고의·과실, 위반행위의 성격과 사정 등에 따른 조정(2차 조정)을 하고, ④위반사업자의 현실적 부담능력 등에 비하여 과중한 경우에는 2차 조정된 산정기준을 감면 또는 면제하는 등의 방법으로 위반사업자에게 최종적으로 부과하는 부과과징금을 결정한다.[185)]

| **[과징금 산정 절차]** |
| --- |
| 기본 산정금액 산정 ⇒ 1차 조정 ⇒ 2차 조정 ⇒ 부과과징금 결정 |

### (1) 기본 산정금액

기본 산정금액은 관련 하도급대금의 2배에 위반금액의 비율을 곱한 후, 위반행위 중대성의 정도별 부과기준율을 곱하여 산정한다. 다만, 위반행위의 비율을 산정하기 곤란한 경우에는 5억원 이내에서 중대성의 정도를 고려하여 부과기준금액의 범위 내에서 정한다. 또 50% 미만인 부과기준율을 곱하여 도출된 기본산정금액이 법위반행위로 인해 심의일 당시 잔존하는 불법이익보다 적은 경우에는 그 잔존하는 불법적 이익에 해당하는 금액을 기본 산정금액으로 한다.

| **[기본 산정금액 산정 방법]** |
| --- |
| 기본 산정금액 = 관련 하도급대금의 2배 × 위반금액의 비율 × 부과기준율[190)] |

### (2) 1차 조정

위반행위의 횟수, 위반행위에 따라 피해를 입은 수급사업자의 수를 고려하여 기본 산정금액을 가중하는 것을 말한다.

185) 「과징금 고시」 Ⅳ.

위반행위의 횟수에 따라, 과거 3년간 4회 이상 법 위반으로 조치(경고 이상)를 받고 벌점 누산점수[187]가 2점 이상인 경우는 20% 이내, 3회 법 위반 조치를 받고 벌점 누산점수가 2점 이상인 경우는 10% 이내를 기본 산정금액에 가중한다.

이와 별도로 피해 수급사업자의 수에 따라, 피해 수급사업자 수가 70개 이상인 경우는 20% 이내, 50개 이상 70개 미만인 경우는 10% 이내를 기본 산정금액에 가중한다.

### (3) 2차 조정

2차 조정이란 위반행위의 내용 및 정도, 위반행위의 횟수 등에 영향을 미치는 위반사업자의 고의·과실, 위반행위의 성격과 사정 등의 사유를 고려하여 1차 조정된 기본 산정금액을 가중하거나 감경하는 것을 말한다. 산정 방법은 가중비율에서 각각 감경비율의 합을 공제한 비율을 1차 조정된 산정기준에 곱하여 산출된 금액을 1차 조정된 산정기준에 더하거나 빼는 방법으로 한다.

**[2차 조정 방법]**

1차 조정된 산정기준 ± {1차 조정된 산정기준 × (가중비율-감경비율의 합)}

가중·감경 비율은 위반사업자가 법 제19조(보복조치의 금지)를 위반한 경우에 20% 이내를 가중하고, 위반행위를 자진 시정한 경우, 조사에 협력한 경우는 각 20% 또는 10% 이내를 감경한다.

186) 「과징금 고시」 Ⅳ. 1. 나. 부과기준율.

| 중대성의 정도 | 세부평가 기준표에 따른 산정점수* | 부과기준율 |
|---|---|---|
| 매우 중대한 위반행위 | 2.2 이상 | 60% 이상 80% 이하 |
| 중대한 위반행위 | 1.4 이상 2.2 미만 | 40% 이상 60% 미만 |
| 중대성이 약한 위반행위 | 1.4 미만 | 20% 이상 40% 미만 |

187) 벌점 누산점수에 관하여는 6절 Ⅲ. 참조.

### (4) 부과과징금 결정

2차 조정된 산정기준이 위반사업자의 현실적 부담능력 등에 비하여 과중한 경우 또는 하나의 사업자가 행한 여러 유형의 위반행위에 대하여 과징금을 부과하는 경우에 2차 조정된 산정기준을 감면하는 등의 방법으로 조정하는 것을 말한다.

현실적 부담능력에 따른 조정은 ①회생절차 중에 있는 등 객관적으로 과징금을 납부할 능력이 없다고 인정되는 경우 과징금을 면제할 수 있고, ②자본잠식률이 50%를 넘는 경우 등 위반사업자의 부담능력이 현저히 부족하다고 인정되는 경우에는 2차 조정된 산정기준의 50%를 초과하여 감경할 수 있으며, ③사업의 계속에 상당한 지장을 초래하지 아니하고는 과징금을 납부할 수 없는 경우에 2차 조정된 산정기준의 50% 이내에서 감경할 수 있다. ④위반 사업자들의 사업규모 및 구조적인 특징, 특정한 사회적 상황에서의 실질적 지급 능력, 위반행위의 전후 사정, 실제로 취득한 부당이득의 정도 등을 종합적으로 참작할 때 1·2차 조정 등 앞 단계에서 충분히 고려되지 못하였다고 인정되는 경우에 한해 2차 조정된 산정기준의 50% 이내에서 감경할 수 있다.

한편, 하나의 사업자가 행한 여러 유형의 위반행위에 대하여 여러 유형의 위반행위를 함께 심리하여 1건으로 의결할 때에는 각 위반행위 유형별로 정한 방식에 의하여 부과과징금을 산정한 후 이를 합산한 금액을 과징금으로 부과한다. 이 때도 부과과징금은 관련 하도급대금의 2배를 초과할 수 없다. 여러 건으로 나누어 의결하는 경우에는 1건으로 의결하는 경우와의 형평을 고려하여 후속 의결에서 여러 유형의 위반행위를 함께 심리하는 경우의 기준에 따라 부과과징금을 조정할 수 있다.

하도급법은 과징금을 부과함에 있어 수차에 걸친 과징금의 감면절차에 관한 규정을 두어 과징금 제도를 유명무실하게 만들 소지가 다분히 있다. 과징금 감면의 폭도 커 공정거래위원회가 재량권을 남용할 소지가 크고 감면을 받기 위한 업계의 과도한 로비가 횡행할 우려가 있다. 과징금 제도의 실효성을 확보하기 위해서는 과징금 부과수준을 대폭 상향하고, 과징금의 감액사유를 극히 예

외적인 경우로 제한하여야 한다는 의견이 제시되고 있다.[188)]

> 심결례 **원사업자가 경쟁입찰 방식을 이용하여 하도급대금을 부당하게 결정하여 과징금을 부과한 사안에서 여러 정상을 참작하여 과징금을 감경(공정거래위원회 2007. 1. 26. 의결 2006전사2685)**
>
> 원사업자가 경쟁입찰 방식을 이용하여 하도급대금을 부당하게 결정한 위반행위에 대하여 위반 정도가 중대하며 위반행위가 관련된 수급사업자가 다수로서 위반행위의 파급효과가 큰 점을 참작하여 원사업자에게 과징금을 부과했다. 그러나 과거 1년간 하도급대금 현금결제비율이 80%이상인 점을 고려하여 산정된 과징금의 50%를 감경한 후 이에 더하여 하도급법 위반 전력이 없다는 점을 고려하여 감경된 과징금에서 또 다시 50%를 감경.

# 제 5 절 상습 하도급법 위반 사업자 명단 공표

> 하도급법 제25조의4(상습법위반사업자 명단공표) ① 공정거래위원회 위원장은 제27조제3항에 따라 준용되는 「독점규제 및 공정거래에 관한 법률」 제62조에도 불구하고 직전연도부터 과거 3년간 이 법 위반을 이유로 공정거래위원회로부터 경고, 제25조제1항에 따른 시정조치 또는 제25조의5제1항에 따른 시정권고를 3회 이상 받은 사업자 중 제26조제2항에 따른 벌점이 대통령령으로 정하는 기준을 초과하는 사업자(이하 이 조에서 "상습법위반사업자"라 한다)의 명단을 공표하여야 한다. 다만, 이의신청 등 불복절차가 진행 중인 조치는 제외한다.
>
> ② 공정거래위원회 위원장은 제1항 단서의 불복절차가 종료된 경우, 다음 각 호에 모두 해당하는 자의 명단을 추가로 공개하여야 한다.
>
> 1. 경고 또는 시정조치가 취소되지 아니한 자
> 2. 경고 또는 시정조치에 불복하지 아니하였으면 상습법위반사업자에 해당하는 자
>
> ③ 제1항 및 제2항에 따른 상습법위반사업자 명단의 공표 여부를 심의하기 위

188) 국회의원 민병두, 「올바른 경제 생태계 조성을 위한 입법 방향」, 2017. 4. 5.

> 하여 공정거래위원회에 상습법위반사업자명단공표심의위원회(이하 이 조에서 "심의위원회"라 한다)를 둔다.
> ④ 공정거래위원회는 심의위원회의 심의를 거친 공표대상 사업자에게 명단공표대상자임을 통지하여 소명기회를 부여하여야 하며, 통지일부터 1개월이 지난 후 심의위원회로 하여금 명단공표 여부를 재심의하게 하여 공표대상자를 선정한다.
> ⑤ 제1항 및 제2항에 따른 공표는 관보 또는 공정거래위원회 인터넷 홈페이지에 게시하는 방법에 의한다.
> ⑥ 그 밖에 상습법위반사업자 명단공표와 관련하여 필요한 사항은 대통령령으로 정한다.

## Ⅰ. 의 의

상습 하도급법 위반 사업자 명단 공표 제도는 2011년부터 시행된 제도로서 상습적으로 하도급법을 위반한 사업자를 선정하여 그 명단(사업자명, 대표자 및 사업장 주소)을 관보 또는 공정거래위원회 인터넷 홈페이지에 1년간 게시하는 방법으로 공표함으로써 사업자들의 하도급법 준수 의식을 제고하기 위한 조치이다.

## Ⅱ. 상습법위반사업자의 요건 및 공표 절차

'상습법위반사업자'란 ①직전연도부터 과거 3년간 하도급법 위반을 이유로 공정거래위원회로부터 경고, 시정권고 또는 시정조치를 3회 이상 받을 것, ②누적벌점이 4점을 넘을 것(법 시행령 제15조) 등 2가지 요건을 모두 충족하는 사업자를 말한다. 여기서 벌점의 부과기준은 시행령 별표 3[189]에 규정되어 있다.

공정거래위원회에 상습법위반사업자명단공표심의위원회(위원장은 공정거래위원회 사무처장)를 두고 공표 여부를 심의하는데, 공정거래위원회는 위 심의위원

189) 벌점에 관하여는 6절 Ⅲ. 참조.

회에서 심의 후 공표대상 사업자에게 명단공표대상자임을 통지하여 소명 기회를 부여하고, 통지일로부터 1개월이 지난 후 위 심의위원회가 공표대상자를 재심의하게 하여 공표대상자를 선정한다. 공정거래위원회는 2017년 하도급거래 상습법위반사업자로 11개 업체의 명단을 공표하였다.[190] 2016년도에 공정거리위원회가 하도급법 위반과 관련해 처리한 사건 수가 1,574건인 것에 비해 공표된 업체 수는 극히 미미하다.[191]

## 제 6 절 관계행정기관의 장의 협조

> **하도급법 제26조(관계 행정기관의 장의 협조)** ① 공정거래위원회는 이 법을 시행하기 위하여 필요하다고 인정할 때에는 관계 행정기관의 장의 의견을 듣거나 관계 행정기관의 장에게 조사를 위한 인원의 지원이나 그 밖에 필요한 협조를 요청할 수 있다.
> ② 공정거래위원회는 제3조 제1항부터 제4항까지 및 제9항, 제4조부터 제12조까지, 제12조의2, 제12조의3, 제13조, 제13조의2, 제14조부터 제16조까지, 제16조의2제7항 및 제17조부터 제20조까지의 규정을 위반한 원사업자 또는 수급사업자에 대하여 그 위반 및 피해의 정도를 고려하여 대통령령으로 정하는 벌점을 부과하고, 그 벌점이 대통령령으로 정하는 기준을 초과하는 경우에는 관계 행정기관의 장에게 입찰참가자격의 제한, 「건설산업기본법」 제82조 제1항 제7호에 따른 영업정지, 그 밖에 하도급거래의 공정화를 위하여 필요한 조치를 취할 것을 요청하여야 한다. <개정 2010.1.25, 2011.3.29, 2011.5.24., 2013. 5.28>

### Ⅰ. 의 의

하도급법 제26조 제1항은 공정거래위원회가 하도급법을 시행하기 위하여

---

190) 공정거래위원회, 2017년 하도급거래 상습법위반사업자 명단공표, http://www.ftc.go.kr/policy/hado/hadoList.jsp, 검색일 2017. 8. 20.

191) 공정거래위원회, 『2016년 공정거래위원회 통계연보』, 2017, 3면.

필요한 경우 관계행정기관의 장의 의견을 듣거나 조사를 위한 인원의 지원, 그 밖에 필요한 협조를 요청할 수 있도록 규정하고 있다. 같은 조 제2항은 공정거래위원회가 위반사업자에게 벌점을 부과하고, 벌점이 높은 경우 관계 행정기관의 장에게 입찰참가자격 제한, 영업정지, 그 밖에 필요한 조치를 취할 것을 요청할 수 있도록 하고 있다. 이 규정의 취지는 하도급거래의 공정화를 위하여 공정거래위원회와 관계 행정기관의 장에게 협치행정을 주문하면서 그에 따른 권한을 부여하려는 것이다.

## Ⅱ. 협조요청

관계 행정기관의 장에게 협조를 요청할 수 있는 사항은 ①의견 조회, ②조사를 위한 인원의 지원, ③그 밖에 필요한 협조가 있다. 공정거래법 제64조 제2항을 고려할 때 ③그 밖에 필요한 협조로서 조사 의뢰, 자료 요청도 할 수 있을 것이다. 그러나, 하도급법은 권한의 위임·위탁을 정한 공정거래법 제65조를 준용하고 있지 아니하여, 공정거래위원회의 권한을 광역지방자치단체장 등에게 위임하거나 다른 행정기관장에게 위탁할 수는 없다.[192] 입법론적으로 개선이 필요하다.

## Ⅲ. 벌점부과

공정거래위원회는 위반사업자에게 위반 및 피해의 정도를 고려하여 벌점을 부과할 수 있다. 벌점 부과 기준은 하도급법 시행령 별표 3「벌점의 부과기준」(법 제17조 관련)에서 정하고 있다.

벌점은 법 위반행위가 속하는 위반유형에 대하여 각각 시정조치 유형별 점수를 산출하고, 각 시정조치 유형별 점수를 더하여 정한다. 제재 부과의 기준

---

192) 공정거래법에 관련 위임·위탁 제도가 1996년도에 도입되었지만, 현재까지 동법 시행령에서 위임·위탁 규정을 정하지 않아 시행되지 않고 있다. 대리점거래의 공정화에 관한 법률도 위임·위탁 제도를 규정하고 있지만, 역시 동법 시행령에서 세부 규정을 정하고 있지 않다.

은 직전 3년 동안 해당 사업자가 받은 모든 벌점에 모든 경감점수를 더한 점수를 빼고, 모든 가중점수를 더한 점수를 더한 누산점수를 기준으로 한다.

벌점 산정 기준이 되는 위반유형은 다음 표와 같다.

| 위반유형 | 적용 하도급 규정 |
|---|---|
| 서면 관련 위반 | 법 제3조제1항부터 제4항까지 및 제9항을 위반한 경우 |
| 부당납품단가 인하 관련 위반 | 법 제4조, 제11조 또는 제16조의2제7항을 위반한 경우 |
| 대금지급 관련 위반 | 법 제6조, 제13조, 제13조의2, 제14조부터 제16조까지 및 제17조를 위반한 경우 |
| 보복조치 및 탈법행위 관련 위반 | 법 제19조 또는 제20조를 위반한 경우 |
| 그 밖의 위반 | 법 제3조의4, 제5조, 제7조부터 제10조까지, 제12조, 제12조의2, 제12조의3 또는 제18조를 위반한 경우 |

시정조치 유형별 벌점은 아래 표와 같다.

| 시정조치 유형 | | 벌점 |
|---|---|---|
| 경 고 | 서면직권실태조사에서 발견된 법 위반 혐의사항에 대한 공정거래위원회의 자진시정요청에 따른 경우 | 0.25점 |
| | 신고 또는 직권인지에 따른 경우 | 0.5점 |
| 시정권고 | | 1.0점 |
| 시정명령 | 법 위반행위를 자진시정한 원사업자 또는 발주자에 대하여 향후 재발방지를 명하는 경우 | 1.0점 |
| | 그 외의 경우 | 2.0점 |
| 과징금 | | 2.5점 |
| 고 발 | 법 제19조를 위반한 행위로 고발된 경우 | 5.1점 |
| | 그 외의 경우 | 3.0점 |

같은 유형에 속하는 법 위반행위에 대하여 서로 다른 유형의 시정조치를 한 경우에는 가장 중한 시정조치 유형의 점수만 반영한다. 다만, 원사업자 또는 발주자가 미지급금을 하도급법 제22조 제2항에 따른 공정거래위원회의 조사가

개시된 날 또는 공정거래위원회로부터 미지급금의 지급에 관한 요청을 받은 날부터 30일 이내에 수급사업자에게 지급함에 따라 경고를 받은 경우, 법 제25조 제2항에 따라 협의회의 조정이 이루어짐에 따라 공정거래위원회가 시정에 필요한 조치를 한 것으로 보는 경우에는 시정조치 유형별 벌점을 0으로 한다.

벌점의 경감점수는 다음과 같다. 다만, 누산점수를 계산할 때에는 경감유형마다 1회만 벌점을 경감할 수 있다.

<table>
<tr><th colspan="2">경감유형</th><th>경감점수</th></tr>
<tr><td colspan="2">원사업자가 직전 1년 동안 계속하여 하도급거래에서 법 제3조의2에 따른 표준하도급계약서를 사용한 경우(수급사업자에게 뚜렷하게 불리하도록 내용을 수정하거나 특약을 추가하는 경우는 제외한다)</td><td>2점</td></tr>
<tr><td rowspan="2">원사업자가 직전 1년 동안 「민법」 제32조에 따라 설립된 한국공정경쟁연합회, 「산업발전법」 제32조에 따른 한국생산성본부, 「건설산업기본법」 제50조에 따른 건설업자단체, 「중소기업협동조합법」 제3조제1항제4호에 따른 중소기업중앙회, 그 밖에 공정거래위원회가 인정하는 기관에서 실시하는 3시간 이상의 하도급 관련 특별교육을 이수한 경우(교육이수명령에 따른 교육은 제외한다). 다만, 가)와 나) 모두에 해당되는 경우에는 가)만 인정한다.</td><td>가) 업체 대표자가 이수한 경우</td><td>0.5점</td></tr>
<tr><td>나) 하도급 관련 업무 담당임원이 이수한 경우</td><td>0.25점</td></tr>
<tr><td colspan="2">원사업자가 직전 1년 동안 공정거래위원회 위원장 또는 관계 행정기관의 장으로부터 하도급거래 우수업체 표창[협약의 이행실적 평가에 따라 공정거래위원회 위원장 또는 관계 행정기관의 장으로부터 받은 표창은 제외한다]을 받은 경우</td><td>2점</td></tr>
<tr><td rowspan="2">현금결제 우수업체인 경우</td><td>현금결제비율 100%</td><td>1점</td></tr>
<tr><td>현금결제비율 80% 이상 100% 미만</td><td>0.5점</td></tr>
<tr><td colspan="2">전자입찰비율이 80% 이상인 업체인 경우</td><td>0.5점</td></tr>
<tr><td rowspan="3">원사업자 또는 대기업이 수급사업자 또는 협력사와 하도급 관련 법령의 준수 및 상호 지원·협력을 약속하는 협약을 체결하고, 공정거래위원회가 직전 1년 이내에 실시한 협약의 이행실적 평가에서 양호 등급 이상을 받은 경우</td><td>최우수</td><td>3점</td></tr>
<tr><td>우수</td><td>2점</td></tr>
<tr><td>양호</td><td>1점</td></tr>
<tr><td colspan="2">원사업자가 벌점 부과일 직전 1년 동안 법 제14조제1항제2호에 따라 발주자 및 수급사업자와 합의하여 발주자가 직접 수급사업자에게 대금을 지급하도록 한 경우</td><td>0.5점</td></tr>
</table>

벌점의 가중점수는, ① 원사업자 또는 발주자가 직전 3년 동안 하도급법 제6조, 제13조제1항·제3항, 제6항부터 제8항까지의 규정, 제14조제1항, 제15조 또는 제17조제1항을 ② 3회 이상 위반하고, ③ 벌점을 2회 이상 면제받은 경우에는 [(벌점의 면제횟수 - 1) × 0.5]의 점수를 벌점에 가중할 수 있다.

## Ⅳ. 벌점에 따른 제재

누적벌점이 4점이 넘을 경우 상습법위반사업자로 공표될 수 있다.

공정거래위원회는 관계 행정기관의 장에게 위반사업자가 누적벌점이 5점을 넘을 경우 입찰참가자격의 제한을 요청할 수 있고, 10점을 넘을 경우 건설산업기본법 제82조에 따른 6개월 이하의 영업정지 또는 영업정지를 갈음하여 1억원이 하의 과징금을 부과하도록 요청하여야 한다. 중앙행정기관의 장과 지방자치단체의 장은 공정거래위원회로부터 하도급법에 의한 입찰참가자격 제한 요청을 받은 경우 그 위반사업자의 입찰참가자격을 제한하여야 한다(법 제26조 제2항, 법 시행령 제17조 제2항).

그 외에도 하도급법 제26조 제2항 법문에는 대통령령으로 정하는 기준을 초과하는 경우에는 공정거래위원회가 관계 행정기관의 장에게 그 밖에 하도급거래의 공정화를 위하여 필요한 조치를 취할 것을 요청하여야 한다고 되어 있지만, 동법 시행령에 필요한 조치가 무엇인지와 그 벌점 부과 기준에 대해 규정되어 있지 않다. 건설산업의 경우 영업정지를 제제로 과할 수 있는 규정이 있는 점에 비추어 다른 산업의 경우에도 영업정지를 명령할 수 있도록 하도급법 시행령 개정을 통해 보완이 필요하다.

## 제7절 과태료

> 하도급법 제30조의2(과태료) ① 다음 각 호의 어느 하나에 해당하는 자에게는 사업자 또는 사업자단체의 경우 1억원 이하, 사업자 또는 사업자단체의 임원, 종업원과 그 밖의 이해관계인의 경우 1천만원 이하의 과태료를 부과한다.
> 1. 제27조제2항에 따라 준용되는 「독점규제 및 공정거래에 관한 법률」 제50조제1항 제1호에 따른 출석처분을 위반하여 정당한 사유 없이 출석하지 아니한 자
> 2. 제27조제2항에 따라 준용되는 「독점규제 및 공정거래에 관한 법률」 제50조제1항 제3호 또는 같은 조 제3항에 따른 보고 또는 필요한 자료나 물건의 제출을 하지 아니하거나 거짓으로 보고 또는 자료나 물건을 제출한 자
>
> ② 제27조제2항에 따라 준용되는 「독점규제 및 공정거래에 관한 법률」 제50조제2항에 따른 조사를 거부·방해·기피한 자에게는 사업자 또는 사업자단체의 경우 2억원 이하, 사업자 또는 사업자단체의 임원, 종업원과 그 밖의 이해관계인의 경우 5천만원 이하의 과태료를 부과한다.
>
> ③ 제22조의2제2항에 따른 자료를 제출하지 아니하거나 거짓으로 자료를 제출한 원사업자에게는 500만원 이하의 과태료를 부과한다.
>
> ④ 제27조제1항에 따라 준용되는 「독점규제 및 공정거래에 관한 법률」 제43조의2에 따른 질서유지의 명령을 따르지 아니한 자에게는 100만원 이하의 과태료를 부과한다.
>
> ⑤ 제1항부터 제4항까지의 규정에 따른 과태료는 공정거래위원회가 부과·징수한다.

공정거래위원회는 하도급위반행위에 대한 조사 등에 정당한 사유 없이 불출석한 자, 보고 또는 필요한 자료나 물건의 제출을 하지 아니하거나 허위의 보고 또는 허위 자료나 물건을 제출하는 자, 조사를 거부·방해 또는 기피한 자나 심판정의 질서 유지 규정에 위반하여 질서유지의 명령에 따르지 아니한 자에 대하여 과태료를 부과·징수한다.

하도급법은 조사방해 행위 처벌에 관한 공정거래법 제66조 제1항 제11호[193)]

---

193) 독점규제 및 공정거래에 관한 법률 제66조(벌칙)
① 다음 각 호의 어느 하나에 해당하는 자는 3년 이하의 징역 또는 2억원 이하의 벌금에 처한다.

를 준용하고 있지 않으므로, 조사 시 폭언·폭행, 고의적인 현장진입 저지·지연 등을 통하여 조사를 거부·방해 또는 기피한 자를 하도급법 위반으로 형사처벌할 수는 없다. 하지만, 폭행, 협박 또는 위계의 방법으로 조사를 거부·방해하거나 위계의 방법으로 허위의 보고 또는 허위 자료나 물건을 제출한 경우 형법상 공무집행방해죄로 처벌할 수 있다. 조사 대상 업체가 조직적으로 단체 또는 다중의 위력을 보이거나 위험한 물건을 휴대하는 방법으로 공정거래위원회의 조사 등을 방해할 경우 특수공무집행방해죄 또는 그 결과로 공무원을 상해 또는 사망에 이르게 한 경우에는 특수공무집행방해치사상죄가 성립한다. 공무집행방해행위에 대해서는 전속고발 규정이 적용될 여지가 없으므로 공정거래위원회의 고발 없이도 검사가 기소할 수 있다. 공정거래법과 균형을 맞춰 하도급법에서도 조사방해 행위를 처벌하는 규정을 둘 필요가 있다.

공정거래위원회는 하도급위반여부의 판단을 조사대상업체가 제출한 자료에 의해 서면조사를 통해 판단할 수밖에 없으므로 허위자료 제출을 상당히 폭넓게 인정하고 있다.

심결례 조사현장에서 종업원에 의해 우발적으로 이루어지는 물리적 조사방해행위(조사자료를 조작함)라도 원사업자에 의해 미리 작성되어 직원들에게 배포된 지침에 따라 조사방해행위가 발생한 경우 개인적인 이익이나 원사업자의 의사결정에 반하여 이루어진 것이 아니므로 객관적으로 원사업자의 업무와 관련성이 있다고 보아 종업원의 행위를 원사업자에게 귀속시켜 과태료 부과대상이라고 결정(**공정거래위원회 2005. 12. 2. 의결 2005하기0095**).

심결례 서면조사표 제출을 요구받았으나 제출하지 않았고, 이후 이를 독촉받았으나 제출하지 않는 경우나, 하도급거래를 하고 있음에도 불구하고 하도급을 준 적이

1. 내지 10. <생략>
11. 제50조제2항에 따른 조사 시 폭언·폭행, 고의적인 현장진입 저지·지연 등을 통하여 조사를 거부·방해 또는 기피한 자

② 제1항의 징역형과 벌금형은 이를 병과할 수 있다.

없다는 취지의 허위조사표를 제출한 행위에 대해 과태료 부과대상이 된다고 판단 **(공정거래위원회 2005. 11. 24. 의결 2005제하1603, 2005. 12. 27. 의결 2005용하 2439).**

## 제 8 절 형 벌

**하도급법 제30조(벌칙)** ① 다음 각 호의 어느 하나에 해당하는 원사업자는 수급사업자에게 제조등의 위탁을 한 하도급대금의 2배에 상당하는 금액 이하의 벌금에 처한다. <개정 2010.1.25, 2011.3.29, 2013.5.28, 2013.8.13, 2014.5.28, 2016.12.20>

1. 제3조제1항부터 제4항까지 및 제9항, 제3조의4, 제4조부터 제12조까지, 제12조의2, 제12조의3 및 제13조를 위반한 자
2. 제13조의2제1항부터 제3항까지의 규정을 위반하여 공사대금 지급을 보증하지 아니한 자
3. 제15조, 제16조제1항·제3항·제4항 및 제17조를 위반한 자
4. 제16조의2제7항을 위반하여 정당한 사유 없이 협의를 거부한 자

② 다음 각 호 중 제1호에 해당하는 자는 3억원 이하, 제2호 및 제3호에 해당하는 자는 1억 5천만원 이하의 벌금에 처한다. <개정 2013.5.28>

1. 제19조를 위반하여 불이익을 주는 행위를 한 자
2. 제18조 및 제20조를 위반한 자
3. 제25조에 따른 명령에 따르지 아니한 자

③ 제27조제2항에 따라 준용되는 「독점규제 및 공정거래에 관한 법률」 제50조제1항제2호에 따른 감정을 거짓으로 한 자는 3천만원 이하의 벌금에 처한다.

**하도급법 제31조(양벌규정)** 법인의 대표자나 법인 또는 개인의 대리인, 사용인, 그 밖의 종업원이 그 법인 또는 개인의 업무에 관하여 제30조의 위반행위를 하면 그 행위자를 벌하는 외에 그 법인 또는 개인에게도 해당 조문의 벌금형을 과(과)한다. 다만, 법인 또는 개인이 그 위반행위를 방지하기 위하여 해당 업무에 관하여 상당한 주의와 감독을 게을리하지 아니한 경우에는 그러하지 아니하다.

**하도급법 제32조(고발)** ① 제30조의 죄는 공정거래위원회의 고발이 있어야 공소

를 제기할 수 있다. <개정 2011.3.29>
② 공정거래위원회는 제30조의 죄 중 위반정도가 객관적으로 명백하고 중대하여 하도급거래 질서를 현저히 저해한다고 인정하는 경우에는 검찰총장에게 고발하여야 한다. <신설 2011.3.29>
③ 검찰총장은 제2항에 따른 고발요건에 해당하는 사실이 있음을 공정거래위원회에 통보하여 고발을 요청할 수 있다. <신설 2011.3.29>
④ 공정거래위원회가 제2항에 따른 고발요건에 해당하지 아니한다고 결정하더라도 감사원장, 중소기업청장은 사회적 파급효과, 수급사업자에게 미친 피해 정도 등 다른 사정을 이유로 공정거래위원회에 고발을 요청할 수 있다. <신설 2013.7.16>
⑤ 제3항 또는 제4항에 따른 고발요청이 있는 때에는 공정거래위원회 위원장은 검찰총장에게 고발하여야 한다. <신설 2013.7.16>
⑥ 공정거래위원회는 공소가 제기된 후에는 고발을 취소할 수 없다. <신설 2011.3.29, 2013.7.16>
[전문개정 2009.4.1]

## Ⅰ. 형사 제재의 대상

다음 하도급법 위반행위를 한 원사업자는 수급사업자에게 제조등의 위탁을 한 하도급대금의 2배에 상당하는 금액 이하의 벌금에 처한다.

| 위반행위 | 처벌규정 |
|---|---|
| 서면발급의무 위반 | 제3조 |
| 부당한 특약 금지 위반 | 제3조의4 |
| 부당한 하도급대금의 결정 금지 | 제4조 |
| 물품 등의 구매강제 금지 | 제5조 |
| 선급금의 지급 의무 위반 | 제6조 |
| 내국신용장의 개설 의무 위반 | 제7조 |
| 부당한 위탁취소의 금지 위반 | 제8조 |
| 검사의무 위반 | 제9조 |
| 부당반품의 금지 위반 | 제10조 |
| 감액금지 위반 | 제11조 |

| | |
|---|---|
| 물품구매대금 등의 부당결제 청구의 금지 위반 | 제12조 |
| 경제적 이익의 부당요구 금지 위반 | 제12조의2 |
| 기술자료 제공 요구 금지 위반 | 제12조의3 |
| 하도급대금의 지급 의무 위반 | 제13조 |
| 관세 등 환급액의 지급 의무 위반 | 제15조 |
| 설계변경 등에 따른 하도급대금의 조정 의무 위반 | 제16조 |
| 원재료의 가격 변동에 따른 하도급대금의 조정 협의 의무 위반 | 제16조의2 |
| 부당한 대물변제 금지 의무 위반 | 제17조 |

보복조치의 금지 의무(법 제19조)를 위반하여 불이익을 주는 행위를 한 자는 3억원 이하, 부당한 경영간섭의 금지 의무(법 제18조)를 위반하거나 탈법행위 금지 의무(법 제20조)를 위반한자, 시정조치 명령(법 제25조)을 따르지 아니한 자는 1억 5천만원 이하의 벌금에 처한다. 공정거래위원회가 지정 및 위촉받아 감정을 거짓으로 한 감정인은 3천만원 이하의 벌금에 처한다.

## Ⅱ. 양벌규정

법인의 대표자나 법인 또는 개인의 대리인, 사용인, 그 밖의 종업원이 그 법인 또는 개인의 업무에 관하여 위 벌칙에 규정된 위반행위를 하면 그 법인 또는 개인에게도 해당 조문의 벌금형을 과한다. 다만, 법인 또는 개인이 그 위반행위를 방지하기 위하여 해당 업무에 관하여 상당한 주의와 감독을 게을리하지 아니한 경우에는 그러하지 아니하다.

## Ⅲ. 고 발

### 1. 의의와 법적성격

공정거래위원회는 원사업자가 하도급법 제30조(벌칙) 규정을 위반하여 처벌되는 행위에 대하여 전속고발권을 갖는다. 형사처벌과 관련한 검사의 기소독점주의에 대한 예외이다. 따라서 검찰은 하도급법 위반 여부에 대해 조사는 할 수 있으나 공정거래위원회의 고발이 없으면 법원에 공소를 제기할 수 없다. 전속고발권 제도는 1984년 하도급법 제정 당시부터 규정되었다.

대법원은 전속고발 규정에 따른 고발은 적극적 소송조건으로서 직권조사사항에 해당하므로 당사자가 주장하지 않았다고 하더라도 법원은 이를 직권으로 조사·판단하여야 한다고 봤다.[194] 공정거래법위반 사안이기는 하나 대법원은 전속고발권에 대해 죄형법정주의에 반하므로 고발의 주관적 불가분원칙을 유추적용할 수 없고, 양벌규정에 따라 처벌되는 법인이나 개인에 대한 고발의 효력이 그 대표자 등으로서 행위자인 사람에게까지 미친다고 볼 수 없다고 봤다.[195] 고발조치와 고발의결은 모두 항고소송의 대상이 되는 행정처분이 아니다.[196]

## 2. 고발요건 및 절차

하도급법에서는 하도급법 제30조 위반행위를 하고, 위반정도가 객관적으로 명백하고 중대하여 하도급거래 질서를 현저히 저해하거나, 그렇지 않더라도 위반행위가 사회적 파급효과, 수급사업자에게 미친 피해 정도가 중대해야 한다. 공정거래위원회는 고발요건 및 절차를 「하도급공정화거래지침」에서 아래와 같이 정하고 있다.

### (1) 중대한 위반행위를 한 자

기술유용행위(법 제12조의3 제3항), 보복조치(법 제19조) 또는 탈법행위(법 제20조)를 한 업체로서 법 위반 정도가 중대하거나 법 위반동기가 고의적이라고 판단되는 경우에 고발함을 원칙으로 하고, 부당한 하도급대금의 결정(법 제

194) 대법원 2014. 7. 10. 선고 2014도224 판결.

195) 대법원 2011. 7. 28. 선고 2008도5757 판결.

196) 공정거래위원회의 고발조치는 사직 당국에 대하여 형벌권 행사를 요구하는 행정기관 상호간의 행위에 불과하여 항고소송의 대상이 되는 행정처분이라 할 수 없으며, 더욱이 공정거래위원회의 고발 의결은 행정청 내부의 의사결정에 불과할 뿐 최종적인 처분은 아닌 것이므로 이 역시 항고소송의 대상이 되는 행정처분이 되지 못한다(대법원 1995. 5. 12. 선고 94누13794 판결).

4조) 또는 감액행위(법 제11조)를 한 업체로서 법 위반 정도가 중대하다고 판단되는 경우에 사업자뿐만 아니라 책임 있는 사업자의 대표를 고발함을 원칙으로 한다.

### (2) 시정명령을 불이행한 자

시정명령을 받은 사업자가 이의신청을 하지 않은 경우 이의신청기간이 경과한 날로부터 30일 이내의 기간을 정하여 1차 독촉하고, 1차 독촉기한이 경과한 후에도 이행하지 않은 경우 30일 이내의 기간을 정하여 2차 독촉을 하고, 그래도 불이행하면 고발함을 원칙으로 한다. 시정명령을 받은 사업자가 이의신청을 한 경우에는 이에 대한 재결서의 정본을 송달받은 날로부터 30일 이내에 이행하도록 통보한 후 불이행시 고발함을 원칙으로 한다.

### (3) 법위반을 반복한 자

법 위반사업자가 과거 3년간 하도급법 위반으로 경고 이상의 조치를 3회 이상 받은 사실이 있고 누적벌점이 4점을 초과하는 경우는 고발함을 원칙으로 한다.

### (4) 고발 재량

(1) 내지 (3)에도 불구하고 공정거래위원회는 법 위반혐의가 있는 행위의 증거확보를 위한 수사권 발동의 필요 여부, 하도급법 제32조제3항에 의한 검찰총장의 고발요청 여부, 당해 행위의 경미성, 위반행위의 자진시정 여부, 과거 법위반전력 등 여러 사항을 종합적으로 고려하여 고발여부를 달리 결정할 수 있다.

## 3. 전속고발권 제도의 개선

전속고발권 행사에 있어 공정거래위원회가 재량권을 소극적으로 행사한다는 문제제기가 있어왔다. 이에 전속고발권 제도를 개선하고 공정거래위원회의 고발권 행사를 원활히 하기 위하여 공정거래위원회는 하도급법 제30조의 죄 중 위반정도가 객관적으로 명백하고 중대하여 하도급거래 질서를 현저히 저해한다고 인정하는 경우에는 검찰총장에게 고발하여야 하는 의무를 신설하고(법 제32조 제2항), 검찰총장은 고발요건에 해당하는 사실이 있음을 공정거래위원회에 통보하여 고발을 요청할 수 있게 하였다(법 제32조 제3항). 또한 감사원장, 중소기업청장은 공정거래위원회가 고발요건에 해당하지 않다고 결정한 사건에 대해서도 사회적 파급효과 등을 이유로 공정거래위원회에 고발을 요청할 수 있다(법 제32조 제4항). 그리고 검찰총장, 감사원장, 중소기업청장이 고발을 요청하는 경우 공정거래위원회 위원장은 검찰총장에게 고발하여야 하는 의무를 부과하여 과거의 전속고발권제도를 일부 개선하였다.

하지만, 검찰총장의 고발요청권을 도입한 2011년, 감사원장, 중소기업청장의 고발요청권을 도입한 2013년 이후에도 공정거래위원회의 고발 실적은 증가하지 아니하였다.

[하도급법 고발 실적][197]

(단위 : 건)

| 연 도 | 고 발 | 총조치실적(고발포함) |
|---|---|---|
| 2009 | 24(1.6%) | 1,472 |
| 2010 | 4(0.5%) | 669 |
| 2011 | 12(1.4%) | 808 |
| 2012 | 27(2.4%) | 1,100 |
| 2013 | 30(2.7%) | 1,085 |
| 2014 | 5(0.5%) | 911 |
| 2015 | 19(0.6%) | 1,358 |
| 2016 | 5(0.5%) | 1,035 |
| 총계(1998년~2016년) | 280(1.1%) | 24,392(100%) |

## 4. 전속고발권과 수사권

현행 형사소송법에 의하면 누구든지 범죄가 있다고 사료되는 경우에는

197) 공정거래위원회, 「2016년도 공정거래위원회 통계연보」, 2017년, 86면.

고발을 할 수 있고, 공무원은 그 직무를 행함에 있어 죄가 있다고 사료되는 경우에는 고발을 해야 한다(형사소송법 제234조). 따라서 고발은 누구나 할 수 있으며 공무원의 경우 직무상 죄를 발견하게 되는 경우 고발할 의무를 부과하고 있다.[198]

검찰총장, 감사원장, 중소기업청장에게 고발요청권을 부여하고, 공정거래위원회에 고발의무를 부과하더라도 법률 해석에 따르면 여전히 공정거래위원회의 고발이 필수적이라는 측면에서 고발권은 공정거래위원회에 전속되어 있다고 볼 것이며, 공정거래위원회의 고발이 없으면 기소를 할 수 없도록 하여 관세법이나 조세범처벌법위반의 경우와 동일하게 공정거래위원회의 고발을 소송조건으로 규정하고 있다.

하도급법은 관세나 조세포탈을 방지하기 위한 관세법이나 조세범처벌법과는 달리 수급업자를 보호하고 공정한 하도급질서를 유지하기 위한 것이므로 공정거래위원회의 고발을 소추조건으로 할 필요성이 없다. 또한 수사권이 있는 관세공무원 또는 세무공무원과 달리 공정거래위원회 소속 공무원은 수사권이 없고, 조사 목적이 형사처벌을 위한 것이 아니므로, 공정거래위원회가 범죄수사의 단초인 '고발'에 대한 전속권을 가질 논리필연성도 없다.

전속고발권을 폐지하거나 공정거래위원회 소속 공무원에게 특별사법경찰관으로서 수사권을 부여하는 것이 타당하다. 공정거래위원회가 수사권을 갖을 때, 사건 조사 및 전속고발권이 실효성 있게 행사될 수 있고, 수사지휘권을 갖는 검찰과 조사 초기부터 정보 및 증거에 관한 협력이 가능하며, 공정거래위원회의 대물적 강제처분에 위헌성을 제거할 수 있고, 영장주의를 통한 대인적 강제수사가 가능할 것이다.

198) 이재상, 『신형사소송법』, 박영사, 2007, 207면.

# 제 9 절 과실상계

> 하도급법 제33조(과실상계) 원사업자의 이 법 위반행위에 관하여 수급사업자에게 책임이 있는 경우에는 이 법에 따른 시정조치·고발 또는 벌칙 적용을 할 때 이를 고려할 수 있다.

원사업자는 하도급법 위반행위에 관하여 수급사업자에게 책임이 있는 경우에는 하도급법에 의한 시정조치·고발 또는 벌칙적용을 함에 있어서 이를 참작할 수 있다. 이는 원사업자의 하도급법 위반행위에 대하여 수급사업자에게 책임을 돌릴 사유가 있는 경우에 이를 원사업자에게 전가시키는 것은 부당하므로 시정조치를 함에 있어서 이를 참작하여 원사업자의 책임을 감면할 필요성이 있기 때문이다.

과실상계는 원래 민법상의 채무불이행이나 불법행위에 있어서 채무자의 손해배상액을 감면하기 위해 인정된 제도로서 공평의 원칙에 기인한 것이다.

그러나 공정거래위원회는 경제적 약자인 수급사업자를 보호하고 하도급거래의 공정한 질서를 확보한다는 하도급법의 취지를 고려하여 과실상계 규정을 엄격하게 해석하고 있다. 과실상계 규정이 적용되기 위해서는 원사업자의 하도급법위반행위가 수급사업자의 귀책사유로 인한 것이 명백하거나 객관적인 증거에 의해 입증되어야 한다고 판단하고 있다.[199]

# 제 10 절 타 법령과의 관계

> 하도급법 제34조(다른 법률과의 관계) 「대·중소기업 상생협력 촉진에 관한 법률」,

199) 공정거래위원회 2006. 7. 27. 의결 2006심일1164, (주) 페니엘인터내셔날의 이의신청에 대한 건.

「전기공사업법」, 「건설산업기본법」, 「정보통신공사업법」이 이 법에 어긋나는 경우에는 이 법에 따른다.

하도급법은 하도급관계에서 원사업자와 수급사업자 사이의 관계를 규율하는 특별법으로서 제34조에 기술되어 있는 법률보다 우선적으로 적용되어야 함을 명시한 규정이다.

예를 들어 「대·중소기업 상생협력 촉진에 관한 법률」 제11조에 따라 정부는 대기업이 중소기업에 자본 참여를 할 수 있는 방안을 수립하여 시행할 수 있는데, 이에 따라 원사업자인 대기업이 수급사업자인 중소기업의 자본에 참여하더라도 하도급법에 의해 경영에 간섭하는 것은 금지된다.

또한 하도급거래가 가장 자주 발생하는 건설산업의 경우 건설산업기본법이 일반적으로 적용되어 건설공사와 관련된 도급 및 하도급계약을 규율하게 되는데, 하도급법의 적용범위에 포섭되는 부분이 있다면 건설산업기본법 보다 하도급법이 우선적으로 적용된다.

## 제 11 절 손해배상의 책임

하도급법 제35조(손해배상 책임) ① 원사업자가 이 법의 규정을 위반함으로써 손해를 입은 자가 있는 경우에는 그 자에게 발생한 손해에 대하여 배상책임을 진다. 다만, 원사업자가 고의 또는 과실이 없음을 입증한 경우에는 그러하지 아니하다. <개정 2013.5.28>

② 원사업자가 제4조, 제8조제1항, 제10조, 제11조제1항·제2항 및 제12조의3 제3항을 위반함으로써 손해를 입은 자가 있는 경우에는 그 자에게 발생한 손해의 3배를 넘지 아니하는 범위에서 배상책임을 진다. 다만, 원사업자가 고의 또는 과실이 없음을 입증한 경우에는 그러하지 아니하다. <개정 2013.5.28>

③ 법원은 제2항의 배상액을 정할 때에는 다음 각 호의 사항을 고려하여야 한다. <신설 2013.5.28>

1. 고의 또는 손해 발생의 우려를 인식한 정도

2. 위반행위로 인하여 수급사업자와 다른 사람이 입은 피해규모
3. 위법행위로 인하여 원사업자가 취득한 경제적 이익
4. 위반행위에 따른 벌금 및 과징금
5. 위반행위의 기간·횟수 등
6. 원사업자의 재산상태
7. 원사업자의 피해구제 노력의 정도

④ 제1항 또는 제2항에 따라 손해배상청구의 소가 제기된 경우 「독점규제 및 공정거래에 관한 법률」 제56조의2 및 제57조를 준용한다. <개정 2013.5.28>

## Ⅰ. 의 의

하도급법 제35조로 인하여 하도급거래에서 원사업자가 하도급법을 위반하여 손해가 발생하는 경우 원사업자는 손해배상책임을 진다. 하지만 일반적인 불법행위책임의 법리와는 달리 손해배상을 청구하는 자가 상대방의 고의 또는 과실을 입증해야 하는 것이 아니라, 피청구인인 원사업자가 스스로 고의 또는 과실이 없음을 입증해야 손해배상책임이 면책된다. 즉 수급사업자 보호를 위해 원사업자에게 입증책임을 전환하였다. 또한 징벌적 손해배상제도를 도입하여 손해액의 3배를 넘지 않는 범위에서 배상책임을 지도록 하였다.

## Ⅱ. 기록의 송부

하도급법은 공정거래법 중 기록의 송부 규정을 준용하고 있다. 법원은 공정거래법 제56조(손해배상책임)의 규정에 의한 손해배상청구의 소가 제기된 때에는 공정거래위원회에 대하여 당해 사건의 기록(사건관계인, 참고인 또는 관계인에 대한 심문조서 및 속기록 기타 재판상 증거가 되는 일체의 것을 포함한다)의 송부를 요구할 수 있다(공정거래법 제56조의2). 하지만 재판 실무에서는 공정거래위원회는 기록 중 일부만을 제공하고 있다. 법원은 적극적으로 소송지휘권을 행사할 필요가 있다.

## Ⅲ. 징벌적 손해배상 등

하도급법 개정을 통해 징벌적 손해배상제도가 도입되었다. 즉, 원사업자가 ① 부당한 하도급대금 결정 금지를 위반한 경우(법 제4조 위반), ② 부당한 위탁 취소 금지를 위반한 경우(법 제8조 제1항 위반), ③ 하도급대금 감액 금지를 위반한 경우(법 제11조 위반), ④ 수급사업자로부터 취득한 기술자료를 자기 또는 제3자를 위하여 유용한 경우(법 제12조의3 제3항 위반), 이로 인해 발생한 손해의 3배 이하의 범위에서 손해배상책임을 지게 된다.

손해배상은 차액설에 따라 실손해배상이 원칙이나, 하도급거래의 공정화를 위한 여러 차례의 법률개정과 제도개선 노력에도 불구하고 불공정 하도급 행위는 근절되지 않고 있고, 실제 하도급 현장에서 이루어지는 위반행위는 교묘하고 적발이 쉽지 않아서 상대적 약자인 하도급업체를 보호하지 못하고 있으며, 최근 세계경기 침체로 인해 열악한 중소기업의 어려움이 더욱 가중되고 있는 현실을 고려하여 징벌적 손해배상제도의 범위를 과거에 비해 확대하였다.

징벌적 손해배상의 범위를 정할 때에 법원은 제35조 제2항에 규정되어 있는 여러 가지 사항들을 고려하여 정하게 되는데, 법원의 재량에 의해 징벌적 손해배상액이 결정되므로 공정한 하도급거래 정착을 위해 법원의 역할이 보다 중요하게 되었다. 따라서 법원으로서는 하도급법상 징벌적 손해배상제도의 취지를 충분히 고려하여 그 적용을 보다 활성화하여야 할 것이다. 또한 하도급법의 실효성 확보를 위해서는 징벌적 손해배상 제도의 적용 대상행위가 확대되어야 할 필요가 있다.

하도급법을 위반한 행위로 인하여 손해가 발생된 것은 인정되나 그 손해액을 입증하기 위하여 필요한 사실을 입증하는 것이 해당 사실의 성질상 극히 곤란한 경우 법원은 변론 전체의 취지와 증거조사의 결과에 기초하여 상당한 손해액을 인정할 수 있다(법 제35조 제4항, 공정거래법 제57조). 위 규정은 손해배상청구소송에서 재산적 손해의 발생 사실은 인정되나 구체적인 손해의 액수를 증명하는 것이 사안의 성질상 곤란한 경우에 종래 법원이 손해의 액수를 판단하던 법리[200]를 입법화한 것이다. 특별히 수급사업자를 보호하는 입법이라고 보기 어렵다. 저작권법 등은 손해액의 인정 제도(저작권법 제126조) 이외에도 손해배상액 입증곤란을 완화하기 위하여 손해배상액 추정 규정(저작권법 제125조), 법정손해배상 규정(저작권법 제125조의2)을 두고 있는 바, 손해전보를 실질화 하기 위한 하도급법 제도 개선에 참고할 대목이다.

## Ⅳ. 배상명령제도의 도입 필요성

앞서 살펴본 바와 같이 현행 하도급법은 원사업자가 동법을 위반한 경우 공정위로 하여금 시정조치를 명하거나 과징금과 과태료를 부과할 수 있게 하고, 형사처벌로서 하도급대금의 2배 상당금액 이하의 벌금을 부과하게 하고 행위자를 벌하는 외에 법인 등을 벌하는 양벌규정을 두고 있다.

그러나 원사업자로 하여금 원사업자의 불공정행위로 인하여 수급사업자에게 발생한 손해의 배상을 명하는 규정은 없다. 이에 따라 수급사업자가 손해를 배상받기 위해서는 민사소송을 제기할 수밖에 없다. 이와 같은 민사소송에 의한 해결은 시일이 오래 걸릴 뿐만 아니라 비용이 많이 든다는 점에서 적절한 구제수단이 되기 어렵다. 특히 영세한 중소기업이 대기업인 원사업자를 상대로 민사소송을 진행하기도 쉽지 않을뿐더러, 무엇보다 소송이 길어지면 소송을 통해 얻는 이익보다 잃는 것이 더 많아지는 부조리한 결과에 직면하게 된다.

따라서 수급사업자의 손해전보를 위하여 손해전보가 안된 사건에 대해서는 공정거래위원회가 원칙적으로 고발을 하도록 하고, 검사는 기소하면서 배상신청을 할 필요가 있다. 다만, 이를 위해서는 소송촉진 등에 관한 특례법의 개정이 필요하다.

---

200) 대법원 2013. 11. 14. 선고 2013다22553 판결.

# 부 록

- ❑ 독점규제 및 공정거래에 관한 법률
- ❑ 하도급거래 공정화에 관한 법률
- ❑ 하도급거래 공정화에 관한 법률 시행령

# 독점규제 및 공정거래에 관한 법률 (약칭 : 공정거래법)

[시행 2017.10.31.] [법률 제15014호, 2017.10.31., 일부개정]

공정거래위원회(경쟁정책과) 044-200-4302
공정거래위원회(시장감시총괄과) 044-200-4493
공정거래위원회(카르텔총괄과) 044-200-4534
공정거래위원회(기업집단과) 044-200-4332

## 제1장 총 칙

제1조(목적) 이 법은 사업자의 시장지배적지위의 남용과 과도한 경제력의 집중을 방지하고, 부당한 공동행위 및 불공정거래행위를 규제하여 공정하고 자유로운 경쟁을 촉진함으로써 창의적인 기업활동을 조장하고 소비자를 보호함과 아울러 국민경제의 균형있는 발전을 도모함을 목적으로 한다.

제2조(정의) 이 법에서 사용하는 용어의 정의는 다음과 같다. <개정 1992.12.8., 1996.12.30., 1999.2.5., 2001.1.16., 2004.12.31., 2007.4.27., 2007.8.3., 2017.4.18., 2017.10.31.>

1. "사업자"라 함은 제조업, 서비스업, 기타 사업을 행하는 자를 말한다. 사업자의 이익을 위한 행위를 하는 임원·종업원·대리인 기타의 자는 사업자단체에 관한 규정의 적용에 있어서는 이를 사업자로 본다.

1의2. "지주회사"라 함은 주식(持分을 포함한다. 이하 같다)의 소유를 통하여 국내회사의 사업내용을 지배하는 것을 주된 사업으로 하는 회사로서 자산총액이 대통령령이 정하는 금액이상인 회사를 말한다. 이 경우 주된 사업의 기준은 대통령령으로 정한다.

1의3. "자회사"라 함은 지주회사에 의하여 대통령령이 정하는 기준에 따라 그 사업내용을 지배받는 국내회사를 말한다.

1의4. "손자회사"란 자회사에 의하여 대통령령으로 정하는 기준에 따라 사업내용을 지배받는 국내회사를 말한다.

2. "기업집단"이라 함은 동일인이 다음 각목의 구분에 따라 대통령령이 정하는 기준에 의하여 사실상 그 사업내용을 지배하는 회사의 집단을 말한다.
   가. 동일인이 회사인 경우 그 동일인과 그 동일인이 지배하는 하나이상의 회사의 집단
   나. 동일인이 회사가 아닌 경우 그 동일인이 지배하는 2이상의 회사의 집단

3. "계열회사"라 함은 2이상의 회사가 동일한 기업집단에 속하는 경우에 이들 회사는 서로 상대방의 계열회사라 한다.

3의2. "계열출자"란 기업집단 소속 회사가 계열회사의 주식을 취득 또는 소유하는 행위를 말한다.

3의3. "계열출자회사"란 계열출자를 통하여 다른 계열회사의 주식을 취득 또는 소유하는 계열회사를 말한다.

3의4. "계열출자대상회사"란 계열출자를 통하여 계열출자회사가 취득 또는 소유하는 계열회사 주식을 발행한 계열회사를 말한다.

3의5. "순환출자"란 3개 이상의 계열출자로 연결된 계열회사 모두가 계열출자회사 및 계열출자대상회사가 되는 계열출자 관계를 말한다.

3의6. "순환출자회사집단"이란 기업집단 소속 회사 중 순환출자 관계에 있는 계열회사의 집단을 말한다.

3의7. "채무보증"이란 기업집단에 속하는 회사가 다음 각 목의 어느 하나에 해당하는 국내금융기관의 여신과 관련하여 국내계열회사에 대하여 행하는 보증을 말한다.

가. 「은행법」에 따른 은행

나. 「한국산업은행법」에 따른 한국산업은행

다. 「한국수출입은행법」에 따른 한국수출입은행

라. 「중소기업은행법」에 따른 중소기업은행

마. 「보험업법」에 따른 보험회사

바. 「자본시장과 금융투자업에 관한 법률」에 따른 투자매매업자·투자중개업자 및 종합금융회사

사. 그 밖에 대통령령으로 정하는 금융기관

4. "사업자단체"라 함은 그 형태 여하를 불문하고 2이상의 사업자가 공동의 이익을 증진할 목적으로 조직한 결합체 또는 그 연합체를 말한다.

5. "임원"이라 함은 이사·대표이사·업무집행을 하는 무한책임사원·감사나 이에 준하는 자 또는 지배인등 본점이나 지점의 영업전반을 총괄적으로 처리할 수 있는 상업사용인을 말한다.

6. "재판매가격유지행위"라 함은 사업자가 상품 또는 용역을 거래함에 있어서 거래상대방인 사업자 또는 그 다음 거래단계별 사업자에 대하여 거래가격을 정하여 그 가격대로 판매 또는 제공할 것을 강제하거나 이를 위하여 규약 기타 구속조건을 붙여 거래하는 행위를 말한다.

7. "시장지배적사업자"라 함은 일정한 거래분야의 공급자나 수요자로서 단독으로 또는 다른 사업자와 함께 상품이나 용역의 가격·수량·품질 기타의 거래조건을 결정·유지 또는 변경할 수 있는 시장지위를 가진 사업자를 말한다. 시장지배적사업자를 판단함에 있어서는 시장점유율, 진입장벽의 존재 및 정도, 경쟁사업자의 상대적 규모등을 종합적으로 고려한다.

8. "일정한 거래분야"라 함은 거래의 객체별·단계별 또는 지역별로 경쟁관계에 있거나 경쟁관계가 성립될 수 있는 분야를 말한다.

8의2. "경쟁을 실질적으로 제한하는 행위"라 함은 일정한 거래분야의 경쟁이 감소하여

특정 사업자 또는 사업자단체의 의사에 따라 어느 정도 자유로이 가격·수량·품질 기타 거래조건등의 결정에 영향을 미치거나 미칠 우려가 있는 상태를 초래하는 행위를 말한다.

9. "여신"이라 함은 국내금융기관이 행하는 대출 및 회사채무의 보증 또는 인수를 말한다.
10. "금융업 또는 보험업"이라 함은 「통계법」 제22조(표준분류)제1항의 규정에 의하여 통계청장이 고시하는 한국표준산업분류상 금융 및 보험업을 말한다. 다만, 제8조의2 제2항제5호에 따른 일반지주회사는 금융업 또는 보험업을 영위하는 회사로 보지 아니한다.

제2조의2(국외행위에 대한 적용) 이 법은 국외에서 이루어진 행위라도 국내시장에 영향을 미치는 경우에는 적용한다.
[본조신설 2004.12.31.]

## 제2장 시장지배적지위의 남용금지

제3조(독과점적 시장구조의 개선등) ① 공정거래위원회는 독과점적 시장구조가 장기간 유지되고 있는 상품이나 용역의 공급 또는 수요시장에 대하여 경쟁을 촉진하기 위한 시책을 수립·시행하여야 한다.
② 공정거래위원회는 제1항의 규정에 의한 시책을 추진하기 위하여 필요한 경우에는 관계행정기관의 장에게 경쟁의 도입 기타 시장구조의 개선등에 관하여 필요한 의견을 제시할 수 있다.
③ 공정거래위원회는 제1항의 규정에 의한 시책을 수립·추진하기 위하여 시장구조를 조사하여 공표한다. <신설 1999.2.5.>
④ 공정거래위원회는 사업자에 대하여 제3항에 의한 시장구조의 조사·공표를 위하여 필요한 자료의 제출을 요청할 수 있다. <신설 1999.2.5.>
⑤ 공정거래위원회는 제3항 및 제4항의 사무를 대통령령이 정하는 바에 의하여 다른 기관에 위탁할 수 있다. <신설 1999.2.5.>
[본조신설 1996.12.30.]
[종전의 제3조는 제3조의2로 이동<1996.12.30.>]

제3조의2(시장지배적지위의 남용금지) ① 시장지배적사업자는 다음 각호의 1에 해당하는 행위(이하 "濫用行爲"라 한다)를 하여서는 아니된다. <개정 1999.2.5.>

1. 상품의 가격이나 용역의 대가(이하 "價格"이라 한다)를 부당하게 결정·유지 또는 변경하는 행위
2. 상품의 판매 또는 용역의 제공을 부당하게 조절하는 행위
3. 다른 사업자의 사업활동을 부당하게 방해하는 행위

4. 새로운 경쟁사업자의 참가를 부당하게 방해하는 행위
5. 부당하게 경쟁사업자를 배제하기 위하여 거래하거나 소비자의 이익을 현저히 저해할 우려가 있는 행위

② 남용행위의 유형 또는 기준은 대통령령으로 정할 수 있다. <신설 1996.12.30., 1999.2.5.>

[제3조에서 이동 <1996.12.30.>]

제4조(시장지배적사업자의 추정) 일정한 거래분야에서 시장점유율이 다음 각 호의 어느 하나에 해당하는 사업자(일정한 거래분야에서 연간 매출액 또는 구매액이 40억원 미만인 사업자는 제외한다)는 제2조(定義)제7호의 시장지배적 사업자로 추정한다. <개정 2007.8.3.>

1. 1사업자의 시장점유율이 100분의 50 이상
2. 3 이하의 사업자의 시장점유율의 합계가 100분의 75 이상. 다만, 이 경우에 시장점유율이 100분의 10 미만인 자를 제외한다.

[전문개정 1999.2.5.]

제5조(시정조치) 공정거래위원회는 제3조의2(市場支配的地位의 濫用禁止)의 규정에 위반하는 행위가 있을 때에는 당해 시장지배적사업자에 대하여 가격의 인하, 당해 행위의 중지, 시정명령을 받은 사실의 공표 기타 시정을 위한 필요한 조치를 명할 수 있다. <개정 1996.12.30., 2004.12.31.>

제6조(과징금) 공정거래위원회는 시장지배적사업자가 남용행위를 한 경우에는 당해 사업자에 대하여 대통령령이 정하는 매출액(大統領令이 정하는 事業者의 경우에는 營業收益을 말한다. 이하 같다)에 100분의 3을 곱한 금액을 초과하지 아니하는 범위안에서 과징금을 부과할 수 있다. 다만, 매출액이 없거나 매출액의 산정이 곤란한 경우로서 대통령령이 정하는 경우(이하 "賣出額이 없는 경우등"이라 한다)에는 10억원을 초과하지 아니하는 범위안에서 과징금을 부과할 수 있다.

[전문개정 1996.12.30.]

## 제3장 기업결합의 제한 및 경제력집중의 억제

제7조(기업결합의 제한) ① 누구든지 직접 또는 대통령령이 정하는 특수한 관계에 있는 자(이하 "特殊關係人"이라 한다)를 통하여 다음 각호의 1에 해당하는 행위(이하 "企業結合"이라 한다)로서 일정한 거래분야에서 경쟁을 실질적으로 제한하는 행위를 하여서는 아니된다. 다만, 자산총액 또는 매출액의 규모(系列會社의 資産總額 또는 賣出額을 合算한 규모를 말한다)가 대통령령이 정하는 규모에 해당하는 회사(이하 "大規模會社"라 한다) 외의 자가 제2호에 해당하는 행위를 하는 경우에는 그러하지 아니하다. <개정 1996.12.30., 1999.2.5., 2007.8.3.>

1. 다른 회사의 주식의 취득 또는 소유
2. 임원 또는 종업원(계속하여 會社의 業務에 종사하는 者로서 任員외의 者를 말한다. 이하 같다)에 의한 다른 회사의 임원지위의 겸임(이하 "任員兼任"이라 한다)
3. 다른 회사와의 합병
4. 다른 회사의 영업의 전부 또는 주요부분의 양수·임차 또는 경영의 수임이나 다른 회사의 영업용고정자산의 전부 또는 주요부분의 양수(이하 "營業讓受"라 한다)
5. 새로운 회사설립에의 참여. 다만, 다음 각목의 1에 해당하는 경우는 제외한다.
   가. 특수관계인(大統領令이 정하는 者를 제외한다)외의 자는 참여하지 아니하는 경우
   나. 「상법」 제530조의2(會社의 分割·分割合併)제1항의 규정에 의하여 분할에 의한 회사설립에 참여하는 경우

② 다음 각호의 1에 해당한다고 공정거래위원회가 인정하는 기업결합에 대하여는 제1항의 규정을 적용하지 아니한다. 이 경우 해당요건을 충족하는지에 대한 입증은 당해 사업자가 하여야 한다. <개정 1999.2.5.>

1. 당해 기업결합외의 방법으로는 달성하기 어려운 효율성 증대효과가 경쟁제한으로 인한 폐해보다 큰 경우
2. 상당기간 대차대조표상의 자본총계가 납입자본금보다 작은 상태에 있는 등 회생이 불가한 회사와의 기업결합으로서 대통령령이 정하는 요건에 해당하는 경우

③ 삭제 <2007.8.3.>

④ 기업결합이 다음 각 호의 어느 하나에 해당하는 경우에는 일정한 거래분야에서 경쟁을 실질적으로 제한하는 것으로 추정한다. <신설 1996.12.30., 1999.2.5., 2007.8.3.>

1. 기업결합의 당사회사(제1항제5호의 경우에는 회사설립에 참여하는 모든 회사를 말한다. 이하 같다)의 시장점유율(系列會社의 市場占有率을 合算한 占有率을 말한다. 이하 이 條에서 같다)의 합계가 다음 각 목의 요건을 갖춘 경우
   가. 시장점유율의 합계가 시장지배적사업자의 추정요건에 해당할 것
   나. 시장점유율의 합계가 당해거래분야에서 제1위일 것
   다. 시장점유율의 합계와 시장점유율이 제2위인 회사(當事會社를 제외한 會社중 第1位인 會社를 말한다)의 시장점유율과의 차이가 그 시장점유율의 합계의 100분의 25이상일 것
2. 대규모회사가 직접 또는 특수관계인을 통하여 행한 기업결합이 다음 각목의 요건을 갖춘 경우
   가. 「중소기업기본법」에 의한 중소기업의 시장점유율이 3분의 2이상인 거래분야에서의 기업결합일 것
   나. 당해기업결합으로 100분의 5이상의 시장점유율을 가지게 될 것

⑤ 제1항의 규정에 의한 일정한 거래분야에서 경쟁을 실질적으로 제한하는 기업결합과

제2항의 규정에 의하여 제1항의 규정을 적용하지 아니하는 기업결합에 관한 기준은 공정거래위원회가 정하여 이를 고시할 수 있다. <신설 1996.12.30., 1999.2.5., 2007.8.3.>

**제7조의2(주식의 취득 또는 소유의 기준)** 이 법의 규정에 의한 주식의 취득 또는 소유는 취득 또는 소유의 명의와 관계없이 실질적인 소유관계를 기준으로 한다.
[본조신설 1996.12.30.]

**제8조(지주회사 설립·전환의 신고)** 지주회사를 설립하거나 지주회사로 전환한 자는 대통령령이 정하는 바에 의하여 공정거래위원회에 신고하여야 한다. <개정 2001.1.16.>
[전문개정 1999.2.5.]

**제8조의2(지주회사 등의 행위제한 등)** ① 이 조에서 사용하는 용어의 정의는 다음과 같다. <신설 2004.12.31., 2007.8.3.>

1. "공동출자법인"이라 함은 경영에 영향을 미칠 수 있는 상당한 지분을 소유하고 있는 2인 이상의 출자자(특수관계인의 관계에 있는 출자자 중 대통령령이 정하는 자 외의 자는 1인으로 본다)가 계약 또는 이에 준하는 방법으로 출자지분의 양도를 현저히 제한하고 있어 출자자간 지분변동이 어려운 법인을 말한다.
2. "벤처지주회사"라 함은 「벤처기업육성에 관한 특별조치법」 제2조(정의)제1항에 따른 벤처기업(이하 "벤처기업"이라 한다)을 자회사로 하는 지주회사로서 대통령령이 정하는 기준에 해당하는 지주회사를 말한다.

② 지주회사는 다음 각 호의 어느 하나에 해당하는 행위를 하여서는 아니된다. <개정 2001.1.16., 2002.1.26., 2004.12.31., 2007.4.13., 2007.8.3., 2013.4.5., 2013.5.28.>

1. 자본총액(대차대조표상의 자산총액에서 부채액을 뺀 금액을 말한다. 이하 같다)의 2배를 초과하는 부채액을 보유하는 행위. 다만, 지주회사로 전환하거나 설립될 당시에 자본총액의 2배를 초과하는 부채액을 보유하고 있는 때에는 지주회사로 전환하거나 설립된 날부터 2년간은 자본총액의 2배를 초과하는 부채액을 보유할 수 있다.
   가. 삭제 <2004.12.31.>
   나. 삭제 <2004.12.31.>
   다. 삭제 <2004.12.31.>
2. 자회사의 주식을 그 자회사 발행주식총수의 100분의 40[자회사가 「자본시장과 금융투자업에 관한 법률」에 따른 주권상장법인(이하 "상장법인"이라 한다)인 경우, 주식 소유의 분산요건 등 상장요건이 같은 법에 따른 증권시장으로서 대통령령으로 정하는 국내 증권시장의 상장요건에 상당하는 것으로 공정거래위원회가 고시하는 국외 증권거래소에 상장된 법인(이하 "국외상장법인"이라 한다)인 경우, 공동출자법인인 경우 또는 벤처지주회사의 자회사인 경우에는 100분의 20으로 한다. 이하 이 조에서 "자회사주식보유기준"이라 한다] 미만으로 소유하는 행위. 다만, 다음 각 목의 어느 하나에 해당하는 사유로 인하여 자회사주식보유기준에 미달하게 된 경우에는 그러하지 아니

하다.

가. 지주회사로 전환하거나 설립될 당시에 자회사의 주식을 자회사주식보유기준 미만으로 소유하고 있는 경우로서 지주회사로 전환하거나 설립된 날부터 2년 이내인 경우

나. 상장법인 또는 국외상장법인이거나 공동출자법인이었던 자회사가 그에 해당하지 아니하게 되어 자회사주식보유기준에 미달하게 된 경우로서 그 해당하지 아니하게 된 날부터 1년 이내인 경우

다. 벤처지주회사이었던 회사가 그에 해당하지 아니하게 되어 자회사주식보유기준에 미달하게 된 경우로서 그 해당하지 아니하게 된 날부터 1년 이내인 경우

라. 자회사가 주식을 모집하거나 매출하면서 「자본시장과 금융투자업에 관한 법률」 제165조의7에 따라 우리사주조합원에게 배정하거나 당해 자회사가 「상법」 제513조(전환사채의 발행) 또는 제516조의2(신주인수권부사채의 발행)의 규정에 따라 발행한 전환사채 또는 신주인수권부사채의 전환이 청구되거나 신주인수권이 행사되어 자회사주식보유기준에 미달하게 된 경우로서 그 미달하게 된 날부터 1년 이내인 경우

마. 자회사가 아닌 회사가 자회사에 해당하게 되고 자회사주식보유기준에는 미달하는 경우로서 당해 회사가 자회사에 해당하게 된 날부터 1년 이내인 경우

바. 자회사를 자회사에 해당하지 아니하게 하는 과정에서 자회사주식보유기준에 미달하게 된 경우로서 그 미달하게 된 날부터 1년 이내인 경우(자회사주식보유기준에 미달하게 된 날부터 1년 이내에 자회사에 해당하지 아니하게 된 경우에 한한다)

사. 자회사가 다른 회사와 합병하여 자회사주식보유기준에 미달하게 된 경우로서 그 미달하게 된 날부터 1년 이내인 경우

3. 계열회사가 아닌 국내회사(「사회기반시설에 대한 민간투자법」 제4조(민간투자사업의 추진방식)제1호부터 제4호까지의 규정에 정한 방식으로 민간투자사업을 영위하는 회사를 제외한다. 이하 이 호에서 같다)의 주식을 당해 회사 발행주식총수의 100분의 5를 초과하여 소유하는 행위(소유하고 있는 계열회사가 아닌 국내회사의 주식가액의 합계액이 자회사의 주식가액의 합계액의 100분의 15 미만인 지주회사에 대하여는 적용하지 아니한다) 또는 자회사 외의 국내계열회사의 주식을 소유하는 행위. 다만, 다음 각목의 1에 해당하는 사유로 인하여 주식을 소유하고 있는 계열회사가 아닌 국내회사나 국내계열회사의 경우에는 그러하지 아니하다.

가. 지주회사로 전환하거나 설립될 당시에 이 호 본문에서 규정하고 있는 행위에 해당하고 있는 경우로서 지주회사로 전환하거나 설립된 날부터 2년 이내인 경우

나. 계열회사가 아닌 회사를 자회사에 해당하게 하는 과정에서 이 호 본문에서 규정

하고 있는 행위에 해당하게 된 날부터 1년 이내인 경우(같은 기간내에 자회사에 해당하게 된 경우에 한한다)

다. 주식을 소유하고 있지 아니한 국내계열회사를 자회사에 해당하게 하는 과정에서 그 국내계열회사 주식을 소유하게 된 날부터 1년 이내인 경우(같은 기간내에 자회사에 해당하게 된 경우에 한한다)

라. 자회사를 자회사에 해당하지 아니하게 하는 과정에서 당해 자회사가 자회사에 해당하지 아니하게 된 날부터 1년 이내인 경우

4. 금융업 또는 보험업을 영위하는 자회사의 주식을 소유하는 지주회사(이하 "金融持株會社"라 한다)인 경우 금융업 또는 보험업을 영위하는 회사(金融業 또는 保險業과 밀접한 관련이 있는 등 大統領令이 정하는 기준에 해당하는 會社를 포함한다)외의 국내회사의 주식을 소유하는 행위. 다만, 금융지주회사로 전환하거나 설립될 당시에 금융업 또는 보험업을 영위하는 회사 외의 국내회사 주식을 소유하고 있는 때에는 금융지주회사로 전환하거나 설립된 날부터 2년간은 그 국내회사의 주식을 소유할 수 있다.

5. 금융지주회사외의 지주회사(이하 "一般持株會社"라 한다)인 경우 금융업 또는 보험업을 영위하는 국내회사의 주식을 소유하는 행위. 다만, 일반지주회사로 전환하거나 설립될 당시에 금융업 또는 보험업을 영위하는 국내회사의 주식을 소유하고 있는 때에는 일반지주회사로 전환하거나 설립된 날부터 2년간은 그 국내회사의 주식을 소유할 수 있다.

③ 일반지주회사의 자회사는 다음 각 호의 어느 하나에 해당하는 행위를 하여서는 아니된다. <개정 2004.12.31., 2007.4.13., 2007.8.3., 2015.1.20.>

1. 손자회사의 주식을 그 손자회사 발행주식총수의 100분의 40(그 손자회사가 상장법인 또는 국외상장법인이거나 공동출자법인인 경우에는 100분의 20으로 한다. 이하 이 조에서 "손자회사주식보유기준"이라 한다) 미만으로 소유하는 행위. 다만, 다음 각 목의 어느 하나에 해당하는 사유로 인하여 손자회사주식보유기준에 미달하게 된 경우에는 그러하지 아니하다.

가. 자회사가 될 당시에 손자회사의 주식을 손자회사주식보유기준 미만으로 소유하고 있는 경우로서 자회사에 해당하게 된 날부터 2년 이내인 경우

나. 상장법인 또는 국외상장법인이거나 공동출자법인이었던 손자회사가 그에 해당하지 아니하게 되어 손자회사주식보유기준에 미달하게 된 경우로서 그 해당하지 아니하게 된 날부터 1년 이내인 경우

다. 손자회사가 주식을 모집 또는 매출하면서 「자본시장과 금융투자업에 관한 법률」 제165조의7에 따라 우리사주조합에 우선 배정하거나 당해 손자회사가 「상법」 제513조(전환사채의 발행) 또는 제516조의2(신주인수권부사채의 발행)의 규정에 따라 발행한 전환사채 또는 신주인수권부사채의 전환이 청구되거나 신주인수권이 행사되어 손자회사주식보유기준에 미달하게 된 경우로서 그 미달하게

된 날부터 1년 이내인 경우

라. 손자회사가 아닌 회사가 손자회사에 해당하게 되고 손자회사주식보유기준에는 미달하는 경우로서 당해 회사가 손자회사에 해당하게 된 날부터 1년 이내인 경우

마. 손자회사를 손자회사에 해당하지 아니하게 하는 과정에서 손자회사주식보유기준에 미달하게 된 경우로서 그 미달하게 된 날부터 1년 이내인 경우(같은 기간내에 손자회사에 해당하지 아니하게 된 경우에 한한다)

바. 손자회사가 다른 회사와 합병하여 손자회사주식보유기준에 미달하게 된 경우로서 그 미달하게 된 날부터 1년 이내인 경우

2. 손자회사가 아닌 국내계열회사의 주식을 소유하는 행위. 다만, 다음 각 목의 어느 하나에 해당하는 사유로 인하여 주식을 소유하고 있는 국내계열회사의 경우에는 그러하지 아니하다.

가. 자회사가 될 당시에 주식을 소유하고 있는 국내계열회사의 경우로서 자회사에 해당하게 된 날부터 2년 이내인 경우

나. 계열회사가 아닌 회사를 손자회사에 해당하게 하는 과정에서 당해 회사가 계열회사에 해당하게 된 날부터 1년 이내인 경우(같은 기간내에 손자회사에 해당하게 된 경우에 한한다)

다. 주식을 소유하고 있지 아니한 국내계열회사를 손자회사에 해당하게 하는 과정에서 당해 계열회사의 주식을 소유하게 된 날부터 1년 이내인 경우(같은 기간내에 손자회사에 해당하게 된 경우에 한한다)

라. 손자회사를 손자회사에 해당하지 아니하게 하는 과정에서 당해 손자회사가 손자회사에 해당하지 아니하게 된 날부터 1년 이내인 경우(같은 기간내에 계열회사에 해당하지 아니하게 된 경우에 한한다)

마. 손자회사가 다른 자회사와 합병하여 그 다른 자회사의 주식을 소유하게 된 경우로서 주식을 소유한 날부터 1년 이내인 경우

바. 자기주식을 보유하고 있는 자회사가 회사분할로 인하여 다른 국내계열회사의 주식을 소유하게 된 경우로서 주식을 소유한 날부터 1년 이내인 경우

3. 금융업이나 보험업을 영위하는 회사를 손자회사로 지배하는 행위. 다만, 일반지주회사의 자회사가 될 당시에 금융업이나 보험업을 영위하는 회사를 손자회사로 지배하고 있는 경우에는 자회사에 해당하게 된 날부터 2년간 그 손자회사를 지배할 수 있다.

④ 일반지주회사의 손자회사는 국내계열회사의 주식을 소유하여서는 아니된다. 다만, 다음 각 호의 어느 하나에 해당하는 경우에는 그러하지 아니하다. <신설 2004.12.31., 2007.8.3.>

1. 손자회사가 될 당시에 주식을 소유하고 있는 국내계열회사의 경우로서 손자회사에 해당하게 된 날부터 2년 이내인 경우

2. 주식을 소유하고 있는 계열회사가 아닌 국내회사가 계열회사에 해당하게 된 경우로서 당해 회사가 계열회사에 해당하게 된 날부터 1년 이내인 경우
3. 자기주식을 소유하고 있는 손자회사가 회사분할로 인하여 다른 국내계열회사의 주식을 소유하게 된 경우로서 주식을 소유한 날부터 1년 이내인 경우
4. 손자회사가 국내계열회사(금융업 또는 보험업을 영위하는 회사를 제외한다) 발행주식 총수를 소유하고 있는 경우

⑤ 제4항제4호에 따라 손자회사가 주식을 소유하고 있는 회사(이하 "증손회사"라 한다)는 국내계열회사의 주식을 소유하여서는 아니 된다. 다만, 다음 각 호의 어느 하나에 해당하는 경우에는 그러하지 아니하다. <신설 2007.8.3.>

1. 증손회사가 될 당시에 주식을 소유하고 있는 국내계열회사인 경우로서 증손회사에 해당하게 된 날부터 2년 이내인 경우
2. 주식을 소유하고 있는 계열회사가 아닌 국내회사가 계열회사에 해당하게 된 경우로서 그 회사가 계열회사에 해당하게 된 날부터 1년 이내인 경우

⑥ 제2항제1호 단서, 제2항제2호가목, 제2항제3호가목, 제2항제4호 단서, 제2항제5호 단서, 제3항제1호가목, 제3항제2호가목, 제3항제3호 단서, 제4항제1호 및 제5항제1호를 적용함에 있어서 각 해당 규정의 유예기간은 주식가격의 급격한 변동 등 경제여건의 변화, 주식처분금지계약, 사업의 현저한 손실 그 밖의 사유로 인하여 부채액을 감소시키거나 주식의 취득·처분 등이 곤란한 경우에는 공정거래위원회의 승인을 얻어 2년을 연장할 수 있다. <신설 2007.4.13., 2007.8.3.>

⑦ 지주회사는 대통령령이 정하는 바에 의하여 당해 지주회사·자회사·손자회사 및 증손회사(이하 "지주회사등"이라 한다)의 주식소유현황·재무상황 등 사업내용에 관한 보고서를 공정거래위원회에 제출하여야 한다. <개정 2004.12.31., 2007.4.13., 2007.8.3.>

[본조신설 1999.2.5.]

**제8조의3(상호출자제한기업집단의 지주회사 설립제한)** 제14조제1항 전단에 따라 지정된 상호출자제한기업집단(이하 "상호출자제한기업집단"이라 한다)에 속하는 회사를 지배하는 동일인 또는 해당 동일인의 특수관계인이 지주회사를 설립하거나 지주회사로 전환하려는 경우에는 다음 각 호에 해당하는 채무보증을 해소하여야 한다. <개정 2002.1.26., 2017.4.18.>

1. 지주회사와 자회사간의 채무보증
2. 지주회사와 다른 국내계열회사(당해 持株會社가 支配하는 子會社를 제외한다)간의 채무보증
3. 자회사 상호간의 채무보증
4. 자회사와 다른 국내계열회사(당해 子會社를 支配하는 持株會社 및 당해持株會社가 支配하는 다른 子會社를 제외한다)간의 채무보증

[본조신설 1999.2.5.]

[제목개정 2017.4.18.]

제9조(상호출자의 금지등) ① 상호출자제한기업집단에 속하는 회사는 자기의 주식을 취득 또는 소유하고 있는 계열회사의 주식을 취득 또는 소유하여서는 아니된다. 다만, 다음 각 호의 어느 하나에 해당하는 경우에는 그러하지 아니하다. <개정 2002.1.26., 2017.4.18.>

1. 회사의 합병 또는 영업전부의 양수
2. 담보권의 실행 또는 대물변제의 수령

② 제1항 단서의 규정에 의하여 출자를 한 회사는 당해주식을 취득 또는 소유한 날부터 6월이내에 이를 처분하여야 한다. 다만, 자기의 주식을 취득 또는 소유하고 있는 계열회사가 그 주식을 처분한 때에는 그러하지 아니하다.

③ 상호출자제한기업집단에 속하는 회사로서 「중소기업창업 지원법」에 의한 중소기업창업투자회사는 국내 계열회사주식을 취득 또는 소유하여서는 아니된다. <개정 2002.1.26., 2007.8.3.>

제9조의2(순환출자의 금지) ① 삭제 <2017.4.18.>

② 상호출자제한기업집단에 속하는 회사는 순환출자를 형성하는 계열출자를 하여서는 아니 된다. 상호출자제한기업집단 소속 회사 중 순환출자 관계에 있는 계열회사의 계열출자대상회사에 대한 추가적인 계열출자[계열출자회사가 「상법」 제418조제1항에 따른 신주배정 또는 제462조의2제1항에 따른 주식배당(이하 "신주배정등"이라 한다)에 따라 취득 또는 소유한 주식 중에서 신주배정등이 있기 전 자신의 지분율 범위의 주식, 순환출자회사집단에 속하는 계열회사 간 합병에 의한 계열출자는 제외한다] 또한 같다. 다만, 다음 각 호의 어느 하나에 해당하는 경우에는 그러하지 아니하다. <개정 2016.3.18., 2017.4.18.>

1. 회사의 합병·분할, 주식의 포괄적 교환·이전 또는 영업전부의 양수
2. 담보권의 실행 또는 대물변제의 수령
3. 계열출자회사가 신주배정등에 의하여 취득 또는 소유한 주식 중에서 다른 주주의 실권 등에 의하여 신주배정등이 있기 전 자신의 지분율 범위를 초과하여 취득 또는 소유한 계열출자대상회사의 주식이 있는 경우
4. 「기업구조조정 촉진법」 제9조제1항에 따라 부실징후기업의 관리절차를 개시한 회사에 대하여 같은 법 제24조제2항에 따라 금융채권자협의회가 의결하여 동일인(친족을 포함한다)의 재산출연 또는 부실징후기업의 주주인 계열출자회사의 유상증자 참여(채권의 출자전환을 포함한다)를 결정한 경우
5. 「기업구조조정 촉진법」 제2조제2호의 금융채권자가 같은 법 제2조제7호에 따른 부실징후기업과 기업개선계획의 이행을 위한 약정을 체결하고 금융채권자협의회의 의결로 동일인(친족을 포함한다)의 재산출연 또는 부실징후기업의 주주인 계열출자회사의 유상증자 참여(채권의 출자전환을 포함한다)를 결정한 경우

③ 제2항 단서에 따라 계열출자를 한 회사는 다음 각 호의 어느 하나에 해당하는 기간 내에 취득 또는 소유한 해당 주식(제2항제3호부터 제5호까지의 규정에 따른 경우는 신주배정등의 결정, 재산출연 또는 유상증자 결정이 있기 전 지분율 초과분을 말한다)을 처분하여야 한다. 다만, 순환출자회사집단에 속한 다른 회사 중 하나가 취득 또는 소유하고 있는 계열출자대상회사의 주식을 처분하여 제2항의 계열출자에 의하여 형성 또는 강화된 순환출자가 해소된 경우에는 그러하지 아니하다.

1. 제2항제1호 또는 제2호에 따라 계열출자를 한 회사는 해당 주식을 취득 또는 소유한 날부터 6개월
2. 제2항제3호에 따라 계열출자를 한 회사는 해당 주식을 취득 또는 소유한 날부터 1년
3. 제2항제4호 또는 제5호에 따라 계열출자를 한 회사는 해당 주식을 취득 또는 소유한 날부터 3년

[본조신설 2014.1.24.]

제10조 삭제 <2009.3.25.>

**제10조의2(계열회사에 대한 채무보증의 금지)** 상호출자제한기업집단에 속하는 회사(금융업 또는 보험업을 영위하는 회사는 제외한다)는 채무보증을 하여서는 아니 된다. 다만, 다음 각 호의 어느 하나에 해당하는 채무보증의 경우에는 그러하지 아니하다.

1. 「조세특례제한법」에 따른 합리화기준에 따라 인수되는 회사의 채무와 관련된 채무보증
2. 기업의 국제경쟁력 강화를 위하여 필요한 경우 등 대통령령으로 정하는 경우에 대한 채무보증

[전문개정 2017.4.18.]

제10조의3 삭제 <2001.1.16.>

**제11조(금융회사 또는 보험회사의 의결권 제한)** 상호출자제한기업집단에 속하는 회사로서 금융업 또는 보험업을 영위하는 회사는 취득 또는 소유하고 있는 국내계열회사주식에 대하여 의결권을 행사할 수 없다. 다만, 다음 각 호의 어느 하나에 해당하는 경우에는 그러하지 아니하다. <개정 1992.12.8., 1996.12.30., 2002.1.26., 2004.12.31., 2007.4.13., 2007.8.3., 2016.3.29.>

1. 금융업 또는 보험업을 영위하기 위하여 주식을 취득 또는 소유하는 경우
2. 보험자산의 효율적인 운용·관리를 위하여 「보험업법」 등에 의한 승인 등을 얻어 주식을 취득 또는 소유하는 경우
3. 당해 국내 계열회사(상장법인에 한한다)의 주주총회에서 다음 각 목의 어느 하나에 해당하는 사항을 결의하는 경우. 이 경우 그 계열회사의 주식중 의결권을 행사할 수 있는 주식의 수는 그 계열회사에 대하여 특수관계인중 대통령령이 정하는 자를 제외한 자가 행사할 수 있는 주식수를 합하여 그 계열회사 발행주식총수(「상법」 제344조

의3제1항 및 제369조제2항·제3항의 의결권 없는 주식의 수는 제외한다)의 100분의 15를 초과할 수 없다.

가. 임원의 선임 또는 해임

나. 정관 변경

다. 그 계열회사의 다른 회사로의 합병, 영업의 전부 또는 주요부분의 다른 회사로의 양도

**제11조의2(대규모내부거래의 이사회 의결 및 공시)** ① 제14조제1항 전단에 따라 지정된 공시대상기업집단(이하 "공시대상기업집단"이라 한다)에 속하는 회사는 특수관계인을 상대방으로 하거나 특수관계인을 위하여 대통령령으로 정하는 규모 이상의 다음 각 호의 어느 하나에 해당하는 거래행위(이하 "大規模內部去來"라 한다)를 하려는 때에는 미리 이사회의 의결을 거친 후 이를 공시하여야 한다. 제2항에 따른 주요내용을 변경하려는 때에도 또한 같다. <개정 2002.1.26., 2007.4.13., 2017.4.18.>

1. 가지급금 또는 대여금 등의 자금을 제공 또는 거래하는 행위
2. 주식 또는 회사채 등의 유가증권을 제공 또는 거래하는 행위
3. 부동산 또는 무체재산권 등의 자산을 제공 또는 거래하는 행위
4. 주주의 구성 등을 고려하여 대통령령으로 정하는 계열회사를 상대방으로 하거나 동 계열회사를 위하여 상품 또는 용역을 제공 또는 거래하는 행위

② 공시대상기업집단에 속하는 회사는 제1항에 따라 공시를 할 때 거래의 목적·상대방·규모 및 조건 등 대통령령으로 정하는 주요내용을 포함하여야 한다. <개정 2017.4.18.>

③ 공정거래위원회는 제1항의 규정에 의한 공시와 관련되는 업무를 「자본시장과 금융투자업에 관한 법률」 제161조(주요사항보고서의 제출)에 따른 신고수리기관에 위탁할 수 있다. 이 경우 공시의 방법·절차 기타 필요한 사항은 공시와 관련되는 업무를 위탁받은 신고수리기관과의 협의를 거쳐 공정거래위원회가 이를 정한다. <개정 2007.8.3.>

④ 공시대상기업집단에 속하는 회사 중 금융업 또는 보험업을 영위하는 회사가 약관에 따라 정형화된 거래로서 대통령령으로 정하는 기준에 해당하는 거래행위를 하는 경우에는 제1항에도 불구하고 이사회의 의결을 거치지 아니할 수 있다. 이 경우 그 거래내용은 공시하여야 한다. <개정 2017.4.18.>

⑤ 제1항의 경우에 상장법인이 「상법」 제393조의2(이사회내 위원회)에 따라 설치한 위원회(「자본시장과 금융투자업에 관한 법률」 제9조제3항에 따른 사외이사가 3인 이상 포함되고, 사외이사의 수가 위원총수의 3분의 2 이상인 경우에 한정한다)에서 의결한 경우에는 이사회의 의결을 거친 것으로 본다. <신설 2007.8.3., 2015.1.20.>

[본조신설 1999.12.28.]

**제11조의3(비상장회사 등의 중요사항 공시)** ① 공시대상기업집단에 속하는 회사 중 자산총액 등이 대통령령으로 정하는 기준에 해당하는 회사(금융업 또는 보험업을 영위하는 회사는 제외한다)로서 상장법인을 제외한 회사는 다음 각 호의 어느 하나에 해당하는 사항

을 공시하여야 한다. 다만, 제11조의2에 따라 공시되는 사항은 제외한다. <개정 2007. 4.13., 2007.8.3., 2017.4.18.>

1. 최대주주와 주요주주(「자본시장과 금융투자업에 관한 법률」 제9조제1항제2호에 따른 주요주주를 말한다)의 주식보유현황 및 그 변동사항, 임원의 변동 등 회사의 소유지배구조와 관련된 중요사항으로서 대통령령이 정하는 사항
2. 자산·주식의 취득, 증여, 담보제공, 채무인수·면제 등 회사의 재무구조에 중요한 변동을 초래하는 사항으로서 대통령령이 정하는 사항
3. 영업양도·양수, 합병·분할, 주식의 교환·이전 등 회사의 경영활동과 관련된 중요한 사항으로서 대통령령이 정하는 사항

② 제11조의2(대규모내부거래의 이사회 의결 및 공시)제2항 및 제3항의 규정은 제1항의 규정에 의한 공시에 관하여 이를 준용한다.

[본조신설 2004.12.31.]

제11조의4(기업집단현황 등에 관한 공시) ① 공시대상기업집단에 속하는 회사 중 자산총액 등이 대통령령으로 정하는 기준에 해당하는 회사는 그 기업집단의 다음 각 호의 어느 하나에 해당하는 사항으로서 대통령령으로 정하는 사항을 공시하여야 한다. <개정 2017.4.18.>

1. 일반 현황
2. 주식소유 현황
3. 지주회사등이 아닌 계열회사 현황[지주회사등의 자산총액 합계액이 기업집단 소속 회사의 자산총액(금융업 또는 보험업을 영위하는 회사의 경우에는 자본총액 또는 자본금 중 큰 금액으로 한다) 합계액의 100분의 50 이상인 경우로 한정한다]
4. 2개의 계열회사가 서로의 주식을 취득 또는 소유하고 있는 상호출자 현황
5. 순환출자 현황
6. 채무보증 현황
7. 취득 또는 소유하고 있는 국내계열회사주식에 대한 의결권 행사(금융업 또는 보험업을 영위하는 회사의 주식에 대한 의결권 행사는 제외한다) 여부
8. 특수관계인과의 거래 현황

② 제1항에 따른 공시에 관하여는 제11조의2(대규모내부거래의 이사회 의결 및 공시)제3항을 준용한다.

③ 제1항에 따른 공시의 시기·방법 및 절차에 관하여 제2항에 규정된 것 외에 필요한 사항은 대통령령으로 정한다.

[본조신설 2009.3.25.]

제12조(기업결합의 신고) ① 자산총액 또는 매출액의 규모가 대통령령이 정하는 기준에 해당하는 회사(제3호에 해당하는 기업결합을 하는 경우에는 대규모회사에 한하며, 이하 이 조에서 "기업결합신고대상회사"라 한다) 또는 그 특수관계인이 자산총액 또는 매출

액의 규모가 대통령령이 정하는 기준에 해당하는 다른 회사(이하 이 조에서 "상대회사"라 한다)에 대하여 제1호부터 제4호까지의 어느 하나에 해당하는 기업결합을 하거나 기업결합신고대상회사 또는 그 특수관계인이 상대회사 또는 그 특수관계인과 공동으로 제5호의 기업결합을 하는 경우에는 대통령령이 정하는 바에 따라 공정거래위원회에 신고하여야 한다. 기업결합신고대상회사 외의 회사로서 상대회사의 규모에 해당하는 회사 또는 그 특수관계인이 기업결합신고대상회사에 대하여 제1호부터 제4호까지의 어느 하나에 해당하는 기업결합을 하거나 기업결합신고대상회사 외의 회사로서 상대회사의 규모에 해당하는 회사 또는 그 특수관계인이 기업결합신고대상회사 또는 그 특수관계인과 공동으로 제5호의 기업결합을 하는 경우에도 또한 같다. <개정 2004.12.31., 2007.4.13., 2007.8.3.>

1. 다른 회사의 발행주식총수[「상법」 제370조(의결권 없는 주식)의 규정에 의한 의결권 없는 주식을 제외한다. 이하 같다]의 100분의 20(상장법인의 경우에는 100분의 15) 이상을 소유하게 되는 경우
2. 다른 회사의 발행주식을 제1호에 따른 비율 이상으로 소유한 자가 당해 회사의 주식을 추가로 취득하여 최다출자자가 되는 경우
3. 임원겸임의 경우(계열회사의 임원을 겸임하는 경우를 제외한다)
4. 제7조(기업결합의 제한)제1항제3호 또는 제4호에 해당하는 행위를 하는 경우
5. 새로운 회사설립에 참여하여 그 회사의 최다출자자가 되는 경우

② 제1항에 규정된 기업결합신고대상회사 및 상대회사의 자산총액 또는 매출액의 규모는 각각 기업결합일 전부터 기업결합일 후까지 계속하여 계열회사의 지위를 유지하고 있는 회사의 자산총액 또는 매출액을 합산한 규모를 말한다. 다만, 제7조(기업결합의 제한)제1항제4호의 규정에 의한 영업양수의 경우에 영업을 양도(영업의 임대, 경영의 위임 및 영업용고정자산의 양도를 포함한다)하는 회사의 자산총액 또는 매출액의 규모는 계열회사의 자산총액 또는 매출액을 합산하지 아니한 규모를 말한다. <신설 2004.12.31.>

③ 제1항에 불구하고 다음 각 호의 어느 하나에 해당하는 경우에는 신고대상에서 제외한다. <신설 2001.1.16., 2002.1.26., 2002.8.26., 2004.12.31., 2007.8.3., 2016.3.29.>

1. 「중소기업창업 지원법」 제2조제4호·제5호의 중소기업창업투자회사 또는 중소기업창업투자조합이 동조제2호의 창업자(이하 "창업자"라 한다) 또는 벤처기업의 주식을 제1항제1호에 따른 비율 이상으로 소유하게 되거나 창업자 또는 벤처기업의 설립에 다른 회사와 공동으로 참여하여 최다출자자가 되는 경우
2. 「여신전문금융업법」에 따른 신기술사업금융업자 또는 신기술사업투자조합이 「기술보증기금법」 제2조(정의)제1호의 신기술사업자(이하 "신기술사업자"라 한다)의 주식을 제1항제1호에 따른 비율 이상으로 소유하게 되거나 신기술사업자의 설립에 다른 회사와 공동으로 참여하여 최다출자자가 되는 경우

3. 기업결합신고대상회사가 다음 각 목의 어느 하나에 해당하는 회사의 주식을 제1항제1호에 따른 비율 이상으로 소유하게 되거나 다음 각 목의 어느 하나에 해당하는 회사의 설립에 다른 회사와 공동으로 참여하여 최다출자자가 되는 경우
 가. 「자본시장과 금융투자업에 관한 법률」에 따른 투자회사
 나. 「사회기반시설에 대한 민간투자법」에 따라 사회기반시설 민간투자사업시행자로 지정된 회사
 다. 나목에 따른 회사에 대한 투자목적으로 설립된 투자회사(「법인세법」 제51조의2 제1항제6호에 해당하는 회사에 한한다)
 라. 「부동산투자회사법」에 따른 부동산투자회사

④ 제1항의 규정은 관계중앙행정기관의 장이 다른 법률의 규정에 의하여 미리 당해기업결합에 관하여 공정거래위원회와 협의한 경우에는 이를 적용하지 아니한다.

⑤ 제1항제1호·제2호 또는 제5호의 규정에 의한 주식의 소유 또는 인수의 비율을 산정하거나 최다출자자가 되는지 여부를 판단함에 있어서는 당해회사의 특수관계인이 소유하고 있는 주식을 합산한다. <개정 2004.12.31., 2007.8.3.>

⑥ 제1항의 규정에 의한 기업결합의 신고는 당해 기업결합일부터 30일 이내에 이를 하여야 한다. 다만, 제1항제1호·제2호·제4호 또는 제5호의 규정에 의한 기업결합(대통령령으로 정하는 경우는 제외한다)으로서 기업결합의 당사회사 중 1 이상의 회사가 대규모회사인 경우에는 합병계약을 체결한 날 등 대통령령이 정하는 날부터 기업결합일 전까지의 기간 내에 이를 신고하여야 한다. <개정 1999.2.5., 2004.12.31., 2009.3.25.>

⑦ 공정거래위원회는 제6항에 따라 신고를 받으면 신고일부터 30일 안에 제7조에 해당하는지를 심사하고, 그 결과를 해당 신고자에게 통지하여야 한다. 다만, 공정거래위원회가 필요하다고 인정할 경우에는 그 기간의 만료일 다음 날부터 계산하여 90일까지 그 기간을 연장할 수 있다. <신설 2012.3.21.>

⑧ 제6항 단서의 규정에 따라 신고를 하여야 하는 자는 제7항에 따른 공정거래위원회의 심사결과를 통지받기 전까지 각각 주식소유, 합병등기, 영업양수계약의 이행행위 또는 주식인수행위를 하여서는 아니된다. <개정 2004.12.31., 2012.3.21.>

⑨ 제7조(企業結合의 제한)제1항에 규정된 기업결합을 하고자 하는 자는 제6항에 규정된 신고기간이전이라도 당해 행위가 경쟁을 실질적으로 제한하는 행위에 해당하는지 여부에 대하여 공정거래위원회에 심사를 요청할 수 있다. <개정 1999.2.5., 2001.1.16., 2004.12.31., 2012.3.21.>

⑩ 공정거래위원회는 제9항에 따라 심사를 요청받은 경우에는 30일이내에 그 심사결과를 요청한 자에게 통지하여야 한다. 다만, 공정거래위원회가 필요하다고 인정할 때에는 그 기간의 만료일 다음날부터 기산하여 90일의 범위안에서 그 기간을 연장할 수 있다. <개정 1999.2.5., 2001.1.16., 2004.12.31., 2012.3.21.>

⑪ 제1항의 규정에 의한 신고의무자가 2이상인 경우에는 공동으로 신고하여야 한다. 다

만, 공정거래위원회가 대통령령이 정하는 바에 의하여 신고의무자가 소속된 기업집단에 속하는 회사중 하나의 회사를 기업결합신고대리인(이하 이 條에서 "代理人"이라 한다)으로 정하여 그 대리인이 신고한 경우에는 그러하지 아니하다. <개정 2012.3.21.>
[전문개정 1996.12.30.]

제12조의2(기업결합 신고절차 등의 특례) ① 다음 각 호의 어느 하나에 해당하는 법인의 설립이나 합병 또는 최다액출자자 변경 등(이하 이 조에서 "법인설립등"이라 한다)에 관한 승인·변경허가추천 등(이하 이 조에서 "승인등"이라 한다)을 신청하는 자는 법인설립등이 제12조(기업결합의 신고)제1항에 따른 신고대상에 해당하는 경우에는 승인등의 주무관청(방송통신위원회를 포함한다. 이하 이 조에서 같다)에 승인등을 신청할 때 기업결합 신고서류를 함께 제출할 수 있다. <개정 2009.3.25.>

1. 삭제 <2010.3.22.>
2. 「방송법」 제15조(변경허가등)제1항제1호에 따른 법인{「방송법」 제2조(용어의 정의)제3호나목에 따른 종합유선방송사업자인 법인에 한한다. 이하 이 조에서 "종합유선방송사업자"라 한다}의 합병
3. 「방송법」 제15조의2(최다액출자자 등 변경승인)제1항에 따라 종합유선방송사업자의 최다액출자자가 되고자 하거나 종합유선방송사업자의 경영권을 실질적으로 지배하고자 하는 경우

② 승인등의 신청인이 제1항에 따라 주무관청에 기업결합 신고서류를 제출한 때에는 그 서류가 주무관청에 접수된 날을 제12조(기업결합의 신고)제1항에 따른 신고가 있은 날로 본다.

③ 주무관청은 제1항에 따라 기업결합 신고서류를 제출받은 때에는 지체 없이 공정거래위원회에 기업결합 신고서류를 송부하여야 한다.

④ 제12조(기업결합의 신고)제6항 단서에 따라 기업결합 신고를 하여야 하는 자는 공정거래위원회에 기업결합 신고를 하는 때에 법인설립등의 승인등에 관한 서류를 함께 제출할 수 있다.

⑤ 공정거래위원회는 제4항에 따라 법인설립등의 승인등에 관한 서류를 제출받은 때에는 지체 없이 법인설립등의 승인등에 관한 서류를 주무관청에 송부하여야 한다.
[본조신설 2007.8.3.]

제13조(주식소유현황등의 신고) ① 공시대상기업집단에 속하는 회사는 대통령령으로 정하는 바에 따라 해당 회사의 주주의 주식소유현황·재무상황 및 다른 국내회사 주식의 소유현황을 공정거래위원회에 신고하여야 한다. <개정 1996.12.30., 2002.1.26., 2009.3.25., 2017.4.18.>

② 상호출자제한기업집단에 속하는 회사는 대통령령으로 정하는 바에 따라 채무보증현황을 국내금융기관의 확인을 받아 공정거래위원회에 신고하여야 한다. <신설 1992.12.8., 1996.12.30., 2002.1.26., 2017.4.18.>

③ 제12조제11항 단서의 규정은 제1항 및 제2항의 신고에 관하여 이를 준용한다. <개정 1996.12.30., 2001.1.16. 2004.12.31., 2012.3.21.>

④ 삭제 <1996.12.30.>

제14조(상호출자제한기업집단 등의 지정 등) ① 공정거래위원회는 대통령령으로 정하는 바에 따라 산정한 자산총액이 5조원 이상인 기업집단을 대통령령으로 정하는 바에 따라 공시대상기업집단으로 지정하고, 지정된 공시대상기업집단 중 일정규모 이상의 자산총액 등 대통령령으로 정하는 기준에 해당하는 기업집단을 대통령령으로 정하는 바에 따라 상호출자제한기업집단으로 지정한다. 이 경우 지정된 기업집단에 속하는 회사에 지정 사실을 대통령령으로 정하는 바에 따라 통지하여야 한다. <개정 2017.4.18.>

② 제9조, 제9조의2, 제10조의2, 제11조, 제11조의2부터 제11조의4까지, 제13조 및 제23조의2는 제1항 후단에 따른 통지(제14조의2제3항에 따른 계열회사 편입 통지를 포함한다)를 받은 날부터 적용한다. <개정 2017.4.18.>

③ 제2항에도 불구하고 제1항에 따라 상호출자제한기업집단으로 지정되어 상호출자제한기업집단에 속하는 회사로 통지를 받은 회사 또는 제14조의2제1항에 따라 상호출자제한기업집단의 계열회사로 편입되어 상호출자제한기업집단에 속하는 회사로 통지를 받은 회사가 통지받은 당시 제9조제1항·제3항 또는 제10조의2를 위반하고 있는 경우에는 다음 각 호의 구분에 따른다. <개정 1999.12.28., 2001.1.16., 2002.1.26., 2005.3.31., 2009.3.25., 2017.4.18.>

1. 제9조(相互出資의 禁止등)제1항 또는 제3항의 규정을 위반하고 있는 경우[취득 또는 소유하고 있는 주식을 발행한 회사가 새로 계열회사로 편입되어 제9조 (相互出資의 禁止등)제3항의 규정을 위반하게 되는 경우를 포함한다]에는 지정일 또는 편입일부터 1년간은 동항의 규정을 적용하지 아니한다.
2. 삭제 <2009.3.25.>
3. 제10조의2를 위반하고 있는 경우(채무보증을 받고 있는 회사가 새로 系列會社로 編入되어 위반하게 되는 경우를 포함한다)에는 지정일 또는 편입일부터 2년간은 같은 조를 적용하지 아니한다. 다만, 각 호 외의 부분에 따른 회사에 「채무자 회생 및 파산에 관한 법률」에 따른 회생절차가 개시된 경우에는 회생절차의 종료일까지, 각 호 외의 부분에 따른 회사가 회생절차가 개시된 회사에 대하여 채무보증을 하고 있는 경우에는 그 채무보증에 한하여 채무보증을 받고 있는 회사의 회생절차의 종료일까지는 같은 조를 적용하지 아니한다.

④ 공정거래위원회는 회사 또는 해당 회사의 특수관계인에 대하여 제1항에 따른 기업집단의 지정을 위하여 회사의 일반 현황, 회사의 주주 및 임원 구성, 특수관계인 현황, 주식소유 현황 등 대통령령으로 정하는 자료의 제출을 요청할 수 있다. <개정 2017.4.18.>

⑤ 공시대상기업집단에 속하는 회사(청산 중에 있거나 1년 이상 휴업 중인 회사를 제외한다)는 공인회계사의 회계감사를 받아야 하며, 공정거래위원회는 공인회계사의 감사의

견에 따라 수정한 대차대조표를 사용하여야 한다. <신설 1998.2.24., 2002.1.26., 2004.12.31., 2016.3.29., 2017.4.18.>
[제목개정 2017.4.18.]

**제14조의2(계열회사의 편입 및 제외등)** ① 공정거래위원회는 공시대상기업집단의 계열회사로 편입하거나 계열회사에서 제외하여야 할 사유가 발생한 경우에는 해당 회사(해당 회사의 특수관계인을 포함한다. 이하 이 조에서 같다)의 요청이나 직권으로 계열회사에 해당하는지 여부를 심사하여 계열회사로 편입하거나 계열회사에서 제외하고 그 내용을 해당 회사에 통지하여야 한다. <개정 2002.1.26., 2017.4.18.>

② 공정거래위원회는 제1항의 규정에 의한 심사를 위하여 필요하다고 인정하는 경우에는 해당 회사에 대하여 주주 및 임원의 구성, 채무보증관계, 자금대차관계, 거래관계 기타 필요한 자료의 제출을 요청할 수 있다. <개정 2017.4.18.>

③ 공정거래위원회는 제1항의 규정에 의하여 심사를 요청받은 경우에는 30일이내에 그 심사결과를 요청한 자에게 통지하여야 한다. 다만, 공정거래위원회가 필요하다고 인정할 때에는 60일을 초과하지 아니하는 범위안에서 그 기간을 연장할 수 있다.
[본조신설 1996.12.30.]

**제14조의3(계열회사의 편입·통지일의 의제)** 공정거래위원회는 제14조제4항 또는 제14조의2제2항에 따른 요청을 받은 자가 정당한 이유없이 자료제출을 거부하거나 허위의 자료를 제출함으로써 공시대상기업집단의 소속회사로 편입되어야 함에도 불구하고 편입되지 아니한 경우에는 대통령령으로 정하는 날에 그 공시대상기업집단의 소속회사로 편입·통지된 것으로 본다. <개정 2002.1.26., 2017.4.18.>
[본조신설 1999.2.5.]
[종전 제14조의3은 제14조의4로 이동<1999.2.5.>]

**제14조의4(관계기관에 대한 자료의 확인요구등)** 공정거래위원회는 제9조, 제9조의2, 제10조의2, 제11조, 제13조, 제14조 또는 제14조의2의 시행을 위하여 필요하다고 인정하는 경우에는 다음 각 호의 어느 하나의 기관에 대하여 공시대상기업집단의 국내계열회사 주주의 주식소유현황, 채무보증 관련자료, 가지급금·대여금 또는 담보의 제공에 관한 자료, 부동산의 거래 또는 제공에 관한 자료 등 필요한 자료의 확인 또는 조사를 요청할 수 있다. <개정 1997.12.31., 1998.1.8., 1998.2.24., 2002.1.26., 2007.8.3., 2008.2.29., 2017.4.18.>

1. 「금융위원회의 설치 등에 관한 법률」에 의하여 설립된 금융감독원
2. 삭제 <1998.2.24.>
3. 제2조제3호의7 각 목에 따른 국내금융기관
4. 기타 금융 또는 주식의 거래에 관련되는 기관으로서 대통령령이 정하는 기관

[본조신설 1996.12.30.]

[제14조의3에서 이동<1999.2.5.>]

제14조의5(공시대상기업집단의 현황 등에 관한 정보공개) ① 공정거래위원회는 과도한 경제력 집중을 방지하고 기업집단의 투명성 등을 제고하기 위하여 공시대상기업집단에 속하는 회사에 대한 다음 각 호의 정보를 공개할 수 있다. <개정 2017.4.18.>

1. 공시대상기업집단에 속하는 회사의 일반현황, 지배구조현황 등에 관한 정보로서 대통령령으로 정하는 정보
2. 공시대상기업집단에 속하는 회사간 또는 공시대상기업집단에 속하는 회사와 그 특수관계인 간의 출자, 채무보증, 거래관계 등에 관한 정보로서 대통령령으로 정하는 정보

② 공정거래위원회는 제1항 각 호에 규정된 정보의 효율적 처리 및 공개를 위하여 정보시스템을 구축·운영할 수 있다.

③ 제1항 및 제2항에 규정된 사항 외의 정보공개에 관하여는 「공공기관의 정보공개에 관한 법률」이 정하는 바에 따른다.

[본조신설 2007.4.13.]

[제목개정 2017.4.18.]

제15조(탈법행위의 금지) ① 누구든지 제7조제1항, 제8조의2제2항부터 제5항까지, 제8조의3, 제9조, 제9조의2, 제10조의2 또는 제11조의 적용을 면탈하려는 행위를 하여서는 아니된다. <개정 2017.4.18.>

② 제1항의 규정에 의한 탈법행위의 유형 및 기준은 대통령령으로 정한다. <신설 1996.12.30.>

제16조(시정조치 등) ① 공정거래위원회는 제7조제1항, 제8조의2제2항부터 제5항까지, 제8조의3, 제9조, 제9조의2, 제10조의2, 제11조, 제11조의2부터 제11조의4까지 또는 제15조를 위반하거나 위반할 우려가 있는 행위가 있는 때에는 해당 사업자[제7조제1항을 위반한 경우에는 기업결합 당사회사(기업결합 당사회사에 대한 시정조치만으로는 경쟁제한으로 인한 폐해를 시정하기 어렵거나 기업결합 당사회사의 특수관계인이 사업을 영위하는 거래분야의 경쟁제한으로 인한 폐해를 시정할 필요가 있는 경우에는 그 특수관계인을 포함한다)를 말한다] 또는 위반행위자에 대하여 다음 각 호에 해당하는 시정조치를 명할 수 있다. 이 경우 제12조제6항 단서에 따른 신고를 받아 행하는 때에는 같은 조 제7항에 따른 기간내에 이를 하여야 한다. <개정 1996.12.30., 1998.2.24., 1999.2.5., 1999.12.28., 2001.1.16., 2002.1.26., 2004.12.31., 2007.8.3., 2009.3.25., 2014.1.24., 2017.4.18.>

1. 당해 행위의 중지
2. 주식의 전부 또는 일부의 처분
3. 임원의 사임
4. 영업의 양도
5. 채무보증의 취소

6. 시정명령을 받은 사실의 공표
7. 기업결합에 따른 경쟁제한의 폐해를 방지할 수 있는 영업방식 또는 영업범위의 제한
7의2. 공시의무의 이행 또는 공시내용의 정정
8. 기타 법위반상태를 시정하기 위하여 필요한 조치

② 공정거래위원회는 제7조제1항, 제8조의3 또는 제12조제8항을 위반한 회사의 합병 또는 설립이 있는 때에는 해당 회사의 합병 또는 설립 무효의 소를 제기할 수 있다. <개정 1996.12.30., 1999.2.5., 2001.1.16., 2002.1.26., 2004.12.31., 2007.8.3., 2012.3.21., 2017.4.18.>

③ 공정거래위원회는 제7조(기업결합의 제한)제1항을 위반하는 행위에 대하여 제1항 각 호의 시정조치를 부과하기 위한 기준을 정하여 고시할 수 있다. <신설 2007.8.3.>

제17조(과징금) ① 공정거래위원회는 제9조(상호출자의 금지 등), 제9조의2(순환출자의 금지)를 위반하여 주식을 취득 또는 소유한 회사에 대하여 위반행위로 취득 또는 소유한 주식의 취득가액에 100분의 10을 곱한 금액을 초과하지 아니하는 범위안에서 과징금을 부과할 수 있다. <개정 1996.12.30., 1998.2.24., 1999.12.28., 2009.3.25., 2014.1.24.>

② 공정거래위원회는 제10조의2를 위반하여 채무보증을 한 회사에 대하여 해당 법위반 채무보증액의 100분의 10을 곱한 금액을 초과하지 아니하는 범위에서 과징금을 부과할 수 있다. <신설 1992.12.8., 1996.12.30., 1998.2.24., 2001.1.16., 2017.4.18.>

③ 삭제 <1999.2.5.>

④ 공정거래위원회는 제8조의2(지주회사 등의 행위제한 등)제2항 내지 제5항을 위반한 자에 대하여 다음 각 호의 금액에 100분의 10을 곱한 금액을 초과하지 아니하는 범위안에서 과징금을 부과할 수 있다. <개정 2004.12.31., 2007.4.13., 2007.8.3., 2016.3.29.>

1. 제8조의2(지주회사 등의 행위제한 등)제2항제1호의 규정을 위반한 경우에는 대통령령이 정하는 대차대조표(이하 이 항에서 "기준대차대조표"라 한다)상 자본총액의 2배를 초과한 부채액
2. 제8조의2(지주회사 등의 행위제한 등)제2항제2호의 규정을 위반한 경우에는 당해 자회사 주식의 기준대차대조표상 장부가액의 합계액에 다음 각 목의 비율에서 그 자회사 주식의 소유비율을 뺀 비율을 곱한 금액을 그 자회사 주식의 소유비율로 나누어 산출한 금액
   가. 당해 자회사가 상장법인 또는 국외상장법인이거나 공동출자법인인 경우 및 벤처지주회사의 자회사인 경우에는 100분의 20
   나. 삭제 <2007.4.13.>
   다. 가목에 해당하지 아니하는 경우에는 100분의 40
3. 제8조의2(지주회사 등의 행위제한 등)제2항제3호 내지 제5호, 같은 조 제3항제2호·제3호, 같은 조 제4항 또는 같은 조 제5항을 위반한 경우에는 위반하여 소유하는 주식의 기준대차대조표상 장부가액의 합계액
4. 제8조의2(지주회사 등의 행위제한 등)제3항제1호의 규정을 위반한 경우에는 당해 손

자회사 주식의 기준대차대조표상 장부가액의 합계액에 다음 각 목의 비율에서 그 손자회사 주식의 소유비율을 뺀 비율을 곱한 금액을 그 손자회사 주식의 소유비율로 나누어 산출한 금액

가. 당해 손자회사가 상장법인 또는 국외상장법인이거나 공동출자법인인 경우에는 100분의 20

나. 가목에 해당하지 아니하는 손자회사의 경우에는 100분의 40

제17조의2 삭제 <2009.3.25.>

제17조의3(이행강제금) ① 공정거래위원회는 제7조(기업결합의 제한)제1항을 위반하여 제16조(시정조치 등)에 따라 시정조치를 받은 후 그 정한 기간내에 이행을 하지 아니하는 자에 대하여 매 1일당 다음 각호의 금액에 1만분의 3을 곱한 금액을 초과하지 아니하는 범위안에서 이행강제금을 부과할 수 있다. 다만, 제7조(企業結合의 제한)제1항제2호의 기업결합을 한 자에 대하여는 매 1일당 200만원의 범위안에서 이행강제금을 부과할 수 있다. <개정 2007.8.3.>

1. 제7조(企業結合의 제한)제1항제1호 또는 제5호의 기업결합의 경우에는 취득 또는 소유한 주식의 장부가격과 인수하는 채무의 합계액
2. 제7조(企業結合의 제한)제1항제3호의 기업결합의 경우에는 합병의 대가로 교부하는 주식의 장부가격과 인수하는 채무의 합계액
3. 제7조(企業結合의 제한)제1항제4호의 기업결합의 경우에는 영업양수금액

② 이행강제금의 부과·납부·징수·환급 등에 관하여 필요한 사항은 대통령령으로 정한다. 다만, 체납된 이행강제금은 국세체납처분의 예에 따라 이를 징수한다.

③ 공정거래위원회는 제1항 및 제2항의 규정에 의한 이행강제금의 징수 또는 체납처분에 관한 업무를 국세청장에게 위임할 수 있다.

[본조신설 1999.2.5.]

[제17조의2에서 이동 <2002.1.26.>]

제18조(시정조치의 이행확보) ① 제16조(시정조치 등)제1항에 따른 주식처분명령을 받은 자는 그 명령을 받은 날부터 당해 주식에 대하여는 그 의결권을 행사할 수 없다. <개정 1996.12.30., 2007.8.3.>

② 제9조(상호출자의 금지 등), 제9조의2(순환출자의 금지)를 위반하여 상호출자, 순환출자를 한 주식에 대하여는 그 시정조치의 명령을 받은 날부터 법위반상태가 해소될 때까지 해당 주식 전부에 대하여 의결권을 행사할 수 없다. <개정 2014.1.24.>

③ 삭제 <2009.3.25.>

④ 삭제 <2009.3.25.>

[전문개정 1992.12.8.]

## 제4장 부당한 공동행위의 제한

제19조(부당한 공동행위의 금지) ① 사업자는 계약·협정·결의 기타 어떠한 방법으로도 다른 사업자와 공동으로 부당하게 경쟁을 제한하는 다음 각 호의 어느 하나에 해당하는 행위를 할 것을 합의(이하 "부당한 공동행위"라 한다)하거나 다른 사업자로 하여금 이를 행하도록 하여서는 아니된다. <개정 1992.12.8., 1994.12.22., 1996.12.30., 1999.2.5., 2004.12.31., 2007.8.3.>

1. 가격을 결정·유지 또는 변경하는 행위
2. 상품 또는 용역의 거래조건이나, 그 대금 또는 대가의 지급조건을 정하는 행위
3. 상품의 생산·출고·수송 또는 거래의 제한이나 용역의 거래를 제한하는 행위
4. 거래지역 또는 거래상대방을 제한하는 행위
5. 생산 또는 용역의 거래를 위한 설비의 신설 또는 증설이나 장비의 도입을 방해하거나 제한하는 행위
6. 상품 또는 용역의 생산·거래 시에 그 상품 또는 용역의 종류·규격을 제한하는 행위
7. 영업의 주요부문을 공동으로 수행·관리하거나 수행·관리하기 위한 회사등을 설립하는 행위
8. 입찰 또는 경매에 있어 낙찰자, 경락자(競落者), 투찰(投札)가격, 낙찰가격 또는 경락가격, 그 밖에 대통령령으로 정하는 사항을 결정하는 행위
9. 제1호부터 제8호까지 외의 행위로서 다른 사업자(그 행위를 한 사업자를 포함한다)의 사업활동 또는 사업내용을 방해하거나 제한함으로써 일정한 거래분야에서 경쟁을 실질적으로 제한하는 행위

② 제1항의 규정은 부당한 공동행위가 다음 각호의 1에 해당하는 목적을 위하여 행하여지는 경우로서 대통령령이 정하는 요건에 해당하고 공정거래위원회의 인가를 받은 경우에는 이를 적용하지 아니한다. <신설 1996.12.30.>

1. 산업합리화
2. 연구·기술개발
3. 불황의 극복
4. 산업구조의 조정
5. 거래조건의 합리화
6. 중소기업의 경쟁력향상

③ 제2항의 규정에 의한 인가의 기준·방법·절차 및 인가사항변경등에 관하여 필요한 사항은 대통령령으로 정한다. <신설 1996.12.30., 1999.2.5.>

④ 제1항에 규정된 부당한 공동행위를 할 것을 약정하는 계약등은 사업자간에 있어서는 이를 무효로 한다.

⑤ 2 이상의 사업자가 제1항 각 호의 어느 하나에 해당하는 행위를 하는 경우로서 해당 거래분야 또는 상품·용역의 특성, 해당 행위의 경제적 이유 및 파급효과, 사업자 간 접촉

의 횟수·양태 등 제반사정에 비추어 그 행위를 그 사업자들이 공동으로 한 것으로 볼 수 있는 상당한 개연성이 있는 때에는 그 사업자들 사이에 공동으로 제1항 각 호의 어느 하나에 해당하는 행위를 할 것을 합의한 것으로 추정한다. <개정 2007.8.3.>

⑥ 부당한 공동행위에 관한 심사의 기준은 공정거래위원회가 정하여 고시할 수 있다. <신설 2007.8.3.>

제19조의2(공공부문 입찰 관련 공동행위를 방지하기 위한 조치) ① 공정거래위원회는 국가·지방자치단체 또는 「공공기관의 운영에 관한 법률」에 따른 공기업이 발주하는 입찰과 관련된 부당한 공동행위를 적발하거나 방지하기 위하여 중앙행정기관·지방자치단체 또는 「공공기관의 운영에 관한 법률」에 따른 공기업의 장(이하 "공공기관의 장"이라 한다)에게 입찰 관련 자료의 제출과 그 밖의 협조를 요청할 수 있다. <개정 2009.3.25.>

② 대통령령으로 정하는 공공기관의 장은 입찰공고를 하거나 낙찰자가 결정된 때에는 입찰 관련 정보를 공정거래위원회에 제출하여야 한다.

③ 제2항에 따라 공정거래위원회에 제출하여야 하는 입찰 관련 정보의 범위 및 제출 절차에 관하여는 대통령령으로 정한다.

[본조신설 2007.8.3.]

제20조 삭제 <1996.12.30.>

제21조(시정조치) 공정거래위원회는 제19조(부당한 공동행위의 금지)제1항의 규정을 위반하는 행위가 있을 때에는 당해사업자에 대하여 당해행위의 중지, 시정명령을 받은 사실의 공표 기타 시정을 위한 필요한 조치를 명할 수 있다. <개정 1996.12.30., 2004.12.31.>

제22조(과징금) 공정거래위원회는 제19조(부당한 공동행위의 금지)제1항의 규정을 위반하는 행위가 있을 때에는 당해 사업자에 대하여 대통령령이 정하는 매출액에 100분의 10을 곱한 금액을 초과하지 아니하는 범위안에서 과징금을 부과할 수 있다. 다만, 매출액이 없는 경우등에는 20억원을 초과하지 아니하는 범위안에서 과징금을 부과할 수 있다. <개정 2004.12.31.>

[전문개정 1996.12.30.]

제22조의2(자진신고자 등에 대한 감면 등) ① 다음 각 호의 어느 하나에 해당하는 자에 대하여는 제21조(是正措置)의 규정에 의한 시정조치 또는 제22조(課徵金)의 규정에 의한 과징금을 감경 또는 면제할 수 있고, 제71조(고발)에 따른 고발을 면제할 수 있다. <개정 2001.1.16., 2004.12.31., 2007.8.3., 2013.7.16.>

1. 부당한 공동행위의 사실을 자진신고한 자
2. 증거제공 등의 방법으로 조사에 협조한 자

② 제1항에 따라 시정조치 또는 과징금을 감경 또는 면제받은 자가 그 감경 또는 면제받은 날 이후에 새롭게 제19조제1항을 위반하는 경우에는 시정조치 또는 과징금을 감경 또는 면제받은 날부터 5년 이내에는 제1항에 따른 시정조치 또는 과징금의 감경 또는

면제를 하지 아니한다. <신설 2016.3.29.>
③ 공정거래위원회 및 그 소속 공무원은 소송수행을 위하여 필요한 경우 등 대통령령으로 정하는 경우를 제외하고는 자진신고자 또는 조사에 협조한 자의 신원·제보내용 등 자진신고나 제보와 관련된 정보 및 자료를 사건 처리와 관계없는 자에게 제공하거나 누설하여서는 아니 된다. <신설 2007.8.3., 2016.3.29.>
④ 제1항의 규정에 의하여 감경 또는 면제되는 자의 범위와 감경 또는 면제의 기준·정도 등과 제3항에 따른 정보 및 자료의 제공·누설 금지에 관한 세부사항은 대통령령으로 정한다. <개정 2001.1.16., 2007.8.3., 2016.3.29.>
[본조신설 1996.12.30.]

## 제5장 불공정거래행위 및 특수관계인에 대한 부당한 이익제공의 금지 〈개정 2013.8.13.〉

제23조(불공정거래행위의 금지) ① 사업자는 다음 각 호의 어느 하나에 해당하는 행위로서 공정한 거래를 저해할 우려가 있는 행위(이하 "不公正去來行爲"라 한다)를 하거나, 계열회사 또는 다른 사업자로 하여금 이를 행하도록 하여서는 아니된다. <개정 1996.12.30., 1999.2.5., 2007.4.13., 2013.8.13.>
1. 부당하게 거래를 거절하거나 거래의 상대방을 차별하여 취급하는 행위
2. 부당하게 경쟁자를 배제하는 행위
3. 부당하게 경쟁자의 고객을 자기와 거래하도록 유인하거나 강제하는 행위
4. 자기의 거래상의 지위를 부당하게 이용하여 상대방과 거래하는 행위
5. 거래의 상대방의 사업활동을 부당하게 구속하는 조건으로 거래하거나 다른 사업자의 사업활동을 방해하는 행위
6. 삭제 <1999.2.5.>
7. 부당하게 다음 각 목의 어느 하나에 해당하는 행위를 통하여 특수관계인 또는 다른 회사를 지원하는 행위
   가. 특수관계인 또는 다른 회사에 대하여 가지급금·대여금·인력·부동산·유가증권·상품·용역·무체재산권 등을 제공하거나 상당히 유리한 조건으로 거래하는 행위
   나. 다른 사업자와 직접 상품·용역을 거래하면 상당히 유리함에도 불구하고 거래상 실질적인 역할이 없는 특수관계인이나 다른 회사를 매개로 거래하는 행위
8. 제1호 내지 제7호이외의 행위로서 공정한 거래를 저해할 우려가 있는 행위

② 특수관계인 또는 회사는 다른 사업자로부터 제1항제7호에 해당할 우려가 있음에도 불구하고 해당 지원을 받는 행위를 하여서는 아니 된다. <신설 2013.8.13.>
③ 불공정거래행위의 유형 또는 기준은 대통령령으로 정한다. <개정 1996.12.30.,

2013.8.13.>
④ 공정거래위원회는 제1항의 규정에 위반하는 행위를 예방하기 위하여 필요한 경우 사업자가 준수하여야 할 지침을 제정·고시할 수 있다. <개정 2013.8.13.>
⑤ 사업자 또는 사업자단체는 부당한 고객유인을 방지하기 위하여 자율적으로 규약(이하 "公正競爭規約"이라 한다)을 정할 수 있다. <개정 1999.2.5., 2013.8.13.>
⑥ 사업자 또는 사업자단체는 공정거래위원회에 공정경쟁규약이 제1항제3호를 위반하는지 여부에 대한 심사를 요청할 수 있다. <개정 2013.8.13., 2017.4.18.>

제23조의2(특수관계인에 대한 부당한 이익제공 등 금지) ① 공시대상기업집단(동일인이 자연인인 기업집단으로 한정한다)에 속하는 회사는 특수관계인(동일인 및 그 친족에 한정한다. 이하 이 조에서 같다)이나 특수관계인이 대통령령으로 정하는 비율 이상의 주식을 보유한 계열회사와 다음 각 호의 어느 하나에 해당하는 행위를 통하여 특수관계인에게 부당한 이익을 귀속시키는 행위를 하여서는 아니 된다. 이 경우 각 호에 해당하는 행위의 유형 또는 기준은 대통령령으로 정한다. <개정 2017.4.18.>
1. 정상적인 거래에서 적용되거나 적용될 것으로 판단되는 조건보다 상당히 유리한 조건으로 거래하는 행위
2. 회사가 직접 또는 자신이 지배하고 있는 회사를 통하여 수행할 경우 회사에 상당한 이익이 될 사업기회를 제공하는 행위
3. 특수관계인과 현금, 그 밖의 금융상품을 상당히 유리한 조건으로 거래하는 행위
4. 사업능력, 재무상태, 신용도, 기술력, 품질, 가격 또는 거래조건 등에 대한 합리적인 고려나 다른 사업자와의 비교 없이 상당한 규모로 거래하는 행위
② 기업의 효율성 증대, 보안성, 긴급성 등 거래의 목적을 달성하기 위하여 불가피한 경우로서 대통령령으로 정하는 거래는 제1항제4호를 적용하지 아니한다.
③ 제1항에 따른 거래 또는 사업기회 제공의 상대방은 제1항 각 호의 어느 하나에 해당할 우려가 있음에도 불구하고 해당 거래를 하거나 사업기회를 제공받는 행위를 하여서는 아니 된다.
④ 특수관계인은 누구에게든지 제1항 또는 제3항에 해당하는 행위를 하도록 지시하거나 해당 행위에 관여하여서는 아니 된다.
[본조신설 2013.8.13.]

제23조의3(보복조치의 금지) 사업자는 제23조(불공정거래행위의 금지)제1항의 불공정거래행위와 관련하여 다음 각 호의 어느 하나에 해당하는 행위를 한 사업자에게 그 행위를 한 것을 이유로 거래의 정지 또는 물량의 축소, 그 밖에 불이익을 주는 행위를 하거나 계열회사 또는 다른 사업자로 하여금 이를 행하도록 하여서는 아니 된다.
1. 제48조의6제1항에 따른 분쟁조정 신청
2. 제49조제2항에 따른 신고
3. 제50조에 따른 공정거래위원회의 조사에 대한 협조

[본조신설 2014.5.28.]

제24조(시정조치) 공정거래위원회는 제23조(불공정거래행위의 금지)제1항 또는 제2항, 제23조의2(특수관계인에 대한 부당한 이익제공 등 금지) 또는 제23조의3(보복조치의 금지)을 위반하는 행위가 있을 때에는 해당 사업자[제23조(불공정거래행위의 금지)제2항 및 제23조의2(특수관계인에 대한 부당한 이익제공 등 금지)의 경우 해당 특수관계인 또는 회사를 의미한다]에 대하여 해당 불공정거래행위 또는 특수관계인에 대한 부당한 이익제공행위의 중지 및 재발방지를 위한 조치, 해당 보복조치의 중지, 계약조항의 삭제, 시정명령을 받은 사실의 공표 기타 시정을 위한 필요한 조치를 명할 수 있다. <개정 1996.12.30., 1999.2.5., 2004.12.31., 2013.8.13., 2014.5.28.>

제24조의2(과징금) ① 공정거래위원회는 제23조(불공정거래행위의 금지)제1항(제7호는 제외한다) 또는 제23조의3(보복조치의 금지)을 위반하는 행위가 있을 때에는 당해사업자에 대하여 대통령령이 정하는 매출액에 100분의 2를 곱한 금액을 초과하지 아니하는 범위안에서 과징금을 부과할 수 있다. 다만, 매출액이 없는 경우등에는 5억원을 초과하지 아니하는 범위안에서 과징금을 부과할 수 있다. <개정 1999.12.28., 2004.12.31., 2013.8.13., 2014.5.28.>

② 공정거래위원회는 제23조(불공정거래행위의 금지)제1항제7호 또는 같은 조 제2항, 제23조의2(특수관계인에 대한 부당한 이익제공 등 금지)제1항 또는 제3항을 위반하는 행위가 있을 때에는 해당 특수관계인 또는 회사에 대하여 대통령령으로 정하는 매출액에 100분의 5를 곱한 금액을 초과하지 아니하는 범위에서 과징금을 부과할 수 있다. 다만, 매출액이 없는 경우 등에는 20억원을 초과하지 아니하는 범위에서 과징금을 부과할 수 있다. <신설 2013.8.13.>

[전문개정 1996.12.30.]

## 제6장 사업자단체

제25조 삭제 <1999.2.5.>

제26조(사업자단체의 금지행위) ① 사업자단체는 다음 각호의 1에 해당하는 행위를 하여서는 아니된다. <개정 1996.12.30., 1999.2.5.>

1. 제19조(부당한 共同行爲의 금지)제1항 각호의 행위에 의하여 부당하게 경쟁을 제한하는 행위
2. 일정한 거래분야에 있어서 현재 또는 장래의 사업자수를 제한하는 행위
3. 구성사업자(事業者團體의 構成員인 事業者를 말한다. 이하 같다)의 사업내용 또는 활동을 부당하게 제한하는 행위
4. 사업자에게 제23조(不公正去來行爲의 금지)제1항 각호의 1의 규정에 의한 불공정거래행위 또는 제29조(再販賣價格維持行爲의 제한)의 규정에 의한 재판매가격유지행위를

하게 하거나 이를 방조하는 행위

5. 삭제 <1999.2.5.>

② 제19조(부당한 공동행위의 금지)제2항 및 제3항은 제1항제1호의 경우에 이를 준용한다. 이 경우에 "사업자"는 "사업자단체"로 본다. <개정 1996.12.30., 2007.8.3.>

③ 공정거래위원회는 제1항의 규정에 위반하는 행위를 예방하기 위하여 필요한 경우 사업자단체가 준수하여야 할 지침을 제정·고시할 수 있다.

④ 공정거래위원회는 제3항의 지침을 제정하고자 할 경우에는 관계행정기관의 장의 의견을 들어야 한다.

제27조(시정조치) 공정거래위원회는 제26조(事業者團體의 금지행위)의 규정에 위반하는 행위가 있을 때에는 당해사업자단체(필요한 경우 관련 構成事業者를 포함한다)에 대하여 당해행위의 중지, 시정명령을 받은 사실의 공표 기타 시정을 위한 필요한 조치를 명할 수 있다. <개정 1992.12.8., 1996.12.30., 1999.2.5., 2004.12.31.>

[2004.12.31. 법률 제7315호에 의하여 2002.1.31. 헌법재판소에서 위헌결정된 이 조를 개정함.]

제28조(과징금) ① 공정거래위원회는 제26조(事業者團體의 금지행위)제1항 각호의 1의 규정에 위반하는 행위가 있을 때에는 당해사업자단체에 대하여 5억원의 범위안에서 과징금을 부과할 수 있다.

② 공정거래위원회는 제26조(事業者團體의 금지행위)제1항제1호를 위반하는 행위에 참가한 사업자에 대하여는 대통령령이 정하는 매출액에 100분의 10을 곱한 금액을 초과하지 아니하는 범위안에서 과징금을 부과할 수 있다. 다만, 매출액이 없는 경우등에는 20억원을 초과하지 아니하는 범위안에서 과징금을 부과할 수 있다. <개정 2012.3.21.>

③ 공정거래위원회는 제26조제1항제2호부터 제4호까지의 규정을 위반하는 행위에 참가한 사업자에 대하여는 대통령령으로 정하는 매출액에 100분의 5를 곱한 금액을 초과하지 아니하는 범위에서 과징금을 부과할 수 있다. 다만, 매출액이 없는 경우등에는 10억원을 초과하지 아니하는 범위에서 과징금을 부과할 수 있다. <신설 2012.3.21., 2016.3.29.>

[전문개정 1996.12.30.]

## 제7장 재판매가격유지행위의 제한

제29조(재판매가격유지행위의 제한) ① 사업자는 재판매가격유지행위를 하여서는 아니된다. 다만, 상품이나 용역을 일정한 가격 이상으로 거래하지 못하도록 하는 최고가격유지행위로서 정당한 이유가 있는 경우에는 그러하지 아니하다. <개정 2001.1.16.>

② 제1항의 규정은 대통령령이 정하는 저작물과 다음 각호의 요건을 갖춘 상품으로서 사업자가 당해상품에 대하여 재판매가격유지행위를 할 수 있도록 공정거래위원회로부터 미리 지정을 받은 경우에는 이를 적용하지 아니한다.

1. 당해상품의 품질이 동일하다는 것을 용이하게 식별할 수 있을 것
2. 당해상품이 일반소비자에 의하여 일상 사용되는 것일 것
3. 당해상품에 대하여 자유로운 경쟁이 행하여지고 있을 것

③ 사업자가 제2항의 규정에 의한 지정을 받고자 할 때에는 대통령령이 정하는 바에 의하여 이를 공정거래위원회에 신청하여야 한다.

④ 공정거래위원회가 제2항의 규정에 의하여 재판매가격유지행위를 할 수 있는 상품을 지정한 때에는 이를 고시하여야 한다.

제30조(재판매가격유지의 수정) 공정거래위원회는 제29조(再販賣價格維持行爲의 제한)제4항의 규정에 의하여 공정거래위원회가 지정·고시한 상품을 생산 또는 판매하는 사업자가 당해상품의 재판매가격을 결정하고 유지하기 위하여 체결한 계약이 소비자의 이익을 현저히 저해할 우려가 있는 경우에는 계약내용의 수정을 명할 수 있다. <개정 2007.8.3.>
[전문개정 1999.2.5.]

제31조(시정조치) 공정거래위원회는 제29조(再販賣價格維持行爲의 제한)제1항의 규정에 위반하는 행위가 있는 때에는 당해사업자에 대하여 당해 행위의 중지, 시정명령을 받은 사실의 공표 기타 시정을 위한 필요한 조치를 명할 수 있다. <개정 1996.12.30., 2004.12.31.>

제31조의2(과징금) 공정거래위원회는 제29조(再販賣價格維持行爲의 제한)의 규정에 위반하는 재판매가격유지행위가 있는 경우에는 당해사업자에 대하여 대통령령이 정하는 매출액에 100분의 2를 곱한 금액을 초과하지 아니하는 범위안에서 과징금을 부과할 수 있다. 다만, 매출액이 없는 경우등에는 5억원을 초과하지 아니하는 범위안에서 과징금을 부과할 수 있다.
[전문개정 1996.12.30.]

## 제8장 삭제 〈2016.3.29.〉

제32조 삭제 <2016.3.29.>

제33조 삭제 <2016.3.29.>

제34조 삭제 <2016.3.29.>

제34조의2 삭제 <2016.3.29.>

## 제9장 전담기구

제35조(공정거래위원회의 설치) ① 이 법에 의한 사무를 독립적으로 수행하기 위하여 국무총리소속하에 공정거래위원회를 둔다.

② 공정거래위원회는 「정부조직법」 제2조(中央行政機關의 設置와 組織)의 규정에 의한 중앙행정기관으로서 그 소관사무를 수행한다. <개정 2007.8.3.>
[전문개정 1996.12.30.]

제36조(공정거래위원회의 소관사무) 공정거래위원회의 소관사무는 다음 각호와 같다.
1. 시장지배적지위의 남용행위 규제에 관한 사항
2. 기업결합의 제한 및 경제력집중의 억제에 관한 사항
3. 부당한 공동행위 및 사업자단체의 경쟁제한행위 규제에 관한 사항
4. 불공정거래행위 및 재판매가격유지행위 규제에 관한 사항
5. 삭제 <2016.3.29.>
6. 경쟁제한적인 법령 및 행정처분의 협의·조정등 경쟁촉진정책에 관한 사항
7. 기타 법령에 의하여 공정거래위원회의 소관으로 규정된 사항

제36조의2(공정거래위원회의 국제협력) ① 정부는 대한민국의 법률 및 이익에 반하지 않는 범위 안에서 외국정부와 이 법의 집행을 위한 협정을 체결할 수 있다.
② 공정거래위원회는 제1항의 규정에 의하여 체결한 협정에 따라 외국정부의 법집행을 지원할 수 있다.
③ 공정거래위원회는 제1항의 규정에 의한 협정이 체결되어 있지 않은 경우에도 외국정부의 법집행 요청 시 동일 또는 유사한 사항에 관하여 대한민국의 지원요청에 응한다는 요청국의 보증이 있는 경우에는 지원할 수 있다.
[본조신설 2004.12.31.]

제37조(공정거래위원회의 구성등) ① 공정거래위원회는 위원장 1인 및 부위원장 1인을 포함한 9인의 위원으로 구성하며, 그중 4인은 비상임위원으로 한다. <개정 1996.12.30.>
② 공정거래위원회의 상임위원과 비상임위원(이하 "委員"이라 한다)은 독점규제 및 공정거래 또는 소비자분야에 경험 또는 전문지식이 있는 자로서 다음 각 호의 어느 하나에 해당하는 자중에서, 위원장과 부위원장은 국무총리의 제청으로 대통령이 임명하고 기타 위원은 위원장의 제청으로 대통령이 임명 또는 위촉한다. 이 경우 위원장은 국회의 인사청문을 거쳐야 한다. <개정 1994.12.23., 2005.12.29., 2007.8.3., 2012.3.21., 2015.7.24.>
1. 2급 이상 공무원(고위공무원단에 속하는 일반직공무원을 포함한다)의 직(職)에 있던 자
2. 판사·검사 또는 변호사의 직에 15년이상 있던 자
3. 법률·경제·경영 또는 소비자 관련 분야 학문을 전공하고 대학이나 공인된 연구기관에서 15년 이상 근무한 자로서 부교수 이상 또는 이에 상당하는 직에 있던 자
4. 기업경영 및 소비자보호활동에 15년이상 종사한 경력이 있는 자

③ 위원장과 부위원장은 정무직으로 하고, 기타 상임위원은 고위공무원단에 속하는 일반직공무원 으로서 「국가공무원법」 제26조의5에 따른 임기제공무원으로 보한다. <개정

2005.12.29., 2015.7.24.>

④ 위원장·부위원장 및 제47조(事務處의 設置)의 규정에 의한 사무처의 장은「정부조직법」제10조(政府委員)의 규정에 불구하고 정부위원이 된다. <신설 1996.12.30., 1998.2.28., 2007.8.3.>

제37조의2(회의의 구분) 공정거래위원회의 회의는 위원전원으로 구성하는 회의(이하 "全員會議"라 한다)와 상임위원 1인을 포함한 위원 3인으로 구성하는 회의(이하 "小會議"라 한다)로 구분한다.

[본조신설 1996.12.30.]

제37조의3(전원회의 및 소회의 관장사항) ① 전원회의는 다음 각호의 1의 사항을 심의·의결한다. <개정 2001.1.16.>

1. 공정거래위원회 소관의 법령이나 규칙·고시 등의 해석적용에 관한 사항
2. 제53조(異議申請)의 규정에 의한 이의신청
3. 소회의에서 의결되지 아니하거나 소회의가 전원회의에서 처리하도록 결정한 사항
4. 규칙 또는 고시의 제정 또는 변경
5. 경제적 파급효과가 중대한 사항 기타 전원회의에서 스스로 처리하는 것이 필요하다고 인정하는 사항

② 소회의는 제1항 각호의 사항외의 사항을 심의·의결한다.

[본조신설 1996.12.30.]

제38조(위원장) ① 위원장은 공정거래위원회를 대표한다.

② 위원장은 국무회의에 출석하여 발언할 수 있다.

③ 위원장이 사고로 인하여 직무를 수행할 수 없을 때에는 부위원장이 그 직무를 대행하며, 위원장과 부위원장이 모두 사고로 인하여 직무를 수행할 수 없을 때에는 선임상임위원순으로 그 직무를 대행한다. <개정 1999.2.5.>

제39조(위원의 임기) 공정거래위원회의 위원장, 부위원장 및 다른 위원의 임기는 3년으로 하고, 1차에 한하여 연임할 수 있다. <개정 2001.1.16.>

제40조(위원의 신분보장) 위원은 다음 각호의 1에 해당하는 경우를 제외하고는 그 의사에 반하여 면직 또는 해촉되지 아니한다. <개정 2015.7.24.>

1. 금고이상의 형의 선고를 받은 경우
2. 장기간의 심신쇠약으로 직무를 수행할 수 없게 된 경우

제41조(위원의 정치운동 금지) 위원은 정당에 가입하거나 정치운동에 관여할 수 없다.

제42조(회의의사 및 의결정족수) ① 전원회의의 의사는 위원장이 주재하며 재적위원 과반수의 찬성으로 의결한다. <개정 1999.2.5.>

② 소회의의 의사는 상임위원이 주재하며 구성위원 전원의 출석과 출석위원 전원의 찬

성으로 의결한다.
[전문개정 1996.12.30.]

제43조(심리·의결의 공개 및 합의의 비공개) ① 공정거래위원회의 심리와 의결은 공개한다. 다만, 사업자 또는 사업자단체의 사업상의 비밀을 보호할 필요가 있다고 인정할 때에는 그러하지 아니하다.
② 공정거래위원회의 심리는 구술심리를 원칙으로 하되, 필요한 경우 서면심리로 할 수 있다. <신설 2007.8.3.>
③ 공정거래위원회의 사건에 관한 의결의 합의는 공개하지 아니한다. <개정 2007.8.3.>
[전문개정 1999.2.5.]

제43조의2(심판정의 질서유지) 전원회의 및 소회의의 의장은 심판정에 출석하는 당사자·이해관계인·참고인 및 참관인등에 대하여 심판정의 질서유지를 위하여 필요한 조치를 명할 수 있다.
[본조신설 1996.12.30.]

제44조(위원의 제척·기피·회피) ① 위원은 다음 각호의 1에 해당하는 사건에 대한 심의·의결에서 제척된다. <개정 2004.12.31.>
1. 자기나 배우자 또는 배우자이었던 자가 당사자이거나 공동권리자 또는 공동의무자인 사건
2. 자기가 당사자와 친족관계에 있거나 자기 또는 자기가 속한 법인이 당사자의 법률·경영등에 대한 자문·고문등으로 있는 사건
3. 자기 또는 자기가 속한 법인이 증언이나 감정을 한 사건
4. 자기 또는 자기가 속한 법인이 당사자의 대리인으로서 관여하거나 관여하였던 사건
5. 자기 또는 자기가 속한 법인이 사건의 대상이 된 처분 또는 부작위에 관여한 사건
6. 자기가 공정거래위원회 소속공무원으로서 당해 사건의 조사 또는 심사를 행한 사건

② 당사자는 위원에게 심의·의결의 공정을 기대하기 어려운 사정이 있는 경우에는 기피신청을 할 수 있다. 위원장은 이 기피신청에 대하여 위원회의 의결을 거치지 아니하고 결정한다.
③ 위원 본인이 제1항 각호의 1의 사유 또는 제2항의 사유에 해당하는 경우에는 스스로 그 사건의 심의·의결을 회피할 수 있다.
[전문개정 1996.12.30.]

제45조(의결서 작성 및 경정) ① 공정거래위원회가 이 법 위반 여부에 관한 사항을 심의·의결하는 경우 의결 내용 및 그 이유를 명시한 의결서로 하여야 하고, 의결에 참여한 위원이 그 의결서에 서명·날인하여야 한다. <개정 1999.2.5., 2017.4.18.>
② 공정거래위원회는 의결서 등에 오기(誤記), 계산착오, 그 밖에 이와 유사한 오류가

있는 것이 명백한 때에는 신청에 의하거나 직권으로 경정(更正)할 수 있다. <신설 2007.8.3.>

**제46조(법 위반행위의 판단시점)** 공정거래위원회가 이 법에 위반되는 사항에 대하여 의결하는 경우에는 그 사항에 관한 심리를 종결하는 날까지 발생한 사실을 기초로 판단한다. [본조신설 2012.3.21.]

**제47조(사무처의 설치)** 공정거래위원회의 사무를 처리하기 위하여 공정거래위원회에 사무처를 둔다.

**제48조(조직에 관한 규정)** ① 이 법에 규정된 것 이외에 공정거래위원회의 조직에 관하여 필요한 사항은 대통령령으로 정한다.

② 이 법에 규정된 것 외에 공정거래위원회의 운영등에 관하여 필요한 사항은 공정거래위원회의 규칙으로 정한다. <신설 1996.12.30.>

## 제9장의2 한국공정거래조정원의 설립 및 분쟁조정 〈신설 2007.8.3.〉

**제48조의2(한국공정거래조정원의 설립 등)** ① 다음 각 호의 업무를 수행하기 위하여 한국공정거래조정원(이하 "조정원"이라 한다)을 설립한다. <개정 2012.3.21.>

1. 제23조(불공정거래행위의 금지)제1항을 위반한 혐의가 있는 행위와 관련된 분쟁의 조정
2. 다른 법률에서 조정원으로 하여금 담당하게 하는 분쟁의 조정
3. 시장 또는 산업의 동향과 공정경쟁에 관한 조사 및 분석
4. 사업자의 거래 관행과 행태의 조사 및 분석
5. 그 밖에 공정거래위원회로부터 위탁받은 사업

② 조정원은 법인으로 한다.

③ 조정원의 장은 제37조(공정거래위원회의 구성등)제2항 각 호의 어느 하나에 해당하는 자 중에서 공정거래위원회 위원장이 임명한다.

④ 정부는 조정원의 설립과 운영에 필요한 경비를 예산의 범위 안에서 출연하거나 보조할 수 있다.

⑤ 조정원에 관하여 이 법에서 규정한 것 외에는 「민법」 중 재단법인에 관한 규정을 준용한다.

[본조신설 2007.8.3.]

**제48조의3(공정거래분쟁조정협의회의 설치 및 구성)** ① 제23조(불공정거래행위의 금지)제1항을 위반한 혐의가 있는 행위와 관련된 분쟁을 조정하기 위하여 조정원에 공정거래분쟁조정협의회(이하 "협의회"라 한다)를 둔다.

② 협의회는 협의회 위원장 1인을 포함한 7인 이내의 협의회 위원으로 구성한다.

③ 협의회 위원장은 조정원의 장이 겸임한다.

④ 협의회 위원은 독점규제 및 공정거래 또는 소비자분야에 경험 또는 전문지식이 있는 자로서 다음 각 호의 어느 하나에 해당하는 자 중에서 조정원의 장의 제청으로 공정거래위원회 위원장이 임명 또는 위촉한다. 이 경우 다음 각 호의 어느 하나에 해당하는 자가 1인 이상 포함되어야 한다.

1. 대통령령으로 정하는 요건을 갖춘 공무원의 직에 있던 자
2. 판사·검사 또는 변호사의 직에 대통령령으로 정하는 기간 이상 있던 자
3. 법률·경제·경영 또는 소비자 관련 분야 학문을 전공하고 대학이나 공인된 연구기관에서 대통령령으로 정하는 기간 이상 근무한 자로서 부교수 이상 또는 이에 상당하는 직에 있던 자
4. 기업경영 및 소비자보호활동에 대통령령으로 정하는 기간 이상 종사한 경력이 있는 자

⑤ 협의회 위원의 임기는 3년으로 하되, 연임할 수 있다.

⑥ 협의회 위원 중 결원이 생긴 때에는 제4항에 따라 보궐위원을 위촉하여야 하며, 그 보궐위원의 임기는 전임자의 남은 임기로 한다.

[본조신설 2007.8.3.]

제48조의4(협의회의 회의) ① 협의회 위원장은 협의회의 회의를 소집하고 그 의장이 된다.

② 협의회는 재적위원 과반수의 출석으로 개의하고, 출석위원 과반수의 찬성으로 의결한다.

③ 협의회 위원장이 사고로 직무를 수행할 수 없는 때에는 공정거래위원회 위원장이 지명하는 협의회 위원이 그 직무를 대행한다.

④ 조정의 대상이 된 분쟁의 당사자인 사업자(이하 "분쟁당사자"라 한다)는 협의회에 출석하여 의견을 진술할 수 있다.

[본조신설 2007.8.3.]

제48조의5(협의회 위원의 제척·기피·회피) ① 협의회 위원은 다음 각 호의 어느 하나에 해당하는 경우에는 해당 분쟁조정사항의 조정에서 제척된다.

1. 협의회 위원 또는 그 배우자나 배우자이었던 자가 해당 분쟁조정사항의 분쟁당사자가 되거나 공동권리자 또는 의무자의 관계에 있는 경우
2. 협의회 위원이 해당 분쟁조정사항의 분쟁당사자와 친족관계에 있거나 있었던 경우
3. 협의회 위원 또는 협의회 위원이 속한 법인이 분쟁당사자의 법률·경영 등에 대하여 자문이나 고문의 역할을 하고 있는 경우
4. 협의회 위원 또는 협의회 위원이 속한 법인이 해당 분쟁조정사항에 대하여 분쟁당사자의 대리인으로 관여하거나 관여하였던 경우 및 증언 또는 감정을 한 경우

② 분쟁당사자는 협의회 위원에게 협의회의 조정에 공정을 기하기 어려운 사정이 있는 때에 협의회에 그 협의회 위원에 대한 기피신청을 할 수 있다.

③ 협의회 위원이 제1항 또는 제2항의 사유에 해당하는 경우에는 스스로 해당 분쟁조정 사항의 조정에서 회피할 수 있다.
[본조신설 2007.8.3.]

제48조의6(조정의 신청 등) ① 제23조(불공정거래행위의 금지)제1항을 위반한 혐의가 있는 행위로 인하여 피해를 입은 사업자는 대통령령으로 정하는 사항을 기재한 서면(이하 “분쟁조정신청서”라 한다)을 공정거래위원회 또는 협의회에 제출함으로써 분쟁조정을 신청할 수 있다. 다만, 다음 각 호의 어느 하나에 해당하는 경우에는 그러하지 아니하다.
1. 위반혐의가 있는 행위의 내용·성격 및 정도 등을 고려하여 제24조(시정조치) 또는 제51조(위반행위의 시정권고)에 따라 처리하는 것이 적합한 경우로서 대통령령으로 정하는 기준에 해당하는 행위
2. 분쟁조정의 신청이 있기 전에 공정거래위원회가 제49조(위반행위의 인지·신고등)에 따라 조사 중인 사건

② 공정거래위원회는 제1항에 따라 분쟁조정의 신청을 받은 경우에는 제1항 단서 각 호의 행위 또는 사건에 해당하는지 여부를 검토하고 이를 분쟁조정신청서에 첨부하여 그 접수일부터 대통령령으로 정하는 기간 이내에 협의회에 통보하여야 한다.
③ 협의회는 제1항 또는 제2항에 따라 분쟁조정신청서를 접수한 때에는 즉시 그 접수사실 등을 대통령령으로 정하는 바에 따라 공정거래위원회 또는 분쟁당사자에게 통지하여야 한다.
④ 제1항에 따른 분쟁조정의 신청은 시효중단의 효력이 있다. 다만, 신청이 취하되거나 각하된 때에는 그러하지 아니하다. <신설 2016.3.29.>
⑤ 제4항 단서의 경우에 6개월 내에 재판상의 청구, 파산절차참가, 압류 또는 가압류, 가처분을 한 때에는 시효는 최초의 분쟁조정의 신청으로 인하여 중단된 것으로 본다. <신설 2016.3.29.>
⑥ 제4항 본문에 따라 중단된 시효는 다음 각 호의 어느 하나에 해당하는 때부터 새로이 진행한다. <신설 2016.3.29.>
1. 분쟁조정이 이루어져 조정조서를 작성한 때
2. 분쟁조정이 이루어지지 아니하고 조정절차가 종료된 때
[본조신설 2007.8.3.]

제48조의7(조정 등) ① 협의회는 분쟁당사자에게 분쟁조정사항에 대하여 스스로 합의하도록 권고하거나 조정안을 작성하여 제시할 수 있다.
② 협의회는 해당 분쟁조정사항에 관한 사실을 확인하기 위하여 필요한 경우 조사를 하거나 분쟁당사자에 대하여 관련 자료의 제출이나 출석을 요구할 수 있다.
③ 협의회는 제48조의6(조정의 신청 등)제1항 단서 각 호에 해당하는 행위 또는 사건에 대하여는 조정신청을 각하하여야 한다. 공정거래위원회가 제48조의6(조정의 신청 등)제1항 단서 각 호의 행위 또는 사건에 해당하는 것으로 통보한 분쟁에 대하여도 또한 같다.

④ 협의회는 다음 각 호의 어느 하나에 해당되는 경우에는 조정절차를 종료하여야 한다. <개정 2016.3.29.>

1. 분쟁당사자가 협의회의 권고 또는 조정안을 수락하거나 스스로 조정하는 등 조정이 성립된 경우
2. 제48조의6제1항에 따라 분쟁조정의 신청을 받은 날 또는 같은 조 제2항에 따라 공정거래위원회로부터 통보받은 날부터 60일(분쟁 당사자 쌍방이 기간연장에 동의한 경우에는 90일로 한다)이 경과하여도 조정이 성립하지 아니한 경우
3. 분쟁당사자의 일방이 조정을 거부하거나 해당 분쟁조정사항에 대하여 법원에 소(訴)를 제기하는 등 조정절차를 진행할 실익이 없는 경우

⑤ 협의회는 조정신청을 각하하거나 조정절차를 종료한 경우에는 대통령령으로 정하는 바에 따라 공정거래위원회에 조정의 경위, 조정신청 각하 또는 조정절차 종료의 사유 등을 관계 서류와 함께 지체 없이 서면으로 보고하여야 하고 분쟁당사자에게 그 사실을 통보하여야 한다.

⑥ 공정거래위원회는 분쟁조정사항에 관하여 조정절차가 종료될 때까지 해당 분쟁당사자에게 제24조(시정조치)에 따른 시정조치 및 제51조(위반행위의 시정권고)제1항에 따른 시정권고를 하여서는 아니 된다.

[본조신설 2007.8.3.]

**제48조의8(조정조서의 작성과 그 효력)** ① 협의회는 분쟁조정사항에 대하여 조정이 성립된 경우 조정에 참가한 위원과 분쟁당사자가 기명날인한 조정조서를 작성한다. <개정 2016.3.29.>

② 협의회는 분쟁당사자가 조정절차를 개시하기 전에 분쟁조정사항을 스스로 조정하고 조정조서의 작성을 요청하는 경우에는 그 조정조서를 작성하여야 한다. <개정 2016.3.29.>

③ 분쟁당사자는 조정에서 합의된 사항을 이행하여야 하고, 이행결과를 공정거래위원회에 제출하여야 한다.

④ 공정거래위원회는 제1항에 따라 합의가 이루어지고, 그 합의된 사항을 이행한 경우에는 제24조(시정조치)에 따른 시정조치 및 제51조(위반행위의 시정권고)제1항에 따른 시정권고를 하지 아니한다.

⑤ 제1항 또는 제2항에 따라 조정조서를 작성한 경우 조정조서는 재판상 화해와 동일한 효력을 갖는다. <신설 2016.3.29.>

[본조신설 2007.8.3.]

**제48조의9(협의회의 조직·운영 등)** 제48조의3(공정거래분쟁조정협의회의 설치 및 구성)부터 제48조의8(조정조서의 작성과 그 효력)까지에 규정된 것 외에 협의회의 조직·운영·조정절차 등에 관하여 필요한 사항은 대통령령으로 정한다.

[본조신설 2007.8.3.]

## 제10장 조사등의 절차

제49조(위반행위의 인지·신고등) ① 공정거래위원회는 이 법의 규정에 위반한 혐의가 있다고 인정할 때에는 직권으로 필요한 조사를 할 수 있다. <개정 2001.1.16.>

② 누구든지 이 법의 규정에 위반되는 사실이 있다고 인정할 때에는 그 사실을 공정거래위원회에 신고할 수 있다.

③ 공정거래위원회는 제1항 또는 제2항의 규정에 의하여 조사를 한 경우에는 그 결과(調査結果 是正措置命令등의 처분을 하고자 하는 경우에는 그 처분의 내용을 포함한다)를 서면으로 당해사건의 당사자에게 통지하여야 한다. <신설 1996.12.30.>

④ 공정거래위원회는 다음 각 호의 기간이 경과한 경우에는 이 법 위반행위에 대하여 이 법에 따른 시정조치를 명하지 아니하거나 과징금을 부과하지 아니한다. 다만, 법원의 판결에 따라 시정조치 또는 과징금부과처분이 취소된 경우로서 그 판결이유에 따라 새로운 처분을 하는 경우에는 그러하지 아니하다. <개정 2012.3.21.>

1. 공정거래위원회가 이 법 위반행위에 대하여 조사를 개시한 경우 조사개시일부터 5년
2. 공정거래위원회가 이 법 위반행위에 대하여 조사를 개시하지 아니한 경우 해당 위반행위의 종료일부터 7년

제50조(위반행위의 조사 등) ① 공정거래위원회는 이 법의 시행을 위하여 필요하다고 인정할 때에는 대통령령이 정하는 바에 의하여 다음 각호의 처분을 할 수 있다.

1. 당사자, 이해관계인 또는 참고인의 출석 및 의견의 청취
2. 감정인의 지정 및 감정의 위촉
3. 사업자, 사업자단체 또는 이들의 임직원에 대하여 원가 및 경영상황에 관한 보고, 기타 필요한 자료나 물건의 제출을 명하거나 제출된 자료나 물건의 영치

② 공정거래위원회는 이 법의 시행을 위하여 필요하다고 인정할 때에는 그 소속공무원[제65조(權限의 위임·委託)의 규정에 의한 위임을 받은 기관의 소속공무원을 포함한다]으로 하여금 사업자 또는 사업자단체의 사무소 또는 사업장에 출입하여 업무 및 경영상황, 장부·서류, 전산자료·음성녹음자료·화상자료 그 밖에 대통령령이 정하는 자료나 물건을 조사하게 할 수 있으며, 대통령령이 정하는 바에 의하여 지정된 장소에서 당사자, 이해관계인 또는 참고인의 진술을 듣게 할 수 있다. <개정 1996.12.30., 1999.2.5., 2001.1.16.>

③ 제2항의 규정에 의하여 조사를 하는 공무원은 대통령령이 정하는 바에 따라 사업자, 사업자단체 또는 이들의 임직원에 대하여 조사에 필요한 자료나 물건의 제출을 명하거나 제출된 자료나 물건의 영치를 할 수 있다.

④ 제2항의 규정에 의하여 조사를 하는 공무원은 그 권한을 표시하는 증표를 관계인에게 제시하여야 한다.

⑤ 공정거래위원회는 제15조(탈법행위의 금지)를 위반하여 제9조(상호출자의 금지등)제

1항의 적용을 면탈하는 행위를 한 상당한 혐의가 있는 자의 조사와 관련하여 금융거래 관련 정보 또는 자료(이하 "금융거래정보"라 한다)에 의하지 아니하고는 그 탈법행위 여부를 확인할 수 없다고 인정되는 경우 또는 제23조(불공정거래행위의 금지)제1항제7호를 위반한 상당한 혐의가 있는 공시대상기업집단에 속하는 회사의 조사와 관련하여 금융거래정보에 의하지 아니하고는 자금 등의 지원 여부를 확인할 수 없다고 인정되는 경우에는 「금융실명거래 및 비밀보장에 관한 법률」 제4조의 규정에 불구하고 제37조의3(전원회의 및 소회의 관장사항)에 규정된 회의의 의결을 거쳐 다음 각호의 사항을 기재한 문서에 의하여 금융기관의 특정점포의 장에게 금융거래정보의 제출을 요구할 수 있으며, 그 특정점포의 장은 이를 거부하지 못한다. <신설 2004.12.31., 2007.4.13., 2007.8.3., 2009.3.25., 2017.4.18.>

1. 거래자의 인적 사항
2. 요구대상 거래기간
3. 요구의 법적 근거
4. 사용목적
5. 요구하는 금융거래정보의 내용(제9조의 적용을 면탈하려는 행위 또는 부당지원행위와 관련된 혐의가 있다고 인정되는 자의 금융기관과의 제9조의 적용을 면탈하려는 행위 또는 부당지원행위와 관련된 금융거래정보에 한한다)
6. 요구하는 기관의 담당자 및 책임자의 성명과 직책 등 인적 사항

⑥ 제5항의 규정에 의한 금융거래정보의 제출요구는 조사를 위하여 필요한 최소한도에 그쳐야 한다. <신설 2004.12.31.>

⑦ 제5항의 규정에 따라 금융기관이 공정거래위원회에 금융거래정보를 제공하는 경우에는 당해 금융기관은 금융거래정보를 제공한 날부터 10일 이내에 제공한 금융거래정보의 주요내용·사용목적·제공받은 자 및 제공일자 등을 거래자에게 서면으로 통지하여야 한다. 이 경우 통지에 소요되는 비용에 관하여는 「금융실명거래 및 비밀보장에 관한 법률」 제4조의2(거래정보등의 제공사실의 통보)제4항의 규정을 준용한다. <신설 2004.12.31., 2007.8.3.>

⑧ 공정거래위원회는 제5항의 규정에 따라 금융기관에 대하여 금융거래정보를 요구하는 경우에는 그 사실을 기록하여야 하며, 금융거래정보를 요구한 날부터 3년간 동 기록을 보관하여야 한다. <신설 2004.12.31.>

⑨ 제5항의 규정에 따라 금융거래정보를 제공받은 자는 그 자료를 타인에게 제공 또는 누설하거나 그 목적 외의 용도로 이를 이용하여서는 아니된다. <신설 2004.12.31.>

[법률 제8631호(2007.8.3.) 부칙 제2항의 규정에 의하여 이 조 제5항은 2010년 12월 31일까지 유효함]

제50조의2(조사권의 남용금지) 조사공무원은 이 법의 시행을 위하여 필요한 최소한의 범위 안에서 조사를 행하여야 하며, 다른 목적 등을 위하여 조사권을 남용하여서는 아니

된다.
[본조신설 2004.12.31.]

제50조의3(조사 등의 연기신청) ① 제50조제1항 내지 제3항의 규정에 따라 공정거래위원회로부터 처분 또는 조사를 받게 된 사업자 또는 사업자단체가 천재·지변 그 밖에 대통령령이 정하는 사유로 인하여 처분을 이행하거나 조사를 받기가 곤란한 경우에는 대통령령이 정하는 바에 따라 공정거래위원회에 처분 또는 조사를 연기하여 줄 것을 신청할 수 있다.
② 공정거래위원회는 제1항의 규정에 따라 처분 또는 조사의 연기신청을 받은 때에는 그 사유를 검토하여 타당하다고 인정되는 경우에는 처분 또는 조사를 연기할 수 있다.
[본조신설 2004.12.31.]

제50조의4(이행강제금 등) ① 공정거래위원회는 사업자 또는 사업자단체가 제50조제1항제3호 또는 같은 조 제3항에 따른 보고 또는 자료나 물건의 제출 명령을 이행하지 아니한 경우, 그 보고 또는 자료나 물건이 이 법 위반 여부를 확인하는 데 필요하다고 인정하는 때에는 소회의의 결정으로 그 보고 또는 자료나 물건의 제출을 다시 명령할 수 있으며, 이를 이행하지 아니한 자에게는 매 1일당 대통령령으로 정하는 1일 평균매출액의 1000분의 3의 범위에서 이행강제금을 부과할 수 있다. 다만, 매출액이 없거나 매출액의 산정이 곤란한 경우에는 매 1일당 200만원의 범위에서 이행강제금을 부과할 수 있다.
② 이행강제금의 부과·납부·징수 및 환급 등에 대해서는 제17조의3제2항 및 제3항을 준용한다.
[본조신설 2017.4.18.]

제51조(위반행위의 시정권고) ① 공정거래위원회는 이 법의 규정에 위반하는 행위가 있는 경우에 당해 사업자 또는 사업자단체에 대하여 시정방안을 정하여 이에 따를 것을 권고할 수 있다.
② 제1항의 규정에 의하여 권고를 받은 자는 시정권고를 통지받은 날부터 10일 이내에 당해 권고를 수락하는지의 여부에 관하여 공정거래위원회에 통지하여야 한다. <개정 1996.12.30.>
③ 제1항의 규정에 의하여 시정권고를 받은 자가 당해 권고를 수락한 때에는 이 법의 규정에 의한 시정조치가 명하여진 것으로 본다. <개정 1996.12.30.>

제51조의2(동의의결) ① 공정거래위원회의 조사나 심의를 받고 있는 사업자 또는 사업자단체(이하 이 조부터 제51조의5까지의 규정에서 "신청인"이라 한다)는 당해 조사나 심의의 대상이 되는 행위(이하 이 조부터 제51조의5까지의 규정에서 "해당 행위"라 한다)로 인한 경쟁제한상태 등의 자발적 해소, 소비자 피해구제, 거래질서의 개선 등을 위하여 제3항에 따른 동의의결을 하여 줄 것을 공정거래위원회에 신청할 수 있다. 다만 해당 행위가 다음 각 호의 어느 하나에 해당하는 경우 공정거래위원회는 동의의결을 하지 아니하고

이 법에 따른 심의 절차를 진행하여야 한다.

1. 해당 행위가 제19조(부당한 공동행위의 금지)제1항에 따른 위반행위인 경우
2. 제71조(고발)제2항에 따른 고발요건에 해당하는 경우
3. 동의의결이 있기 전 신청인이 신청을 취소하는 경우

② 신청인이 제1항에 따른 신청을 하는 경우 다음 각 호의 사항을 기재한 서면으로 하여야 한다.

1. 해당 행위를 특정할 수 있는 사실관계
2. 해당 행위의 중지, 원상회복 등 경쟁질서의 회복이나 거래질서의 적극적 개선을 위하여 필요한 시정방안
3. 소비자, 다른 사업자 등의 피해를 구제하거나 예방하기 위하여 필요한 시정방안

③ 공정거래위원회는 해당 행위의 사실관계에 대한 조사를 마친 후 제2항제2호 및 제3호에 따른 시정방안(이하 "시정방안"이라 한다)이 다음 각 호의 요건을 모두 충족한다고 판단되는 경우에는 해당 행위 관련 심의 절차를 중단하고 시정방안과 같은 취지의 의결(이하 "동의의결"이라 한다)을 할 수 있다. 이 경우 신청인과의 협의를 거쳐 시정방안을 수정할 수 있다.

1. 해당 행위가 이 법을 위반한 것으로 판단될 경우에 예상되는 시정조치, 그 밖의 제재와 균형을 이룰 것
2. 공정하고 자유로운 경쟁질서나 거래질서를 회복시키거나 소비자, 다른 사업자 등을 보호하기에 적절하다고 인정될 것

④ 공정거래위원회의 동의의결은 해당 행위가 이 법에 위반된다고 인정한 것을 의미하지 아니하며, 누구든지 신청인이 동의의결을 받은 사실을 들어 해당 행위가 이 법에 위반된다고 주장할 수 없다.

[본조신설 2011.12.2.]

제51조의3(동의의결의 절차) ① 공정거래위원회는 신속한 조치의 필요성, 소비자 피해의 직접 보상 필요성 등을 종합적으로 고려하여 동의의결 절차의 개시 여부를 결정하여야 한다.

② 공정거래위원회는 동의의결을 하기 전에 30일 이상의 기간을 정하여 다음 각 호의 사항을 신고인 등 이해관계인에게 통지하거나, 관보 또는 공정거래위원회의 인터넷 홈페이지에 공고하는 등의 방법으로 의견을 제출할 기회를 주어야 한다.

1. 해당 행위의 개요
2. 관련 법령 조항
3. 시정방안[제51조의2(동의의결)제3항 후단에 따라 시정방안이 수정된 경우에는 그 수정된 시정방안을 말한다]
4. 해당 행위와 관련하여 신고인 등 이해관계인의 이해를 돕는 그 밖의 정보. 다만, 사업상 또는 사생활의 비밀 보호나 그 밖에 공익상 공개하기에 적절하지 아니한 것은 제외

한다.

③ 공정거래위원회는 제2항 각 호의 사항을 관계 행정기관의 장에게 통보하고 그 의견을 들어야 하며, 검찰총장과는 협의하여야 한다.

④ 공정거래위원회는 동의의결을 하거나 이를 취소하는 경우에는 제37조의3(전원회의 및 소회의 관장사항)의 구분에 따른 회의의 심의·의결을 거쳐야 한다.

⑤ 동의의결을 받은 신청인은 제4항의 의결에 따라 동의의결의 이행계획과 이행결과를 공정거래위원회에 제출하여야 한다.

⑥ 제51조의2(동의의결)제2항에 따른 서면의 신청 방법, 의견 조회 방법, 심의·의결 절차 등 그 밖의 세부 사항은 공정거래위원회가 정하여 고시할 수 있다.

[본조신설 2011.12.2.]

**제51조의4(동의의결의 취소)** ① 공정거래위원회는 다음 각 호의 어느 하나에 해당하는 경우에는 동의의결을 취소할 수 있다.

1. 동의의결의 기초가 된 시장상황 등 사실관계의 현저한 변경 등으로 인해 시정방안이 적정하지 아니하게 된 경우
2. 신청인이 제공한 불완전하거나 부정확한 정보로 인하여 동의의결을 하게 되었거나, 신청인이 거짓 또는 그 밖의 부정한 방법으로 동의의결을 받은 경우
3. 신청인이 정당한 이유 없이 동의의결을 이행하지 아니하는 경우

② 제1항제1호에 따라 동의의결을 취소하는 경우 신청인이 제51조의2제1항에 따라 동의의결을 하여줄 것을 신청하면 공정거래위원회는 다시 동의의결을 할 수 있다. 이 경우 제51조의2부터 제51조의5까지의 규정을 적용한다.

③ 제1항제2호 또는 제3호에 따라 동의의결을 취소하는 경우 공정거래위원회는 제51조의2제3항에 따라 중단된 해당 행위 관련 심의절차를 계속하여 진행할 수 있다.

[본조신설 2011.12.2.]

**제51조의5(이행강제금 등)** ① 공정거래위원회는 정당한 이유 없이 상당한 기한 내에 동의의결을 이행하지 아니한 자에게 동의의결이 이행되거나 취소되기 전까지 1일당 200만원 이하의 이행강제금을 부과할 수 있다.

② 이행강제금의 부과·납부·징수 및 환급 등에 대하여는 제17조의3(이행강제금)제2항 및 제3항을 준용한다.

[본조신설 2011.12.2.]

**제52조(의견진술기회의 부여)** ① 공정거래위원회는 이 법의 규정에 위반되는 사항에 대하여 시정조치 또는 과징금 납부명령을 하기 전에 당사자 또는 이해관계인에게 의견을 진술할 기회를 주어야 한다.

② 당사자 또는 이해관계인은 공정거래위원회의 회의에 출석하여 그 의견을 진술하거나 필요한 자료를 제출할 수 있다.

第52조의2(자료열람요구 등) 당사자 또는 이해관계인은 공정거래위원회에 대하여 이 법의 규정에 의한 처분과 관련된 자료의 열람 또는 복사를 요구할 수 있다. 이 경우 공정거래위원회는 자료를 제출한 자의 동의가 있거나 공익상 필요하다고 인정할 때에는 이에 응하여야 한다.

[본조신설 1999.2.5.]

第53조(이의신청) ① 이 법에 의한 공정거래위원회의 처분에 대하여 불복이 있는 자는 그 처분의 통지를 받은 날부터 30일 이내에 그 사유를 갖추어 공정거래위원회에 이의신청을 할 수 있다. <개정 1999.2.5.>

② 공정거래위원회는 제1항의 규정에 의한 이의신청에 대하여 60일이내에 재결을 하여야 한다. 다만, 부득이한 사정으로 그 기간내에 재결을 할 수 없을 경우에는 30일의 범위안에서 결정으로 그 기간을 연장할 수 있다. <신설 1996.12.30., 1999.2.5.>

第53조의2(시정조치명령의 집행정지) ① 공정거래위원회는 이 법의 규정에 의한 시정조치명령을 받은 자가 제53조(異議申請)제1항의 이의신청을 제기한 경우로서 그 명령의 이행 또는 절차의 속행으로 인하여 발생할 수 있는 회복하기 어려운 손해를 예방하기 위하여 필요하다고 인정하는 때에는 당사자의 신청이나 직권에 의하여 그 명령의 이행 또는 절차의 속행에 대한 정지(이하 "執行停止"라 한다)를 결정할 수 있다.

② 공정거래위원회는 집행정지의 결정을 한 후에 집행정지의 사유가 없어진 경우에는 당사자의 신청 또는 직권에 의하여 집행정지의 결정을 취소할 수 있다. <개정 1999.2.5.>

[본조신설 1996.12.30.]

第53조의3(문서의 송달) ① 문서의 송달은 「행정절차법」 제14조 내지 제16조의 규정을 준용한다. <개정 2007.8.3.>

② 제1항의 규정에 불구하고 국외에 주소·영업소 또는 사무소(이하 "주소등"이라 한다)를 두고 있는 사업자 또는 사업자단체에 대해서는 국내에 대리인을 지정하도록 하여 동 대리인에게 송달한다. <개정 2007.8.3.>

③ 제2항에 따라 국내에 대리인을 지정하여야 하는 사업자 또는 사업자단체가 국내에 대리인을 지정하지 아니한 경우에는 제1항에 따른다. <신설 2007.8.3.>

[본조신설 2004.12.31.]

第54조(소의 제기) ① 이 법에 의한 공정거래위원회의 처분에 대하여 불복의 소를 제기하고자 할 때에는 처분의 통지를 받은 날 또는 이의신청에 대한 재결서의 정본을 송달받은 날부터 30일 이내에 이를 제기하여야 한다. <개정 1996.12.30., 1999.2.5., 2001.1.16.>

② 제1항의 기간은 이를 불변기간으로 한다.

第55조(불복의 소의 전속관할) 제54조(訴의 제기)의 규정에 의한 불복의 소는 공정거래위원회의 소재지를 관할하는 서울고등법원을 전속관할로 한다. <개정 1996.12.30.>

第55조의2(사건처리절차등) 이 법의 규정에 위반하는 사건의 처리절차등에 관하여 필요한 사항은 공정거래위원회가 정하여 고시한다.
[본조신설 1996.12.30.]

## 제10장의2 과징금 부과 및 징수등

제55조의3(과징금 부과) ① 공정거래위원회는 제6조, 제17조, 제22조, 제24조의2, 제28조 또는 제31조의2에 따라 과징금을 부과하는 경우 다음 각 호의 사항을 고려하여야 한다. <개정 2017.4.18.>

1. 위반행위의 내용 및 정도
2. 위반행위의 기간 및 횟수
3. 위반행위로 인해 취득한 이익의 규모등

② 공정거래위원회는 이 법의 규정을 위반한 회사인 사업자의 합병이 있는 경우에는 당해회사가 행한 위반행위는 합병후 존속하거나 합병에 의해 설립된 회사가 행한 행위로 보아 과징금을 부과·징수할 수 있다.

③ 공정거래위원회는 이 법을 위반한 회사인 사업자가 분할되거나 분할합병되는 경우 분할되는 사업자의 분할일 또는 분할합병일 이전의 위반행위를 다음 각 호의 어느 하나에 해당하는 회사의 행위로 보고 과징금을 부과·징수할 수 있다. <신설 2012.3.21.>

1. 분할되는 회사
2. 분할 또는 분할합병으로 설립되는 새로운 회사
3. 분할되는 회사의 일부가 다른 회사에 합병된 후 그 다른 회사가 존속하는 경우 그 다른 회사

④ 공정거래위원회는 이 법을 위반한 회사인 사업자가 「채무자 회생 및 파산에 관한 법률」 제215조에 따라 신회사를 설립하는 경우에는 기존 회사 또는 신회사 중 어느 하나의 행위로 보고 과징금을 부과·징수할 수 있다. <신설 2012.3.21.>

⑤ 제1항의 규정에 의한 과징금의 부과기준은 대통령령으로 정한다. <개정 1999.2.5., 2012.3.21.>

[본조신설 1996.12.30.]

제55조의4(과징금 납부기한의 연장 및 분할납부) ① 공정거래위원회는 과징금의 금액이 대통령령이 정하는 기준을 초과하는 경우로서 다음 각호의 1에 해당하는 사유로 인하여 과징금을 부과받은 자(이하 "課徵金納付義務者"라 한다)가 과징금의 전액을 일시에 납부하기가 어렵다고 인정되는 때에는 그 납부기한을 연장하거나 분할납부하게 할 수 있다. 이 경우 필요하다고 인정하는 때에는 담보를 제공하게 할 수 있다.

1. 재해 또는 도난등으로 재산에 현저한 손실을 받는 경우
2. 사업여건의 악화로 사업이 중대한 위기에 처한 경우
3. 과징금의 일시납부에 따라 자금사정에 현저한 어려움이 예상되는 경우

4. 기타 제1호 내지 제3호에 준하는 사유가 있는 경우

② 과징금납부의무자가 제1항의 규정에 의한 과징금 납부기한의 연장 또는 분할납부를 신청하고자 하는 경우에는 과징금 납부를 통지받은 날부터 30일 이내에 공정거래위원회에 신청하여야 한다. <개정 2002.1.26.>

③ 공정거래위원회는 제1항의 규정에 의하여 납부기한이 연장되거나 분할납부가 허용된 과징금납부의무자가 다음 각호의 1에 해당하게 된 때에는 그 납부기한의 연장 또는 분할납부 결정을 취소하고 일시에 징수할 수 있다. <개정 2015.1.20.>

1. 분할납부 결정된 과징금을 그 납부기한내에 납부하지 아니한 때
2. 담보의 변경 기타 담보보전에 필요한 공정거래위원회의 명령을 이행하지 아니한 때
3. 강제집행, 경매의 개시, 파산선고, 법인의 해산, 국세 또는 지방세의 체납처분을 받은 때등 과징금의 전부 또는 잔여분을 징수할 수 없다고 인정되는 때
4. 제1항에 따른 사유가 해소되어 과징금을 일시에 납부할 수 있다고 인정되는 때

④ 제1항 내지 제3항의 규정에 의한 과징금 납부기한의 연장 또는 분할납부등에 관하여 필요한 사항은 대통령령으로 정한다. <개정 1999.2.5.>

[본조신설 1996.12.30.]

**제55조의5(과징금의 연대납부의무)** ① 과징금을 부과받은 회사인 사업자가 분할 또는 분할합병되는 경우(부과일에 분할 또는 분할합병되는 경우를 포함한다) 그 과징금은 다음 각호의 회사가 연대하여 납부할 책임을 진다.

1. 분할되는 회사
2. 분할 또는 분할합병으로 인하여 설립되는 회사
3. 분할되는 회사의 일부가 다른 회사와 합병하여 그 다른 회사가 존속하는 경우의 그 다른 회사

② 과징금을 부과받은 회사인 사업자가 분할 또는 분할합병으로 인하여 해산되는 경우(부과일에 해산되는 경우를 포함한다) 그 과징금은 다음 각호의 회사가 연대하여 납부할 책임을 진다.

1. 분할 또는 분할합병으로 인하여 설립되는 회사
2. 분할되는 회사의 일부가 다른 회사와 합병하여 그 다른 회사가 존속하는 경우의 그 다른 회사

[본조신설 2004.12.31.]

**제55조의6(과징금 징수 및 체납처분)** ① 공정거래위원회는 과징금납부의무자가 납부기한내에 과징금을 납부하지 아니한 경우에는 납부기한의 다음 날부터 납부한 날까지의 기간에 대하여 연 100분의 40의 범위 안에서 「은행법」 제2조의 규정에 의한 은행의 연체이자율을 참작하여 대통령령으로 정하는 바에 따라 가산금을 징수한다. 이 경우 가산금을 징수하는 기간은 60개월을 초과하지 못한다. <개정 1999.2.5., 2004.12.31., 2007.8.3., 2010.5.17., 2012.3.21.>

② 공정거래위원회는 과징금납부의무자가 납부기한내에 과징금을 납부하지 아니한 때에는 기간을 정하여 독촉을 하고, 그 지정한 기간안에 과징금 및 제1항의 규정에 의한 가산금을 납부하지 아니한 때에는 국세체납처분의 예에 따라 이를 징수할 수 있다.
③ 공정거래위원회는 제1항 및 제2항의 규정에 의한 과징금 및 가산금의 징수 또는 체납처분에 관한 업무를 국세청장에게 위탁할 수 있다.
④ 공정거래위원회는 체납된 과징금의 징수를 위하여 필요하다고 인정되는 경우에는 국세청장에 대하여 과징금을 체납한 자에 대한 국세과세에 관한 정보의 제공을 요청할 수 있다. <신설 2001.1.16.>
⑤ 과징금 업무를 담당하는 공무원이 과징금의 징수를 위하여 필요한 때에는 등기소 기타 관계 행정기관의 장에게 무료로 필요한 서류의 열람이나 등사 또는 그 등본이나 초본의 교부를 청구할 수 있다. <신설 2001.1.16.>
⑥ 과징금의 징수에 관하여 필요한 사항은 대통령령으로 정한다.
[본조신설 1996.12.30.]
[제55조의5에서 이동, 종전 제55조의6은 제55조의7로 이동 <2004.12.31.>]

**제55조의7(과징금 환급가산금)** 공정거래위원회가 이의신청의 재결 또는 법원의 판결 등의 사유로 과징금을 환급하는 경우에는 과징금을 납부한 날부터 환급한 날까지의 기간에 대하여 대통령령이 정하는 바에 따라 환급가산금을 지급하여야 한다. 다만, 법원의 판결에 의하여 과징금 부과처분이 취소되어 그 판결이유에 따라 새로운 과징금을 부과하는 경우에는 당초 납부한 과징금에서 새로 부과하기로 결정한 과징금을 공제한 나머지 금액에 대해서만 환급가산금을 계산하여 지급한다. <개정 2016.3.29.>
[본조신설 2001.1.16.]
[제55조의6에서 이동 <2004.12.31.>]

**제55조의8(결손처분)** ① 공정거래위원회는 과징금·과태료, 그 밖에 이 법에 따른 징수금(이하 "징수금등"이라 한다)의 납부의무자에게 다음 각 호의 어느 하나에 해당하는 사유가 있는 경우에는 결손처분을 할 수 있다.
1. 체납처분이 끝나고 체납액에 충당된 배분금액이 체납액에 못 미치는 경우
2. 징수금등의 징수권에 대한 소멸시효가 완성된 경우
3. 체납자의 행방이 분명하지 아니하거나 재산이 없다는 것이 판명된 경우
4. 체납처분의 목적물인 총재산의 추산가액이 체납처분비에 충당하고 남을 여지가 없음이 확인된 경우
5. 체납처분의 목적물인 총재산이 징수금등보다 우선하는 국세, 지방세, 전세권·질권 또는 저당권에 의하여 담보된 채권 등의 변제에 충당하고 남을 여지가 없음이 확인된 경우
6. 징수할 가망이 없는 경우로서 대통령령으로 정하는 사유에 해당되는 경우

② 제1항에 따라 결손처분을 할 때에는 지방행정기관 등 관계 기관에 대하여 체납자의

행방 또는 재산의 유무를 조사하고 확인하여야 한다.

③ 제1항제4호 또는 제5호의 요건에 해당되어 결손처분을 할 때에는 체납처분을 중지하고 그 재산의 압류를 해제하여야 한다.

④ 공정거래위원회는 제1항에 따라 결손처분을 한 후 압류할 수 있는 다른 재산을 발견한 때에는 지체 없이 결손처분을 취소하고 체납처분을 하여야 한다. 다만, 제1항제2호에 해당하는 경우에는 그러하지 아니하다.

[본조신설 2007.8.3.]

## 제11장 손해배상

第56조(손해배상책임) ① 사업자 또는 사업자단체는 이 법의 규정을 위반함으로써 피해를 입은 자가 있는 경우에는 당해피해자에 대하여 손해배상의 책임을 진다. 다만, 사업자 또는 사업자단체가 고의 또는 과실이 없음을 입증한 경우에는 그러하지 아니하다. <개정 2004.12.31.>

② 삭제 <2004.12.31.>

第56조의2(기록의 송부등) 제56조(損害賠償責任)의 규정에 의한 손해배상청구의 소가 제기된 때에는 법원은 필요한 경우 공정거래위원회에 대하여 당해사건의 기록(사건관계인, 참고인 또는 감정인에 대한 심문조서 및 속기록 기타 裁判上 證據가 되는 일체의 것을 포함한다)의 송부를 요구할 수 있다.

[본조신설 1999.2.5.]

第57조(손해액의 인정) 이 법의 규정을 위반한 행위로 인하여 손해가 발생된 것은 인정되나, 그 손해액을 입증하기 위하여 필요한 사실을 입증하는 것이 해당 사실의 성질상 극히 곤란한 경우에는, 법원은 변론 전체의 취지와 증거조사의 결과에 기초하여 상당한 손해액을 인정할 수 있다.

[전문개정 2004.12.31.]

## 제12장 적용제외

第58조(법령에 따른 정당한 행위) 이 법의 규정은 사업자 또는 사업자단체가 다른 법률 또는 그 법률에 의한 명령에 따라 행하는 정당한 행위에 대하여는 이를 적용하지 아니한다.

第59조(무체재산권의 행사행위) 이 법의 규정은 「저작권법」, 「특허법」, 「실용신안법」, 「디자인보호법」 또는 「상표법」에 의한 권리의 정당한 행사라고 인정되는 행위에 대하여는 적용하지 아니한다. <개정 2004.12.31., 2007.8.3.>

第60조(일정한 조합의 행위) 이 법의 규정은 다음 각호의 요건을 갖추어 설립된 조합(組合

의 聯合會를 포함한다)의 행위에 대하여는 이를 적용하지 아니한다. 다만, 불공정거래행위 또는 부당하게 경쟁을 제한하여 가격을 인상하게 되는 경우에는 그러하지 아니하다. <개정 1999.2.5.>

1. 소규모의 사업자 또는 소비자의 상호부조를 목적으로 할 것
2. 임의로 설립되고, 조합원이 임의로 가입 또는 탈퇴할 수 있을 것
3. 각 조합원이 평등한 의결권을 가질 것
4. 조합원에 대하여 이익배분을 행하는 경우에는 그 한도가 정관에 정하여져 있을 것

제61조 삭제 <1996.12.30.>

## 제13장 보 칙

제62조(비밀엄수의 의무) 이 법에 의한 직무에 종사하거나 종사하였던 위원, 공무원 또는 협의회에서 분쟁조정업무를 담당하거나 담당하였던 자는 그 직무상 알게 된 사업자 또는 사업자단체의 비밀을 누설하거나 이 법의 시행을 위한 목적외에 이를 이용하여서는 아니된다. <개정 2007.8.3.>

제63조(경쟁제한적인 법령 제정의 협의등) ① 관계행정기관의 장은 사업자의 가격·거래조건의 결정, 시장진입 또는 사업활동의 제한, 부당한 공동행위 또는 사업자단체의 금지행위등 경쟁제한사항을 내용으로 하는 법령을 제정 또는 개정하거나, 사업자 또는 사업자단체에 대하여 경쟁제한사항을 내용으로 하는 승인 기타의 처분을 하고자 하는 때에는 미리 공정거래위원회와 협의하여야 한다.

② 관계행정기관의 장은 경쟁제한사항을 내용으로 하는 예규·고시 등을 제정 또는 개정하고자 하는 때에는 미리 공정거래위원회에 통보하여야 한다.

③ 관계행정기관의 장은 제1항의 규정에 의한 경쟁제한사항을 내용으로 하는 승인 기타의 처분을 행한 경우에는 당해 승인 기타의 처분의 내용을 공정거래위원회에 통보하여야 한다.

④ 공정거래위원회는 제2항의 규정에 의하여 통보를 받은 경우에 당해제정 또는 개정하고자 하는 예규·고시 등에 경쟁제한사항이 포함되어 있다고 인정되는 경우에는 관계행정기관의 장에게 당해 경쟁제한사항의 시정에 관한 의견을 제시할 수 있다. 제1항의 규정에 의한 협의없이 제정 또는 개정된 법령과 통보없이 제정 또는 개정된 예규·고시 등이나 통보 없이 행하여진 승인 기타의 처분에 관하여도 또한 같다.

[전문개정 1996.12.30.]

제64조(관계기관등의 장의 협조) ① 공정거래위원회는 이 법의 시행을 위하여 필요하다고 인정할 때에는 관계행정기관 기타 기관 또는 단체의 장의 의견을 들을 수 있다. <개정 1996.12.30.>

② 공정거래위원회는 이 법의 시행을 위하여 필요하다고 인정할 때에는 관계행정기관

기타 기관 또는 단체의 장에게 필요한 조사를 의뢰하거나 필요한 자료를 요청할 수 있다. <개정 1996.12.30.>

③ 공정거래위원회는 이 법의 규정에 의한 시정조치의 이행을 확보하기 위하여 필요하다고 인정하는 경우에는 관계행정기관 기타 기관 또는 단체의 장에게 필요한 협조를 의뢰할 수 있다. <개정 1996.12.30.>

제64조의2(포상금의 지급) ① 공정거래위원회는 이 법의 위반행위를 신고 또는 제보하고 이를 입증할 수 있는 증거자료를 제출한 자에 대하여 예산의 범위 안에서 포상금을 지급할 수 있다.

② 제1항의 규정에 의한 포상금의 지급대상이 되는 이 법 위반행위 및 포상금 지급대상자의 범위, 포상금 지급의 기준·절차 등에 관하여 필요한 사항은 대통령령으로 정한다.

[본조신설 2004.12.31.]

제64조의3(포상금의 환수 등) ① 공정거래위원회는 제64조의2제1항에 따라 포상금을 지급한 후 다음 각 호의 어느 하나에 해당하는 사실이 발견된 경우에는 해당 포상금을 지급받은 자에게 반환할 금액을 통지하여야 하고, 해당 포상금을 지급받은 자는 그 통지를 받은 날부터 30일 이내에 이를 납부하여야 한다.

1. 위법 또는 부당한 방법의 증거수집, 허위신고, 거짓진술, 증거위조 등 부정한 방법으로 포상금을 지급받은 경우
2. 동일한 원인으로 다른 법령에 따라 포상금 등을 지급받은 경우
3. 그 밖에 착오 등의 사유로 포상금이 잘못 지급된 경우

② 공정거래위원회는 제1항에 따라 포상금을 반환하여야 할 자가 납부 기한까지 그 금액을 납부하지 아니한 때에는 국세 체납처분의 예에 따라 징수할 수 있다.

[본조신설 2015.1.20.]

제65조(권한의 위임·위탁) 공정거래위원회는 이 법의 규정에 의한 그 권한의 일부를 대통령령이 정하는 바에 의하여 소속기관의 장이나, 특별시장·광역시장 또는 도지사에게 위임하거나, 다른 행정기관의 장에게 위탁할 수 있다. <개정 1996.12.30.>

제65조의2(벌칙 적용에서의 공무원 의제) ① 공정거래위원회의 위원 중 공무원이 아닌 위원은 「형법」이나 그 밖의 법률에 따른 벌칙의 적용에서는 공무원으로 본다.

② 제48조의3(공정거래분쟁조정협의회의 설치 및 구성)부터 제48조의9(협의회의 조직·운영 등)까지의 규정에 따른 분쟁의 조정업무를 담당하거나 담당하였던 자는 「형법」 제129조(수뢰, 사전수뢰)부터 제132조(알선수뢰)까지의 규정에 따른 벌칙의 적용에서는 공무원으로 본다.

[본조신설 2007.8.3.]

## 제14장 벌 칙

第66조(벌칙) ① 다음 각 호의 어느 하나에 해당하는 자는 3년 이하의 징역 또는 2억원 이하의 벌금에 처한다. <개정 1992.12.8., 1996.12.30., 1998.2.24., 1999.2.5., 1999.12.28., 2001.1.16., 2002.1.26., 2004.12.31., 2007.4.13., 2007.8.3., 2009.3.25., 2012.3.21., 2013.8.13., 2014.1.24., 2014.5.28., 2017.4.18.>

1. 제3조의2(市場支配的地位의 濫用禁止)의 규정에 위반하여 남용행위를 한 자
2. 제7조(기업결합의 제한)제1항 본문을 위반하여 기업결합을 한 자
3. 제8조의2(지주회사 등의 행위제한 등)제2항 내지 제5항을 위반한 자
4. 제8조의3을 위반하여 지주회사를 설립하거나 지주회사로 전환한 자
5. 제9조(상호출자의 금지 등), 제9조의2(순환출자의 금지)를 위반하여 주식을 취득하거나 소유하고 있는 자
6. 제10조의2를 위반하여 채무보증을 하고 있는 자
7. 제11조(金融會社 또는 保險會社의 議決權 제한) 또는 제18조(是正措置의 이행확보)의 규정에 위반하여 의결권을 행사한 자
8. 제15조(脫法行爲의 금지)의 규정에 위반하여 탈법행위를 한 자
9. 제19조(부당한 공동행위의 금지)제1항의 규정을 위반하여 부당한 공동행위를 한 자 또는 이를 행하도록 한 자

9의2. 제23조(불공정거래행위의 금지)제1항제7호, 제23조의2(특수관계인에 대한 부당한 이익제공 등 금지)제1항 또는 제4항을 위반한 자

9의3. 제23조의3(보복조치의 금지)을 위반한 자

10. 제26조(事業者團體의 금지행위)제1항제1호의 규정에 위반하여 사업자단체의 금지행위를 한 자
11. 제50조제2항에 따른 조사 시 폭언·폭행, 고의적인 현장진입 저지·지연 등을 통하여 조사를 거부·방해 또는 기피한 자

② 제1항의 징역형과 벌금형은 이를 병과할 수 있다.

第67조(벌칙) 다음 각 호의 어느 하나에 해당하는 자는 2년 이하의 징역 또는 1억5천만원 이하의 벌금에 처한다. <개정 1992.12.8., 1994.12.22., 1996.12.30., 1998.2.24., 1999.2.5., 2002.1.26., 2007.8.3., 2009.3.25., 2013.8.13., 2016.3.29., 2017.4.18.>

1. 삭제 <1996.12.30.>
2. 제23조(불공정거래행위의 금지)제1항(제7호는 제외한다)의 규정에 위반하여 불공정거래행위를 한 자
3. 제26조(事業者團體의 금지행위)제1항제2호 내지 제5호의 규정에 위반한 자
4. 제29조(再販賣價格維持行爲의 제한)제1항의 규정에 위반하여 재판매가격유지행위를 한 자

5. 삭제 <2016.3.29.>
6. 제5조(是正措置), 제16조(시정조치 등)제1항, 제21조(是正措置), 제24조(是正措置), 제27조(是正措置), 제30조(재판매가격유지계약의 수정) 또는 제31조(시정조치)에 따른 시정조치 또는 금지명령에 응하지 아니한 자
7. 제14조제4항에 따른 자료요청에 대하여 정당한 이유 없이 자료 제출을 거부하거나 거짓의 자료를 제출한 자
8. 제14조제5항을 위반하여 공인회계사의 회계감사를 받지 아니한 자
9. 제50조제1항제3호 또는 같은 조 제3항에 따른 보고 또는 필요한 자료나 물건을 제출하지 아니하거나 거짓의 보고 또는 자료나 물건을 제출한 자
10. 제50조제2항에 따른 조사 시 자료의 은닉·폐기, 접근거부 또는 위조·변조 등을 통하여 조사를 거부·방해 또는 기피한 자

**제68조(벌칙)** 다음 각 호의 어느 하나에 해당하는 자는 1억원 이하의 벌금에 처한다. <개정 1996.12.30., 1999.2.5., 2002.1.26., 2004.12.31., 2007.4.13., 2007.8.3.>

1. 제8조(持株會社 設立·轉換의 申告)의 규정에 위반하여 지주회사의 설립 또는 전환의 신고를 하지 아니하거나 허위의 신고를 한 자
2. 제8조의2(지주회사 등의 행위제한 등)제7항을 위반하여 당해 지주회사등의 사업내용에 관한 보고를 하지 아니하거나 허위의 보고를 한 자
3. 제13조(株式所有現況등의 申告)제1항 및 제2항의 규정에 위반하여 주식소유현황 또는 채무보증현황의 신고를 하지 아니하거나 허위의 신고를 한 자
4. 삭제 <2017.4.18.>
5. 제50조(위반행위의 조사등)제1항제2호의 규정에 위반하여 허위의 감정을 한 자
6. 삭제 <2004.12.31.>
7. 삭제 <1994.12.22.>
8. 삭제 <1999.2.5.>

[전문개정 1992.12.8.]

**제69조(벌칙)** ① 제50조(위반행위의 조사등)제5항의 요건에 해당하지 아니함에도 불구하고 그 직권을 남용하여 금융기관의 특정점포의 장에게 금융거래정보의 제출을 요구한 자 또는 동조제9항의 규정을 위반한 자는 5년 이하의 징역 또는 3천만원 이하의 벌금에 처한다. <신설 2004.12.31.>

② 제62조(秘密嚴守의 義務)의 규정에 위반한 자는 2년 이하의 징역 또는 200만원 이하의 벌금에 처한다. <개정 1996.12.30.>

**제69조의2(과태료)** ① 사업자 또는 사업자단체가 다음 각 호의 어느 하나에 해당하는 경우에는 1억원 이하, 회사 또는 사업자단체의 임원 또는 종업원, 그 밖의 이해관계인이 다음 각 호의 어느 하나에 해당하는 경우에는 1천만원 이하의 과태료를 부과한다. <개정

1996.12.30., 1998.2.24., 1999.2.5., 1999.12.28., 2001.1.16., 2002.1.26., 2004.12.31., 2009.3.25., 2012.3.21., 2017.4.18.>

1. 제11조의2(대규모내부거래의 이사회 의결 및 공시)부터 제11조의4(기업집단현황 등에 관한 공시)까지의 규정에 따른 공시를 하는 경우에 이사회의 의결을 거치지 아니하거나 공시를 하지 아니한 자 또는 주요내용을 누락하거나 허위로 공시한 자
2. 제12조(企業結合의 申告)제1항 또는 제6항의 규정에 의한 기업결합의 신고를 하지 아니하거나 허위의 신고를 한 자 또는 같은 조 제8항을 위반한 자
3. 제14조의2(系列會社의 編入 및 제외등)제2항의 자료요청에 대하여 정당한 이유없이 자료를 제출하지 아니하거나 허위의 자료를 제출한 자
4. 삭제 <2009.3.25.>
5. 제50조(위반행위의 조사등)제1항제1호의 규정에 위반하여 정당한 사유없이 출석을 하지 아니한 자
6. 삭제 <2017.4.18.>
7. 삭제 <2017.4.18.>
8. 제50조(위반행위의 조사등)제5항의 규정에 의한 금융거래정보의 제출을 거부한 자

② 제43조의2(審判廷의 秩序維持)의 규정에 위반하여 질서유지의 명령을 따르지 아니한 자는 100만원 이하의 과태료에 처한다. <신설 1996.12.30.>

③ 제1항 또는 제2항의 규정에 의한 과태료는 대통령령이 정하는 바에 의하여 공정거래위원회가 부과·징수한다. <개정 1996.12.30.>

④ 삭제 <2009.3.25.>

⑤ 삭제 <2009.3.25.>

⑥ 삭제 <2009.3.25.>

[본조신설 1992.12.8.]

**제70조(양벌규정)** 법인(법인격이 없는 단체를 포함한다. 이하 이 조에서 같다)의 대표자나 법인 또는 개인의 대리인, 사용인, 그 밖의 종업원이 그 법인 또는 개인의 업무에 관하여 제66조부터 제68조까지의 어느 하나에 해당하는 위반행위를 하면 그 행위자를 벌하는 외에 그 법인 또는 개인에게도 해당 조문의 벌금형을 과(科)한다. 다만, 법인 또는 개인이 그 위반행위를 방지하기 위하여 해당 업무에 관하여 상당한 주의와 감독을 게을리하지 아니한 경우에는 그러하지 아니하다.

[전문개정 2009.3.25.]

**제71조(고발)** ① 제66조(罰則) 및 제67조(罰則)의 죄는 공정거래위원회의 고발이 있어야 공소를 제기할 수 있다. <개정 1996.12.30.>

② 공정거래위원회는 제66조 및 제67조의 죄중 그 위반의 정도가 객관적으로 명백하고 중대하여 경쟁질서를 현저히 저해한다고 인정하는 경우에는 검찰총장에게 고발하여야 한다. <신설 1996.12.30.>

③ 검찰총장은 제2항의 규정에 의한 고발요건에 해당하는 사실이 있음을 공정거래위원회에 통보하여 고발을 요청할 수 있다. <신설 1996.12.30.>
④ 공정거래위원회가 제2항에 따른 고발요건에 해당하지 아니한다고 결정하더라도 감사원장, 중소벤처기업부장관, 조달청장은 사회적 파급효과, 국가재정에 끼친 영향, 중소기업에 미친 피해 정도 등 다른 사정을 이유로 공정거래위원회에 고발을 요청할 수 있다. <신설 2013.7.16., 2017.7.26.>
⑤ 제3항 또는 제4항에 따른 고발요청이 있는 때에는 공정거래위원회 위원장은 검찰총장에게 고발하여야 한다. <신설 2013.7.16.>
⑥ 공정거래위원회는 공소가 제기된 후에는 고발을 취소하지 못한다. <신설 1996.12.30., 2013.7.16.>
[전문개정 1992.12.8.]

## 부칙 〈제15014호, 2017.10.31.〉

제1조(시행일) 이 법은 공포한 날부터 시행한다.

제2조(소급적용) 제2조제10호의 개정규정은 2017년 7월 1일부터 소급하여 적용한다.

# 하도급거래 공정화에 관한 법률(약칭 : 하도급법)

[시행 2017.10.19.] [법률 제14814호, 2017.4.18., 일부개정]

공정거래위원회(기업거래정책과-일반) 044-200-4586
공정거래위원회(기업거래정책과-서면실태조사) 044-200-4593, 4595
공정거래위원회(제조하도급개선과-제조위탁) 044-200-4600
공정거래위원회(건설용역하도급개선과-건설위탁/용역위탁) 044-200-4628
공정거래위원회(기업거래정책과-표준하도급계약서) 044-200-4587
공정거래위원회(기업거래정책과-발주자직불제도) 044-200-4589

제1조(목적) 이 법은 공정한 하도급거래질서를 확립하여 원사업자(原事業者)와 수급사업자(受給事業者)가 대등한 지위에서 상호보완하며 균형 있게 발전할 수 있도록 함으로써 국민경제의 건전한 발전에 이바지함을 목적으로 한다.
[전문개정 2009.4.1.]

제2조(정의) ① 이 법에서 "하도급거래"란 원사업자가 수급사업자에게 제조위탁(가공위탁을 포함한다. 이하 같다)·수리위탁·건설위탁 또는 용역위탁을 하거나 원사업자가 다른 사업자로부터 제조위탁·수리위탁·건설위탁 또는 용역위탁을 받은 것을 수급사업자에게 다시 위탁한 경우, 그 위탁(이하 "제조등의 위탁"이라 한다)을 받은 수급사업자가 위탁받은 것(이하 "목적물등"이라 한다)을 제조·수리·시공하거나 용역수행하여 원사업자에게 납품·인도 또는 제공(이하 "납품등"이라 한다)하고 그 대가(이하 "하도급대금"이라 한다)를 받는 행위를 말한다.
② 이 법에서 "원사업자"란 다음 각 호의 어느 하나에 해당하는 자를 말한다. <개정 2011.3.29., 2014.5.28., 2015.7.24.>
1. 중소기업자(「중소기업기본법」 제2조제1항 또는 제3항에 따른 자를 말하며, 「중소기업협동조합법」에 따른 중소기업협동조합을 포함한다. 이하 같다)가 아닌 사업자로서 중소기업자에게 제조등의 위탁을 한 자
2. 중소기업자 중 직전 사업연도의 연간매출액[관계 법률에 따라 시공능력평가액을 적용받는 거래의 경우에는 하도급계약 체결 당시 공시된 시공능력평가액의 합계액(가장 최근에 공시된 것을 말한다)을 말하고, 연간매출액이나 시공능력평가액이 없는 경우에는 자산총액을 말한다. 이하 이 호에서 같다]이 제조등의 위탁을 받은 다른 중소기업자의 연간매출액보다 많은 중소기업자로서 그 다른 중소기업자에게 제조등의 위탁을 한 자. 다만, 대통령령으로 정하는 연간매출액에 해당하는 중소기업자는 제외한다.

③ 이 법에서 "수급사업자"란 제2항 각 호에 따른 원사업자로부터 제조등의 위탁을 받은 중소기업자를 말한다.

④ 사업자가 「독점규제 및 공정거래에 관한 법률」 제2조제3호에 따른 계열회사에 제조등의 위탁을 하고 그 계열회사가 위탁받은 제조·수리·시공 또는 용역수행행위의 전부 또는 상당 부분을 제3자에게 다시 위탁한 경우, 그 계열회사가 제2항 각 호의 어느 하나에 해당하지 아니하더라도 제3자가 그 계열회사에 위탁을 한 사업자로부터 직접 제조등의 위탁을 받는 것으로 하면 제3항에 해당하는 경우에는 그 계열회사와 제3자를 각각 이 법에 따른 원사업자와 수급사업자로 본다.

⑤ 「독점규제 및 공정거래에 관한 법률」 제9조제1항에 따른 상호출자제한기업집단에 속하는 회사가 제조등의 위탁을 하거나 받는 경우에는 다음 각 호에 따른다.

1. 제조등의 위탁을 한 회사가 제2항 각 호의 어느 하나에 해당하지 아니하더라도 이 법에 따른 원사업자로 본다.
2. 제조등의 위탁을 받은 회사가 제3항에 해당하더라도 이 법에 따른 수급사업자로 보지 아니한다.

⑥ 이 법에서 "제조위탁"이란 다음 각 호의 어느 하나에 해당하는 행위를 업(業)으로 하는 사업자가 그 업에 따른 물품의 제조를 다른 사업자에게 위탁하는 것을 말한다. 이 경우 그 업에 따른 물품의 범위는 공정거래위원회가 정하여 고시한다.

1. 물품의 제조
2. 물품의 판매
3. 물품의 수리
4. 건설

⑦ 제6항에도 불구하고 대통령령으로 정하는 물품에 대하여는 대통령령으로 정하는 특별시, 광역시 등의 지역에 한하여 제6항을 적용한다.

⑧ 이 법에서 "수리위탁"이란 사업자가 주문을 받아 물품을 수리하는 것을 업으로 하거나 자기가 사용하는 물품을 수리하는 것을 업으로 하는 경우에 그 수리행위의 전부 또는 일부를 다른 사업자에게 위탁하는 것을 말한다.

⑨ 이 법에서 "건설위탁"이란 다음 각 호의 어느 하나에 해당하는 사업자(이하 "건설업자"라 한다)가 그 업에 따른 건설공사의 전부 또는 일부를 다른 건설업자에게 위탁하거나 건설업자가 대통령령으로 정하는 건설공사를 다른 사업자에게 위탁하는 것을 말한다. <개정 2011.5.24.>

1. 「건설산업기본법」 제2조제7호에 따른 건설업자
2. 「전기공사업법」 제2조제3호에 따른 공사업자
3. 「정보통신공사업법」 제2조제4호에 따른 정보통신공사업자
4. 「소방시설공사업법」 제4조제1항에 따라 소방시설공사업의 등록을 한 자
5. 그 밖에 대통령령으로 정하는 사업자

⑩ 이 법에서 "발주자"란 제조·수리·시공 또는 용역수행을 원사업자에게 도급하는 자를 말한다. 다만, 재하도급(再下都給)의 경우에는 원사업자를 말한다.

⑪ 이 법에서 "용역위탁"이란 지식·정보성과물의 작성 또는 역무(役務)의 공급(이하 "용역"이라 한다)을 업으로 하는 사업자(이하 "용역업자"라 한다)가 그 업에 따른 용역수행행위의 전부 또는 일부를 다른 용역업자에게 위탁하는 것을 말한다.

⑫ 이 법에서 "지식·정보성과물"이란 다음 각 호의 어느 하나에 해당하는 것을 말한다. <개정 2010.4.12.>

1. 정보프로그램(「소프트웨어산업 진흥법」 제2조제1호에 따른 소프트웨어, 특정한 결과를 얻기 위하여 컴퓨터·전자계산기 등 정보처리능력을 가진 장치에 내재된 일련의 지시·명령으로 조합된 것을 말한다)
2. 영화, 방송프로그램, 그 밖에 영상·음성 또는 음향으로 구성되는 성과물
3. 문자·도형·기호의 결합 또는 문자·도형·기호와 색채의 결합으로 구성되는 성과물(「건축사법」 제2조제3호에 따른 설계 및 「엔지니어링산업 진흥법」 제2조제1호에 따른 엔지니어링활동 중 설계를 포함한다)
4. 그 밖에 제1호부터 제3호까지의 규정에 준하는 것으로서 공정거래위원회가 정하여 고시하는 것

⑬ 이 법에서 "역무"란 다음 각 호의 어느 하나에 해당하는 활동을 말한다. <개정 2010.4.12.>

1. 「엔지니어링산업 진흥법」 제2조제1호에 따른 엔지니어링활동(설계는 제외한다)
2. 「화물자동차 운수사업법」에 따라 화물자동차를 이용하여 화물을 운송 또는 주선하는 활동
3. 「건축법」에 따라 건축물을 유지·관리하는 활동
4. 「경비업법」에 따라 시설·장소·물건 등에 대한 위험발생 등을 방지하거나 사람의 생명 또는 신체에 대한 위해(危害)의 발생을 방지하고 그 신변을 보호하기 위하여 하는 활동
5. 그 밖에 원사업자로부터 위탁받은 사무를 완성하기 위하여 노무를 제공하는 활동으로서 공정거래위원회가 정하여 고시하는 활동

⑭ 이 법에서 "어음대체결제수단"이란 원사업자가 하도급대금을 지급할 때 어음을 대체하여 사용하는 결제수단으로서 다음 각 호의 어느 하나에 해당하는 것을 말한다.

1. 기업구매전용카드: 원사업자가 하도급대금을 지급하기 위하여 「여신전문금융업법」에 따른 신용카드업자로부터 발급받는 신용카드 또는 직불카드로서 일반적인 신용카드가맹점에서는 사용할 수 없고, 원사업자·수급사업자 및 신용카드업자 간의 계약에 따라 해당 수급사업자에 대한 하도급대금의 지급만을 목적으로 발급하는 것
2. 외상매출채권 담보대출: 수급사업자가 하도급대금을 받기 위하여 원사업자에 대한 외상매출채권을 담보로 금융기관에서 대출을 받고, 원사업자가 하도급대금으로 수급사업자에 대한 금융기관의 대출금을 상환하는 것으로서 한국은행총재가 정한 조건에 따라 대출이 이루어지는 것
3. 구매론 : 원사업자가 금융기관과 대출한도를 약정하여 대출받은 금액으로 정보처리시

스템을 이용하여 수급사업자에게 하도급대금을 결제하고 만기일에 대출금을 금융기관에 상환하는 것

4. 그 밖에 하도급대금을 지급할 때 어음을 대체하여 사용되는 결제수단으로서 공정거래위원회가 정하여 고시하는 것

⑮ 이 법에서 "기술자료"란 상당한 노력에 의하여 비밀로 유지된 제조·수리·시공 또는 용역수행 방법에 관한 자료, 그 밖에 영업활동에 유용하고 독립된 경제적 가치를 가지는 것으로서 대통령령으로 정하는 자료를 말한다. <신설 2010.1.25.>

[전문개정 2009.4.1.]

제3조(서면의 발급 및 서류의 보존) ① 원사업자가 수급사업자에게 제조등의 위탁을 하는 경우 및 제조등의 위탁을 한 이후에 해당 계약내역에 없는 제조등의 위탁 또는 계약내역을 변경하는 위탁(이하 이 항에서 "추가·변경위탁"이라 한다)을 하는 경우에는 제2항의 사항을 적은 서면(「전자문서 및 전자거래 기본법」 제2조제1호에 따른 전자문서를 포함한다. 이하 이 조에서 같다)을 다음 각 호의 구분에 따른 기한까지 수급사업자에게 발급하여야 한다. <개정 2016.3.29.>

1. 제조위탁의 경우: 수급사업자가 제조등의 위탁 및 추가·변경위탁에 따른 물품 납품을 위한 작업을 시작하기 전
2. 수리위탁의 경우: 수급사업자가 제조등의 위탁 및 추가·변경위탁에 따른 수리행위를 시작하기 전
3. 건설위탁의 경우: 수급사업자가 제조등의 위탁 및 추가·변경위탁에 따른 계약공사를 착공하기 전
4. 용역위탁의 경우: 수급사업자가 제조등의 위탁 및 추가·변경위탁에 따른 용역수행행위를 시작하기 전

② 제1항의 서면에는 하도급대금과 그 지급방법 등 하도급계약의 내용 및 제16조의2제1항에 따른 원재료의 가격변동에 따른 하도급대금의 조정요건, 방법 및 절차 등 대통령령으로 정하는 사항을 적고 원사업자와 수급사업자가 서명(「전자서명법」 제2조제3호에 따른 공인전자서명을 포함한다. 이하 이 조에서 같다) 또는 기명날인하여야 한다. <개정 2010.1.25.>

③ 원사업자는 제2항에도 불구하고 위탁시점에 확정하기 곤란한 사항에 대하여는 재해·사고로 인한 긴급복구공사를 하는 경우 등 정당한 사유가 있는 경우에는 해당 사항을 적지 아니한 서면을 발급할 수 있다. 이 경우 해당 사항이 정하여지지 아니한 이유와 그 사항을 정하게 되는 예정기일을 서면에 적어야 한다. <신설 2010.1.25.>

④ 원사업자는 제3항에 따라 일부 사항을 적지 아니한 서면을 발급한 경우에는 해당 사항이 확정되는 때에 지체 없이 그 사항을 적은 새로운 서면을 발급하여야 한다. <신설 2010.1.25.>

⑤ 원사업자가 제조등의 위탁을 하면서 제2항의 사항을 적은 서면(제3항에 따라 일부

사항을 적지 아니한 서면을 포함한다)을 발급하지 아니한 경우에는 수급사업자는 위탁받은 작업의 내용, 하도급대금 등 대통령령으로 정하는 사항을 원사업자에게 서면으로 통지하여 위탁내용의 확인을 요청할 수 있다. <신설 2010.1.25.>

⑥ 원사업자는 제5항의 통지를 받은 날부터 15일 이내에 그 내용에 대한 인정 또는 부인(否認)의 의사를 수급사업자에게 서면으로 회신을 발송하여야 하며, 이 기간 내에 회신을 발송하지 아니한 경우에는 원래 수급사업자가 통지한 내용대로 위탁이 있었던 것으로 추정한다. 다만, 천재나 그 밖의 사변으로 회신이 불가능한 경우에는 그러하지 아니하다. <신설 2010.1.25.>

⑦ 제5항의 통지에는 수급사업자가, 제6항의 회신에는 원사업자가서명 또는 기명날인하여야 한다. <신설 2010.1.25.>

⑧ 제5항의 통지 및 제6항의 회신과 관련하여 필요한 사항은 대통령령으로 정한다. <신설 2010.1.25.>

⑨ 원사업자와 수급사업자는 대통령령으로 정하는 바에 따라 하도급거래에 관한 서류를 보존하여야 한다. <개정 2010.1.25.>

[전문개정 2009.4.1.]

**제3조의2(표준하도급계약서의 작성 및 사용)** 공정거래위원회는 이 법의 적용 대상이 되는 사업자 또는 사업자단체에 표준하도급계약서의 작성 및 사용을 권장할 수 있다.

[전문개정 2009.4.1.]

**제3조의3(원사업자와 수급사업자 간 협약체결)** ① 공정거래위원회는 원사업자와 수급사업자가 하도급 관련 법령의 준수 및 상호 지원·협력을 약속하는 협약을 체결하도록 권장할 수 있다.

② 공정거래위원회는 원사업자와 수급사업자가 제1항의 협약을 체결하는 경우 그 이행을 독려하기 위하여 포상 등 지원시책을 마련하여 시행한다.

③ 공정거래위원회는 제1항에 따른 협약의 내용·체결절차·이행실적평가 및 지원시책 등에 필요한 사항을 정한다.

[본조신설 2011.3.29.]

**제3조의4(부당한 특약의 금지)** ① 원사업자는 수급사업자의 이익을 부당하게 침해하거나 제한하는 계약조건(이하 "부당한 특약"이라 한다)을 설정하여서는 아니 된다.

② 다음 각 호의 어느 하나에 해당하는 약정은 부당한 특약으로 본다.

1. 원사업자가 제3조제1항의 서면에 기재되지 아니한 사항을 요구함에 따라 발생된 비용을 수급사업자에게 부담시키는 약정
2. 원사업자가 부담하여야 할 민원처리, 산업재해 등과 관련된 비용을 수급사업자에게 부담시키는 약정
3. 원사업자가 입찰내역에 없는 사항을 요구함에 따라 발생된 비용을 수급사업자에게

부담시키는 약정

4. 그 밖에 이 법에서 보호하는 수급사업자의 이익을 제한하거나 원사업자에게 부과된 의무를 수급사업자에게 전가하는 등 대통령령으로 정하는 약정

[본조신설 2013.8.13.]

제4조(부당한 하도급대금의 결정 금지) ① 원사업자는 수급사업자에게 제조등의 위탁을 하는 경우 부당하게 목적물등과 같거나 유사한 것에 대하여 일반적으로 지급되는 대가보다 낮은 수준으로 하도급대금을 결정(이하 "부당한 하도급대금의 결정"이라 한다)하거나 하도급받도록 강요하여서는 아니 된다. <개정 2013.5.28.>

② 다음 각 호의 어느 하나에 해당하는 원사업자의 행위는 부당한 하도급대금의 결정으로 본다. <개정 2013.5.28.>

1. 정당한 사유 없이 일률적인 비율로 단가를 인하하여 하도급대금을 결정하는 행위
2. 협조요청 등 어떠한 명목으로든 일방적으로 일정 금액을 할당한 후 그 금액을 빼고 하도급대금을 결정하는 행위
3. 정당한 사유 없이 특정 수급사업자를 차별 취급하여 하도급대금을 결정하는 행위
4. 수급사업자에게 발주량 등 거래조건에 대하여 착오를 일으키게 하거나 다른 사업자의 견적 또는 거짓 견적을 내보이는 등의 방법으로 수급사업자를 속이고 이를 이용하여 하도급대금을 결정하는 행위
5. 원사업자가 일방적으로 낮은 단가에 의하여 하도급대금을 결정하는 행위
6. 수의계약(隨意契約)으로 하도급계약을 체결할 때 정당한 사유 없이 대통령령으로 정하는 바에 따른 직접공사비 항목의 값을 합한 금액보다 낮은 금액으로 하도급대금을 결정하는 행위
7. 경쟁입찰에 의하여 하도급계약을 체결할 때 정당한 사유 없이 최저가로 입찰한 금액보다 낮은 금액으로 하도급대금을 결정하는 행위
8. 계속적 거래계약에서 원사업자의 경영적자, 판매가격 인하 등 수급사업자의 책임으로 돌릴 수 없는 사유로 수급사업자에게 불리하게 하도급대금을 결정하는 행위

[전문개정 2009.4.1.]

제5조(물품 등의 구매강제 금지) 원사업자는 수급사업자에게 제조등의 위탁을 하는 경우에 그 목적물등에 대한 품질의 유지·개선 등 정당한 사유가 있는 경우 외에는 그가 지정하는 물품·장비 또는 역무의 공급 등을 수급사업자에게 매입 또는 사용(이용을 포함한다. 이하 같다)하도록 강요하여서는 아니 된다.

[전문개정 2009.4.1.]

제6조(선급금의 지급) ① 수급사업자에게 제조등의 위탁을 한 원사업자가 발주자로부터 선급금을 받은 경우에는 수급사업자가 제조·수리·시공 또는 용역수행을 시작할 수 있도록 그가 받은 선급금의 내용과 비율에 따라 선급금을 받은 날(제조등의 위탁을 하기 전에

선급금을 받은 경우에는 제조등의 위탁을 한 날)부터 15일 이내에 선급금을 수급사업자에게 지급하여야 한다.

② 원사업자가 발주자로부터 받은 선급금을 제1항에 따른 기한이 지난 후에 지급하는 경우에는 그 초과기간에 대하여 연 100분의 40 이내에서 「은행법」에 따른 은행이 적용하는 연체금리 등 경제사정을 고려하여 공정거래위원회가 정하여 고시하는 이율에 따른 이자를 지급하여야 한다. <개정 2010.5.17.>

③ 원사업자가 제1항에 따른 선급금을 어음 또는 어음대체결제수단을 이용하여 지급하는 경우의 어음할인료·수수료의 지급 및 어음할인율·수수료율에 관하여는 제13조제6항·제7항·제9항 및 제10항을 준용한다. 이 경우 "목적물등의 수령일부터 60일"은 "원사업자가 발주자로부터 선급금을 받은 날부터 15일"로 본다.

[전문개정 2009.4.1.]

제7조(내국신용장의 개설) 원사업자는 수출할 물품을 수급사업자에게 제조위탁 또는 용역위탁한 경우에 정당한 사유가 있는 경우 외에는 위탁한 날부터 15일 이내에 내국신용장(內國信用狀)을 수급사업자에게 개설하여 주어야 한다. 다만, 신용장에 의한 수출의 경우 원사업자가 원신용장(原信用狀)을 받기 전에 제조위탁 또는 용역위탁을 하는 경우에는 원신용장을 받은 날부터 15일 이내에 내국신용장을 개설하여 주어야 한다.

[전문개정 2009.4.1.]

제7조(내국신용장의 개설) ① 원사업자는 수출할 물품을 수급사업자에게 제조위탁 또는 용역위탁한 경우에 정당한 사유가 있는 경우 외에는 위탁한 날부터 15일 이내에 내국신용장(內國信用狀)을 수급사업자에게 개설하여 주어야 한다. 다만, 신용장에 의한 수출의 경우 원사업자가 원신용장(原信用狀)을 받기 전에 제조위탁 또는 용역위탁을 하는 경우에는 원신용장을 받은 날부터 15일 이내에 내국신용장을 개설하여 주어야 한다. <개정 2017.10.31.>

② 원사업자는 수출할 물품·용역을 수급사업자에게 제조위탁 또는 용역위탁한 경우 다음 각 호의 요건을 모두 갖춘 때에는 사전 또는 사후 구매확인서를 수급사업자에게 발급하여 주어야 한다. <신설 2017.10.31.>

1. 원사업자가 개설한도 부족 등 정당한 사유로 인하여 내국신용장 발급이 어려운 경우
2. 수급사업자의 구매확인서 발급 요청이 있는 경우

[전문개정 2009.4.1.]

[시행일 : 2018.5.1.] 제7조

제8조(부당한 위탁취소의 금지 등) ① 원사업자는 제조등의 위탁을 한 후 수급사업자의 책임으로 돌릴 사유가 없는 경우에는 다음 각 호의 어느 하나에 해당하는 행위를 하여서는 아니 된다. 다만, 용역위탁 가운데 역무의 공급을 위탁한 경우에는 제2호를 적용하지 아니한다.

1. 제조등의 위탁을 임의로 취소하거나 변경하는 행위
2. 목적물등의 납품등에 대한 수령 또는 인수를 거부하거나 지연하는 행위

② 원사업자는 목적물등의 납품등이 있는 때에는 역무의 공급을 위탁한 경우 외에는 그 목적물등에 대한 검사 전이라도 즉시(제7조에 따라 내국신용장을 개설한 경우에는 검사 완료 즉시) 수령증명서를 수급사업자에게 발급하여야 한다. 다만, 건설위탁의 경우에는 검사가 끝나는 즉시 그 목적물을 인수하여야 한다.

③ 제1항제2호에서 "수령"이란 수급사업자가 납품등을 한 목적물등을 받아 원사업자의 사실상 지배하에 두게 되는 것을 말한다. 다만, 이전(移轉)하기 곤란한 목적물등의 경우에는 검사를 시작한 때를 수령한 때로 본다.

[전문개정 2009.4.1.]

제9조(검사의 기준·방법 및 시기) ① 수급사업자가 납품등을 한 목적물등에 대한 검사의 기준 및 방법은 원사업자와 수급사업자가 협의하여 객관적이고 공정·타당하게 정하여야 한다.

② 원사업자는 정당한 사유가 있는 경우 외에는 수급사업자로부터 목적물등을 수령한 날[제조위탁의 경우에는 기성부분(旣成部分)을 통지받은 날을 포함하고, 건설위탁의 경우에는 수급사업자로부터 공사의 준공 또는 기성부분을 통지받은 날을 말한다]부터 10일 이내에 검사 결과를 수급사업자에게 서면으로 통지하여야 하며, 이 기간 내에 통지하지 아니한 경우에는 검사에 합격한 것으로 본다. 다만, 용역위탁 가운데 역무의 공급을 위탁하는 경우에는 이를 적용하지 아니한다.

[전문개정 2009.4.1.]

제10조(부당반품의 금지) ① 원사업자는 수급사업자로부터 목적물등의 납품등을 받은 경우 수급사업자에게 책임을 돌릴 사유가 없으면 그 목적물등을 수급사업자에게 반품(이하 "부당반품"이라 한다)하여서는 아니 된다. 다만, 용역위탁 가운데 역무의 공급을 위탁하는 경우에는 이를 적용하지 아니한다.

② 다음 각 호의 어느 하나에 해당하는 원사업자의 행위는 부당반품으로 본다.

1. 거래 상대방으로부터의 발주취소 또는 경제상황의 변동 등을 이유로 목적물등을 반품하는 행위
2. 검사의 기준 및 방법을 불명확하게 정함으로써 목적물등을 부당하게 불합격으로 판정하여 이를 반품하는 행위
3. 원사업자가 공급한 원재료의 품질불량으로 인하여 목적물등이 불합격품으로 판정되었음에도 불구하고 이를 반품하는 행위
4. 원사업자의 원재료 공급 지연으로 인하여 납기가 지연되었음에도 불구하고 이를 이유로 목적물등을 반품하는 행위

[전문개정 2009.4.1.]

**제11조(감액금지)** ① 원사업자는 제조등의 위탁을 할 때 정한 하도급대금을 감액하여서는 아니 된다. 다만, 원사업자가 정당한 사유를 입증한 경우에는 하도급대금을 감액할 수 있다. <개정 2011.3.29.>

② 다음 각 호의 어느 하나에 해당하는 원사업자의 행위는 정당한 사유에 의한 행위로 보지 아니한다. <개정 2011.3.29., 2013.5.28.>

1. 위탁할 때 하도급대금을 감액할 조건 등을 명시하지 아니하고 위탁 후 협조요청 또는 거래 상대방으로부터의 발주취소, 경제상황의 변동 등 불합리한 이유를 들어 하도급대금을 감액하는 행위
2. 수급사업자와 단가 인하에 관한 합의가 성립된 경우 그 합의 성립 전에 위탁한 부분에 대하여도 합의 내용을 소급하여 적용하는 방법으로 하도급대금을 감액하는 행위
3. 하도급대금을 현금으로 지급하거나 지급기일 전에 지급하는 것을 이유로 하도급대금을 지나치게 감액하는 행위
4. 원사업자에 대한 손해발생에 실질적 영향을 미치지 아니하는 수급사업자의 과오를 이유로 하도급대금을 감액하는 행위
5. 목적물등의 제조·수리·시공 또는 용역수행에 필요한 물품 등을 자기로부터 사게 하거나 자기의 장비 등을 사용하게 한 경우에 적정한 구매대금 또는 적정한 사용대가 이상의 금액을 하도급대금에서 공제하는 행위
6. 하도급대금 지급 시점의 물가나 자재가격 등이 납품등의 시점에 비하여 떨어진 것을 이유로 하도급대금을 감액하는 행위
7. 경영적자 또는 판매가격 인하 등 불합리한 이유로 부당하게 하도급대금을 감액하는 행위
8. 「고용보험 및 산업재해보상보험의 보험료징수 등에 관한 법률」, 「산업안전보건법」 등에 따라 원사업자가 부담하여야 하는 고용보험료, 산업안전보건관리비, 그 밖의 경비 등을 수급사업자에게 부담시키는 행위
9. 그 밖에 제1호부터 제8호까지의 규정에 준하는 것으로서 대통령령으로 정하는 행위

③ 원사업자가 제1항 단서에 따라 하도급대금을 감액할 경우에는 감액사유와 기준 등 대통령령으로 정하는 사항을 적은 서면을 해당 수급사업자에게 미리 주어야 한다. <신설 2011.3.29.>

④ 원사업자가 정당한 사유 없이 감액한 금액을 목적물등의 수령일부터 60일이 지난 후에 지급하는 경우에는 그 초과기간에 대하여 연 100분의 40 이내에서 「은행법」에 따른 은행이 적용하는 연체금리 등 경제사정을 고려하여 공정거래위원회가 정하여 고시하는 이율에 따른 이자를 지급하여야 한다. <개정 2010.5.17., 2011.3.29.>

[전문개정 2009.4.1.]

[제목개정 2011.3.29.]

**제12조(물품구매대금 등의 부당결제 청구의 금지)** 원사업자는 수급사업자에게 목적물등의

제조·수리·시공 또는 용역수행에 필요한 물품 등을 자기로부터 사게 하거나 자기의 장비 등을 사용하게 한 경우 정당한 사유 없이 다음 각 호의 어느 하나에 해당하는 행위를 하여서는 아니 된다.

1. 해당 목적물등에 대한 하도급대금의 지급기일 전에 구매대금이나 사용대가의 전부 또는 일부를 지급하게 하는 행위
2. 자기가 구입·사용하거나 제3자에게 공급하는 조건보다 현저하게 불리한 조건으로 구매대금이나 사용대가를 지급하게 하는 행위

[전문개정 2009.4.1.]

제12조의2(경제적 이익의 부당요구 금지) 원사업자는 정당한 사유 없이 수급사업자에게 자기 또는 제3자를 위하여 금전, 물품, 용역, 그 밖의 경제적 이익을 제공하도록 하는 행위를 하여서는 아니 된다.

[전문개정 2009.4.1.]

제12조의3(기술자료 제공 요구 금지 등) ① 원사업자는 수급사업자의 기술자료를 본인 또는 제3자에게 제공하도록 요구하여서는 아니 된다. 다만, 원사업자가 정당한 사유를 입증한 경우에는 요구할 수 있다. <개정 2011.3.29.>

② 원사업자는 제1항 단서에 따라 수급사업자에게 기술자료를 요구할 경우에는 요구목적, 비밀유지에 관한 사항, 권리귀속 관계, 대가 등 대통령령으로 정하는 사항을 해당 수급사업자와 미리 협의하여 정한 후 그 내용을 적은 서면을 해당 수급사업자에게 주어야 한다. <신설 2011.3.29.>

③ 원사업자는 취득한 기술자료를 자기 또는 제3자를 위하여 유용하여서는 아니 된다. <개정 2011.3.29.>

[본조신설 2010.1.25.]

[제목개정 2011.3.29.]

제13조(하도급대금의 지급 등) ① 원사업자가 수급사업자에게 제조등의 위탁을 하는 경우에는 목적물등의 수령일(건설위탁의 경우에는 인수일을, 용역위탁의 경우에는 수급사업자가 위탁받은 용역의 수행을 마친 날을, 납품등이 잦아 원사업자와 수급사업자가 월 1회 이상 세금계산서의 발행일을 정한 경우에는 그 정한 날을 말한다. 이하 같다)부터 60일 이내의 가능한 짧은 기한으로 정한 지급기일까지 하도급대금을 지급하여야 한다. 다만, 다음 각 호의 어느 하나에 해당하는 경우에는 그러하지 아니하다.

1. 원사업자와 수급사업자가 대등한 지위에서 지급기일을 정한 것으로 인정되는 경우
2. 해당 업종의 특수성과 경제여건에 비추어 그 지급기일이 정당한 것으로 인정되는 경우

② 하도급대금의 지급기일이 정하여져 있지 아니한 경우에는 목적물등의 수령일을 하도급대금의 지급기일로 보고, 목적물등의 수령일부터 60일이 지난 후에 하도급대금의 지

급기일을 정한 경우(제1항 단서에 해당되는 경우는 제외한다)에는 목적물등의 수령일부터 60일이 되는 날을 하도급대금의 지급기일로 본다.

③ 원사업자는 수급사업자에게 제조등의 위탁을 한 경우 원사업자가 발주자로부터 제조·수리·시공 또는 용역수행행위의 완료에 따라 준공금 등을 받았을 때에는 하도급대금을, 제조·수리·시공 또는 용역수행행위의 진척에 따라 기성금 등을 받았을 때에는 수급사업자가 제조·수리·시공 또는 용역수행한 부분에 상당하는 금액을 그 준공금이나 기성금 등을 지급받은 날부터 15일(하도급대금의 지급기일이 그 전에 도래하는 경우에는 그 지급기일) 이내에 수급사업자에게 지급하여야 한다.

④ 원사업자가 수급사업자에게 하도급대금을 지급할 때에는 원사업자가 발주자로부터 해당 제조등의 위탁과 관련하여 받은 현금비율 미만으로 지급하여서는 아니 된다.

⑤ 원사업자가 하도급대금을 어음으로 지급하는 경우에는 해당 제조등의 위탁과 관련하여 발주자로부터 원사업자가 받은 어음의 지급기간(발행일부터 만기일까지)을 초과하는 어음을 지급하여서는 아니 된다.

⑥ 원사업자가 하도급대금을 어음으로 지급하는 경우에 그 어음은 법률에 근거하여 설립된 금융기관에서 할인이 가능한 것이어야 하며, 어음을 교부한 날부터 어음의 만기일까지의 기간에 대한 할인료를 어음을 교부하는 날에 수급사업자에게 지급하여야 한다. 다만, 목적물등의 수령일부터 60일(제1항 단서에 따라 지급기일이 정하여진 경우에는 그 지급기일을, 발주자로부터 준공금이나 기성금 등을 받은 경우에는 제3항에서 정한 기일을 말한다. 이하 이 조에서 같다) 이내에 어음을 교부하는 경우에는 목적물등의 수령일부터 60일이 지난 날 이후부터 어음의 만기일까지의 기간에 대한 할인료를 목적물등의 수령일부터 60일 이내에 수급사업자에게 지급하여야 한다.

⑦ 원사업자는 하도급대금을 어음대체결제수단을 이용하여 지급하는 경우에는 지급일(기업구매전용카드의 경우는 카드결제 승인일을, 외상매출채권 담보대출의 경우는 납품등의 명세 전송일을, 구매론의 경우는 구매자금 결제일을 말한다. 이하 같다)부터 하도급대금 상환기일까지의 기간에 대한 수수료(대출이자를 포함한다. 이하 같다)를 지급일에 수급사업자에게 지급하여야 한다. 다만, 목적물등의 수령일부터 60일 이내에 어음대체결제수단을 이용하여 지급하는 경우에는 목적물등의 수령일부터 60일이 지난 날 이후부터 하도급대금 상환기일까지의 기간에 대한 수수료를 목적물등의 수령일부터 60일 이내에 수급사업자에게 지급하여야 한다.

⑧ 원사업자가 하도급대금을 목적물등의 수령일부터 60일이 지난 후에 지급하는 경우에는 그 초과기간에 대하여 연 100분의 40 이내에서 「은행법」에 따른 은행이 적용하는 연체금리 등 경제사정을 고려하여 공정거래위원회가 정하여 고시하는 이율에 따른 이자를 지급하여야 한다. <개정 2010.5.17.>

⑨ 제6항에서 적용하는 할인율은 연 100분의 40 이내에서 법률에 근거하여 설립된 금융기관에서 적용되는 상업어음할인율을 고려하여 공정거래위원회가 정하여 고시한다.

⑩ 제7항에서 적용하는 수수료율은 원사업자가 금융기관(「여신전문금융업법」 제2조제2호의2에 따른 신용카드업자를 포함한다)과 체결한 어음대체결제수단의 약정상 수수료율로 한다. <개정 2015.7.24.>

⑪ 제1항부터 제10항까지의 규정은 「중견기업 성장촉진 및 경쟁력 강화에 관한 특별법」 제2조제1호에 따른 중견기업으로 연간매출액이 대통령령으로 정하는 금액(제1호의 회사와 거래하는 경우에는 3천억원으로 한다) 미만인 중견기업이 다음 각 호의 어느 하나에 해당하는 자로부터 제조등의 위탁을 받은 경우에도 적용한다. 이 경우 제조등의 위탁을 한 자는 제1항부터 제10항까지, 제19조, 제20조, 제23조제2항, 제24조의4제1항 및 제6항, 제25조제1항 및 제3항, 제25조의2, 제25조의3제1항, 제25조의5제1항, 제26조제2항, 제30조제1항, 제33조, 제35조제1항을 적용할 때에는 원사업자로 보고, 제조등의 위탁을 받은 중견기업은 제1항부터 제10항까지, 제19조, 제21조, 제23조제2항, 제24조의4제1항, 제25조의2, 제33조를 적용할 때에는 수급사업자로 본다. <신설 2015.7.24., 2016.3.29.>

1. 「독점규제 및 공정거래에 관한 법률」 제9조제1항에 따른 상호출자제한기업집단에 속하는 회사
2. 제1호에 따른 회사가 아닌 사업자로서 연간매출액이 대통령령으로 정하는 금액을 초과하는 사업자

[전문개정 2009.4.1.]

제13조의2(건설하도급 계약이행 및 대금지급 보증) ① 건설위탁의 경우 원사업자는 계약체결일부터 30일 이내에 수급사업자에게 다음 각 호의 구분에 따라 해당 금액의 공사대금 지급을 보증(지급수단이 어음인 경우에는 만기일까지를, 어음대체결제수단인 경우에는 하도급대금 상환기일까지를 보증기간으로 한다)하고, 수급사업자는 원사업자에게 계약금액의 100분의 10에 해당하는 금액의 계약이행을 보증하여야 한다. 다만, 원사업자의 재무구조와 공사의 규모 등을 고려하여 보증이 필요하지 아니하거나 보증이 적합하지 아니하다고 인정되는 경우로서 대통령령으로 정하는 경우에는 그러하지 아니하다. <개정 2014.5.28.>

1. 공사기간이 4개월 이하인 경우: 계약금액에서 선급금을 뺀 금액
2. 공사기간이 4개월을 초과하는 경우로서 기성부분에 대한 대가의 지급 주기가 2개월 이내인 경우: 다음의 계산식에 따라 산출한 금액

$$\text{보증금액} = \frac{\text{하도급계약금액} - \text{계약상 선급금}}{\text{공사기간(개월 수)}} \times 4$$

3. 공사기간이 4개월을 초과하는 경우로서 기성부분에 대한 대가의 지급 주기가 2개월을 초과하는 경우 : 다음의 계산식에 따라 산출한 금액

$$\text{보증금액} = \frac{\text{하도급계약금액} - \text{계약상 선급금}}{\text{공사기간(개월 수)}} \times \begin{array}{l}\text{기성부분에 대한 대가의}\\ \text{지급주기(개월 수)}\end{array} \times 2$$

② 원사업자는 제1항 각 호 외의 부분 단서에 따른 공사대금 지급의 보증이 필요하지 아니하거나 적합하지 아니하다고 인정된 사유가 소멸한 경우에는 그 사유가 소멸한 날부터 30일 이내에 제1항에 따른 공사대금 지급보증을 하여야 한다. 다만, 계약의 잔여기간, 위탁사무의 기성률, 잔여대금의 금액 등을 고려하여 보증이 필요하지 아니하다고 인정되는 경우로서 대통령령으로 정하는 경우에는 그러하지 아니하다. <신설 2014.5.28.>

③ 다음 각 호의 어느 하나에 해당하는 자와 건설공사에 관하여 장기계속계약(총액으로 입찰하여 각 회계연도 예산의 범위에서 낙찰된 금액의 일부에 대하여 연차별로 계약을 체결하는 계약으로서 「국가를 당사자로 하는 계약에 관한 법률」 제21조 또는 「지방자치단체를 당사자로 하는 계약에 관한 법률」 제24조에 따른 장기계속계약을 말한다. 이하 이 조에서 “장기계속건설계약”이라 한다)을 체결한 원사업자가 해당 건설공사를 장기계속건설하도급계약을 통하여 건설위탁하는 경우 원사업자는 최초의 장기계속건설하도급계약 체결일부터 30일 이내에 수급사업자에게 제1항 각 호 외의 부분 본문에 따라 공사대금 지급을 보증하고, 수급사업자는 원사업자에게 최초 장기계속건설하도급계약 시 약정한 총 공사금액의 100분의 10에 해당하는 금액으로 계약이행을 보증하여야 한다. <신설 2016.12.20.>

1. 국가 또는 지방자치단체
2. 「공공기관의 운영에 관한 법률」에 따른 공기업, 준정부기관 또는 「지방공기업법」에 따른 지방공사, 지방공단

④ 제3항에 따라 수급사업자로부터 계약이행 보증을 받은 원사업자는 장기계속건설계약의 연차별 계약의 이행이 완료되어 이에 해당하는 계약보증금을 같은 항 각 호의 어느 하나에 해당하는 자로부터 반환받을 수 있는 날부터 30일 이내에 수급사업자에게 해당 수급사업자가 이행을 완료한 연차별 장기계속건설하도급계약에 해당하는 하도급 계약이행보증금을 반환하여야 한다. 이 경우 이행이 완료된 부분에 해당하는 계약이행 보증의 효력은 상실되는 것으로 본다. <신설 2016.12.20.>

⑤ 제1항부터 제3항까지의 규정에 따른 원사업자와 수급사업자 간의 보증은 현금(체신관서 또는 「은행법」에 따른 은행이 발행한 자기앞수표를 포함한다)의 지급 또는 다음 각 호의 어느 하나의 기관이 발행하는 보증서의 교부에 의하여 한다. <개정 2010.5.17., 2014.5.28., 2016.12.20.>

1. 「건설산업기본법」에 따른 각 공제조합
2. 「보험업법」에 따른 보험회사
3. 「신용보증기금법」에 따른 신용보증기금
4. 「은행법」에 따른 금융기관
5. 그 밖에 대통령령으로 정하는 보증기관

⑥ 제5항에 따른 기관은 다음 각 호의 어느 하나에 해당하는 사유로 수급사업자가 보증

약관상 필요한 청구서류를 갖추어 보증금 지급을 요청한 경우 30일 이내에 제1항의 보증금액을 수급사업자에게 지급하여야 한다. 다만, 보증금 지급요건 충족 여부, 지급액에 대한 이견 등 대통령령으로 정하는 불가피한 사유가 있는 경우 보증기관은 수급사업자에게 통지하고 대통령령으로 정하는 기간 동안 보증금 지급을 보류할 수 있다. <신설 2013.8.13., 2014.5.28., 2016.12.20.>

1. 원사업자가 당좌거래정지 또는 금융거래정지로 하도급대금을 지급할 수 없는 경우
2. 원사업자의 부도·파산·폐업 또는 회사회생절차 개시 신청 등으로 하도급대금을 지급할 수 없는 경우
3. 원사업자의 해당 사업에 관한 면허·등록 등이 취소·말소되거나 영업정지 등으로 하도급대금을 지급할 수 없는 경우
4. 원사업자가 제13조에 따라 지급하여야 할 하도급대금을 2회 이상 수급사업자에게 지급하지 아니한 경우
5. 그 밖에 원사업자가 제1호부터 제4호까지에 준하는 지급불능 등 대통령령으로 정하는 사유로 인하여 하도급대금을 지급할 수 없는 경우

⑦ 원사업자는 제5항에 따라 지급보증서를 교부할 때 그 공사기간 중에 건설위탁하는 모든 공사에 대한 공사대금의 지급보증이나 1회계연도에 건설위탁하는 모든 공사에 대한 공사대금의 지급보증을 하나의 지급보증서의 교부에 의하여 할 수 있다. <개정 2013.8.13., 2014.5.28., 2016.12.20.>

⑧ 제1항부터 제7항까지에서 규정한 것 외에 하도급계약 이행보증 및 하도급대금 지급보증에 관하여 필요한 사항은 대통령령으로 정한다. <개정 2013.8.13., 2014.5.28., 2016.12.20.>

⑨ 원사업자가 제1항 각 호 외의 부분 본문, 제2항 본문 또는 제3항 각 호 외의 부분에 따른 공사대금 지급보증을 하지 아니하는 경우에는 수급사업자는 계약이행을 보증하지 아니할 수 있다. <개정 2013.8.13., 2014.5.28., 2016.12.20.>

⑩ 제1항 또는 제3항에 따른 수급사업자의 계약이행 보증에 대한 원사업자의 청구권은 해당 원사업자가 제1항부터 제3항까지의 규정에 따른 공사대금 지급을 보증한 후가 아니면 이를 행사할 수 없다. 다만, 제1항 각 호 외의 부분 단서 또는 제2항 단서에 따라 공사대금 지급을 보증하지 아니하는 경우에는 그러하지 아니하다. <신설 2014.5.28., 2016.12.20.>

[전문개정 2009.4.1.]

제14조(하도급대금의 직접 지급) ① 발주자는 다음 각 호의 어느 하나에 해당하는 사유가 발생한 때에는 수급사업자가 제조·수리·시공 또는 용역수행을 한 부분에 상당하는 하도급대금을 그 수급사업자에게 직접 지급하여야 한다. <개정 2014.5.28.>

1. 원사업자의 지급정지·파산, 그 밖에 이와 유사한 사유가 있거나 사업에 관한 허가·인가·면허·등록 등이 취소되어 원사업자가 하도급대금을 지급할 수 없게 된 경우로서

수급사업자가 하도급대금의 직접 지급을 요청한 때

2. 발주자가 하도급대금을 직접 수급사업자에게 지급하기로 발주자·원사업자 및 수급사업자 간에 합의한 때
3. 원사업자가 제13조제1항 또는 제3항에 따라 지급하여야 하는 하도급대금의 2회분 이상을 해당 수급사업자에게 지급하지 아니한 경우로서 수급사업자가 하도급대금의 직접 지급을 요청한 때
4. 원사업자가 제13조의2제1항 또는 제2항에 따른 하도급대금 지급보증 의무를 이행하지 아니한 경우로서 수급사업자가 하도급대금의 직접 지급을 요청한 때

② 제1항에 따른 사유가 발생한 경우 원사업자에 대한 발주자의 대금지급채무와 수급사업자에 대한 원사업자의 하도급대금 지급채무는 그 범위에서 소멸한 것으로 본다.

③ 원사업자가 발주자에게 해당 하도급 계약과 관련된 수급사업자의 임금, 자재대금 등의 지급 지체 사실을 입증할 수 있는 서류를 첨부하여 해당 하도급대금의 직접 지급 중지를 요청한 경우, 발주자는 제1항에도 불구하고 그 하도급대금을 직접 지급하지 아니할 수 있다.

④ 제1항에 따라 발주자가 해당 수급사업자에게 하도급대금을 직접 지급할 때에 발주자가 원사업자에게 이미 지급한 하도급금액은 빼고 지급한다.

⑤ 제1항에 따라 수급사업자가 발주자로부터 하도급대금을 직접 받기 위하여 기성부분의 확인 등이 필요한 경우 원사업자는 지체 없이 이에 필요한 조치를 이행하여야 한다.

⑥ 제1항에 따라 하도급대금을 직접 지급하는 경우의 지급 방법 및 절차 등에 관하여 필요한 사항은 대통령령으로 정한다.

[전문개정 2009.4.1.]

제15조(관세 등 환급액의 지급) ① 원사업자가 수출할 물품을 수급사업자에게 제조위탁하거나 용역위탁한 경우 「수출용원재료에 대한 관세 등 환급에 관한 특례법」에 따라 관세 등을 환급받은 경우에는 환급받은 날부터 15일 이내에 그 받은 내용에 따라 이를 수급사업자에게 지급하여야 한다.

② 제1항에도 불구하고 수급사업자에게 책임을 돌릴 사유가 없으면 목적물등의 수령일부터 60일 이내에 수급사업자에게 관세 등 환급상당액을 지급하여야 한다.

③ 원사업자가 관세 등 환급상당액을 제1항과 제2항에서 정한 기한이 지난 후에 지급하는 경우에는 그 초과기간에 대하여 연 100분의 40 이내에서 「은행법」에 따른 은행이 적용하는 연체금리 등 경제사정을 고려하여 공정거래위원회가 정하여 고시하는 이율에 따른 이자를 지급하여야 한다. <개정 2010.5.17.>

[전문개정 2009.4.1.]

제16조(설계변경 등에 따른 하도급대금의 조정) ① 원사업자는 제조등의 위탁을 한 후에 다음 각 호의 경우에 모두 해당하는 때에는 그가 발주자로부터 증액받은 계약금액의 내용과 비율에 따라 하도급대금을 증액하여야 한다. 다만, 원사업자가 발주자로부터 계

약금액을 감액받은 경우에는 그 내용과 비율에 따라 하도급대금을 감액할 수 있다. <개정 2010.1.25.>

1. 설계변경 또는 경제상황의 변동 등을 이유로 계약금액이 증액되는 경우
2. 제1호와 같은 이유로 목적물등의 완성 또는 완료에 추가비용이 들 경우

② 제1항에 따라 하도급대금을 증액 또는 감액할 경우, 원사업자는 발주자로부터 계약금액을 증액 또는 감액받은 날부터 15일 이내에 발주자로부터 증액 또는 감액받은 사유와 내용을 해당 수급사업자에게 통지하여야 한다. 다만, 발주자가 그 사유와 내용을 해당 수급사업자에게 직접 통지한 경우에는 그러하지 아니하다. <신설 2010.1.25.>

③ 제1항에 따른 하도급대금의 증액 또는 감액은 원사업자가 발주자로부터 계약금액을 증액 또는 감액받은 날부터 30일 이내에 하여야 한다. <개정 2010.1.25.>

④ 원사업자가 제1항의 계약금액 증액에 따라 발주자로부터 추가금액을 지급받은 날부터 15일이 지난 후에 추가 하도급대금을 지급하는 경우의 이자에 관하여는 제13조제8항을 준용하고, 추가 하도급대금을 어음 또는 어음대체결제수단을 이용하여 지급하는 경우의 어음할인료·수수료의 지급 및 어음할인율·수수료율에 관하여는 제13조제6항·제7항·제9항 및 제10항을 준용한다. 이 경우 "목적물등의 수령일부터 60일"은 "추가금액을 받은 날부터 15일"로 본다. <개정 2010.1.25.>

[전문개정 2009.4.1.]

제16조의2(원재료의 가격 변동에 따른 하도급대금의 조정) ① 수급사업자는 제조등의 위탁을 받은 후 목적물등의 제조등에 필요한 원재료의 가격이 변동되어 하도급대금의 조정(調整)이 불가피한 경우에는 원사업자에게 하도급대금의 조정을 신청할 수 있다.

②「중소기업협동조합법」 제3조제1항제1호 또는 제2호에 따른 중소기업협동조합(이하 "조합"이라 한다)은 원재료 가격의 급격한 변동으로 조합원인 수급사업자의 하도급대금의 조정이 불가피한 사유가 발생한 경우에는 해당 수급사업자의 신청을 받아 대통령령으로 정하는 원사업자와 하도급대금의 조정을 위한 협의를 할 수 있다. 다만, 원사업자와 수급사업자가 같은 조합의 조합원인 경우에는 그러하지 아니하다. <개정 2013.5.28.>

③ 제2항 본문에 따른 신청을 받은 조합은 신청받은 날부터 20일 이내에 원사업자에게 하도급대금의 조정을 신청하여야 한다. <개정 2013.5.28., 2016.3.29.>

④ 제1항에 따라 하도급대금 조정을 신청한 수급사업자가 제2항에 따른 협의를 신청한 경우 제1항에 따른 신청은 중단된 것으로 보며, 제1항 또는 제3항에 따른 조정협의가 완료된 경우 수급사업자 또는 조합은 사정변경이 없는 한 동일한 사유를 들어 제1항부터 제3항까지의 조정협의를 신청할 수 없다. <개정 2013.5.28.>

⑤ 제2항에 따른 신청을 받은 조합은 납품 중단을 결의하는 등 부당하게 경쟁을 제한하거나 부당하게 사업자의 사업내용 또는 활동을 제한하는 행위를 하여서는 아니 된다 <개정 2013.5.28.>

⑥ 제2항 본문에 따른 불가피한 사유,수급사업자의 신청 및 조합의 협의권한 행사의 요

건·절차·방법 등에 관하여 필요한 사항은 대통령령으로 정한다. <신설 2013.5.28.>

⑦ 원사업자는 제1항 또는 제3항의 신청이 있은 날부터 10일 안에 조정을 신청한 수급사업자 또는 조합과 하도급대금 조정을 위한 협의를 개시하여야 하며, 정당한 사유 없이 협의를 거부하거나 게을리하여서는 아니 된다. <신설 2013.5.28.>

⑧ 원사업자 또는 수급사업자(제3항에 따른 조정협의의 경우 조합을 포함한다. 이하 이 조에서 같다)는 다음 각 호의 어느 하나에 해당하는 경우 제24조에 따른 하도급분쟁조정협의회에 조정을 신청할 수 있다. 다만, 제3항에 따른 조합은 「중소기업협동조합법」에 따른 중소기업중앙회에 설치된 하도급분쟁조정협의회에 조정을 신청할 수 없다. <신설 2013.5.28.>

1. 제1항 또는 제3항에 따른 신청이 있은 날부터 10일이 지난 후에도 원사업자가 하도급대금의 조정을 위한 협의를 개시하지 아니한 경우
2. 제1항 또는 제3항에 따른 신청이 있은 날부터 30일 안에 하도급대금의 조정에 관한 합의에 도달하지 아니한 경우
3. 제1항 또는 제3항에 따른 신청으로 인한 협의개시 후 원사업자 또는 수급사업자가 협의 중단의 의사를 밝힌 경우 등 대통령령으로 정하는 사유로 합의에 도달하지 못할 것이 명백히 예상되는 경우

[본조신설 2009.4.1.]

**제17조(부당한 대물변제의 금지)** ①원사업자는 하도급대금을 물품으로 지급하여서는 아니 된다. 다만, 다음 각 호의 어느 하나에 해당하는 사유가 있는 경우에는 그러하지 아니하다. <개정 2013.8.13., 2017.4.18.>

1. 원사업자가 발행한 어음 또는 수표가 부도로 되거나 은행과의 당좌거래가 정지 또는 금지된 경우
2. 원사업자에 대한 「채무자 회생 및 파산에 관한 법률」에 따른 파산신청, 회생절차개시 또는 간이회생절차개시의 신청이 있은 경우
3. 그 밖에 원사업자가 하도급대금을 물품으로 지급할 수밖에 없다고 인정되는 대통령령으로 정하는 사유가 발생하고, 수급사업자의 요청이 있는 경우

② 원사업자는 제1항 단서에 따른 대물변제를 하기 전에 소유권, 담보제공 등 물품의 권리·의무 관계를 확인할 수 있는 자료를 수급사업자에게 제시하여야 한다. <신설 2013.8.13., 2017.4.18.>

③ 물품의 종류에 따라 제시하여야 할 자료, 자료제시의 방법 및 절차 등 그 밖에 필요한 사항은 대통령령으로 정한다. <신설 2013.8.13.>

[전문개정 2009.4.1.]

**제18조(부당한 경영간섭의 금지)** 원사업자는 하도급거래량을 조절하는 방법 등을 이용하여 수급사업자의 경영에 간섭하여서는 아니 된다.

[전문개정 2009.4.1.]

**제19조(보복조치의 금지)** 원사업자는 수급사업자 또는 조합이 다음 각 호의 어느 하나에 해당하는 행위를 한 것을 이유로 그 수급사업자에 대하여 수주기회(受注機會)를 제한하거나 거래의 정지, 그 밖에 불이익을 주는 행위를 하여서는 아니 된다. <개정 2011.3.29., 2013.5.28., 2015.7.24.>

1. 원사업자가 이 법을 위반하였음을 관계 기관 등에 신고한 행위
2. 제16조의2제1항 또는 제2항의 원사업자에 대한 하도급대금의 조정신청 또는 같은 조 제8항의 하도급분쟁조정협의회에 대한 조정신청
3. 제22조의2제2항에 따라 하도급거래 서면실태조사를 위하여 공정거래위원회가 요구한 자료를 제출한 행위

[전문개정 2009.4.1.]

**제20조(탈법행위의 금지)** 원사업자는 하도급거래(제13조제11항이 적용되는 거래를 포함한다)와 관련하여 우회적인 방법에 의하여 실질적으로 이 법의 적용을 피하려는 행위를 하여서는 아니 된다. <개정 2015.7.24.>

[전문개정 2009.4.1.]

**제21조(수급사업자의 준수 사항)** ① 수급사업자는 원사업자로부터 제조등의 위탁을 받은 경우에는 그 위탁의 내용을 신의(信義)에 따라 성실하게 이행하여야 한다.

② 수급사업자는 원사업자가 이 법을 위반하는 행위를 하는 데에 협조하여서는 아니 된다.

③ 수급사업자는 이 법에 따른 신고를 한 경우에는 증거서류 등을 공정거래위원회에 지체 없이 제출하여야 한다.

[전문개정 2009.4.1.]

**제22조(위반행위의 신고 등)** ① 누구든지 이 법에 위반되는 사실이 있다고 인정할 때에는 그 사실을 공정거래위원회에 신고할 수 있다. 이 경우 공정거래위원회는 대통령령으로 정하는 바에 따라 신고자가 동의한 경우에는 원사업자에게 신고가 접수된 사실을 통지하여야 한다. <개정 2016.3.29.>

② 공정거래위원회는 제1항 전단에 따른 신고가 있거나 이 법에 위반되는 사실이 있다고 인정할 때에는 필요한 조사를 할 수 있다. <개정 2016.3.29.>

③ 제1항 후단에 따라 공정거래위원회가 원사업자에게 통지한 때에는 「민법」 제174조에 따른 최고(催告)가 있은 것으로 본다. 다만, 신고된 사실이 이 법의 적용대상이 아니거나 제23조제1항 본문에 따른 조사대상 거래의 제한 기한을 경과하여 공정거래위원회가 심의절차를 진행하지 아니하기로 한 경우, 신고된 사실에 대하여 공정거래위원회가 무혐의로 조치한 경우 또는 신고인이 신고를 취하한 경우에는 그러하지 아니하다. <개정 2016.3.29.>

④ 공정거래위원회는 다음 각 호의 구분에 따른 기간이 경과한 경우에는 이 법 위반행위

에 대하여 제25조제1항에 따른 시정조치를 명하거나 제25조의3에 따른 과징금을 부과하지 아니한다. 다만, 법원의 판결에 따라 시정조치 또는 과징금 부과처분이 취소된 경우로서 그 판결이유에 따라 새로운 처분을 하는 경우에는 그러하지 아니하다. <신설 2015.7.24., 2016.3.29.>

1. 공정거래위원회가 이 법 위반행위에 대하여 제1항 전단에 따른 신고를 받고 제2항에 따라 조사를 개시한 경우: 신고일부터 3년
2. 제1호 외의 경우로서 공정거래위원회가 이 법 위반행위에 대하여제2항에 따라 조사를 개시한 경우: 조사개시일부터 3년

⑤ 공정거래위원회는 제4조, 제8조제1항, 제10조, 제11조제1항·제2항 또는 제12조의3제3항을 위반한 행위를 신고하거나 제보하고 그 위반행위를 입증할 수 있는 증거자료를 제출한 자에게 예산의 범위에서 포상금을 지급할 수 있다. <신설 2015.7.24.>

⑥ 제5항에 따른 포상금 지급대상자의 범위 및 포상금 지급의 기준·절차 등에 필요한 사항은 대통령령으로 정한다. <신설 2015.7.24.>

⑦ 공정거래위원회는 제5항에 따라 포상금을 지급한 후 다음 각 호의 어느 하나에 해당하는 사실이 발견된 경우에는 해당 포상금을 지급받은 자에게 반환할 금액을 통지하여야 하고, 해당 포상금을 지급받은 자는 그 통지를 받은 날부터 30일 이내에 이를 납부하여야 한다. <신설 2015.7.24.>

1. 위법 또는 부당한 방법의 증거수집, 거짓신고, 거짓진술, 증거위조 등 부정한 방법으로 포상금을 지급받은 경우
2. 동일한 원인으로 다른 법령에 따라 포상금 등을 지급받은 경우
3. 그 밖에 착오 등의 사유로 포상금이 잘못 지급된 경우

⑧ 공정거래위원회는 제7항에 따라 포상금을 반환하여야 할 자가 납부 기한까지 그 금액을 납부하지 아니한 때에는 국세 체납처분의 예에 따라 징수할 수 있다. <신설 2015.7.24.>

[전문개정 2009.4.1.]

제22조의2(하도급거래 서면실태조사) ① 공정거래위원회는 공정한 하도급거래질서 확립을 위하여 하도급거래에 관한 서면실태조사를 실시하여 그 조사결과를 공표하여야 한다. <개정 2011.3.29.>

② 공정거래위원회는 제1항에 따른 서면실태조사를 실시하려는 경우에는 조사대상자의 범위, 조사기간, 조사내용, 조사방법 및 조사절차, 조사결과 공표범위 등에 관한 계획을 수립하여야 하고, 조사대상자에게 하도급거래 실태 등 조사에 필요한 자료의 제출을 요구할 수 있다. <개정 2011.3.29.>

③ 공정거래위원회는 제2항에 따라 자료의 제출을 요구하는 경우에는 조사대상자에게 자료의 범위와 내용, 요구사유, 제출기한 등을 명시하여 서면으로 통지하여야 한다.

[본조신설 2010.1.25.]

제23조(조사대상 거래의 제한) ①제22조제2항에 따라 공정거래위원회의 조사개시 대상이 되는 하도급거래(제13조제11항이 적용되는 거래를 포함한다. 이하 이 조에서 같다)는 그 거래가 끝난 날부터 3년이 지나지 아니한 것으로 한정한다. 다만, 거래가 끝난 날부터 3년 이내에 신고되거나 제24조의4제1항제1호 또는 제2호의 분쟁당사자에 의하여 분쟁조정이 요청된 하도급거래의 경우에는 거래가 끝난 날부터 3년이 지난 경우에도 조사를 개시할 수 있다. <개정 2010.1.25., 2015.7.24.>

② 제1항에서 "거래가 끝난 날"이란 제조위탁·수리위탁 및 용역위탁 중 지식·정보성과물의 작성위탁의 경우에는 수급사업자가 원사업자에게 위탁받은 목적물을 납품 또는 인도한 날을, 용역위탁 중 역무의 공급위탁의 경우에는 원사업자가 수급사업자에게 위탁한 역무공급을 완료한 날을 말하며, 건설위탁의 경우에는 원사업자가 수급사업자에게 건설위탁한 공사가 완공된 날을 말한다. 다만, 하도급계약이 중도에 해지되거나 하도급거래가 중지된 경우에는 해지 또는 중지된 날을 말한다. <신설 2010.1.25.>

[전문개정 2009.4.1.]

제24조(하도급분쟁조정협의회의 설치 및 구성 등) ①「독점규제 및 공정거래에 관한 법률」 제48조의2에 따른 한국공정거래조정원(이하 "조정원"이라 한다)은 하도급분쟁조정협의회(이하 "협의회"라 한다)를 설치하여야 한다. <개정 2011.3.29., 2015.7.24.>

② 사업자단체는 공정거래위원회의 승인을 받아 협의회를 설치할 수 있다. <신설 2015.7.24.>

③ 조정원에 설치하는 협의회는 위원장 1명을 포함하여 9명 이내의 위원으로 구성하되 공익을 대표하는 위원, 원사업자를 대표하는 위원과 수급사업자를 대표하는 위원이 각각 같은 수가 되도록 하고, 사업자단체에 설치하는 협의회의 위원의 수는 공정거래위원회의 승인을 받아 해당 협의회가 정한다. <개정 2015.7.24.>

④ 조정원에 설치하는 협의회의 위원장은 공익을 대표하는 위원 중에서 협의회가 선출하고, 사업자단체에 설치하는 협의회의 위원장은 위원 중에서 협의회가 선출한다. 협의회에서 선출된 위원장은 해당 협의회를 대표한다. <개정 2015.7.24.>

⑤ 조정원에 설치하는 협의회의 위원의 임기는 2년으로 하고, 사업자단체에 설치하는 협의회의 위원의 임기는 공정거래위원회의 승인을 받아 해당 협의회가 정한다. <개정 2015.7.24.>

⑥ 조정원에 설치하는 협의회의 위원은 조정원의 장이 추천하는 사람과 다음 각 호의 어느 하나에 해당하는 사람 중 공정거래위원회 위원장이 위촉하는 사람이 된다. <신설 2011.3.29., 2015.7.24.>

1. 대학에서 법률학·경제학 또는 경영학을 전공한 사람으로서 「고등교육법」 제2조제1호·제2호 또는 제5호에 따른 학교나 공인된 연구기관에서 부교수 이상의 직 또는 이에 상당하는 직에 있거나 있었던 사람
2. 판사·검사 직에 있거나 있었던 사람 또는 변호사의 자격이 있는 사람

3. 독점금지 및 공정거래 업무에 관한 경험이 있는 4급 이상 공무원(고위공무원단에 속하는 일반직공무원을 포함한다)의 직에 있거나 있었던 사람

⑦ 사업자단체에 설치하는 협의회의 위원은 협의회를 설치한 각 사업자단체의 장이 위촉하되 미리 공정거래위원회에 보고하여야 한다. 다만, 사업자단체가 공동으로 협의회를 설치하려는 경우에는 해당 사업자단체의 장들이 공동으로 위촉한다. <개정 2011.3.29., 2015.7.24.>

⑧ 공익을 대표하는 위원은 하도급거래에 관한 학식과 경험이 풍부한 사람 중에서 위촉하되 분쟁조정의 대상이 되는 업종에 속하는 사업을 영위하는 사람이나 해당 업종에 속하는 사업체의 임직원은 공익을 대표하는 위원이 될 수 없다. <개정 2011.3.29., 2015.7.24.>

⑨ 공정거래위원회 위원장은 공익을 대표하는 위원으로 위촉받은 자가 분쟁조정의 대상이 되는 업종에 속하는 사업을 영위하는 사람이나 해당 업종에 속하는 사업체의 임직원으로 된 때에는 즉시 해촉하여야 한다. <개정 2011.3.29., 2015.7.24.>

⑩ 국가는 협의회의 운영에 필요한 경비의 전부 또는 일부를 예산의 범위에서 보조할 수 있다. <신설 2014.5.28., 2015.7.24.>

[전문개정 2010.1.25.]

[제목개정 2014.5.28.]

제24조의2(위원의 제척·기피·회피) ① 위원은 다음 각 호의 어느 하나에 해당하는 경우에는 해당 조정사항의 조정에서 제척된다.

1. 위원 또는 그 배우자나 배우자이었던 자가 해당 조정사항의 분쟁당사자가 되거나 공동 권리자 또는 의무자의 관계에 있는 경우
2. 위원이 해당 조정사항의 분쟁당사자와 친족관계에 있거나 있었던 경우
3. 위원 또는 위원이 속한 법인이 분쟁당사자의 법률·경영 등에 대하여 자문이나 고문의 역할을 하고 있는 경우
4. 위원 또는 위원이 속한 법인이 해당 조정사항에 대하여 분쟁당사자의 대리인으로 관여하거나 관여하였던 경우 및 증언 또는 감정을 한 경우

② 분쟁당사자는 위원에게 협의회의 조정에 공정을 기하기 어려운 사정이 있는 때에 협의회에 해당 위원에 대한 기피신청을 할 수 있다.

③ 위원이 제1항 또는 제2항의 사유에 해당하는 경우에는 스스로 해당 조정사항의 조정에서 회피할 수 있다.

[본조신설 2010.1.25.]

제24조의3(협의회의 회의) ① 협의회의 회의는 위원 전원으로 구성되는 회의(이하 "전체회의"라 한다)와 공익을 대표하는 위원, 원사업자를 대표하는 위원, 수급사업자를 대표하는 위원 각 1인으로 구성되는 회의(이하 "소회의"라 한다)로 구분한다. 다만, 사업자단체에 설치하는 협의회는 소회의를 구성하지 아니할 수 있다.

② 소회의는 전체회의로부터 위임받은 사항에 관하여 심의·의결한다.

③ 협의회의 전체회의는 위원장이 주재하며, 재적위원 과반수의 출석으로 개의하고, 출석위원 과반수의 찬성으로 의결한다.

④ 협의회의 소회의는 공익을 대표하는 위원이 주재하며, 구성위원 전원의 출석과 출석위원 전원의 찬성으로 의결한다. 이 경우 소회의의 의결은 협의회의 의결로 보되, 회의의 결과를 전체회의에 보고하여야 한다.

⑤ 위원장이 사고로 직무를 수행할 수 없을 때에는 공익을 대표하는 위원 중에서 공정거래위원회 위원장이 지명하는 위원이 그 직무를 대행한다.

[전문개정 2016.3.29.]

제24조의4(분쟁의 조정 등) ① 협의회는 공정거래위원회 또는 다음 각 호의 어느 하나에 해당하는 분쟁당사자가 요청하는 원사업자와 수급사업자 간의 하도급거래의 분쟁에 대하여 사실을 확인하거나 이를 조정한다. 다만, 분쟁당사자가 각각 다른 협의회에 분쟁조정을 요청한 경우에는 수급사업자 또는 제3호에 따른 조합이 분쟁조정을 요청한 협의회가 이를 담당한다. <개정 2011.3.29., 2013.5.28.>

1. 원사업자
2. 수급사업자
3. 제16조의2제8항에 따른 조합

② 협의회는 분쟁당사자로부터 분쟁조정을 요청받은 때에는 지체 없이 그 내용을 공정거래위원회에 보고하여야 한다.

③ 협의회는 조정이 성립된 경우에는 조정에 참가한 위원과 분쟁당사자가 서명 또는 기명날인한 조정조서를 작성한 후 그 사본을 첨부하여 조정결과를 공정거래위원회에 보고하여야 한다.

④ 협의회는 조정의 요청을 받은 날부터 60일(분쟁당사자 쌍방이 기간연장에 동의한 경우에는 90일로 한다) 이내에 조정이 성립되지 아니한 경우에는 조정경위와 관계 서류를 첨부하여 공정거래위원회에 보고하여야 한다. <개정 2016.3.29.>

⑤ 협의회는 조정을 하기 위하여 필요한 경우에는 해당 분쟁사실의 확인에 필요한 범위에서 조사를 하거나 분쟁당사자에게 자료의 제출이나 출석을 요구할 수 있으며, 분쟁당사자는 협의회의 회의에 출석하여 의견을 진술하거나 자료를 제출할 수 있다.

⑥ 공정거래위원회는 제2항에 따라 보고를 받은 경우 해당 분쟁에 대한 조정절차가 종료될 때까지는 해당 분쟁의 당사자인 원사업자에게 제25조제1항에 따른 시정조치를 명하거나 제25조의5제1항에 따른 시정권고를 하여서는 아니 된다. 다만, 공정거래위원회가 이미 제22조제2항에 따라 조사 중인 사건에 대하여는 그러하지 아니하다. <개정 2016.3.29.>

[본조신설 2010.1.25.]

제24조의5(조정조서의 작성과 그 효력) ① 협의회는 조정사항에 대하여 조정이 성립된 경

우 조정에 참가한 위원과 분쟁당사자가 서명 또는 기명날인한 조정조서를 작성한다. 이 경우 분쟁당사자 간에 조정조서와 동일한 내용의 합의가 성립된 것으로 본다.

② 협의회는 분쟁당사자가 조정절차를 개시하기 전에 조정사항을 스스로 조정하고 조정조서의 작성을 요구하는 경우에는 그 조정조서를 작성할 수 있다.

③ 분쟁당사자는 조정에서 합의된 사항을 이행하여야 하고, 이행결과를 공정거래위원회에 제출하여야 한다. <신설 2016.3.29.>

④ 공정거래위원회는 제1항 또는 제2항에 따라 합의가 이루어지고, 분쟁당사자가 그 합의된 사항을 이행한 경우에는 제25조제1항에 따른 시정조치 및 제25조의5제1항에 따른 시정권고를 하지 아니한다. <신설 2016.3.29.>

[본조신설 2010.1.25.]

第24조의6(협의회의 운영세칙) 이 법에서 규정한 사항 외에 협의회의 운영과 조직에 관하여 필요한 사항은 공정거래위원회의 승인을 받아 협의회가 정한다.

[본조신설 2010.1.25.]

第25조(시정조치) ① 공정거래위원회는 제3조제1항부터 제4항까지 및 제9항, 제3조의4, 제4조부터 제12조까지, 제12조의2, 제12조의3, 제13조, 제13조의2, 제14조부터 제16조까지, 제16조의2제7항 및 제17조부터 제20조까지의 규정을 위반한 발주자와 원사업자에 대하여 하도급대금 등의 지급, 법 위반행위의 중지, 특약의 삭제나 수정, 향후 재발방지, 그 밖에 시정에 필요한 조치를 명할 수 있다. <개정 2010.1.25., 2011.3.29., 2013.5.28., 2013.8.13., 2016.3.29.>

② 삭제 <2016.3.29.>

③ 공정거래위원회는 제1항에 따라 시정조치를 한 경우에는 시정조치를 받은 원사업자에 대하여 시정조치를 받았다는 사실을 공표할 것을 명할 수 있다. <개정 2016.3.29.>

[전문개정 2009.4.1.]

第25조의2(공탁) 제25조제1항에 따른 시정명령을 받거나 제25조의5제1항에 따른 시정권고를 수락한 발주자와 원사업자는 수급사업자가 변제를 받지 아니하거나 변제를 받을 수 없는 경우에는 수급사업자를 위하여 변제의 목적물을 공탁(供託)하여 그 시정조치 또는 시정권고의 이행 의무를 면할 수 있다. 발주자와 원사업자가 과실이 없이 수급사업자를 알 수 없는 경우에도 또한 같다. <개정 2016.3.29.>

[전문개정 2009.4.1.]

第25조의3(과징금) ① 공정거래위원회는 다음 각 호의 어느 하나에 해당하는 발주자·원사업자 또는 수급사업자에 대하여 수급사업자에게 제조등의 위탁을 한 하도급대금이나 발주자·원사업자로부터 제조등의 위탁을 받은 하도급대금의 2배를 초과하지 아니하는 범위에서 과징금을 부과할 수 있다. <개정 2010.1.25., 2011.3.29., 2013.5.28., 2013.8.13.>

1. 제3조제1항부터 제4항까지의 규정을 위반한 원사업자

2. 제3조제9항을 위반하여 서류를 보존하지 아니한 자 또는 하도급거래에 관한 서류를 거짓으로 작성·발급한 원사업자나 수급사업자
3. 제3조의4, 제4조부터 제12조까지, 제12조의2, 제12조의3, 제13조 및 제13조의2를 위반한 원사업자
4. 제14조제1항을 위반한 발주자
5. 제14조제5항을 위반한 원사업자
6. 제15조, 제16조, 제16조의2제7항 및 제17조부터 제20조까지의 규정을 위반한 원사업자

② 제1항의 과징금에 관하여는 「독점규제 및 공정거래에 관한 법률」 제55조의3부터 제55조의7까지의 규정을 준용한다.

[전문개정 2009.4.1.]

제25조의4(상습법위반사업자 명단공표) ① 공정거래위원회 위원장은 제27조제3항에 따라 준용되는 「독점규제 및 공정거래에 관한 법률」 제62조에도 불구하고 직전연도부터 과거 3년간 이 법 위반을 이유로 공정거래위원회로부터 경고, 제25조제1항에 따른 시정조치 또는 제25조의5제1항에 따른 시정권고를 3회 이상 받은 사업자 중 제26조제2항에 따른 벌점이 대통령령으로 정하는 기준을 초과하는 사업자(이하 이 조에서 "상습법위반사업자"라 한다)의 명단을 공표하여야 한다. 다만, 이의신청 등 불복절차가 진행 중인 조치는 제외한다. <개정 2016.3.29.>

② 공정거래위원회 위원장은 제1항 단서의 불복절차가 종료된 경우, 다음 각 호에 모두 해당하는 자의 명단을 추가로 공개하여야 한다.

1. 경고 또는 시정조치가 취소되지 아니한 자
2. 경고 또는 시정조치에 불복하지 아니하였으면 상습법위반사업자에 해당하는 자

③ 제1항 및 제2항에 따른 상습법위반사업자 명단의 공표 여부를 심의하기 위하여 공정거래위원회에 상습법위반사업자명단공표심의위원회(이하 이 조에서 "심의위원회"라 한다)를 둔다.

④ 공정거래위원회는 심의위원회의 심의를 거친 공표대상 사업자에게 명단공표대상자임을 통지하여 소명기회를 부여하여야 하며, 통지일부터 1개월이 지난 후 심의위원회로 하여금 명단공표 여부를 재심의하게 하여 공표대상자를 선정한다.

⑤ 제1항 및 제2항에 따른 공표는 관보 또는 공정거래위원회 인터넷 홈페이지에 게시하는 방법에 의한다.

⑥ 그 밖에 상습법위반사업자 명단공표와 관련하여 필요한 사항은 대통령령으로 정한다.

[본조신설 2010.1.25.]

제25조의5(시정권고) ① 공정거래위원회는 이 법을 위반한 발주자와 원사업자에 대하여 시정방안을 정하여 이에 따를 것을 권고할 수 있다. 이 경우 발주자와 원사업자가 해당 권고를 수락한 때에는 공정거래위원회가 시정조치를 한 것으로 본다는 뜻을 함께 알려

야 한다.

② 제1항에 따른 권고를 받은 발주자와 원사업자는 그 권고를 통지받은 날부터 10일 이내에 그 수락 여부를 공정거래위원회에 알려야 한다.

③ 제1항에 따른 권고를 받은 발주자와 원사업자가 그 권고를 수락하였을 때에는 제25조제1항에 따른 시정조치를 받은 것으로 본다.

[본조신설 2016.3.29.]

**第26조(관계 행정기관의 장의 협조)** ① 공정거래위원회는 이 법을 시행하기 위하여 필요하다고 인정할 때에는 관계 행정기관의 장의 의견을 듣거나 관계 행정기관의 장에게 조사를 위한 인원의 지원이나 그 밖에 필요한 협조를 요청할 수 있다.

② 공정거래위원회는 제3조제1항부터 제4항까지 및 제9항, 제3조의4, 제4조부터 제12조까지, 제12조의2, 제12조의3, 제13조, 제13조의2, 제14조부터 제16조까지, 제16조의2제7항 및 제17조부터 제20조까지의 규정을 위반한 원사업자 또는 수급사업자에 대하여 그 위반 및 피해의 정도를 고려하여 대통령령으로 정하는 벌점을 부과하고, 그 벌점이 대통령령으로 정하는 기준을 초과하는 경우에는 관계 행정기관의 장에게 입찰참가자격의 제한, 「건설산업기본법」 제82조제1항제7호에 따른 영업정지, 그 밖에 하도급거래의 공정화를 위하여 필요한 조치를 취할 것을 요청하여야 한다. <개정 2010.1.25., 2011.3.29., 2011.5.24., 2013.5.28., 2013.8.13.>

[전문개정 2009.4.1.]

**第27조(「독점규제 및 공정거래에 관한 법률」의 준용)** ① 이 법에 따른 공정거래위원회의 심의·의결에 관하여는 「독점규제 및 공정거래에 관한 법률」 제42조, 제43조, 제43조의2, 제44조, 제45조 및 제52조를 준용하고, 이 법에 따른 공정거래위원회의 처분에 대한 이의신청, 소송의 제기 및 불복의 소송의 전속관할에 관하여는 같은 법 제53조, 제53조의2, 제53조의3, 제54조, 제55조 및 제55조의2를 준용한다.

② 이 법을 시행하기 위하여 필요한 공정거래위원회의 조사, 의견청취 등에 관하여는 「독점규제 및 공정거래에 관한 법률」 제50조, 제50조의2 및 제53조의3을 준용한다. <개정 2016.3.29.>

③ 다음 각 호의 자에 대하여는 「독점규제 및 공정거래에 관한 법률」 제62조를 준용한다.

1. 이 법에 따른 직무에 종사하거나 종사하였던 공정거래위원회의 위원 또는 공무원
2. 협의회에서 하도급거래에 관한 분쟁의 조정 업무를 담당하거나 담당하였던 사람

[전문개정 2009.4.1.]

**第28조(「독점규제 및 공정거래에 관한 법률」과의 관계)** 하도급거래에 관하여 이 법의 적용을 받는 사항에 대하여는 「독점규제 및 공정거래에 관한 법률」 제23조제1항제4호를 적용하지 아니한다.

[전문개정 2009.4.1.]

제29조(벌칙) 제27조제3항에 따라 준용되는 「독점규제 및 공정거래에 관한 법률」 제62조를 위반한 자는 2년 이하의 징역 또는 1천만원 이하의 벌금에 처한다. <개정 2013.5.28.>
[전문개정 2009.4.1.]

제29조(벌칙) 제27조제3항에 따라 준용되는 「독점규제 및 공정거래에 관한 법률」 제62조를 위반한 자는 2년 이하의 징역 또는 2천만원 이하의 벌금에 처한다. <개정 2013.5.28., 2017.10.31.>
[전문개정 2009.4.1.]
[시행일 : 2018.5.1.] 제29조

제30조(벌칙) ① 다음 각 호의 어느 하나에 해당하는 원사업자는 수급사업자에게 제조등의 위탁을 한 하도급대금의 2배에 상당하는 금액 이하의 벌금에 처한다. <개정 2010.1.25., 2011.3.29., 2013.5.28., 2013.8.13., 2014.5.28., 2016.12.20.>
1. 제3조제1항부터 제4항까지 및 제9항, 제3조의4, 제4조부터 제12조까지, 제12조의2, 제12조의3 및 제13조를 위반한 자
2. 제13조의2제1항부터 제3항까지의 규정을 위반하여 공사대금 지급을 보증하지 아니한 자
3. 제15조, 제16조제1항·제3항·제4항 및 제17조를 위반한 자
4. 제16조의2제7항을 위반하여 정당한 사유 없이 협의를 거부한 자

② 다음 각 호 중 제1호에 해당하는 자는 3억원 이하, 제2호 및 제3호에 해당하는 자는 1억 5천만원 이하의 벌금에 처한다. <개정 2013.5.28.>
1. 제19조를 위반하여 불이익을 주는 행위를 한 자
2. 제18조 및 제20조를 위반한 자
3. 제25조에 따른 명령에 따르지 아니한 자

③ 제27조제2항에 따라 준용되는 「독점규제 및 공정거래에 관한 법률」 제50조제1항제2호에 따른 감정을 거짓으로 한 자는 3천만원 이하의 벌금에 처한다.
[전문개정 2009.4.1.]

제30조의2(과태료) ① 다음 각 호의 어느 하나에 해당하는 자에게는 사업자 또는 사업자단체의 경우 1억원 이하, 사업자 또는 사업자단체의 임원, 종업원과 그 밖의 이해관계인의 경우 1천만원 이하의 과태료를 부과한다. <개정 2010.1.25.>
1. 제27조제2항에 따라 준용되는 「독점규제 및 공정거래에 관한 법률」 제50조제1항제1호에 따른 출석처분을 위반하여 정당한 사유 없이 출석하지 아니한 자
2. 제27조제2항에 따라 준용되는 「독점규제 및 공정거래에 관한 법률」 제50조제1항제3호 또는 같은 조 제3항에 따른 보고 또는 필요한 자료나 물건의 제출을 하지 아니하거나 거짓으로 보고 또는 자료나 물건을 제출한 자
3. 삭제 <2010.1.25.>

② 제27조제2항에 따라 준용되는「독점규제 및 공정거래에 관한 법률」제50조제2항에 따른 조사를 거부·방해·기피한 자에게는 사업자 또는 사업자단체의 경우 2억원 이하, 사업자 또는 사업자단체의 임원, 종업원과 그 밖의 이해관계인의 경우 5천만원 이하의 과태료를 부과한다. <신설 2010.1.25.>

③ 제22조의2제2항에 따른 자료를 제출하지 아니하거나 거짓으로 자료를 제출한 원사업자에게는 500만원 이하의 과태료를 부과한다. <신설 2010.1.25.>

④ 제27조제1항에 따라 준용되는「독점규제 및 공정거래에 관한 법률」제43조의2에 따른 질서유지의 명령을 따르지 아니한 자에게는 100만원 이하의 과태료를 부과한다. <개정 2010.1.25.>

⑤ 제1항부터 제4항까지의 규정에 따른 과태료는 공정거래위원회가 부과·징수한다. <개정 2010.1.25.>

[전문개정 2009.4.1.]

제30조의2(과태료) ① 다음 각 호의 어느 하나에 해당하는 자에게는 사업자 또는 사업자단체의 경우 1억원 이하, 사업자 또는 사업자단체의 임원, 종업원과 그 밖의 이해관계인의 경우 1천만원 이하의 과태료를 부과한다. <개정 2010.1.25.>

1. 제27조제2항에 따라 준용되는「독점규제 및 공정거래에 관한 법률」제50조제1항제1호에 따른 출석처분을 위반하여 정당한 사유 없이 출석하지 아니한 자
2. 제27조제2항에 따라 준용되는「독점규제 및 공정거래에 관한 법률」제50조제1항제3호 또는 같은 조 제3항에 따른 보고 또는 필요한 자료나 물건의 제출을 하지 아니하거나 거짓으로 보고 또는 자료나 물건을 제출한 자
3. 삭제 <2010.1.25.>

② 제27조제2항에 따라 준용되는「독점규제 및 공정거래에 관한 법률」제50조제2항에 따른 조사를 거부·방해·기피한 자에게는 사업자 또는 사업자단체의 경우 2억원 이하, 사업자 또는 사업자단체의 임원, 종업원과 그 밖의 이해관계인의 경우 5천만원 이하의 과태료를 부과한다. <신설 2010.1.25.>

③ 제22조의2제2항에 따른 자료를 제출하지 아니하거나 거짓으로 자료를 제출한 원사업자에게는 500만원 이하의 과태료를 부과한다. <신설 2010.1.25.>

④ 제27조제1항에 따라 준용되는「독점규제 및 공정거래에 관한 법률」제43조의2에 따른 질서유지의 명령을 따르지 아니한 자에게는 100만원 이하의 과태료를 부과한다. <개정 2010.1.25.>

⑤ 제1항부터 제4항까지의 규정에 따른 과태료는 대통령령으로 정하는 기준에 따라 공정거래위원회가 부과·징수한다. <개정 2010.1.25., 2017.10.31.>

[전문개정 2009.4.1.]

[시행일 : 2018.5.1.] 제30조의2

제31조(양벌규정) 법인의 대표자나 법인 또는 개인의 대리인, 사용인, 그 밖의 종업원이

그 법인 또는 개인의 업무에 관하여 제30조의 위반행위를 하면 그 행위자를 벌하는 외에 그 법인 또는 개인에게도 해당 조문의 벌금형을 과(科)한다. 다만, 법인 또는 개인이 그 위반행위를 방지하기 위하여 해당 업무에 관하여 상당한 주의와 감독을 게을리하지 아니한 경우에는 그러하지 아니하다.
[전문개정 2009.4.1.]

**제32조(고발)** ①제30조의 죄는 공정거래위원회의 고발이 있어야 공소를 제기할 수 있다. <개정 2011.3.29.>
② 공정거래위원회는 제30조의 죄 중 위반정도가 객관적으로 명백하고 중대하여 하도급 거래 질서를 현저히 저해한다고 인정하는 경우에는 검찰총장에게 고발하여야 한다. <신설 2011.3.29.>
③ 검찰총장은 제2항에 따른 고발요건에 해당하는 사실이 있음을 공정거래위원회에 통보하여 고발을 요청할 수 있다. <신설 2011.3.29.>
④ 공정거래위원회가 제2항에 따른 고발요건에 해당하지 아니한다고 결정하더라도 감사원장, 중소벤처기업부장관은 사회적 파급효과, 수급사업자에게 미친 피해 정도 등 다른 사정을 이유로 공정거래위원회에 고발을 요청할 수 있다. <신설 2013.7.16., 2017.7.26.>
⑤ 제3항 또는 제4항에 따른 고발요청이 있는 때에는 공정거래위원회 위원장은 검찰총장에게 고발하여야 한다. <신설 2013.7.16.>
⑥ 공정거래위원회는 공소가 제기된 후에는 고발을 취소할 수 없다. <신설 2011.3.29., 2013.7.16.>
[전문개정 2009.4.1.]

**제33조(과실상계)** 원사업자의 이 법 위반행위에 관하여 수급사업자에게 책임이 있는 경우에는 이 법에 따른 시정조치·고발 또는 벌칙 적용을 할 때 이를 고려할 수 있다.
[전문개정 2009.4.1.]

**제34조(다른 법률과의 관계)** 「대·중소기업 상생협력 촉진에 관한 법률」, 「전기공사업법」, 「건설산업기본법」, 「정보통신공사업법」이 이 법에 어긋나는 경우에는 이 법에 따른다.
[전문개정 2009.4.1.]

**제35조(손해배상 책임)** ① 원사업자가 이 법의 규정을 위반함으로써 손해를 입은 자가 있는 경우에는 그 자에게 발생한 손해에 대하여 배상책임을 진다. 다만, 원사업자가 고의 또는 과실이 없음을 입증한 경우에는 그러하지 아니하다. <개정 2013.5.28.>
② 원사업자가 제4조, 제8조제1항, 제10조, 제11조제1항·제2항 및 제12조의3제3항을 위반함으로써 손해를 입은 자가 있는 경우에는 그 자에게 발생한 손해의 3배를 넘지 아니하는 범위에서 배상책임을 진다. 다만, 원사업자가 고의 또는 과실이 없음을 입증한 경우에는 그러하지 아니하다. <개정 2013.5.28.>

③ 법원은 제2항의 배상액을 정할 때에는 다음 각 호의 사항을 고려하여야 한다. <신설 2013.5.28.>

1. 고의 또는 손해 발생의 우려를 인식한 정도
2. 위반행위로 인하여 수급사업자와 다른 사람이 입은 피해규모
3. 위법행위로 인하여 원사업자가 취득한 경제적 이익
4. 위반행위에 따른 벌금 및 과징금
5. 위반행위의 기간·횟수 등
6. 원사업자의 재산상태
7. 원사업자의 피해구제 노력의 정도

④ 제1항 또는 제2항에 따라 손해배상청구의 소가 제기된 경우 「독점규제 및 공정거래에 관한 법률」 제56조의2 및 제57조를 준용한다. <개정 2013.5.28.>

[본조신설 2011.3.29.]

## 부칙 〈제14839호, 2017.7.26.〉(정부조직법)

제1조(시행일) ① 이 법은 공포한 날부터 시행한다. 다만, 부칙 제5조에 따라 개정되는 법률 중 이 법 시행 전에 공포되었으나 시행일이 도래하지 아니한 법률을 개정한 부분은 각각 해당 법률의 시행일부터 시행한다.

제2조부터 제4조까지 생략

제5조(다른 법률의 개정) ①부터 <293>까지 생략

<294> 하도급거래 공정화에 관한 법률 일부를 다음과 같이 개정한다.

제32조제4항 중 “중소기업청장”을 “중소벤처기업부장관”으로 한다.

<295>부터 <382>까지 생략

제6조 생략

# 하도급거래 공정화에 관한 법률 시행령(약칭 : 하도급법 시행령)

[시행 2017.10.19.] [대통령령 제28353호, 2017.9.29., 일부개정]

공정거래위원회(기업거래정책과) 044-200-4584
공정거래위원회(기업거래정책과-서면실태조사) 044-200-4593, 4595
공정거래위원회(기업거래정책과-발주자직불제도) 044-200-4589
공정거래위원회(건설용역하도급개선과-건설위탁/용역위탁) 044-200-4628
공정거래위원회(기업거래정책과-표준하도급계약서) 044-200-4587
공정거래위원회(제조하도급개선과-제조위탁) 044-200-4600
공정거래위원회(기업거래정책과-일반) 044-200-4586

**제1조(목적)** 이 영은 「하도급거래 공정화에 관한 법률」에서 위임한 사항과 그 시행에 필요한 사항을 규정함을 목적으로 한다.

**제2조(중소기업자의 범위 등)** ① 「하도급거래 공정화에 관한 법률」(이하 "법"이라 한다) 제2조제2항제2호 본문에 따른 연간매출액은 하도급계약을 체결하는 사업연도의 직전 사업연도의 손익계산서에 표시된 매출액으로 한다. 다만, 직전 사업연도 중에 사업을 시작한 경우에는 직전 사업연도의 매출액을 1년으로 환산한 금액으로 하며, 해당 사업연도에 사업을 시작한 경우에는 사업 시작일부터 하도급계약 체결일까지의 매출액을 1년으로 환산한 금액으로 한다.

② 법 제2조제2항제2호 본문에 따른 자산총액은 하도급계약을 체결하는 사업연도의 직전 사업연도 종료일 현재의 대차대조표에 표시된 자산총액으로 한다. 다만, 해당 사업연도에 사업을 시작한 경우에는 사업 시작일 현재의 대차대조표에 표시된 자산총액으로 한다.

③ 삭제 <2016.1.22.>

④ 법 제2조제2항제2호 단서에서 "대통령령으로 정하는 연간매출액에 해당하는 중소기업자"란 다음 각 호에 해당하는 자를 말한다.

1. 제조위탁·수리위탁의 경우: 연간매출액이 20억원 미만인 중소기업자
2. 건설위탁의 경우: 시공능력평가액이 30억원 미만인 중소기업자
3. 용역위탁의 경우: 연간매출액이 10억원 미만인 중소기업자

⑤ 법 제2조제7항에서 "대통령령으로 정하는 물품"이란 레미콘을 말하며, "대통령령으로 정하는 특별시, 광역시 등의 지역"이란 수급사업자(受給事業者)의 사업장 소재지를 기준으로 하여 대구광역시, 광주광역시, 대전광역시, 세종특별자치시, 강원도, 충청북도, 충청남도, 전라북도, 전라남도, 경상북도, 경상남도 및 제주특별자치도를 말한다. <개정 2013.7.22.>

⑥ 법 제2조제9항 각 호 외의 부분에서 "대통령령으로 정하는 건설공사"란 다음 각 호의 어느 하나에 해당하는 공사를 말한다.

1. 「건설산업기본법 시행령」 제8조에 따른 경미한 공사
2. 「전기공사업법 시행령」 제5조에 따른 경미한 공사

⑦ 법 제2조제9항제5호에서 "대통령령으로 정하는 사업자"란 다음 각 호의 어느 하나에 해당하는 사업자를 말한다. <개정 2011.10.28., 2015.7.24., 2016.8.11.>

1. 「주택법」 제4조에 따른 등록사업자
2. 「환경기술 및 환경산업 지원법」 제15조에 따른 등록업자
3. 「하수도법」 제51조 및 「가축분뇨의 관리 및 이용에 관한 법률」 제34조에 따른 등록업자
4. 「에너지이용 합리화법」 제37조에 따른 등록업자
5. 「도시가스사업법」 제12조에 따른 시공자
6. 「액화석유가스의 안전관리 및 사업법」 제35조에 따른 시공자

⑧ 법 제2조제15항에서 "대통령령으로 정하는 자료"란 다음 각 호의 어느 하나에 해당하는 것을 말한다. <개정 2016.12.27.>

1. 특허권, 실용신안권, 디자인권, 저작권 등의 지식재산권과 관련된 정보
2. 시공 또는 제품개발 등을 위한 연구자료, 연구개발보고서 등 수급사업자의 생산·영업활동에 기술적으로 유용하고 독립된 경제적 가치가 있는 정보

제3조(서면 기재사항) 법 제3조제2항에서 "하도급대금의 조정요건, 방법 및 절차 등 대통령령으로 정하는 사항"이란 다음 각 호의 사항을 말한다.

1. 위탁일과 수급사업자가 위탁받은 것(이하 "목적물등"이라 한다)의 내용
2. 목적물등을 원사업자(原事業者)에게 납품·인도 또는 제공하는 시기 및 장소
3. 목적물등의 검사의 방법 및 시기
4. 하도급대금(선급금, 기성금 및 법 제16조에 따라 하도급대금을 조정한 경우에는 그 조정된 금액을 포함한다. 이하 같다)과 그 지급방법 및 지급기일
5. 원사업자가 수급사업자에게 목적물등의 제조·수리·시공 또는 용역수행행위에 필요한 원재료 등을 제공하려는 경우에는 그 원재료 등의 품명·수량·제공일·대가 및 대가의 지급방법과 지급기일
6. 목적물등의 제조·수리·시공 또는 용역수행행위를 위탁한 후 원재료 등의 가격변동 등에 따른 하도급대금 조정의 요건, 방법 및 절차

제4조(위탁내용의 확인) 법 제3조제5항에서 "위탁받은 작업의 내용, 하도급대금 등 대통령령으로 정하는 사항"이란 다음 각 호의 사항을 말한다.

1. 원사업자로부터 위탁받은 작업의 내용
2. 하도급대금
3. 원사업자로부터 위탁받은 일시

4. 원사업자와 수급사업자의 사업자명과 주소(법인 등기사항증명서상 주소, 사업장 주소를 포함한다. 이하 같다)
5. 그 밖에 원사업자가 위탁한 내용

**제5조(통지 및 회신의 방법 등)** ① 법 제3조제5항 및 제6항에 따른 통지 및 회신은 다음 각 호의 어느 하나에 해당하는 방법으로 한다. <개정 2013.7.22.>

1. 내용증명우편
2. 「전자문서 및 전자거래 기본법」 제2조제1호에 따른 전자문서로서 다음 각 목의 어느 하나에 해당하는 요건을 갖춘 것
   가. 「전자서명법」 제2조제3호에 따른 공인전자서명이 있을 것
   나. 「전자문서 및 전자거래 기본법」 제2조제8호에 따른 공인전자주소를 이용할 것
3. 그 밖에 통지와 회신의 내용 및 수신 여부를 객관적으로 확인할 수 있는 방법

② 제1항에 따른 통지와 회신은 원사업자와 수급사업자의 주소(전자우편주소 또는 제1항제2호나목에 따른 공인전자주소를 포함한다)로 한다. <개정 2013.7.22.>

③ 공정거래위원회는 제1항에 따른 통지와 회신에 필요한 양식을 정하여 보급할 수 있다.

**제6조(서류의 보존)** ① 법 제3조제9항에 따라 보존하여야 하는 하도급거래에 관한 서류는 법 제3조제1항의 서면과 다음 각 호의 서류 또는 다음 각 호의 사항이 기재된 서류(컴퓨터 등 정보처리능력을 가진 장치에 의하여 전자적인 형태로 작성, 송수신 또는 저장된 것을 포함한다. 이하 이 조에서 같다)를 말한다. <개정 2013.7.22.>

1. 법 제8조제2항에 따른 수령증명서
2. 법 제9조에 따른 목적물등의 검사 결과, 검사 종료일
3. 하도급대금의 지급일·지급금액 및 지급수단(어음으로 하도급대금을 지급하는 경우에는 어음의 교부일·금액 및 만기일을 포함한다)
4. 법 제6조에 따른 선급금 및 지연이자, 법 제13조제6항부터 제8항까지의 규정에 따른 어음할인료, 수수료 및 지연이자, 법 제15조에 따른 관세 등 환급액 및 지연이자를 지급한 경우에는 그 지급일과 지급금액
5. 원사업자가 수급사업자에게 목적물등의 제조·수리·시공 또는 용역수행행위에 필요한 원재료 등을 제공하고 그 대가를 하도급대금에서 공제한 경우에는 그 원재료 등의 내용과 공제일·공제금액 및 공제사유

5의2. 법 제11조제1항 단서에 따라 하도급대금을 감액한 경우에는 제7조의2 각 호의 사항을 적은 서면의 사본

5의3. 법 제12조의3제1항 단서에 따라 기술자료의 제공을 요구한 경우에는 제7조의3 각 호의 사항을 적은 서면의 사본

6. 법 제16조에 따라 하도급대금을 조정한 경우에는 그 조정한 금액 및 사유
7. 법 제16조의2에 따라 다음 각 목의 어느 하나에 해당하는 자가 원재료 등의 가격변동

등에 따라 하도급대금 조정을 신청한 경우에는 신청 내용 및 협의 내용, 그 조정금액 및 조정사유

가. 수급사업자

나. 「중소기업협동조합법」 제3조제1항제1호 또는 제2호에 따른 중소기업협동조합(이하 "조합"이라 한다)

8. 입찰명세서, 낙찰자결정품의서, 견적서, 현장설명서, 설계설명서 등 하도급대금 결정과 관련된 서류. 다만, 현장설명서 및 설계설명서는 건설위탁의 경우에만 해당한다.

② 제1항에 따른 서류는 법 제23조제2항에 따른 거래가 끝난 날부터 3년간 보존하여야 한다.

**제6조의2(부당한 특약으로 보는 약정)** 법 제3조의4제2항제4호에서 "이 법에서 보호하는 수급사업자의 이익을 제한하거나 원사업자에게 부과된 의무를 수급사업자에게 전가하는 등 대통령령으로 정하는 약정"이란 다음 각 호의 어느 하나에 해당하는 약정을 말한다.

1. 다음 각 목의 어느 하나에 해당하는 비용이나 책임을 수급사업자에게 부담시키는 약정

가. 관련 법령에 따라 원사업자의 의무사항으로 되어 있는 인·허가, 환경관리 또는 품질관리 등과 관련하여 발생하는 비용

나. 원사업자(발주자를 포함한다)가 설계나 작업내용을 변경함에 따라 발생하는 비용

다. 원사업자의 지시(요구, 요청 등 명칭과 관계없이 재작업, 추가작업 또는 보수작업에 대한 원사업자의 의사표시를 말한다)에 따른 재작업, 추가작업 또는 보수작업으로 인하여 발생한 비용 중 수급사업자의 책임 없는 사유로 발생한 비용

라. 관련 법령, 발주자와 원사업자 사이의 계약 등에 따라 원사업자가 부담하여야 할 하자담보책임 또는 손해배상책임

2. 천재지변, 매장문화재의 발견, 해킹·컴퓨터바이러스 발생 등으로 인한 작업기간 연장 등 위탁시점에 원사업자와 수급사업자가 예측할 수 없는 사항과 관련하여 수급사업자에게 불합리하게 책임을 부담시키는 약정

3. 해당 하도급거래의 특성을 고려하지 아니한 채 간접비(하도급대금 중 재료비, 직접노무비 및 경비를 제외한 금액을 말한다)의 인정범위를 일률적으로 제한하는 약정. 다만, 발주자와 원사업자 사이의 계약에서 정한 간접비의 인정범위와 동일하게 정한 약정은 제외한다.

4. 계약기간 중 수급사업자가 법 제16조의2에 따라 하도급대금 조정을 신청할 수 있는 권리를 제한하는 약정

5. 그 밖에 제1호부터 제4호까지의 규정에 준하는 약정으로서 법에 따라 인정되거나 법에서 보호하는 수급사업자의 권리·이익을 부당하게 제한하거나 박탈한다고 공정거래위원회가 정하여 고시하는 약정

[본조신설 2014.2.11.]

**제7조(부당한 하도급대금 결정 금지)** ① 법 제4조제2항제6호에서 "대통령령으로 정하는

바에 따른 직접공사비 항목의 값을 합한 금액"이란 원사업자의 도급내역상의 재료비, 직접노무비 및 경비의 합계를 말한다. 다만, 경비 중 원사업자와 수급사업자가 합의하여 원사업자가 부담하기로 한 비목(費目) 및 원사업자가 부담하여야 하는 법정경비는 제외한다.

② 법 제4조제2항제6호에 따른 정당한 사유는 공사현장여건, 수급사업자의 시공능력 등을 고려하여 판단하되, 다음 각 호의 어느 하나에 해당되는 경우에는 하도급대금의 결정에 정당한 사유가 있는 것으로 추정한다.

1. 수급사업자가 특허공법 등 지식재산권을 보유하여 기술력이 우수한 경우
2. 「건설산업기본법」 제31조에 따라 발주자가 하도급 계약의 적정성을 심사하여 그 계약의 내용 등이 적정한 것으로 인정한 경우

**제7조의2(하도급대금 감액 시 서면 기재사항)** 법 제11조제3항에서 "감액사유와 기준 등 대통령령으로 정하는 사항"이란 다음 각 호의 사항을 말한다.

1. 감액 시 그 사유와 기준
2. 감액의 대상이 되는 목적물등의 물량
3. 감액금액
4. 공제 등 감액방법
5. 그 밖에 원사업자의 감액이 정당함을 입증할 수 있는 사항

[본조신설 2011.6.27.]

**제7조의3(기술자료 요구 시 서면 기재사항)** 법 제12조의3제2항에서 "요구목적, 비밀유지에 관한 사항, 권리귀속 관계, 대가 등 대통령령으로 정하는 사항"이란 다음 각 호의 사항을 말한다.

1. 기술자료 제공 요구목적
2. 비밀유지방법 등 요구대상 기술자료의 비밀유지에 관한 사항
3. 요구대상 기술자료와 관련된 권리귀속 관계
4. 요구대상 기술자료의 대가 및 대가의 지급방법
5. 요구대상 기술자료의 명칭 및 범위
6. 요구일, 제공일 및 제공방법
7. 그 밖에 원사업자의 기술자료 제공 요구가 정당함을 입증할 수 있는 사항

[본조신설 2011.6.27.]

**제7조의4(수급사업자로 보는 중견기업의 연간매출액 기준)** 법 제13조제11항 각 호 외의 부분 전단에서 "대통령령으로 정하는 금액"이란 해당 중견기업의 주된 업종별로 별표 1의 구분에 따른 연간매출액을 말한다.

[본조신설 2016.1.22.]

**제7조의5(원사업자로 보는 사업자의 매출액 기준)** 법 제13조제11항제2호에서 "대통령령

으로 정하는 금액”이란 2조원을 말한다.
[본조신설 2016.1.22.]

제8조(건설하도급 계약이행 및 대금지급 보증) ① 법 제13조의2제1항 각 호 외의 부분 단서에서 “대통령령으로 정하는 경우”란 다음 각 호의 어느 하나에 해당하는 경우를 말한다. <개정 2013.8.27., 2013.11.27., 2016.12.27.>

1. 원사업자가 수급사업자에게 건설위탁을 하는 경우로서 1건 공사의 공사금액이 1천만원 이하인 경우
2. 원사업자가 「자본시장과 금융투자업에 관한 법률」 제335조의3에 따라 신용평가업인가를 받은 신용평가회사가 실시한 신용평가에서 공정거래위원회가 정하여 고시하는 기준 이상의 등급을 받은 경우
3. 법 제14조제1항제2호에 따라 발주자가 하도급대금을 직접 지급하여야 하는 경우
4. 하도급대금의 지급을 전자적으로 관리하기 위하여 운영되고 있는 시스템(이하 “하도급대금지급관리시스템”이라 한다)을 활용하여 발주자가 원사업자 명의의 계좌를 거치지 아니하고 수급사업자에게 하도급대금을 지급하는 경우

② 법 제13조의2제5항제5호에서 “대통령령으로 정하는 보증기관”이란 「전기공사공제조합법」에 따른 전기공사공제조합, 「정보통신공사업법」에 따른 정보통신공제조합, 「주택도시기금법」에 따른 주택도시보증공사 및 「소방산업의 진흥에 관한 법률」에 따른 소방산업공제조합을 말한다. <개정 2015.6.30., 2016.1.22., 2017.9.29.>

③ 법 제13조의2제6항 각 호 외의 부분 단서에서 “보증금 지급요건 충족 여부, 지급액에 대한 이견 등 대통령령으로 정하는 불가피한 사유가 있는 경우”란 다음 각 호의 어느 하나에 해당하는 경우를 말한다. <신설 2014.2.11., 2016.1.22., 2017.9.29.>

1. 보증기간 동안의 원사업자 및 수급사업자의 계약이행 여부가 불명확하여 자료보완이 필요하다고 인정하는 경우
2. 지급하여야 할 기성금(명칭을 불문하고 계약이행에 따른 대가로 지급되는 것을 말한다)에 대하여 원사업자와 수급사업자 사이에 이견이 있는 경우

④ 법 제13조의2제6항 각 호 외의 부분 단서에서 “대통령령으로 정하는 기간”이란 30일을 말한다. 다만, 수급사업자와 합의한 경우 15일의 범위에서 한 차례만 그 기간을 연장할 수 있다. <신설 2014.2.11., 2016.1.22., 2017.9.29.>

⑤ 법 제13조의2제6항제5호에서 “제1호부터 제4호까지에 준하는 지급불능 등 대통령령으로 정하는 사유로 인하여 하도급대금을 지급할 수 없는 경우”란 다음 각 호의 어느 하나에 해당하여 하도급대금을 지급할 수 없는 경우를 말한다. <신설 2014.2.11., 2016.1.22., 2016.4.29., 2017.9.29.>

1. 원사업자가 「기업구조조정 촉진법」 제5조제2항에 따라 관리절차의 개시를 신청한 경우
2. 발주자에 대한 원사업자의 공사대금채권에 대하여 제3채권자가 압류·가압류를 하였거나 원사업자가 해당 공사대금채권을 제3자에게 양도한 경우

3. 법 제2조제14항에 따른 신용카드업자 또는 금융기관이 수급사업자에게 상환청구를 할 수 있는 어음대체결제수단으로 하도급대금을 지급한 후 원사업자가 해당 신용카드업자 또는 금융기관에 하도급대금을 결제하지 아니한 경우
4. 원사업자가 수급사업자에게 하도급대금으로 지급한 어음이 부도로 처리된 경우
5. 원사업자가 수급사업자로부터 지급기일 이후 2회 이상 하도급대금 지급에 관한 최고를 받고도 이를 이행하지 아니한 경우

⑥ 제1항제4호에 따라 대금지급 보증의무 면제대상이 되는 하도급대금지급관리시스템의 종류는 공정거래위원회가 정하여 고시한다. <신설 2016.12.27.>

[제목개정 2013.11.27.]

제9조(하도급대금의 직접 지급) ① 법 제14조제1항에 따른 수급사업자의 직접지급 요청은 그 의사표시가 발주자에게 도달한 때부터 효력이 발생하며, 그 의사표시가 도달되었다는 사실은 수급사업자가 증명하여야 한다.

② 발주자는 하도급대금을 직접 지급할 때에 「민사집행법」 제248조제1항 등의 공탁사유가 있는 경우에는 해당 법령에 따라 공탁(供託)할 수 있다.

③ 발주자는 원사업자에 대한 대금지급의무의 범위에서 하도급대금 직접 지급 의무를 부담한다.

④ 하도급대금의 직접 지급 요건을 갖추고, 그 수급사업자가 제조·수리·시공한 분(分)에 대한 하도급대금이 확정된 경우, 발주자는 도급계약의 내용에 따라 수급사업자에게 하도급대금을 지급하여야 한다.

제9조의2(조합의 하도급대금 조정협의 등) ① 법 제16조의2제2항 본문에서 "대통령령으로 정하는 원사업자"란 원사업자 중 다음 각 호의 어느 하나에 해당하는 자를 말한다. <신설 2013.11.27., 2014.7.21., 2016.1.22.>

1. 「독점규제 및 공정거래에 관한 법률」 제9조제1항에 따른 상호출자제한기업집단에 속하는 회사
2. 「중견기업 성장촉진 및 경쟁력 강화에 관한 특별법」 제2조제1호에 따른 중견기업으로서 직전 사업연도의 연간매출액(관계 법률에 따라 시공능력평가액을 적용받는 거래의 경우에는 하도급계약 체결 당시 가장 최근에 공시된 시공능력평가액의 합계액을 말하고, 연간매출액이나 시공능력평가액이 없는 경우에는 자산총액을 말한다)이 3천억원 이상인 자

② 법 제16조의2제2항에 따라 조합은 조합원인 수급사업자가 하도급계약을 체결한 날(하도급계약 체결 후에 계약금액을 조정한 경우에는 직전 조정한 날을 말하고, 경쟁입찰에 따라 하도급계약을 체결한 경우에는 입찰한 날을 말한다. 이하 이 조에서 같다)부터 60일 이상 경과하고 다음 각 호의 어느 하나에 해당하는 사유가 발생한 경우에는 해당 수급사업자의 신청을 받아 원사업자와 하도급대금의 조정을 위한 협의를 할 수 있다. <개정 2013.7.22., 2013.11.27.>

1. 하도급 계약금액의 10퍼센트 이상을 차지하는 원재료의 가격이 하도급계약을 체결한 날을 기준으로 10퍼센트 이상 상승한 경우
2. 하도급계약을 체결한 날을 기준으로 원재료의 가격 상승에 따른 변동금액이 나머지 목적물등에 해당하는 하도급대금의 3 퍼센트 이상인 경우

③ 제2항에도 불구하고 다음 각 호의 어느 하나에 해당하는 경우에는 하도급계약을 체결한 날부터 60일이 경과하지 아니하여도 조합은 해당 수급사업자의 신청을 받아 원사업자와 하도급대금의 조정을 위한 협의를 할 수 있다. <신설 2013.11.27.>

1. 수급사업자의 하도급 계약기간이 60일 이내이고, 제2항 각 호의 어느 하나에 해당하는 사유가 발생한 경우
2. 하도급계약을 체결한 날을 기준으로 원재료의 가격상승에 따른 변동금액이 하도급 계약금액의 5퍼센트 이상인 경우

④ 법 제16조의2제2항 본문에 따른 신청을 하는 수급사업자는 신청서에 다음 각 호의 서류를 첨부하여 자신이 조합원으로 소속되어 있는 조합에 제출하여야 한다. <신설 2013.11.27.>

1. 제2항 또는 제3항의 요건을 충족하였음을 확인할 수 있는 서류
2. 하도급계약서 사본(계약금액이 조정된 경우에는 이를 확인할 수 있는 서류를 포함한다)
3. 경쟁입찰에 따라 하도급계약을 체결한 경우에는 이를 확인할 수 있는 서류
4. 그 밖에 원사업자와의 하도급대금 조정에 필요한 서류

⑤ 제2항 또는 제3항에 따라 조합이 원사업자와 하도급대금의 조정을 위한 협의를 하려는 때에는 총회 또는 이사회의 의결을 거쳐야 하며, 다음 각 호의 서류를 첨부하여 원사업자에게 제출하여야 한다. <개정 2013.11.27.>

1. 제4항제1호부터 제4호까지의 서류
2. 총회 또는 이사회의 의사록 사본
3. 조합원 중 제2항 또는 제3항의 요건을 충족하는 수급사업자 목록
4. 삭제 <2013.11.27.>
5. 삭제 <2013.11.27.>
6. 삭제 <2013.11.27.>

[본조신설 2011.6.27.]

[제목개정 2013.7.22., 2013.11.27.]

**제9조의3(하도급분쟁조정협의회에의 조정신청 사유)** 법 제16조의2제8항제3호에서 "원사업자 또는 수급사업자가 협의 중단의 의사를 밝힌 경우 등 대통령령으로 정하는 사유"란 다음 각 호의 어느 하나에 해당하는 경우를 말한다. <개정 2013.11.27.>

1. 원사업자 또는 수급사업자(법 제16조의2제3항에 따른 조정협의의 경우 조합을 포함한다)가 협의 중단의 의사를 밝힌 경우

2. 원사업자 및 수급사업자(법 제16조의2제3항에 따른 조정협의의 경우 조합을 포함한다)가 제시한 조정금액이 상호 간에 2배 이상 차이가 나는 경우
3. 합의가 지연되면 영업활동이 심각하게 곤란하게 되는 등 원사업자 또는 수급사업자에게 중대한 손해가 예상되는 경우
4. 그 밖에 이에 준하는 사유가 있는 경우

[본조신설 2011.6.27.]

**제9조의4(대물변제 인정사유)** 법 제17조제1항제3호에서 "그 밖에 원사업자가 하도급대금을 물품으로 지급할 수밖에 없다고 인정되는 대통령령으로 정하는 사유"란 「기업구조조정 촉진법」에 따라 금융채권자협의회가 원사업자에 대하여 공동관리절차 개시의 의결을 하고 그 절차가 진행중인 경우를 말한다.

[본조신설 2017.9.29.]

[종전 제9조의4는 제9조의5로 이동 <2017.9.29.>]

**제9조의5(대물변제 전에 제시하여야 하는 자료 및 제시방법 등)** ① 원사업자가 법 제17조제3항에 따라 수급사업자에게 제시하여야 할 자료는 다음 각 호의 구분에 따른 자료로 한다.

1. 대물변제의 용도로 지급하려는 물품이 관련 법령에 따라 권리·의무 관계에 관한 사항을 등기 등 공부(公簿)에 등록하여야 하는 물품인 경우: 해당 공부의 등본(사본을 포함한다)
2. 대물변제의 용도로 지급하려는 물품이 제1호 외의 물품인 경우: 해당 물품에 대한 권리·의무 관계를 적은 공정증서(「공증인법」에 따라 작성된 것을 말한다)

② 제1항에 따른 자료를 제시하는 방법은 다음 각 호의 어느 하나에 해당하는 방법으로 한다. 이 경우 문서로 인쇄되지 아니한 형태로 자료를 제시하는 경우에는 문서의 형태로 인쇄가 가능하도록 하는 조치를 하여야 한다.

1. 문서로 인쇄된 자료 또는 그 자료를 전자적 파일 형태로 담은 자기디스크(자기테이프, 그 밖에 이와 비슷한 방법으로 그 내용을 기록·보관·출력할 수 있는 것을 포함한다)를 직접 또는 우편으로 전달하는 방법
2. 수급사업자의 전자우편 주소로 제1항에 따른 자료가 포함된 전자적 파일을 보내는 방법. 다만, 원사업자가 전자우편의 발송·도달 시간의 확인이 가능한 자동수신사실 통보장치를 갖춘 컴퓨터 등을 이용한 경우로 한정한다.

③ 원사업자는 제1항에 따른 자료를 제시한 후 대물변제를 하기 전에 법 제17조제2항에 따른 물품의 권리·의무 관계가 변경된 경우에는 그 변경된 내용이 반영된 제1항에 따른 자료를 제2항에 따른 방법으로 수급사업자에게 지체 없이 다시 제시하여야 한다.

④ 원사업자는 제2항 및 제3항에 따라 자료를 제시한 후 지체 없이 다음 각 호의 사항을 적은 서면을 작성하여 수급사업자에게 내주고 원사업자와 수급사업자는 해당 서면을 보관하여야 한다.

1. 원사업자가 자료를 제시한 날
2. 자료의 주요 목차
3. 수급사업자가 자료를 제시받았다는 사실
4. 원사업자와 수급사업자의 상호명, 사업장 소재지 및 전화번호
5. 원사업자와 수급사업자의 서명 또는 기명날인

[본조신설 2014.2.11.]

[제9조의4에서 이동 <2017.9.29.>]

**제10조(위반행위의 신고 및 통지)** ① 법 제22조제1항 전단에 따라 신고를 하려는 자는 다음 각 호의 사항을 분명히 밝혀야 한다. <개정 2016.7.19.>

1. 신고자의 성명·주소
2. 피신고자의 성명 또는 명칭(법인인 경우에는 그 대표자의 성명을 포함한다)
3. 위반행위의 내용과 이를 입증할 수 있는 자료

② 공정거래위원회는 법 제22조제1항 전단에 따른 신고를 접수한 날부터 15일 이내에 신고자가 다음 각 호의 동의를 하는지 여부를 확인하기 위한 서면을 신고자에게 직접 발급하거나 우편(전자우편을 포함한다)을 통하여 송부하여야 한다. <개정 2016.1.22., 2016.7.19.>

1. 신고가 접수된 사실을 공정거래위원회가 원사업자에게 통지하는 것에 대한 동의
2. 제1호의 통지를 하는 경우 신고자 및 신고내용도 함께 통지하는 것에 대한 동의

③ 신고자가 제2항 각 호 외의 부분에 따른 공정거래위원회의 서면을 발급받거나 우편(전자우편을 포함한다)을 통하여 송부받은 날부터 15일 이내에 공정거래위원회에 동의한다는 사실을 서면으로 통지하지 아니한 경우에는 제2항에 따른 동의를 하지 아니한 것으로 본다. <개정 2016.7.19.>

④ 공정거래위원회는 제3항에 따른 통지를 받은 경우에는 그날부터 7일 이내에 신고접수 사실, 신고자, 신고내용을 기재한 서면을 원사업자에게 직접 발급하거나 우편(전자우편을 포함한다)을 통하여 송부하여야 한다. <신설 2016.7.19.>

**제10조의2(포상금의 지급)** ① 법 제22조제5항에 따른 포상금 지급대상자는 같은 항에서 규정한 법 위반행위(이하 이 조에서 "법 위반행위"라 한다)를 신고하거나 제보하고 법 위반행위를 입증할 수 있는 증거자료를 최초로 제출한 자로 한다.

② 제1항에도 불구하고 다음 각 호의 어느 하나에 해당하는 자는 포상금 지급대상자에서 제외한다.

1. 해당 법 위반행위를 한 원사업자
2. 삭제 <2017.9.29.>
3. 해당 법 위반행위에 따라 피해를 입은 수급사업자
4. 삭제 <2017.9.29.>

③ 공정거래위원회는 특별한 사정이 있는 경우를 제외하고 신고 또는 제보된 행위가

법 위반행위에 해당한다고 인정하여 해당 행위를 한 원사업자에게 시정조치 등의 처분을 하기로 의결한 날(처분에 대한 이의신청이 있는 경우에는 이의신청에 대한 재결이 있은 날을 말한다)부터 3개월 이내에 포상금을 지급한다.

④ 제3항에 따라 지급되는 포상금에 관하여 법 위반행위의 유형별 구체적인 지급기준은 법 위반행위의 중대성 및 증거의 수준 등을 고려하여 공정거래위원회가 정하여 고시한다.

⑤ 제3항에 따른 포상금의 지급에 관한 사항을 심의하기 위하여 공정거래위원회에 신고포상금심의위원회를 둘 수 있다.

⑥ 제5항에 따른 신고포상금심의위원회의 설치·운영에 관한 사항, 그 밖에 포상금 지급의 기준·절차 등에 관한 세부사항은 공정거래위원회가 정하여 고시한다.

[본조신설 2016.1.22.]

제11조 삭제 <2016.1.22.>

제12조(공탁사실의 보고) 법 제25조의2에 따라 공탁을 한 발주자 또는 원사업자는 지체 없이 공정거래위원회에 공탁한 사실을 서면으로 보고하여야 한다. <개정 2016.7.19.>

제13조(과징금 부과기준) ① 법 제25조의3에 따른 과징금의 금액은 별표 2의 기준을 적용하여 산정한다.

② 삭제 <2016.1.22.>

③ 이 영에서 규정한 사항 외에 과징금의 부과에 필요한 사항은 공정거래위원회가 정한다.

제14조(준용) 법 제25조의3에 따른 과징금의 부과·납부·징수·체납처분 및 환급가산금 등에 관하여는 「독점규제 및 공정거래에 관한 법률 시행령」 제61조의2, 제62조부터 제64조까지 및 제64조의2부터 제64조의5까지의 규정을 준용한다. <개정 2012.6.19.>

제15조(상습법위반사업자 명단공표 기준 등) ① 법 제25조의4제1항 본문에서 "대통령령으로 정하는 기준"이란 별표 3 제1호라목에 따른 누산점수 4점을 말한다. <개정 2016.12.27.>

② 상습법위반사업자 명단공표 시 공표할 사항은 사업자명(법인의 명칭을 포함한다), 대표자 및 사업장 주소로 한다.

③ 법 제25조의4제5항에 따라 공정거래위원회 인터넷 홈페이지에 게시하는 경우 그 게시 기간은 1년으로 한다.

제16조(상습법위반사업자명단공표심의위원회의 구성 및 운영) ① 법 제25조의4제3항에 따른 상습법위반사업자명단공표심의위원회(이하 "심의위원회"라 한다)는 위원장 1명을 포함하여 7명의 위원으로 구성한다.

② 심의위원회의 위원장(이하 이 조에서 "위원장"이라 한다)은 공정거래위원회 사무처

장이 되고, 위원은 다음 각 호의 사람이 된다.

1. 공정거래위원회의 고위공무원단에 속하는 일반직공무원 중에서 공정거래위원회 위원장이 임명하는 사람 3명
2. 하도급거래에 관한 학식과 경험이 풍부한 사람 중에서 공정거래위원회 위원장이 위촉하는 사람 3명

③ 제2항제2호에 따른 위촉위원의 임기는 3년으로 한다.

④ 공정거래위원장은 제2항제2호에 따라 위촉된 위원이 다음 각 호의 어느 하나에 해당하면 해촉할 수 있다. <신설 2016.1.22.>

1. 심신장애로 인하여 직무를 수행할 수 없게 된 경우
2. 직무와 관련된 비위사실이 있는 경우
3. 직무 태만, 품위 손상, 그 밖의 사유로 인하여 위원으로 적합하지 아니하다고 인정되는 경우
4. 위원 스스로 직무를 수행하는 것이 곤란하다고 의사를 밝히는 경우

⑤ 위원장은 심의위원회의 업무를 총괄하되, 위원장이 부득이한 사유로 직무를 수행할 수 없을 때에는 위원장이 지명하는 위원이 그 직무를 대행한다. <개정 2016.1.22.>

⑥ 심의위원회의 회의는 재적위원 과반수의 출석으로 개의(開議)하고, 출석위원 과반수 찬성으로 의결한다. <개정 2016.1.22.>

⑦ 제1항부터 제6항까지에서 규정한 사항 외에 심의위원회의 구성 및 운영에 필요한 사항은 심의위원회의 의결을 거쳐 공정거래위원회 위원장이 정한다. <개정 2016.1.22.>

제17조(벌점 부과기준 등) ① 법 제26조제2항에 따라 공정거래위원회가 부과하는 벌점의 부과기준은 별표 3과 같다.

② 법 제26조제2항에서 "대통령령으로 정하는 기준을 초과하는 경우"란 별표 3 제1호라목에 따른 누산점수가 다음 각 호의 구분에 따른 점수를 초과하는 경우를 말한다. <개정 2011.11.1., 2013.11.27., 2016.1.22.>

1. 입찰참가자격의 제한 요청: 5점
2. 「건설산업기본법」 제82조제1항제7호의 사유에 따른 영업정지 요청: 10점

③ 별표 3에 따른 벌점의 부과와 감경에 필요한 세부 사항은 공정거래위원회가 정하여 고시한다.

제17조의2(규제의 재검토) ①공정거래위원회는 제6조에 따른 보존하여야 하는 하도급거래에 관한 서류의 범위 등에 대하여 2014년 1월 1일을 기준으로 5년마다(매 5년이 되는 해의 1월 1일 전까지를 말한다) 그 타당성을 검토하여 개선 등의 조치를 하여야 한다. <개정 2014.2.11.>

② 공정거래위원회는 다음 각 호의 사항에 대하여 다음 각 호의 기준일을 기준으로 3년마다(매 3년이 되는 해의 기준일과 같은 날 전까지를 말한다) 그 타당성을 검토하여 개선 등의 조치를 하여야 한다. <신설 2014.2.11.>

1. 제6조의2에 따른 부당한 특약으로 보는 약정: 2014년 2월 14일
2. 제8조제3항에 따른 보증금 지급 보류사유: 2014년 2월 14일
3. 제8조제5항에 따른 보증금 지급사유: 2014년 2월 14일

③ 공정거래위원회는 다음 각 호의 사항에 대하여 다음 각 호의 기준일을 기준으로 3년마다(매 3년이 되는 해의 기준일과 같은 날 전까지를 말한다) 그 타당성을 검토하여 개선 등의 조치를 하여야 한다. <신설 2014.12.9., 2016.12.30.>

1. 제2조제5항에 따른 제조위탁이 적용되는 물품 및 지역의 범위: 2017년 1월 1일
2. 제3조에 따른 서면 기재사항: 2017년 1월 1일
3. 제8조제1항제1호에 따른 건설하도급 계약이행 및 대금지급 보증 제외 기준: 2017년 1월 1일
4. 삭제 <2016.12.30.>
5. 제15조에 따른 상습법위반사업자 명단공표 기준 등: 2017년 1월 1일

[본조신설 2013.12.30.]

**제18조(과태료의 부과기준)** 법 제30조의2제1항제2호 및 같은 조 제3항에 따른 과태료의 부과기준은 별표 4와 같다.

[본조신설 2011.3.29.]

## 부칙 〈제28353호, 2017.9.29.〉

**제1조(시행일)** 이 영은 공포한 날부터 시행한다. 다만, 제9조의4 및 제9조의5의 개정규정은 2017년 10월 19일부터 시행한다.

**제2조(포상금 지급대상자에 관한 적용례)** 제10조의2제2항제2호 및 제4호의 개정규정은 이 영 시행 이후 법 위반행위를 신고하거나 제보하고 법 위반행위를 입증할 수 있는 증거자료를 최초로 제출한 경우부터 적용한다.

# 판례색인

# 법령색인

# 사항색인

## ㄱ

ㄴ



ㄷ



ㅁ



ㅂ

## ㅅ

## ㅇ



## ㅈ

## 집필에 참여하신 분들

- **강신하** 변호사(법무법인 상록)
- **김남근** 변호사(법무법인 위민)
- **김남주** 변호사(법무법인 도담)
- **김대규** 변호사(변호사 김대규 법률사무소)
- **김성진** 변호사(법무법인 한결)
- **김종보** 변호사(민변 사무처)
- **김준기** 변호사(법률사무소 동행)
- **박정만** 변호사(법무법인 로텍)
- **박현정** 변호사(법무법인 도담)
- **백종석** 변호사(중앙 법률사무소)
- **서상범** 변호사(법무법인 다산)
- **서선영** 변호사(희망을 만드는 법)
- **서치원** 변호사(원곡 법률사무소)
- **이소아** 변호사(법무법인 해마루)
- **이은종** 변호사(법무법인 도담)
- **이헌욱** 변호사(법무법인 로텍)
- **임선아** 변호사(법률사무소 해별)
- **조수진** 변호사(변호사 조수진 법률사무소)
- **조일영** 변호사(서울시 공정경제과)
- **허정택** 변호사(법무법인 정명)

[제2판] 변호사가 풀어주는 **공정거래법 I** (하도급편)

저 자 민생경제위원회
발 행 인 양 진 수
발 행 처 진 원 사

2014년 1월 20일 초 판 발행
2017년 12월 18일 제2판 인쇄
2018년 1월 3일 제2판 발행

서울시 서초구 법원로2길 17-6(서초3동, 형덕빌딩 1층)
전화 : 02)916-1850 / 팩스 : 02)916-3442
신고번호 제321-2512007002호
http://www.jinwonsa.co.kr
http://www.lawbookstore.co.kr
e-mail: hhansin@hanmail.net



ISBN : 978-89-6346-515-9 93360 정가 36,000원